1000 Lektionen Spanisch

1000 Lektionen Spanisch

Harenberg Verlag

Copyright © Harenberg Kommunikation,
Dortmund 1994
Autoren Martin Löffler, Ingo Zawadzki
Zeichnungen Edward Lutczyn
Printed in Spain
ISBN 3-611-00443-X

Spanisch lernen leichtgemacht

"Nur Reisen ist leben" schrieb der deutsche Schriftsteller Jean Paul, doch der Genuß des Reisens entwickelt sich erst richtig, wenn es nicht beim Staunen und Schauen bleibt. Wer mit den Menschen in anderen Ländern in Kontakt treten, sie um Auskunft bitten oder mit ihnen ins Gespräch kommen will, der muß ihre Sprache sprechen.

Harenbergs „1000 Lektionen Spanisch" sind jedoch nicht nur die ideale Vorbereitung für eine Reise ins spanischsprachige Ausland, sondern auch ein kompaktes Werk für jeden, der mit überschaubarem Zeitaufwand vorhandene Sprachkenntnisse auffrischen oder erweitern will.

Kleine Geschichten, Rätsel, Dialoge und Übungen vermitteln neben wichtigen Vokabeln und grammatischen Grundkenntnissen auch Wissenswertes über Land und Leute: Zudem gibt es nützliche Tips und Hinweise auf Sitten und Gebräuche in Spanien und Lateinamerika.

„1000 Lektionen Spanisch" machen mit einem modernen Grundwortschatz vertraut, wie ihn kein traditionelles Lehrbuch bietet, und lassen auch den Kenner der Sprache noch viel Neues entdecken. Ganz gleich, ob fortgeschrittene Anfänger oder Könner: Sie alle werden an den amüsanten Geschichten und pfiffigen Illustrationen ihren Spaß haben und – je nach Bedarf und Situation – in selbstgewählten Schritten durch die Lektionen wandern.

Das Prinzip des Buches ist denkbar einfach: Auf jeder rechten Seite stehen jeweils zwei Lektionen, die in die Umgangssprache einführen, die spanische Grammatik trainieren, idiomatische Ausdrücke und Redewendungen vorstellen. Zur Auflösung braucht man nur umzublättern: Auf der Rückseite finden sich Übersetzungen und Antworten zu den beiden Lektionen von vorn. So wird

Sprachen lernen leichtgemacht: Lektion für Lektion wächst das Wissen über das moderne Spanisch.

Als zusätzliche Hilfe wird zu allen neu vorgestellten Vokabeln die phonetische Umschrift angegeben, die sich an die Grundsätze der International Phonetic Association (IPA) anlehnt. Diese Lautschrift, die ausführlich auf den Seiten 1009 und 1010 erläutert wird, erleichtert das Verständnis und die praktische Ausspracheübung der einzelnen Wörter. Ein Register (S.1011/1012) ermöglicht es, die Lektionen zu den wichtigsten grammatischen Themenbereichen gezielt aufzufinden.

Harenbergs „1000 Lektionen Spanisch" basieren auf den erfolgreichen Berlitz Sprachkalendern des Harenberg Kalender Verlags, die in enger Zusammenarbeit mit erfahrenen Lehrern und Übersetzern der Berlitz Sprachschulen erarbeitet werden.

**Quien adelante no mira,
atrás se queda.**

> Refrán español

Wer nicht nach vorne schaut,
bleibt zurück.

    Spanisches Sprichwort

1

ADIVINANZA

Se buscan: Ciudades españolas

De arriba abajo una ciudad que se encuentra en el sur de la península.

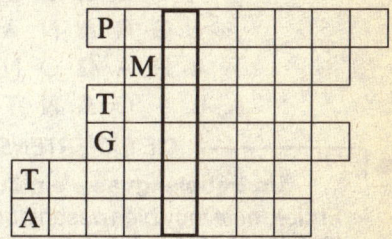

2

Antoni Gaudí

El verdadero nombre de este arquitecto español más célebre es Antoni Gaudí y Cornet. Nació el 25 de Junio de 1.852 en una pequeña ciudad del norte de Cataluña. Ha dejado multiples muestras de su arte cerca de o en Barcelona. Entre ellas naturalmente destaca La Sagrada Familia que, hasta ahora, no está terminada todavía. Gaudí murió, atropellado por un tranvía, en Junio de 1.926 en Barcelona.

¿En qué otra provincia hay edificios construídos por él?

Gesucht werden: Spanische Städte

Von oben nach unten eine Stadt, die im Süden der Halbinsel liegt.

```
P A M P L O N A
  M A D R I D
  T O L E D O
  G R A N A D A
T A R A G O N A
A L I C A N T E
```

DIE EXPERTENECKE

Un trabalenguas – ein Zungenbrecher

*El cielo está muy bien desenladrillado. Buen desenladrillador será quien lo ha desenladrillado.
(Wortspiel mit dem Wort 'enladrillar' = mit Backsteinen, mit Fliesen belegen.)*

Antoni Gaudí

Der wahre Name dieses berühmtesten spanischen Architekten ist Antoni Gaudí y Cornet. Er wurde am 25. Juni 1852 in einer kleinen Stadt im Norden Kataloniens geboren. Er hinterließ zahlreiche Beweise seiner Kunst in der Nähe von und in Barcelona. Unter ihnen sticht natürlich die 'Sagrada Familia' hervor, die bis heute noch nicht vollendet ist. Im Juni 1926 starb Gaudí, überfahren von einer Straßenbahn, in Barcelona. In welcher anderen Provinz gibt es von ihm konstruierte Bauwerke?

In der Provinz Castilla-León.

El contenedor de vidrio viejo

Eladio: ¿Qué hacemos con todas las botellas de la Nochevieja?
Martín: No lo sé. Espera, creo que han puesto un contenedor de vidrio viejo al final de la Gran Vía. Allí las podemos tirar.
Eladio: ¿Un qué?

El constipado

Carmen: ¡Qué constipado tengo! No puedo respirar por la nariz y me duele toda la cabeza.
Marisa: Debes tomar una manzanilla y meterte en la cama. Aquí tienes unos clinex, a mí no me hacen falta.

Der Altglascontainer

Eladio: Was machen wir mit den ganzen Flaschen von Silvester?
Martín: Ich weiß nicht. Warte mal, ich glaube, daß am Ende der *Gran Vía* ein Altglascontainer aufgestellt worden ist. Dorthin können wir sie bringen.
Eladio: Ein was?

La Nochevieja [ˈnotʃeβǐɛxa]	Silvester
la botella [boˈteʎa]	Flasche
el contenedor [kɔnteneˈdɔr]	Container
el vidrio viejo [ˈbiðřǒ][ˈbǐɛxo]	Altglas
en vez de [en][beθ][de]	anstatt

Die Erkältung

Carmen: Was für eine Erkältung ich habe! Ich kann nicht durch die Nase atmen, und mir tut der ganze Kopf weh.
Marisa: Du solltest einen Kamillentee trinken und dich ins Bett legen. Hier hast du ein paar Tempos, ich brauche sie nicht.

el constipado [kɔnstiˈpaᵈo]	Erkältung
la nariz [naˈriθ]	Nase
la cabeza [kaˈβeθa]	Kopf
respirar [rrespiˈrar]	atmen
hacer falta [aˈθɛr][ˈfalta]	nötig sein

5

EJERCICIO

El deletreo

Deletree las siguientes palabras (Buchstabieren Sie die folgenden Wörter):

trabalenguas _____

abrelatas _____

Guadalquivir _____

Valdepeñas _____

Zaragoza _____

Jaén _____

6

Correos

Eladio quiere mandar una carta a su amiga Eva de Alemania. Como no sabe cuánto cuestan los sellos para cartas al extranjero, va a la oficina de Correos para preguntar allí. El empleado le dice que hay que poner sellos de 45 pesetas al extranjero europeo. Las cartas y las postales tienen el mismo precio.

5

Das Buchstabieren

Buchstabieren Sie die folgenden Wörter:

trabalenguas: t, ere, a, be, a, ele, e, ene, ge, u, a, ese
 (= Zungenbrecher)
abrelatas: a, be, ere, e, ele, a, te, a, ese (= Dosenöffner)
Guadalquivir: ge, u, a, de, a, ele, ku, i, uve, i, ere
 (= Fluß in Andalusien)
Valdepeñas: uve, a, ele, de, pe, e, eñe, a, ese
 (= Stadt südlich von Madrid)
Zaragoza: zeta, a, ere, a, ge, o, zeta, a
 (= Hauptstadt der Provinz Aragón)
Jaén: jota, a, e, ene (= Stadt in Andalusien)

DIE EXPERTENECKE

estar hecho polvo	– total erledigt/erschöpft sein
llevar agua a la mar	– Eulen nach Athen tragen
aburrirse más que una ostra	– sich zu Tode langweilen

6

Das Postamt

Eladio möchte seiner Freundin Eva aus Deutschland einen Brief schicken. Da er nicht weiß, wieviel die Briefmarken für Briefe ins Ausland kosten, geht er zum Postamt, um dort zu fragen. Der Beamte sagt ihm, daß ins europäische Ausland Briefmarken zu 45 Peseten* aufgeklebt werden müssen. Briefe und Postkarten haben den gleichen Preis.

* Stand: Mitte 1991

el Correos [kɔˈrrɛos]	Post, Postamt
mandar [manˈdar]	schicken
la carta [ˈkarta]	Brief
la (tarjeta) postal [tarˈxeta][pɔsˈtal]	Postkarte
el sello [ˈseʎo]	Briefmarke

7

Las sierras españolas

España es un país muy montañoso. En el noreste están los Pirinéos y en el norte los Picos de Europa. En el centro de la península, a 50 kms de Madrid, se encuentra la Sierra de Guadarrama. En el sur, en Andalucía, se hallan la Sierra Nevada y la Sierra de Cazorla. Los picos españoles más altos son el Monte Perdido (Pirinéos), el Mulhacén (Sierra Nevada) y el Teide.

¿En qué parte de España se encuentra el Teide?

8

El telefax

Marisa trabaja tres días de la semana en la oficina de una empresa de construcciones para ganar algún dinero para sus estudios.
Allí trabaja como secretaria pero no tiene que hacer mucho: prepara el café, habla con unos clientes por teléfono y manda cartas por telefax porque es más rápido.

7

Die spanischen Gebirge

Spanien ist ein sehr gebirgiges Land. Im Nordwesten liegen die Pyrenäen und im Norden die Picos de Europa. Im Zentrum der Halbinsel, 50 km von Madrid entfernt, befindet sich die Sierra von Guadarrama. Im Süden, in Andalusien, befinden sich die Sierra Nevada und die Sierra von Cazorla. Die höchsten spanischen Gipfel sind der Monte Perdido (Pyrenäen), der Mulhacén (Sierra Nevada) und der Teide. In welchem Teil Spaniens befindet sich der Teide?

Der 3.718 m hohe Teide liegt auf der kanarischen Insel Teneriffa, die zu Spanien gehört.

8

Das Telefax

Marisa arbeitet drei Tage in der Woche im Büro eines Bauunternehmens, um etwas Geld für ihr Studium zu verdienen. Sie arbeitet dort als Sekretärin, hat aber nicht viel zu tun: Sie macht Kaffee, spricht am Telefon mit einigen Kunden und sendet Briefe per Telefax, weil es schneller ist.

la empresa [em'presa]	Unternehmen
trabajar [traba'xar]	arbeiten
ganar [ga'nar]	verdienen
el cliente ['kliente]	Kunde, Klient
mandar [man'dar]	schicken

9

*«La multitud ha sido
en todas las épocas de la historia
arrastrada por gestos más
que por ideas. La muchedumbre
no razona jamás.»*

Gregorio Marañón

10

Periódicos

Hasta 1.976 había relativamente pocos periódicos en España, que además estaban sujetos a la censura franquista. Después de la muerte de Franco, en noviembre de 1.975, hubo una ola de fundaciones de nuevos periódicos. 'El País' tiene la tirada más grande. Luego existen el 'ABC', el 'Diario 16', 'El Mundo' y otros.

9

„Die Menge wurde in allen Epochen der Geschichte mehr von Gesten mitgerissen als von Ideen. Die Masse reflektiert nie." — Gregorio Marañón (1887–1960)

--- GRAMMATIK ---

Betonungsregeln

1. Der Akzent bezieht sich im Spanischen *immer* auf die Betonung der jeweiligen Silbe, *niemals* aber auf die Aussprache.
2. Endet ein Wort auf einem Vokal, auf n oder s, so wird die vorletzte Silbe betont (*compra; bastante; coches*).
3. Endet ein Wort auf einem Konsonant (außer n und s), so wird die letzte Silbe betont (*licor; Madrid; lápiz*).
4. Bei Abweichungen von Regel 2 und 3 oder bei Trennung eines Doppellautes wird stets ein Akzent gesetzt (*café; después; día*).

10

Zeitungen

Bis 1976 gab es relativ wenige Zeitungen in Spanien, die außerdem der frankistischen Zensur unterlagen. Nach dem Tod Francos, im November 1975, gab es eine Welle von Gründungen neuer Zeitungen. 'El País' hat die größte Auflage. Daneben existieren 'ABC', 'Diario 16', 'El Mundo' und andere.

In Deutschland gibt es spanische Zeitungen meistens an größeren Bahnhöfen. Der Preis liegt geringfügig über dem in Spanien.

la ola ['ola]	Welle
hasta ['asta]	bis
además [aðe'mas]	außerdem
la tirada [ti'raða]	Auflage
la fundación [funda'θĭɔn]	Gründung

11

La discoteca

Martín: *Viernes por la noche. ¡Hay que salir, muchacho! ¿Conoces la discoteca 'La Real'? Hay entrada gratuita hasta las 12. Si nos damos prisa llegamos a tiempo.*

Eladio: *De acuerdo. Voy a llamar a Carmen y Marisa, a ver si vienen.*

12

Las regiones de España

España es un país muy variado y diferente. Sin embargo, se puede distinguir cuatro regiones que en grandes rasgos determinan la parte española de la península ibérica: la húmeda y verde España del norte, la fértil e iluminada España del mediterráneo, la poco poblada e inmensa España del centro y la más conocida, cálida y seca España del sur.

¿Cómo se llaman las cuatro provincias que forman la „España verde"?

11

Die Diskothek

Martín: Freitagabend. Da muß man ausgehen, Junge! Kennst du die Diskothek 'La Real'? Es gibt dort freien Eintritt bis zwölf Uhr. Wenn wir uns beeilen, kommen wir rechtzeitig.

Eladio: Einverstanden. Ich werde noch Carmen und Marisa anrufen, mal sehen, ob sie kommen.

salir [sa'lir]	ausgehen
gratuito [gra'tŭito]	frei, gratis
darse prisa ['darse]['prisa]	sich beeilen
a tiempo [a]['tĭempo]	rechtzeitig
a ver [a][bɛr]	mal sehen

12

Die Regionen Spaniens

Spanien ist ein sehr vielfältiges und unterschiedliches Land. Trotzdem kann man vier Regionen unterscheiden, die in großen Zügen den spanischen Teil der iberischen Halbinsel bestimmen: Das feuchte und grüne Nordspanien, das fruchtbare, lichtüberflutete Spanien des Mittelmeeres, das dünnbesiedelte und unendlich weite Binnenland-Spanien und das bekannteste, heiße und trockene Südspanien. Wie heißen die vier Provinzen, die das „Grüne Spanien" bilden?

Die vier Provinzen des „Grünen Spaniens" sind Galicien, Asturien, Kantabrien und das Baskenland.

Durch diese vier Provinzen zieht sich die wohl bedeutendste europäische Pilgerroute, der Jakobusweg (Camino de Santiago), deren Ziel die große romanische Kathedrale von Santiago de Compostela in Galicien ist.

13

Tiempo de invierno

Marisa: *¡Qué tiempo más malo! A nadie le apetece salir con el frío que hace. Lo único que falta es que se ponga a llover ahora.*
Martín: *Tú siempre te estás quejando del tiempo. No te gusta ni el frío ni el calor.*

14

Jugar al esquash

Ramón: *Oye, Miriam. ¿Sabes que han abierto un pabellón de esquash cerca de San Bernardo?*
Miriam: *No. ¿Por qué?*
Ramón: *Vamos, podríamos hacer un poco de deporte allí. Llevo años sin hacer absolutamente nada.*

13

Winterwetter

Marisa: Was für ein Hundewetter! Bei der Kälte geht wohl niemand gerne raus. Das einzige, was fehlt, ist, daß es jetzt zu regnen anfängt.
Martín: Immer klagst du über das Wetter. Dir gefällt weder Kälte noch Wärme.

nadie ['nadĩe]	niemand
el frío ['frio]	Kälte
el calor [ka'lɔr]	Hitze
único ['uniko]	einzig(artig)
quejarse [kɛ'xarse]	klagen

14

Squashspielen

Ramón: Hör mal, Miriam. Weißt du, daß in der Nähe von San Bernardo ein Squashcenter aufgemacht worden ist?
Miriam: Nein. Warum?
Ramón: Mensch, wir könnten doch dort ein wenig Sport treiben. Ich habe schon seit Jahren überhaupt nichts mehr gemacht.

jugar al esquash [xu'gar] [al] [ɛs'kuɔʃ]	Squash spielen
ioye! ['oje]	hör mal!
abrir [a'ƀrir]	öffnen, aufmachen
cerca de ['θɛrka]	in der Nähe von
hacer deporte [a'θɛr] [de'pɔrte]	Sport treiben

15

El día de la toma de Granada

El 2 de enero es un día especial para todos los granadinos porque todos los años celebran el aniversario de la toma de Granada por los cristianos. El reino de Granada fue el último territorio en el siglo XV que les quedaba a los musulmanes en la península ibérica. Ese 2 de enero muchos granadinos suben a la torre más alta de la Alhambra para tocar una vez la gran campana.

¿Cuál será el significado de esta costumbre?

16

Las cabinas

Carmen quiere llamar por teléfono a dos compañeras de clase para pedirles unos apuntes. Como el teléfono en su casa está roto otra vez, va a una cabina. Ahí se da cuenta de que el teléfono tampoco funciona. No le queda más remedio que ir a una oficina de la Telefónica donde hay muchas cabinas con contadores automáticos.

15

Der Tag der Eroberung Granadas

Der 2. Januar ist für alle Einwohner Granadas ein besonderer Tag, weil sie jedes Jahr an diesem Tag den Jahrestag der Eroberung Granadas durch die Christen feiern. Das Königreich Granada war das letzte Gebiet, das den Muselmanen im 15. Jh. auf der iberischen Halbinsel blieb. An diesem zweiten Januar besteigen viele Einwohner Granadas den höchsten Turm der Alhambra, um einmal die große Glocke zu läuten. Was ist wohl die Bedeutung dieses Brauches?

Es heißt, daß jeder, der die Glocke läutet, sich schon sehr bald verheiraten wird.

16

Die Telefonzellen

Carmen will zwei Klassenkameradinnen anrufen, um sie um einige Unterrichtsmitschriften zu bitten. Da bei ihr zu Hause das Telefon wieder einmal kaputt ist, geht sie zu einer Telefonzelle. Dort merkt sie, daß das Telefon ebenfalls nicht funktioniert. Ihr bleibt nichts anderes übrig, als in ein Büro der *Telefónica* zu gehen, wo es viele Telefonzellen mit Gebührenzählern gibt.

Bei Gesprächen von Spanien nach Deutschland muß man zuerst die Zahlen 07 wählen und dann warten, bis ein Pfeifen ertönt. Dann müssen die Zahlen 49 gewählt werden mit Ortsvorwahl und Anschlußnummer. Fängt die Ortsvorwahl mit einer 0 an, so ist diese nicht mitzuwählen.

pedir [pe'dir]	bestellen
roto ['rrɔto]	kaputt
otra vez ['otra]['beθ]	wieder
darse cuenta de algo ['darse]['kŭenta]	etwas (be-)merken
el remedio [rrɛ'medĭo]	Abhilfe

17

> *«Un padre sirve para
> dejar que te equivoques y
> ayudarte después.»*
>
> Daniel Múciga

18

El día de los Reyes Magos

Maica es profesora de inglés y trabaja en una escuela de un pequeño pueblo de La Alpujarra. Hoy por la mañana ha ido en autobús a Granada donde viven sus padres. El día de Reyes siempre se reúne toda la familia en casa de los padres para hacer una cena muy grande. Así Maica puede volver a ver a todos sus hermanos.

17

„Ein Vater ist dazu da, daß er dich Fehler machen läßt und dir hinterher hilft." — Daniel Múciga (geb. 1967), spanischer Schriftsteller

--- GRAMMATIK ---

Besondere Buchstaben im Spanischen

ch (che): machismo (Männlichkeitskult), chocolate
ll (elle): llama (Flamme), lluvia (Regen);
ñ (eñe): señor (Herr), mañana (morgen);
rr (erre doble): perro (Hund), jarra (Krug)

1. Im Spanischen gibt es außer ch, ll, rr und cc (selección – Auswahl) keine doppelten Buchstaben und kein sch.
2. Der Buchstabe ll erscheint in Wörterbüchern mal eigenständig, mal unter l.
3. Der Buchstabe rr taucht nur innerhalb von Wörtern auf.

18

Heilige Drei Könige

Maica* ist Englischlehrerin und arbeitet in einer Schule in einem kleinen Dorf der Alpujarra. Heute morgen ist sie mit dem Bus nach Granada gefahren, wo ihre Eltern wohnen. Immer am Tag der Heiligen Drei Könige versammelt sich die ganze Familie im Hause der Eltern, um ein sehr großes Abendessen zu machen. So kann Maica all ihre Brüder wiedersehen.

Maica ist die Kurzform für den spanischen Mädchennamen Maria Carmen

la profesora [profeˈsɔra]	Lehrerin
el pueblo [ˈpŭeblo]	Dorf, Ort
ir [ir]	gehen, fahren
ir en autobús [ir] [en] [aŭtoˈbus]	mit dem Bus fahren
vivir [biˈbir]	leben, wohnen

19

EJERCICIO

La pronunciación

Ponga primero un punto debajo de la vocal acentuada de cada palabra y luego pronuncie cada palabra (Setzen Sie zuerst einen Punkt unter den betonten Vokal jedes Wortes und lesen Sie es danach laut):

azúcar	Badajoz	cerveza
camarero	leche	Valladolid
Cecilia	conversación	Ramón
Gerona	Sevilla	Guadarrama

20

Fin de semana de esquí

Martín: *Ha nevado en la sierra. Las pistas están estupendas con tanta nieve virgen. Luis, Tomás y yo vamos a subir esta tarde y nos quedamos hasta el domingo.*
Eladio: *Me gustaría ir con vosotros pero no tengo equipo para esquiar.*
Martín: *Allí arriba lo alquilan todo.*

19

Die Betonung

Setzt Sie zuerst einen Punkt unter den betonten Vokal eines jeden Wortes, und lesen Sie das Wort danach laut:

az**ú**car	Badaj**o**z	cerv**e**za
camar**e**ro	l**e**che	Valladol**i**d
Cec**i**lia	conversaci**ó**n	Ram**ó**n
Ger**o**na	Sev**i**lla	Guadarr**a**ma

--- DIE EXPERTENECKE ---

El tiempo de Castilla: Nueve meses de invierno y tres de infierno. — Das Wetter Kastiliens: Neun Monate Winter und drei (so heiß) wie die Hölle.

20

Skiwochenende

Martín: Es hat geschneit in den Bergen. Die Pisten sind hervorragend mit so viel Neuschnee. Luis, Tomás und ich fahren heute nachmittag hoch und bleiben bis Sonntag.
Eladio: Ich würde gerne mit euch fahren, aber ich habe keine Ausrüstung zum Skifahren.
Martín: Dort oben kann man alles mieten.

nevar [ne'βar]	schneien
la nieve virgen ['nĭeβe]['birxen]	Neuschnee
el puerto ['pŭɛrto]	Gebirgspaß
el equipo [e'kipo]	Ausrüstung
alquilar [alki'lar]	(ver-)mieten

21

El cumpleaños de la abuela

Hoy la abuela de Fani, que vive sola en una casa de campo, va a cumplir ochenta años. Toda la familia está invitada. Fani ha decidido no ir a la facultad hoy para poder ayudar a su abuela en los preparativos de la fiesta. Mientras que la abuela se dedica a la comida Fani decora la casa.

22

Los pueblos prerromanos en España

Antes de la invasión romana había en la península ibérica muchos pueblos distintos. La Península ibérica lleva el nombre de uno de ellos: los iberos, poseedores de una cultura muy desarrollada. En el sur vivían los tartesos y en el norte los cántabros y los vascos. Los celtas penetraron en el siglo VIII a.C. en la península y, posteriormente, formaron con los iberos el grupo de los celtíberos.

¿Cuál de las lenguas prerromanas se habla aún hoy en día en la península ibérica?

21

Der Geburtstag der Großmutter

Heute wird Fanis* Großmutter, die allein in einem Landhaus lebt, 80 Jahre alt. Die ganze Familie ist eingeladen. Fani hat beschlossen, heute nicht in die Universität zu gehen, um ihrer Großmutter bei den Vorbereitungen der Feier helfen zu können. Während sich die Großmutter dem Essen widmet, schmückt Fani das Haus.

Fani ist die spanische Abkürzung für Estefanía

la abuela [a'bŭela]	Großmutter
la casa ['kasa]	Haus
invitado, -a [imbi'ta^do]	eingeladen
hoy [ɔĭ]	heute
los preparativos [prepara'tiβos]	Vorbereitungen

22

Die vorrömischen Völker in Spanien

Vor der römischen Invasion gab es auf der iberischen Halbinsel viele verschiedene Völker. Die iberische Halbinsel trägt den Namen eines von ihnen: Der Iberer, Besitzer einer hochentwickelten Kultur. Im Süden lebten die Tartesier und im Norden die Kantabrier und die Basken. Die Kelten drangen im 8. Jh. v. Chr. in die Halbinsel ein und bildeten im folgenden mit den Iberern die Gruppe der Keltiberer. Welche der vorrömischen Sprachen wird noch heute auf der iberischen Halbinsel gesprochen?

*Das Baskische ('vasco' oder 'euskera'),
natürlich im Baskenland*

Es ist die einzige Sprache auf der iberischen Halbinsel, die nicht dem Latein entstammt.

23

Ramón en la bolsa madrileña

Martín: *¿Así que te quieres comprar acciones en la bolsa?*
Ramón: *Claro. Creo que, con lo vago que soy, es lo mejor dejar trabajar mi dinero.*
Martín: *¡Cada loco con su tema!*

24

*«En una democracia
es también democrático
protestar democráticamente.»*

Alberto Iniesta

23

Ramón an der Börse von Madrid

Martín: So, du willst dir also Aktien an der Börse kaufen?
Ramón: Na klar. So faul wie ich bin, glaube ich, daß es das beste ist, mein Geld arbeiten zu lassen.
Martín: Jedem Tierchen sein Pläsierchen!

la bolsa ['bɔlsa]	Börse
comprar [kɔm'prar]	kaufen
vago ['bago]	faul
lo mejor [mɛ'xɔr]	das beste
dejar [dɛ'xar]	lassen
loco ['loko]	verrückt
el tema ['tema]	Thema

24

„Es ist in einer Demokratie auch demokratisch, auf demokratische Art und Weise zu protestieren." — Alberto Iniesta (geb. 1923), spanischer Bischof

─────── GRAMMATIK ───────

Betonungsregeln des Spanischen

1. Der Akzent bezieht sich im Spanischen *immer* auf die Betonung der jeweiligen Silbe, *niemals* aber auf die Aussprache.
2. Endet ein Wort auf einem Vokal, auf n oder s, so wird die vorletzte Silbe betont (*com*pra; bas*tan*te; *co*che).
3. Endet ein Wort auf einem Konsonanten (außer n und s), so wird die letzte Silbe betont (li*cor*; Ma*drid*).
4. Bei Abweichungen von Regel 2 und 3 oder bei Trennung eines Doppellautes wird stets ein Akzent gesetzt (ca*fé*; des*pués*).

La mudanza de Aintzane

Aintzane, una amiga vasca de Miriam, ha conseguido un puesto de trabajo fijo en una empresa de comestibles. Pero lo que no le gusta a ella es que ahora tenga que cambiar de casa porque la empresa está en Burgos. Mientras que Aintzane pone sus cosas en grandes cartones de mudanza, Miriam intenta consolarla.

EJERCICIO

Los acentos

Ponga en las siguientes palabras el acento donde haga falta (Setzen Sie bei den folgenden Wörtern einen Akzent, wo es nötig ist):

volcan	aguila
dia	cafe
farmacia	arbol
telefono	aqui
autobus	interes

25

Aintzanes Umzug

Aintzane*, eine baskische Freundin von Miriam, hat einen festen Arbeitsplatz in einem Lebensmittelunternehmen gefunden. Aber was ihr nicht gefällt, ist, daß sie jetzt umziehen muß, denn das Unternehmen ist in Burgos. Während Aintzane ihre Sachen in große Umzugskartons packt, versucht Miriam, sie zu trösten.

Aintzane ist ein baskischer Mädchenname

la mudanza [mu'ðanθa]	Umzug
el puesto de trabajo ['pŭesto] [de] [tra'ɓaxo]	Arbeitsplatz
las comestibles [komes'tibles]	Eßwaren, Lebensmittel
cambiar de casa [kam'bĭar]	umziehen
consolar [konso'lar]	trösten

26

Akzente

So sieht die Auflösung aus:

el volcán – Vulkan; el día – Tag; la farmacia – Apotheke; el teléfono – Telephon; el autobús – Bus; el águila – Adler; el café – Kaffee; el árbol – Baum; aquí – hier; el interés – Interesse

---

DIE EXPERTENECKE

Wichtige Floskeln

¡adelante! – herein!; ¡buen viaje! – Gute Fahrt/Reise!; de nada – bitte (sehr), keine Ursache; ¡con mucho gusto! – Mit Vergnügen!; ¡encantado! – sehr erfreut!; ¡hola! – hallo!, grüß dich!, Tag!; ¡gracias! – danke!; por favor – bitte; ¿qué tal? – wie geht's?; ¡felicidades! – herzlichen Glückwunsch!; ¡que aproveche! – guten Appetit!; lo siento – (es) tut mir leid; ¡que te diviertas! – viel Vergnügen!, viel Spaß!

27

Deporte de invierno

Los turistas que todos los años vienen a España generalmente quieren veranear en las costas del mediterráneo, tomar el sol, bañarse y, de vez en cuando, conocer algo de la cultura española. Lo que sólo pocos saben es que España también ofrece multiples posibilidades para practicar deportes de invierno. Hay estaciones de esquí, p.e. en los pirineos catalanes y en la Sierra Nevada.

¿En qué provincia española está la Sierra Nevada?

28

Empresas del estado

Hay cuatro empresas estatales que conoce todo el mundo en España: el 'Correos', la 'Telefónica', la 'Renfe' y la 'Iberia'. En el extranjero, al contrario, únicamente es conocida la 'Iberia' que es una compañía de aviación que transporta pasajeros a todos los países del mundo.

27

Wintersport

Die Touristen, die jedes Jahr nach Spanien kommen, wollen für gewöhnlich ihren Sommerurlaub an den Küsten des Mittelmeeres verbringen, sonnenbaden, im Meer baden und das ein oder andere Mal etwas von der spanischen Kultur mitbekommen. Was nur wenige wissen, ist, daß Spanien auch vielfältige Möglichkeiten zur Ausübung von Wintersportarten bietet. Es gibt Skistationen z. B. in den katalanischen Pyrenäen und in der Sierra Nevada. In welcher spanischen Provinz liegt die Sierra Nevada?

In der Provinz Granada (Andalusien).

Ein Tip:
Granada macht's möglich: Skifahren im Hochgebirge und Baden im Meer an einem Tag! Schon probiert?

28

Staatsunternehmen

Es gibt vier staatliche Unternehmen, die jedermann in Spanien kennt: 'Correos', die 'Telefónica', die 'Renfe'* und die 'Iberia'. Im Ausland dagegen ist lediglich die 'Iberia' bekannt, ein Luftfahrtunternehmen, das Passagiere in alle Länder der Welt befördert.

*Spanische Eisenbahn
(Red Nacional de Ferrocarriles Españoles)

estatal [estaˈtal]	staatlich
todo el mundo [ˈtođo][ˈmundo]	jedermann
conocer [konoˈθɛr]	kennen
transportar [transpɔrˈtar]	befördern

29

En la nueva casa de Aintzane

Aintzane ya tiene todos los cartones de mudanza en la nueva casa de Burgos. Todos sus amigos la han acompañado allí para ayudarle a arreglar la casa. Después de colocar los muebles Aintzane saca sus cosas de los cartones y los amigos las ponen donde ella dice. Al final cuelgan los posteres en las paredes.

30

La lengua española en el mundo

El español es, después del chino y del inglés, el idioma más hablado del mundo. Cuenta con unos trescientos millones de hablantes en veintiséis países y cuatro continentes. El país en el que vive el mayor número de hablantes de español no es España sino Méjico con sus aproximadamente ochenta millones de hablantes. En España, país de origen del español, sólo unas 40 millones de personas hablan español. Además del español

¿qué lenguas se hablan en España?

29

In Aintzanes neuer Wohnung

Aintzane hat bereits alle Umzugskartons in der neuen Wohnung in Burgos. All ihre Freunde haben sie dorthin begleitet, um ihr zu helfen, die Wohnung einzurichten. Nach dem Aufstellen der Möbel holt Aintzane ihre Sachen aus den Kartons heraus, und die Freunde stellen sie dort, wo sie sagt, hin. Zum Schluß werden die Poster an den Wänden aufgehängt.

acompañar [akɔmpa'ɲar]	begleiten
arreglar [arrɛ'glar]	aufräumen, in Ordnung bringen
colocar [kolo'kar]	(hin-, auf-) stellen
al final [al]['final]	am Ende
el poster [pɔs'tɛr]	Poster

30

Die spanische Sprache in der Welt

Nach dem Chinesischen und dem Englischen ist das Spanische die meistgesprochene Sprache der Welt. Es zählt ungefähr 300 Mio Sprecher in 26 Ländern und vier Kontinenten. Das Land, in dem die größte Zahl Spanisch sprechender Bewohner lebt, ist nicht Spanien, sondern Mexiko mit seinen annähernd 80 Mio Sprechern. In Spanien, Ursprungsland des Spanischen, sprechen nur etwa 40 Mio Personen Spanisch. Welche Sprachen werden außer dem Spanischen noch in Spanien gesprochen?

Neben Spanisch wird noch Baskisch (Baskenland), Galicisch (Galicien) und Katalanisch (Katalonien) gesprochen.

31

*«La traducción destroza
el espíritu del idioma.»*

Federico García Lorca

32

Ramón va a Alicante

Maica: *¿Adónde vas con la mochila, Ramón?*
Ramón: *A la estación de autobuses. Quiero ir a Alicante a visitar un amigo mío.*
Maica: *¡Qué envidia me das! Y ¿porqué no vas en tren?*
Ramón: *No hay ningún tren directo a Alicante.*

31

„Die Übersetzung zerstört die Seele der Sprache." — Federico García Lorca (1898–1936), spanischer Dichter

--- GRAMMATIK ---

Verb und Personalpronomen

tomar (tom-ar) — nehmen

yo	tomo	— ich nehme
tú	tomas	— du nimmst
él, ella, Vd.	toma	— er, sie, es nimmt; Sie (Sg.) nehmen
nosotros	tomamos	— wir nehmen
vosotros	tomáis	— ihr nehmt
ellos, -as, Vds.	toman	— sie, Sie (Pl.) nehmen

32

Ramón fährt nach Alicante

Maica: Wohin gehst du mit dem Rucksack, Ramón?
Ramón: Zum Busbahnhof. Ich will nach Alicante fahren, einen Freund besuchen.
Maica: Wie neidisch du mich machst! Und warum fährst du nicht mit dem Zug?
Ramón: Es gibt keinen direkten Zug nach Alicante.

la mochila [moˈtʃila]	Rucksack
la estación [estaˈθiɔn]	Bahnhof
visitar [bisiˈtar]	besuchen
la envidia [emˈbiðĩa]	Neid
ir en tren [ir] [en] [tren]	mit dem Zug fahren

33

EJERCICIO

Las partes del cuerpo

Conteste a las siguientes preguntas:

1. ¿Qué parte del cuerpo sirve para ver?
2. ¿Qué parte del cuerpo sirve para oír?
3. ¿Qué parte del cuerpo sirve para comer?
4. ¿Qué parte del cuerpo sirve para oler?
5. ¿Qué parte del cuerpo sirve para coger algo?
6. ¿Qué parte del cuerpo sirve para andar?

34

El cumpleaños

Marisa: *Feliz cumpleaños, Natalia. ¿Cuántos años cumples?*
Natalia: *Cumplo 25. Un cuarto de siglo...¡Qué horror! ¡Qué vieja soy! Pero como una no cumple un cuarto de siglo todos los días voy a hacer una fiesta el viernes en la discoteca '501'.*

33

Die Körperteile

Beantworten Sie die folgenden Fragen:

1. Vemos con los **ojos**. — Wir sehen mit den Augen.
2. Oímos con el **oído**. — Wir hören mit den Ohren *.
3. Comemos con la **boca**. — Wir essen mit dem Mund.
4. Olemos con la **nariz**. — Wir riechen mit der Nase.
5. Tocamos y cogemos las — Wir berühren und greifen
   cosas con las **manos**.   Sachen mit den Händen.
6. Andamos con las **piernas**. — Wir gehen mit den Beinen.

*Auf Spanisch sagt man: man hört mit dem Gehör (el oído) und nicht mit den Ohren (Ohrmuscheln; las orejas).

34

Der Geburtstag

Marisa: Herzlichen Glückwunsch zum Geburtstag, Natalia. Wie alt wirst du eigentlich?

Natalia: 25. Ein Vierteljahrhundert... furchtbar! Wie alt ich bin! Aber da man nicht alle Tage ein Vierteljahrhundert alt wird, mache ich am Freitag eine Fete in der Diskothek '501'.

el cumpleaños [kumple'aɲos]	Geburtstag
cumplir [kum'plir]	erfüllen
el siglo ['siglo]	Jahrhundert
la fiesta ['fiesta]	Feier, Fete

35

ADIVINANZA

Se buscan: Ciudades españolas

al – bar – ca – ce – da – do – dr – go – gra – i – id – le – lo – lo – ma – n – na – na – na – na – p – pam – ra – tar – te – to

1. _____
2. _____
3. _____
4. _____
5. _____
6. _____
7. _____

36

El frontón

El frontón es un juego de pelota que tiene sus raíces en tiempos muy remotos. Proviene de un juego rural muy simple del País Vasco que consistía en tirar una pelota con la mano contra una pared. Algunos chistosos dicen que es una especie de 'tenis de monos', porque se juega, parecido al Esquash, en una 'jaula'.

¿Cuáles son los deportes más prácticados en España?

35

Die gesuchten spanischen Städte sind:

Barcelona; Pamplona; Madrid; Toledo; Granada; Tarragona; Alicante

---

DIE EXPERTENECKE

Spanische Redewendungen mit Tieren

aflojar la mosca – den Beutel locker machen, bezahlen *(wörtl.:* die Fliege locker machen) – "Tendré que aflojar la mosca." *(dtsch.:* Ich werde wohl bezahlen müssen.)

matar dos pájaros de un tiro – zwei Fliegen mit einer Klappe schlagen *(wörtl.:* zwei Vögel mit einem Schuß töten) – "Si vas a la ciudad puedes pasar por el teatro y comprar las entradas y así matas dos pájaros de un tiro." *(dtsch.:* Wenn du in die Stadt gehst, kannst du am Theater vorbeigehen und die Karten kaufen und schlägst so zwei Fliegen mit einer Klappe.)

36

Das Frontón

Das Frontón ist ein Ballspiel, das seine Ursprünge in sehr entfernten Zeiten hat. Es entstammt einem sehr einfachen ländlichen Spiel aus dem Baskenland, das darin bestand, einen Ball mit der Hand gegen eine Wand zu schleudern. Einige Witzbolde sagen, daß es eine Art 'Affentennis' ist, weil es, ähnlich wie beim Squash, in einem 'Käfig' gespielt wird. Welche sind die in Spanien am häufigsten praktizierten Sportarten?

Fußball (fútbol) und Basketball (baloncesto).

Wer mehr über das Frontón wissen möchte, kann sich an folgende Adresse wenden:

Federación Española de Pelota
c/Los Madrazos, 11
28014 Madrid
Tel.: 91/2214299 u. 2323879

37

Renovación del pasaporte

Tomás: *Hola, Eladio. ¿Adónde vas?*
Eladio: *Voy al ayuntamiento a renovar mi pasaporte. El que tengo ya no es válido. Si quiero ir de vacaciones me hace falta.*
Tomás: *Debería mirar el mío. No sé hasta cuándo vale.*

38

El sistema escolar

A partir de los 6 años los niños españoles deben seguir los estudios obligatorios de EGB que, en total, abarcan 8 años. Los alumnos que siguen estudiando cambian a un instituto y hacen allí el BUP, que son 3 años. Para estudiar después en una universidad es necesario participar en el COU, que dura un año.

37

Verlängerung des Reisepasses

Tomás: Hallo, Eladio. Wohin gehst du?
Eladio: Ich gehe zum Rathaus, um meinen Paß verlängern zu lassen. Der, den ich habe, ist abgelaufen. Wenn ich Urlaub machen will, brauche ich ihn.
Tomás: Ich sollte meinen mal ansehen. Ich weiß gar nicht, bis wann er gilt.

adónde [a'ðɔnde]	wohin
el ayuntamiento [ajunta'mĭento]	Rathaus
válido ['baliðo]	gültig
las vacaciones [baka'θĭones]	Ferien
valer [ba'lɛr]	gültig sein

38

Das Schulsystem

Mit 6 Jahren müssen die spanischen Kinder zur Schule gehen. Zuerst machen sie die obligatorische EGB*, die insgesamt 8 Jahre umfaßt. Die Schüler, die weiter zur Schule gehen, wechseln auf ein Gymnasium und machen dort das BUP*, was drei Jahre dauert. Um danach an einer Universität zu studieren, ist es notwendig, an dem ein Jahr dauernden COU* teilzunehmen.

*EGB: Enseñanza General Básica (span. Grundschule)
*BUP: Bachillerato Unificado Polivalente
  (gymnasiale Oberstufe)
*COU: Curso de Orientación Universitaria (Voruniversitätsjahr)

primero [pri'mero]	zuerst
abarcar [aβar'kar]	umfassen
el alumno [a'lumno]	Schüler
el instituto [insti'tuto]	Gymnasium
participar [partiθi'par]	teilnehmen

39

EJERCICIO

Las conjugaciones

Ponga los verbos en la forma correspondiente:

Carlos _____ (llamar) a María José.
Tú y yo _____ (hacer) la compra.
Nosotros _____ (veranear) en Francia.
Ellos _____ (hablar) de las elecciones.
Vosotros _____ (mirar) la tele.
Tú _____ (llegar) siempre tarde.
Yo _____ (escribir) una postal.

40

Aintzane se ha perdido

Aintzane: *¡Oiga! Perdone, ¿sabe Ud. cómo llego a la catedral desde aquí?*
Señor: *Claro, señorita. Tiene Ud. que bajar toda esta calle para abajo. Allí verá a mano derecha un semáforo y justo al lado del semáforo hay unas indicaciones.*

39

Die Konjugationen

Setzen Sie die Verben in die entsprechende Form:

Carlos **llama** a María José. — *Carlos ruft María José an.*
Tú y yo **hacemos** la compra. — *Du und ich, wir kaufen ein.*
Nosotros **veraneamos** en Francia. — *Wir verbringen den Sommerurlaub in Spanien.*
Ellos **hablan** de las elecciones. — *Sie sprechen von den Wahlen.*
Vosotros **miráis** la tele. — *Ihr seht fern.*
Tú **llegas** siempre tarde. — *Du kommst immer zu spät.*
Yo **escribo** una postal. — *Ich schreibe eine Postkarte.*

40

Aintzane hat sich verlaufen

Aintzane: Hallo! Entschuldigen Sie, wissen Sie, wie ich von hier aus zur Kathedrale komme?
Herr: Natürlich! Sie müssen die ganze Straße hier heruntergehen. Dort sehen sie auf der rechten Seite eine Ampel. Direkt neben der Ampel sind Hinweisschilder.

perderse [pɛrˈdɛrse]	sich verlaufen
¡oiga! [ˈɔiga]	hallo!; hören Sie!
la calle [ˈkaʎe]	Straße
a mano derecha [a] [ˈmano] [deˈretʃa]	rechts; auf der rechten Seite
el semáforo [seˈmaforo]	Ampel

41

El Premio Nobel de Literatura

La España del siglo XX fue, hasta la Guerra Civil Española, muy rica en escritores. En los años de la dictadura del régimen de Franco emigraron muchos y la literatura española llegó a su punto más bajo. En 1.956 Juan Ramón Jiménez obtuvo el Premio Nobel de Literatura, pero por obras que había escrito antes de la guerra civil. En 1.989 Camilo José Cela fue honrado con el Premio.

¿Cuál es el libro más famoso de C.J.Cela?

42

Rebajas

Carmen: *¡Hola, Marisa! En el Corte Inglés hay grandes rebajas. ¿Qué te parece? ¿Vamos juntas allí esta tarde?*
Marisa: *Vale, de acuerdo. Necesito un par de zapatos. ¿Cómo quedamos?*
Carmen: *A las cinco estoy en Plaza Nueva.*

41

Der Literatur-Nobelpreis

Das Spanien des 20. Jahrhunderts war bis zum Spanischen Bürgerkrieg sehr reich an Schriftstellern. Viele emigrierten in den Jahren der Diktatur des Francoregimes, und die spanische Literatur erreichte ihren Tiefpunkt. 1956 erhielt Juan Ramón Jiménez den Nobelpreis für Literatur, allerdings für Werke, die er vor dem Bürgerkrieg geschrieben hatte. 1989 wurde Camilo José Cela mit diesem Preis ausgezeichnet. Welches ist das berühmteste Buch von C. J. Cela?

Das wohl bekannteste Werk Celas ist 'Der Bienenkorb' (span.: 'La Colmena').

Ein weiteres, ebenfalls ins Deutsche übersetzte Buch von ihm ist 'Die Familie von Pascual Duarte' (span.: 'La Familia de Pascual Duarte').

42

Schlußverkauf

Carmen: Hallo, Marisa! Im Corte Inglés gibt es Sonderangebote. Was meinst du? Sollen wir heute nachmittag zusammen dorthingehen?
Marisa: O.K., einverstanden. Ich brauche ein Paar Schuhe. Wie verbleiben wir?
Carmen: Ich bin um fünf auf dem Plaza Nueva.

el Corte Inglés [ˈkɔrte][iŋˈgles]	*Kaufhauskette in Spanien*
la rebaja [rrɛˈbaxa]	Ermäßigung, (Sonder-)Angebot
pensar en [penˈsar]	denken an
quedar [keˈdar]	(ver-)bleiben
la tarde [ˈtarde]	Nachmittag

43

EJERCICIO

Los artículos

Ponga el artículo correcto delante de cada palabra:

_____ salud   _____ sofá

_____ ciudad   _____ solución

_____ problema   _____ telegrama

_____ mano   _____ jardín

_____ día   _____ radio

_____ televisor   _____ mujer

_____ hombre   _____ ley

44

El crucigrama

Marisa: *Oye, Carmen. ¿Sabes un emperador romano con cuatro letras? No se me ocurre nada.*
Carmen: *Será Nero, creo. ¿O no?*
Marisa: *Sí, exacto. Ahora voy a enviar la solución. Sortean un viaje al Caribe en un crucero.*

Artikel

Die Wörter haben folgende Artikel:

la salud – Gesundheit; el sofá – Sofa;
la ciudad – Stadt; la solución – Lösung;
el problema – Problem; el telegrama – Telegramm;
la mano – Hand; el jardín – Garten;
el día – Tag; la radio – Radio;
el televisor – Fernseher; la mujer – Frau;
el hombre – Mann; la ley – Gesetz

DIE EXPERTENECKE

Quien fue a Sevilla perdió su silla. – Weggegangen, Platz vergangen *(wörtl.:* Der, der nach Sevilla ging, hat seinen Stuhl verloren).

Das Kreuzworträtsel

Marisa: Hör mal, Carmen. Kennst du einen römischen Kaiser mit vier Buchstaben? Mir fällt nichts ein.
Carmen: Das wird Nero sein. Oder nicht?
Marisa: Ja, genau. Jetzt werde ich die Lösung einschicken. Es wird eine Reise in die Karibik mit einem Kreuzfahrtschiff verlost.

el emperador [empera'dɔr]	Kaiser
la letra ['letra]	Buchstabe
la solución [solu'θĭɔn]	Lösung
el viaje [bi'axe]	Reise
sortear [sɔrte'ar]	**verlosen**

45

«Yo no busco, yo encuentro.»
Pablo Picasso

46

La fiesta de entrada

La nueva casa de Aintzane está lista ya desde hace casi dos semanas. Aintzane ha invitado a todos sus amigos de Madrid y a los nuevos amigos de Burgos para celebrar hoy la fiesta de entrada. Los amigos de Madrid ya han venido por la mañana y han ido al mercado para comprar todo lo que hace falta para la fiesta.

45

„Ich suche nicht, ich finde." — Pablo Picasso (1881–1973), spanischer Maler

---
GRAMMATIK

Die drei wichtigsten Verben:

ser – sein	**estar** – sein	**tener** – haben
soy	estoy	tengo
eres	estás	tienes
es	está	tiene
somos	estamos	tenemos
sois	estáis	tenéis
son	están	tienen

▶ Das Verb 'ser' dient zu Aussagen über unveränderliche Merkmale eines Gegenstands oder einer Person und nicht(!) über deren Zustand.
▶ Das Verb 'estar' dient zur Angabe a) des Orts; b) des (körperlichen) Zustands.

46

Die Einzugsparty

Die neue Wohnung von Aintzane ist schon seit fast zwei Wochen fertig. Aintzane hat all ihre Freunde aus Madrid und ihre neuen Freunde aus Burgos eingeladen, um heute die Einzugsparty zu feiern. Die Freunde aus Madrid sind schon heute morgen gekommen und zum Markt gegangen, um alles Nötige für die Fete einzukaufen.

desde hace ['dezðe] ['aθe]	seit
casi ['kasi]	fast; beinahe
celebrar [θele'brar]	feiern
la fiesta ['fĭesta]	Feier; Fete; Party
hoy [ɔĭ]	heute
por la mañana [pɔr] [la] [ma'ɲana]	morgens; am Morgen

47

Dialectos

Marisa y Philly, un amigo inglés de ella, hablan de España.

Philly: *¿Cuántos dialectos hay en tu país?*
Marisa: *¿Dialectos? Habrá muchos, cada región tiene un modo de hablar propio. Pero aparte se hablan en algunas provincias idiomas propios.*

48

---EJERCICIO---

Ser, estar y tener

Traduzca las siguientes frases al español:

1. Klaus ist unruhig.
2. Roberto ist blond.
3. Maica ist 28 Jahre alt.
4. Juan geht es sehr gut.
5. Wir sind in Malaga.
6. Habt ihr Lust, ins Kino zu gehen?
7. Geht es dir nicht gut?

47

Dialekte

Marisa und Philly, ein englischer Freund von ihr, sprechen über Spanien.

Philly: Wieviele Dialekte gibt es in deinem Land?
Marisa: Dialekte? Es mag viele geben, jede Gegend hat ihre eigene Art zu sprechen. Aber daneben werden in einigen Provinzen eigenständige Sprachen gesprochen.

el amigo [a'migo]	Freund
el idioma [i'ðioma]	Sprache
el modo de hablar ['moðo][a'ƀlar]	Sprechweise
pero ['pero]	aber
propio ['propio]	eigene,-r

48

Sein, sich befinden und haben

Übersetzen Sie die folgenden Sätze ins Spanische:

1. Klaus está intranquilo.
2. Roberto es rubio.
3. Maica tiene 28 años.
4. Juan está muy bien.
5. Estamos en Málaga.
6. ¿Tenéis ganas de ir al cine?
7. ¿No estás bien?

DIE EXPERTENECKE

Ramón tiene muy mala cara.	— Ramon sieht sehr schlecht aus.
Felipe tiene mucho rollo.	— Felipe erzählt gerne viel (aber langweilig).
Antonio no tiene idea.	— Antonio hat keine Ahnung.

49

El día de los enamorados

Eladio y Eva están recién enamorados. Cada uno piensa en qué le puede regalar al otro para hoy. Eladio sigue la tradición y compra un ramo de rosas rojas para Eva. Pero Eva quiere regalarle a Eladio algo fuera de lo normal, por eso le compra tres mazas de malabarismo. A Eladio le encanta hacer malabarismo.

50

Un año memorable

Rara vez ha habido, en toda la historia de España, un año comparable al año 1.992. Coinciden este año una serie de acontecimientos que realmente tienen una importancia extraordinaria: el 5º Centenario del Descubrimiento de América, los Juegos Olímpicos de Barcelona, la "EXPO" de Sevilla y finalmente España llega a ser Miembro de Pleno Derecho de la Comunidad Europea. Todos los años se celebra el Descubrimiento de América.

¿Cómo se llama este día festivo?

49

Der Tag der Verliebten

Eladio und Eva sind frisch verliebt. Jeder überlegt, was er dem anderen heute schenken kann. Eladio folgt der Tradition und kauft einen Strauß roter Rosen für Eva. Eva aber möchte Eladio etwas Außergewöhnliches schenken und kauft ihm deswegen drei Jonglierkeulen. Eladio jongliert unheimlich gern.

enamorado [enamo'ra^{d}o]	verliebt
regalar [rrɛga'lar]	schenken
hoy [ɔɪ̯]	heute
el ramo de flores ['rramo]['flɔrɛs]	Blumenstrauß
hacer malabarismo [malaβa'rismo]	jonglieren

50

Ein denkwürdiges Jahr

Selten hat es in der gesamten Geschichte Spaniens ein mit dem Jahr 1992 vergleichbares Jahr gegeben. In diesem Jahr fallen eine Serie von Ereignissen zusammen, die wirklich eine außergewöhnliche Bedeutung haben: Der 500. Jahrestag der Entdeckung Amerikas, die Olympischen Spiele von Barcelona, die „EXPO" von Sevilla, und zu guter Letzt wird Spanien Vollmitglied der Europäischen Gemeinschaft. Jedes Jahr wird die Entdeckung Amerikas gefeiert. Wie heißt dieser Feiertag?

Der Tag der Entdeckung Amerikas ist der 12. Oktober. Er heißt 'Tag der Hispanität' (Dia de la Hispanidad) und ist einer der großen Feiertage Spaniens.

51

Medina Azahara

La ciudad de palacios Medina Azahara está situada a unos ocho kilómetros de Córdoba. En 936 el califa de Córdoba hizo construir esta lujosa residencia de la cual hoy en día la mayor parte está en ruinas. Solamente la llamada Casa Real ha sido reconstruida.
El terreno de Medina Azahara se extendía sobre tres terrazas. En la más alta estaba el Alcázar, en las demás las viviendas, el mercado y los jardines.

¿Cómo se llama el califa de Córdoba que hizo construir Medina Azahara?

52

Después del concierto de rock

Fani: *¿Qué te ha parecido el concierto?*
Miriam: *No ha estado mal. Pero lo que no me ha gustado nada es que con tanta gente que había delante de mí casi no he visto a la cantante.*
Fani: *Tienes razón. Lo tenemos muy crudo las personas bajas.*

51

Medina Azahara

Die Palaststadt Medina Azahara liegt ungefähr acht Kilometer von Córdoba entfernt. 936 ließ der Kalif von Córdoba diese luxuriöse Residenz erbauen, von der heute der größte Teil in Ruinen liegt. Nur das sog. Königshaus ist wiederaufgebaut worden. Das Gelände von Medina Azahara breitete sich über drei Terassen aus. Auf der obersten befand sich der Alcázar, auf den übrigen die Wohnhäuser, der Markt und die Gärten. Wie heißt der Kalif von Córdoba, der Medina Azahara bauen ließ?

Der Kalif heißt Abderrahmán III.

Er ließ die Anlage für seine Lieblingsfrau Zahara errichten.

52

Nach dem Rockkonzert

Fani: Wie hat dir das Konzert gefallen?
Miriam: Ganz gut. Aber was mir überhaupt nicht gefallen hat, ist, daß ich bei den vielen Leuten, die vor mir standen, die Sängerin beinahe nicht gesehen habe.
Fani: Stimmt. Wir kleinen Leute haben es ganz schön schwer.

parecer [pare'θεr]	scheinen; meinen
gustar [gus'tar]	gefallen; mögen
la gente ['xente]	Leute
casi ['kasi]	fast; beinahe
bajo ['baxo]	klein; niedrig

La mani

Maica: ¿Qué tienes ahí?
Fani: Nada especial. Sólo una hoja volante que me han dado en la mani en Gran Vía.
Maica: ¿Qué? ¿Hay otra mani en Gran Vía? ¿Contra qué es esta vez?
Fani: Contra el nuevo sistema de selectividad.

«*Todo deseo tiene un objeto
y éste es siempre oscuro.
No hay deseos inocentes.*»
Luis Buñuel

53

Die Demo

Maica: Was hast du da?
Fani: Nichts Besonderes. Nur ein Flugblatt, das man mir auf der Demo auf der Gran Vía gegeben hat.
Maica: Was? Schon wieder eine Demo auf der Gran Vía? Gegen was ist sie dieses Mal?
Fani: Gegen das neue Selectividad-System*.

*Die Selectividad (dtsch.: Trennschärfe) ist ein Auswahlverfahren bzw. eine Aufnahmeprüfung, die jeder, der in Spanien studieren will, über sich ergehen lassen muß.

nada [ˈnaða]	nichts
especial [espeˈθïal]	besondere(r)
la hoja volante [ˈɔxa] [boˈlante]	Flugblatt
la mani(festación) [manifestaˈθïɔn]	Demo(nstration)
esta vez [ˈesta] [beθ]	dieses Mal

54

„Jede Begierde hat ein Objekt, und dieses ist immer sündhaft. Es gibt keine unschuldige Begierde." — Luis Buñuel (1900–1981), spanischer Filmregisseur

--- GRAMMATIK ---

Die Fragepronomen

¿**Qué** hay en el paquete?	— Was ist in dem Paket?
¿En **qué** paquete?	— In welchem Paket?
¿**Cuántas** cartas tienes?	— Wieviele Briefe hast du?
¿**Cuánto** dinero tiene Ud.?	— Wieviel Geld haben Sie?
¿**Dónde** está Catalayud?	— Wo ist Catalayud?
¿**Adónde** vas?	— Wohin gehst du?
¿**Cómo** estás?	— Wie geht es dir?
¿**Quién** es ese señor?	— Wer ist dieser Herr?
¿**Cuál** señor?	— Welcher Herr?
¿**Por qué** no bebes?	— Warum trinkst du nicht?
¿**Para qué** compras esto?	— Wofür kaufst du das?

55

EJERCICIO

Verbos en '-ar'

Ponga los verbos en la forma correspondiente:

1. Manolo _____ (llamar) a Nuria.
2. Tú y yo _____ (tomar) un café.
3. Nosotros _____ (veranear) en Francia.
4. Los señores _____ (hablar) de las elecciones.
5. Vosotros _____ (mirar) la tele.
6. Tú _____ (llegar) siempre tarde.

56

Un crédito del banco

Martín: *¡Por Dios! ¡Otra vez se ha roto mi coche! Precisamente ahora que lo necesito para mi trabajo de profesor. ¡Y no tengo nada de dinero!*

Eladio: *Pues, te recomiendo que vayas al banco y pidas un pequeño crédito.*

55

Verben auf '-ar'

Setzen Sie die Verben in die entsprechende Form:

1. Manolo **llama** a Nuria. – Manolo ruft Nuria an. 2. Tú y yo **tomamos** un café. – Du und ich, wir trinken einen Kaffee. 3. Nosotros **veraneamos** en Francia. – Wir machen Sommerferien in Frankreich. 4. Los señores **hablan** de las elecciones. – Die Herren sprechen über die Wahlen. 5. Vosotros **miráis** la tele. – Ihr seht fern. 6. Tú **llegas** siempre tarde. – Du kommst immer zu spät.

DIE EXPERTENECKE

Un chiste (ein Witz)

«¿Cómo se inventó el cable de cobre?» «No sé. ¿Cómo?» «Dos catalanes tirando de una peseta.» – „Wie wurde der Kupferdraht erfunden?" „Ich weiß nicht. Wie?" „Zwei Katalanen, die an einer Pesete ziehen." (Die Katalanen haben im übrigen Spanien den Ruf, sehr geizig zu sein.)

56

Ein Bankkredit

Martín: Um Gottes Willen! Mein Wagen ist schon wieder kaputt! Ausgerechnet jetzt, wo ich ihn für meinen Job als Lehrer brauche. Und ich habe keinen Pfennig Geld!

Eladio: Hm, ich empfehle dir, daß du zur Bank gehst und einen kleinen Kredit verlangst.

otra vez ['otra][beθ]	wieder, noch einmal
precisamente [preθisa'mente]	ausgerechnet
el trabajo [tra'baxo]	Arbeit, Job
el dinero [di'nero]	Geld
recomendar [rrɛkomen'dar]	empfehlen

57

Maica cuida a su sobrino

Ésta noche la hermana de Maica y su marido están invitados a una fiesta. Por eso han preguntado a Maica si ella quiere cuidar a su hijo que ahora tiene un año y medio. Maica ha aceptado con mucho gusto porque en la casa de su hermana hay un buen televisor con el que piensa ver las „Bodas de Sangre" que hoy ponen en la tele.

58

Los piropos

No es que el decir piropos a una mujer sea costumbre de todos los españoles en todas partes de España. ¡Ni mucho menos! Es más bien un hábito de los hombres (y últimamente también de algunas mujeres) del sur de España. Algunos hombres andaluces que ven pasar a una mujer guapa le dicen a esta mujer una frasecita corta, en la mayoría de los casos muy ingeniosa, con la que alaban sus encantos.

¿Ya ha oído Ud. por casualidad un piropo en Andalucía?

57

Maica paßt auf ihren Neffen auf

Heute abend sind die Schwester von Maica und ihr Ehemann zu einer Party eingeladen. Deswegen haben sie Maica gefragt, ob sie auf ihr anderthalbjähriges Kind aufpassen will. Maica hat mit Vergnügen eingewilligt, da in der Wohnung ihrer Schwester ein guter Fernsehapparat steht, mit dem sie sich die „Bluthochzeit"* ansehen will, die heute im Fernsehen gezeigt wird.

Der Film „Bluthochzeit" ist vom spanischen Regisseur Carlos Saura

la hermana [ɛrˈmana]	Schwester
el marido [maˈriđo]	Ehemann
cuidar [kŭiˈdar]	aufpassen
aceptar [aθepˈtar]	annehmen, akzeptieren
ver la tele [bɛr] [la] [ˈtele]	fernsehen

58

Die „Piropos"

Es ist nicht so, daß es in allen Teilen Spaniens Brauch aller Spanier wäre, einer Frau Komplimente nachzurufen. Ganz und gar nicht! Es ist eher eine Gewohnheit der Männer (und neuerdings auch von einigen Frauen) im Süden Spaniens. Einige andalusische Männer, die eine hübsche Frau vorbeigehen sehen, rufen ihr einen kurzen, in den meisten Fällen sehr einfallsreichen (und lustigen) Satz hinterher, mit dem sie ihre Reize loben. Haben Sie zufällig schon einen „Piropo" in Andalusien gehört?

Noch nicht? Hier eine Kostprobe:

¡Chiquilla vete por la sombra que el sol muere de envidia! – Mädchen, geh in den Schatten, die Sonne stirbt (schon) vor Neid!

59

> *«Para escribir
> sólo hay que tener
> algo que decir.»*
>
> Camilo José Cela

60

Una caja de flores

A Marisa le deprimen esos balcones tristes y grises. Desde hace ya tiempo quiere adornar el balcón del piso con algo alegre, de colores. "Y lo mejor para ello son flores", piensa ella y baja a una tienda de bricolaje. Compra clavos y madera para construir una caja de flores.

59

„Um zu schreiben, muß man nur etwas zu sagen haben." — Camilo José Cela (*1916), spanischer Literaturnobelpreisträger

---
GRAMMATIK

Die Verneinung

No voy a clase. — Ich gehe nicht in den Unterricht.
No he comprado el boli. — Ich habe den Kuli nicht gekauft.
No se ha sentado. — Er hat sich nicht gesetzt.
Aquí *no* llueve *nunca*. — Hier regnet es nie.
¿*No* quiere *nada* más? — Möchten Sie nichts mehr?

1. Die Verneinung **no** steht immer vor: Haupt- oder Hilfsverb, Personal- oder Reflexivpronomen.
2. Stehen die Negationen **nada, nadie, ninguno, nunca** hinter dem Verb, so muß die zusätzliche Negation **no** vor dem Verb stehen.

60

Ein Blumenkasten

Marisa deprimieren diese grauen und traurigen Balkone. Schon seit langem will sie den Balkon der Wohnung mit etwas Fröhlichem, Farbigem schmücken. „Und das Beste dafür sind Blumen", denkt sie und geht in ein Bastelgeschäft. Sie kauft Nägel und Holz, um einen Blumenkasten zu bauen.

la flor [flɔr]	Blume
triste ['triste]	traurig
desde hace ['dezðe]['aθe]	seit
el color [ko'lɔr]	Farbe
construir [kɔnstru'ir]	bauen

61

― ADIVINANZA ―

Se buscan: colores

A	L	M	A	R	I	S	A	C
R	E	A	Z	U	L	I	M	R
V	E	R	D	E	M	R	A	L
A	G	R	I	S	T	O	R	E
I	N	O	R	U	J	J	I	S
T	A	N	E	G	R	O	L	I
E	I	N	U	R	A	I	L	K
R	A	B	L	A	N	C	O	N

62

Los españoles y las fiestas

A muchos extranjeros sorprende la inmensa cantidad de fiestas, sean religiosas o sean tradicionales de una región determinada. Basta nombrar algunas de las más conocidas: las "Fallas" de Valencia, la "Pasión" de Esparraguera, el "Rocío" de Huelva, "San Isidro" de Madrid, el "Encierro" de Pamplona y muchas más. En cada una de las fiestas las calles están llenas de gente.

¿En qué mes caen las "Fallas" de Valencia?

Gesucht werden: Farben

```
A L M A R I S A C
R E A Z U L I M R
V E R D E M R A L
A G R I S T O R E
I N O R U J J I S
T A N E G R O L I
E I N U R A I L K
R A B L A N C O N
```

azul	— blau
verde	— grün
gris	— grau
negro	— schwarz
blanco	— weiß
amarillo	— gelb
rojo	— rot

Die Spanier und die Feste

Viele Ausländer überrascht die Unmenge an Festen, seien sie nun religiös oder Tradition einer bestimmten Region. Es genügt schon, einige der bekanntesten aufzuführen: Die „Fallas" in Valencia, die „Pasión" in Esparraguera, der „Rocío" in Huelva, „San Isidro" in Madrid, der „Encierro" in Pamplona und viele andere. Bei jedem einzelnen dieser Feste sind die Straßen voller Menschen. In welchem Monat finden die „Fallas" in Valencia statt?

Jedes Jahr im März.

Wer über die Feste in Spanien und deren Termine ganz genau Bescheid wissen möchte, kann sich an das Spanische Fremdenverkehrsamt (Düsseldorf, Frankfurt und München) wenden. Dort ist ein „Festkalender" erhältlich.

Nuevos muebles para el salón

Mavi: *Carmen, ¡no salgas! Ha dicho papá que nos quedemos en casa porque hoy vienen los muebles nuevos para el salón.*

Carmen: *¡Qué mal! ¡Ya iba siendo hora! ¿A qué hora viene el camión?*

Mavi: *No lo sé. Dijeron que sobre las doce o la una.*

Preparativos para el fin de semana

Carmen, Marisa, Eladio y Martín quieren ir a pescar este fin de semana en el pantano de Cubillas. Ya han hablado de lo que se tienen que llevar. Carmen y Marisa van a comprar la comida: pan, aceitunas, catsup etc. Eladio y Martín se ocupan del equipo de pesca: el cebo, cañas de pescar, botas de goma.

63

Neue Wohnzimmermöbel

Mavi: Carmen, geh nicht raus! Papa hat gesagt, daß wir zu Hause bleiben sollen, weil heute die neuen Wohnzimmermöbel kommen.
Carmen: Gott sei Dank! Das wurde auch Zeit! Um wieviel Uhr kommt der LKW?
Mavi: Das weiß ich nicht. Sie sagten so um zwölf oder eins.

el mueble ['mueble]	Möbelstück
quedarse [ke'darse]	bleiben
¡menos mal! ['menos][mal]	Gott sei Dank!
el camión [ka'mjɔn]	LKW

64

Vorbereitungen für das Wochenende

Carmen, Marisa, Eladio und Martín wollen an diesem Wochenende im Stausee von Cubillas* fischen gehen. Sie haben schon darüber gesprochen, was sie mitnehmen müssen. Carmen und Marisa gehen Essen kaufen: Brot, Oliven, Ketchup usw. Eladio und Martín befassen sich mit der Angelausrüstung: Köder, Angeln, Gummistiefel.

*Der Stausee von Cubillas liegt ungefähr 10 km nördlich von Granada.

el fin de semana [fin][de][se'mana]	Wochenende
llevar [ʎe'bar]	(hin)bringen, mitnehmen
el pan [pan]	Brot
la comida [ko'mida]	Essen
el cebo ['θebo]	Köder

Compra de una chaqueta impermeable

A Eladio le encanta ir de excursión por la montaña. Y como el tiempo cambia muy rápidamente en la sierra por fin se compra una chaqueta impermeable.

Martín: *¿Has oído de esas chaquetas que resisten al agua?*

Eladio: *Claro, las he visto en el Corte Inglés.*

«Los ordenadores son inútiles.
Sólo pueden darte respuestas.»

Pablo Picasso

Kauf einer wetterfesten Jacke

Eladio macht sehr gerne Ausflüge in die Berge. Da im Gebirge das Wetter sehr schnell umschlägt, kauft er sich endlich eine wetterfeste Jacke.

Martín: Hast du von diesen Jacken gehört, die wasserundurchlässig sind?
Eladio: Na klar, ich habe sie im Corte Inglés gesehen.

encantar [eŋkan'tar]	bezaubern, gerne tun
la excursión [eskur'sĭon]	Ausflug
el tiempo ['tĭempo]	Wetter, Zeit
la chaqueta [tʃa'keta]	Jacke

„Computer sind unnütz. Sie können dir nur Antworten geben."
— Pablo Picasso (1881 – 1973), spanischer Maler

GRAMMATIK

Das Verb

Nach ihrer Endung im Infinitiv werden die spanischen Verben in drei Gruppen unterteilt: Verben auf -ar, -er oder -ir.

Indikativ Präsens:

		estudi**ar**	com**er**	viv**ir**
Singular	1.	estudi**o**	com**o**	viv**o**
	2.	estudi**as**	com**es**	viv**es**
	3.	estudi**a**	com**e**	viv**e**
Plural	1.	estudi**amos**	com**emos**	viv**imos**
	2.	estudi**áis**	com**éis**	viv**ís**
	3.	estudi**an**	com**en**	viv**en**

Los romanos en España

En el año 201 a.C., los cartagos tuvieron que dejar sus territorios en la península española a los romanos. En los siglos siguientes éstos extendieron su imperio sobre toda la península. La consecuencia fue una profunda romanización de todos los habitantes originales. La lengua española de hoy, el castellano, es un descendiente del latín hablado.

¿En qué ciudad española se encuentra un acueducto romano?

Un fin de semana de pesca

Martín: *¡Venga, vamos! Ya son las ocho y media. Carmen y Marisa ya estarán esperándonos.*
Eladio: *¡Cuánto detesto madrugar los fines de semana!*
Martín: *¡Qué vago eres! La idea de ir a pescar era tuya y ahora se te pegan las sábanas.*

67

Die Römer in Spanien

Im Jahr 201 v.Chr. mußten die Karthager ihre Territorien auf der spanischen Halbinsel den Römern überlassen. Diese breiteten ihre Herrschaft in den darauffolgenden Jahrhunderten über die ganze Halbinsel aus. Die Folge war eine tiefgreifende Romanisierung aller ursprünglichen Einwohner. Die heutige spanische Sprache, das Kastilische, ist ein Nachfahre des gesprochenen Latein. In welcher spanischen Stadt befindet sich ein römisches Aquädukt?

Das bedeutendste römische Aquädukt Spaniens befindet sich in Segovia.

Das im 1. Jh. n. Chr. entstandene Bauwerk hat 170 Bögen.

68

Ein Angelwochenende

Martín: Los, laß uns gehen! Es ist schon halb neun. Carmen und Marisa werden schon auf uns warten.
Eladio: Wie ich es verabscheue, an Wochenenden früh aufzustehen.
Martín: Du Faulpelz! Es war deine Idee, fischen zu gehen, und jetzt kommst du nicht aus den Federn*.

* *Wörtlich: Und jetzt kleben die Bettlaken an dir.*

¡venga! ['beŋga]	los!
¡vamos! ['bamos]	laß uns gehen!
esperar [espeˈrar]	warten, hoffen
madrugar [maðruˈgar]	früh aufstehen
la sábana [ˈsaβana]	Bettlaken

El gato

Miriam: *¿De quién es ese gato?*
Martín: *No sé, ya lleva un par de horas persiguiéndome por toda la ciudad.*
Miriam: *Y ahora ¿qué vas a hacer con él?*
Martín: *No me quedará más remedio que llevármelo a casa.*

EJERCICIO

Las conjugaciones

Ponga los verbos en la forma correspondiente:

1. Maica y Miriam (vivir) _____ en el mismo barrio.
2. Ramón y yo (jugar) _____ al ajedrez.
3. Aintzane (escribir) _____ muchas cartas.
4. ¡Fani! ¿Cómo (tomar) _____ tú el café?
5. Vosotros, ¿a qué hora (llegar) _____ al cine?
6. Yo (leer) _____ «La casa de los espíritus».
7. Martín no (comer) _____ nunca paella.

69

Die Katze

Miriam: Wem gehört diese Katze?
Martín: Ich weiß nicht, sie verfolgt mich schon ein paar Stunden durch die ganze Stadt.
Miriam: Und was wirst du jetzt mit ihr machen?
Martín: Mir wird nichts anderes übrigbleiben, als sie mit nach Hause zu nehmen.

el gato ['gato]	Katze
¿de quién es/son ...? [de] [kĭen] [es] [sɔn]	wem gehört/gehören...?
un par de... [par de]	ein paar ...
perseguir [pɛrse'gir]	verfolgen
toda la ciudad ['toɖa] [la] [θĭu'ɖa⁽ᵈ⁾]	die ganze Stadt

70

Konjugationen

Setzen Sie die Verben in die entsprechende Form:

1. Maica y Miriam **viven** en el mismo barrio. – Maica und Miriam leben im gleichen Viertel. 2. Ramón y yo **jugamos** al ajedrez. – Ramón und ich spielen Schach. 3. Aintzane **escribe** muchas cartas. – Aintzane schreibt viele Briefe. 4. ¡Fani! ¿Cómo **tomas** tú el café? – Fani! Wie trinkst du deinen Kaffee? 5. Vosotros, ¿a qué hora **llegáis** al cine? – Um wieviel Uhr kommt ihr zum Kino? 6. Yo **leo** «La casa de los espíritus». – Ich lese „Das Geisterhaus". 7. Martín no **come** nunca paella. – Martín ißt nie Paella.

DIE EXPERTENECKE

"P.V.P." und "IVA" sind zwei häufige Abkürzungen auf Preisschildern bzw. Speisekarten in Spanien. Sie bedeuten: "Precio de Venta al Público" (Verkaufspreis) und "Impuesto sobre el Valor Añadido" (Mehrwertsteuer).

71

En el cuartel de policía

Martín: *Quería preguntar si este gato es de alguien. Porque si no me gustaría llevármelo a casa.*
Policía: *¿Sabe Ud. cuántos gatos sin dueños andan sueltos por la ciudad aquí? Haga el favor de no molestarme con tal minucia.*

72

EJERCICIO

Pronombres interrogativos

Forme preguntas de las frases siguientes:

1. Este país es Uruguay.
2. Manolo está fenomenal.
3. Uds. se quedan cinco días.
4. José va a Zaragoza.
5. Algeciras está en España.
6. Mar tiene tres entradas.

71

Auf der Polizeiwache

Martín: Ich wollte fragen, ob diese Katze jemandem gehört. Denn wenn sie niemandem gehört, würde ich sie gerne mit nach Hause nehmen.
Polizist: Wissen Sie, wie viele herrenlose Katzen hier in der Stadt herumlaufen? Tun Sie mir den Gefallen und belästigen sie mich nicht wegen so einer Lappalie.

preguntar [pregun'tar]	fragen
si [si]	ob
ser de alg. [sɛr] [de] [algǐen]	jdm. gehören
a casa [a] ['kasa]	nach Hause
andar suelto [an'dar] ['sŭɛlto]	frei herumlaufen
molestar [moles'tar]	belästigen
la minucia [mi'nuθǐa]	Lappalie

72

Fragepronomen

Bilden Sie Fragen aus folgenden Sätzen:

1. ¿Qué país es? — Was für ein Land ist es?
2. ¿Cómo está Manolo? — Wie geht es Manolo?
3. ¿Cuántos días se quedan Uds.? — Wieviele Tage bleiben Sie?
4. ¿Adónde va José? — Wohin fährt José?
5. ¿Dónde está Algeciras? — Wo liegt Algeciras?
6. ¿Quién tiene tres entradas? — Wer hat drei Eintrittskarten?

DIE EXPERTENECKE

„que" in Ausrufesätzen:

¡*Qué horror!* — Wie fürchterlich!; ¡*Qué pena!* — Wie schade!; ¡*Qué envidia!* — Hast du es gut!; ¡*Qué rollo!* — Wie langweilig!, Wie nervtötend!

73

Los carnavales asturianos

Mucha fama no tienen los carnavales de Asturias. Pues, los carnavales más famosos de España son los de Cádiz o los de las Islas Canarias. Pero el que ha participado en los carnavales asturianos jamás los va a olvidar. ¡En total duran algo más de dos semanas! Empiezan en las tres ciudades más grandes: Avilés, Gijón y Oviedo.

74

Más intereses para créditos

Eladio: *Oye, Martín. ¿Has leído el periódico hoy? Dicen que los bancos van a subir los intereses para créditos.*
Martín: *¡Estos usureros! ¡Como si con los 15 por ciento no tuvieron bastante ya! Me gustaría saber lo que hacen con todo el dinero.*

73

Der asturianische Karneval

Der asturianische Karneval ist nicht sehr berühmt. Am berühmtesten ist in Spanien der Karneval in Cádiz oder der auf den Kanarischen Inseln. Aber jeder, der am asturianischen Karneval teilgenommen hat, wird ihn niemals mehr vergessen. Insgesamt dauert er etwas mehr als zwei Wochen! Er beginnt in den drei größten Städten: Avilés*, Gijón und Oviedo.

*In Avilés z. B. füllt die Feuerwehr die Straßen mit Schaum.

tener fama [te'nɛr]['fama]	berühmt sein
famoso [fa'moso]	berühmt
participar [partiθi'par]	teilnehmen
olvidar [ɔlbi'dar]	vergessen
la ciudad [θĩu'ða⁽ᵈ⁾]	Stadt

74

Höhere Kreditzinsen

Eladio: Hör mal, Martín. Hast du heute die Zeitung gelesen? Es heißt, die Banken werden die Kreditzinsen wieder erhöhen.

Martín: Diese Halsabschneider! Als ob sie mit den 15 Prozent noch nicht genug hätten! Ich würde gerne einmal wissen, was sie mit dem ganzen Geld machen.

leer [le'ɛr]	lesen
dicen ['diθɛn]	es heißt, man sagt
subir [su'βir]	erhöhen, hinaufgehen
bastante [bas'tante]	genug, ziemlich (viel)
el dinero [di'nero]	Geld

75

ADIVINANZA

Se buscan: los días de la semana

A	M	M	E	L	I	A	R	T
D	A	I	J	U	E	V	E	S
O	P	E	R	N	O	I	D	O
M	A	R	T	E	S	E	A	T
I	S	C	A	S	A	R	C	A
N	I	O	L	U	A	N	C	O
G	A	L	A	N	T	E	I	S
O	R	E	G	A	I	S	S	A
L	A	S	A	B	A	D	O	R

76

Un ramo de flores para Mar

Marisa: *Ha empezado la temporada de las flores de primavera. En la Plaza Mayor hay muchas gitanas vendiendo tulipanes y narcisos a precios baratísimos.*

Carmen: *Vamos a comprar un ramo de tulipanes para Mar. La pobre tiene un examen hoy.*

75

Gesucht werden: Die Wochentage

```
A M M E L I A R T
D A I J U E V E S
O P E R N O I D O
M A R T E S E A T
I S C A S A R C A
N I O L U A N C O
G A L A N T E I S
O R E G A I S S A
L A S A B A D O R
```

Lunes	– Montag
Martes	– Dienstag
Miércoles	– Mittwoch
Jueves	– Donnerstag
Viernes	– Freitag
Sábado	– Samstag
Domingo	– Sonntag

76

Ein Blumenstrauß für Mar

Marisa: Die Saison für Frühlingsblumen hat begonnen. Auf dem Plaza Mayor sind viele Zigeunerinnen, die Tulpen und Narzissen zu unglaublich billigen Preisen verkaufen.

Carmen: Laß uns einen Strauß Tulpen für Mar* kaufen. Die Ärmste hat heute eine Prüfung.

*'Mar' ist die Abkürzung des spanischen Mädchenvornamens 'María del Mar' (dtsch. 'Maria vom Meer').

la temporada [tempo'rađa]	Saison
la primavera [prima'ƀera]	Frühling
vender [ben'dɛr]	verkaufen
la gitana [xi'tana]	Zigeunerin
el precio ['preθïo]	Preis

Francisco de Goya

Francisco José de Goya y Lucientes nació en Fuendetodos (Zaragoza), el 30 de Marzo de 1.746. Muchos críticos dicen de él que es uno de los grandes maestros de la pintura universal y el precursor del arte moderno. Goya se hizo celebre universalmente con sus aguafuertes 'Caprichos', 'Desastres de la Guerra', 'Tauromaquia' y 'Los Proverbios'. Sus obras están en el Prado de Madrid.

¿Qué es la 'Quinta del Sordo' (dtsch.: Das 'Haus des Tauben')?

El paquete de Eladio

Martín: *¡Eladio! Aquí hay un paquete para tí. El cartero me ha cobrado mil novecientas pesetas de rembolso. ¿Qué hay en el paquete?*
Eladio: *Serán los libros de alemán que he encargado en Alemania. Quiero aprender alemán.*

Francisco de Goya

Francisco José de Goya y Lucientes wurde am 30. März 1746 in Fuendetodos (Zaragoza) geboren. Viele Kritiker sagen über ihn, daß er einer der großen Meister der universellen Malerei ist und der Vorläufer der modernen Kunst. Weltruhm erlangte Goya durch seine Radierungen 'Caprichos', 'Desastres de la Guerra', Tauromaquia' und 'Los Proverbios'. Seine Werke befinden sich im Prado-Museum in Madrid. Was ist das 'Haus des Tauben'?

Die 'Quinta del Sordo' ist das in der Nähe Madrids gelegene Landhaus Goyas, in dem er 1819-23 seine berühmte 'Schwarze Serie' malte.

Das Paket von Eladio

Martín: Eladio! Hier ist ein Paket für dich. Der Postbote hat von mir 1900 Peseten* Nachnahme dafür verlangt. Was ist in dem Paket?
Eladio: Das werden die Deutschbücher sein, die ich in Deutschland bestellt habe. Ich will Deutsch lernen.

*1000 Peseten sind ungefähr 16 DM.

el paquete [pa'kete]	Paket
cobrar [ko'brar]	kassieren
el rembolso [rrem'bɔlso]	Nachnahme
encargar [eŋkar'gar]	bestellen
aprender [apren'dɛr]	lernen

Cosas para el gato

Después de ponerle al gato el nombre «Guille», Martín se lo ha llevado a casa. Allí se da cuenta de que no hay nada para el gato. Por lo tanto vuelve a salir para comprar todo lo que hace falta: un cestito, unas escudillas, un collar contra pulgas, leche y comida para el gato...

Dibujos

Seguramente, Ud. ya habrá ido ojeando al menos uno de los libros de este famoso argentino. Hasta mediados de este siglo los bailes latinoamericanos fueron el único bien cultural que nos llegaba desde la Argentina lejana, dejando aparte la carne y los bistecs. En los años sesenta el país de los gauchos, las pampas y los tangos nos regaló a un humorista extraordinario.

¿Sabe Ud. de quién se trata?

79

Katzensachen

Nachdem Martín dem Kater den Namen „Guille" gegeben hat, nimmt er ihn mit nach Hause. Dort merkt er, daß er nichts für den Kater hat. Deswegen geht er wieder, um alles Nötige einzukaufen: Ein Körbchen, einige Freßnäpfe, ein Flohhalsband, Milch und etwas zu fressen für den Kater ...

darse cuenta de algo ['darse] ['kŭenta] [de] ['algo]	etwas bemerken
hay [aĭ]	es gibt
salir [sa'lir]	hinausgehen
hacer falta [a'θεr] ['falta]	nötig sein
la leche ['letʃe]	Milch

80

Zeichnungen

Sicherlich haben Sie bereits mindestens eines der Bücher dieses berühmten Argentiniers durchgeblättert. Bis Mitte dieses Jahrhunderts waren die lateinamerikanischen Tänze das einzige Kulturgut, das aus dem entfernten Argentinien zu uns herüberkam, vom Fleisch und den Steaks einmal abgesehen. In den sechziger Jahren bescherte uns das Land der Gauchos, Pampas und Tangos einen außergewöhnlichen Humoristen. Wissen Sie, von wem die Rede ist?

Es handelt sich um den 1932 in Buenos Aires geborenen Guillermo Mordillo, der seit einigen Jahren in Paris ansässig ist.

81

En la consulta del veterinario

Martín tiene que llevar a Guille al veterinario porque Guille todavía tiene que ser vacunado contra la rabia. Después de entrar en la sala de espera Guille arma un escándalo cuando ve tres pastores alemanes gigantes. Dentro de pocos momentos toda la sala de espera está puesta patas arriba.

82

*«Hay libros cortos que,
para entenderlos como se merecen,
se necesita una vida muy larga.»*

Francisco de Quevedo

81

In der Tierarzt-Sprechstunde

Martín muß Guille zum Tierarzt bringen, weil Guille noch gegen die Tollwut geimpft werden muß. Nachdem er in das Wartezimmer eingetreten ist, verursacht Guille einen Tumult, als er drei riesige deutsche Schäferhunde sieht. Innerhalb weniger Momente ist das ganze Wartezimmer auf den Kopf gestellt.

el veterinario [beteri'narĭo]	Tierarzt
vacunar [baku'nar]	impfen
la rabia ['rrabĭa]	(Toll-)Wut
la sala de espera ['sala] [de] [es'pera]	Wartesaal, -zimmer
el pastor alemán [pas'tɔr] [ale'man]	deutscher Schäferhund

82

„Es gibt kurze Bücher, für die man, um sie so zu verstehen, wie sie es verdienen, ein sehr langes Leben braucht." – Francisco de Quevedo (1580 – 1645), spanischer Schriftsteller

---
GRAMMATIK

Substantive

maskulin		feminin	
el dedo	(der Finger)	**la** mesa	(der Tisch)
los dedos	(die Finger)	**las** mesas	(die Tische)
un dedo	(ein Finger)	**una** mesa	(ein Tisch)
unos dedos	(Finger)	**unas** mesas	(Tische)

1. Es gibt nur männliche und weibliche Substantive (maskulin, *m.* – feminin, *f.*).
2. Im Plural wird -s, nach Konsonant -es angehängt (el licor, los licores).
3. Der Plural des unbestimmten Artikels (unos, unas) ist eine Besonderheit des Spanischen. Er bedeutet meist: einige (unas mesas – einige Tische).

83

Hacer puntos

Claudia, una amiga alemana de Martín, está de visita en casa de Martín.

Claudia: *¡Qué jersey más feo llevas! Creo que te debería hacer un jersey bonito! ¡Sé muy bien hacer puntos!*

Martín: *Bueno, por mí... Yo pago la lana.*

84

EJERCICIO

Traduzca las siguientes frases:

1. Ich arbeite den ganzen Tag.
2. Fährst du jede Woche nach Bilbao?
3. Er trinkt jeden Morgen Kaffee.
4. Emilio kauft jeden Samstag 'El País'.
5. Ich lese alle Spanischbücher.
6. Das essen Sie nicht jeden Tag.

83

Stricken

Claudia, eine deutsche Freundin von Martín, ist zu Besuch bei Martín.

Claudia: Was für einen häßlichen Pullover du anhast! Ich glaube, ich sollte dir mal einen hübschen Pulli machen. Ich kann sehr gut stricken!
Martín: Na gut, meinetwegen... Ich bezahle die Wolle.

la visita [bi'sita]	Besuch
feo ['feo]	häßlich
bonito [bo'nito]	hübsch
hacer puntos [a'θɛr]['puntos]	stricken
por mí [pɔr][mi]	meinetwegen
la lana ['lana]	Wolle

84

Übersetzen Sie folgende Sätze:

1. Trabajo todo el día.
2. ¿Vas a Bilbao cada semana?
3. Todas las mañanas bebe café.
4. Emilio compra todos los sábados 'El País'.
5. Leo todos los libros de español.
6. Ud. no come esto todos los días.

DIE EXPERTENECKE

Einige Besonderheiten mit 'todo':

todo el mundo – jedermann; *sobre todo* – vor allem; *todavía* – noch; *toda clase de...* – jede Art von; *hay de todo* – es gibt von allem etwas, hier findet man alles.

Un día de mala suerte

Eladio: *No soy nada supersticioso, pero el día de hoy parece un día maldito para mí.*
Marisa: *¿Porqué? ¿Qué te ha pasado?*
Eladio: *Nada en especial. He cerrado el coche y mi llavero está aún dentro. Y esta mañana se me ha olvidado el dinero en casa.*

El Prado de Madrid

El Prado es uno de los grandes museos europeos en los que se reunen innumerables obras de arte. Se empezó a construir en 1.785 y, desde 1.819, sirve como museo. Desde 1.868 es el museo estatal de España. En él están expuestas obras de muchos maestros de la pintura española como p.e. Goya y Velázquez, pero también obras de otros pintores europeos como Hieronymus Bosch y Tiziano.'

¿Cuál es el nombre entero de Velázquez?

85

Ein Unglückstag

Eladio: Ich bin ja nicht abergläubisch, aber der heutige Tag scheint ein verflixter Tag für mich zu sein.
Marisa: Warum? Was ist dir denn passiert?
Eladio: Nichts Besonderes. Ich habe das Auto zugemacht, und die Schlüssel liegen noch drin. Und heute morgen habe ich mein Geld zu Hause vergessen.

parecer [pare'θɛr]	scheinen
pasar [pa'sar]	geschehen
en especial [espe'θĭal]	im besonderen
el coche ['kotʃe]	Auto, Wagen
olvidar [ɔlbi'ďar]	vergessen

86

Der Prado

Der Prado ist eines der großen europäischen Museen, in denen unzählige Kunstwerke versammelt sind. Mit seinem Bau wurde 1785 begonnen, und seit 1819 dient er als Museum. Seit 1868 ist er spanisches Staatsmuseum. In ihm sind Werke vieler Meister der spanischen Malerei wie z. B. Goya und Velázquez ausgestellt, aber auch Werke anderer europäischer Maler wie Hieronymus Bosch und Tizian. Wie lautet der vollständige Name von Velázquez?

Der gesamte Name ist:
Diego Rodríguez de Silva y Velázquez.

87

Comprar sellos

Miriam: *¡Hola, Aintzane! ¿Qué tal? ¿Adónde vas tan de prisa?*
Aintzane: *A Correos. Tengo que echar esta carta antes de las doce para que llegue mañana a Madrid, y todavía no he comprado los sellos. ¡Ojalá no haya cola en la estafeta!*

88

EJERCICIO

Los artículos

Ponga el, la, los, las delante de las siguientes palabras:

_____ café	_____ mano	_____ días
_____ ley	_____ jersey	_____ tesis
_____ animal	_____ canción	_____ gafas
_____ reinas	_____ ciudad	_____ salud
_____ autobuses	_____ turista	_____ lunes
_____ sistemas	_____ alma	_____ alba
_____ aguila	_____ alcachofa	_____ albufera

87

Briefmarkenkaufen

Miriam: Hallo, Aintzane! Wie geht's? Wohin gehst du so eilig?*

Aintzane: Zur Post. Ich muß diesen Brief noch vor zwölf einwerfen, damit er morgen in Madrid ankommt, und ich habe noch keine Briefmarken gekauft. Hoffentlich gibt es keine Schlange am Schalter.

*Im Spanischen werden jeweils bei Fragen/Ausrufen die Frage-/Ausrufezeichen zusätzlich auf dem Kopf stehend vorangestellt.

el sello ['seʎo]	Briefmarke
¿adónde? [a'dɔnde]	wohin?
de prisa [de] ['prisa]	schnell, eilig
la estafeta de Correos [esta'feta] [de] [kɔ'rrɛos]	Postschalter
echar [e'tʃar]	(ein-, weg-)werfen
ojalá [ɔxa'la]	hoffentlich

88

Artikel

Setzen Sie el, la, los, las *vor die folgenden Wörter:*

el café – der Kaffee; la mano – die Hand; los días – die Tage; la ley – das Gesetz; el jersey – der Pullover; la tesis – die These; el animal – das Tier; la canción – das Lied; las gafas – die Brille; las reinas – die Königinnen; la ciudad – die Stadt; la salud – die Gesundheit;

los autobuses – die Autobusse; el/la turista – der/die Tourist(in); el/los lunes – der/die Montag(e);

los sistemas – die Systeme; el alma – die Seele; el alba – die Morgendämmerung;

el águila – der Adler; la alcachofa – die Artischocke; la albufera – der Salzwassersee

---

DIE EXPERTENECKE

Weibliche Substantive, die mit betontem a- oder ha- beginnen, haben im Singular den Artikel "el", im Plural "las": el águila (der Adler) – las águilas (die Adler).

89

Los amigos madrileños de Fani

Dos amigos madrileños de Fani la han venido a visitar este fin de semana. Como son muy aficionados a la pesca se han traído unas cañas de pesca. Mañana por la mañana quieren ir a uno de los embalses que hay cerca de la ciudad. A Fani no le gusta este tipo de deporte, lo encuentra aburridísimo.

90

El descubrimiento del Nuevo Mundo I

Cristóbal Colón, navegante de origen italiano, estaba convencido de que la tierra era redonda y obsesionado de la idea de navegar a La India en dirección hacia occidente. Colón vivía en Portugal desde 1.479. Cuando le pidió dinero para su viaje al rey de Portugal, Juan II, el rey no se lo dio porque creía que navegando en dirección hacia occidente Colón únicamente podría llegar al fin del mundo.

¿Quién dio a Colón el dinero para su viaje?

89

Fanis Freunde aus Madrid

Zwei Madrider Freunde von Fani sind dieses Wochenende zu Besuch gekommen. Da sie sehr gerne angeln gehen, haben sie sich Angeln mitgebracht. Morgen vormittag wollen sie zu einem der Stauseen fahren, die es in der Nähe der Stadt gibt. Fani gefällt diese Sportart nicht, sie findet sie total langweilig.

madrileño [maðri'leno]	aus Madrid, Madrider
el fin de semana [fin] [de] [se'mana]	Wochenende
mañana [ma'ɲana]	morgen
por la mañana [pɔr] [la] [ma'ɲana]	am Morgen, am Vormittag
el embalse [em'balse]	Stausee

90

Die Entdeckung der Neuen Welt I

Christoph Kolumbus, Seefahrer italienischer Herkunft, war davon überzeugt, daß die Erde rund ist, und besessen von der Idee, in westlicher Richtung nach Indien zu segeln. Kolumbus lebte seit 1479 in Portugal. Als er den König Portugals, Johann II., um Geld für seine Reise bat, gab es ihm der König nicht, denn er glaubte, daß Kolumbus in westlicher Richtung segelnd einzig das Ende der Welt erreichen könnte. Wer gab Kolumbus das Geld für seine Reise?

Die Katholischen Könige Spaniens, Isabella und Ferdinand

Die Sarkophage der Katholischen Könige sind noch heute in der großen Kathedrale Granadas zu besichtigen.

91

Un concierto de Joaquín Sabina

Eladio: *El 25 de marzo actuará Sabina en Madrid. ¿No te apetece verlo en directo?*
Martín: *Claro. El problema es cómo conseguir una entrada. No estamos en Madrid.*
Eladio: *Mi primo Paco estudia en Madrid. Lo llamo.*

92

«*Las lágrimas son agua y van al mar,
los suspiros son aire y van al aire.
Dime, mujer, cuando el amor se olvida,
¿sabes tú adónde va?*»

Gustavo Adolfo Bécquer

91

Ein Konzert von Joaquín Sabina

Eladio: Am 25. März spielt Sabina in Madrid. Hast du keine Lust, ihn live zu sehen?
Martín: Na klar. Das Problem ist, an eine Eintrittskarte zu kommen. Wir sind nicht in Madrid.
Eladio: Mein Vetter Paco studiert in Madrid. Ich rufe ihn an.

el concierto [kɔnˈθi̯ɛrto]	Konzert
apetecer [apeteˈθɛr]	zusagen, Lust machen
el problema [proˈblema]	Problem
la entrada [enˈtraða]	Eintrittskarte
el primo [ˈprimo]	Vetter

92

„Tränen sind Wasser und fließen zum Meer, Seufzer sind Luft und fliegen mit dem Wind. Sag mir, Frau, wenn die Liebe sich verliert, weißt du, wohin sie geht?" — Gustavo Adolfo Bécquer (1836–1870), spanischer Dichter

--- GRAMMATIK ---

Possessivpronomen

mi amigo	– mein Freund
mi amiga	– meine Freundin
tu amigo	– dein Freund
tu amiga	– deine Freundin
su amigo	– sein/ihr/Ihr Freund
su amiga	– seine/ihre/Ihre Freundin
nuestro amigo	– unser Freund
nuestra amiga	– unsere Freundin
vuestro amigo	– euer Freund
vuestra amiga	– eure Freundin
su amigo	– ihr/Ihr Freund
su amiga	– ihre/Ihre Freundin

93

La colección de papel usado

Marisa: *Carmen, ¿Qué haces con ese montón de papel que tienes ahí?*
Carmen: *Me ha dicho Eladio que va a recogerlo con unos amigos. Ellos coleccionan papel usado para venderlo luego como 'materia prima'.*

94

ADIVINANZA

Se buscan: nombres de meses

N	O	V	I	E	M	B	R	E	J
A	I	G	E	N	O	M	I	A	U
D	A	L	C	E	S	A	M	B	L
A	F	E	B	R	E	R	O	R	I
G	M	A	Y	O	R	Z	P	I	O
O	U	J	U	N	I	O	R	L	T
S	E	P	T	I	E	M	B	R	E
T	A	R	A	S	S	A	E	U	I
O	C	T	U	B	R	E	I	T	E
D	I	C	I	E	M	B	R	E	L

93

Die Altpapiersammlung

Marisa: Carmen, was machst du mit diesem Haufen Papier, den du dort liegen hast?
Carmen: Eladio hat mir gesagt, daß er es abholen kommt mit ein paar Freunden. Sie sammeln gebrauchtes Papier, um es hinterher als 'Rohstoff' zu verkaufen.

usado [u'saᵈo]	gebraucht
el papel [pa'pɛl]	Papier
el montón [mɔn'tɔn]	Haufen
recoger [rrɛkɔ'xɛr]	abholen
coleccionar [kolɛgθĭo'nar]	sammeln

94

Gesucht werden: Monatsnamen

```
N O V I E M B R E J
A I G E N O M I A U
D A L C E S A M B L
A F E B R E R O R I
G M A Y O R Z P I O
O U J U N I O R L T
S E P T I E M B R E
T A R A S S A E U I
O C T U B R E I T E
D I C I E M B R E L
```

Enero	– Januar
Febrero	– Februar
Marzo	– März
Abril	– April
Mayo	– Mai
Junio	– Juni
Julio	– Juli
Agosto	– August
Septiembre	– September
Octubre	– Oktober
Noviembre	– November
Diciembre	– Dezember

Los partidos políticos

España tiene múltiples partidos políticos. La mayoría de ellos son partidos regionales. Existen actualmente cuatro partidos nacionales de mayor influencia: el PSOE (Partido Socialista Obrero Español), el FP (Frente Popular), el CDS (Centro Democrático y Social) y la IU (Izquierda Unida).

La invitación de Ramón

Ramón: *Oye, Miriam. ¿No tienes, por casualidad, un libro de cocina sobre comida china?*
Miriam: *Claro. ¿Para qué lo necesitas?*
Ramón: *He invitado a Fani y Martín a cenar en mi casa y ellos piensan que sólo sé hacer paella.*

Die politischen Parteien

Spanien hat eine Vielzahl an politischen Parteien. Die meisten von ihnen sind Regionalparteien. Es bestehen zur Zeit vier nationale Parteien mit größerem Einfluß: Die PSOE (Spanische Sozialistische Arbeiterpartei), die FP (Volksfront), die CDS (Demokratisch-Soziales Zentrum) und die IU (Vereinigte Linke).

el partido [par'tiđo]	Partei
actualmente [aktŭal'mɛnte]	zur Zeit, gegenwärtig
la influencia [imflu'enθĭa]	Einfluß
el obrero [o'brero]	Arbeiter

Ramóns Einladung

Ramón: Hör mal, Miriam. Hast du nicht zufällig ein Kochbuch über chinesisches Essen?
Miriam: Na klar. Wofür brauchst du es?
Ramón: Ich habe Fani und Martín zum Essen bei mir zu Hause eingeladen, und sie denken, daß ich nur Paella kochen kann.

la cena ['θena]	Abendessen
el libro de cocina ['libro [de] [ko'θina]	Kochbuch
cenar [θe'nar]	zu Abend essen
invitar [imbi'tar]	einladen
hacer [a'θɛr]	machen

97

La limpieza de primavera

Eladio ha olvidado hacer sus deberes para la clase de matemáticas. En clase el profesor le pregunta porqué no los ha podido hacer.

Eladio: *Mire Ud., mi madre está haciendo la limpieza de primavera. Está toda la casa patas arriba y no he podido encontrar mi carpeta.*

98

Don Quijote de la Mancha

El Quijote es quizás el personaje más conocido de toda la literatura española. El libro, escrito en 1.605, ha sido traducido a más de cien lenguas del mundo y de él se han hecho una serie de películas, dibujos animados y comics para niños. Don Quijote es un hidalgo que, después de leer muchos libros de caballería, comete un gran error: acepta las ideas y hechos de aquellos libros como realidad.

¿Cómo se llama el autor del „Don Quijote de la Mancha"?

97

Der Frühjahrsputz

Eladio hat vergessen, seine Hausaufgaben für den Mathematikunterricht zu machen. Im Unterricht fragt ihn der Lehrer, warum er sie nicht machen konnte.

Eladio: Schauen Sie, meine Mutter macht gerade Frühjahrsputz. Das ganze Haus steht Kopf, und ich habe meine Mappe nicht finden können.

los deberes [deˈβɛres]	Hausaufgaben
la clase [ˈklase]	Unterricht
en clase [en][ˈklase]	im Unterricht
preguntar [pregunˈtar]	fragen
encontrar [eŋkɔnˈtrar]	finden

98

Don Quijote de la Mancha

Der Quijote ist vielleicht die bekannteste Gestalt der ganzen spanischen Literatur. Das 1605 geschriebene Buch wurde in mehr als hundert Sprachen der Welt übersetzt, und von ihm wurde eine Serie von Filmen, Zeichentrickfilmen und Comics für Kinder gemacht. Don Quijote ist ein Edelmann, der nach dem Lesen vieler Ritterromane einen großen Fehler begeht: Er hält die Ideen und Geschehnisse dieser Bücher für wahr. Wie heißt der Autor des „Don Quijote de la Mancha"?

Der Autor ist Miguel de Cervantes Saavedra.

Die Mancha ist der südliche Teil Kastiliens.

99

«El miedo es mal compañero.»

Refrán español

100

La cena

Hoy es el día de la cena en casa de Ramón. Ramón está todavía en la cocina y prepara la comida. De tanto probar de las distintas ollas ya está hartado de comida, y eso media hora antes de empezar la cena. Suena el timbre. Han llegado Fani y Martín...

99

„Angst ist ein schlechter Begleiter." — Spanisches Sprichwort

---
GRAMMATIK

Die drei wichtigsten Verben

ser – sein	**estar** – sein	**tener** – haben
soy	estoy	tengo
eres	estás	tienes
es	está	tiene
somos	estamos	tenemos
sois	estáis	tenéis
son	están	tienen

1. Das Verb 'ser' dient zu Aussagen über unveränderliche Merkmale eines Gegenstands oder einer Person und nicht (!) über deren Zustand. 2. Das Verb 'estar' dient zur Angabe a) des Orts; b) des (körperlichen) Zustands. 3. Mit dem Verb 'tener' werden unzählige Redewendungen gebildet.

100

Das Abendessen

Heute ist der Tag des Abendessens bei Ramón. Ramón ist noch immer in der Küche und bereitet das Essen vor. Vom vielen Kosten aus den verschiedenen Töpfen ist er schon völlig satt, und das eine halbe Stunde vor Beginn des Abendessens. Es klingelt. Fani und Martín sind gekommen...

hoy [ɔi̯]	heute
todavía [toða'ðia]	noch (immer)
la cocina [ko'θina]	Küche
distinto, -a [dis'tinto]	verschieden(e/er)
la olla ['oʎa]	Kochtopf

101

EJERCICIO

El pronombre posesivo

Sustituya el pronombre personal por el pronombre posesivo (Ersetzen Sie das Personal- durch das Possessivpronomen):

1. ¿Dónde está _____ (vosotros) coche?
2. Déme _____ (Ud.) pasaporte, por favor.
3. Aquí tengo _____ (yo) tarjeta de crédito.
4. Paco es _____ (nosotros) amigo.
5. ¿Cuál es _____ (tú) número de teléfono?
6. Alfonso es _____ (ella) compañero de clase.

102

Las elecciones

Marisa: *¿Sabes que hay elecciones este fin de semana?*
Carmen: *Por supuesto. ¿Cómo no me voy a enterar? Están todas las calles llenas de carteles de propaganda electoral. ¿Por quién vas a votar tú?*
Marisa: *No lo sé todavía. Es muy difícil.*

101

Das Possessivpronomen

Ersetzen Sie das Personal- durch das Possessivpronomen:

1. ¿Dónde está **vuestro** coche? – *Wo ist euer Auto?*
2. Déme **su** pasaporte, por favor. – *Geben Sie mir bitte ihren Paß.*
3. Aquí tengo **mi** tarjeta de crédito. – *Hier habe ich meine Kreditkarte.*
4. Paco es **nuestro** amigo. – *Paco ist unser Freund.*
5. ¿Cuál es **tu** número de teléfono? – *Wie ist deine Telefonnummer?*
6. Alfonso es **su** compañero de clase. – *Alfons ist ihr Klassenkamerad.*

102

Die Wahlen

Marisa: Weißt du, daß dieses Wochenende Wahlen sind?
Carmen: Selbstverständlich. Wie sollte ich das nicht bemerken? Die ganzen Straßen sind voll mit Wahlplakaten. Wen wirst du wählen?
Marisa: Das weiß ich noch nicht. Es ist sehr schwierig.

enterarse [ente'rarse]	erfahren; dahinterkommen
lleno ['ʎeno]	voll
el cartel [kar'tɛl]	Plakat
la propaganda [propa'ganda]	Reklame
votar [bo'tar]	wählen

El sistema político de España

España es una monarquía constitucional o, en otras palabras, una democracia monárquica. Jefe del Estado es el rey de España, Juan Carlos I de Borbón. Sobre los proyectos de leyes del Congreso de los Diputados decide el Senado. Desde 1.982 Felipe González Márquez es Jefe del Gobierno.

La corrida de toros

Ningún espectáculo es tan intensamente discutido en España como las corridas españolas. Unos dicen que un espectáculo tan cruel y sangriento debe estar prohibido, otros dicen que por tradición es digno de ser mantenido y también que no cambiarían la lidia por el fútbol o el boxeo. Hay en España corridas desde marzo hasta octubre. Una corrida dura cerca de media hora.

¿En qué otros países europeos hay corridas de toros?

Das politische System Spaniens

Spanien ist eine konstitutionelle Monarchie oder, mit anderen Worten, eine monarchische Demokratie. Staatsoberhaupt ist der König von Spanien, der Bourbone Juan Carlos I. Der Senat entscheidet über die vom Deputiertenkongreß* vorgelegten Gesetzesentwürfe. Seit 1982 ist Felipe González Márquez Regierungschef.

*Der spanische Deputiertenkongreß enspricht in etwa dem deutschen Bundestag, der spanische Senat dem Bundesrat.

la monarquía [monarˈkia]	Monarchie
la democracia [demoˈkraθia]	Demokratie
el rey [rrɛĭ]	König
la ley [lɛĭ]	Gesetz
decidir [deθiˈdir]	entscheiden

Der Stierkampf

Über kein Schauspiel in Spanien wird so intensiv diskutiert wie über die spanischen Stierkämpfe. Manche sagen, daß ein so grausames und blutiges Schauspiel verboten sein sollte, andere sagen, daß es der Tradition wegen der Erhaltung würdig ist und daß sie die Stierkampfkunst nicht mit Fußball oder Boxkämpfen tauschen würden. Es gibt von März bis Oktober Stierkämpfe in Spanien. Ein Stierkampf dauert etwa eine halbe Stunde. In welchen anderen europäischen Ländern gibt es Stierkämpfe?

In (Süd-) Frankreich und Portugal.

Diese sind allerdings unblutig.

105

EJERCICIO

Ser, Estar y Tener

Traduzca las siguientes frases al español:

1. Ramón ist heute ziemlich nervös.
2. Fani ist sehr intelligent.
3. Maica ist 28 Jahre alt.
4. Miriam geht es sehr gut.
5. Martín und ich sind in Málaga.
6. Habt ihr Lust, etwas trinken zu gehen?
7. Bist du nicht Deutsche?

106

«Dicen que no nos queremos
porque no nos ven hablar.
A tu corazón y al mío
se lo pueden preguntar.»

Manuel de Falla

105

Sein, sich befinden und haben

Übersetzen Sie die folgenden Sätze ins Spanische:

1. Ramón **está** bastante nervioso hoy. 2. Fani **es** muy inteligente. 3. Maica **tiene** veintiocho años. 4. Miriam **está** muy bien. 5. Martín y yo **estamos** en Málaga. 6. ¿**Tenéis** ganas de ir a tomar algo? 7. ¿No **eres** alemana?

DIE EXPERTENECKE

Zusammengesetzte Wörter im Spanischen

Die Zahl der zusammengesetzten Wörter im Spanischen ist gering. Hier einige Beispiele:

el pararrayos – Blitzableiter; la telaraña – Spinnengewebe; el parabrisas – Windschutzscheibe; el limpiaparabrisas – Scheibenwischer; el parachoques – Stoßstange; el hombre rana – Froschmann; el aguafiestas – Spielverderber; el sabelotodo – Schlaumeier.

106

„Sie sagen, daß wir uns nicht lieben, weil sie uns nicht sprechen sehen. Dein und mein Herz können sie ruhig fragen." — Manuel de Falla (1876–1946), spanischer Komponist

---

GRAMMATIK

Demonstrativpronomen

este/ese/aquel *coche* – dieses Auto (hier)/dieses Auto (dort)/jenes Auto
esta/esa/aquella *casa* – dieses Haus (hier)/dieses Haus (dort)/jenes Haus
esto/eso/aquello – das hier/das da/das dort
estos/esos/aquellos *coches* – diese Autos (hier)/diese Autos (dort)/jene Autos
estas/esas/aquellas *casas* – diese Häuser (hier)/diese Häuser (dort)/jene Häuser

Man benutzt: **este** für alles, was sich in der unmittelbaren Nähe des Sprechers befindet und **ese** für Nahes, aber nicht Greifbares; **aquel** für weiter weg Liegendes.

107

Cuentos

Carmen: ¿*Conoces este libro? Es un libro de cuentos de los hermanos Grimm. A mí me parece fantástico.*

Eladio: *Claro, mi abuela siempre me leía algún cuento de ellos antes de dormirme.*

108

La fiesta espontánea

Fani, Maica, Miriam, Aintzane, Ramón y Martín están en casa de Maica pensando en lo que pueden hacer esta noche. Cuando Aintzane propone hacer una fiesta todos asienten en seguida. Ramón y Martín salen a comprar bebida, mientras que Fani y Miriam llaman a todos sus amigos. Maica y Aintzane van a por sus discos.

107

Märchen

Carmen: Kennst du dieses Buch? Es ist ein Märchenbuch von den Gebrüdern Grimm. Ich finde es fantastisch.
Eladio: Na klar, meine Oma las mir vor dem Einschlafen immer ein Märchen von ihnen vor.

los hermanos [ɛrˈmanɔs]	Geschwister, Brüder
parecer [pareˈθɛr]	scheinen
la abuela [aˈβŭela]	Großmutter
leer [leˈɛr]	lesen
dormirse [dɔrˈmirse]	einschlafen

108

Die Spontanfete

Fani, Maica, Miriam, Aintzane, Ramón und Martín sind bei Maica und überlegen, was sie heute abend machen sollen. Als Aintzane vorschlägt, eine Fete zu machen, stimmen alle sofort zu. Ramón und Martín gehen Getränke kaufen, während Fani und Miriam all ihre Freunde anrufen. Maica und Aintzane holen ihre Schallplatten.

proponer [propoˈnɛr]	vorschlagen
pensar [penˈsar]	denken, überlegen
en seguida [en] [seˈgiða]	sofort
la bebida [beˈβiða]	Getränk
el disco [ˈdisko]	Schallplatte

109

Ya pasó el año memorable

El, para España, incomparable año 1992 ya pasó. Pasaron el 5º Centenario del Descubrimiento de América, los Juegos Olímpicos de Barcelona y la „EXPO" de Sevilla y finalmente España llegó a ser Miembro de Pleno Derecho de la Comunidad Europea. Pero, aunque muchos españoles esperaban mucho de ser España miembro de la Comunidad Europea, los tres problemas más grandes siguen aplastando el país.

¿Cuáles son dichos tres problemas para España?

110

En los carnavales gaditanos

Maica: *¿Sabes dónde están los otros? No los veo con tanta gente que hay aquí.*
Aintzane: *Yo tampoco. Creo que los hemos perdido en la Plaza Mina donde había ese concurso de coros.*
Maica: *Y ahora ¿qué hacemos?*

109

Das denkwürdige Jahr ist schon vorbei

Das für Spanien unvergleichliche Jahr 1992 ist schon vorbei. Der 500. Jahrestag der Entdeckung Amerikas, die Olympischen Spiele von Barcelona, die „EXPO" von Sevilla sind vorbei, und zu guter Letzt ist Spanien Vollmitglied der Europäischen Gemeinschaft geworden. Aber obwohl viele Spanier sich viel von der Mitgliedschaft Spaniens in der Europäischen Gemeinschaft erhofften, erdrücken die drei größten Probleme weiterhin das Land. Welche sind die besagten drei Probleme für Spanien?

*Die hohe Arbeitslosigkeit,
der Drogenkonsum und der Terrorismus*

110

Beim Karneval in Cádiz

Maica: Weißt du, wo die anderen sind? Ich sehe sie nicht bei den vielen Leuten hier.
Aintzane: Ich auch nicht. Ich glaube, wir haben sie auf dem Mina-Platz verloren, wo dieser Chor-Wettbewerb war.
Maica: Und was machen wir jetzt?

gaditano, -a [gaði'tano]	aus Cádiz
ver [bɛr]	sehen
la gente ['xente]	Leute
tampoco [tam'poko]	auch nicht
perder [pɛr'ðɛr]	verlieren

111

La suscripción de "Muy interesante"

Para suscribirse a la revista "Muy Interesante" Ramón ahora rellena el boletín de pedido:

Forma de pago
- ☐ Adjunto cheque a nombre de Empresa XY S.A.
- ☐ Giro postal nº _____ a Empresa XY S.A.

No se admiten pedidos contra reembolso.

112

ADIVINANZA

Se buscan: nueve colores

a – am – an – ar – ar – bl – co – co – de – er – g – gr – ill – is – ja – jo – l – lor – m – n – n – na – ne – o – ra – ro – ro – ró – v – zu

1. _____
2. _____
3. _____
4. _____
5. _____
6. _____
7. _____
8. _____
9. _____

111

Das Abonnement von „Muy Interesante"

Um die Zeitschrift „Muy Interesante" zu abonnieren, füllt Ramón jetzt den Bestellcoupon aus:

Zahlungsart

☐ Ich füge einen Scheck auf den Namen der Firma XY AG bei
☐ Postscheck Nr. _____ für Firma XY AG.

Bestellungen per Nachnahme werden nicht angenommen.

suscribirse [suskri'birse]	abonnieren
la revista [rre'bista]	Zeitschrift
rellenar [rrɛʎe'nar]	ausfüllen
el pedido [pe'ðiðo]	Bestellung
el cheque ['tʃeke]	Scheck

112

Gesucht werden: 9 Farben

azul – blau; verde – grün; gris – grau; negro – **schwarz**; blanco – **weiß**; amarillo – gelb; rojo – rot; marrón – braun; color naranja – orange

---

DIE EXPERTENECKE

Häufige Abkürzungen im Spanischen

E.E.U.U. – Estados Unidos (Vereinigte Staaten von Amerika); OTAN – Organización del Tratado del Atlántico Norte (NATO); ONU – Organización de las Naciones Unidas (UNO); TVE – Televisión Española (Spanisches Fernsehen); ETA – Euskadi Ta Askatasuna (baskisch; Baskenland und Freiheit); CNT – Confederación Nacional del Trabajo (Gewerkschaft in Spanien); TALGO – Tren Articulado Ligero Goicoechea Oriol (span. Gliederzug aus Leichtmetall); S.A. – Sociedad Anónima (Aktiengesellschaft); OEA – Organización de Estados Americanos (Organisation Amerikanischer Staaten, OAS)

En la biblioteca

Aintzane: ¡Maldita sea! Precisamente ahora falta el libro que más necesito para mi trabajo.
Miriam: ¡No te quejes ahora! Siempre esperas hasta el último momento para escribir tus trabajos.
Aintzane: ¡Hablas como mi madre!

El descubrimiento del Nuevo Mundo II

El 17 de abril de 1.492, Cristobal Colón y los Reyes Católicos, Isabel I de Castilla y Fernando II de Aragón, firmaron un contrato sobre una expedición hacia Asia Oriental. Colón recibió tres barcos, Santa María, Pinta y Niña y, además, el título hereditario de Gran Almirante y Virrey del "Nuevo Mundo" así como derecho a la décima parte de la posible ganancia.

¿En qué fecha emprendió Colón su primer viaje?

113

In der Bibliothek

Aintzane: Verflixt nochmal! Ausgerechnet jetzt fehlt das Buch, das ich am meisten für meine Hausarbeit brauche.
Miriam: Beschwer' dich jetzt bloß nicht! Du wartest doch immer bis zum letzten Augenblick, um deine Hausarbeiten zu schreiben.
Aintzane: Du redest wie meine Mutter!

precisamente [preθisaˈmente]	ausgerechnet
faltar [falˈtar]	fehlen
quejarse [keˈxarse]	sich beklagen; klagen
siempre [ˈsiempre]	immer
hasta [ˈasta]	bis

114

Die Entdeckung der Neuen Welt II

Am 17. April 1492 unterzeichneten Christoph Kolumbus und die Katholischen Könige, Isabella I. von Kastilien und Ferdinand II. von Aragonien, einen Vertrag über eine Expedition nach Ostasien. Kolumbus erhielt drei Schiffe, Santa María, Pinta und Niña und außerdem die erbliche Würde eines Großadmirals und Vizekönigs der „Neuen Welt" sowie den Anspruch auf ein Zehntel der zu erwartenden Gewinne. Wann unternahm Kolumbus seine erste Reise?

Kolumbus stach am 3. 8. 1492 mit seinen drei Schiffen in See.

Das wahrscheinlich größte, 1886 errichtete Kolumbus-Denkmal schmückt die Plaça Portal de la Pau in Barcelona.

Una discusión en la oficina

Ramón: *¿Otra vez repasar las toneladas brutas de arqueo de todos los buques? ¡Pero si ya lo hemos hecho cinco veces! Así no resolveremos el problema nunca.*

Jefe: *Lo vamos a hacer hasta que hayamos encontrado la falta en los cálculos. Y ahora, ni mil palabras más.*

«*El fin de la historia
será el comienzo de la paz:
el reino de la inocencia
recobrada.*»

Octavio Paz

115

Eine Diskussion im Büro

Ramón: Nochmal die Bruttoregistertonnen der ganzen Schiffe überprüfen? Aber das haben wir doch schon fünfmal gemacht! So werden wir das Problem niemals lösen.
Chef: Wir werden das solange machen, bis wir den Fehler in den Rechnungen gefunden haben. Und jetzt keine Widerrede mehr.

otra vez ['otra] [beθ]	noch einmal
la tonelada [tone'laða]	Tonne, 1000 kg
así [a'si]	so
resolver [rrɛsɔl'ðɛr]	lösen
el problema [pro'ðlema]	Problem

116

„Das Ende der Geschichtsschreibung wird der Beginn des Friedens sein: Das Königreich der wiedergewonnenen Unschuld." — Octavio Paz (geb. 1914), mexikanischer Dichter

---------- GRAMMATIK ----------

Adjektivverkürzung

1. Sehr häufige Adjektive werden vor das Substantiv gestellt.
2. Einige Adjektive werden vor dem männlichen Substantiv (Sg.) verkürzt.
3. Vorangestelltes 'grande' wird im Singular immer verkürzt.

(gut:) bueno, -a	un buen vino (Wein)
(schlecht:) malo, -a	un mal día (Tag)
(irgendein:) alguno, -a	algún señor (Herr)
(kein:) ninguno, -a	ningún niño (Kind)
(groß:) grande	un gran hotel (Hotel)
(groß:) grande	una gran fiesta (Fest)

El telefax de Claudia

A Claudia, la amiga alemana de Martín, le encanta escribir cartas. Hace poco, Alfons, un compañero suyo alemán se ha comprado un telefax que necesita para su trabajo. Claudia le pregunta a Alfons si puede mandar una carta a España, a Martín, con el telefax. Así la carta tarda sólo cinco minutos en llegar a España.

EJERCICIO

Pronombres interrogativos

Forme preguntas de las frases siguientes:

1. Un kilo de patatas cuesta ciento veinte p^{tas}.
2. El hotel Goya está en la Plaza de Colón.
3. Ramón va en tren a Guadalajara.
4. Maica quiere ir a casa de Aintzane.
5. La película comienza a las cinco de la tarde.
6. Ese señor es el alcalde de San Sebastián.

117

Das Telefax von Claudia

Claudia, die deutsche Freundin von Martín, liebt es, Briefe zu schreiben. Vor kurzem hat sich Alfons, ein deutscher Freund von ihr, ein Telefax gekauft, das er für seine Arbeit braucht. Claudia fragt Alfons, ob sie mit dem Telefax Martín einen Brief nach Spanien schicken kann. So braucht der Brief nur fünf Minuten bis Spanien.

hace poco ['aθe] ['poko]	vor kurzem
comprar [kɔm'prar]	kaufen
necesitar [neθesi'tar]	brauchen
preguntar [pregun'tar]	fragen
si [si]	ob
la carta ['karta]	Brief

118

Bilden Sie Fragen aus folgenden Sätzen:

1. ¿Cuánto cuesta un kilo de patatas? – Wieviel kostet ein Kilo Kartoffeln? 2. ¿Dónde está el hotel Goya? – Wo ist das Hotel Goya? 3. ¿Cómo va Ramón a Guadalajara? – Wie fährt Ramón nach Guadalajara? 4. ¿Adónde quiere ir Maica? – Wohin will Maica gehen? 5. ¿A qué hora comienza la película? – Um wieviel Uhr beginnt der Film? 6. ¿Quién es ese señor? – Wer ist dieser Herr?

DIE EXPERTENECKE
'que' in Ausrufesätzen

¡Qué horror! – Wie fürchterlich!; ¡Qué pena! – Jammerschade!; ¡Qué envidia! – Hast du es gut!; ¡Qué rollo! – Wie langweilig!, Wie nervtötend!; ¡Qué te diviertas! – Viel Spaß!; ¡Qué lástima! – Wie Schade!; ¡Qué tío más pesado! – Was für ein lästiger Typ!; ¡Qué guapa (es)! – Wie hübsch sie ist!; ¡Qué lío! – Was für ein Durcheinander!; ¡Qué te mejores! – Gute Besserung!; ¡Qué aproveche! – Guten Appetit!

119

La Antigua

A 45 minutos de la ciudad de Guatemala se sitúa La Antigua, primera capital guatemalteca, que fue fundada por los conquistadores españoles en 1543 y que no tardó en convertirse en el tercer centro administrativo del Nuevo Mundo, después de México y Perú. Declarada por la UNESCO "Monumento del Patrimonio Mundial Cultural y Natural", Antigua en la actualidad es una notable ciudad colonial.

¿Sabe Ud. el nombre que le pusieron los españoles a esta bellísima ciudad?

120

El día del anuncio

Para vender su coche Maica ha puesto un anuncio en el periódico. Esta mañana no ha ido a la escuela porque sale el anuncio en el Diario de Granada, y ella quiere estar en casa cuando llaman los primeros interesados. En este momento suena el teléfono. Maica: *¡Dígame!* – *¡Buenos días! Llamo por el escarabajo ...*

119

La Antigua

45 Minuten von Guatemala-Stadt liegt La Antigua, die erste guatemaltekische Hauptstadt, die von den spanischen Konquistadoren 1543 gegründet wurde und die nicht lange brauchte, um zum dritten Verwaltungszentrum der Neuen Welt zu werden nach Mexiko und Peru. Von der UNESCO zum „Denkmal des kulturellen und natürlichen Erbes der Welt" erklärt, ist Antigua heute eine sehenswerte Kolonialstadt. Wissen Sie den Namen, den die Spanier dieser wunderschönen Stadt gaben?

Der Name war: „Muy Noble y Muy Leal Ciudad de Santiago de los Caballeros de Guatemala".

Auf Deutsch hätte sie etwa so geheißen: „Sehr vornehme und sehr loyale Stadt Santiago der Ritter Guatemalas."

120

Der Tag der Zeitungsannonce

Maica hat eine Anzeige in die Zeitung gesetzt, um ihren Wagen zu verkaufen. Heute morgen ist sie nicht in die Schule gegangen, weil die Anzeige im Diario von Granada erscheint, und sie möchte zu Hause sein, wenn die ersten Interessenten anrufen. In diesem Augenblick klingelt das Telefon. Maica: *Hallo! – Guten Tag! Ich rufe wegen des Käfers an ...*

vender [ben'dɛr]	verkaufen
esta mañana ['esta] [ma'ɲana]	heute morgen
la escuela [es'kŭela]	Schule
el anuncio [a'nunθĭo]	Anzeige, Inserat
sonar [so'nar]	klingeln

121

El leasing de un nuevo coche

Maica: *¿Qué dice Ud.? ¿Con el poco dinero que tengo me puedo comprar un coche nuevo?*

Vendedor: *Claro. Nosotros le ofrecemos un leasing a muy buenas condiciones. Como entrada Ud. paga cien mil pesetas y después como cuota mensual 25 mil.*

122

--- ADIVINANZA ---

Se buscan: los días de la semana

El día que falta se compone de las letras que están entre las paréntesis.

```
    . a . t . [.]
    . . m . [.] g .
    . . e . n [.] .
    . [.] . v . s
    . . b a . .
    . i . . c . [.] . .
```

121

Leasing eines neuen Autos

Maica: Was sagen Sie? Mit dem bißchen Geld, das ich habe, kann ich mir ein neues Auto kaufen?
Verkäufer: Na klar. Wir bieten ihnen ein Leasing zu sehr günstigen Konditionen. Als erste Rate zahlen sie 100 000 Peseten und danach als monatliche Rate 25 000.

nuevo ['nŭeɓo]	neu
poco ['poko]	wenig
el dinero [di'nero]	Geld
ofrecer [ofre'θer]	anbieten
la cuota mensual ['kŭota] [men'sŭal]	Monatsrate

122

Gesucht werden: Die Wochentage

Marte[s]	Domi[n]go	Viern[e]s
Dienstag	Sonntag	Freitag
J[u]eves	Sábado	Miérco[l]es
Donnerstag	Samstag	Mittwoch

Der fehlende Tag in den Klammern ist Lunes – Montag.

DIE EXPERTENECKE

Bruch- und Vervielfältigungszahlen

1/2: medio, media; 1 1/2: uno y medio; 1/3: un tercio; 2/3: dos tercios; 1/4: un cuarto; 3/4: tres cuartos; 1 1/4: uno y un cuarto:
1/2 Stunde – media hora; 1 1/2 Stunden – una hora y media; 1 1/4 Stunden – una hora y un cuarto.

einfach – simple; zweifach – doble; dreifach – triple; vierfach – cuádruplo; fünffach – quíntuplo; das Zweifache – el doble; das Dreifache – el triple etc.

einmal – una vez; zweimal – dos veces; dreimal – tres veces etc.

123

En la Puerta del Sol

A las doce de la noche del 31 de diciembre, miles de madrileños despiden al Año Viejo en la plaza más céntrica de toda España, la Puerta del Sol, que está muy cerca de la Plaza Mayor madrileña. Cuando el reloj grande de la casa de la Comunidad de Madrid marca con doce campanadas la llegada del Año Nuevo, los madrileños comen con cada campanada que da el reloj una uva. Es una costumbre muy antigua que existe por toda España.

¿Por qué serán doce uvas?

124

El concurso de televisión

Carlos: *¿Sabes que Martín se ha presentado para un concurso de televisión?*

Maite: *¿De verdad? ¿Y cuándo lo ponen en la televisión?*

Carlos: *Aún no lo sabe él. Se lo van a decir el día de la grabación dentro de dos semanas.*

123

An der Puerta del Sol

Am 31. Dezember um zwölf Uhr nachts verabschieden Tausende von Madrilenen das Alte Jahr auf dem zentralsten Platz ganz Spaniens, dem Puerta-del-Sol-Platz, der ganz in der Nähe der Madrider Plaza Mayor liegt. Wenn die große Uhr am Haus der Gemeinschaft von Madrid mit zwölf Schlägen die Ankunft des Neuen Jahres verkündet, essen die Madrilenen zu jedem Schlag der Uhr eine Weintraube. Dies ist ein sehr alter, überall in Spanien verbreiteter Brauch. Warum sind es wohl zwölf Weintrauben?

> *Die zwölf Weintrauben stehen symbolisch für jeden Monat des gerade beginnenden Jahres.*

Jedem, dem es gelingt, die zwölf Weintrauben zu essen, steht ein gutes Jahr bevor.

124

Das Fernsehquiz

Carlos: Weißt du, daß Martín sich für ein Fernsehquiz beworben hat?
Maite: Wirklich? Und wann wird es gesendet?
Carlos: Das weiß er noch nicht. Man wird es ihm in zwei Wochen am Tag der Aufzeichnung sagen.

el concurso [kɔŋˈkurso]	Quiz
la televisión [teleβiˈsi̯on]	Fernsehen
presentarse para [presenˈtarse ˈpara]	sich bewerben für
de verdad [de bɛrˈða⁽ᵈ⁾]	wirklich
poner [poˈnɛr]	senden, ausstrahlen
saber [saˈβɛr]	wissen
aún [aˈun]	noch
decir [deˈθir]	sagen
el día [ˈdia]	Tag
la semana [seˈmana]	Woche
la grabación [graβaˈθi̯on]	Aufzeichnung

125

> *«La música es
> el arte más directo,
> entra por el oído y
> va al corazón.»*
>
> *Magdalena Martínez*

126

El representante servicial

Mavi está sola en casa. Su familia ha ido a comprar los últimos regalos para la fiesta de Reyes mañana. Mavi tiene que limpiar la casa. Cuando quiere empezar con la limpieza aparece un representante de aspiradoras. Mavi le deja entrar en la casa y presentar el último modelo de aspiradoras. Así el representante limpia todas las alfombras.

125

„Die Musik ist die unmittelbarste Kunst, sie dringt durch das Ohr ein und wandert direkt zum Herzen." — Magdalena Martínez (geb. 1963), spanische Flötistin

---
GRAMMATIK

Zur Aussprache einiger Buchstaben

c (ce) vor e und i = in Spanien wie englisches th, in Lateinamerika wie s: cesta (Korb);
c (ce) vor allen anderen Buchstaben = k: casa (Haus);
ch (che) = tsch: chocolate (Schokolade);
g (ge) vor e und i = ch (wie in machen): gente (Leute);
h (hache) = stets stumm: hacer (machen);
j (jota) = ch (wie in machen): jamón (Schinken);
ll (elle) = j: lluvia (Regen);
rr (erre doble) = doppelt gerolltes Zungen-r: perro (Hund);
r (erre) am Wortanfang = wie rr: río (Fluß);
r (erre) in Wortmitte oder am Ende = einfach gerolltes Zungen-r: pero (aber);
v (ube) = b: vaso (Glas);
w (ube doble) = b: wáter (Klosett);

126

Der hilfreiche Vertreter

Mavi* ist allein zu Hause. Ihre Familie ist ausgegangen, um die letzten Geschenke für die morgige Drei-Königs-Feier zu kaufen. Mavi muß das Haus saubermachen. Als sie mit der Reinigung beginnen will, taucht ein Staubsaugervertreter auf. Mavi läßt ihn eintreten und das neueste Staubsaugermodell vorführen. So reinigt der Vertreter alle Teppiche.

* Mavi ist eine Abkürzung des spanischen Mädchenvornamens María Victoria.

el representante [rrepresen'tante]	Vertreter
servicial [sɛrbi'θĭal]	hilfreich
solo, -a ['solo/a]	allein
en casa [en 'kasa]	zu Hause
la fiesta ['fĭesta]	Feier; Fest; Fete
tener que [te'nɛr ke]	müssen
limpiar [lim'pĭar]	saubermachen
querer [ke'rɛr]	wollen
empezar [empe'θar]	anfangen
la aspiradora [aspira'ɗora]	Staubsauger
la alfombra [al'fɔmbra]	Teppich

Los Reyes Magos

Aunque algunos españoles ya se dan los regalos en la Nochebuena, en la mayoría de las familias se reparten el día de Reyes, porque fueron los Reyes Magos, Gaspar, Melchor y Baltasar quienes trajeron regalos al niño Jesús. Por esta razón, los mercados navideños permanecen en las ciudades hasta el 5 de enero.

Un fin de semana de esquí

Ramón, Martín y un amigo suyo, Tomás, quieren ir a esquiar este fin de semana cerca del Puerto de Navacerrada en la sierra de Guadarrama a unos 50 kms al norte de Madrid. Martín y Ramón ya tienen un equipo de esquí completo. Tomás sólo tiene botas. Quiere alquilar unos esquíes en el pueblecito Valdesqui.

127

Die Heiligen Drei Könige

Obwohl einige Spanier sich schon die Geschenke am Heiligabend überreichen, werden sie in den meisten Familien am Tag der Heiligen Drei Könige verteilt, da es ja die Heiligen Drei Könige Kaspar, Melchior und Balthasar waren, die dem Jesus-Kind Geschenke überbrachten. So verbleiben die Weihnachtsmärkte bis zum fünften Januar in den Städten.

dar [dar]	geben
el regalo [rrɛˈgalo]	Geschenk
la mayoría [majoˈria]	die meisten; die Mehrheit
repartir [rrɛparˈtir]	verteilen
traer [traˈɛr]	bringen
permanecer [pɛrmaneˈθɛr]	(ver-)bleiben
el mercado [mɛrˈkaᵈo]	Markt
la ciudad [θĭuˈða⁽ᵈ⁾]	Stadt

128

Ein Skiwochenende

Ramón, Martín und Tomás, ein Freund von ihnen, wollen an diesem Wochenende zum Skifahren in der Nähe vom Navacerrada-Paß im Guadarrama-Gebirge, ungefähr 50 km nördlich von Madrid. Martín und Ramón haben bereits eine vollständige Skiausrüstung. Tomás hat nur Skischuhe. Er will sich in dem Dörfchen Valdesqui Skier leihen.

esquiar [eskiˈar]	Ski fahren
la sierra [ˈsĭɛrra]	Gebirge
el equipo [eˈkipo]	Ausrüstung
al norte de [al] [ˈnɔrte] [de]	nördlich von
la bota [ˈbota]	(Ski-)Stiefel

129

El lago de Atitlán

Tres espectaculares volcanes, el Tolimán, el Atitlán y el San Pedro, forman el marco natural del lago cuyo origen es eminentemente volcánico y que se encuentra situado a 1.562 metros sobre el nivel del mar. Después de haber visitado este paradisíaco lugar del occidente guatemalteco, *Aldous Huxley* reconoció que el lago de Atitlán es «el más bello del mundo».

¿Cuál de los tres volcanes es el más alto y qué altura tiene?

130

ADIVINANZA

Gesucht werden

Waagerecht: Spanische Städte – *ciudades españolas*
Senkrecht: Der größte Fluß Spaniens – *el río más grande de España*

	C			E	S
	B	L		O	
		M		C	A
C		D		A	

129

Der Atitlán-See

Drei aufsehenerregende Vulkane, der Tolimán, der Atitlán und der San Pedro, bilden den natürlichen Rahmen des Sees, dessen Ursprung im wesentlichen vulkanisch ist und der sich in einer Höhe von 1562 Metern über dem Meeresspiegel befindet. Nachdem Aldous Huxley diesen paradiesischen Ort im Westen Guatemalas besucht hatte, gab er zu, daß der Atitlán-See „der schönste der Welt ist". Welcher der drei Vulkane ist der höchste, und wie hoch ist er?

Der höchste ist der 3535 m hohe Vulkan Atitlán.

Nicht auslassen: Eine Bootsrundfahrt zu den elf malerischen Indio-Dörfern rings um den See.

130

Das ist die Auflösung

```
C A C E R E S
  B I L B A O
    M U R C I A
C O R D O B A
```

DIE EXPERTENECKE

Tip zum Erlernen des gerollten R

Auch Opernsänger müssen es erst erlernen, das R zu rollen. Sie üben es, indem sie unermüdlich das Wort „Tedefen" schnell hintereinander sprechen. Dabei wird die Zunge in einem Wort zweimal kurz hintereinander an die oberen Schneidezähne gedrückt. Nach ca. 1000 – 100.000 Mal können Sie spanische Wörter wie z. B. „trabajo" versuchen. ¡ánimo!

Periódicos

Maica: *Con las gafas puestas, el café solo en la mesa y El País en la mano pareces una auténtica intelectual.*

Fani: *Sí, sí. Aún falta el pitillo en la comisura de mis labios. Pero yo, al contrario que tú, leo los periódicos.*

Lucha de idiomas

En Puerto Rico, isla caribeña que fue descubierta por Cristobal Colón en su segundo viaje, el 19 de noviembre de 1.493, se dio hasta hace pocos años una lucha entre el español y el inglés. Tanto el español, lengua en que los puertorriqueños hablan desde los tiempos del descubrimiento, como el inglés, que se habla por la dependencia económica de EE.UU. a lo largo del siglo XX, eran lenguas oficiales. Para defender la identidad cultural de Puerto Rico se aprobó, en 1991, una ley que declara al español la única lengua oficial.

¿Cuál es la capital de Puerto Rico?

131

Zeitungen

Maica: Mit der Brille, dem schwarzen Kaffee auf dem Tisch und dem País in der Hand siehst du aus wie eine echte Intellektuelle.
Fani: Ja, ja. Es fehlt nur noch der Glimmstengel in meinem Mundwinkel. Aber im Gegensatz zu dir lese ich die Zeitungen.

In Deutschland erhalten Sie spanische Zeitungen an allen größeren Bahnhöfen. Sie kosten etwas mehr als in Spanien.

las gafas ['gafas]	Brille
la mesa ['mesa]	Tisch
la mano ['mano]	Hand
auténtico, -a [aŭ'tentiko]	echt, authentisch
el labio ['laβĭo]	Lippe

132

Sprachenkampf

In Puerto Rico, einer Karibik-Insel, die von Christoph Kolumbus auf seiner zweiten Reise am 19. November 1493 entdeckt wurde, gab es bis vor wenigen Jahren einen Kampf zwischen dem Spanischen und dem Englischen. Sowohl das Spanische, eine Sprache, die die Puertorikaner seit der Zeit der Entdeckung sprechen, als auch das Englische, das aufgrund der wirtschaftlichen Abhängigkeit von den USA im Laufe des 20. Jh. gesprochen wird, waren offizielle Sprachen. Zur Verteidigung der kulturellen Identität Puerto Ricos wurde 1991 ein Gesetz verabschiedet, das Spanisch zur einzigen offiziellen Sprache erklärt. Welche Stadt ist die Hauptstadt von Puerto Rico?

San Juan, an der Nordküste Puerto Ricos

Für dieses Gesetz erhielt Puerto Rico von Spanien in Anerkennung der Bemühungen um die Verteidigung der spanischen Sprache den Preis „Príncipe de Asturias".

133

Televisor con mando a distancia

Mabel: *Me encanta tener un televisor con mando a distancia. Así no hace falta levantarse cuando, en mitad de una película, ponen esos anuncios pesados.*

Jesús: *Los anuncios nunca me han molestado. Yo siempre hago alguna cosa mientras.*

134

EJERCICIO

El acento

Ponga en las palabras el acento donde haga falta:

volcan   dia
farmacia   telefono
autobus   aguila
cafe   arbol
aqui   interes

133

Fernseher mit Fernbedienung

Mabel: Ich bin begeistert davon, einen Fernseher mit Fernbedienung zu haben. So braucht man wenigstens nicht mehr aufzustehen, wenn inmitten eines Filmes diese lästigen Reklame-Spots gezeigt werden.

Jesús: Mich haben die Reklame-Spots nie gestört. Ich mache währenddessen immer irgend etwas anderes.

el televisor [teleβi'sɔr]	Fernseher
encantar [eŋkan'tar]	entzücken
el mando a distancia ['mando a dis'tanθia]	Fernbedienung
hacer falta [a'θɛr 'falta]	nötig sein
la película [pe'likula]	Film
levantarse [leβan'tarse]	aufstehen
el anuncio [a'nunθio]	Anzeige, Reklame-Spot
siempre ['siempre]	immer
molestar [moles'tar]	belästigen, stören

134

So sieht die Auflösung aus

el volcán – Vulkan; el día – Tag; la farmacia – Apotheke; el teléfono – Telephon; el autobús – Bus; el águila – Adler; el café – Kaffee; el árbol – Baum; aquí – hier; el interés – Interesse

---

DIE EXPERTENECKE

Wichtige Floskeln

¡hola!	– Hallo!, Grüß dich!, Tag!
¡buenos días!	– Guten Morgen!
¡buenas tardes!	– Guten Tag!, Guten Abend!
¡buenas noches!	– Guten Abend!, Gute Nacht!
¡adiós!	– Auf Wiedersehen!
¡hasta luego!	– Tschüs!, Bis später!

135

El frigorífico vacío

Esta mañana Martín se levanta y va a la cocina para desayunar. Cuando abre el frigo ve que está totalmente vacío. Tampoco queda café. No le queda más remedio, tiene que vestirse e ir al supermercado que está cerca de la casa para comprar lo más necesario: leche, mantequilla, café y un poco de queso.

136

Seguros

Martín: *Es increíble para lo que se puede contratar un seguro.*
Carlos: *Tienes razón. Creo que hay en el mundo ninguna cosa que no puede llegar a ser objeto asegurado.*
Martín: *Hay que ver cuánto ganan las compañías con el miedo de la gente.*

135

Der leere Kühlschrank

Heute morgen steht Martín auf und geht in die Küche, um zu frühstücken. Als er den Kühlschrank aufmacht, sieht er, daß er völlig leer ist. Auch Kaffee gibt es nicht mehr. Es bleibt ihm nichts anderes übrig, er muß sich anziehen und zum Supermarkt gehen, der in der Nähe der Wohnung liegt, um das Allernötigste einzukaufen: Milch, Butter, Kaffee und etwas Käse.

el frigo(rífico) [frigoˈrifiko]	Kühlschrank
vacío, -a [baˈθio/a]	leer
la cocina [koˈθina]	Küche
desayunar [desajuˈnar]	frühstücken
abrir [aˈβrir]	öffnen
quedar [keˈdar]	(übrig)bleiben
tampoco [tamˈpoko]	auch nicht
vestirse [besˈtirse]	sich anziehen
cerca de [ˈθɛrka de]	in der Nähe von
un poco de … [um ˈpoko de]	etwas …

136

Versicherungen

Martín: Es ist unglaublich, wofür man eine Versicherung abschließen kann.
Carlos: Du hast recht. Ich glaube, es gibt auf der ganzen Welt keine Sache, die nicht zum Versicherungsgegenstand werden kann.
Martín: Da kann man mal sehen, wieviel die Versicherungsanstalten mit der Angst der Leute verdienen.

el seguro [seˈguro]	Versicherung
increíble [iŋkreˈiβle]	unglaublich
contratar [kɔntraˈtar]	(vertraglich) abschließen
para [ˈpara]	für
poder [poˈdɛr]	können
tener razón [teˈnɛr rraˈθɔn]	recht haben
hay [aĭ]	es gibt
la cosa [ˈkosa]	Sache
el miedo [ˈmĭedo]	Angst

137

--- **EJERCICIO** ---

Traduzca las siguientes frases

1. Miriam arbeitet die ganze Nacht.
2. Fährst du jede Woche nach Bilbao?
3. Ramón trinkt jeden Morgen Kaffee.
4. Fani kauft jeden Tag 'El País'.
5. Aintzane liest alle Bücher von García Márquez.
6. Das essen Sie nicht jeden Tag, mein Herr.

138

En la agencia de viajes

Miriam: *¿Me puede dar algunos folletos sobre Centroamérica?*
Dependienta: *¡Cómo no! ¿Sobre qué países los quiere?*
Miriam: *Sobre México, Guatemala, Belice y Honduras. Quiero seguir la Ruta Maya.*

137

Übersetzen Sie folgende Sätze

1. Miriam trabaja **toda** la noche. 2. ¿Vas a Bilbao **cada** semana? 3. **Todas** las mañanas Ramón bebe café. 4. **Cada** día Fani compra 'El País'. 5. Aintzane lee **todos** los libros de García Márquez. 6. Señor, Ud. no come esto **todos** los días.

DIE EXPERTENECKE

Redewendungen mit 'abrir'

abrir el apetito – den Appetit wecken/anregen; abrir los brazos a alg. – jdn. mit offenen Armen aufnehmen; abrir los ojos a alg. – jdm. die Augen öffnen; en un abrir y cerrar de ojos – in einem Augenblick, im Nu

Einige Besonderheiten bei 'todo'

todo el mundo – jedermann; sobre todo – vor allem; todavía – noch; toda clase de – jede Art von; hay de todo – es gibt von allem etwas, hier findet man alles

---

138

Im Reisebüro

Miriam: Können sie mir einige Prospekte über Zentralamerika geben?
Angestellte: Selbstverständlich! Über welche Länder möchten sie welche?
Miriam: Über Mexiko, Guatemala, Belize und Honduras. Ich will der Maya-Route folgen.

dar [dar]	geben
el folleto [foˈʎeto]	Prospekt
el país [paˈis]	Land
sobre [ˈsoβre]	über, auf
seguir [seˈgir]	(ver-)folgen

139

El Valle de los Caídos

Solamente a doce kms de El Escorial está el monumento más pavoroso y a la vez impresionante del fascismo español, El Valle de los Caídos. En los años cuarenta el dictador Franco hizo construir en este lugar un monumento en conmemoración de los caídos de la Guerra Civil Española. Muchos de los obreros, todos opositores presos de la dictadura de Franco, murieron durante la construcción.

¿Cuántos metros de altura tiene la cruz del monumento?

140

Mirando prospectos de viaje

Maica: *Para ver todas las pirámides mayas necesitaríamos como mínimo seis meses.*
Miriam: *Sí, es increíble cuántos pirámides hay. Solamente en la península de Yucatán hay más de diez ciudades de los mayas. ¡Ni hablar de Guatemala!*

139

Das Tal der Gefallenen

Nur zwölf km von El Escorial entfernt liegt das grauenerregendste und gleichzeitig beeindruckendste Denkmal des spanischen Faschismus, das Tal der Gefallenen. In den vierziger Jahren ließ der Diktator Franco an diesem Ort ein Denkmal zur Erinnerung an die Gefallenen des Spanischen Bürgerkrieges bauen. Viele der Bauarbeiter, allesamt inhaftierte Gegner der Diktatur Francos, starben während der Bauarbeiten. Wie hoch ist das Kreuz des Denkmals?

Das auf einem Berg stehende Kreuz ist 150 m hoch.

Der von innen vollständig ausgehöhlte Berg beherbergt noch heute eine Basilika, in der das Grab Francos liegt.

140

Beim Ansehen der Reiseprospekte

Maica: Um alle Maya-Pyramiden zu sehen, bräuchten wir mindestens sechs Monate.
Miriam: Ja, es ist unglaublich, wie viele Pyramiden es gibt. Allein auf der Halbinsel Yucatán gibt es mehr als zehn Städte der Mayas. Von Guatemala ganz zu schweigen!

el viaje [bi'axe]	Reise
la pirámide [pi'ramiđe]	Pyramide
increíble [iŋkre'iβle]	unglaublich
el mes [mes]	Monat
la península [pen'insula]	Halbinsel

141

Todavía falta un regalo

Pedro: ¡Date prisa, Rosa! Carmen nos espera en el Bar Manolo. Ella también quiere ir de compras.

Rosa: ¡Un momento, hermanito! Tengo que ponerme los zapatos y el abrigo . . . A lo mejor tu novia sabe algún regalo para nuestro padre.

Pedro: No lo creo. Al suyo le regala un títere.

142

— GRAMÁTICA —

Tres letras más

Tres letras del alfabeto español no existen en el alfabeto alemán. Son las siguientes: la Ch [tʃe] que sigue a la C [θe], la Ll ['eʎe] que sigue a la L ['ele], y finalmente la Ñ ['eɲe] que sigue a la N ['ene].

Ch: chaleco, m. (Weste); chantaje, m. (Erpressung); chicle, m. (Kaugummi); chocolate, m. (Schokolade)
Ll: llama, f. (Flamme); llanto, m. (Weinen); lluvia, f. (Regen)
Ñ: ñaque, m. (Gerümpel); ñoñería, f. (Albernheit, Gefasel)

Ein Geschenk fehlt noch

Pedro: Beeil dich, Rosa! Carmen wartet in der Bar Manolo auf uns. Sie will auch einkaufen gehen.
Rosa: Moment noch, Brüderchen! Ich muß mir noch Schuhe und Mantel anziehen... Womöglich weiß deine Freundin irgendein Geschenk für unseren Vater.
Pedro: Das glaube ich nicht. Ihrem eigenen schenkt sie eine Marionette.

prisa (f.) ['prisa]	Eile
darse prisa ['darse 'prisa]	sich beeilen
compra (f.) ['kɔmpra]	Kauf, Einkauf
ir de compras [ir de 'kɔmpras]	einkaufen gehen
novia (f.) ['nobĭa]	Braut, Verlobte; entspricht im Deutschen der Freundin
amiga (f.) [a'miga]	Freundin
títere (m.) ['titere]	Marionette, Hampelmann

GRAMMATIK

Drei Buchstaben mehr

Drei Buchstaben aus dem spanischen Alphabet gibt es im deutsche Alphabet nicht. Das sind folgende: das Ch, das auf das C folgt, das L das auf das L folgt, und schließlich das Ñ, das auf das N folgt.

Ch [tʃ] *ähnlich dem deutschen tsch in „Kutsche", aber sehr schne hintereinander gesprochen*
Ll [ʎ] *der Konsonant l wird mit Hilfe von j erweicht, so daß ein Lau wie in „Familie" entsteht; in weiten Teilen Südspaniens, au den Kanarischen Inseln und in den meisten mittel- und süd amerikanischen Ländern wird der Laut wie ein deutsches j ausgesprochen (dieses Phänomen wird Yeísmo genannt)*
Ñ [ɲ] *Die Aussprache ist ähnlich dem gn in „Champagner"*

La nueva oficina

Francisco: *¡Pasa, pasa! ¡Siéntate en este sillón y mira! Estupendo, ¿verdad? Desde mi infancia sueño con un escritorio como éste.*

Dolores: *A mí también me gusta tu nueva oficina. Y ahora, ¡abre la botella!*

El muro

El muro de Berlín que dividía la ciudad durante más de 25 años no es el único muro que se ha hecho famoso: en la frontera entre los EE.UU. y México, entre las ciudades San Diego (EE.UU.) y Tijuana (México), los norteamericanos también construyeron un muro de tres metros de altura a fin de impedir la inmigración ilegal de miles de personas procedentes de todos los países latinoamericanos. Después de caerse el muro de Berlín se podía leer en el lado mejicano del muro: «Si el de Berlín cayó, ¿éste por qué no?»

¿Cuántos latinos viven actualmente en EE.UU.?

143

Das neue Büro

Francisco: Komm 'rein! Setz dich in diesen Sessel und schau dich um! Toll, nicht? Seit meiner Kindheit träume ich von einem Schreibtisch wie diesem.
Dolores: Mir gefällt dein neues Büro ja auch. Jetzt öffne endlich die Flasche!

sillón (m.) [si'ʎɔn]	Lehnstuhl, Sessel, Armsessel
estupendo [estu'pendo]	fabelhaft; erstaunlich; familiär: toll
soñar [so'ɲar]	träumen
sueño (m.) ['sŭeɲo]	Schlaf; Traum

144

Die Mauer

Die Berliner Mauer, die die Stadt mehr als 25 Jahre lang teilte, ist nicht die einzige Mauer, die berühmt geworden ist: Auf der Grenze zwischen den USA und Mexiko, zwischen den Städten San Diego (USA) und Tijuana (Mexiko), errichteten die Nordamerikaner ebenfalls eine Mauer von drei Metern Höhe, um die illegale Einwanderung Tausender, aus allen lateinamerikanischen Ländern stammender Menschen zu verhindern. Nachdem die Berliner Mauer gefallen war, konnte man auf mexikanischer Seite der Mauer lesen: „Wenn die in Berlin gefallen ist, warum diese nicht?" Wieviele Lateinamerikaner leben augenblicklich in den USA?

Schätzungsweise dreißig Millionen

EE.UU. ist die Abkürzung für Estados Unidos.

145

GRAMÁTICA

Pronunciación de algunas consonantes

[b] basto (grob); burla, f. (Spott); boda, f. (Heirat, Hochzeit); vamos (wir gehen); también (auch); en vano (vergebens)

[b] suave (weich, mild, sanft); avispa, f. (Wespe); el billete, m. (die Eintrittskarte, die Fahrkarte, der Zettel); polvo, m. (Staub, Pulver)

[s] casa, f. (Haus); beso, m. (Kuß); saber (wissen); oso, m. (Bär)

[z] mismo (selbst); asno, m. (Esel); los gatos, m. (die Katzen)

146

En el Parque del Retiro

Hoy, después del almuerzo, Pedro ha cogido la correa para dar un paseo con Lobo. Ahora entran en el Parque del Retiro por la Puerta de España. Hace frío y por eso no hay mucha gente. Aunque está prohibido llevar los perros sueltos Pedro lo hace. Delante del estanque tuercen a la derecha para llegar al Palacio de Cristal. Pedro se sienta en un banco al lado del Palacio y empieza a leer.

145

— GRAMMATIK —

Aussprache einiger Konsonanten

Generell läßt sich sagen, daß im Spanischen alle Wörter eines Satze bzw. eines sinnvollen Satzteils zusammenhängend ohne Pausen au gesprochen werden. Nur nach Satzzeichen wie Punkt oder Komma oder nach inhaltlich gegliederten Satzteilen wird eine Pause gemac Zwischen dem B und dem V gibt es im Spanischen keinen Unterschi in der Aussprache.

- [b] *ähnlich dem deutschen b in „Butter", jedoch nur im absoluten Anlaut (etwa am Satzanfang) und nach n und m; dabei wird n w m gesprochen*
- [b̃] *stimmhafter Reibelaut; entsteht zwischen Vokalen und vor und nach Konsonanten (außer n und m)*
- [s] *ähnlich dem scharfen s in „Kasse"*
- [z] *stimmhaftes s vor stimmhaften Konsonanten (b, d, g, l, m, n)*

146

Im Retiro-Park

Heute nach dem Mittagessen hat Pedro die Hundeleine ergriffen, um mit Lobo einen Spaziergang zu machen. Jetzt treten sie durch die Puerta de España in den Retiro-Park ein. Es ist kalt, und deshalb sind nicht viele Leute da. Obwohl es verboten ist, Hunde frei laufen zu lassen, tut Pedro das. Vor dem Teich biegen sie nach rechts ab, um zum Glaspalast zu gelangen. Pedro setzt sich auf eine Bank neben dem Palast und beginnt zu lesen.

retiro (m.) [rrɛ'tiro]	Zurückgezogenheit; Einsamkeit; Ruhesitz; Ruhestand
torcer [tɔr'θɛr]	drehen; krümmen; verbiegen; hier: abbiegen
llegar [ʎe'gar]	ankommen; anlangen; gelangen; herannahen
cristal (m.) [kris'tal]	Kristall; Glas; Fensterscheibe

147

En la secretaría

Mavi es profesora de filosofía en un colegio público. Ahora quiere ir a la sala de profesores. Cuando pasa por la secretaría la secretaria le hace una seña. Mavi entra en la secretaría donde el director del colegio le presenta a Mavi dos colegas nuevos. Uno de ellos también es profesor de filosofía y Mavi empieza directamente a hablar con él.

148

*«Soy polifacético,
porque todo lo hago mal.»*

Ricardo Solfa

147

Im Sekretariat

Mavi ist Philosophie-Lehrerin an einer öffentlichen höheren Schule. Sie will jetzt ins Lehrerzimmer gehen. Als sie am Sekretariat vorbeigeht, winkt die Sekretärin sie herbei. Mavi geht ins Sekretariat, wo ihr der Direktor der Schule zwei neue Kollegen vorstellt. Einer von ihnen ist auch Philosophie-Lehrer, und Mavi beginnt direkt, mit ihm zu sprechen.

la secretaría [sekreta'ria]	Sekretariat
la secretaria [sekre'tarĭa]	Sekretärin
la profesora [profe'sɔra]	Lehrerin
el profesor [profe'sɔr]	Lehrer
el colegio [ko'lɛxĭo]	höhere Schule
público, -a ['puβliko/a]	öffentlich
ahora [a'ɔra]	jetzt
pasar por [pa'sar pɔr]	vorbeigehen an
la sala ['sala]	Saal, Aula, Zimmer
el colega [ko'lega]	Kollege

148

„Ich bin vielseitig, denn ich mache alles falsch." – Ricardo Solfa (geb. 1948), spanischer Sänger

---
GRAMMATIK

Verb und Personalpronomen

hablar		sprechen
yo	hablo	ich spreche
tú	hablas	du sprichst
él, ella, Vd.	habla	er, sie spricht, Sie (Sg.) sprechen
nosotros	hablamos	wir sprechen
vosotros	habláis	ihr sprecht
ellos, -as, Vds.	hablan	sie, Sie sprechen

Das Personalpronomen als Subjekt wird im Spanischen in der Regel nur dann gebraucht, wenn es betont werden soll.

149

La conferencia

Jesús ha ido a la facultad de filología donde hoy dan una conferencia sobre el español antiguo. Va a hablar un catedrático israelí de lingüística sobre la lengua sefardita en el mundo. Jesús se interesa mucho por esa lengua porque es una verdadera reliquia viviente. Es el español arcaico que se hablaba en el siglo XV en España.

150

--- ADIVINANZA ---

Las ciudades más grandes de España

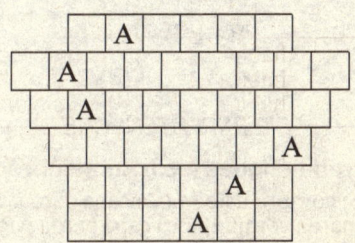

149

Der Vortrag

Jesús ist zur Fakultät für Philologie gegangen, wo heute ein Vortrag über Altspanisch gehalten wird. Ein israelischer Linguistik-Professor wird über die sephardische Sprache in der Welt sprechen. Jesús interessiert sich sehr für diese Sprache, da sie eine echte lebende Reliquie ist. Sie ist das veraltete Spanisch, das im 15. Jahrhundert in Spanien gesprochen wurde.

ha ido [a 'iđo]	er ist gegangen
la facultad [fakul'ta⁽ᵈ⁾]	Fakultät
dar una conferencia [dar 'una kɔmfe'renθĭa]	einen Vortrag halten
sobre ['soβre]	über
el catedrático [kate'đratiko]	Universitätsprofessor
interesarse por algo [intere'sarse pɔr 'algo]	sich für etwas interessieren
la lengua ['leŋgŭa]	Sprache
verdadero [bɛrđa'đero]	wirklich, echt
el siglo ['siglo]	Jahrhundert

150

Die größten Städte Spaniens

In der Reihenfolge ihrer Größe aufgelistet:

MADRID

BARCELONA

VALENCIA

SEVILLA

BILBAO

MALAGA

DIE EXPERTENECKE

Un trabalenguas – ein Zungenbrecher

Compadre: compre usted poca capa parda; que el que poca capa parda compra poca capa parda paga. Yo, que poca capa parda compré, poca capa parda pagué.

(compadre: Gevatter; capa: Umhang; parda: braun)

151

En una bodega

Empleado: ¿Quieren ustedes probar este vino tinto ahora? Es un vino fuerte de la provincia de Murcia. Denominación de origen: Jumilla.

Francisco: ¡No, gracias! Preferimos aquel clarete de Valdepeñas. ¡Déme cinco litros, por favor!

152

--- GRAMÁTICA ---

Acentuación

Las palabras que terminan en vocal, en diptongo o en –n o –s se acentúan en la penúltima sílaba:
  farmacia, f. (Apotheke); gracias (danke); resumen, m. (Zusammenfassung, Übersicht).
Las palabras que terminan en otras consonantes que no sean –n o –s se acentúan en la última sílaba:
  dormir (schlafen); comprar (kaufen); comer (essen); ciudad, f. (Stadt); señor, m. (Herr, Besitzer).
Todas las excepciones de estas reglas llevan acento:
  teléfono, m. (Telefon); jamás (niemals); camión, m. (Lastwagen); fácil (leicht).

In einer Kellerei

Angestellter: Wollen Sie jetzt diesen Rotwein probieren? Es ist ein starker Wein aus der Provinz Murcia. Ursprungsbezeichnung: Jumilla.

Francisco: Nein, danke. Wir ziehen jenen Klarettwein aus Valdepeñas vor. Geben Sie mir bitte fünf Liter!

tinto ['tinto]	gefärbt
vino tinto (m.) ['bino 'tinto]	Rotwein
denominación (f.) [denomina'θiɔn]	Benennung, Bezeichnung
preferir [prefe'rir]	vorziehen

GRAMMATIK

Wortbetonung

Wörter, die auf Vokal, Diphthong oder –n oder –s enden, werden auf der vorletzten Silbe betont.

Wörter, die auf andere Konsonanten als –n 'oder –s enden, werden auf der letzten Silbe betont.

Alle Ausnahmen von diesen Regeln tragen einen Akzent.

acentuar [aθen'tŭar]	betonen, hervorheben
acento (m.) [a'θento]	Akzent, Ton; Betonung; Klang
acentuación (f.) [aθentŭa'θiɔn]	Betonung

153

La herencia

Carlos: *Maite, ¿sabes que mi abuelo me quiere heredar la finca que tiene en la Sierra de Gredos?*
Maite: *¡No me digas! ¿No hay una pequeña casa de campo en la finca?*
Carlos: *Sí, claro. Pero hay que renovarla completamente.*

154

Las tunas

En muchas ciudades universitarias de España se ha conservado la tradición de la tuna. La tradición de la tuna se remonta al siglo XIII, cuando nacieron las primeras universidades españolas. Por entonces a los tunos se les llamaba sopistas, porque cantaban para conseguir sopa en las posadas. Hoy en día los tunos siguen siendo estudiantes, pero ahora cantan para conseguir dinero para p.e. poder hacer viajes de estudios. Van vestidos de negro, con ropa del siglo XVI y una capa negra llena de escudos y cintas de colores.

¿Qué universidad es la más grande de España?

153

Die Erbschaft

Carlos: Maite*, weißt du, daß mein Großvater mir sein Grundstück in der Sierra de Gredos** vererben will?
Maite: Sag bloß! Ist da nicht ein kleines Landhaus auf dem Grundstück?
Carlos: Ja, na klar. Aber man muß es vollständig renovieren.

* Maite ist die Abkürzung für María Teresa.
** Die Sierra de Gredos ist ein Scheidegebirge zwischen Kastilien und Extremadura.

la herencia [e'renθĭa]	Erbschaft
el abuelo [a'bŭelo]	Großvater
saber [sa'ber]	wissen
la finca ['fiŋka]	Grundstück (auf dem Land)
heredar [ere'dar]	vererben
¡No me digas! [no me 'digas]	Sag bloß!
pequeño, -a [pe'keɲo/a]	klein
pero ['pero]	aber
renovar [rrɛno'bar]	renovieren

154

Die Tunas

In vielen Universitätsstädten Spaniens ist die Tradition der Tunas erhalten geblieben. Die Tradition der Tunas geht auf das 13. Jahrhundert zurück, als die ersten spanischen Universitäten entstanden. Damals wurden die Mitglieder der Tunas „Suppisten" genannt, da sie in Gasthäusern sangen, um Suppe zu bekommen. Heutzutage sind die Mitglieder der Tunas noch immer Studenten, jedoch singen sie jetzt für Geld für z. B. Studienreisen. Sie sind schwarz angezogen und tragen Kleidung des 16. Jahrhunderts mit einem Umhang voller Wappen und bunten Bändern. Welches ist die größte spanische Universität?

Die Complutense-Universität in Madrid

Die Universidad Complutense de Madrid ist, mit ihren gegenwärtig ca. 120.000 Studenten, gleichzeitig auch die größte Universität Europas.

155

En la finca del abuelo

Por la tarde Maite y Carlos han ido en coche a la Sierra de Gredos a ver la finca del abuelo. La pequeña casa que hay allí, de verdad, está en un estado malísimo. Al ver la casa Maite y Carlos están un poco desilusionados. Pero, poco después, ya empiezan a pensar en los arreglos más necesarios.

156

Ropa de invierno

Mabel: *¿Qué lees allí?*
Mavi: *Nada en especial. Es un prospecto del Corte Inglés que acabo de encontrar.*
Mabel: *¿Es un prospecto nuevo?*
Mavi: *No ¡qué va! Es de noviembre pasado con la colección de invierno.*

155

Auf dem Grundstück des Großvaters

Am Nachmittag sind Maite und Carlos mit dem Auto in die Sierra de Gredos gefahren, um das Grundstück des Großvaters zu sehen. Das kleine Haus, das dort steht, ist wirklich in einem äußerst schlechten Zustand. Als Maite und Carlos das Haus sehen, sind sie ein wenig enttäuscht. Kurz darauf aber beginnen sie bereits, über die notwendigsten Reparaturen nachzudenken.

ir en coche [ir en 'kotʃe]	mit dem Auto fahren
ver [bɛr]	sehen
de verdad [de bɛr'ða⁽ᵈ⁾]	wirklich
malísimo [ma'lisimo]	äußerst schlecht
el estado [es'taᵈo]	Zustand
al ver [al bɛr]	beim Sehen
desilusionado, -a [desilusĭo'naðo/a]	enttäuscht
un poco [um 'poko]	ein wenig
poco después ['poko des'pŭes]	kurz darauf
el arreglo [a'rreglo]	Reparatur
necesario [neθe'sarĭo]	notwendig

156

Winterkleidung

Mabel: Was liest du da?
Mavi: Nichts Besonderes. Das ist ein Prospekt vom Corte Inglés*, den ich gerade gefunden habe.
Mabel: Ist das ein neuer Prospekt?
Mavi: Ach was, nein! Der ist vom vergangenen November mit der Winterkollektion.

Der Corte Inglés ist eine große Kaufhauskette in Spanien.

la ropa ['rrɔpa]	Kleidung
el invierno [im'bĭɛrno]	Winter
leer [le'ɛr]	lesen
nada ['naða]	nichts
nada en especial ['naða en espe'θĭal]	nichts Besonderes
el prospecto [prɔs'pɛkto]	Prospekt
acabar de hacer algo [aka'ɓar de a'θɛr 'algo]	gerade etw. getan haben
encontrar [eŋkɔn'trar]	finden
¡qué va! [ke ba]	ach was!

157

EJERCICIO

Verbos

Ponga los verbos en la forma correspondiente:

1. Martín _____ (llamar) a Mavi.
2. Tú y yo _____ (tomar) un café.
3. Nosotros _____ (conocer) Málaga muy bien.
4. Los señores _____ (vivir) en La Coruña.
5. Vosotros _____ (ver) la catedral allí.
6. Tú _____ (llegar) siempre tarde.
7. Mabel y Mavi _____ (beber) un cóctel.

158

Compras

Este fin de semana a Martín le toca hacer la compra. En casa escribe una lista de las cosas que hay que comprar. Después se la lleva al supermercado. Cuando hace la compra para el fin de semana Martín siempre va en coche al supermercado, porque le es imposible llevar todas las cosas en una mochila.

157

Verben

Setzen Sie die Verben in die entsprechende Form:

1. Martín **llama** a Mavi. – Martín ruft Mavi an. 2. Tú y yo **tomamos** un café. – Du und ich, wir trinken einen Kaffee. 3. Nosotros **conocemos** Málaga muy bien. – Wir kennen Málaga sehr gut. 4. Los señores **viven** en La Coruña. – Die Herren leben in La Coruña. 5. Vosotros **véis** la catedral allí. – Ihr seht dort die Kathedrale. 6. Tú **llegas** siempre tarde. – Du kommst immer zu spät. 7. Mabel y Mavi **beben** un cóctel. – Mabel und Mavi trinken einen Cocktail.

DIE EXPERTENECKE

Una letra especial del español

Das Ü taucht im Spanischen äußerst selten auf, z. B. in vergüenza – Scham. Anders als im Deutschen zeigen im Spanischen die Punkte über dem U an, daß das U – sonst in dieser Position stumm – gesprochen wird.

158

Einkäufe

Dieses Wochenende ist Martín mit dem Einkaufen dran. Er schreibt zu Hause eine Liste der Sachen, die gekauft werden müssen. Danach nimmt er die Liste zum Supermarkt mit. Wenn er die Einkäufe für das Wochenende macht, fährt Martín stets mit dem Auto zum Supermarkt, da es ihm unmöglich ist, alle Sachen in einem Rucksack zu tragen.

le toca a alg. [le 'toka a 'algǐen]	jmd. ist dran (etw. zu tun)
en casa [en 'kasa]	zu Hause
la lista ['lista]	Liste
la cosa ['kosa]	Ding, Sache
las compras ['kɔmpras]	Einkäufe
llevar [ʎe'ḇar]	tragen
llevarse algo [ʎe'ḇarse 'algo]	etw. mitnehmen
imposible [impo'sible]	unmöglich
la mochila [mo'tʃila]	Rucksack

159

Una invitación a Galicia

Dolores: *Esta mañana el cartero ha traído una carta de mi hermana Elena. Me invita a pasar una semana en su casa en Ortigueira.*

Francisco: *¡Pues bien! ¡Escríbele hoy mismo y acepta! Creo que vale la pena. A mí también me gustaría una estancia en la costa, pero tengo mucho trabajo, como sabes.*

160

Los proyectos de Rosa

Rosa tiene un concepto fijo en cuanto a su futuro. Después del bachillerato tiene que tomar parte en el C.O.U. (Curso de Orientación Universitaria) para que pueda empezar a estudiar. Se interesa mucho por las ciencias naturales. Estudiará Biología.

159

Eine Einladung nach Galicien

Dolores: Heute morgen hat der Postbote einen Brief von meiner Schwester Elena gebracht. Sie lädt mich ein, eine Woche in ihrem Haus in Ortigueira zu verbringen.

Francisco: Nun denn! Schreib ihr noch heute und nimm an! Ich glaube, es lohnt sich. Auch mir würde ein Aufenthalt an der Küste gefallen, aber wie du weißt, habe ich viel Arbeit.

pasar [pa'sar]	durchschreiten; überqueren; übergeben; reichen; vorbeigehen, vorbeifahren; eintreten; sich ereignen, vorgehen; hier: verbringen
pena (f.) ['pena]	Strafe; Kummer; Mühe
vale la pena ['bale la 'pena]	es lohnt sich
valer [ba'lɛr]	nützen; gelten; wert sein; kosten; taugen

160

Rosas Pläne

Rosa hat eine feste Meinung, was ihre Zukunft betrifft. Nach dem Abitur muß sie an dem 'Voruniversitätsjahr' teilnehmen, damit sie anfangen kann zu studieren. Sie interessiert sich sehr für die Naturwissenschaften. Sie wird Biologie studieren.

Im spanischen Schulwesen schließt an die Allgemeine Grundschule (E.G.B.: Enseñanza General Básica) eine dreijährige Oberschule (B.U.P.: Bachillerato Unificado Polivalente) an, auf die das im Text erwähnte 'Voruniversitätsjahr' (C.O.U.: Curso de Orientación Universitaria) folgt.

concepto (m.) [kɔn'θɛpto]	Begriff, Idee; Auffassung, Meinung
ciencia (f.) ['θĭenθia]	Wissenschaft
ciencias (f.) ['θĭenθĭas]	Kenntnisse

El coche no arranca

Hace apenas veinte minutos que Francisco ha salido de casa. Ahora toca el timbre y Dolores le abre la puerta.

Dolores: ¿Qué haces aquí?
Francisco: El coche no arranca. Unos peatones lo han empujado sin ningún éxito. Tengo que coger el metro.
Dolores: No te queda más remedio que tragar saliva y callar.

Francisco no hace más que encogerse de hombros y se despide.

GRAMÁTICA

El acento

Llevan acento ortográfico todas las palabras esdrújulas y sobreesdrújulas: pájaro, m. (Vogel).
Otro tipo de acento es el acento diacrítico que se utiliza para diferenciar dos palabras que se escriben igual:

mi (mein)	– mí (mir, mich)	de (von)	– dé (geben Sie!)
tu (dein)	– tú (du)	mas (aber)	– más (mehr)
te (dir, dich)	– té, m. (Tee)	si (wenn, ob)	– sí (ja)
el (Artikel)	– él (er)	aun (sogar)	– aún (noch)
se (Pronomen)	– sé (ich weiß, ich kann; sei!)	solo (allein)	– sólo (nur)
		o (oder)	– ó (zwi. Zahlen)

161

Der Wagen springt nicht an

Es ist kaum zwanzig Minuten her, daß Francisco aus dem Haus gegangen ist. Jetzt klingelt er, und Dolores öffnet ihm die Tür.
Dolores: Was machst du hier?
Francisco: Der Wagen springt nicht an. Einige Fußgänger haben ihn ohne jeden Erfolg angeschoben. Ich muß die U-Bahn nehmen.
Dolores: Dir bleibt nichts anderes übrig, als deinen Ärger herunterzuschlucken und still zu bleiben.
Francisco zuckt nur mit den Achseln und verabschiedet sich.

tocar [to'kar]	berühren; betasten; an der Reihe sein; betreffen; läuten
timbre (m.) ['timbre]	Stempel; Briefmarke; Klingel
saliva (f.) [sa'liβa]	Speichel

162

GRAMMATIK

Der Akzent

Alle Wörter, die auf der dritt- und viertletzten Silbe betont werden, tragen einen Akzent.
Ein anderer Typ von Akzent ist der diakritische Akzent, der zur Unterscheidung zweier gleichgeschriebener Wörter mit unterschiedlicher Bedeutung benutzt wird.

163

Preparando el equipaje

Rosa: *No te entiendo, mamá. ¿Por qué estás haciendo la maleta? No sales ni mañana ni pasado mañana, sino en quince días.*

Dolores: *Cada vez que hago un viaje estoy muy nerviosa, Rosa, porque tengo que preparar muchas cosas.*

164

La Jerusalén de Occidente

Ese nombre lleva la hermosa ciudad de Santiago de Compostela en el norte de España. En la Alta Edad Media se descubrió allí un sepulcro del cual se supuso que fue el del Apóstol Santiago. La osamenta hoy se encuentra en una urna de plata dentro de la basílica. A través de los siglos, se fueron construyendo edificios de todos los estilos, formando uno de los conjuntos arquitectónicos más bellos del mundo. En Santiago se originó el primer movimiento turístico de la historia: las peregrinaciones medievales.

¿En qué región española está Santiago de Compostela?

163

Beim Kofferpacken

Rosa: Ich verstehe dich nicht, Mama. Warum packst du den Koffer? Du fährst nicht morgen oder übermorgen ab, sondern in zwei Wochen.

Dolores: Jedes Mal, wenn ich eine Reise mache, bin ich sehr nervös, Rosa, weil ich viele Dinge vorbereiten muß.

hacer [a'θεr]	machen, tun; verursachen, veranlassen
hacer la maleta (f.) [a'θεr la ma'leta]	Koffer packen
salir [sa'lir]	ausgehen; weggehen; abreisen; abfahren; herauskommen
quince ['kinθe]	fünfzehn
quince días ['kinθe 'δias]	vierzehn Tage; zwei Wochen

164

Das Jerusalem des Westens

Diesen Namen trägt die schöne Stadt Santiago de Compostela im Norden Spaniens. Dort wurde im Hochmittelalter ein Grab gefunden, von dem man annahm, daß es das Grab des Apostels Jakobus des Älteren sei. Die Gebeine befinden sich heute in einer silbernen Urne im Inneren der Basilika. Im Laufe der Jahrhunderte wurden Gebäude aller Stile errichtet, die einen der schönsten architektonischen Komplexe der Welt bilden. Mit Santiago entstand die erste touristische Bewegung der Geschichte: Die mittelalterlichen Pilgerfahrten. In welcher spanischen Region liegt Santiago de Compostela?

In Galicien

Santiago de Compostela war Ende des 11. Jahrhunderts, neben Rom und Jerusalem, einer der größten Wallfahrtsorte des mittelalterlichen Christentums.

Proyectos de una casa nueva

Maite y Carlos están en la oficina de un amigo suyo que es arquitecto. Ahora Maite y Carlos hablan con él sobre sus proyectos de una nueva casa en la finca del abuelo de Carlos. Carlos le enseña al amigo algunas fotos de la casa antigua que está en la finca. El amigo dice que es mejor renovar esta casa porque es una casa muy bonita.

*«¿Por qué los hijos
aman a los abuelos?
Porque el hijo niega al padre,
y éste al suyo, y dos negaciones
son una afirmación, según
la matemática.»*

Francisco Javier Sáenz de Oiza

165

Pläne für ein neues Haus

Maite und Carlos sind im Büro eines ihrer Freunde, der Architekt ist. Jetzt sprechen Maite und Carlos mit ihm über ihre Pläne für ein neues Haus auf dem Grundstück des Großvaters von Carlos. Carlos zeigt dem Freund einige Fotos von dem alten Haus, das auf dem Grundstück steht. Der Freund sagt, daß es besser sei, dieses Haus zu renovieren, weil es ein sehr schönes Haus ist.

el proyecto [pro'jɛkto]	Plan, Vorhaben
la oficina [ofi'θina]	Büro
el arquitecto [arki'tekto]	Architekt
el amigo [a'migo]	Freund
enseñar [ense'ɲar]	zeigen
la foto ['foto]	Foto
decir [de'θir]	sagen
mejor [me'xɔr]	besser
bonito, -a [bo'nito/a]	schön

166

„Warum die Söhne die Großväter lieben? Weil der Sohn den Vater verneint und der den seinen, und nach der Mathematik ist eine doppelte Verneinung eine Bejahung." — Francisco Javier Sáenz de Oiza (geb. 1918), spanischer Architekt

---
GRAMMATIK

Substantive

el tío (der Onkel)	**la** tía (die Tante)
los tíos (die Onkel)	**las** tías (die Tanten)
un tío (ein Onkel)	**una** tía (eine Tante)
unos tíos (Onkel; Pl.)	**unas** tías (Tanten)

1. Es gibt nur männliche und weibliche Substantive (maskulin, m. – feminin, f.).
2. Im Plural wird -s, nach Konsonant -es angehängt (la mujer, las mujeres – Frau, Frauen).
3. Der Plural des unbestimmten Artikels (unos, unas) ist eine Besonderheit des Spanischen. Er bedeutet meist: einige. Unas mesas – einige Tische.

La tarta de cumpleaños

Jesús: *¿Qué vas a regalar a Mabel para su cumpleaños?*
Martín: *No lo sé todavía. ¿Y tú?*
Jesús: *Pues, pienso hacer una tarta de fresas. Tengo una receta muy buena de mi hermana.*
Martín: *Conozco esa tarta. Es riquísima.*

EJERCICIO

Artículos

Ponga los artículos correctos delante de las palabras:

_____ coches   _____ leche

_____ parachoques   _____ mano

_____ águila   _____ ordenador

_____ relojes   _____ cartel

_____ ciudad   _____ abuelos

167

Die Geburtstagstorte

Jesús: Was wirst du Mabel zu ihrem Geburtstag schenken?
Martín: Ich weiß es noch nicht. Und du?
Jesús: Hm, ich möchte eine Erdbeertorte backen. Ich habe ein sehr gutes Rezept von meiner Schwester.
Martín: Ich kenne diese Torte. Sie ist sehr lecker.

la tarta ['tarta]	Torte; Kuchen
el cumpleaños [kumple'aɲos]	Geburtstag
regalar [rrɛga'lar]	schenken
no lo sé [no lo se]	ich weiß es nicht
todavía [toða'βia]	noch
pensar [pen'sar]	denken; vorhaben
hacer [a'θɛr]	machen
la fresa ['fresa]	Erdbeere
la receta [rrɛ'θeta]	Rezept

168

Artikel

Setzen Sie die richtigen Artikel vor die Wörter:

los coches – die Autos
el parachoques – die Stoßstange
el águila – der Adler
los relojes – die Uhren
la ciudad – die Stadt
la leche – die Milch
la mano – die Hand
el ordenador – der Computer
el cartel – das Plakat
los abuelos – die Großeltern

DIE EXPERTENECKE

Weibliche Substantive, die mit betontem a- oder ha- beginnen, haben im Singular den Artikel „el", im Plural „las": el águila (der Adler) – las águilas (die Adler); bei dem Wort „alcachofa" ist das Anhangs-a unbetont!

169

Haciendo puntos

Mabel: *Maite, ¿qué estás haciendo allí?*
Maite: *Estoy haciendo puntos. ¿No lo ves?*
Mabel: *Pero, ¡qué manera más rara de hacer puntos!*
Maite: *Me la ha enseñado una amiga alemana. Así se puede hacer puntos mucho más rápido.*

170

El sefardí

En 1.492, el mismo año en que Colón llegó a América, los Reyes Católicos, Fernando e Isabel, que financiaron su expedición, firmaron un decreto expulsando a todos los judíos y musulmanes que no se convirtieran a la fe católica. Más de 150 mil de los 400 mil judíos que había en España desde más de hacía quince siglos tuvieron que emigrar. Durante los 500 años de exilio las comunidades judías han mantenido la cultura y la lengua de la España del siglo XV. Esa lengua se llama sefardí.

¿Qué significa «sefarad»?

169

Beim Stricken

Mabel: Maite, was machst du da?
Maite: Ich stricke gerade. Siehst du das denn nicht?
Mabel: Aber was für eine komische Art zu stricken!*
Maite: Eine deutsche Freundin hat sie mir gezeigt. So kann man viel schneller stricken.

* *In Spanien wird beim Stricken eine Stricknadel unter den Arm geklemmt.*

estar haciendo [es'tar a'θĭendo]	gerade machen
hacer puntos [a'θεr 'puntos]	stricken
ver [bɛr]	sehen
la manera [ma'nera]	Art (und Weise)
raro ['rraro]	komisch; seltsam
más [mas]	mehr
rápido ['rrapiđo]	schnell
más rápido [mas 'rrapiđo]	schneller

170

Das Sephardische

1492, im gleichen Jahr, in dem Kolumbus Amerika erreichte, unterzeichneten die Katholischen Könige, Ferdinand und Isabella, die seine Expedition finanzierten, einen Erlaß, mit dem alle Juden und Muselmanen des Landes verwiesen wurden, die nicht zum katholischen Glauben konvertierten. Mehr als 150 000 der seit mehr als fünfzehn Jahrhunderten in Spanien lebenden 400 000 Juden mußten emigrieren. Während des 500jährigen Exils bewahrten die jüdischen Gemeinschaften die Kultur und die Sprache des Spanien im 15. Jahrhundert. Die Sprache heißt Sephardisch. Was bedeutet »Sepharad«?

> *„Sepharad" ist das hebräische Wort für Spanien.*

Das Sephardische, die Sprache der aus Spanien emigrierten Juden, ist eine lebende Reliquie: Es ist das Spanisch, das im 15. Jahrhundert in Spanien gesprochen wurde.

171

Nuevos azulejos en la cocina

En su taller de cerámica Carlos ha pintado azulejos. Esta mañana los saca del horno que hay en su taller para llevarlos a casa. Maite mientras tanto prepara las paredes de la cocina para poder poner los nuevos azulejos allí. Ella tiene que quitar los azulejos antiguos de la pared y limpiar la pared.

172

El contestador automático

Mavi: *Lo único que se consigue con un contestador automático es un aumento de la factura de la Telefónica.*
Jesús: *¿Y eso, por qué?*
Mavi: *Porque tú ahora tienes que llamar a la gente que te llama cuando no estás en casa.*

171

Neue Kacheln in der Küche

Carlos hat in seiner Keramik-Werkstatt Kacheln angemalt. Heute morgen holt er sie aus dem Ofen, der in seiner Werkstatt steht, heraus, um sie nach Hause zu bringen. Währenddessen bereitet Maite die Wände in der Küche vor, damit dort die neuen Kacheln angebracht werden können. Sie muß die alten Kacheln von der Wand entfernen und die Wand säubern.

nuevo [ˈnŭeƀo]	neu
el azulejo [aθuˈlɛxo]	Kachel; Fliese
la cocina [koˈθina]	Küche
su [su]	sein(e); ihr(e)
el taller [taˈʎɛr]	Werkstatt
la cerámica [θeˈramika]	Keramik
sacar [saˈkar]	herausholen
el horno [ˈɔrno]	Ofen
a casa [aˈkasa]	nach Hause
la pared [paˈre$^{(d)}$]	Wand
mientras tanto [ˈmĭentras ˈtanto]	währenddessen

172

Der Anrufbeanworter

Mavi: Das einzige, das man mit einem Anrufbeantworter erreicht, ist eine Erhöhung der Telefonrechnung*.
Jesús: Warum das denn?
Mavi: Weil du jetzt die Leute zurückrufen mußt, die dich anrufen, wenn du nicht zu Hause bist.

* *Die „Telefónica" ist die staatliche Telefongesellschaft in Spanien.*

el contestador automático [kɔntestaˈdɔr aŭtoˈmatiko]	Anrufbeantworter
único [ˈuniko]	einzige(r)
el aumento [aŭˈmento]	Erhöhung; Zunahme
la factura [fakˈtura]	Rechnung
por qué [por ke]	warum
llamar [ʎaˈmar]	(an-)rufen
en casa [en ˈkasa]	zu Hause

Carnavales en España

En la época franquista los carnavales han estado prohibidos en España. A pesar de esa prohibición de varias décadas han sobrevivido en la mayoría de los lugares. Es fácil distinguir dos clases de celebraciones carnavalescas en España. Unas son brillantes, lujosas y su principal ingrediente es la música. Sus ejemplos más vistosos se producen en Cádiz y en Santa Cruz de Tenerife. Otras consisten en dramáticos enfrentamientos entre las fuerzas del bien y del mal, donde máscaras inquietantes y animales míticos pelean a la luz de las hogueras.

¿Cómo se llaman los habitantes de Cádiz?

*«Amigo no fue el
que lo dejó de ser.»*

Proverbio español

173

Karneval in Spanien

Während der Zeit Francos waren Karnevalsfeiern in Spanien verboten. Trotz dieses mehrere Jahrzehnte dauernden Verbotes haben sie in den meisten Orten überlebt. Es ist leicht, in Spanien zwei Arten von Karnevalsfeiern zu unterscheiden. Einige sind schillernd und sehr aufwendig, ihre wichtigste Zutat ist die Musik. Die prächtigsten Beispiele dafür finden in Cádiz und in Santa Cruz de Tenerife statt. Andere bestehen aus dramatischen Konfrontationen zwischen den Kräften des Guten und des Bösen, in denen beunruhigende Masken und mystische Tiere beim Licht der Scheiterhaufen miteinander kämpfen. Wie heißen die Einwohner von Cádiz?

Gaditanos

Cádiz wurde rund 1100 v.Chr. von den Phöniziern gegründet. Sie nannten die Stadt „Gadir".

174

„Wer aufhört, Freund zu sein, ist es nie gewesen." – Spanisches Sprichwort

---- GRAMMATIK ----

Der neutrale Artikel 'lo' im Spanischen

Die Substantive können im Spanischen, im Gegensatz zum Deutschen, nur zwei Artikel haben: männlich oder weiblich. Allerdings gibt es einen weiteren, den „neutralen" Artikel, der eine besondere Funktion erfüllt: Er dient zur Substantivierung von Adjektiven und Partizipien.

Beispiele: **lo** desacostumbrado de este trabajo – das Ungewohnte an dieser Arbeit;
lo mismo que – dasselbe wie;
lo mejor de todo – das beste von allem;
a **lo** lejos – in der Ferne;
lo mío – das meinige

175

---ADIVINANZA---

Se buscan: siete colores

```
A L S M U N O L
B I O A Z U L A
L V E R D E D O
A M A R I L L O
N U R O J O E N
C A U N E G R O
O L I G A R C O
```

176

El encargo telefónico

Carlos tiene mucho trabajo en su taller de cerámica y no tiene tiempo para ir al almacén a comprar allí los materiales que le hacen falta. Por eso llama por teléfono al almacén y encarga lo más necesario para poder seguir con el trabajo: varias pinturas para los azulejos y 50 kilos de barro de distintos colores.

175

Haben Sie die sieben Farben gefunden?

```
        M
B     A Z U L
L  V E R D E
A M A R I L L O
N   R O J O
C     N E G R O
O
```

blanco	–	weiß
marron	–	braun
negro	–	schwarz
azul	–	blau
verde	–	grün
rojo	–	rot
amarillo	–	gelb

176

Die telefonische Bestellung

Carlos hat viel Arbeit in seiner Keramik-Werkstatt, und er hat keine Zeit, zum Lager zu fahren, um dort die Materialien zu kaufen, die er benötigt. Deswegen ruft er bei dem Lager an und bestellt das Allernotwendigste, um mit der Arbeit fortfahren zu können: Mehrere Farben für die Kacheln und 50 Kilo Ton verschiedener Farben.

el encargo [eŋˈkargo]	Bestellung
telefónico [teleˈfoniko]	telefonisch
el almacén [almaˈθen]	Lager(haus)
comprar [kɔmˈprar]	kaufen
el material [mateˈrǐal]	Material
hacer falta [aˈθɛr ˈfalta]	nötig sein, fehlen
por eso [pɔr ˈeso]	deswegen
necesario [neθeˈsarǐo]	notwendig
el barro [ˈbarrɔ]	Ton, Lehm

El día de San Valentín

Hoy es el día de los enamorados, la fiesta de San Valentín, en que los enamorados intercambian regalos. Es una costumbre anglosajona que ha sido introducida en España en los años 50 por el fundador de Galerías Preciados, para empujar a la gente a comprar regalos.

Una cena en casa de los Losada

Francisco: *¡Buenas tardes, Arturo! Permítame que te presente a mi esposa. Dolores, es Arturo Losada.*

Dolores: *Encantada de conocerle. Mi marido me ha hablado mucho de su socio.*

Arturo: *Es un placer, señora. Y ahora ¡vamos a matar el hambre!*

177

Der Valentinstag

Heute ist der Tag der Verliebten, das Sankt-Valentins-Fest, an dem die Verliebten Geschenke austauschen. Es ist ein angelsächsischer Brauch, der in den fünfziger Jahren vom Gründer der Galerias Preciados* in Spanien eingeführt worden ist, um die Leute zum Kaufen von Geschenken zu bewegen.

Die Galerias Preciados sind eine Kaufhauskette in Spanien.

enamorado [enamoˈraᵈo]	verliebt
intercambiar [intɛrkamˈbĭar]	austauschen
el regalo [rrɛˈgalo]	Geschenk
la costumbre [kɔsˈtumbre]	Brauch
el año [ˈaɲo]	Jahr
el fundador [fundaˈdɔr]	Gründer
introducir [introđuˈθir]	einführen
empujar [empuˈxar]	treiben, schieben

178

Ein Abendessen bei den Losadas

Francisco: Guten Abend, Arturo. Erlaube mir, dir meine Frau vorzustellen. Dolores, das ist Arturo Losada.
Dolores: Sehr erfreut, Sie kennenzulernen. Mein Mann hat mir schon viel von seinem Kompagnon erzählt.
Arturo: Es ist mir ein Vergnügen, gnädige Frau. Und jetzt wollen wir unseren Hunger stillen.

permitir [pɛrmiˈtir]	erlauben; zulassen
presentar [presenˈtar]	vorstellen; vorschlagen; vorzeigen; aufweisen
encantar [eŋkanˈtar]	bezaubern; entzücken
matar [maˈtar]	töten; umbringen
matar el hambre (f.) [maˈtar el ˈambre]	den Hunger stillen

179

---- GRAMÁTICA ----

El latín: base del español

La romanización de la Península Ibérica empezó con la segunda guerra púnica en el año 218 antes de Cristo. Con la civilización romana se impuso la lengua latina, importada por legionarios, colonos y administrativos. Hay que diferenciar entre el latín culto, enseñado en las escuelas, y el latín empleado en la conversación de las gentes medias y de las masas populares: el latín vulgar. Éste progresaba en sus innovaciones y poco a poco se desarrollaban las lenguas romances, y con éstas el español.

180

Más flores para el chalet

osa: *Me pregunto si vais a plantar más flores en Robledo de Chavela este año.*

ancisco: *¿Por qué no? Queda bastante sitio en el jardín.*

osa: *En este caso iré a la jardinería para escoger algo.*

179

— GRAMMATIK —

Das Lateinische: Grundlage des Spanischen

Die Romanisierung der Iberischen Halbinsel begann mit dem zweiten Punischen Krieg im Jahre 218 vor Christus. Mit der römischen Zivilisation setzte sich die lateinische Sprache durch – eingeführt von den Legionären, den Siedlern und den Verwaltungsangestellten. Man muß zwischen dem klassischen Latein, das in den Schulen gelehrt wurde, und dem von den Mittelschichten und den Volksmassen im Gespräch benutzten Vulgärlatein unterscheiden. Dieses erlebte fortschreitend Neuerungen, und nach und nach entwickelten sich die romanischen Sprachen – und mit diesen das Spanische.

romano (m.) [rrɔ'mano]	Römer; hier adjektivisch: römisch
romance (m.) [rrɔ'manθe]	Romanze; hier adjektivisch: romanisch

180

Mehr Blumen für das Landhaus

Rosa: Ich frage mich, ob ihr in diesem Jahr in Robledo de Chavela mehr Blumen pflanzt.
Francisco: Warum nicht? Es ist noch genug Platz im Garten.
Rosa: In diesem Fall werde ich in die Gärtnerei gehen, um etwas auszusuchen.

chalet (m.) [tʃa'lɛt]	Landhaus; Villa; auch: Wochenendhaus
quedar [ke'ðar]	bleiben; verbleiben; übrigbleiben; noch vorhanden sein
sitio (m.) ['sitĭo]	Lage; Platz; Ort; Stelle; Gegend; Sitz
escoger [eskɔ'xɛr]	auswählen; aussuchen

181

El maquillaje

Jesús: *No entiendo por qué a las mujeres os gusta tanto maquillaros.*
Mavi: *Me gusta mucho cambiar de aspecto y creo que soy más guapa con el maquillaje.*
Jesús: *A mí me gustas más sin la 'pintura' en la cara.*

182

EJERCICIO

Preguntas

Fragen Sie nach den hervorgehobenen Wörtern:

1. Rafael vive *en Langreo*.
2. Mavi *trabaja* en la academia.
3. *Juan Carlos* es el rey de España.
4. Martín va *en coche* al colegio.
5. Jesús va al teatro *para comprar unas entradas*.
6. Mabel tiene *una falda muy bonita*.
7. Carlos quiere cambiar *cincuenta* dólares.

181

Das Make-up

Jesús: Ich verstehe nicht, warum es euch Frauen so sehr gefällt, euch zu schminken.
Mavi: Es gefällt mir, mein Aussehen zu verändern, und ich glaube, daß ich mit dem Make-up hübscher bin.
Jesús: Du gefällst mir besser ohne die 'Farbe' im Gesicht.

el maquillaje [maki'ʎaxe]	Make-up
entender [enten'dɛr]	verstehen
os gusta [ɔs 'gusta]	euch gefällt
gustar [gus'tar]	gefallen
maquillarse [maki'ʎarse]	sich schminken
el aspecto [as'pɛkto]	Aussehen
cambiar [kam'bĭar]	verändern
guapo ['gŭapo]	hübsch

182

Fragen

1. ¿**Dónde** vive Rafael? – Wo wohnt Rafael? 2. ¿**Qué hace** Mavi en la academia? – Was macht Mavi an der Akademie? 3. ¿**Quién** es el rey de España? – Wer ist König von Spanien? 4. ¿**Cómo** va Martín al colegio? – Wie fährt Martín zur Schule? 5. ¿**Para qué/por qué** va al teatro Jesús? – Warum geht Jesús zum Theater? 6. ¿**Qué** tiene Mabel? – Was hat Mabel? 7. ¿**Cuántos** dólares quiere cambiar Carlos? – Wie viele Dollar will Carlos wechseln?

DIE EXPERTENECKE

Häufige Abkürzungen im Spanischen

TALGO – Tren Articulado Ligero Goicoechea Oriol (span. Gliederzug); RENFE – Red Nacional de Ferrocarriles Españoles (span. Eisenbahngesellschaft); FEVE – Ferrocarriles de Vía Estrecha (nordspan. Eisenbahngesellschaft); TAV – Tren de alta Velocidad (span. Hochgeschwindigkeitszug)

La abolladura del coche

Después del trabajo Martín quiere volver a casa. Cuando llega a su coche ve que en la aleta izquierda de atrás hay una abolladura gigantesca. Martín va alrededor del coche para ver si hay más daños. Luego busca debajo de los limpiaparabrisas una nota de la persona que ha abollado la aleta. Pero en vano, no hay nada.

La red ferroviaria española

Lo que llama la atención al turista que entra a España viajando en tren es que las vías ferroviarias españolas o son más anchas o más estrechas que en los demás países europeos. La red ferroviaria tiene una longitud total de unos 14 mil kilómetros, 12.721 de vía ancha y 1.687 de vía estrecha. Debido a que España es uno de los países más montañosos de Europa, la red ferroviaria española se caracteriza por enormes costes de construcción. El primer tramo de ferrocarril se inauguró en 1848 entre Barcelona y Mataró.

¿Entre qué ciudades españolas circulan los TAV?

183

Die Beule am Auto

Nach der Arbeit will Martín nach Hause fahren. Als er zu seinem Auto kommt, sieht er, daß in dem linken hinteren Kotflügel eine riesige Beule ist. Martín geht ums Auto herum, um nachzusehen, ob es noch weitere Schäden gibt. Danach sucht er unter den Scheibenwischern eine Notiz der Person, die den Kotflügel verbeult hat. Aber umsonst, dort ist nichts.

la abolladura [aboʎa'dura]	Beule
llegar [ʎe'gar]	(an)kommen
su coche [su 'kotʃe]	sein Auto
ver [beɾ]	sehen
la aleta [a'leta]	Kotflügel
gigantesco [xigan'tesko]	riesig
alrededor de [alrreðe'ðɔr de]	um ... herum
en vano [em 'bano]	umsonst, vergeblich

184

Das spanische Eisenbahnnetz

Dem mit dem Zug nach Spanien einreisenden Touristen fällt auf, daß die spanischen Eisenbahngleise entweder breiter oder schmaler als in den übrigen europäischen Ländern sind. Das Eisenbahnnnetz hat eine Gesamtlänge von ungefähr 14.000 km, 12.721 km davon Breitspur- und 1.687 km Schmalspurgleise. Da Spanien eines der gebirgigsten Länder Europas ist, zeichnet sich das spanische Eisenbahnnetz durch enorm hohe Baukosten aus. Die erste Eisenbahnstrecke wurde 1848 zwischen Barcelona und Mataró eingeweiht. Zwischen welchen spanischen Städten verkehren die Hochgeschwindigkeitszüge (Trenes de Alta Velocidad)?

Zwischen Madrid und Sevilla

Eine weitere Strecke der TAV (auch AVE: Alta Velocidad Española) ist im Bau zwischen Madrid und Barcelona.

185

En la comisaría

Policía: *¿Puedo ayudarle a Ud.?*
Martín: *Sí, quisiera hacer una denuncia.*
Policía: *¿Qué le ha ocurrido a Ud.?*
Martín: *A mí nada en absoluto. Alguien ha abollado un guardabarros de mi coche y ese alguien ha desaparecido sin dejar una nota.*

186

En el taller mecánico

Después de hacer la denuncia en la comisaría, Martín ha hablado con un señor del seguro de coches. Esta mañana ha ido a un taller mecánico para hablar con el mecánico sobre el precio del arreglo de la aleta. Parece que el arreglo precisamente no va a ser barato. Hay que reemplazar la aleta abollada y barnizar el recambio.

Auf dem Kommissariat

Polizist: Kann ich Ihnen helfen?
Martín: Ja, ich möchte eine Anzeige erstatten.
Polizist: Was ist Ihnen passiert?
Martín: Mir überhaupt nichts. Jemand hat einen Kotflügel meines Autos verbeult, und dieser jemand ist verschwunden, ohne eine Notiz zu hinterlassen.

la comisaría [komisaˈria]	Kommissariat
poder [poˈdɛr]	können
quisiera [kisiˈɛra]	ich möchte
hacer una denuncia [aˈθɛr ˈuna deˈnunθĭa]	eine Anzeige erstatten
ocurrir [okuˈrrir]	geschehen
nada en absoluto [ˈnaða en aβsoˈluto]	überhaupt nichts
alguien [ˈalgĭen]	jemand
desaparecer [desapareˈθɛr]	verschwinden
dejar [dɛˈxar]	(hinter)lassen

In der Autowerkstatt

Nach dem Erstatten der Anzeige im Kommissariat hat Martín mit einem Herrn von der Autoversicherung gesprochen. Heute morgen ist er in eine Autowerkstatt gegangen, um mit dem Mechaniker über den Preis der Kotflügelreparatur zu sprechen. Es scheint, daß die Reparatur nicht gerade billig wird. Der verbeulte Kotflügel muß ausgewechselt und das Ersatzteil muß lackiert werden.

el taller mecánico [taˈʎɛr meˈkaniko]	Kfz-Werkstatt
el seguro [seˈguro]	Versicherung
el mecánico [meˈkaniko]	Mechaniker
el precio [ˈpreθĭo]	Preis
el arreglo [aˈrreglo]	Reparatur
precisamente [preθisaˈmente]	gerade, eigentlich
barato [baˈrato]	billig
barnizar [barniˈθar]	lackieren

187

EJERCICIO

Ser, Estar y Tener

Traduzca las siguientes frases al español:

1. Maite ist heute ziemlich nervös.
2. Mabel ist sehr intelligent.
3. Mavi ist 28 Jahre alt.
4. Carlos geht es sehr gut.
5. Jesús und ich sind in Málaga.
6. Habt ihr Lust, etwas trinken zu gehen?
7. Bist du nicht Deutscher?

188

El presupuesto de gastos

Jesús: *Martín, ¿cuánto te va a costar el arreglo de la aleta?*

Martín: *Según el presupuesto de gastos que me ha hecho el mecánico va a costar un dineral, y el seguro sólo cubre un 30 por ciento de los gastos.*

187

'Sein', 'Sich befinden' und 'Haben'

Übersetzen Sie die folgenden Sätze ins Spanische:

1. Maite **está** bastante nerviosa hoy. 2. Mabel **es** muy inteligente. 3. Mavi **tiene** veintiocho años. 4. Carlos **está** muy bien. 5. Jesús y yo **estamos** en Málaga. 6. ¿**Tenéis** ganas de ir a tomar algo? 7. ¿No **eres** alemán?

DIE EXPERTENECKE

Zusammengesetzte Wörter

Die Zahl der zusammengesetzten Wörter im Spanischen ist relativ gering. Viele der langen deutschen Wörter erscheinen in der spanischen Übersetzung mit der Präposition „de" verbunden oder gar in zwei Wörtern. Hier einige Beispiele für zusammengesetzte Wörter: el pararrayos – Blitzableiter; la telaraña – Spinngewebe; el limpiaparabrisas – Scheibenwischer; el hombre rana – Froschmann.

188

Der Kostenvoranschlag

Jesús: Martín, wieviel wird dich die Reparatur des Kotflügels kosten?

Martín: Nach dem Kostenvoranschlag, den mir der Mechaniker gemacht hat, wird sie mich eine Stange Geld kosten, und die Versicherung deckt nur 30 Prozent der Kosten ab.

el presupuesto de gastos [presu'pŭesto de 'gastos]	Kostenvoranschlag
según [se'gun]	nach…; gemäß…
hecho ['etʃo]	gemacht
el dineral [dine'ral]	Heidengeld; eine Menge Geld
por ciento [pɔr 'θĭento]	Prozent
un 30 por ciento [un 'trɛĭnta pɔr 'θĭento]	30 Prozent
los gastos ['gastos]	Ausgaben; Kosten

189

La Biblioteca Nacional

A veces Pedro coge el autobús para ir a la Biblioteca Nacional. Ocurre que allí se halla un libro especial que no puede encontrar en la biblioteca de la facultad. Con su tarjeta de lector Pedro tiene derecho a un pupitre en el salón de lectura. En este salón todos se mueven sin hacer ruido y hablan en voz baja. En el edificio hay también un bar donde se venden bocadillos y bebidas.

190

Las inocentadas

Eladio: *¿Es verdad que los alemanes se gastan las inocentadas el primero de abril?*
Eva: *Naturalmente. Es la fecha en que está permitido tomarle el pelo a todo el mundo. ¿Cuándo lo hacen los españoles?*
Eladio: *El 28 de diciembre.*

189

Die Nationalbibliothek

Manchmal nimmt Pedro den Bus, um zur Nationalbibliothek zu gelangen. Es kommt vor, daß sich dort ein spezielles Buch findet, das er in der Bibliothek der Fakultät nicht entdecken kann. Mit seinem Leserausweis hat Pedro das Recht auf ein Pult im Lesesaal. In diesem Saal bewegen sich alle, ohne Krach zu machen, und sprechen leise. In dem Gebäude gibt es auch ein kleines Restaurant, in dem belegte Brötchen und Getränke verkauft werden.

ocurrir [oku'rrir]	sich ereignen, vorkommen; eintreten
hallarse [a'ʎarse]	sich finden, sich befinden; sich einfinden
tarjeta (f.) [tar'xeta]	Karte; hier: Ausweis
pupitre (m.) [pu'pitre]	Pult, Lesepult
edificio (m.) [eði'fiθĭo]	Gebäude; Bau

190

Aprilscherze

Eladio: Stimmt es, daß die Deutschen sich am 1. April in den 'April schicken'?
Eva: Natürlich. An diesem Datum ist es erlaubt, jedermann auf den Arm zu nehmen. Wann machen das die Spanier?
Eladio: Am 28. Dezember*.

*Dieser Tag heißt in Spanien 'Día de los Inocentes' (inocente = unschuldig, einfältig).

gastar inocentadas [gas'tar][inoθen'taðas]	'in den April schicken'
la fecha ['fetʃa]	Datum
permitido [permi'tiðo]	erlaubt
todo el mundo ['toðo][el]['mundo]	jedermann

191

---EJERCICIO---

Ponga los acentos donde hagan falta

Tienes **más** dinero que **él, mas** trabajas menos.
Sé que todo **se** puede aprender.
Tu tarea es limpiar **el** coche de **tu** padre.
¿Quieres un poco de **té**? **Sí**, gracias.
Si vienen Carlos y Rodrigo, somos 8 **ó** 9.
Te digo que **aún** los niños lo saben.
Estoy **solo. Tú** lo sabes muy bien.

192

La Plaza Mayor

A principios del siglo XVII la Plaza Mayor fue construida en el centro de la ciudad. Aquí se representaban los autos sacramentales, tenían lugar los autos de fe y se proclamaban los reyes. En el centro se encuentra la estatua de Felipe III. Hoy hay un gran número de cafés debajo de las arcadas. Los domingos se reúnen los filatelistas y los numismáticos en la plaza.

191

―――― ÜBUNG ――――

Setzen Sie die Akzente, wo sie nötig sind

Tienes **más** dinero que **él, mas** trabajas menos.
Sé que todo se puede aprender.
Tu tarea es limpiar el coche de **tu** padre.
¿Quieres un poco de **té**? **Sí,** gracias.
Si vienen Carlos y Rodrigo, somos 8 **ó** 9.
Te digo que **aun** los niños lo saben.
Estoy **solo. Tú** lo sabes muy bien.

Du hast mehr Geld als er, aber arbeitest weniger.
Ich weiß, daß sich alles lernen läßt.
Deine Aufgabe ist es, den Wagen deines Vaters zu säubern.
Willst du etwas Tee? Ja, danke.
Wenn Carlos und Rodrigo kommen, sind wir 8 oder 9.
Ich sage dir, daß sogar die Kinder das wissen.
Ich bin allein. Du weißt das sehr gut.

192

Die Plaza Mayor

Am Anfang des 17. Jahrhunderts wurde die Plaza Mayor inmitten der Stadt erbaut. Hier wurden die religiösen Theaterstücke aufgeführt, fanden die Ketzerverbrennungen statt und wurden die Könige proklamiert. In der Mitte befindet sich das Standbild Philipps des Dritten.
Heute gibt es unter den Arkaden eine Menge Cafés. Sonntags treffen sich die Briefmarken- und Münzsammler auf dem Platz.

plaza (f.) mayor ['plaθa ma'jɔr]	Hauptplatz
representar [rrɛpresen'tar]	darstellen; verkörpern; hier: aufführen
auto (m.) ['aŭto]	richterliche Verfügung; Mysterienspiel
auto sacramental ['aŭto sakramen'tal]	Sakramentsspiel; literarische Gattung, deren Hauptvertreter Lope de Vega und Calderón waren
fe (f.) ['fe]	Glaube; Vertrauen; Beglaubigung; Urkunde

Rosa ayuda en una oficina

Ya hace más de un año que Rosa trabaja en una compañía de seguros. Espera que le den un aumento de sueldo dentro de poco. Muchas veces está de trabajo hasta la coronilla. En la oficina tiene que escribir a máquina, sacar fotocopias y ocuparse del archivo. Es una labor necesaria y a la vez monótona.

Pedro está herido

Pedro: *Apenas habíamos empezado a jugar al balonmano cuando me caí, me lastimé el codo. Está muy hinchado. ¿Lo ves?*

Dolores: *Con una herida como ésta tienes que ir al médico para que la trate. ¡Piensa en la fractura de la pierna de José! Durante seis semanas tenía la pierna enyesada.*

193

Rosa hilft in einem Büro

Schon seit mehr als einem Jahr arbeitet Rosa in einer Versicherungsgesellschaft. Sie hofft, daß man ihr in Kürze eine Lohnerhöhung gibt. Oft steckt sie bis zum Hals in der Arbeit. Im Büro muß sie tippen, fotokopieren und sich um das Archiv kümmern. Das ist eine notwendige und gleichzeitig eintönige Arbeit.

ayudar [aju'ɖar]	helfen
esperar [espe'rar]	warten, erwarten; hoffen
sueldo (m.) ['sŭɛldo]	Gehalt; Lohn
coronilla (f.) [koro'niʎa]	Kopfwirbel; Tonsur; hier: Hals

194

Pedro ist verletzt

Pedro: Wir hatten kaum mit dem Handballspiel begonnen, als ich fiel und mich am Ellbogen verletzte. Er ist sehr geschwollen. Siehst du?

Dolores: Mit einer Verletzung wie dieser mußt du zum Arzt gehen, damit er sie behandelt. Denk an den Beinbruch von José! Sechs Wochen lang hatte er das Bein in Gips.

herir [e'rir]	verwunden; verletzen; beleidigen
herida (f.) [e'riɖa]	Wunde; Verletzung; Kränkung
hinchar [in'tʃar]	aufblasen, aufpumpen; übertreiben
enyesar [enje'sar]	eingipsen, in Gips legen

El mundial de esquí en España

El sur de España es famoso en toda Europa por su costa, la Costa del Sol, y por sus ciudades bellísimas, Granada, Sevilla y Córdoba. Allí hace mucho calor durante la mayor parte del año. En la costa granadina incluso hay plantas tropicales como el aguacate y la chirimoya. Lo que no sabe todo el mundo es que a unos 50 kilómetros de la costa granadina se puede esquiar durante cuatro meses al año. En 1.995 el campeonato mundial de esquí tiene lugar en Sierra Nevada, la estación de esquí granadina.

¿Cuál es el pico más alto de la Sierra Nevada?

El crédito

Mabel: *Martín, ¿qué te pasa? ¿Por qué estás tan malhumorado?*
Martín: *Pues, acabo de hablar con los de mi banco y me han dicho que les es imposible darme otro crédito para el arreglo del coche.*
Mabel: *Si quieres, te puedo prestar dinero yo.*

Ski-Weltmeisterschaften in Spanien

Der Süden Spaniens ist in ganz Europa berühmt wegen seiner Küste, der Costa del Sol, und wegen seiner wunderschönen Städte, Granada, Sevilla und Córdoba. Den größten Teil des Jahres ist es dort sehr warm. An der Küste Granadas gibt es sogar tropische Pflanzen wie die Avocado und die Chirimoya (Zuckerapfel). Nicht jedem bekannt ist, daß man 50 km von der Küste Granadas entfernt vier Monate im Jahr Ski fahren kann. 1995 finden in der Sierra Nevada, dem Skigebiet Granadas, die Ski-Weltmeisterschaften statt. Welcher ist der höchste Gipfel der Sierra Nevada?

Der Mulhacén mit seinen 3478 m

Leider sind ökologische Folgen wie im Falle Albertvilles (Frankreich) durch diese Standortvergabe wieder nicht auszuschließen.

Der Kredit

Mabel: Martín, was ist los mit dir? Warum bist du so schlecht gelaunt?
Martín: Also, ich habe gerade mit denen von meiner Bank gesprochen, und sie haben mir gesagt, daß es ihnen unmöglich ist, mir noch einen Kredit für die Autoreparatur zu geben.
Mabel: Wenn du willst, kann ich dir Geld leihen.

¿qué (te) pasa? [ke te 'pasa]	was ist los (mit dir)?
malhumorado [malumo'rado]	schlecht gelaunt
acabar de hacer algo [aka'bar de a'θɛr 'algo]	gerade etw. getan haben
imposible [impo'siβle]	unmöglich
dar [dar]	geben
el crédito ['kredito]	Kredit
el dinero [di'nero]	Geld
prestar [pres'tar]	leihen

197

Un 'pub'

Los 'pubs' españoles no tienen nada que ver con un 'pub' por ejemplo en Londres, aunque muchos tienen nombres ingleses. Abren solamente por la noche y las bebidas son muy caras. Por eso los camareros a menudo sirven una tapa gratis. Normalmente se trata de frutos secos como cacahuetes o almendras. La diferencia entre un 'pub' y un 'bar' se nota inmediatamente: en cada mesa hay un cenicero.

198

Salida en avión

Altavoz: *¡Atención, atención! Pasajeros con destino a La Coruña: ¡Acérquense a la salida número 6, por favor!*

Francisco: *Es tu vuelo, Dolores. Aquí tienes la tarjeta de embarque. ¡Buen viaje!*

197

Ein 'Pub'

Die spanischen 'Pubs' haben nichts mit einem 'Pub' beispielsweise in London zu tun, obwohl viele englische Namen haben. Sie öffnen nur abends, und die Getränke sind sehr teuer. Deshalb servieren die Kellner oft einen Appetithappen umsonst. Normalerweise handelt es sich um Trockenfrüchte wie Erdnüsse oder Mandeln. Den Unterschied zwischen einem 'Pub' und einer 'Bar' bemerkt man sofort: auf jedem Tisch gibt es einen Aschenbecher.

In spanischen Bars dient im Gegensatz zu den Pubs in der Regel der Fußboden als Aschenbecher.

pub (m.) [paf]	Abendlokal mit ‚besserer' Einrichtung
camarero (m.) [kama'rero]	Kammerdiener; Kellner; Steward
cacahuete (m.) [kaka'uete]	Erdnuß
almendra (f.) [al'mendra]	Mandel; Obstkern

198

Abflug

Lautsprecher: Achtung, Achtung. Fluggäste nach La Coruña: Bitte begeben Sie sich zum Ausgang Nummer 6!
Francisco: Das ist dein Flug, Dolores. Hier hast du die Bordkarte. Gute Reise!

altavoz (m.) [alta'bɔθ]	Lautsprecher
pasajero (m.) [pasa'xero]	Reisender; Fahrgast; Mitfahrer; hier: Fluggast
acercarse [aθer'karse]	sich nähern; hier: sich begeben

199

---GRAMÁTICA---

El artículo indeterminado

Singular: un libro (ein Buch)
           un momento (ein Moment/Augenblick)
           una mesa (ein Tisch)
           una casa (ein Haus)

Plural: unos libros (Bücher; einige Bücher)
          unos momentos (Augenblicke)
          unas mesas (Tische; einige Tische)
          unas casas (Häuser; einige Häuser)

El señor Losada tendrá unos 60 años.
Este jersey cuesta unas 2000 pesetas.

200

Gaitas en Galicia

La comunidad autónoma de Galicia se distingue del resto de España. Debido a la lluvia casi interminable la vegetación parece a la de un país de Europa central. La gente es pálida y muchos de los hombres llevan barba. En vez de tocar la guitarra tocan la gaita, lo que hace pensar en la historia céltica de Galicia.

199

― GRAMMATIK ―

Der unbestimmte Artikel

*Der unbestimmte Artikel ist **un** (m.) bzw. **una** (f.) im Singular. Der Plural des unbestimmten Artikels ist eine Besonderheit des Spanischen: **unos** (m.) und **unas** (f.). Er bedeutet meist **einige** oder **ein paar**. Bei Substantiven jedoch, die nur im Plural verwendet werden, müssen **unos** und **unas** mit **ein** bzw. **eine** übersetzt werden: unos alrededores preciosos (eine wunderschöne Umgebung), unas pinzas (eine Pinzette), unas gafas (eine Brille).*

*Vor Zahlwörtern werden die Pluralformen mit **etwa, ungefähr** oder **rund** übersetzt: unos 4 días (etwa 4 Tage).*
Herr Losada wird ungefähr 60 Jahre alt sein.
Dieser Pullover kostet rund 2000 Peseten.

200

Dudelsäcke in Galicien

Die Autonome Gemeinschaft Galicien unterscheidet sich vom Rest Spaniens. Wegen des beinahe unaufhörlichen Regens ähnelt die Vegetation der eines mitteleuropäischen Landes. Die Leute sind blaß, und viele der Männer tragen einen Bart. Anstatt Gitarre zu spielen, spielen sie den Dudelsack, was an die keltische Geschichte Galiciens denken läßt.

gaita (f.) [ˈgaĭta]	Dudelsack; Hirtenflöte; Schalmei
apariencia (f.) [apaˈrĭenθĭa]	Schein; Erscheinung, Aussehen; Anschein; Wahrscheinlichkeit
tocar [toˈkar]	berühren; rühren an; betasten; spielen (Musikinstrumente)

201

Los gallegos y su país

El turismo en Galicia no tiene la misma importancia que en la costa mediterránea. Los turistas que vienen quieren ver Finisterre y las rías, o los lugares de interés cultural como Padrón, con la casa de la poetisa Rosalía de Castro. Se trata de una región pobre en que la gente vive de la pesca o de la agricultura. La pobreza hace emigrar a muchos gallegos. El número de emigrantes a América del Sur p. ej. es tan elevado, que muchos sudamericanos llaman a los españoles gallegos.

202

Rosa desayuna

Rosa se levanta casi siempre más tarde que sus padres. Cuando se sienta a la mesa, ellos ya han desayunado. Como muchos españoles, Rosa no come mucho por la mañana. Toma café con leche para el desayuno. La bastan unas galletas o un trozo de pan con mermelada. Dice que nunca entenderá a la gente del norte que después de despertarse son capaz de comer huevos revueltos.

201

Galicier und ihr Land

Der Tourismus in Galicien hat nicht die gleiche Bedeutung wie an der Mittelmeerküste. Die Touristen, die kommen, wollen Finisterre und die Rías oder kulturell interessante Orte wie Padrón mit dem Haus der Dichterin Rosalía de Castro sehen. Es ist eine arme Region, in der die Menschen vom Fischfang oder vom Ackerbau leben. Die Armut läßt viele Galicier auswandern. Die Zahl der Emigranten nach Südamerika z. B. ist so hoch, daß viele Südamerikaner die Spanier Galicier nennen.

Das Kap Finisterre liegt im Nordwesten Galiciens.

ría (f.) ['rria]	Trichterförmige Mündung der galicischen Flüsse, ähnlich den Fjorden
emigrar [emi'grar]	auswandern, emigrieren
elevado [ele'baᵈo]	hoch, erhaben

202

Rosa frühstückt

Rosa steht fast immer später als ihre Eltern auf. Wenn sie sich an den Tisch setzt, haben die schon gefrühstückt. Wie viele Spanier ißt Rosa morgens nicht viel. Sie trinkt Milchkaffee zum Frühstück. Ihr genügen einige Kekse oder ein Stück Brot mit Marmelade. Sie sagt, sie werde nie die Leute aus dem Norden verstehen, die nach dem Aufwachen imstande seien, Rührei zu essen.

levantarse [leban'tarse]	sich erheben, aufstehen
galleta (f.) [ga'ʎeta]	Keks; Zwieback
despertarse [desper'tarse]	aufwachen
revolver [rrɛbol'bɛr]	hin und her schütteln; umrühren; umwühlen; in Unordnung bringen

203

---GRAMÁTICA---

El artículo determinado

Singular: el libro (das Buch)
 el momento (der Augenblick)
 la mesa (der Tisch)
 la casa (das Haus)

Plural: los libros (die Bücher)
 los momentos (die Momente)
 las mesas (die Tische)
 las casas (die Häuser)

El alma no muere nunca.
La señora Pérez vive en Zaragoza.
Lo primero que hace es preguntar.

204

El Museo del Prado

El Museo del Prado es uno de los museos de arte más importantes de Europa. Sobre todo la pintura española atrae a la gente: cuadros de El Greco, Murillo, Zurbarán, Goya y Velázquez. Uno de los cuadros más conocidos es 'La Maja Desnuda' de Goya.

203

GRAMMATIK

Der bestimmte Artikel

*Der bestimmte Artikel ist **el** (m.) bzw. **la** (f.) im Singular und **los** (m.) bzw. **las** (f.) im Plural. Bei Femininen, die mit betontem a– oder ha– beginnen, steht im Singular **el**, im Plural **las**: el águila (der Adler), las águilas (die Adler). Der Artikel steht vor Titeln, wenn es sich nicht um die Anrede handelt. Bei substantivierten Ordnungszahlen, Adjektiven und Possessivpronomen steht **lo**: lo bueno (das Gute). Einige Substantive haben als Maskulin und Feminin verschiedene Bedeutung: el frente (die Front), la frente (die Stirn).*

Die Seele stirbt nie.
Frau Pérez lebt in Zaragoza.
Das erste, was er tut, ist fragen.

204

Das Prado-Museum

Das Prado-Museum ist eines der wichtigsten Kunstmuseen Europas. Vor allem die spanische Malerei zieht die Leute an: Bilder von El Greco, Murillo, Zurbarán, Goya und Velázquez. Eines der bekanntesten Bilder ist 'La Maja Desnuda' von Goya.

prado (m.) ['praᵈo]	Wiese; Anger; bevor Gebäude errichtet wurden, soll es sich bei dem Gelände um eine Festwiese gehandelt haben
cuadro (m.) ['kŭađro]	Bild, Gemälde; Quadrat; Tabelle
desnudo [dez'nuđo]	nackt, bloß

205

En la consulta

Esta mañana Mavi se ha despertado con unas anginas terribles. Después de tomar un vaso de leche caliente con miel sale de casa para ir al médico. Como siempre que va al médico se lleva esta vez también un libro para leerlo mientras que tiene que esperar en la sala de espera. Así al menos aprovecha el tiempo.

206

ADIVINANZA

Se buscan: cuatro regiones de España

br – ca – can – cha – cia – du – ex – ga – ia – la – li – lla – ma – man – ra – sti – ta – tre

1. _____
2. _____
3. _____
4. _____

205

In der Sprechstunde

Heute morgen ist Mavi mit einer schrecklichen Angina aufgewacht. Nachdem sie ein Glas heiße Milch mit Honig getrunken hat, verläßt sie das Haus, um zum Arzt zu gehen. Wie immer, wenn sie zum Arzt geht, nimmt sie sich auch dieses Mal ein Buch mit, um es zu lesen, während sie im Wartezimmer warten muß. So nutzt sie wenigstens die Zeit.

la consulta [kɔn'sulta]	Sprechstunde
el médico ['mediko]	Arzt
despertarse [dɛspɛr'tarse]	aufwachen
el vaso ['baso]	Glas
la leche ['letʃe]	Milch
la miel [mĭɛl]	Honig
como siempre ['komo 'sĭempre]	wie immer
mientras que ['mĭentras ke]	während
aprovechar [aproβe'tʃar]	ausnutzen

206

Die vier gesuchten Regionen sind

Cantabria   Castilla La Mancha
Extremadura   Galicia

DIE EXPERTENECKE

Interjektionen im Spanischen

¡ay! – Au(a)! ¡maldita sea! – Verflixt (nochmal)! ¡cuidado! – Vorsicht! ¡ojo! – Vorsicht! ¡socorro! – Hilfe! ¡silencio! – Ruhe! ¡alto! – Halt! ¡por Dios! – Um Gottes Willen! ¡caramba! – Donnerwetter (nochmal)! ¡caray! – Zum Teufel! Verflixt! ¡Vaya (toalla de playa)! – Na so was!

Leer periódicos

Martín: *Ahora es definitivo, ya no voy a leer ningún periódico. ¡Si al fin y al cabo las noticias siempre son las mismas!*

Carlos: *Tienes razón. Además todo el mundo ve los telediarios en la tele y al día siguiente lee las mismas noticias en el periódico.*

Las Fallas de Valencia

En la semana antes del 19 de marzo Valencia celebra una de las fiestas más famosas de toda España: las Fallas. Los valencianos hacen figuras gigantescas de cartón, que aluden de manera irónica o satírica a políticos u otras personas famosas de la vida pública, y las llevan en los desfiles por la ciudad. El día de San José, el 19 de marzo, se queman todas las figuras. Sólo una figura se salva de las llamas: la más ingeniosa de cada año que 'sobrevive' en el Museo de las Fallas.

¿A qué región española pertenece Valencia?

207

Zeitunglesen

Martín: Jetzt ist es endgültig, ich werde keine Zeitung mehr lesen. Letzten Endes sind die Neuigkeiten ja doch immer die gleichen!
Carlos: Du hast recht. Außerdem, jedermann sieht sich die Nachrichten im Fernsehen an, und am nächsten Tag liest er die gleichen Neuigkeiten in der Zeitung.

leer [leˈɛr]	lesen
el periódico [peˈrĭoðiko]	Zeitung
al fin y al cabo [al fin i al ˈkaβo]	letzten Endes
la noticia [noˈtiθĭa]	Neuigkeit
el/la mismo, -a [ˈmizmo/a]	der/die gleiche
tener razón [teˈnɛr rraˈθɔn]	recht haben
todo el mundo [ˈtoðo ɛl ˈmundo]	jedermann
la tele(visión) [teleβiˈsĭon]	Fernsehen

208

Die Fallas in Valencia

In der Woche vor dem 19. März feiert Valencia eines der berühmtesten Feste ganz Spaniens: Die Fallas. Die Valencianos bauen riesige Figuren aus Pappmaché, die auf ironische oder satirische Weise auf Politiker oder andere berühmte Personen des öffentlichen Lebens anspielen, und tragen sie bei den Umzügen durch die Stadt. Am Josephstag, dem 19. März, werden alle Figuren verbrannt. Nur eine Figur wird vor den Flammen gerettet: Die einfallsreichste eines jeden Jahres, die im Museo de las Fallas 'überlebt'. Zu welcher spanischen Region gehört Valencia?

Zu keiner

Valencia ist Hauptstadt der gleichnamigen Comunidad Autónoma de Valencia, einer eigenständigen Region.

209

Mavi va al hospital

El médico le ha dicho a Mavi que tiene que ir al hospital para quitarse las amígdalas. Al principio no le ha gustado a Mavi la idea de ser operada, pero ella prefiere estar sana cuando empiezan las Fallas de Valencia en las que quiere participar este año. Por eso hace una maleta pequeña y va al hospital.

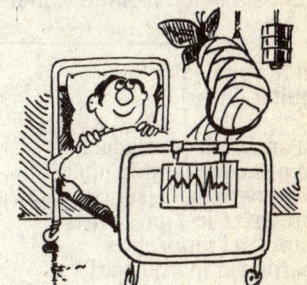

210

*«El gato escaldado
del agua fría huye.»*

Refrán español

Mavi fährt zum Krankenhaus

Der Arzt hat Mavi gesagt, daß sie ins Krankenhaus gehen muß, um sich die Mandeln herausnehmen zu lassen. Am Anfang hat Mavi der Gedanke, operiert zu werden, nicht gefallen, aber sie zieht es vor, gesund zu sein, wenn die Fallas in Valencia beginnen, an denen sie dieses Jahr teilnehmen will. Deswegen packt sie einen kleinen Koffer und fährt zum Krankenhaus.

el hospital [ɔspi'tal]	Krankenhaus
quitar [ki'tar]	heraus-, wegnehmen, entfernen
la amígdala [a'miɡðala]	Mandel (anatom.)
al principio [al prin'θipĭo]	am Anfang
ser operado, -a [sɛr ope'raðo/a]	operiert werden
preferir (-ie-) [prefe'rir]	vorziehen
sano, -a ['sano/a]	gesund
participar [partiθi'par]	teilnehmen
hacer la maleta [a'θɛr la ma'leta]	den Koffer packen

„Gebranntes Kind scheut das Feuer (wörtl.: Eine verwundete Katze scheut das kalte Wasser)." — Spanisches Sprichwort

---

GRAMMATIK

Die Verneinung

No voy a clase. – Ich gehe **nicht** in den Unterricht.
No he comprado el boli. – Ich habe den Kuli **nicht** gekauft.
No se ha sentado. – Er hat sich **nicht** gesetzt.
Aquí **no** llueve **nunca**. – Hier regnet es **nie**.
¿**No** quiere **nada** más? – Möchten Sie **nichts** mehr?

1. Die Verneinung **no** steht immer vor: Haupt- oder Hilfsverb, Personal- oder Reflexivpronomen.
2. Stehen die Negationen **nada, nadie, ninguno, nunca** hinter dem Verb, so muß die zusätzliche Negation **no** vor dem Verb stehen.

211

El día de la operación

A las ocho de la mañana entra una de las enfermeras en la habitación de Mavi y le dice que dentro de media hora empieza la operación. Mavi está muy nerviosa. Comienza a preguntar por la duración de la operación, la anestesia, el cirujano, los peligros posibles de tal operación y mucho más hasta que la enfermera le inyecta un calmante.

212

ADIVINANZA

Un crucigrama

En las horizontales: el pico más alto de España, la ciudad más antigua de España, un pintor español, el descubridor de América

En las verticales: el conquistador de México

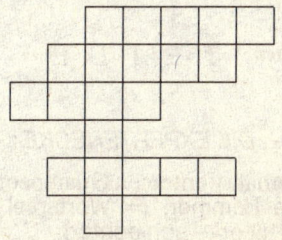

211

Der Tag der Operation

Um acht Uhr morgens betritt eine der Krankenschwestern Mavis Zimmer und sagt ihr, daß die Operation in einer halben Stunde beginnt. Mavi ist sehr nervös. Sie beginnt, nach der Dauer der Operation, der Narkose, dem Chirurgen, den möglichen Gefahren einer solchen Operation und vielem mehr zu fragen, bis die Krankenschwester ihr ein Beruhigungsmittel spritzt.

la operación [opera'θĭon]	Operation
la enfermera [emfɛr'mera]	Krankenschwester
dentro de ['dentro de]	innerhalb
empezar (-ie-) [empe'θar]	anfangen, beginnen
la duración [dura'θĭon]	Dauer
la anestesia [anes'tesĭa]	Narkose
el cirujano [θiru'xano]	Chirurg
el peligro [pe'ligro]	Gefahr
el calmante [kal'mante]	Beruhigungsmittel

212

Ein Kreuzworträtsel

In der Horizontalen: Der höchste Berg Spaniens, die älteste Stadt Spaniens, ein spanischer Maler, der Entdecker Amerikas

In der Vertikalen: Der Eroberer Mexikos

```
        C A D I Z
        C O L O N
      M I R O
            T
        T E I D E
            S
```

DIE EXPERTENECKE

Salir de Guatemala y entrar en Guatepeor – vom Regen in die Traufe kommen (= Wortspiel mit 'malo' – schlecht und 'peor' – schlechter)

Visita para la enferma

La operación de Mavi ha salido muy bien. Todavía le cuesta a Mavi hablar. Pero no le importa, porque después de la operación el doctor le ha mandado comer muchos helados, y a Mavi le encantan los helados. Por la tarde vienen sus amigos Carlos, Maite, Mabel y Martín. Están sorprendidos porque nunca han visto una enferma tan alegre.

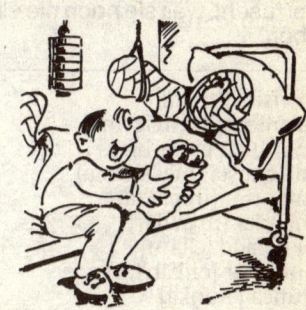

Una familia deportiva

Hay una familia en España cuyo nombre se ha hecho famoso no sólo en España sino por todo el mundo: la familia Sánchez Vicario. Emilio Sánchez, de 29 años, está entre los cincuenta mejores tenistas del mundo. Su hermana menor, Arantxa, que el 18 de diciembre cumplió veintiún años, incluso está entre las diez mejores tenistas del mundo. Arantxa todavía vive con sus padres. Emilio y Javier, otro hermano de Arantxa, viven en Andorra, un pequeño país en los Pirineos.

¿En qué año Arantxa ganó el Open de Francia?

213

Besuch für die Kranke

Mavis Operation ist sehr gut verlaufen. Noch fällt es Mavi schwer zu sprechen. Aber es macht ihr nichts aus, da der Doktor ihr nach der Operation verordnet hat, viel Eiskrem zu essen, und Mavi liebt Eiskrem. Am Nachmittag kommen ihre Freunde Carlos, Maite, Mabel und Martín zu Besuch. Sie sind überrascht, weil sie noch nie eine so fröhliche Kranke gesehen haben.

la visita [bi'sita]	Besuch
la enferma [em'fɛrma]	Kranke
salir bien [sa'lir bi̯en]	gut ausgehen
me cuesta [me 'ku̯esta]	es fällt mir schwer
importar [impɔr'tar]	wichtig sein
mandar [man'dar]	befehlen, verordnen
el helado [e'la^do]	Speiseeis, Eiskrem
encantar [eŋkan'tar]	begeistern
nunca ['nuŋka]	nie(mals)
alegre [a'legrɛ]	fröhlich

214

Eine sportliche Familie

Es gibt eine Familie in Spanien, deren Namen nicht nur in Spanien, sondern auf der ganzen Welt berühmt geworden ist: Die Familie Sánchez Vicario. Emilio Sánchez, 29 Jahre alt, gehört zu den fünfzig besten Tennisspielern der Welt. Seine kleinere Schwester, Arantxa, die am 18. Dezember 21 Jahre alt geworden ist, zählt sogar zu den besten zehn Tennisspielerinnen der Welt. Arantxa lebt noch bei ihren Eltern. Emilio und Javier, ein weiterer Bruder von Arantxa, leben in Andorra, einem kleinen Land in den Pyrenäen. In welchem Jahr gewann Arantxa die Offenen Französischen Meisterschaften?

1989

Weitere hervorragende spanische Tennisspieler sind Sergi Bruguera und Jordi Arrese. (Stand der Angaben: 1993)

215

Julio, el amigo de Pedro

Pedro y Julio se conocen desde que eran niños. Al salir del colegio Pedro empezó a estudiar mientras que Julio se puso a trabajar. Encontró trabajo en una fábrica de cinturones en las afueras de Madrid. Todavía trabaja para la misma empresa, pero ahora es viajante. Esto significa que viaja mucho para vender los cinturones a tiendas y almacenes en la Península entera.

216

En el mercado

Cada dos o tres días Dolores va al Mercado San Miguel en la Cava de San Miguel para comprar la verdura que necesita. Hoy se dirige al puesto de pescado.

Dependiente: *¿Qué desea, señora?*
Dolores: *Póngame medio kilo de gambas, por favor, y un kilo de calamares.*
Dependiente: *Tenga. ¿Algo más?*
Dolores: *No, gracias. ¿Cuánto es?*

215

Julio, Pedros Freund

Pedro und Julio kennen sich, seit sie Kinder waren. Als sie von der höheren Schule kamen, begann Pedro zu studieren, während Julio zu arbeiten anfing. Er fand in einer Gürtelfabrik in der Umgebung Madrids Arbeit. Er arbeitet noch für das gleiche Unternehmen, aber jetzt ist er Handelsreisender. Dies bedeutet, daß er viel reist, um die Gürtel an Geschäfte und Warenhäuser auf der ganzen Halbinsel zu verkaufen.

cinturón (m.) [θintu'rɔn]	Gürtel; Gurt; Koppel
empresa (f.) [em'presa]	Unternehmung; Unternehmen; Betrieb
almacén (m.) [alma'θen]	Magazin; Lagerhaus; Warenhaus

216

Auf dem Markt

Alle zwei, drei Tage geht Dolores zum San-Miguel-Markt in der Cava de San Miguel, um das Gemüse zu kaufen, das sie braucht. Heute geht sie auf den Fischstand zu.

Angestellter: Was wünschen Sie, meine Dame?
Dolores: Geben Sie mir bitte ein halbes Kilo Gambas und ein Kilo Calamares.
Angestellter: Hier, nehmen Sie. Noch etwas?
Dolores: Nein, danke. Wieviel macht das?

Bei dem Mercado San Miguel handelt es sich um eine schöne Markthalle in Madrid. Sie liegt an der Cava de San Miguel ganz in der Nähe der Plaza Mayor.

gamba (f.) ['gamba]	kleine Krabbe; Garnele
calamar (m.) [kala'mar]	eine Art Tintenfisch

La nueva zona peatonal

Jesús: *Por fin, el ayuntamiento de Madrid ha decidido hacer de las calles entre Gran Vía y la calle de Carranza una zona peatonal.*

Mabel: *Eso es una gota en el mar. Así no se resuelven los problemas del tráfico que tiene Madrid.*

Flores para Dolores

Dolores: *¡Mira los claveles que he encontrado en el jarrón! No sé quién los ha comprado. Tampoco he visto ninguna nota.*

Rosa: *¡Alégrate! Parece que tu marido sigue pensando en ti.*

217

Die neue Fußgängerzone

Jesús: Na endlich, die Stadtverwaltung von Madrid hat beschlossen, aus den Straßen zwischen der Gran Vía und der Carranza-Straße eine Fußgängerzone zu machen.

Mabel: Das ist ein Tropfen auf den heißen Stein. So löst man die Verkehrsprobleme, die Madrid hat, nicht.

la zona peatonal [ˈθona peatɔˈnal]	Fußgängerzone
el ayuntamiento [ajuntaˈmi̯ento]	Rathaus, Stadtverwaltung
decidir [deθiˈðir]	beschließen
una gota en el mar [ˈgota en ɛl mar]	ein Tropfen auf den heißen Stein (wörtl.: im Meer)
resolver (-ue-) [rrɛsɔlˈβer]	lösen
el problema [proˈβlema]	Problem
el tráfico [ˈtrafiko]	Verkehr

218

Blumen für Dolores

Dolores: Sieh mal die Nelken, die ich in der großen Blumenvase gefunden habe! Ich weiß nicht, wer sie gekauft hat. Ich habe auch keinerlei Notiz gesehen.

Rosa: Sei froh! Es scheint, daß dein Mann nach wie vor an dich denkt.

clavel (m.) [klaˈβel]	Nelke
nota (f.) [ˈnota]	Aufzeichnung; Notiz; Anmerkung; Rechnung; Fußnote; Note
seguir [seˈgir]	folgen; befolgen; fortfahren; andauern; verbleiben

219

GRAMÁTICA

Singular y Plural

el coche (das Auto), los coches (die Autos)
el jabalí (das Wildschwein), los jabalíes (die Wildschweine)
el árbol (der Baum), los árboles (die Bäume)
el pararrayos (der Blitzableiter), los pararrayos (die Blitzableiter)
el paraguas (der Regenschirm), los paraguas (die Regenschirme)
la telaraña (das Spinngewebe), las telarañas (die Spinngewebe)
el hombre rana (der Froschmann), los hombres rana (die Froschmänner)

220

En el restaurante argentino

Maite: *¡Qué poca imaginación tienen estos argentinos a la hora de escribir una carta! ¿Te das cuenta? Todos los platos que hay están hechos a base de carne.*

Mavi: *Bueno, a la hora de cobrar tienen mucha. El plato más barato es de 4 mil pesetas.*

219

---- GRAMMATIK ----

Singular und Plural

Der Plural der Substantive kann auf verschiedene Arten gebildet werden:
Substantive, die auf Vokal enden, bilden den Plural mit –s (el coche). Ausnahmen hiervon sind die Substantive auf betontes –í (el jabalí); sie bilden genau wie solche mit Endung auf Konsonant den Plural mit –es (el árbol).
Auf der vor- bzw. drittletzten Silbe betonte Substantive auf –s bleiben unverändert (el pararrayos). Der letzte Bestandteil von zusammengesetzten Substantiven erhält die Pluralendung (la telaraña). Keine Pluralendung dagegen erhält ein attributiv verwendetes Substantiv ('rana' in 'el hombre rana').

220

Im argentinischen Restaurant

Maite: Wie wenig Phantasie diese Argentinier beim Schreiben einer Speisekarte haben! Hast du das bemerkt? Alle Gerichte sind mit Fleisch.
Mavi: Also, beim Kassieren haben sie aber viel Phantasie. Das billigste Gericht kostet 4000 Peseten.

el restaurante [rrestau̯'rante]	Restaurant
argentino, -a [arxen'tino/a]	argentinisch
la imaginación [imaxina'θĭon]	Phantasie
a la hora de … [a la 'ora de]	beim …
la carta ['karta]	(Speise-) Karte
el plato ['plato]	Gericht
darse cuenta de algo ['darse 'kŭenta de 'algo]	etw. bemerken
a base de [a 'base de]	(hergestellt) mit
cobrar [ko'brar]	kassieren

221

--- **EJERCICIO** ---

Traduzca las siguientes frases

1. Maite arbeitet die ganze Nacht.
2. Fährst du jede Woche nach Madrid?
3. Carlos trinkt jeden Morgen Kaffee.
4. Mabel kauft jeden Tag 'El País'.
5. Mavi liest alle Bücher von García Márquez.
6. Das essen Sie nicht jeden Tag, mein Herr.

222

Invitación para una fiesta

Mabel: *¡Dígame!*
Carlos: *Hola, soy Carlos. ¿Está Mabel?*
Mabel: *Sí, soy yo. ¿Por qué me llamas?*
Carlos: *Te quiero invitar a mi fiesta de cumpleaños, es el viernes que viene.*
Mabel: *¡Chanchi! ¿A qué hora empieza?*
Carlos: *A eso de las ocho.*

221

Übersetzen Sie folgende Sätze

1. Maite trabaja **toda** la noche. 2. ¿Vas a Madrid **cada** semana?
3. **Todas** las mañanas Carlos bebe café. 4. **Cada** día Mabel
compra 'El País'. 5. Mavi lee **todos** los libros de García Márquez.
6. Señor, Ud. no coma esto **todos** los días.

DIE EXPERTENECKE

Einige Besonderheiten mit 'todo'

todo el mundo — jedermann; sobre todo — vor allem;
todavía — noch; toda clase de... — jede Art von; hay
de todo — es gibt von allem etwas, hier findet man
alles; todo junto — insgesamt; todo amarillo — ganz
gelb; toda clase de — alle Arten von

222

Einladung zu einer Party

Mabel:	Hallo, wer ist dort?
Carlos:	Hallo, ich bin's, Carlos. Ist Mabel da?
Mabel:	Ja, ich bin dran. Warum rufst du mich an?
Carlos:	Ich will dich zu meiner Geburtstagsparty einladen. Sie ist nächsten Freitag.
Mabel:	Toll! Um wieviel Uhr fängt sie an?
Carlos:	So um acht.

la invitación [imbita'θĭɔn]	Einladung
la fiesta ['fĭesta]	Feier, Party, Fest
dígame ['digame]	hallo! (Angerufener); etwa: sprechen Sie bitte!
¿está...? [es'ta]	ist... da/zu Hause?
llamar [ʎa'mar]	(an-)rufen
invitar [imbi'tar]	einladen
¡chanchi! ['tʃantʃi]	toll!
a eso de las 8 [a 'eso de las 'otʃo]	so/ungefähr um 8

223

La iguana

Muchos turistas que visitan a Centroamérica se asombran al ver que la iguana se sirve como comida. Pero el que se atreve a comer un plato de carne de iguana se da cuenta de que es una carne deliciosa y llena de proteínas. Este reptil que se parece a un monstruo prehistórico prefiere vivir en los árboles. La deforestación de los bosques tropicales es un gran problema para los países centroamericanos. Los bosques se destruyen para criar ganado. Los latinoamericanos comen cada vez más hamburguesas, chuletas y bistecs.

¿Cuál es el país más grande de Centroamérica?

224

Autobuses

Un medio de transporte absolutamente imprescindible en España es el autobús. Aunque entre Sevilla y Madrid ya circulan trenes de alta velocidad hay otras ciudades entre las que todavía no circula ningún tren. Entonces los autobuses representan, en muchos casos, la comunicación más rápida. En cada ciudad grande hay una estación de autobuses.

223

Der Leguan

Viele Touristen, die Zentralamerika besuchen, staunen, wenn sie sehen, daß der Leguan als Speise serviert wird. Aber derjenige, der sich traut, einen Teller mit Leguan-Fleisch zu essen, merkt, daß es ein köstliches und proteinhaltiges Fleisch ist. Dieses Reptil, das wie ein prähistorisches Monster aussieht, lebt am liebsten in Bäumen. Das Abholzen der tropischen Wälder ist ein großes Problem der zentralamerikanischen Länder. Die Wälder werden zerstört, um Vieh zu züchten. Die Lateinamerikaner essen immer mehr Hamburger, Koteletts und Steaks. Welches ist das größte Land Zentralamerikas?

Nicaragua

Die anderen Länder sind: Guatemala, Belice, Honduras, El Salvador, Costa Rica und Panamá.

224

Busse

In Spanien ist der Bus ein absolut unentbehrliches Verkehrsmittel. Obwohl zwischen Sevilla und Madrid bereits Hochgeschwindigkeitszüge verkehren, gibt es noch immer Städte, zwischen denen überhaupt kein Zug fährt. Daher stellen die Busse in vielen Fällen die schnellste Verbindung dar. In jeder großen Stadt gibt es einen zentralen Busbahnhof*.

* In ganz großen Städten gibt es je nach Fahrtrichtung sogar mehrere Busbahnhöfe.

el autobús [aŭto'ɓus]	Bus
imprescindible [impresθin'diɓle]	unentbehrlich
el medio de transporte ['meðĩo de tranz'pɔrte]	Verkehrsmittel
aunque ['aŭŋke]	obwohl
entre ['entre]	zwischen
circular [θirku'lar]	verkehren
representar [rrepresen'tar]	darstellen
el caso ['kaso]	Fall
la comunicación [komunika'θĩɔn]	Verbindung

225

*«Flores contentan
pero no alimentan.»*

Refrán español

226

Un regalo para Carlos

Mabel todavía no tiene ningún regalo para Carlos. Esta tarde pasea por la ciudad y mira los escaparates de las tiendas, pero no encuentra nada que le puede gustar a Carlos. Cuando pasa por una tienda de bricolaje descubre un caballete de pintor. Esto es el mejor regalo para Carlos que tiene como hobby la pintura.

225

„Blumen machen glücklich, aber sie ernähren nicht." – Spanisches Sprichwort

---

GRAMMATIK

Possessivpronomen

mi amigo – mein Freund
mi amiga – meine Freundin
tu amigo – dein Freund
tu amiga – deine Freundin
su amigo – sein/ihr/Ihr Freund
su amiga – seine/ihre/Ihre Freundin
nuestro amigo – unser Freund
nuestra amiga – unsere Freundin
vuestro amigo – euer Freund
vuestra amiga – eure Freundin
su amigo – ihr/Ihr Freund
su amiga – ihre/Ihre Freundin

226

Ein Geschenk für Carlos

Mabel hat noch immer kein Geschenk für Carlos. Heute nachmittag spaziert sie durch die Stadt und schaut sich die Schaufenster der Geschäfte an, aber sie findet nichts, was Carlos gefallen kann. Als sie an einem Bastelgeschäft vorbeigeht, entdeckt sie eine Staffelei. Das ist das beste Geschenk für Carlos, der als Hobby die Malerei hat.

pasear [pase'ar]	spazierengehen
el escaparate [eskapa'rate]	Schaufenster
la tienda ['tienda]	Geschäft
encontrar (-ue-) [eŋkɔn'trar]	finden
pasar por [pa'sar pɔr]	vorbeigehen an
el bricolaje [brikoˈlaxe]	Basteln
descubrir [deskuˈβrir]	entdecken
el caballete (de pintor) [kaβaˈʎete de pinˈtɔr]	Staffelei
el hobby ['jɔβi]	Hobby

Horóscopo

Capricornio:
Es un momento excelente para tomar de nuevo las riendas. Las energías empiezan a armonizar y se abre una etapa creativa y gratificante en el terreno afectivo. Ampliará su círculo habitual, conocerá a mucha gente, aunque no se descarta la posibilidad de algún chasco. En el trabajo tiende a obtener numerosas satisfacciones, incluyendo las económicas.

EJERCICIO

Pronombres posesivos

Ponga en las siguientes frases el pronombre posesivo correspondiente:

1. (yo) _____ padre es médico.

2. Jesús y Martín hablan de _____ problemas.

3. (vosotros) _____ hijos son muy simpáticos.

4. (Mabel y yo) _____ amigas estudian alemán.

5. (tú) Ahí están _____ cosas.

6. (Mavi) _____ máquina de escribir no funciona.

227

Horoskop

Steinbock:
Ein ausgezeichneter Moment, die Zügel von neuem in die Hand zu nehmen. Die Energien beginnen zu harmonieren, und es eröffnet sich eine kreative und lohnende Phase in Herzensangelegenheiten. Sie werden Ihren Bekanntenkreis erweitern und viele Leute kennenlernen, aber die Möglichkeit eines Reinfalls ist nicht auszuschließen. Im Bereich der Arbeit zeichnet sich eine sehr zufriedenstellende Etappe ab, auch was die wirtschaftliche Seite betrifft.

horóscopo (m.) [o'rɔskopo]	Horoskop
Capricornio (m.) [kapri'kɔrnĭo]	Steinbock (im Horoskop)
etapa (f.) [e'tapa]	Etappe; Phase; Stufe
terreno (m.) [tɛ'rrɛno]	Boden; Grund; Gelände; Bereich; Gebiet
descartar [deskar'tar]	beiseite lassen; ausschließen
obtener [ɔbte'nɛr]	erlangen; erreichen; bekommen

228

Possessivpronomen

Setzen Sie in den folgenden Sätzen das entsprechende Possessivpronomen ein:

1. **Mi** padre es médico. — **Mein** Vater ist Arzt. 2. Jesús y Martín hablan de **sus** problemas. — Jesús und Martín sprechen über **ihre** Probleme. 3. **Vuestros** hijos son muy simpáticos. — **Eure** Kinder sind sehr nett. 4. **Nuestras** amigas estudian alemán. — **Unsere** Freundinnen studieren Deutsch. 5. Ahí están **tus** cosas. — Da sind **deine** Sachen. 6. **Su** máquina de escribir no funciona. — **Ihre** Schreibmaschine funktioniert nicht.

DIE EXPERTENECKE

„Religiöse" Redewendungen

a la buena de Dios – aufs Geratewohl; como Dios manda – wie Gott in Frankreich (wörtl.: wie Gott befiehlt); de padre y muy señor mío – riesig, außergewöhnlich (groß, viel etc.); hablar (en) cristiano – deutlich (wörtl.: christlich) sprechen

229

En la fiesta de Carlos

Mavi: *Carlos, ¿hasta qué hora podemos estar aquí bailando?*

Carlos: *Si queréis, hasta el domingo por la tarde. Después tenemos que volver todos a Madrid.*

Mavi: *Genial, tu idea de hacer la fiesta aquí en vuestra casa de campo.*

230

Programas de música en la tele

Los programas de televisión más populares entre los jóvenes de todo el mundo son los de música. También en España los jóvenes tienen muchos programas musicales para elegir. En España hay cuatro cadenas nacionales de televisión y también canales regionales y privados. Todos los canales tienen programas musicales. Estos son, por ejemplo, El gran musical, con actuaciones en directo, Rápido, que presenta la música más moderna, y Los 40 principales, que presenta las listas de éxitos, y muchos más.

¿Cuál es el conjunto de rock más famoso de España?

229

Auf der Party von Carlos

Mavi: Carlos, bis wieviel Uhr können wir hier tanzen?
Carlos: Wenn ihr wollt, bis Sonntag nachmittag. Danach müssen wir alle nach Madrid zurück.
Mavi: Genial, deine Idee, die Party hier in eurem Landhaus zu machen.

poder (-ue-) [po'ðɛr]	können
bailar [baĭ'lar]	tanzen
hasta ['asta]	bis
el domingo [do'miŋgo]	Sonntag
por la tarde [pɔr la 'tarðe]	am Nachmittag
tener (-ie-) que [te'nɛr ke]	müssen
volver [bɔl'ƀer]	zurückkehren
genial [xe'nĭal]	genial

230

Musikprogramme im Fernsehen

Musiksendungen sind unter Jugendlichen auf der ganzen Welt die populärsten Fernsehsendungen. Auch in Spanien haben die Jugendlichen viele Musiksendungen zur Auswahl. In Spanien gibt es vier nationale Fernsehsender und außerdem Regional- sowie Privatsender. In allen Kanälen gibt es Musiksendungen. Zu diesen gehören z. B. El Gran Musical, mit Live-Auftritten, Rápido, die die alleraktuellste Musik präsentiert, und Los 40 Principales, in der die Hitlisten gezeigt werden, und viele andere mehr. Welche ist die berühmteste spanische Rockband?

Mecano

Die Rockgruppe Mecano ist nicht nur in Spanien bekannt. Immer wieder tauchen Lieder von ihnen in internationalen Hitlisten auf.

Los jardineros involuntarios

Maite: *¿Por qué queréis ir al Retiro? Hoy no hay nadie allí, es lunes.*
Martín: *Hoy vamos a trabajar como jardineros ahí.*
Maite: *¿Y eso, por qué?*
Martín: *El otro día hemos roto un seto allí jugando al fútbol. El trabajo de hoy es el castigo.*

«*El lenguaje literario es un lenguaje que ha perdido la memoria colectiva.*»
Francisco Umbral

231

Die unfreiwilligen Gärtner

Maite: Warum wollt ihr in den Retiro* gehen? Heute ist niemand dort, es ist Montag.
Martín: Wir werden heute als Gärtner dort arbeiten.
Maite: Warum das denn?
Martín: Wir haben dort neulich beim Fußballspielen eine Hecke kaputtgemacht. Die heutige Arbeit ist die Strafe.

* *Der Retiro ist ein großer Park mitten in Madrid.*

el jardinero [xarđi'nero]	Gärtner
involuntario [imbolun'tarĭo]	unfreiwillig
nadie ['nadĭe]	niemand
el otro día ['otro 'dia]	neulich
roto (Partizip von 'romper') ['rrɔto]	kaputt (kaputtmachen)
el seto ['seto]	Zaun; Hecke
jugar al fútbol [xu'gar al 'futbɔl]	Fußball spielen
el castigo [kas'tigo]	Strafe

232

„Die literarische Sprache ist eine Sprache, die das kollektive Gedächtnis verloren hat." – Francisco Umbral (geb. 1935), spanischer Schriftsteller

--- GRAMMATIK ---

Demonstrativpronomen

este/ese/aquel coche – dieses Auto (hier)/dieses Auto (dort)/jenes Auto
esta/esa/aquella casa – dieses Haus (hier)/dieses Haus (dort)/jenes Haus
esto/eso/aquello – das hier/das da/das dort
estos/esos/aquellos coches – diese Autos (hier)/diese Autos (dort)/jene Autos
estas/esas/aquellas casas – diese Häuser (hier)/diese Häuser (dort)/jene Häuser

Man benutzt: **este** für alles, was sich in der unmittelbaren Nähe des Sprechers befindet und **ese** für Nahes, aber nicht Greifbares; **aquel** für weiter weg Liegendes.

233

Jugando al golf

Mavi: *El jugar al golf te va a costar muy caro hoy. Esta es la tercera bola que acabas de perder.*

Mabel: *Espera con tu alegría del mal ajeno, todavía no hemos buscado.*

Mavi: *Allí en ese estanque no la vas a encontrar nunca.*

234

--- ADIVINANZA ---

Se buscan: los días de la semana

El día que falta se compone de las letras que están entre las paréntesis:

__ a r __ [__] __

__ o m __ [__] __ __

__ u n [__] __

__ u e [__] __ __

[__] __ b a __ __

__ [__] __ [__] c o __ __

233

Beim Golfspielen

Mavi: Das Golfspielen wird heute sehr teuer für dich. Das ist der dritte Ball, den du gerade verloren hast.
Mabel: Warte mit deiner Schadenfreude. Wir haben ja noch nicht gesucht.
Mavi: In diesem Teich dort wirst du ihn nie finden.

jugar al golf [xuˈgar al gɔlf]	Golf spielen
costar (-ue-) [kɔsˈtar]	kosten
caro [ˈkaro]	teuer
tercero, -a [tɛrˈθero/a]	dritte(r)
la bola [ˈbola]	Ball
perder (-ie-) [pɛrˈđɛr]	verlieren
la alegría del mal ajeno [aleˈgria dɛl mal aˈxeno]	Schadenfreude
buscar [busˈkar]	suchen
el estanque [esˈtaŋke]	Teich

234

Gesucht werden: Die Wochentage

Der fehlende Tag setzt sich aus den in Klammern stehenden Buchstaben zusammen:

Mart[e]s	Dienstag
Domi[n]go	Sonntag
Lun[e]s	Montag
Jue[v]es	Donnerstag
[S]ábado	Samstag
M[i]é[r]coles	Mittwoch

Der fehlende Tag ist **Viernes** – Freitag.

DIE EXPERTENECKE

Redewendungen mit 'abrir'

abrir el apetito – den Appetit wecken/anregen; abrir los brazos a alg. – jdn. mit offenen Armen aufnehmen; abrir los ojos a alg. – jdm. die Augen öffen; en un abrir y cerrar de ojos – in einem Augenblick, im Nu

Viernes Santo

Como todos los años, los seis amigos van a ver una de las procesiones del Viernes Santo. Algunos de sus amigos, que son miembros de una cofradía, participan en la procesión que pasa por la Plaza de la Villa en Madrid. Allí es muy interesante observar como los cofrades llevan un paso con la imagen de Cristo por un callejón muy estrecho.

La Semana Santa en España

Desde el siglo IV los cristianos españoles conmemoran cada año durante la Semana Santa la Pasión de Cristo, su muerte y su resurrección. Días festivos durante la Semana Santa son el Jueves Santo y el Viernes Santo; pero no el Lunes de Pascua, que en otros países europeos es un día festivo. En casi todas las ciudades españolas hay innumerables procesiones, en las que se llevan pasos por la ciudad. Los penitentes, los 'nacarenos', que siempre acompañan los pasos, van descalzos y llevan capuchones que recuerdan al Ku-Klux-Clan.

¿Sabe Ud. lo que es una saeta?

235

Karfreitag

Wie jedes Jahr werden sich die sechs Freunde eine der Karfreitagsprozessionen ansehen. Einige ihrer Freunde, die Mitglieder in einer Bruderschaft sind, nehmen an der Prozession teil, die an der Plaza de la Villa in Madrid vorbeizieht. Da ist sehr interessant zu beobachten, wie die Leute der Bruderschaft eine große Christusfigur durch eine ganz enge Gasse tragen.

santo, -a ['santo/a]	heilig
la procesión [proθe'sĭɔn]	Prozession
el miembro ['mĭembro]	Mitglied
la cofradía [kofra'ðia]	Laienbruderschaft
interesante [intere'sante]	interessant
observar [ɔbsɛr'ɓar]	beobachten
el cofrade [ko'fraðe]	Mitglied einer Laienbruderschaft
el paso ['paso]	mitgeführtes Heiligenbild
la imagen [i'maxen]	Bild, Ebenbild
el callejón [kaʎe'xɔn]	Gasse

236

Die Karwoche in Spanien

Seit dem 4. Jahrhundert gedenken die spanischen Christen jedes Jahr während der Karwoche der Leiden Christi, seines Todes und seiner Wiederauferstehung. Feiertage in der Karwoche sind der Gründonnerstag und der Karfreitag, jedoch nicht der Ostermontag, der in anderen europäischen Ländern Feiertag ist. In beinahe allen spanischen Städten gibt es unzählige Prozessionen, bei denen große Heiligenbilder durch die Stadt getragen werden. Die Büßer, auch Nazarener genannt, die stets die Heiligenbilder begleiten, gehen barfuß und tragen Kapuzen, die an den Ku-Klux-Clan erinnern. Wissen Sie, was eine Saeta ist?

> *Ein dem Heiligenbild gesungenes Stoßgebet*

Jeder, der während der Karwoche in Spanien ist, sollte sich unbedingt eine der v.a. in Südspanien eindrucksvollen Prozessionen ansehen.

237

Rosa va al teatro

Alberto: ¿No conoces el Teatro de Lara? Está en la Corredera Baja de San Pablo, cerca de la Gran Vía. He comprado dos entradas para esta tarde. Tenemos los asientos número 5 y 6 en el anfiteatro segundo.
Rosa: Pero ¿qué pieza de teatro es?
Alberto: 'Mariana Pineda' de García Lorca.
Rosa: Muy bien. Me gusta mucho Lorca.

238

EJERCICIO

Traduzca las siguientes frases:

1. Wem gehört dieses Buch hier?
2. Der Herr dort heißt Domínguez.
3. Jener Film war von Carlos Saura.
4. Ich möchte diese Schuhe dort kaufen.
5. Dieser Brief hier ist von José.
6. Jener Junge war sehr groß.

Rosa geht ins Theater

Alberto: Du kennst das Teatro de Lara nicht? Es ist in der Corredera Baja de San Pablo bei der Gran Vía. Ich habe für heute abend zwei Karten gekauft. Wir haben die Plätze 5 und 6 auf dem zweiten Rang.
Rosa: Aber welches Theaterstück ist es denn?
Alberto: 'Mariana Pineda' von García Lorca.
Rosa: Sehr gut. Lorca gefällt mir sehr.

asiento (m.) [a'sĭento]	Sitz, Stuhl; Amt, Stelle; Platz; Bodensatz; Eintragung
anfiteatro (m.) [amfite'atro]	Amphitheater; Rang im Theater

Übersetzen Sie folgende Sätze:

1. ¿De quién es este libro?
2. Ese señor se llama Domínguez.
3. Aquella película era de Carlos Saura.
4. Quisiera comprar esos zapatos.
5. Esta carta es de José.
6. Aquel chico era muy alto.

DIE EXPERTENECKE

tomarle el pelo a alguien – jemanden auf den Arm nehmen (*Marisa le toma el pelo a Eladio* – Marisa nimmt Eladio auf den Arm); wörtl.: jdm. das Haar nehmen.

239

Huevos escondidos

Martín: Maite, ¿qué haces con todos los huevos?
Maite: Los voy a esconder en el jardín.
Martín: ¿Y para qué haces eso?
Maite: Los escondo para Felipito, mi sobrino pequeño. El tiene que buscarlos después. Es una costumbre de Pascua en Alemania.

240

Chocolate con churros

Dolores: ¿Has visto que en este bar hay churros? Tenemos bastante tiempo para entrar. ¿No te apetece?
Francisco: ¿No te acuerdas de la última vez que tomaste una taza de chocolate? Te pusiste muy mal por la cantidad enorme de calorías.
Dolores: ¡Anda! Tú puedes comer la mitad de la ración de churros.

239

Versteckte Eier

Martín: Maite, was machst du mit all den Eiern?
Maite: Ich werde sie im Garten verstecken.
Martín: Und wofür machst du das?
Maite: Ich verstecke sie für Felipito, meinen kleinen Neffen. Er muß sie danach suchen. Das ist ein Brauch zu Ostern in Deutschland.

el huevo [ˈŭeƀo]	Ei
escondido, -a [eskɔnˈdiđo/a]	versteckt
el jardín [xarˈdin]	Garten
esconder [eskɔnˈdɛr]	verstecken
el sobrino [soˈƀrino]	Neffe
buscar [busˈkar]	suchen
la costumbre [kɔsˈtumbre]	Brauch, Sitte
Pascua(s) [ˈpaskŭa]	Ostern

240

Heiße Schokolade mit 'Churros'

Dolores: Hast du gesehen, daß es in dieser Bar Churros gibt? Wir haben genug Zeit, um hineinzugehen. Hast du keine Lust?
Francisco: Erinnerst du dich nicht an das letzte Mal, als du eine Tasse Schokolade getrunken hast? Dir wurde sehr schlecht wegen der Unmenge Kalorien.
Dolores: Ach geh! Du kannst ja die Hälfte der Portion Churros essen.

chocolate (m.) [tʃokoˈlate]	Schokolade; hier als Getränk: heiße Schokolade
churro (m.) [ˈtʃurrɔ]	eine Art in Öl gebackener Spritzkuchen
apetecer [apeteˈθɛr]	begehren; zusagen; hier: Lust haben
taza (f.) [ˈtaθa]	Tasse; Schale; Becken

241

En la calle San Bernardo

Carlos: *¿Ya has visto que empiezan a construir un nuevo edificio del Banco de Santander en la calle San Bernardo?*

Mabel: *No. No lo he visto todavía. Pero lo he leído en el periódico. Dicen que va a ser un edificio ultramoderno, a lo Gaudí.*

242

Francisco sale para Toledo

Dolores: *¿Cuántos días te quedarás en Toledo?*

Francisco: *Depende del tiempo que hace. El jueves tengo que hablar con mi cliente, el señor López. Me gustaría ver algo que todavía no conozco de la antigua capital.*

241

In der San-Bernardo-Straße

Carlos: Hast du schon gesehen, daß in der San-Bernardo-Straße mit dem Bau eines neuen Gebäudes der Banco de Santander begonnen wird?
Mabel: Nein. Ich habe es noch nicht gesehen. Aber ich habe es in der Zeitung gelesen. Es heißt, daß es ein ultramodernes Gebäude wird, nach Art Gaudís*.

Antoni Gaudí war ein berühmter katalanischer Architekt.

construir [konstruˈir]	bauen
visto [ˈbisto]	gesehen
leído [leˈiđo]	gelesen
el edificio [eđiˈfiθĭo]	Gebäude
el banco [ˈbaŋko]	Bank
dicen que ... [ˈdiθen ke]	es heißt, daß ...
ultramoderno [ultramoˈđɛrno]	ultramodern
a lo ... [a lo]	im Stile von ...

242

Francisco fährt ab nach Toledo

Dolores: Wieviele Tage wirst du in Toledo bleiben?
Francisco: Es kommt darauf an, wie das Wetter ist. Am Donnerstag muß ich mit meinem Mandanten, Herrn López, sprechen. Ich würde gern etwas von der ehemaligen Hauptstadt sehen, was ich noch nicht kenne.

depender [depenˈdɛr]	abhängen, abhängig sein
cliente (m.) [ˈklĭente]	Kunde; Mandant; Klient
conocer [konoˈθɛr]	kennen, kennenlernen; erkennen

243

— EJERCICIO —

¿Artículo determinado o indeterminado?

En . . . calle de los Collados hay . . . bares.
. . . señora Velarde tendrá . . . 35 años.
Me compraré . . . gafas de sol que valen . . . 800 pesetas.
. . . peor es no tener amigos. . . . ama de casa trabaja mucho. . . . agua está muy sucia hoy.
. . . capital de España no tiene nada que ver con . . . capital de los bancos.

244

*«Alegría no comunicada,
alegría malograda.»*

Refrán español

243

Bestimmter oder unbestimmter Artikel?

En **la** calle de los Collados **hay unos** bares.
La señora Velarde tendrá **unos** 35 años.
Me compraré **unas/las** gafas de sol que valen **unas** 800 pesetas.
Lo peor es no tener amigos. **El** ama de casa trabaja mucho. **El** agua está muy sucia hoy.
La capital de España no tiene nada que ver con **el** capital de los bancos.

In der Calle de los Collados gibt es einige Bars.
Frau Velarde wird etwa 35 Jahre alt sein.
Ich werden mir eine/die Sonnenbrille kaufen, die ungefähr 800 Peseten kostet.
Das schlimmste ist, keine Freunde zu haben. Die Hausfrau arbeitet viel. Das Wasser ist heute sehr verschmutzt.
Die Hauptstadt Spaniens hat nichts mit dem Kapital der Banken zu tun.

244

„Eine nicht mitgeteilte Freude ist eine mißlungene Freude." – Spanisches Sprichwort

---
GRAMMATIK

Possessivpronomen

mi amigo	mein Freund
mi amiga	meine Freundin
tu amigo	dein Freund
tu amiga	deine Freundin
su amigo	sein/ihr/Ihr Freund
su amiga	seine/ihre/Ihre Freundin
nuestro amigo	unser Freund
nuestra amiga	unsere Freundin
vuestro amigo	euer Freund
vuestra amiga	eure Freundin
su amigo	ihr/Ihr Freund
su amiga	ihre/Ihre Freundin

245

El Alcázar de Toledo

Asentado en una de las colinas en que está fundado Toledo, se alza, como gigantesca atalaya que domina la población, el tenebroso Alcázar. Al estallar la Guerra Civil en 1936 fue asediado por los republicanos durante dos meses. El asedio dio a los fascistas, que se defendieron dentro del Alcázar, la posibilidad de crear una leyenda de 'heroísmo'. Hoy el Alcázar alberga un museo.

246

EJERCICIO

Traduzca las siguientes frases

1. Wem gehört dieses Lexikon hier?
2. Der Mann dort heißt Jesús.
3. Jener Film war von Pedro Almodóvar.
4. Mavi will diese Schuhe dort kaufen.
5. Dieser Füller hier ist von Mabel.
6. Jener Tennisspieler war sehr groß.

Der Alcázar von Toledo

Auf einem der Hügel, auf denen Toledo liegt, erhebt sich als ein riesenhafter Wartturm, der die Stadt überragt, der düstere Alcázar. Bei Ausbruch des Bürgerkrieges 1936 wurde er von den Republikanern zwei Monate lang belagert. Die Belagerung gab den Faschisten, die sich im Alcázar verteidigten, die Möglichkeit, eine Legende des 'Heldentums' zu schaffen. Heute beherbergt der Alcázar ein Museum.

alcázar (m.) [alˈkaθar]	Burg, Festung; maurisches Schloß
estallar [estaˈʎar]	knallen; platzen; explodieren; hier: ausbrechen
asedio (m.) [aˈseðio]	Belagerung
leyenda (f.) [leˈjenda]	Legende; Sage; Beschriftung; Zeichenerklärung

Übersetzen Sie folgende Sätze

1. ¿De quién es **este** diccionario? 2. **Ese** hombre se llama Jesús. 3. **Aquella** película era de Pedro Almodóvar. 4. Mavi quisiera comprar **esos** zapatos. 5. **Esta** pluma es de Mabel. 6. **Aquel** tenista era muy alto.

DIE EXPERTENECKE

Bruch- und Vervielfältigungszahlen

1/2 – medio, media; 1 1/2 – uno y medio; 1/3 – un tercio; 2/3 – dos tercios; 1/4 – un cuarto; 3/4 – tres cuartos; 1 1/4 – uno y un cuarto; 1/2 Stunde – media hora; 1 1/2 Stunden – una hora y media; 1 1/4 Stunde – una hora y un cuarto; einfach – simple; zweifach – doble; dreifach – triple; vierfach – cuádruplo; fünffach – quíntuplo; das Zweifache – el doble; das Dreifache – el triple; einmal – una vez; zweimal – dos veces

Un fin de semana en el campo

Julio: *Lo mejor del invierno es una tarde en una casa de campo con chimenea – por lo menos para mí.*

Pedro: *Tienes razón. Fue una buena idea pasar el fin de semana en el chalet. Pero ahora, ¡sígue jugando! ¡Jaque!*

GRAMÁTICA

Singular y Plural

Particularidades:
¿Qué hora es? – Son las nueve de la mañana.
                – Es la una y cinco.
Buenos días, buenas tardes, buenas noches
A estas horas suele almorzar.
Mis hermanos ya han llegado.
El policía tenía unas esposas para la esposa del ladrón.
Hay mucha gente en la calle.

Ein Wochenende auf dem Land

Julio: Das Beste am Winter ist ein Abend in einem Landhaus mit Kamin – für mich wenigstens.
Pedro: Du hast recht. Es war eine gute Idee, das Wochenende im Chalet zu verbringen. Jetzt spiel aber weiter! Schach!

campo (m.) ['kampo]	Feld, Acker; Lager; Bereich; Gebiet; Land (im Gegensatz zu Stadt)
chimenea (f.) [tʃime'nea]	Kamin, Rauchfang; Schornstein
jaque (m.) ['xake]	Schach (beim Schachspiel geboten)

Singular und Plural

Besonderheiten:
Wie spät ist es? Es ist neun Uhr morgens. Es ist fünf nach eins.
Guten Tag, guten Abend (auch Nachmittag: ca. 16.00 bis 21.00 Uhr), gute Nacht
Um diese Zeit ißt er gewöhnlich zu Mittag.
Meine Geschwister sind schon angekommen.
Der Polizist hatte Handschellen für die Gemahlin des Diebes.
Auf der Straße sind viele Leute.

*Bei Angaben der Uhrzeit steht im Gegensatz zum Deutschen Plural (Ausnahme: es la una). Das gilt auch für feste Ausdrücke wie **buenos días** usw. Der Plural von Verwandtschaftsbezeichnungen steht für mehrere Familienmitglieder (los hermanos). Einige Substantive ändern ihre Bedeutung, wenn sie im Plural stehen (la esposa / las esposas). **La gente** ist ein Sammelbegriff im Singular, der eine Mehrzahl bezeichnet.*

249

Estar sin blanca

Jesús: *¡Maldita sea! Es la segunda vez que he perdido mi tarjeta de crédito. No tengo ninguna peseta para el fin de semana.*

Maite: *No pasa nada, los bancos están abiertos mañana por la mañana. Y para esta noche te podemos prestar un poco de dinero.*

250

Montevideo

Montevideo, la capital del Uruguay, se encuentra a la entrada del estuario del Río de la Plata, casi en el océano Atlántico. Con sus 1.300.000 de habitantes no es una ciudad muy grande. Fue fundada por el español Bruno Mauricio de Zabala, Gobernador de Buenos Aires, en 1.726. Todavía se conservan muchos edificios coloniales y los restos de las antiguas fortificaciones. Una de las características de Montevideo es su Cerro, una colina de 118 metros de altura, que se alza sobre la bahía y que dio el nombre a la ciudad.

¿Entre qué países se encuentra Uruguay?

Blank

Jesús: Verflixt nochmal! Das ist das zweite Mal, daß ich meine Kreditkarte verloren habe. Ich habe keine einzige Pesete für das Wochenende.

Maite: Das ist doch nicht schlimm, die Banken sind morgen früh offen. Und für heute abend können wir dir ein bißchen Geld leihen.

estar sin blanca [es'tar sin 'blaŋka]	blank sein
¡maldita sea! [mal'dita 'sea]	verflixt nochmal!
la tarjeta de crédito [tar'xeta de 'kreðito]	Kreditkarte
el fin de semana [fin de se'mana]	Wochenende
no pasa nada [no 'pasa 'naða]	das ist nicht schlimm
abierto, -a [a'βierto/a]	offen
prestar [pres'tar]	leihen

Montevideo

Montevideo, die Hauptstadt von Uruguay, liegt am Eingang der Mündung des Río de la Plata (= Silberfluß), beinahe im atlantischen Ozean. Mit ihren 1,3 Mio. Einwohnern ist es keine sehr große Stadt. Sie wurde 1726 von dem Spanier Bruno Mauricio de Zabala, dem Gouverneur von Buenos Aires, gegründet. Noch immer sind viele der kolonialen Bauwerke und Reste der alten Befestigungsanlagen erhalten. Eines der Merkmale Montevideos ist sein Cerro (= Berg), ein 118 m hoher Hügel, der sich über der Bucht erhebt und der Stadt ihren Namen gegeben hat. Zwischen welchen Ländern liegt Uruguay?

Zwischen Argentinien und Brasilien

Der Seemann, der die Küste vor Montevideo zuerst sah und Portugiese in spanischen Diensten war, rief „monte vide eu" (ich sehe einen Berg).

251

Don Juan, el perro callejero

Desde hace dos días a Mabel le sigue un perro callejero por todas partes de la ciudad. Ya le ha puesto un nombre al perro, lo llama 'Don Juan'. Esta mañana, Don Juan acompaña a Mabel al supermercado. Cuando Mabel entra en el supermercado Don Juan la espera en la puerta como un perro bien adiestrado.

252

Surfing para pobres

Mavi: ¿Te has comprado un monopatín?
Martín: ¿Por qué no? Las tablas de surf son muy caras y, además, en el estanque del Retiro está prohibido hacer surfing. Ir en un monopatín, pues, para mi es el surf callejero para madrileños pobres.

251

Don Juan, der Straßenhund

Ein Straßenhund folgt Mabel seit zwei Tagen überall durch die Stadt. Sie hat dem Hund schon einen Namen gegeben, sie nennt ihn 'Don Juan'. Heute morgen begleitet Don Juan Mabel zum Supermarkt. Als Mabel in den Supermarkt hineingeht, wartet Don Juan auf sie an der Tür wie ein gut dressierter Hund.

el perro [ˈpɛrro]	Hund
callejero, -a [kaʎeˈxero/a]	Straßen...
seguir (-i-) [seˈgir]	folgen
el nombre [ˈnɔmbre]	Namen
poner un nombre [poˈnɛr un ˈnɔmbre]	einen Namen geben
acompañar [akɔmpaˈnar]	begleiten
el supermercado [supɛrmɛrˈkaᵈo]	Supermarkt
adiestrado, -a [adˈies'trado/a]	dressiert

252

Surfen für Arme

Mavi: Du hast dir ein Skateboard gekauft?
Martín: Warum nicht? Surfbretter sind sehr teuer, und außerdem ist es verboten, auf dem Teich im Retiro zu surfen. Mit dem Skateboard zu fahren ist daher für mich das Straßensurfen für arme Madrilenen.

el surfing [ˈsurfiŋ]	Surfen
pobre [ˈpoβre]	arm
el monopatín [monopaˈtin]	Skateboard
la tabla de surf [ˈtaβla de surf]	Surfbrett
el estanque [esˈtaŋke]	Teich
prohibido, -a [proiˈbido/a]	verboten
hacer surfing [aˈθɛr ˈsurfiŋ]	surfen
el madrileño [madriˈleɲo]	Madrilene, Madrider

EJERCICIO

'Ser' y 'estar'

Ponga las formas correspondientes de 'ser' o 'estar':

1. ¿Cómo _____ Ud.?
2. ¿Quién _____ esa mujer?
3. Juan Carlos _____ el rey de España.
4. Jesús y Mabel _____ en Betanzos.
5. Hoy _____ sábado.
6. El café _____ frío.
7. El Escorial _____ un palacio muy grande.

Tiempo de perros

Carlos: *¡Qué tiempo de perros está haciendo últimamente!*
Maite: *No sé por qué te quejas. Si ya dice el refrán: 'en abril aguas mil'. Es normal para esta época.*
Carlos: *Una semana más así y me voy para el Sáhara.*

253

'Ser' und 'estar'

Setzen Sie die entsprechenden Formen von 'ser' oder 'estar' ein:

1. ¿Cómo **está** Ud.? – Wie geht es ihnen? 2. ¿Quién **es** esa mujer? – Wer ist diese Frau? 3. Juan Carlos **es** el rey de España. – Juan Carlos ist König von Spanien. 4. Jesús y Mabel **están** en Betanzos. – Jesús und Mabel sind in Betanzos. 5. Hoy **es** sábado. – Heute ist Samstag. 6. El café **está** frío. – Der Kaffee ist kalt. 7. El Escorial **es** un palacio muy grande. – Das Escorial ist ein sehr großer Palast.

DIE EXPERTENECKE

Rechnen auf Spanisch

$7 + 8 = 15$ – siete y/más ocho son quince
$10 - 3 = 7$ – diez menos tres son siete
$2 \times 3 = 6$ – dos por tres son seis
$20 : 4 = 5$ – veinte dividido por cuatro son/es cinco

254

Hundewetter

Carlos: Was für ein Hundewetter haben wir in der letzten Zeit!
Maite: Ich weiß nicht, warum du dich beklagst. So lautet doch schon das Sprichwort: 'Im April regnet's viel'. Das ist normal für die Jahreszeit.
Carlos: Noch so eine Woche, und ich fahre in die Sahara.

el tiempo [ˈtĭempo]	Wetter
hace mal tiempo [aˈθe mal ˈtĭempo]	es ist/wir haben schlechtes Wetter
últimamente [ˈultimamɛnte]	in der letzten Zeit
quejarse [kɛˈxarse]	sich beklagen
la época (de lluvias) [ˈepoka de ˈʎuβĭas]	(Regen-)Zeit
una semana así [ˈuna seˈmana aˈsi]	so eine Woche
el Sáhara [ˈsaara]	Sahara

El flamenco rosa

La laguna de Fuente de Piedra, en el suroeste de Andalucía, es el escenario de un importante rito ecológico. Todos los veranos, desde 1.986, un grupo de 200 personas se reune para tratar de salvar el flamenco rosa, que anida en las aguas de la laguna. Allí hay, a veces, unos 80 mil aves adultas. Se les ponen anillos para conocer, entre otras cosas, el índice de supervivencia de estas aves. Esta operación está organizada por la Agencia de Medio Ambiente de la Junta de Andalucía.

¿Cómo se llama el río más grande de Andalucía?

La carta de la SER

Hace ya algún tiempo Jesús se ha presentado en las oficinas de las emisoras de radio más grandes de España: la SER, Radio Popular y Radio Nacional de España. Esta mañana le ha llegado una carta certificada de la SER, la cadena de radio privada más importante de España. En la carta le escriben que han aceptado a Jesús como practicante.

255

Der rosa Flamingo

Die Lagune von Fuente de Piedra, im Südwesten Andalusiens, ist die Bühne eines wichtigen ökologischen Ritus. Seit 1986 versammelt sich in jedem Sommer eine Gruppe von 200 Personen im Bemühen, den rosa Flamingo zu retten, der in den Gewässern der Lagune nistet. Manchmal trifft man dort bis zu 80.000 ausgewachsene Vögel an. Ihnen werden Ringe angelegt, um – unter anderem – die Überlebensrate dieser Vögel kennenzulernen. Diese Aktion wird von der Umweltagentur der Junta de Andalucía organisiert. Wie heißt der größte Fluß Andalusiens?

Guadalquivir (arab.; Fluß der Steine)

Am Delta des Guadalquivir erstreckt sich Spaniens größter und von seiner Tier- und Vogelwelt interessantester Nationalpark „Coto de Doñana".

256

Der Brief von der SER

Schon vor einiger Zeit hat sich Jesús in den Büros der drei größten Rundfunksender Spaniens vorgestellt: Die SER, Radio Popular und Radio Nacional de España. Heute morgen hat er einen Einschreibebrief von der SER bekommen, dem wichtigsten privaten Radiokanal Spaniens. In dem Brief schreiben sie Jesús, daß er als Praktikant angenommen worden ist.

la carta (certificada) ['karta θɛrtifi'ka^da]	(Einschreibe)Brief
hace algún tiempo ['aθe al'gun 'tiempo]	vor einiger Zeit
presentarse [presen'tarse]	sich vorstellen (bei jmd.)
la oficina [ofi'θina]	Büro
la emisora [emi'sora]	Sender
la radio ['rradio]	Radio
aceptar [aθɛp'tar]	annehmen
el practicante [prakti'kante]	Praktikant, Volontär

257

*«Quien adelante no mira,
atrás se queda.»*

Refrán español

258

Reparación de la radio

Rosa: *Creo que la radio portátil de la cocina está rota. Ya no se oye nada.*
Dolores: *¡Qué va! Solamente necesitamos un destornillador para abrirla. Hay que cambiar las pilas.*

257

„Wer nicht nach vorne schaut, bleibt zurück." – Spanisches Sprichwort

---
GRAMMATIK

Der Vergleich im Spanischen

Este libro es **muy** interesante. – Dieses Buch ist **sehr** interessant.

Ese libro es **más** interesante. – Dieses Buch dort ist interessant**er**.

Trabaja **más que** tú. – Er arbeitet **mehr als** du.

Este libro es **tan** interesante **como** el otro. – Dieses Buch ist **genauso** interessant **wie** das andere.

Este libro es **más** interesante **que** el otro. – Dieses Buch ist interessant**er als** das andere.

Este libro es **el más** interesante de todos. – Dieses Buch ist **das** interessant**este** von allen.

258

Reparatur des Radios

Rosa: Ich glaube, das Kofferradio aus der Küche ist kaputt. Man hört nichts mehr.
Dolores: Ach was! Wir brauchen nur einen Schraubenzieher, um es zu öffnen. Man muß die Batterien auswechseln.

portátil [por'tatil]	tragbar; Reise..., Hand...
romper [rrɔm'pɛr]	zerbrechen; zerreißen; durchbrechen; abbrechen; unterbrechen
roto ['rrɔto]	entzwei, kaputt; zerlumpt; liederlich

El Greco en Toledo

Francisco conoce la ciudad desde hace mucho tiempo. Ha visto la mayoría de los lugares de interés, entre ellos la catedral más suntuosa de España. Ahora está sentado en un café en la Plaza de Zocodover. Quiere ver un cuadro – quizás el más conocido – del Greco: 'El entierro del Conde de Orgaz'. Se halla en la iglesia Santo Tomé. Toda la ciudad está llena de huellas del griego. Hay un museo, una 'Casa del Greco' y hasta un camping que lleva el nombre del gran pintor.

Un disco para Rosa

Alberto: *¡Buenos días! Busco un disco del grupo 'La Unión'. Se trata del disco favorito de una amiga. No me acuerdo cómo se llama, solamente conozco una canción con el título 'Todos los gatos son pardos'. ¿Lo tenéis?*

Empleado: *Es bastante viejo, de 1984 creo, pero lo tenemos. Se llama 'Mil siluetas'.*

El Greco in Toledo

Francisco kennt die Stadt seit langem. Er hat die meisten Sehenswürdigkeiten gesehen, darunter die prunkvollste Kathedrale Spaniens. Jetzt sitzt er in einem Café auf dem Zocodover-Platz. Er will ein Bild – vielleicht das bekannteste – El Grecos sehen: 'Das Begräbnis des Conde de Orgaz'. Es befindet sich in der Kirche Santo Tomé. Die ganze Stadt ist voller Spuren des Griechen. Es gibt ein Museum, ein 'El-Greco-Haus' und sogar einen Zeltplatz, der den Namen des großen Malers trägt.

suntuoso [sun'tŭoso]	prächtig; prunkvoll; luxuriös
conde (m.) ['kɔnde]	Graf
huella (f.) ['ŭeʎa]	Spur; Fährte; Fußstapfe
hasta ['asta]	bis; sogar, selbst

Eine Schallplatte für Rosa

Alberto: Guten Tag. Ich suche eine Platte der Gruppe 'La Unión'. Das ist die Lieblingsplatte einer Freundin. Ich erinnere mich nicht, wie sie heißt, ich kenne nur ein Stück mit dem Titel 'Alle Katzen sind grau'. Habt ihr die?

Angestellter: Sie ist recht alt, von 1984 glaube ich, aber wir haben sie. Sie heißt 'Tausend Silhouetten'.

disco (m.) ['disko]	Scheibe; Diskus; Schallplatte; Wählscheibe
unión (f.) [u'nĭɔn]	Vereinigung; Einigkeit; Verbindung; Verein, Bund
pardo ['parđo]	braun; belegt; hier: grau

261

GRAMÁTICA

La declinación del sustantivo

*En español los sustantivos se declinan por medio de preposiciones. Mientras que el nominativo y el acusativo son iguales, el genitivo se forma con **de** y el dativo con **a**:*

Singular:	Nom.	*el libro*	*la casa*
	Gen.	*del libro (de+el)*	*de la casa*
	Dat.	*al libro (a+el)*	*a la casa*
	Ac.	*el libro*	*la casa*
Plural:	Nom.	*los libros*	*las casas*
	Gen.	*de los libros*	*de las casas*
	Dat.	*a los libros*	*a las casas*
	Ac.	*los libros*	*las casas*

262

Guernica

Guernica es una pequeña ciudad en el País Vasco. Fue destruida en 1937 por la Legión Cóndor. Murieron casi todos los habitantes.
'Guernica' también es un cuadro de Pablo Picasso. Pintado poco después del bombardeo, el cuadro se guardó en Francia y los Estados Unidos hasta que volvió a España en 1981. Hoy está en el Casón del Buen Retiro. Muestra el sufrimiento y el horror que acarrea la guerra.

GRAMMATIK

Die Deklination des Substantivs

Auf Spanisch werden die Substantive mittels Präpositionen dekliniert. Während der Nominativ und der Akkusativ gleich sind, wird der Genitiv mit **de** *und der Dativ mit* **a** *gebildet:*

Singular:	Nom.	das Buch	das Haus
	Gen.	des Buches	des Hauses
	Dat.	dem Buch	dem Haus
	Akk.	das Buch	das Haus
Plural:	Nom.	die Bücher	die Häuser
	Gen.	der Bücher	der Häuser
	Dat.	den Büchern	den Häusern
	Akk.	die Bücher	die Häuser

Guernica

Guernica ist eine Kleinstadt im Baskenland. Sie wurde 1937 durch die Legion Condor zerstört. Fast alle Einwohner starben. 'Guernica' ist auch ein Bild von Pablo Picasso. Kurz nach der Bombardierung gemalt, wurde das Bild bis zu seiner Rückkehr nach Spanien (1981) in Frankreich und den Vereinigten Staaten aufbewahrt. Heute ist es im Casón del Buen Retiro. Es zeigt das Leiden und Grauen, das der Krieg nach sich zieht.

Franco gab den Auftrag für die Bombardierung der Stadt durch die Legion Condor, einen deutschen Truppenverband, der den General unterstützte. Der 'Casón del Buen Retiro' in Madrid liegt zwischen dem Prado-Museum und dem Retiro-Park.

sufrimiento (m.) [sufri'mĩento]	Leiden
horror (m.) [ɔ'rrɔr]	Grauen
acarrear [akarrɛ'ar]	verursachen, nach sich ziehen

263

Ordenadores en la oficina

Dentro de poco las últimas máquinas de escribir desaparecerán de las oficinas de la compañía de seguros donde trabaja Rosa. La instalación de ordenadores obliga a Rosa a tomar parte en un curso de Informática para aprender algo del tratamiento de datos.

264

EJERCICIO

Pónganse las frases en plural

El funcionario de aduana quería ver el pasaporte.
El israelí que vive en nuestro barrio es muy simpático.
Esta flor crece solamente en la montaña.
El limpiabotas gana poco dinero y trabaja mucho.
A mediodía no hay nadie en el coche cama.
El hombre rana sacó dos heridos del agua.

Computer im Büro

Binnen kurzem werden die letzten Schreibmaschinen aus den Büros der Versicherungsgesellschaft, für die Rosa arbeitet, verschwinden. Die Einführung von Computern zwingt Rosa, an einem Informatik-Kurs teilzunehmen, um etwas über Datenverarbeitung zu lernen.

ordenador (m.) [ɔrđena'đɔr]	Computer
instalación (f.) [instala'θiɔn]	Einrichtung; Installation; Anlage; Einführung
obligar [ɔbli'gar]	zwingen; verpflichten
tratamiento (m.) [trata'miento]	Behandlung; Anrede, Titel; hier: Verarbeitung

---

ÜBUNG

Setzen Sie die Sätze in den Plural

Los funcionarios de aduana querían ver el pasaporte/los pasaportes.
Los israelíes que viven en nuestro barrio son muy simpáticos.
Estas flores crecen solamente en la montaña.
Los limpiabotas ganan poco dinero y trabajan mucho.
A mediodía no hay nadie en los coches cama.
Los hombres rana sacaron dos heridos del agua.

Die Zollbeamten wollten den Reisepaß/die Reisepässe sehen.
Die Israelis, die in unserem Viertel wohnen, sind sehr nett.
Diese Blumen wachsen nur im Gebirge.
Die Schuhputzer verdienen wenig Geld und arbeiten viel.
Mittags ist niemand in den Schlafwagen.
Die Froschmänner zogen zwei Verletzte aus dem Wasser.

Un paseo con Lobo

Pedro y Lobo atraviesan el centro de Madrid de norte a sur. Primero van a la Puerta del Sol y luego a la Plaza Mayor, después bajan una escalera y, al final, llegan a la Calle de Toledo. Todavía Lobo no está cansado, pero ya va más lento. Pedro lo lleva atado por que hay mucho tráfico. Ahora ya se ve el Puente de Toledo con sus faroles y bancos. Allí descansarán un poco antes de dar media vuelta.

¡Vamos al cine!

Francisco: *A mí me gustaría ver la película de Pedro Almodóvar: 'La ley del deseo'. Es uno de los mejores directores de España.*

Dolores: *Ya la he visto. Prefiero ver la nueva película de Manuel Gutiérrez Aragón.*

265

Ein Spaziergang mit Lobo

Pedro und Lobo durchqueren das Zentrum Madrids von Norden nach Süden. Zuerst gehen sie zur Puerta del Sol und dann zur Plaza Mayor, danach steigen sie eine Treppe hinab, und schließlich gelangen sie zur Calle de Toledo. Noch ist Lobo nicht müde, aber er läuft schon langsamer. Pedro führt ihn an der Leine, weil viel Verkehr ist. Jetzt sieht man schon den Puente de Toledo mit seinen Laternen und Bänken. Dort werden sie ein wenig ausruhen, bevor sie kehrtmachen.

atravesar [atraβe'sar]	durchbohren; quer über den Weg legen; durchqueren, durchfahren; fahren über; durchmachen
bajar [ba'xar]	herunternehmen; herunterbringen; senken; sinken; absteigen, aussteigen
puente (m.) ['pŭente]	Brücke; Deck
farol (m.) [fa'rɔl]	Laterne; Straßenlaterne

266

Gehen wir ins Kino!

Francisco: Ich würde gern den Film von Pedro Almodóvar sehen: 'Das Gesetz der Begierde'. Er ist einer der besten Regisseure Spaniens.

Dolores: Den habe ich schon gesehen. Ich möchte lieber den neuen Film von Manuel Gutiérrez Aragón sehen.

película (f.) [pe'likula]	Häutchen; Film
deseo (m.) [de'seo]	Wunsch; Verlangen; Drang; hier: Begierde
director (m.) [dirɛk'tɔr]	Leiter; Direktor; Regisseur

Una llamada a Alemania

Rosa quiere llamar a Klaus en Münster. En la cabina del locutorio telefónico tiene que leer las instrucciones para las llamadas internacionales. Son las siguientes: Marque el 07. Espere un segundo tono más agudo que el normal. A continuación el indicativo del país hacia el cual va encaminada la llamada, seguido del de la ciudad y del número del abonado deseado. Si el prefijo de la ciudad empieza por 0 recuerde que este dígito debe omitirse al marcar.

GRAMÁTICA

El acusativo

En ciertos casos el acusativo se forma con la preposición **a**:
Saludó **a** la novia de Jorge. Ayer llamé **a** Cecilia.
Juan pregunta **al** marido de la vecina.
¿**A** quién quieres visitar? **A** nadie.
Deja **al** perro en la perrera.
La quiromántica teme **a** la muerte.
Pero: Tengo un buen amigo.

Ein Telefongespräch nach Deutschland

Rosa will Klaus in Münster anrufen. In der Zelle des öffentlichen Fernsprechers muß sie die Anweisungen für internationale Gespräche lesen. Es sind folgende: Wählen Sie 07. Warten Sie auf einen zweiten Ton, der höher ist als der normale. Wählen Sie dann die Vorwahl des Landes, für das das Gespräch bestimmt ist, danach die Vorwahl der Stadt und die Nummer des gewünschten Gesprächspartners. Wenn die Vorwählnummer der Stadt mit 0 anfängt, beachten Sie, daß Sie diese Zahl beim Wählen auslassen müssen.

GRAMMATIK

Der Akkusativ

Manchmal wird der Akkusativ mit der Präposition **a** gebildet:
Er begrüßte Jorges Freundin. Gestern rief ich Cecilia an.
Juan fragt den Mann der Nachbarin.
Wen willst du besuchen? Niemand.
Er läßt den Hund in der Hundehütte.
Die Wahrsagerin fürchtet den Tod.
Aber: Ich habe einen guten Freund.

*Bezeichnungen von Personen stehen im Akkusativ mit **a**, allerdings nur dann, wenn keine andere Präposition stehen muß. Auch bei der mit dem Verb verbundenen Personalpronomen fehlt das **a**.*
*Für die Bezeichnung von Tieren, zu denen ein persönliches Verhältn besteht, wird der Akkusativ ebenfalls mit **a** gebildet. Das gilt genaus für Begriffe, die personifiziert vorgestellt werden können, besonders Verbindung mit bestimmten Verben (temer, querer, odiar). Kein **a** ste nach 'entpersönlichenden' Verben (tener, buscar, necesitar).*

269

Martes y trece

Francisco: *Al levantarme esta mañana ya me dolía la espalda. Luego he vertido el café y a mediodía se me ha caído el vaso de vino. Hoy tengo mala suerte.*
Dolores: *Martes y trece. ¡Qué coincidencia! No soy supersticiosa pero me pongo nerviosa.*
Francisco: *Se trata de mala suerte, Dolores, y no de algún hechizo.*

270

Pedro lee 'El País'

De los numerosos periódicos que hay en Madrid – entre ellos el 'A.B.C.', el 'Pueblo' y el 'Diario 16' – Pedro prefiere leer el diario de la mañana 'El País'. Fundado en mayo de 1976, después de la muerte de Franco, es hoy en día un diario que merece el epíteto 'liberal'. Cuesta 60 ó, con el suplemento semanal, 100 pesetas y ofrece informaciones sobre la política, la cultura, el deporte, la economía y hasta el 'Futuro'.

269

Dienstag der Dreizehnte

Francisco: Als ich heute morgen aufstand, tat mir schon der Rücken weh. Dann habe ich Kaffee verschüttet, und mittags ist mir das Weinglas hingefallen. Heute habe ich Pech.
Dolores: Dienstag der Dreizehnte. Merkwürdiger Zufall! Ich bin nicht abergläubisch, aber ich werde nervös.
Francisco: Es handelt sich um Pech, Dolores, und nicht um irgendeinen Zauber.

Dienstag der Dreizehnte entspricht in seinem Wert als Unglückstag Freitag dem Dreizehnten in Deutschland.

270

Pedro liest 'El País'

Von den zahlreichen Zeitungen, die es in Madrid gibt – darunter 'A.B.C', 'Pueblo' und 'Diario 16' – liest Pedro am liebsten das Morgenblatt 'El País'. Gegründet im Mai 1976, nach dem Tod Francos, ist es heute eine Tageszeitung, die das Beiwort 'liberal' verdient. Sie kostet 60 oder – mit der wöchentlichen Beilage – 100 Pesetan und bietet Informationen über Politik, Kultur, Sport, Wirtschaft und sogar die 'Zukunft'.

periódico (m.) [pe'rĭoðiko]	Zeitung
diario (m.) ['dĭarĭo]	Tagebuch; (Tages-)Zeitung
fundar [fun'dar]	gründen; stiften
hoy en día [ɔĭ en 'dia]	heutzutage, heute
futuro (m.) [fu'turo]	Zukunft; Futur; Bräutigam; hier ist die Zeitungssparte ‚Futuro' gemeint, die sich mit neuen Technologien u. ä. befaßt

271

En la escuela de Maica

Maica trabaja en una escuela pública de EGB. Allí los alumnos deben seguir los estudios durante ocho años. Luego pueden cambiar a un instituto para hacer el BUP que después de tres años acaba con el bachillerato.
Para los que entonces quieren estudiar en una universidad sigue un año en el COU.

272

ADIVINANZA

Se buscan: nombres de meses

```
_ _ V E R B O _ _
_ A M O
N E R O _
F E R R E O _
_ A R O
_ O N U _
_ _ S I E T E _ _
_ B R O T E _
_ R A I L
_ L I O
_ S O G A _
_ _ D E C I R _ _
```

271

Maica arbeitet in einer öffentlichen Schule der EGB*. Dorthin müssen die Schüler acht Jahre lang gehen. Hinterher können sie zu einem Gymnasium wechseln, um den BUP* zu machen, der nach drei Jahren mit dem Abitur endet. Für diejenigen, die an einer Universität studieren wollen, folgt ein Jahr im COU*.

*EGB: *Enseñanza General Básica – spanische Grund- und Volksschule (mit diesen 8 Jahren endet auch die spanische Schulpflicht)*
*BUP: *Bachillerato Unificado Polivalente – entspricht etwa der gymnasialen Oberstufe*
*COU: *Curso de Orientación Universitaria – Voruniversitätsjahr*

público, -a ['publiko]	öffentlich
los estudios [es'tuðios]	Studien
el año ['aɲo]	Jahr
cambiar [kam'biar]	wechseln
acabar [aka'βar]	(be-)enden, aufhören

272

Gesucht werden: Monatsnamen

N O V I E M B R E = November
M A Y O = Mai
E N E R O = Januar
F E B R E R O = Februar
M A R Z O = März
J U N I O = Juni
S E T I E M B R E = September
O C T U B R E = Oktober
A B R I L = April
J U L I O = Juli
A G O S T O = August
D I C I E M B R E = Dezember

La nueva cámara de Miriam

Fani y Aintzane acompañan a Miriam que quiere comprarse una nueva cámara para su viaje a Centroamérica. Con la cámara vieja Miriam ha hecho muchas fotos que han salido o mal enfocadas o demasiado oscuras. Como ella no tiene idea de cámaras le ayudan las dos especialistas que ya tienen cámaras excelentes.

El Museo de Antropología de México

Para cualquiera que haga un viaje por México es imprescindible una visita en este museo que es considerado mundialmente como el mejor de su género. Está situado en el Parque de Chapultepec, al lado del Paseo de la Reforma en México D.F. Construido por el arquitecto Pedro Ramírez Vázquez fue inaugurado en 1.964. Alberga 24 salas con exposiciones permanentes y una para exposiciones temporales.

¿Qué significa México D.F.?

273

Miriams neue Kamera

Fani und Aintzane begleiten Miriam, die sich für ihre Zentralamerika-Reise eine neue Kamera kaufen will. Mit der alten Kamera hat Miriam viele Fotos gemacht, die entweder unscharf oder zu dunkel geworden sind. Da sie keine Ahnung von Kameras hat, helfen ihr zwei Spezialistinnen, die bereits exzellente Kameras haben.

acompañar [akɔmpaˈɲar]	begleiten
viejo, -a [ˈbiɛxo]	alt
la foto [ˈfoto]	Foto
demasiado [demaˈsĭaᵈo]	zu(viel)
ayudar [ajuˈdar]	helfen

274

Das Museum für Anthropologie von Mexiko

Für jeden, der eine Reise durch Mexiko macht, ist ein Besuch in diesem Museum, das in der ganzen Welt als das beste seiner Art angesehen wird, unerläßlich. Es liegt im Chapultepec-Park in Mexiko-Stadt neben dem Paseo de la Reforma. Von dem Architekten Pedro Ramírez Vázquez erbaut, wurde es 1964 eingeweiht. Es beherbergt 24 Säle mit festen Ausstellungen und einen für Wanderausstellungen. Was bedeutet México D.F.?

México Distrito Federal

Das „D.F." dient zur Unterscheidung der Stadt von Land und Bundesstaat, beide gleichen Namens. Wenn Mexikaner über Mexiko-City reden, sagen sie nur: „el D.F.".

La herida de Aintzane

Aintzane: *¡Ay, ay, ay! ¡Cómo duele!*
Martín: *¿Qué te ha pasado?*
Aintzane: *Me he cortado el dedo.*
Martín: *Déjame ver... ¡Tampoco es para tanto! Si sólo es una heridita de nada.*

La prueba de la cámara nueva

Miriam se ha decidido a probar su cámara nueva. Después de comprar dos carretes, uno de blanco y negro y otro de fotos en color, los dos de cien ASAS, escribe una lista en la que va a apuntar los tiempos de exposición y las aberturas del diafragma. Luego sale a la calle en busca de motivos interesantes.

Aintzanes Verletzung

Aintzane: Au! Wie weh das tut!
Martín: Was ist mit dir?
Aintzane: Ich hab' mir in den Finger geschnitten.
Martín: Laß mich mal sehen ... So schlimm ist es nun auch wieder nicht! Es ist doch bloß eine winzige Wunde.

la herida [e'riđa]	Verletzung; Wunde
¡ay! [aĭ]	Au!
duele ['dŭele]	es tut weh
cortar [kɔr'tar]	schneiden
dejar [dɛ'xar]	lassen

Test der neuen Kamera

Miriam hat sich entschlossen, die neue Kamera auszuprobieren. Nachdem sie zwei Filme gekauft hat, einen Schwarzweiß- und einen Farbfilm, beide mit 21 DIN, schreibt sie eine Liste, in der sie die Belichtungszeiten und die Blendenöffnungen eintragen wird. Danach geht sie auf die Straße auf der Suche nach interessanten Motiven.

probar [pro'ƀar]	(aus-)probieren
el carrete [ka'rrɛte]	Film(-rolle)
apuntar [apun'tar]	aufschreiben
el tiempo de exposición ['tĭempo] [de] [esposi'θĭɔn]	Belichtungszeit
la abertura del diafragma [aƀer'tura] [del] [dĭa'fragma]	Blendenöffnung

277

*«El trabajo, la inquietud y las armas
sólo se inventaron para aquellos
que el mundo llama caballeros andantes,
de los cuales yo soy
el menor de todos.»*

Miguel de Cervantes Saavedra

278

Los vecinos van a Valencia

Rosa: *La hija de los vecinos de la tercera planta me ha contado que sus padres van a Valencia: su madre vio un cartel de las Fallas y se decidió en el acto.*

Dolores: *Si tuviera tiempo, yo iría también.*

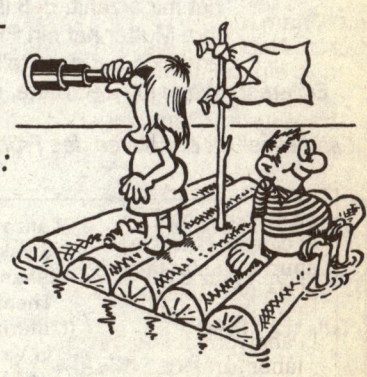

277

„Die Arbeit, die Unruhe und die Waffen wurden nur für jene erfunden, die die Welt fahrende Ritter nennt, von welchen ich der geringste bin." — Miguel de Cervantes Saavedra (1547 – 1616), spanischer Schriftsteller; *aus:* „Don Quijote de la Mancha", Urteil des Quijote über sich selbst

---
GRAMMATIK

Das Hilfsverb 'haber'

1. Folgende Präsensformen werden für die Bildung des, stets zusammengesetzten, Perfekt verwendet:
   he, has, ha, hemos, habéis und **han**.
2. Sonderformen des Präsens sind:
   hay – es gibt; **hay que** – man muß; und **haber de** – müssen (*lo has de decir* – du mußt es sagen).
3. Imperfekt: **había, habías**, etc.
4. 'Subjuntivo' Präsens: **haya, hayas**, etc.
5. 'Indefinido'-Formen sind weniger gebräuchlich.

278

Die Nachbarn fahren nach Valencia

Rosa: Die Tochter unserer Nachbarn aus dem dritten Stock hat mir erzählt, daß ihre Eltern nach Valencia fahren: Ihre Mutter hat ein Plakat von den Fallas gesehen und sich auf der Stelle entschlossen.
Dolores: Wenn ich Zeit hätte, würde ich auch fahren.

„Las Fallas" ist der Name des Frühlingsfestes in Valencia.

planta (f.) ['planta]	Pflanze; Fußsohle; Grundriß; Entwurf; Stockwerk; Anlage
cartel (m.) [kar'tɛl]	Aushang; öffentlicher Anschlag; Plakat; Theaterzettel; Filmprogramm
falla (f.) ['faʎa]	(Material-)Fehler; (Lade-)Hemmung; in Valencia: Figurengruppe aus Holz und Pappmaché, die in den Straßen verbrannt wird

279

En la piscina cubierta

Carmen: *Con las gafas de cloro que llevas francamente pareces una rana.*
Marisa: *Ríete de mí, si quieres. Luego cuando salimos de aquí vas a parecer una lagartija. El cloro es perjudicial para los ojos.*

280

Las Fallas

Muchos turistas falleros van por las calles de Valencia durante los cuatro días que están las fallas plantadas, con el propósito de contemplarlas y divertirse con sus satíricos ninots. En esta espesa selva de miles de gentes deambulando por la ciudad lo mejor es andar a pie y, eso sí, hacer algunas paradas en los bares para tomar una ración de buñuelos y una copita de anís o coñac.

Im Hallenbad

Carmen: Mit der Chlorbrille, die du trägst, siehst du offen gesagt aus wie ein Frosch.
Marisa: Lach nur über mich, wenn du willst. Hinterher, wenn wir hier rausgehen, wirst du aussehen wie eine Eidechse. Das Chlor ist schädlich für die Augen.

las gafas ['gafas]	Brille
francamente [fraŋka'mɛnte]	offen gesagt
la rana ['rrana]	Frosch
parecer [pare'θɛr]	aussehen wie
perjudicial [pɛrxuði'θĭal]	schädlich

Die Fallas

Während der vier Tage, an denen die Fallas aufgestellt sind, laufen viele Festbesucher durch die Straßen Valencias, um sie sich anzusehen und sich an ihren satirischen Ninots zu erfreuen. In diesem dichten Wald tausender durch die Stadt schlendernder Leute bewegt man sich am besten zu Fuß fort. Dabei sollten natürlich einige Zwischenstops in den Bars gemacht werden, um ein paar Buñuelos und ein Gläschen Anis oder Kognak zu sich zu nehmen.

'Ninots' heißen die Puppen, die das Publikum zum Lachen bringen sollen. Jedes Jahr wird ein 'Ninot' ausgewählt und nicht verbrannt, sondern in der Seidenbörse ausgestellt.

contemplar [kɔntɛm'plar]	betrachten; anschauen; sinnen, meditieren
espeso [es'peso]	dick(-flüssig); dicht; massig; fettig
buñuelo (m.) [bu'ɲŭelo]	Ölgebäck; Pfuscherei, Pfuscharbeit

281

La revisión del coche

El coche de Martín ya tiene más de diez años. Como en España todavía no existe ninguna revisión técnica de vehículos obligatoria, Martín ha decidido llevarlo a un taller para que allí le hagan una revisión completa y arreglen todo lo que sea necesario.

282

La Alhambra en Granada

La Alhambra fue construida por reyes moros en los siglos XIII y XIV. Se encuentra en unas colinas convertidas en un jardín por encima de Granada y es, seguramente, el monumento más importante de la arquitectura profana islámica. En 1.492 los cristianos conquistaron la Alhambra y 34 años más tarde el emperador cristiano, Carlos V, hizo construir justo en el centro de ella un palacio.

¿Cómo se llama el jardín de la Alhambra?

281

Die Autoinspektion

Das Auto von Martín ist schon mehr als zehn Jahre alt. Da es in Spanien noch keine obligatorische TÜV-Untersuchung gibt, hat Martín beschlossen, ihn in eine Werkstatt zu bringen, damit er dort vollständig untersucht und alles Nötige repariert wird.

más [mas]	mehr
ninguno, -a [niŋˈguno]	keine(r)
decidir [deθiˈdir]	beschließen
arreglar [arrɛˈglar]	in Ordnung bringen
necesario [neθeˈsarĭo]	nötig

282

Die Alhambra in Granada

Die Alhambra wurde von maurischen Königen im 13. und 14. Jahrhundert erbaut. Sie befindet sich auf einem in einen Garten verwandelten Bergrücken oberhalb von Granada und ist sicherlich das bedeutendste Denkmal der profanen islamischen Architektur. 1492 eroberten die Christen die Alhambra, und 34 Jahre später ließ der christliche Herrscher Karl der Fünfte genau in ihrer Mitte einen Palast errichten. Wie nennt sich der Garten der Alhambra?

Der Garten der Alhambra (arab.: die Rote) heißt Generalife.

Fuegos artificiales

Es bastante peligroso andar por las calles de Valencia durante estos días. Ya a las ocho de la mañana los falleros hacen un pasacalle con música y trons de bac, unos petardos especiales que se lanzan violentamente contra el suelo. Con este pasacalle que se llama 'despertà' empieza un día lleno de fuegos artificiales y detonaciones.

EJERCICIO

Ponga las formas correspondientes de 'ser' ó 'estar':

1. ¿Cómo _____ Ud.?
2. La nieve _____ blanca.
3. Juan Carlos _____ el rey de España.
4. Francisco y Eva _____ en Bruselas.
5. Hoy _____ domingo.
6. La sopa _____ fría.
7. Philly y Mike _____ ingleses.

283

Feuerwerk

Es ist ziemlich gefährlich, sich während dieser Tage in den Straßen Valencias zu bewegen. Schon um acht Uhr morgens machen die Falleros einen Umzug mit Musik und Trons de bac, besonderen Knallkörpern, die mit viel Schwung auf den Boden geworfen werden. Mit diesem Umzug, der 'despertà' genannt wird, beginnt ein Tag voller Feuerwerke und Detonationen.

petardo (m.) [pe'tarðo]	Sprengkörper, Feuerwerkskörper; Betrug
pasacalle (m.) [pasa'kaʎe]	Umzug mit Musik; volkstümlicher Marsch (Musik)
lanzar [lan'θar]	werfen, schleudern; vertreiben; lancieren
despertar [despɛr'tar]	wecken; erwecken; die ‚despertà' dier also dem Wecken der Schläfer

284

Setzen Sie die entsprechenden Formen von 'ser' und 'estar' ein:

1. ¿Cómo **está** Ud.? – *Wie geht es Ihnen?*
2. La nieve **es** blanca. – *Der Schnee ist weiß.*
3. Juan Carlos **es** el rey de España. – *Juan Carlos ist König von Spanien.*
4. Francisco y Eva **están** en Bruselas. – *Francisco und Eva sind in Brüssel.*
5. Hoy **es** domingo. – *Heute ist Sonntag*
6. La sopa **está** fría. – *Die Suppe ist kalt.*
7. Philly y Mike **son** ingleses. – *Philly und Mike sind Engländer.*

DIE EXPERTENECKE

Preguntando se llega a Roma. – Alle Wege führen nach Rom (wörtl.: Fragend kommt man nach Rom).

La 'Nit de Foc'

Hoy terminan las fiestas de Valencia. Es el día de San José, el patrón de los carpinteros. Empieza la primavera y con ella empiezan los días más largos. Después de una Santa Misa en honor del Patriarca San José se dispara una mascletà extraordinaria delante del ayuntamiento. A las diez de la noche se queman todas las fallas infantiles y con la Cremà de las fallas grandes a medianoche empieza la Nit de Foc. Los bomberos trabajan y los demás hacen la fiesta.

La reparación del coche

Mecánico: *Ud. ya sabe que su coche es muy viejo y que lo mejor sería comprar uno nuevo.*
Martín: *¿Qué? ¿Comprar un coche nuevo? ¡Ni hablar! No soy millonario.*
Mecánico: *Pues, entonces tenemos que cambiar el embrague.*

Die „Nacht des Feuers"

Heute gehen die Festtage in Valencia zu Ende. Es ist der Tag des Hl. Josef, des Schutzheiligen der Schreiner. Der Frühling beginnt und mit ihm die längeren Tage. Nach einer Heiligen Messe zu Ehren des Patriarchen San José wird eine außergewöhnliche Mascletà vor dem Rathaus abgefeuert. Um zehn Uhr abends werden alle Kinder-Fallas verbrannt, und mit der Cremà der großen Fallas um Mitternacht beginnt die Nacht des Feuers. Die Feuerwehrleute arbeiten und die anderen feiern.

„Mascletàs" sind ohrenbetäubende Böllerschüsse. Mit „Cremà" ist d Verbrennung der Fallas gemeint.

fiesta (f.) ['fiesta]	Fest; Feiertag; Freudenbezeugung
disparar [dispa'rar]	schleudern; schießen; abschießen
quemar [ke'mar]	verbrennen; versengen; brennen; sehr heiß sein

Die Autoreparatur

Mechaniker: Sie wissen ja, daß ihr Wagen sehr alt ist und daß es das beste wäre, einen neuen zu kaufen.
Martín: Was? Ein neues Auto kaufen? Kommt gar nicht in Frage! Ich bin doch kein Millionär.
Mechaniker: Also dann müssen wir die Kupplung austauschen.

el coche ['kotʃe]	Auto
saber [sa'βɛr]	wissen
lo mejor [mɛ'xɔr]	das beste
entonces [en'tɔnθes]	dann
el embrague [em'braɣe]	Kupplung

El reloj de pulsera

Fani: *Ramoncito, ¿has ganado en la lotería?*
Ramón: *¿Qué? ¿Por qué?*
Fani: *El nuevo reloj que llevas debe ser muy caro.*
Ramón: *No te lo vas a creer. Es un regalo de mi madre. Ha lavado mi último reloj en la lavadora.*

Las inocentadas

Ramón: *¿Es verdad que el primero de abril en Alemania es el día de las inocentadas?*
Fani: *Sí, ¿por qué? Pero mientras que esa costumbre está perdiéndose allá, nosotros, los españoles, seguimos tomándonos el pelo el 28 de diciembre.*

287

Die Armbanduhr

Fani: Ramón, hast du im Lotto gewonnen?
Ramón: Was? Warum?
Fani: Die neue Uhr, die du trägst, muß doch sehr teuer sein.
Ramón: Du wirst es nicht glauben. Sie ist ein Geschenk von meiner Mutter. Sie hat meine letzte Uhr in der Waschmaschine gewaschen.

el reloj [rrɛ'lox]	Uhr
ganar [ga'nar]	verdienen; gewinnen
la lotería [lote'ria]	Lotto
caro ['karo]	teuer
el regalo [rrɛ'galo]	Geschenk

288

Aprilscherze

Ramón: Stimmt es, daß in Deutschland der erste April der Tag der Scherze ist?
Fani: Ja, warum? Aber während sich dieser Brauch dort immer mehr verliert, nehmen wir Spanier uns immer noch am 28. Dezember* auf den Arm.

*Dieser Tag heißt in Spanien 'Día de los Inocentes' (inocente – unschuldig, einfältig)

es verdad [es] [bɛr'ða$^{(d)}$]	es stimmt
la verdad [bɛr'ða$^{(d)}$]	Wahrheit
mientras ['mientras]	während
la costumbre [kɔs'tumbre]	Brauch; Gewohnheit
el pelo ['pelo]	Haar

289

EJERCICIO

Los pronombres

Sustituya el pronombre personal por el pronombre posesivo:

1. ¿Dónde está _____ (vosotros) padre?
2. Déme _____ (Ud.) carné de conducir, por favor.
3. Aquí tengo _____ (yo) tarjeta de crédito.
4. Tomás es _____ (nosotros) amigo.
5. ¿Cuál es _____ (tú) número de teléfono?
6. Fani es _____ (ella) compañera de clase.

290

La capital de Guatemala

La capital de Guatemala, la ciudad de Guatemala, que actualmente tiene casi tres millones de habitantes, una tercera parte de la población de todo el país, igual que muchas metrópolis latinoamericanas, ha registrado un crecimiento espectacular desde mediados del siglo. En 1.950 tan sólo tenía 350 mil habitantes. La ciudad está dividida en distintas zonas. La más céntrica es la zona 1.

¿Cómo se llama la zona donde hay una extensa vida nocturna?

Pronomen

Ersetzen Sie das Personal- durch das Possessivpronomen:

1. ¿Dónde está **vuestro** padre? – Wo ist euer Vater? 2. Déme **su** carné de conducir, por favor. – Geben Sie mir bitte ihren Führerschein. 3. Aquí tengo **mi** tarjeta de crédito. – Hier habe ich meine Kreditkarte. 4. Tomás es **nuestro** amigo. – Tomás ist unser Freund. 5. ¿Cuál es **tu** número de teléfono? – Wie ist deine Telefonnummer? 6. Fani es **su** compañera de clase. – Fani ist ihre Klassenkameradin.

DIE EXPERTENECKE

Wie man auf Spanisch rechnet:

7 + 8 = 15	– siete y/más ocho son quince
10 − 3 = 7	– diez menos tres son siete
2 × 3 = 6	– dos por tres son seis
20 : 4 = 5	– veinte dividido por cuatro son/es cinco

Die Hauptstadt von Guatemala

Die Hauptstadt Guatemalas, Guatemala-Stadt, die gegenwärtig beinahe drei Mio. Einwohner hat, ein Drittel der Bevölkerung des ganzen Landes, hat, ebenso wie viele lateinamerikanische Metropolen, seit Mitte des Jahrhunderts ein aufsehenerregendes Wachstum zu verzeichnen. 1950 hatte sie lediglich 350.000 Einwohner. Die Stadt ist in verschiedene Zonen aufgeteilt. Im Mittelpunkt liegt die Zone 1. Wie heißt die Zone, in der es ein ausgedehntes Nachtleben gibt?

"Zona Viva" (dtsch.: „Lebendige Zone")

Nicht versäumen: einen Besuch der dreidimensionalen Landkarte Guatemalas im Norden der Stadt.

291

El cursillo de submarinismo

Tomás, el amigo de Ramón y Martín, quiere apuntarse a un cursillo de submarinismo porque en sus últimas vacaciones ha tenido la oportunidad de tomar el gusto por este deporte cuando un chico le prestó aletas, gafas de buceo y un esnórquel. En el cursillo Tomás quiere aprender cómo se bucea con un tubo de oxígeno.

292

Teléfono sin cables

Marisa: *Desde que Eladio tiene ese teléfono sin cables no para de telefonear con su novia en Alemania.*
Carmen: *Cuando la Telefónica le mande la factura lo va a dejar en seguida. Estoy segura.*

291

Der Tauchkurs

Tomás, der Freund von Ramón und Martín, will sich für einen Tauchkurs anmelden, weil er in seinem letzten Urlaub Gelegenheit hatte, sich mit diesem Sport anzufreunden, als ein Junge ihm Flossen, Taucherbrille und Schnorchel geliehen hatte. In dem Kurs möchte Tomás lernen, wie man mit einem Sauerstoffgerät taucht.

el submarinismo [submari'nizmo]	Tauchsport
la oportunidad [oportuni'da$^{(d)}$]	Gelegenheit
el deporte [de'pɔrte]	Sport
la aleta [a'leta]	(Fisch-)Flosse
las aletas [a'letas]	Schwimmflossen

292

Kabelloses Telefon

Marisa: Seitdem Eladio dieses kabellose Telefon hat, spricht er unaufhörlich mit seiner Freundin in Deutschland.
Carmen: Wenn ihm die Telekom die Rechnung schickt, wird er sofort damit aufhören. Da bin ich sicher.

el cable ['kable]	Kabel
desde ['dezde]	seit
parar de [pa'rar][de]	aufhören mit
dejar [dɛ'xar]	lassen
en seguida [en][se'giða]	sofort

293

El cine español

Hablar del cine español es mencionar primero el famoso festival de cine de San Sebastián que tiene lugar todos los años en septiembre. En la España franquista se hacía dos versiones de cada película: una censurada para España y la otra para los demás países. Esa censura fue la causa de la emigración del primer director de cine español de renombre internacional, Luis Buñuel.

¿Sabe Ud. los nombres de otros directores de cine españoles?

294

Tiempo caprichoso

Eladio: *No sé, pero me parece que el tiempo ya no es lo que era. Calor en invierno, tormentas en primavera y lluvias interminables en verano.*

Martín: *Tienes razón. Algún día habrán desaparecido por completo las cuatro estaciones.*

293

Das spanische Kino

Über das spanische Kino zu sprechen heißt zunächst, das berühmte Filmfestival von San Sebastian zu erwähnen, das jedes Jahr im September stattfindet. Im frankistischen Spanien gab es zwei Versionen eines jeden Films: Eine zensierte für Spanien und eine weitere für alle übrigen Länder. Diese Zensur war auch der Grund für die Emigration des ersten spanischen Filmregisseurs von internationalem Ruhm, Luis Buñuel. Kennen Sie die Namen weiterer spanischer Filmregisseure?

Andere spanische Filmregisseure sind Pedro Almodóvar und Carlos Saura („Carmen" u. a.).

294

Launisches Wetter

Eladio: Ich weiß nicht, aber mir scheint, daß das Wetter nicht mehr das ist, was es einmal war. Hitze im Winter, Stürme im Frühling und unaufhörlicher Regen im Sommer.

Martín: Du hast recht. Irgendwann werden wohl die vier Jahreszeiten vollständig verschwunden sein.

caprichoso [kapri'tʃoso]	launisch
el tiempo ['ti̯empo]	Wetter
el calor [ka'lɔr]	Hitze
la lluvia ['ʎubi̯a]	Regen
por completo [kɔm'pleto]	vollständig

295

*«Hay que provocar descontento,
hay que agitar los espíritus,
hay que suscitar cuestiones,
preguntas, dudas.
Tiene que despertar de su modorra
el pueblo español.»*

Miguel de Unamuno

296

En la tienda de deportes

Tomás: *¿Me puede decir dónde están las cosas para el buceo?*
Vendedor: *Si me acompaña Ud. se lo puedo enseñar yo mismo. Yo también soy aficionado al buceo. ¿Qué es lo que le hace falta?*
Tomás: *Prácticamente todo menos el tubo de oxígeno.*

295

„Man muß Unzufriedenheit erzeugen, man muß die Gemüter erregen, man muß Probleme, Fragen und Zweifel hervorrufen. Das spanische Volk muß aus seiner Trunkenheit erwachen."
— Miguel de Unamuno y Jugo (1864 – 1936),

GRAMMATIK

Der Vergleich im Spanischen

*Este libro es **muy** interesante.* — Dieses Buch ist sehr interessant.
*Ese libro es **más** interesante.* — Dieses Buch dort ist interessanter.
*Este libro es **tan** interesante **como** el otro.* — Dieses Buch ist genauso interessant wie das andere.
*Este libro es **más** interesante **que** el otro.* — Dieses Buch ist interessanter als das andere.
*Este libro es **el más** interesante de todos.* — Dieses Buch ist das interessanteste von allen.

296

Im Sportgeschäft

Tomás: Können Sie mir sagen, wo die Sachen fürs Tauchen sind?
Verkäufer: Wenn Sie mich begleiten, kann ich es Ihnen selbst zeigen. Ich bin auch ein leidenschaftlicher Taucher. Was brauchen Sie denn?
Tomás: Praktisch alles bis auf das Sauerstoffgerät.

la tienda ['tienda]	Geschäft
enseñar [ense'nar]	zeigen
yo mismo [jo] ['mizmo]	ich selbst
también [tam'bien]	auch
el aficionado [afiθio'naᵇo]	Liebhaber, Kenner

297

EJERCICIO

Traduzca las siguientes frases

1. Wem gehört dieses Lexikon hier?
2. Der Junge dort heißt Ramón.
3. Jener Film war von Carlos Saura.
4. Fani möchte diese Schuhe dort kaufen.
5. Dieser Füller hier ist von Martín.
6. Jener Fußballspieler war sehr groß.

298

Pablo Casals

Pablo Casals, en la opinión de muchos el violonchelista más importante de nuestra época, nació el 29 de diciembre de 1.876 en el pueblo catalán Vendrell, al suroeste de Barcelona. En 1.919 fundó en Barcelona el 'Orquestra Pau Casals' y organizó una sociedad musical a fin de popularizar obras clásicas musicales entre los obreros catalanes. Murió, exiliado en Francia, el 27 de octubre de 1.973.

¿En qué ciudad francesa Casals vivió exiliado?

297

Übersetzen Sie folgende Sätze

1. ¿De quién es **este** diccionario?
2. **Ese** muchacho se llama Ramón.
3. **Aquella** película era de Carlos Saura.
4. Fani quisiera comprar **esos** zapatos.
5. **Esta** pluma es de Martín.
6. **Aquel** futbolista era muy alto.

DIE EXPERTENECKE

Besonderheiten bei Zahlen

veinti**ún** libros – 21 Bücher; veinti**una** pesetas – 21 Peseten; **unas** dos mil pesetas – ungefähr 2000 Peseten; doscien**tas** pesetas – 200 Peseten; doscientos libros – 200 Bücher; dos millones **de** habitantes – zwei Millionen Einwohner; once días **de** vacaciones – 11 Tage Ferien.

298

Pablo Casals

Pablo Casals, nach Meinung vieler der bedeutendste Cellist unserer Zeit, wurde am 29. Dezember 1876 in dem katalanischen Dorf Vendrell, im Südwesten Barcelonas, geboren. 1919 gründete er in Barcelona das „Pau-Casals-Orchester" und organisierte eine musikalische Gesellschaft, um unter den katalanischen Arbeitern Werke klassischer Musik bekanntzumachen. Er starb am 27. Oktober 1973 im französischen Exil. In welcher französischen Stadt lebte Casals im Exil?

In Prades, einem kleinen Ort in den Pyrenäen

Für Fans der klassischen Musik: Die von Casals gespielten „Suiten für Violoncello solo" von J.S. Bach.

299

Hacer la compra

Eladio, Marisa, Carmen y Martín quieren hacer una cena grande con todos sus amigos. Va a haber una paella y como postre una ensalada de frutas. Apuntan en una lista todo lo que tienen que comprar en el mercado: pollo, arroz, gambas, tomates, cebollas, pimientos, limones, azafrán, aceite y muchas frutas.

300

ADIVINANZA

Una tapa

Se buscan: Lo que hay en la mesa a la hora de comer. De las letras que están entre comillas hay que formar una tapa típica española.

C(.)..(...)O
T(..).(.).(R)
C...(.).A
P(..).O
T(.).A
C...(.)....A
(S).......A
V.(.)O

«E............ ....»

299

Einkaufen

Eladio, Marisa, Carmen und Martín wollen ein großes Abendessen mit all ihren Freunden machen. Es wird Paella und als Nachtisch einen Obstsalat geben. Sie schreiben auf eine Liste alles, was sie auf dem Markt kaufen müssen: Hühnchen, Reis, Krabben, Tomaten, Zwiebeln, Paprika, Zitronen, Safran, Öl und viele Früchte.

la cena ['θena]	Abendessen
el pollo ['poʎo]	Hühnchen
el postre ['pɔstre]	Nachtisch
apuntar [apun'tar]	aufschreiben
el aceite [a'θɛite]	(Oliven-)Öl

300

Eine „Tapa"

Gesucht wird: Alles, was beim Essen auf dem Tisch ist. Aus den Buchstaben in den Klammern muß eine typische spanische 'Tapa' gebildet werden.

C**U**CHILL**O**	– Messer
TENE**D**O**R**	– Gabel
CUCH**A**RA	– Suppenlöffel
P**LA**TO	– Teller
T**A**ZA	– Tasse
CUCH**A**RILLA	– Kaffeelöffel
SERVILLETA	– Serviette
V**A**S**O**	– Glas

«ENSALADILLA RUSA» –

„Kleiner russischer Salat" (ein Kartoffelsalat mit Mayonnaise und verschiedenen Zutaten)

301

Excursión a las Alpujarras

Eladio y Martín quieren descansar de la Semana Santa en la que participaron llevando entre treinta personas una imagen de Jesús en una de las procesiones. Se levantan a las 7 de la mañana para ir en autobús a Lanjarón que es el primer pueblo de las Alpujarras. Desde allí quieren caminar hasta Capileira.

302

«La mayor virtud no compensa el defecto del talento.»

Gertrudis Gómez de Avellaneda

Ausflug in die Alpujarras

Eladio und Martín wollen sich von der Karwoche erholen, bei der sie an einer der Prozessionen teilnahmen und zusammen mit dreißig Personen ein Bild Jesus' trugen. Sie stehen um sieben Uhr morgens auf, um mit dem Bus nach Lanjarón, dem ersten Dorf der Alpujarras, zu fahren. Von dort aus wollen sie nach Capileira wandern.

la excursión [eskur'sĭɔn]	Ausflug
descansar [deskan'sar]	ausruhen
levantarse [leβan'tarse]	aufstehen
el pueblo ['pŭeβlo]	Dorf
caminar [kami'nar]	wandern

„Die größte Tugend ersetzt nicht den Mangel an Talent." – Gertrudis Gómez de Avellaneda (1814–1873), spanische Schriftstellerin

---

GRAMMATIK

Verben mit Stammveränderung

Es gibt insgesamt vier Gruppen von Verben mit Stammveränderung. Die sich verändernden Verbformen sind die des Singulars und die dritte Person Plural.

1. *e -ar/-er/-ir → ie* : cerrar, c**ie**rro, c**ie**rras, c**ie**rra, cerramos, cerráis, c**ie**rran
2. *o -ar/-er/-ir → ue* : volver, v**ue**lvo, v**ue**lves, v**ue**lve, volvemos, volvéis, v**ue**lven
3. *e -ir → i* : pedir, pido, pides, pide, pedimos, pedís, piden
4. *u → ue* : jugar, j**ue**go, j**ue**gas, j**ue**ga, jugamos, jugáis, j**ue**gan

Trabajo en el Generalife

Carmen: *¿Es verdad que tú y Martín vais a trabajar en el Generalife?*
Eladio: *Sí, empezamos esta semana.*
Carmen: *¿Y qué tenéis que hacer allí?*
Eladio: *Bueno, cortar los céspedes y despimpollar las rosales, creo.*

EJERCICIO

Ponga los verbos en la forma correcta:

1. Cerrar la ventana. (*ellos*)
2. Querer comprar una moto. (*tú*)
3. Entender a los españoles. (*yo*)
4. Volver a España. (*Ud.*)
5. Encontrar una pensión. (*nosotros*)
6. Jugar muy bien al jaque. (*Paco*)
7. Pedir una sangría. (*ella*)

Gartenarbeit im Generalife

Carmen: Stimmt es, daß du und Martín im *Generalife* * arbeiten werdet?
Eladio: Ja, wir fangen diese Woche an.
Carmen: Und was müßt ihr dort machen?
Eladio: Hm, Rasen mähen und die Rosensträucher beschneiden, glaube ich.

* Der Generalife ist ein weiträumiger maurischer Palastgarten oberhalb der Alhambra in Granada.

es verdad [es][bɛrˈða$^{(d)}$]	es stimmt
empezar [empeˈθar]	anfangen
tener que [teˈnɛr][ke]	müssen
cortar [kɔrˈtar]	schneiden
el rosal [rrɔˈsal]	Rosenstock

Setzen Sie die Verben in die richtige Form:

1. *Cierran las ventanas.* – Sie schließen die Fenster.
2. *Quieres comprar una moto.* – Du willst ein Motorrad kaufen.
3. *Entiendo a los españoles.* – Ich verstehe die Spanier.
4. *Ud. vuelve a España.* – Sie kommen zurück nach Spanien.
5. *Encontramos una pensión.* – Wir finden eine Pension.
6. *Paco juega muy bien al jaque.* – Paco spielt sehr gut Schach.
7. *Pide una sangría.* – Sie bestellt eine Sangría.

DIE EXPERTENECKE

la media naranja – die bessere Hälfte (= Ehegatte); wörtl.: die halbe Apfelsine

La cuenta en descubierto

Marisa: *¿Qué te pasa, Eladio? ¿Porqué pones esa cara?*

Eladio: *Otra vez estoy sin blanca y mi cuenta ya está en descubierto. Los del banco ya me mandaron la tarjeta roja. Mañana pediré dinero en la calle como un mendigo.*

Música clásica española

Muy confundido está el que cree que el flamenco y las sevillanas forman la mayor parte de la música española. Desde hace ya algunos siglos España tiene compositores e intérpretes extraordinarios que han contribuido a la música clásica europea. Entre ellos destacan los siguientes: Manuel de Falla, Isaac Albéniz, Enrique Granados y Campiña, Joaquín Turina, Pablo Casals y Plácido Domingo.

¿Quiénes son los mejores guitarristas españoles del siglo XX?

Das überzogene Konto

Marisa: Was ist los mit dir, Eladio? Warum machst du so ein Gesicht?
Eladio: Ich bin wieder mal blank, und mein Konto ist schon überzogen. Die von der Bank haben mir schon die rote Karte geschickt. Morgen werde ich wie ein Bettler auf der Straße um Geld bitten.

la cuenta ['kŭenta]	Konto
la cara ['cara]	Gesicht
ya [ja]	schon
estar sin blanca [es'tar][sin]['blaŋka]	blank sein
el mendigo [men'digo]	Bettler

Spanische klassische Musik

Derjenige, der glaubt, daß der Flamenco und die Sevillanas den größten Teil der spanischen Musik ausmachen, irrt sich gewaltig. Seit einigen Jahrhunderten besitzt Spanien außergewöhnliche Komponisten und Interpreten, die ihren Beitrag zur klassischen Musik Europas leisteten. Unter ihnen heben sich folgende hervor: Manuel de Falla, Isaac Albéniz, Enrique Granados y Campiña, Joaquín Turina, Pablo Casals und Plácido Domingo. Wer sind die besten spanischen Gitarristen des 20. Jahrhunderts?

Die besten Gitarristen Spaniens und vielleicht auch Europas sind Andrés de Segovia und Narciso Yepes.

307

Los proyectos de ahorro de Eladio

Martín: *Eladio, venga, vámonos al circo. Esta es la última semana que se queda aquí.*
Eladio: *No, no. No tengo nada de dinero para la diversión.*
Martín: *No seas un aguafiestas, te invito.*

308

«*Si su amor fue una comedia, su matrimonio será un drama.*»

Armando Palacio Valdés

307

Eladios Sparpläne

Martín: Eladio, los, laß uns in den Zirkus gehen. Er ist nur noch diese Woche da.
Eladio: Nein, nein. Ich habe überhaupt kein Geld fürs Vergnügen.
Martín: Sei kein Spielverderber, ich lade dich ein.

el circo ['θirko]	Zirkus
último, -a ['ultimo]	letzte, -r
la diversión [diβer'sion]	Vergnügen
el aguafiestas [aǧua'fiestas]	Spielverderber
invitar [imbi'tar]	einladen

308

„Wenn seine Liebe eine Komödie war, wird seine Ehe ein Drama sein." — Armando Palacio Valdés (1853–1938), spanischer Romanschriftsteller

---- GRAMMATIK ----

Das Gerundium

Das Gerundium wird folgendermaßen gebildet: Bei Verben auf **-ar**: habl-**ando**. Bei Verben auf **-er** und **-ir**: com-**iendo**, sal-**iendo**. Es wird häufig zusammen mit folgenden Verben gebraucht: *estar, ir, continuar* und *seguir*.

1. *Estoy hablando con mi amiga.* — Ich spreche gerade mit meiner Freundin.
2. *Ana sigue hablando.* — Ana spricht immer noch.
3. *Los precios van subiendo cada vez más.* — Die Preise steigen immer weiter.
4. *Cerrando la puerta, Paco saluda a su padre.* — Während er die Tür schließt, grüßt Paco seinen Vater (Gerundium zur Nebensatzverkürzung).

309

Vacaciones de fin de semana

Marisa tiene parientes en Consuegra, un pueblo de Castilla–La Mancha, y un tío de allí ha invitado a ella y a sus amigos a pasar las famosas fiestas castellanas de los 'mayos' en Consuegra. Marisa, Carmen, Martín y Eladio piensan ir allí en tren el viernes por la noche.

310

Comienzo de mayo

Martín: *Es horroroso. Hoy empieza mayo, el mes en que más fiestas hay que en ningún otro y en la facultad tenemos siempre un montón de examenes.*

Marisa: *¡Criticón insoportable! ¡Todos los años lo mismo contigo! A ver cuándo dejas de quejarte.*

309

Wochenendurlaub

Marisa hat Verwandtschaft in Consuegra, einem Dorf in Castilla-La Mancha, und ein Onkel von dort hat sie und ihre Freunde eingeladen, die berühmten kastilischen Feste der 'Mayos' in Consuegra mitzufeiern. Marisa, Carmen, Martín und Eladio wollen am Freitagabend mit dem Zug dorthinfahren.

el fin de semana [fin][de][se'mana]	Wochenende
los parientes [pa'rientes]	Verwandtschaft
el tío ['tio]	Onkel
ir en tren [ir][en][tren]	mit dem Zug fahren
por la noche [pɔr][la]['notʃe]	abends

310

Maianfang

Martín: Es ist schrecklich. Heute fängt der Mai an, der Monat, in dem es so viele Feste gibt wie in keinem anderen, und in der Uni haben wir immer jede Menge Prüfungen.
Marisa: Du unausstehlicher Nörgler! Jedes Jahr das gleiche mit dir! Mal sehen, wann du mit dem Klagen aufhörst.

horroroso [ɔrrɔ'roso]	schrecklich
la facultad [fakul'ta⁽ᵈ⁾]	Fakultät, Uni
el examen [ɛg'samen]	Prüfung
el montón [mɔn'tɔn]	Haufen, Menge
insoportable [insopɔr'taƁle]	unausstehlich

311

Los 'mayos'

Los 'mayos' son fiestas tradicionales que sobre todo se celebran en la región Castilla-La Mancha. Se llevan a cabo el último día de abril y los primeros de mayo, pero aún hay sitios en que se prolongan durante todo el mes. La cristianización de antiguos ritos ha llevado a introducir las figuras de la Virgen en distintos actos festivos. Uno de esos actos es el famoso canto de los 'mayos'.

¿Cómo es el estribillo más conocido del canto de los 'mayos'? (Wie lautet der bekannteste Refrain der 'Mailieder'?)

312

EJERCICIO

Gerundio

Sustituya los infinitivos entre paréntesis por la forma correcta de estar + gerundio:

1. Pepe _____ (volver) a casa.
2. Nosotros _____ (hablar) de una excursión.
3. Tú _____ (esperar) en casa.
4. Yo _____ (comer) en un bar.
5. Vosotros _____ (salir) a la calle.

311

Die 'Maifeste'

Die 'Mayos' sind traditionelle Feste, die man vor allem in der Gegend von Castilla-La Mancha feiert. Sie finden am letzten Apriltag und an den ersten Maitagen statt, jedoch gibt es noch Orte, in denen sie den ganzen Monat andauern. Die Christianisierung alter Bräuche hat zu der Einführung von Bildnissen der Jungfrau Maria bei einigen Festakten geführt. Einer dieser Festakte sind die berühmten 'Mailieder'. Wie lautet der bekannteste Refrain der 'Mailieder'?

Er lautet: „Estamos a 30 de abril cumplido, mañana entra mayo, hermoso y florido." (dtsch. etwa: Wir haben den 30. April, morgen kommt der Mai, schön und voller Blumen.)

312

Gerundium

Ersetzen Sie die Infinitive in Klammern durch die richtige Form von 'estar' + Gerundium:
1. Pepe **está volviendo** a casa. — *Pepe geht gerade nach Hause zurück.*
2. Nosotros **estamos hablando** de una excursión. — *Wir sprechen gerade über einen Ausflug.*
3. Tú **estás esperando** en casa. — *Du wartest gerade zu Hause.*
4. Yo **estoy comiendo** en un bar. — *Ich esse gerade in einer Bar.*
5. Vosotros **estáis saliendo** a la calle. — *Ihr geht gerade auf die Straße hinaus.*

DIE EXPERTENECKE

A quien madruga, Dios le ayuda. — Morgenstund' hat Gold im Mund. (Wörtl.: Dem, der früh aufsteht, hilft Gott.)

En la estación

Marisa, Carmen, Martín y Eladio vuelven de Consuegra. El tren ha salido de Ocaña a las 3 de la madrugada y llega a Granada a las 6 de la mañana. Los cuatro están hechos polvo porque durante todo el fin de semana no han dormido casi nada. En la estación van directamente al bar y piden cuatro cafés inmensos.

La nueva cámara de Marisa

Martín: *¿Qué cámara te vas a comprar?*
Marisa: *Todavía no lo sé. Quizás una japonesa, mi padre me ha dicho que son las mejores y las más baratas. Miraré en el Hipercor.*
Martín: *Si quieres te acompaño.*

313

Im Bahnhof

Marisa, Carmen, Martín und Eladio kommen aus Consuegra zurück. Der Zug ist um drei Uhr früh in Ocaña abgefahren und kommt um sechs Uhr morgens in Granada an. Die vier sind total erledigt, weil sie während des ganzen Wochenendes kaum geschlafen haben. Im Bahnhof gehen sie direkt in die Bar und bestellen vier riesige Kaffee.

volver [bɔlˈƀɛr]	zurückkommen
salir [saˈlir]	abfahren
la madrugada [maɗruˈgaɗa]	Morgengrauen
llegar [ʎeˈgar]	ankommen
estar hecho polvo [esˈtar][ˈetʃo][pɔlˈƀo]	erledigt, erschöpft sein

314

Die neue Kamera von Marisa

Martín: Was für eine Kamera wirst du dir kaufen?
Marisa: Das weiß ich noch nicht. Vielleicht eine japanische, mein Vater hat mir gesagt, das das die besten und billigsten sind. Ich werde mal im *Hipercor** schauen.
Martín: Wenn du willst, begleite ich dich.

* Hipercor ist eine spanische Kaufhauskette.

quizá(s) [kiˈθa(s)]	vielleicht
mejor [mɛˈxɔr]	besser
la mejor [la][mɛˈxɔr]	die beste
barato [baˈrato]	billig
acompañar [akɔmpaˈɲar]	begleiten

315

ADIVINANZA

¿Cuántos idiomas europeos encuentra Ud.?

```
M A H O L A N D E S A R G I E
S P I N R G E R M E N E O L P
H A N A I N I E D R T I U S A
M A T I N C A T A L A N D A U
S P E L O F R A N C E S A R T
C L E A R B O L E O N I K A S
P O R T U G U E S E R U M O A
O V I I E D O M E S T U I M R
M E F O G O V A S C O L E A U
S U E C O A I N G L E S A G S
K O R F I N L A N D E S F E O
I C A S T E L L A N O R T E O
V U T I E S O P E R R O I D E
E L E N E G R I E G O N A D A
I T N E O A I B U S O N E A A
```

316

Jugar al minigolf

Carmen: *¿Sabes que han abierto un campo de minigolf en el parque? Me he enterado esta mañana por el periódico.*

Eladio: *No: ¿Es caro jugar allí?*

Carmen: *En el periódico no ponían nada de precios.*

315

Wieviele europäische Sprachen finden Sie?

```
M A H O L A N D E S A R G I E
S P I N R G E R M E N E O L P
H A N A I N I E D R T I U S A
M A T I N C A T A L A N D A U
S P E L O F R A N C E S A R T
C L E A R B O L E O N I K A S
P O R T U G U E S E R U M O A
O V I I E D O M E S T U I M R
M E F O G O V A S C O L E A U
S U E C O A I N G L E S A G S
K O R F I N L A N D E S F E O
I C A S T E L L A N O R T E O
V U T I E S O P E R R O I D E
E L E N E G R I E G O N A D A
I T N E O A I B U S O N E A A
```

holandés
italiano
catalán
francés
portugués
vasco (baskisch)
sueco (schwedisch)
castellano
inglés (englisch)
danés
finlandés
griego (griechisch)
ruso (russisch)
noruego
alemán
gallego (galicisch)

Das Rätsel enthält insgesamt 16 Sprachen. Hatten Sie alle gefunden?

316

Minigolfspielen

Carmen: Weißt du, daß im Park ein Minigolfplatz aufgemacht worden ist? Ich habe es heute morgen durch die Zeitung erfahren.
Eladio: Nein. Ist es teuer, dort zu spielen?
Carmen: In der Zeitung stand nichts von Preisen.

el campo de minigolf ['kampo][de][mini'gɔlf]	Minigolfplatz
el parque ['parke]	Park
enterarse de algo [ente'rarse]	etw. erfahren
el precio ['preθĭo]	Preis

317

*«Libros son como
espejos: mirándonos en ellos
descubrimos quiénes somos.»*

José Luis de Vilallonga

318

El viaje de estudios

Fani y Martín, que son delegados estudiantiles de la Facultad de Filología, tienen que organizar un viaje de estudios a una ciudad universitaria alemana. Han elegido Bochum porque el año pasado vino un grupo de estudiantes alemanes de Bochum para asistir al congreso de Filología que se celebró en la facultad.

317

„Bücher sind wie Spiegel: Wenn wir uns in ihnen betrachten, entdecken wir, wer wir sind." — José Luis de Vilallonga (*1920), spanischer Schriftsteller und Schauspieler

---
GRAMMATIK

Besondere Formen des Gerundiums

1. Bei einigen Verben wird der Stammvokal zu **i** oder **u**: *decir* (sagen) — *diciendo; morir* (sterben) — *muriendo; sentir* (fühlen) — *sintiendo; dormir* (schlafen) — *durmiendo; venir* (kommen) — *viniendo;* usw.
2. Einige Verben bilden das Gerundium mit **y**: *ir* (gehen) — *yendo; leer* (lesen) – *leyendo; huir* (fliehen) – *huyendo; construir* (bauen) — *construyendo;* usw.
3. Bei dem Gerundium reflexiver Verben steht das Pronomen entweder vor dem konjugierten Verb oder wird an das Gerundium angehängt: **me** *estoy duchando* / *estoy duchándome* (ich dusche mich gerade)

318

Die Studienreise

Fani und Martín, die studentische Delegierte der Fakultät für Philologie sind, müssen eine Studienreise in eine deutsche Universitätsstadt organisieren. Sie haben Bochum ausgewählt, weil letztes Jahr eine Gruppe deutscher Studenten aus Bochum kam, um dem Philologie-Kongreß beizuwohnen, der in der Fakultät stattfand.

la facultad [fakul'ta⁽ᵈ⁾]	Fakultät
tener que [te'nɛr] [ke]	müssen
organizar [ɔrgani'θar]	organisieren
el/la estudiante [estu'ďiante]	Student(in)
elegir [elɛ'xir]	(aus-)wählen

La llamada a Alemania

Fani tiene que llamar a Uwe, un amigo suyo alemán, para hablar con él sobre el alojamiento en Bochum y las actividades que ella ha planeado para la estancia en Alemania. La llamada corre a cuenta del programa „Erasmus" por lo que Fani va a una oficina de la Telefónica en donde hay cabinas con marcapasos.

EJERCICIO

¿'ser' o 'estar'?

Ponga las formas correspondientes de 'ser' o 'estar':

1. ¿Cómo _____ Ud.?
2. ¿Quién _____ esa mujer?
3. Juan Carlos _____ el rey de España.
4. Fani y Martín _____ en Bochum.
5. Hoy _____ sábado.
6. El café _____ frío.
7. El Escorial _____ un palacio muy grande.

319

Der Anruf nach Deutschland

Fani muß Uwe anrufen, einen deutschen Freund von ihr, um mit ihm über die Unterkunft in Bochum und die Aktivitäten, die sie für den Deutschlandaufenthalt geplant hat, zu sprechen. Der Anruf geht auf Kosten des „Erasmus"-Programms*, weswegen Fani in ein Büro der Telefónica geht, wo es Telephonzellen mit Gebührenzähler gibt.

*Das „Erasmus"-Programm ist ein Studenten-Austausch-Programm der EG. Infos erteilen in Deutschland: DAAD, Kennedyallee 50, 5300 Bonn 2 oder die Akademischen Auslandsämter der Universitäten.

la llamada [ʎaˈmaða]	Telefonanruf
llamar [ʎaˈmar]	(an-)rufen
alojar [aloˈxar]	unterbringen
planear [planeˈar]	planen
la estancia [esˈtanθĭa]	Aufenthalt

320

'ser' oder 'estar'?

Setzen Sie die entsprechenden Formen von 'ser' und 'estar' ein:

1. ¿Cómo **está** Ud.? – Wie geht es Ihnen? 2. ¿Quién **es** esa mujer? – Wer ist diese Frau? 3. Juan Carlos **es** el rey de España. – Juan Carlos ist König von Spanien. 4. Fani y Martín **están** en Bochum. – Fani und Martín sind in Bochum. 5. Hoy **es** sábado. – Heute ist Samstag. 6. El café **está** frío. – Der Kaffee ist kalt. 7. El Escorial **es** un palacio muy grande. – Der Escorial ist ein sehr großer Palast.

DIE EXPERTENECKE

Interjektionen im Spanischen

¡ay! – Au(a)!; ¡maldita sea! – Verflixt (nochmal)!; ¡cuidado! – Vorsicht!; ¡ojo! – Vorsicht!; ¡socorro! – Hilfe!; ¡silencio! – Ruhe!; ¡alto! – Halt!; ¡por Dios! – Um Gottes Willen!; ¡caramba! – Donnerwetter (nochmal)! ¡caray! – Zum Teufel!, Verflixt!; ¡Vaya (toalla de playa)! – Na so was!

321

La Real Academia Española

En 1.700 murió Carlos II, el último rey habsburgo de España, sin hijos. En las siguientes Guerras de Sucesión triunfó la dinastía francesa de los Borbones. Con el nuevo rey, Felipe V, comenzó para España el "siglo francés". Siguiendo el ejemplo de la *Académie Française,* que ya existió desde 1.634, Juan Manuel Fernández fundó en 1713 la Real Academia Española cuyo lema fue: limpia, fija y da esplendor.

¿A qué se refiere el lema?

322

Lo más necesario

Fani: *¿Qué te vas a llevar a Bochum? Es que no sé qué llevarme. Es la primera vez que voy a Alemania.*

Martín: *Yo sólo me llevo una mochila pequeña con lo más necesario. ¡Si sólo vamos a estar allí una semana!*

321

Die Königlich Spanische Akademie

Im Jahre 1700 starb Karl II., der letzte Habsburgerkönig, ohne Nachkommen. In den folgenden Erbfolgekriegen siegte die französische Dynastie der Bourbonen. Mit dem neuen König, Phillip V., begann für Spanien das „französische Jahrhundert". Dem Beispiel der *Académie Française* folgend, die bereits seit 1634 existierte, gründete Juan Manuel Fernández 1713 die Königlich Spanische Akademie, deren Devise lautete: Sie reinigt, legt fest und verleiht Glanz. Worauf bezieht sich die Devise?

Auf die damals in Grammatik und Rechtschreibung noch nicht festgelegte spanische Sprache

Die beiden wichtigsten Veröffentlichungen der RAE sind das „Diccionario de la Lengua Española" und die „Gramática de la Lengua Española".

322

Das Allernotwendigste

Fani: Was nimmst du mit nach Bochum? Ich weiß nicht, was ich mitnehmen soll. Es ist das erste Mal, daß ich nach Deutschland fahre.

Martín: Ich nehme nur einen kleinen Rucksack mit dem Allernotwendigsten mit. Wir werden doch nur eine Woche dortsein!

llevar [ʎe'ƀar]	tragen, bringen
llevarse [ʎe'ƀarse]	mitnehmen
no sé [no] [se]	ich weiß nicht
la primera vez [pri'mera] [beθ]	das erste Mal
la mochila [mo'tʃila]	Rucksack

323

En lancha sobre el Loira

Aintzane: *Ir en lancha sobre el Loira para ver todos los palacios... Fani, tu idea ha sido genial. Es algo que siempre he querido hacer.*

Fani: *Lo mejor es que así a una el viaje a Alemania no le parece tan largo y fatigoso.*

324

--- ADIVINANZA ---

20 Verwandtschaftsbezeichnungen

```
E A C A N H I J O H S O
C S R B B S N A R E U N
U U A U U O I T A R R I
Ñ E I E H B D N U M D E
A G G L O R A E P A I T
D R C A J I H O A N E O
A O U N Y N E R D A M R
T B Ñ G E A R E R Ñ O R
A L A O R R M U E A S E
G I D H N T A T E I N I
I M O O O O N I R B O S
R A B U E L O L E O B A
```

323

Mit dem Boot auf der Loire

Aintzane: Mit dem Boot über die Loire fahren, um alle Schlösser anzuschauen ... Fani, deine Idee war super. Das ist etwas, was ich schon immer habe machen wollen.
Fani: Das Beste ist, daß einem so die Reise nach Deutschland nicht so lang und anstrengend vorkommt.

la lancha ['lantʃa]	Boot
la idea [i'ðea]	Idee, Ahnung
genial [xe'nǐal]	genial
siempre ['sǐempre]	immer
lo mejor [mɛ'xɔr]	das Beste

324

20 Verwandschaftsbezeichnungen

padre, madre – Vater, Mutter; hijo, -a – Sohn, Tochter; hermano -a – Bruder, Schwester; abuelo,-a – Großvater, -mutter; tío, -a – Onkel, Tante; nieto,-a – Enkel, -in; sobrino, -a – Neffe, Nichte; suegro, -a – Schwiegervater, -mutter; cuñado, -a – Schwager, Schwägerin; yerno, nuera – Schwiegersohn, -tochter.

```
            A     H I J O H
    C   S   B     S A   R E U
    U   U   U U   O I T   R   N
    Ñ   E   E     B   T   M   I
    A   G   L     R       A   E
    D   R   C     I H     P A T
    A   O   U     J N E R D R O
        A   Ñ     Y E A   R A
            A     E R M   E M
            D     R N A   T
            O     N O N I R B
                  O   O       S
            A B U E L O
```

La autopista de peaje

Después de ir en lancha por el Loira, Fani y los participantes del viaje de estudios van ahora en sus coches por la autopista a Alemania porque es más seguro y va mucho más rápido. En Francia todas las autopistas son de peaje, igual que en España. Allí sólo en Asturias hay un tramo de autopista gratuita.

El área de los Maya

La delimitación del área maya es continuamente debatida. Una posible combinación de las distintas opiniones permite establecer un área aproximada de unos 324 mil kms^2 que incluye territorios en el sur de México, Guatemala, Belice, Honduras y El Salvador. Estos territorios se distribuyen en tres nichos ambientales distintos: las tierras altas, las tierras bajas y la llanura costera del Pacífico.

¿Cómo es el nombre maya del área maya?

325

Die gebührenpflichtige Autobahn

Nach der Bootsfahrt auf der Loire fahren Fani und die Teilnehmer der Studienreise über die Autobahn nach Deutschland, weil es sicherer ist und viel schneller geht. In Frankreich sind, ebenso wie in Spanien, alle Autobahnen gebührenpflichtig. Dort gibt es nur in Asturien ein Stück kostenloser Autobahn.

el peaje [pe'axe]	Autobahngebühr
el participante [partiθi'pante]	Teilnehmer
seguro [se'guro]	sicher
rápido ['rrapido]	schnell
gratuito [gra'tŭito]	kostenlos

326

Das Gebiet der Mayas

Die Abgrenzung des Maya-Gebietes wird ständig diskutiert. Ein möglicher Kompromiß zwischen den verschiedenen Meinungen erlaubt es, ein Gebiet von annähernd 324.000 km² festzulegen, das Territorien im Süden Mexikos, in Guatemala, Belice, Honduras und El Salvador umfaßt. Diese Territorien lassen sich in drei verschiedene geographische Zonen aufteilen: Das Hochland, das Flachland und die Tiefebene an der Küste des Pazifik. Wie lautet der Maya-Name für das Maya-Gebiet?

Mayab

Um sich einen Einblick in die Maya-Kultur zu verschaffen, sollten Sie wenigstens in Yucatán (Mexiko) und im Petén (Guatemala) gewesen sein.

La bonita Cuenca del Ruhr

Uwe, el amigo de Fani y Martín, ha organizado una excursión por la Cuenca de Ruhr. Primero pasan por el lago de Baldeney, luego van al Parque de Westfalia de Dortmund. El grupo de los españoles no se ha imaginado la Cuenca del Ruhr tan verde y tan bonita. Uwe les dice que también hay partes muy feas.

*«Algo bueno trae
la adversidad consigo;
que sabe el hombre
si le queda algún amigo.»*

Refrán español

327

Das schöne Ruhrgebiet

Uwe, der Freund von Fani und Martín, hat einen Ausflug durch das Ruhrgebiet organisiert. Zuerst fahren sie zum Baldeney-See, danach zum Westfalen-Park in Dortmund. Die Gruppe der Spanier hatte sich das Ruhrgebiet nicht so grün und nicht so schön vorgestellt. Uwe sagt ihnen, daß es auch sehr häßliche Gegenden gibt.

la excursión [eskur'sĭɔn]	Ausflug
el lago ['lago]	See
el parque ['parke]	Park
imaginar [imaxi'nar]	vorstellen
la parte ['parte]	Teil

328

„Etwas Gutes bringt das Unglück mit sich: Der Mensch erfährt, ob er noch Freunde hat." – Spanisches Sprichwort

--- GRAMMATIK ---

Estar + Partizip

Das Verb 'estar' mit nachstehendem Partizip bezeichnet man als Zustandspassiv. Es beschreibt immer das Ergebnis einer abgeschlossenen Handlung:
   el coche *está* vendid**o** – das Auto ist verkauft;
   la moto *está* alquilad**a** – das Motorrad ist gemietet;
   el banco *está* cerrad**o** – die Bank ist geschlossen.
Das Partizip hat hierbei stets das gleiche Geschlecht wie das Substantiv.

Daneben gibt es aber eine Reihe von Kombinationen, die in der deutschen Übersetzung selbständige Verben sind:
   estar sentado – sitzen; estar acostado – liegen;
   estar encendido – brennen.

329

Un recuerdo de viaje

Uwe: ¿Qué tienes ahí?
Martín: *Un libro sobre la Cuenca del Ruhr. Contiene fotos preciosas que ha hecho un japonés de toda la región.*
Uwe: ¿Me dejas verlo?

330

EJERCICIO

Acciones acabadas

Haga de las acciones en las frases siguientes resultados de una acción acabada:

1. Ramón se ha sentado ya.
2. Tomás se ha enamorado de Maica.
3. Los niños se han acostumbrado a ver la tele.
4. La gente se ha animado bastante.
5. Miriam se ha equivocado.
6. Martín se ha cansado.
7. Aintzane se ha enojado.

329

Ein Reiseandenken

Uwe: Was hast du da?
Martín: Ein Buch über das Ruhrgebiet. Es enthält wunderschöne Fotos, die ein Japaner von der ganzen Region gemacht hat.
Uwe: Läßt du mich es mal anschauen?

tener [te'nɛr]	haben
sobre ['soβre]	über, auf
contener [kɔnte'nɛr]	enthalten
el japonés [xapo'nes]	Japaner
dejar [dɛ'xar]	lassen

330

Abgeschlossene Handlungen

Machen Sie aus den Handlungen der folgenden Sätze Ergebnisse einer abgeschlossenen Handlung:

1. Ramón **está sentado** ya. – Ramón sitzt bereits. 2. Tomás **está enamorado** de Maica. – Tomás ist verliebt in Maica. 3. Los niños **están acostumbrados** a ver la tele. – Die Kinder sind es gewöhnt fernzusehen. 4. La gente **está bastante** animada. – Die Leute sind ziemlich fröhlich. 5. Miriam **está equivocada.** – Miriam irrt sich. 6. Martín **está cansado.** – Martín ist müde. 7. Aintzane **está enojada.** – Aintzane ist böse.

DIE EXPERTENECKE

„Noch ein Bier, bitte"...

Dieser kurze Satz wird häufig falsch übersetzt. Es heißt im Spanischen: "Otra cerveza, por favor." Ebenso: „Ich brauche noch einen Kuli." – "Necesito otro boli." Auf *keinen Fall* aber: "Necesito ~~un~~ otro boli."

331

Fani enseña sus diapositivas

De vuelta en Madrid, Fani ha llevado inmediatamente sus carretes de diapositivas a una tienda de fotografía para que los revelen allí. Fani está ansiosa de ver si las fotos de su viaje a Alemania han salido bien porque hoy por la tarde quiere enseñarlas a sus amigos de la facultad.

332

El Tequila

Fue Don Cenobio Sauza, llamado «el padre del Tequila», quien hacía experimentos con la fermentación y la destilación de la agave en el pueblacho Tequila, que hoy en día tiene unos 30 mil habitantes y que está a unos 52 kms al noroeste de Guadalajara en México. Mientras que los mejicanos llaman «mezcal» a cada aguardiente hecho del mezcal; «tequila» es el nombre para un producto de primerísima calidad.

¿Cómo se bebe el tequila?

331

Fani zeigt ihre Dias

Zurück in Madrid, hat Fani ihre Dia-Filme sofort in ein Fotogeschäft gebracht, damit sie dort entwickelt werden. Fani ist gespannt darauf zu sehen, ob die Fotos von ihrer Deutschlandreise etwas geworden sind, weil sie sie heute abend ihren Freunden aus der Fakultät zeigen will.

la diapositiva [dǐaposi'tiβa]	Dia
para que ['para] [ke]	damit
revelar [rreβe'lar]	entwickeln (einen Film)
ansioso [an'sǐoso]	begierig, erpicht
salir bien [sa'lir] [bǐen]	gelingen
enseñar [ense'ɲar]	zeigen

332

Der Tequila

Es war Don Cenobio Sauza, genannt „der Vater des Tequila", der in dem kleinen, heute etwa 30 000 Einwohner zählenden Nest Tequila, das ungefähr 52 km nordwestlich von Guadalajara in Mexiko liegt, mit der Fermentierung und dem Destillieren der Agave herumexperimentierte. Während die Mexikaner jeden Schnaps, der aus der Mexcalagave gewonnen wird, „Mezcal" nennen, ist „Tequila" der Name für ein Spitzenerzeugnis. Wie trinkt man Tequila?

Mit etwas Salz und einer Scheibe Zitrone

Zuerst wird das Salz auf den Handrücken gestreut, dann lutscht man es ab, trinkt den Tequila auf ex und beißt zum Schluß auf die Zitronenscheibe. Aber Vorsicht! Für Ungeübte beginnt der Tag danach meistens mit einem Brummschädel.

333

Maica quiere bailar

A Maica le encanta la música africana. Esta mañana ha leído en el periódico que en la Casa de la Cultura se ofrecerá un cursillo gratuito de baile africano. Antes de ir a la escuela pasa por la Casa de la Cultura para inscribirse en el cursillo que durará casi nueve semanas.

334

*«La educación actual
hace a los hombres inútiles.»*
Cristina Almeida

333

Maica will tanzen

Maica liebt die afrikanische Musik. Heute morgen hat sie in der Zeitung gelesen, daß im Kulturhaus ein kostenloser Kurs für afrikanischen Tanz angeboten wird. Bevor sie in die Schule geht, schaut sie am Kulturhaus vorbei, um sich für den Kurs anzumelden, der beinahe neun Wochen dauert.

bailar [bai'lar]	tanzen
el baile ['baile]	Tanz
ofrecer [ofre'θɛr]	anbieten
antes de ['antes] [de]	(be-)vor
la semana [se'mana]	Woche

334

„Die gegenwärtige Erziehung macht die Menschen unbrauchbar." — Cristina Almeida (geb. 1944), spanische Politikerin

---
GRAMMATIK

Das Perfekt

Das Perfekt drückt beendete Aktionen aus, die in einer Vergangenheit stattfanden, die auf irgendeine Art und Weise mit der Gegenwart verbunden ist. Es wird mit dem Präsens des Hilfsverbs haber und dem Partizip gebildet. Die regelmäßige Bildung des Partizps: hablar → hablado; comer → comido und salir → salido. Es wird mit bestimmten zeitlichen Ausdrücken wie den folgenden benutzt:

hoy – heute; hasta ahora – bis jetzt; esta mañana – heute morgen; este año – dieses Jahr etc.

Tomás y la música

Ramón: *¿Un nuevo compact disc? ¿Te has comprado otro?*
Tomás: *Claro. Acaba de salir uno de los „Toreros Muertos".*
Ramón: *Desde que tienes el compact disc player gàstas todo tu dinero en compact discs. Estás loco.*

Miguel Angel Asturias

Miguel Angel Asturias nació el 19 de octubre de 1.899. Es el más importante escritor que ha producido Guatemala. Infatigable investigador del folklore y la mitología mayas de su país, Asturias ha residido algunos años en París, como muchos intelectuales latinoamericanos. Allí fue embajador de Guatemala entre 1.966 y 1.970. En sus obras se mostró muy comprometido políticamente.

¿Cuándo y dónde murió Miguel Angel Asturias?

335

Tomás und die Musik

Ramón: Eine neue CD? Hast du dir noch eine gekauft?
Tomás: Na klar. Es ist gerade eine von den „Toreros Muertos"* herausgekommen.
Ramón: Seitdem du den CD-Player hast, gibst du dein ganzes Geld für CDs aus. Du bist verrückt.

*Die „Toreros Muertos" (dtsch. „Tote Stierkämpfer") sind eine spanische Rockband

el compact disc [kɔm'pakt] ['disk]	CD
el compact disc player [kɔm'pakt] ['disk] ['plajɛr]	CD-Player
gastar [gas'tar]	ausgeben
loco ['loko]	verrückt

336

Miguel Angel Asturias

Miguel Angel Asturias wurde am 19. Oktober 1899 geboren. Er ist der bedeutendste Schriftsteller, den Guatemala hervorgebracht hat. Asturias, der ein unermüdlicher Erforscher der Maya-Folklore und -mythologie seines Landes war, lebte, wie viele lateinamerikanische Intellektuelle, einige Jahre in Paris. Dort war er zwischen 1966 und 1970 Botschafter Guatemalas. In seinen Werken zeigte er ein starkes politisches Engagement. Wann und wo starb Miguel Angel Asturias?

Am 9. Juni 1974 in Madrid

Empfehlenswert zum besseren Verständnis der Probleme Lateinamerikas: Asturias' sozialkritischer und antiimperialistischer Roman „Der Herr Präsident".

337

El jardinero apasionado

El padre de Ramón tiene un trozo de tierra en las afueras de Madrid. Ramón muchos fines de semana va allí para hacer los trabajos necesarios. Corta el césped, saca la hierba mala de las eras y, sobre todo en verano, riega los rosales. Aunque a veces el trabajo de jardinero es muy duro, a Ramón le gusta mucho.

338

EJERCICIO

El perfecto

Ponga las siguientes frases en el perfecto:

1. Ramón va al banco y saca 25.000 pts.
2. Maica no está en la escuela.
3. Ramón y Miriam juegan al esquash.
4. Martín lee «El amor en los tiempos del cólera».
5. Fani escribe un libro.
6. Aintzane vuelve a Bilbao.

337

Der leidenschaftliche Gärtner

Der Vater von Ramón hat ein Stück Land in der Umgebung von Madrid. An vielen Wochenenden fährt Ramón dorthin, um die notwendigen Arbeiten zu verrichten. Er mäht den Rasen, zieht das Unkraut in den Beeten heraus und gießt, vor allem im Sommer, die Rosenstöcke. Obwohl die Gartenarbeit manchmal sehr hart ist, gefällt sie Ramón.

el jardinero [xarđi'nero]	Gärtner
el trozo ['troθo]	Stück
la tierra ['tiɛrra]	Land; Erde
cortar [kɔr'tar]	schneiden
duro ['duro]	hart

338

Perfekt

Setzen Sie folgende Sätze ins Perfekt:

1. Ramón **ha ido** al banco y **ha sacado** 25.000 pts. – Ramón ist zur Bank gegangen und hat 25.000 Ptas. abgehoben. 2. Maica no **ha estado** en la escuela. – Maica ist nicht in der Schule gewesen. 3. Ramón y Miriam **han jugado** al esquash. – Ramón und Miriam haben Squash gespielt. 4. Martín **ha leído** "El amor en los tiempos del cólera". – Martín hat „Die Liebe in den Zeiten der Cholera" gelesen. 5. Fani **ha escrito** un libro. – Fani hat ein Buch geschrieben. 6. Aintzane **ha vuelto** a Bilbao. – Aintzane ist nach Bilbao zurückgekehrt.

DIE EXPERTENECKE

Die wichtigsten unregelmäßigen Partizipien

abrir – abierto; decir – dicho; escribir – escrito; hacer – hecho; poner – puesto; romper – roto; ver – visto; volver – vuelto; morir – muerto; leer – leído; escribir – escrito.

339

El sistema político de México

Aunque en México hay muchos partidos políticos el panorama político es muy aburrido. Desde más de sesenta años el PRI, el Partido Revolucionario Institucional, domina el aparato gubernamental. Muchos mejicanos ya hablan de una 'dictadura unipartidista'. La participación electoral es tan sólo de un 30 por ciento.

340

Los árabes

Los árabes llegaron en el año 711 a la península ibérica. Se quedaron más de siete siglos en España hasta que, en el año 1.492, fueron expulsados por los reyes católicos. Aún hoy está visible la gran influencia cultural de los árabes, sobre todo en el sur del país. En el castellano el árabe tambien dejó sus rastros; p.e. todas las palabras que empiezan por el artículo árabe: *al*.

¿Cómo llamaban los árabes España?

339

Das politische System Mexikos

Obwohl es in Mexiko viele politische Parteien gibt, ist das politische Panorama sehr langweilig. Seit mehr als sechzig Jahren beherrscht die PRI, die 'Institutionelle Revolutionspartei', den Regierungsapparat. Viele Mexikaner sprechen bereits von einer 'Einparteien-Diktatur'. Die Wahlbeteiligung liegt so auch nur bei 30%.

el sistema [sis'tema]	System
el partido [par'tiđo]	Partei
político [po'litiko]	politisch
aburrido [aβu'rriđo]	langweilig
la participación [partiθipa'θĭɔn]	Beteiligung
electoral [elɛkto'ral]	Wahl-...

340

Die Araber

Die Araber erreichten im Jahr 711 die iberische Halbinsel. Sie blieben mehr als sieben Jahrhunderte in Spanien, bis sie im Jahre 1492 von den katholischen Königen vertrieben wurden. Noch heute ist der starke kulturelle Einfluß der Araber vor allem im Süden des Landes sichtbar. In der spanischen Sprache hinterließ das Arabische ebenso seine Spuren; z. B. alle Wörter, die mit dem arabischen Artikel beginnen: *al*. Wie nannten die Araber Spanien?

Spanien wurde von den Arabern 'Al-Andalus' genannt.

Una carta de Paco

Eladio: *Me ha escrito mi primo Paco de Madrid. ¿Te acuerdas de él?*
Martín: *¡Cómo no! Me cayó muy bien cuando le visitamos en marzo. ¿Qué escribe?*
Eladio: *Tiene algunos posteres de Sabina para nosotros.*

> *«A mi amigo quiero,
> por lo que de él espero.»*
>
> *Refrán español*

341

Ein Brief von Paco

Eladio: Mein Vetter Paco aus Madrid hat mir geschrieben. Erinnerst du dich noch an ihn?
Martín: Natürlich! Ich fand ihn sehr nett, als wir ihn im März besuchten. Was schreibt er denn?
Eladio: Er hat einige Sabina-Poster* für uns.

*Joaquín Sabina ist ein bekannter spanischer Liedermacher.

acordarse de [akɔr'darse][de]	sich erinnern an
visitar [bisi'tar]	besuchen
escribir [eskri'ƀir]	schreiben
el poster [pɔs'tɛr]	Poster

342

„Ich liebe meine Freunde für das, was ich von ihnen erwarten kann." – Spanisches Sprichwort

──────── GRAMMATIK ────────

Verben mit Stammveränderung

Es gibt insgesamt vier Gruppen von Verben mit Stammveränderung. Die sich verändernden Verbformen sind die des Singulars und die dritte Person Plural.

1. **e** (-ar/-er/-ir) → **ie** – c*e*rrar:
   c*ie*rro, c*ie*rras, c*ie*rra, cerramos, cerráis, c*ie*rran

2. **o** (-ar/-er/-ir) → **ue** – v*o*lver:
   v*ue*lvo, v*ue*lves, v*ue*lve, volvemos, volvéis, v*ue*lven

3. **e** (-ir) → **i** – p*e*dir:
   p*i*do, p*i*des, p*i*de, pedimos, pedís, p*i*den

4. **u** → **ue** – j*u*gar:
   j*ue*go, j*ue*gas, j*ue*ga, jugamos, jugáis, j*ue*gan

Vienen los alemanes

Esta semana han venido los estudiantes de Bochum a Madrid. Fani y Martín les están enseñando la Universidad Complutense de Madrid que, con sus aproximadamente 122.000 estudiantes, es la mayor universidad de España y, a la vez, de Europa. Ahora entran en los laboratorios de la facultad de Química.

En el Parque del Retiro

Martín: *¿Porqué no vamos al Jardín Botánico? Es que Tomás me ha dicho que esta semana está haciendo unas prácticas allí.*

Aintzane: *O.K., y por el camino podemos echar un vistazo en el Palacio de Cristal, donde hay una nueva exposición.*

343

Die Deutschen kommen

Diese Woche sind die Studenten aus Bochum nach Madrid gekommen. Fani und Martín zeigen ihnen gerade die Complutense-Universität* von Madrid, die mit ihren annähernd 122 000 Studenten die größte Universität Spaniens und gleichzeitig auch Europas ist. Jetzt betreten sie die Laboratorien der Fakultät für Chemie.

*Neben der Complutense-Universität besitzt Madrid eine weitere, die Autónoma-Universität

complutense [kɔmplu'tense]	aus Alcalá de Henares
la mayor [ma'jɔr]	die größte
a la vez [a] [la] [beθ]	gleichzeitig
el laboratorio [laβɔra'torĭo]	Labor(atorium)
químico ['kimiko]	chemisch

344

Im Retiro-Park

Martín: Warum gehen wir nicht mal in den Botanischen Garten? Tomás hat mir nämlich gesagt, daß er diese Woche ein Praktikum dort macht.

Aintzane: O.K. Auf dem Weg können wir mal beim Kristall-Palast vorbeischauen. Da gibt es eine neue Ausstellung.

el jardín [xar'ðin]	Garten
las prácticas ['praktikas]	Praktikum
por el camino [pɔr] [ka'mino]	auf dem Weg; unterwegs
el vistazo [bis'taθo]	flüchtiger Blick

345

EJERCICIO

Ponga los verbos en la forma correcta

1. ¡(Cerrar) _____ las puertas! *(tú)*
2. No (entender) _____ absolutamente nada. *(yo)*
3. ¿Cuándo (volver) _____ de Alemania? *(Fani y Martín)*
4. ¿(Tener) _____ fuego para mí? *(Ud.)*
5. (Encontrar) _____ una pensión. *(nosotros)*
6. (Jugar) _____ muy bien al ajedrez. *(Tomás)*
7. (Pedir) _____ una botella de sidra. *(Fani)*

346

El Retiro de Madrid

La idea de instalar este parque en el centro de Madrid se remonta al rey Felipe IV. En 1.632 el Retiro fue inaugurado con representaciones de comedias de Calderón y música de Monteverdi. Entonces se extendió, como parque del Palacio Real desaparecido, hasta el actual Palacio de Comunicaciones en la Plaza de la Cibeles. Hoy muchos acróbatas y mimos actúan cada domingo al lado del estanque.

¿Conoce Ud. los dos edificios en medio del parque que albergan exposiciones de arte?

345

Setzen Sie die Verben in die richtige Form

1. ¡**Cierra** las puertas! – Mach' die Türen zu! 2. No **entiendo** absolutamente nada. – Ich verstehe überhaupt nichts. 3. ¿Cuándo **vuelven Fani y Martín** de Alemania? – Wann kommen Fani und Martín aus Deutschland zurück? 4. ¿**Tiene Ud.** fuego para mí? – Haben Sie Feuer für mich? 5. **Encontramos** una pensión. – Wir finden eine Pension. 6. **Tomás juega** muy bien al ajedrez. – Tomás spielt sehr gut Schach. 7. **Fani pide** una botella de sidra. – Fani bestellt eine Flasche Sidra (Apfelwein).

DIE EXPERTENECKE

'muy' und 'mucho'

Muy steht immer vor Adjektiven bzw. Adverbien, mucho vor Substantiven und hinter Verben:
Este vino es **muy** caro. – Dieser Wein ist **sehr** teuer.
Pero me gusta **mucho**. – Aber er gefällt mir **sehr**.
No como **mucha** carne. – Ich esse nicht **viel** Fleisch.

346

Der Retiro von Madrid

Die Idee, diesen Park im Zentrum Madrids zu installieren, geht auf den König Philipp IV. zurück. 1632 wurde der Retiro mit Aufführungen von Komödien Calderóns und Musik von Monteverdi eingeweiht. Damals erstreckte er sich, als Park des verschwundenen Königspalastes, bis zum heutigen Palacio de Comunicaciones an der Plaza de la Cibeles. Heute zeigen viele Akrobaten und Mimen neben dem Teich jeden Sonntag ihre Künste. Kennen Sie die beiden Gebäude inmitten des Parks, die Kunstausstellungen beherbergen?

Der Palacio de Velázquez und der Palacio de Christal

El libro de cócteles

Miriam: *¿Sabes lo que es un 'Cuba libre'?*
Ramón: *Hombre, claro. Es lo que aquí llamamos cubata. Te lo ponen en todos los bares. Por regla general es coca-cola con ron.*
Miriam: *En mi libro de cócteles ponen que existe también un 'México libre'.*

EJERCICIO

Traducción

Traduzca el siguiente texto al castellano (Übersetzen Sie folgenden Text ins Spanische):

Emilio wacht um acht Uhr auf. Um halb neun steht er auf und duscht sich. Danach rasiert er sich. Um neun Uhr macht er sich sein Frühstück. Später kauft er sich eine Zeitung.

347

Das Cocktail-Buch

Miriam: Weißt du, was ein 'Cuba libre' ist?
Ramón: Klar, Mensch. Wir nennen das hier Cubata. Das kann man in jeder Bar trinken. Für gewöhnlich ist es Coca-Cola mit Rum.
Miriam: In meinem Coccktail-Buch steht, daß es auch einen 'México libre'* gibt.

Beim 'México libre' wird der amerikanischen Coca-Cola anstelle des Rums Tequila zugefügt

saber [sa'βɛr]	wissen
libre ['liβre]	frei
lo que [lo] [ke]	das, was ...
el ron [rrɔn]	Rum
el cóctel ['kɔktɛl]	Cocktail

348

Übersetzung

Übersetzen Sie folgenden Text ins Spanische:

Emilio se despierta a las ocho. A las ocho y media se levanta y se ducha. Después se afeita. A las nueve se prepara el desayuno. Más tarde se compra un periódico.

DIE EXPERTENECKE

Einige Beispiele für spanische Wörter arabischen Ursprungs:

el alcázar – Burg; *la alfombra* – Teppich; *el alcalde* – Bürgermeister; *el almanaque* – Almanach; *la alcachofa* – Artischocke; la almendra – Mandel.

Desayuno en un bar

Carmen: *Viendo lo que desayunan estos hombres se me revuelve el estómago.*
Martín: *¿Porqué? ¿Qué desayunan?*
Carmen: *Primero toman una taza de café solo, luego una tostada con aceite y, para terminar, una copa de coñác.*

Las tapas

En algunos lugares de España existe una costumbre que se da únicamente en este país: el tapeo. Pero sólo en las provincias de León, Almería y Granada se dan las tapas gratis. Cuando allí se pide en un bar, no en un pub, una cerveza, un vino o un vino sin alcohol el empleado pone automáticamente junto con la bebida en un plato pequeño la tapa. Las tapas son una pequeña ración de comida.

¿Conoce Ud. la diferencia entre un bar y un pub?

349

Frühstück in einer Bar

Carmen: Wenn ich sehe, was diese Männer frühstücken, dreht sich mir der Magen um.
Martín: Warum? Was frühstücken sie denn?
Carmen: Zuerst trinken sie eine Tasse schwarzen Kaffee, dann essen sie einen Toast mit Olivenöl, und zum Schluß trinken sie ein Glas Cognac.

el hombre [ˈombre]	Mensch, Mann
revolver [rreβolˈβɛr]	umdrehen
el estómago [esˈtomago]	Magen
la tostada [tosˈtaða]	Toast
el aceite [aˈθɛĭte]	(Oliven-)Öl

350

Die 'Tapas'

In einigen Orten Spaniens gibt es einen Brauch, der nur in diesem Land existiert: das Essen von 'tapas'. Aber nur in den Provinzen León, Almería und Granada erhält man die 'Tapas' gratis. Wenn man dort in einer Bar, nicht in einem 'Pub', ein Bier, einen Wein oder einen Traubensaft bestellt, serviert der Bedienstete zu dem Getränk automatisch auf einem kleinen Teller die 'tapa'. Die 'Tapas' sind kleine Appetithäppchen. Kennen Sie den Unterschied zwischen einer Bar und einem Pub?

Die spanischen 'pubs' sind reine Nachtlokale, während die Bars zumeist ganztägig geöffnete Stehlokale sind, in denen man (fast) alles bekommt.

351

> *«Todo lo que
> no se comprende,
> envenena.»*
>
> *Eugenio D'Ors*

352

Tramo en obras

Maica: *¡Ya me tienen frita! Es la quinta vez en este año que arreglan la Castellana.*
Aintzane: *No te entiendo. Con la cantidad de coches que pasan por allí es normal que la tengan que arreglar muchas veces.*
Maica: *Pero, por favor, no en las horas punta.*

351

„Alles, was man nicht versteht, vergiftet einen." — Eugenio D'Ors (1882 – 1954), spanischer Essayist und Kritiker

---
GRAMMATIK

Die reflexiven Verben

Yo **me** ducho.	Ich dusche mich.
Tú **te** duchas.	Du duschst dich.
El **se** ducha.	Er duscht sich.
Nosotros **nos** duchamos.	Wir duschen uns.
Vosotros **os** ducháis.	Ihr duscht euch.
Ellas **se** duchan.	Sie duschen sich.

1. Das Reflexivpronomen steht vor dem konjugierten Verb.

2. Bei Konstruktionen mit Gerundium oder Infinitiv steht das Pronomen entweder vor dem konjugierten Verb oder wird unmittelbar an den Infinitiv bzw. das Gerundium angehängt:
   quiero duchar**me**/**me** quiero duchar;
   está duchándo**se**/**se** está duchando.

352

Straßenbauarbeiten

Maica: Jetzt habe ich die Nase aber voll! Das ist jetzt in diesem Jahr das fünfte Mal, daß die Castellana ausgebessert wird.

Aintzane: Ich verstehe dich nicht. Bei der Menge von Autos, die dort fahren, ist es doch normal, daß sie oft ausgebessert werden muß.

Maica: Ja, aber bitte nicht zur Stoßzeit.

---

las obras [ˈoβras]	Bauarbeiten
arreglar [arrɛˈglar]	reparieren, in Ordnung bringen
la cantidad [kantiˈða⁽ᵈ⁾]	Menge
muchas veces [ˈmutʃas] [ˈbɛθes]	oft
la hora punta [ˈora] [ˈpunta]	Spitzenverkehrszeit

353

Primeros asentamientos mayas

Desde 2.500 a.C. el pueblo maya se fue transformando lentamente como sus vecinos los teotihuacanos, zapotecos, totonacos, o los más tardíos toltecas y aztecas hacia una sociedad compleja. Esa transformación se dio gracias a unos avances en las técnicas agrícolas como p.e. el cultivo del maíz. De 2.500 a 1.000 a.C. se levantan una serie de edificios de piedras en Cuello (Belice).

¿Cómo se llama el libro sagrado de los maya?

354

Miriam da un cóctel

Tomás ha estado de juerga. Ha vuelto como una cuba a casa a las ocho de la mañana. Durante todo el día ha estado durmiendo. A las siete de la tarde se levanta con una resaca como un campo de aviación. Cuando baja a la cocina encuentra una carta de Miriam en la que invita a Tomás para esta tarde ...

Die ersten Siedlungen der Mayas

Ab 2500 v. Chr. veränderte sich das Volk der Maya, ebenso wie seine Nachbarn, die Teotihuakaneken, Zapoteken, Totonaken oder die späteren Tolteken und Azteken, allmählich zu einer komplexen Gesellschaft. Diese Veränderung ergab sich aufgrund von Fortschritten in den landwirtschaftlichen Techniken wie z. B. dem Maisanbau. Zwischen 2500 und 1000 v. Chr. wird in Cuello (Belize) eine Reihe von steinernen Bauwerken errichtet. Wie heißt das heilige Buch der Maya?

El „Popol Vuh"

Dieses 1701 von Francisco Ximénez aus der Maya-Sprache Quiché ins Spanische übersetzte Buch wird auch „Die Bibel Mesoamerikas" genannt.

Miriam gibt eine Cocktail-Party

Tomás hat einen draufgemacht. Um 8 Uhr morgens ist er sturzbetrunken nach Hause gekommen. Während des ganzen Tages hat er geschlafen. Um 7 Uhr abends wacht er mit einem Mordskater auf. Als er in die Küche hinuntergeht, findet Tomás einen Brief von Miriam, in dem sie ihn für heute abend einlädt...

dar un cóctel [dar] [un] ['kɔktel]	eine Cocktail-Party geben
la juerga [ˈxŭɛrga]	feuchtfröhliches Vergnügen
la resaca [rrɛˈsaka]	Kater (nach Alkoholgenuß)
la cocina [koˈθina]	Küche
encontrar [eŋkɔnˈtrar]	finden

EJERCICIO

Los verbos reflexivos

Tomás (haberse acostado) _____
muy tarde. A la mañana siguiente (despertarse)
_____ a las 11. A las 11 y cuarto
(levantarse) _____ y (ducharse)
_____ . Luego (afeitarse)
_____ y (peinarse) _____ . A las 12 menos
cuarto (sentarse) _____ en la cocina y
desayuna. A las doce y media (encontrarse)
_____ con Martín en la Puerta del Sol.

La fiesta de San Isidro

Aintzane: *Las fiestas de San Isidro son demasiado para mi cuerpo. Después de estas dos semanas de fiestas siempre acabo hecha polvo.*

Martín: *¿Qué? ¿Te rindes ya? Se te nota que no eres una madrileña auténtica.*

355

Reflexive Verben

Tomás **se ha acostado** muy tarde. A la mañana siguiente **se despierta** a las 11. A las 11 y cuarto **se levanta** y **se ducha**. Luego **se afeita** y **se peina**. A las 12 menos cuarto **se sienta** en la cocina y desayuna. A las doce y media **se encuentra** con Martín en la Puerta del Sol.

Tomás ist sehr spät ins Bett gegangen. Am nächsten Morgen wacht er um elf Uhr auf. Um Viertel nach elf steht er auf und duscht sich. Danach rasiert und kämmt er sich. Um Viertel vor zwölf setzt er sich in die Küche und frühstückt. Um halb eins trifft er sich mit Martín an der Puerta del Sol.

DIE EXPERTENECKE

Die Uhrzeit

24.00 – son las doce de la noche; 8.05 – son las ocho y cinco de la mañana; 10.15 – son las diez y cuarto; 12.30 – son las doce y media; 12.45 – **es** (!) la una menos cuarto.

356

Das San-Isidro-Fest

Aintzane: Die Feiern zu San Isidro* sind zuviel für meinen Körper. Nach diesen zwei Festwochen bin ich immer völlig fertig.
Martín: Was? Du gibst schon auf? Man merkt dir an, daß du keine echte Madrilenin bist.

San Isidro ist der Schutzpatron von Madrid, zu dessen Ehren jedes Jahr in der 2. und 3. Maiwoche Feiern stattfinden

el cuerpo ['kŭɛrpo]	Körper
estar hecho polvo [es'tar] ['etʃo] ['pɔlβo]	völlig fertig sein
rendirse [rren'dirse]	aufgeben
notar [no'tar]	(be-)merken
madrileño [maðri'leɲo]	Madrilene; Einwohner Madrids

357

Pescar en alta mar

Martín: *Te juro que ésta es la última vez que he subido a un barco pesquero contigo. Siempre me mareo.*
Eladio: *!Hombre, tampoco es para tanto! El mar está muy tranquilo hoy. Tú siempre exageras.*

358

Gran sorteo en la Plaza Isabel

En los últimos días de la fiesta de San Isidro la empresa Puleva ha montado un puesto grande en la Plaza Isabel enfrente del Teatro Real. Hoy por la tarde se realiza un gran sorteo en el cual se puede ganar como primer premio un coche. Ramón y Miriam ya han comprado sus billetes esta mañana.

357

Hochseefischen

Martín: Ich schwöre dir, daß dies das letzte Mal ist, daß ich mit dir auf einem Fischkutter fahre. Ich werde immer seekrank.
Eladio: Mann, so schlimm ist es nun auch wieder nicht. Das Meer ist sehr ruhig heute. Immer übertreibst du.

jurar [xu'rar]	schwören
la última vez ['ultima][beθ]	das letzte Mal
contigo [kɔn'tigo]	mit dir
marearse [mare'arse]	seekrank werden
exagerar [ɛgsaxe'rar]	übertreiben

358

Große Verlosung auf dem Plaza Isabel

In den letzten Tagen des San-Isidro-Festes hat das Unternehmen Puleva* auf dem Plaza Isabel, gegenüber vom Teatro Real, einen großen Stand aufgebaut. Heute nachmittag findet eine große Verlosung statt, bei der man als ersten Preis ein Auto gewinnen kann. Ramón und Miriam haben schon heute morgen ihre Lose gekauft.

*Die Puleva ist ein großes, überregionales Unternehmen in Spanien, das homogenisierte Milch vertreibt

el sorteo [sɔr'teo]	Verlosung
la empresa [em'presa]	Unternehmen
montar [mɔn'tar]	aufbauen
enfrente de [em'frente] [de]	gegenüber von
el primer premio [pri'mer] ['premĭo]	Hauptgewinn

359

Carmen y las dietas

Desde hace ya algunos años Carmen considera que pesa demasiado. Ya ha intentado adelgazar de mil modos distintos. No ha comido durante varios días, ha gastado un dineral en una dieta de jugos y en otra de huevos, se ha apuntado a un gimnasio y ha hecho escultorismo. Todo en vano, sigue pesando lo mismo.

360

*«La gente cree
que es inmortal, por eso
se quedan quietos y se acogen
a una rutina quedándose
allí paralizados.»*

Félix de Azúa

359

Carmen und die Schlankheitsdiäten

Seit einigen Jahren schon findet Carmen, daß sie zuviel wiegt. Auf tausend verschiedene Arten hat sie abzunehmen versucht. Sie hat mehrere Tage nichts gegessen, hat ein Heidengeld für eine Saftdiät und eine Eierdiät ausgegeben, sie hat sich in einem Fitneßstudio angemeldet und Bodybuilding gemacht. Alles umsonst, sie wiegt immer noch genausoviel.

la dieta [ˈdǐeta]	Diät
considerar [kɔnsiðeˈrar]	finden, erwägen
adelgazar [aðɛlgaˈθar]	abnehmen
gastar [gasˈtar]	ausgeben
el dineral [dineˈral]	Heidengeld, Unsummen

360

„Die Leute glauben, daß sie unsterblich sind. Deswegen sind sie still und klammern sich an die Routine, die sie lähmt." – Félix de Azúa (*1945), spanischer Philosoph und Schriftsteller

---
GRAMMATIK

Das Perfekt

Das Perfekt drückt beendete Aktionen aus, die in einer Vergangenheit stattfanden, die auf irgendeine Art und Weise mit der Gegenwart verbunden ist. Es wird mit dem Präsens des Hilfverbs **haber** und dem Partizip gebildet. Die regelmäßige Bildung des Partizips:
hablar → *habl-**ado**; *comer* → *com**ido*** und *salir* → *sal-**ido***.
Es wird mit bestimmten zeitlichen Ausdrücken wie den folgenden benutzt: *hoy* – heute; *hasta ahora* – bis jetzt; *esta mañana* – heute morgen; *este año* – dieses Jahr; etc.

La televisión española

Existen dos cadenas nacionales de televisión que abastecen al constantemente creciente número de consumidores televisivos. Una de ella televisa series americanas a la hora de comer. También hay cadenas regionales que televisan todas las películas sincronizadas, en el País Vasco p.e. se ve Humphrey Bogart hablando vasco.

El típico bar español

Muchos españoles están orgullosos de poder decir que las ciudades españolas tienen más bares por kilómetro cuadrado que ninguna otra ciudad de Europa. Para ellos significa un gozo de vivir saber que el próximo 'rincón de comunicación' no está lejos. Allí hay de casi todo: bebidas de todo tipo, pequeñas raciones de comida, un tragaperras, un televisor por si acaso y mucho más.

¿Qué es lo más chocante en un bar español?
(Was ist das Schockierendste in einer spanischen Bar?)

361

Das spanische Fernsehen

Es gibt zwei nationale Fernsehkanäle, die die ständig wachsende Zahl von Fernsehkonsumenten versorgen. Einer von ihnen zeigt amerikanische Serien zur Essenszeit. Ebenso gibt es regionale Kanäle, die alle Filme synchronisiert zeigen. So kann man z. B. im Baskenland Humphrey Bogart Baskisch sprechen hören (und sehen).

la cadena [ka'ðena]	Kanal; Programm
abastecer [aβaste'θɛr]	versorgen
creciente [kre'θĭente]	wachsend
el consumidor [kɔnsumi'dɔr]	Konsument
sincronizar [siŋkroni'θar]	synchronisieren

362

Die typische spanische Bar

Viele Spanier sind stolz darauf, sagen zu können, daß es in spanischen Städten mehr Kneipen pro Quadratkilometer gibt als in irgendeiner anderen europäischen Stadt. Für sie ist es ein positives Lebensgefühl zu wissen, daß der nächste 'Kommunikationswinkel' nicht weit entfernt liegt. Dort gibt es fast alles: Jegliche Art von Getränken, kleine Essensrationen, einen Spielautomat ('25-pts-Schlucker'), einen Fernseher für alle Fälle und vieles mehr. Was ist das Schockierendste in einer spanischen Bar?

Das für einen Nordeuropäer Schockierendste ist, daß sämtliche Abfälle wie Servietten, Zigaretten und Zahnstocher von den Gästen auf den Boden geworfen werden.

El servicio de limpieza municipal

Eladio: *Justo al terminar San Isidro los basureros de Madrid se ponen de huelga. Me parece que esto va siendo ser su deporte favorito.*
Carmen: *¡Los pobres madrileños! Se van a asfixiar en su propia basura en menos de dos días.*

EJERCICIO

Ponga las siguientes frases en el perfecto:

1. Ramón va al banco y saca 25.000 pts.
2. Pablo está en la agencia de viajes.
3. Ellos juegan al esquash.
4. No te levantas hasta las 11.

363

Die städtische Müllabfuhr

Eladio: Genau am Ende von *San Isidro** fangen die Müllmänner Madrids an zu streiken. Mir scheint, daß das allmählich ihr Lieblingssport wird.
Carmen: Die armen Madrilenen! Sie werden in weniger als zwei Tagen in ihrem eigenen Müll ersticken.

* San Isidro ist der Schutzpatron von Madrid. Die Fiesta de San Isidro ist ein Madrider Volksfest.

la huelga ['ŭɛlga]	Streik
justo ['xusto]	genau
favorito [faboˈrito]	Lieblings-
asfixiar [asfigˈsĭar]	ersticken
en menos de [en]['menos][de]	in weniger als (zeitl.)

364

Setzen Sie folgende Sätze ins Perfekt:

1. *Ramón ha ido al banco y ha sacado 25.000 pts.* — Ramón ist zur Bank gegangen und hat 25.000 Ptas. abgehoben.
2. *Pablo ha estado en la agencia de viajes.* — Pablo ist in dem Reisebüro gewesen.
3. *Ellos han jugado al esquash.* — Sie haben Squash gespielt.
4. *No te has levantado hasta las 11.* — Bis 11 Uhr bist du nicht aufgestanden.

DIE EXPERTENECKE

Die wichtigsten unregelmäßigen Partizipien

abrir — *abierto;* decir — *dicho;* escribir — *escrito;* hacer — *hecho;* poner — *puesto;* romper — *roto;* ver — *visto;* volver — *vuelto;* morir — *muerto.*

365

En la balanza

Marisa: *¿Qué haces allí? ¿Otra vez pesándote? ¡Baja ya de la balanza, maniática!*

Carmen: *Vale, vale. ¡Ya está bien! ¡No te mosquées! Todo el mundo tiene sus manías. Sé un poco más tolerante y déjame tú las mías.*

366

EJERCICIO

El gerundio

Sustituya los infinitivos entre paréntesis por la forma correcta de 'estar' + gerundio:

1. Ramón _____ (volver) a casa.
2. Miriam _____ (esperar) una llamada.
3. Martín y Fani _____ (hablar) del viaje.
4. Yo _____ (comer) un gazpacho.
5. Vosotros _____ (mirar) la tele.
6. Maica _____ (preparar) la clase.
7. Aintzane _____ (hacer) una sustitución.

365

Auf der Waage

Marisa: Was machst du da? Wiegst du dich schon wieder? Komm endlich von der Waage herunter, du Verrückte!

Carmen: O.K., O.K., ist ja schon gut! Reg dich bloß nicht auf. Jeder hat seine Manien. Sei gefälligst ein bißchen toleranter, und laß mir die meinen!

pesar [pe'sar]	wiegen
vale ['bale]	O.K.
mosquearse [mɔske'arse]	einschnappen, sich aufregen
un poco más ['poko][mas]	ein wenig mehr
tolerante [tole'rante]	tolerant

366

Gerundium

Ersetzen Sie die Infinitive in Klammern durch die richtige Form von 'estar' + Gerundium:

1. Ramón **está volviendo** a casa. – Ramón kommt gerade nach Hause zurück. 2. Miriam **está esperando** una llamada. – Miriam wartet gerade auf einen Anruf. 3. Martín y Fani **están hablando** del viaje. – Martín und Fani sprechen gerade von der Reise. 4. Yo **estoy comiendo** gazpacho. – Ich esse gerade Gazpacho (kalte Gemüsesuppe). 5. Vosotros **estáis mirando** la tele. – Ihr seht gerade fern. 6. Maica **está preparando** la clase. – Maica bereitet gerade den Unterricht vor. 7. Aintzane **está haciendo** una sustitución. – Aintzane macht gerade eine Vertretung.

DIE EXPERTENECKE

1. Ich kaufe **wieder** ein Buch. – **Vuelvo a** comprar un libro. (wieder etwas tun – volver a hacer algo)

2. Ich lese **weiter** die Zeitschrift. – **Sigo** leyendo la revista. (etwas weitermachen – seguir haciendo algo)

El malabarista

Tomás: *¡Alucina, vecina! ¿Ves el malabarista allí en la esquina de la plaza?*
Martín: *¿Ese que está al lado del pirófago?*
Tomás: *Sí, este.*
Martín: *Ya me estoy fijando en él desde hace un rato. ¡Hace malabares con seis bolas!*

Niños en Guatemala

Más de 4 millones de los 9,2 millones de guatemaltecos tienen menos de quince años. Casi 60 mil de ellos son huérfanos. Cuatro quintos de los aproximadamente 360 mil niños que nacerán este año crecerán en medio de extrema pobreza. Alrededor de 45 mil de ellos morirán antes de haber cumplido los cinco años. Los otros lucharán por la pura supervivencia en las grandes ciudades del país.

¿Qué nombre llevan los niños sin hogar en Guatemala?

367

Der Jongleur

Tomás: Wahnsinn! Siehst du den Jongleur dort hinten an der Ecke vom Platz?
Martín: Der neben dem Feuerschlucker?
Tomás: Ja, der.
Martín: Ich achte schon eine ganze Weile auf ihn. Er jongliert mit sechs Bällen!

el malabarista [malaβaˈrista]	Jongleur
hacer (juegos) malabares [aˈθɛr] [ˈxŭegos] [malaˈβares]	jonglieren
el pirófago [piˈrofago]	Feuerschlucker
el rato [ˈrrato]	Weile

368

Kinder in Guatemala

Mehr als 4 Millionen der 9,2 Millionen Guatemalteken sind weniger als 15 Jahre alt. Fast 60 000 von ihnen sind Waisen. Vier Fünftel der annähernd 360 000 Kinder, die dieses Jahr geboren werden, werden in extremer Armut aufwachsen. Etwa 45 000 von ihnen werden sterben, bevor sie das fünfte Lebensjahr erreicht haben. Die anderen werden in den großen Städten des Landes ums nackte Überleben kämpfen. Welchen Namen tragen die obdachlosen Kinder in Guatemala?

"Niños de la calle" (dtsch.: „Kinder der Straße")

Ir en autobús en España

En España los autobuses son un medio de transporte imprescindible. Aunque entre la mayoría de las ciudades hay comunicaciones de ferrocarril, sigue habiendo ciudades entre las que únicamente circulan autobuses. En todas las mayores ciudades hay una estación de autobuses, en algunas incluso dos o más.

«*La vida es como el café o las castañas en otoño. Siempre huele mejor de lo que sabe.*»

Maruja Torres

369

Mit dem Bus fahren in Spanien

In Spanien sind die Überlandbusse ein unentbehrliches Verkehrsmittel. Denn obwohl zwischen der Mehrzahl der Städte Eisenbahnverbindungen existieren, gibt es noch immer Städte, zwischen denen ausschließlich Überlandbusse verkehren. In jeder größeren Stadt gibt es einen Busbahnhof, in einigen sogar zwei oder mehr.

ir en autobús [ir] [en] [aŭto'ƀus]	(mit dem) Bus fahren
el transporte [trans'pɔrte]	Transport
la mayoría [majo'ria]	Mehrzahl
circular [θirku'lar]	verkehren
incluso [iŋ'kluso]	sogar

370

„Mit dem Leben ist es wie mit dem Kaffee oder den Kastanien im Herbst: Es riecht immer besser als es schmeckt." — Maruja Torres (geb. 1943), spanische Journalistin

--- GRAMMATIK ---

Die Präpositionen des Ortes

a, para – an, nach, zu; a la derecha (de) – rechts (von); a la izquierda (de) – links (von); al lado de – an der Seite von, neben; alrededor de – um ... (herum); cerca de – in der Nähe von; contra – gegen; de – von, aus; debajo de – unter; delante de – vor; dentro de – in, innerhalb von; desde – von ... aus, ab; detrás de – hinter; en – in, an, auf; encima de – auf, über; enfrente de – gegenüber; entre – zwischen; por entre – zwischen ... hindurch; fuera de – außerhalb von; hacia – nach, in Richtung von; hasta – bis; junto a – neben; lejos de – fern von, entfernt von; por – durch; sobre – über, auf.

371

El primer premio en el concurso

Marisa: *Carmen, ven a mi casa ahora mismo. Te tengo que decir una cosa alucinante.*
Carmen: *¿Porqué? ¿Qué te pasa? ¿Te vas a casar?*
Marisa: *No. ¿Te acuerdas del crucigrama? He ganado el primer premio en el concurso, este viaje en un crucero.*

372

Los platos nacionales

Tan distintas como son las regiones de España son también los platos tradicionales de cada región. Los platos que aparecen más en todas las mesas españolas son el cocido y la paella. En un país con una costa tan larga se sobreentiende que el pescado y los mariscos forman la base para un gran número de comidas. El plato gallego por excelencia es el pote gallego, el de Asturias la fabada.

¿Conoce Ud. el nombre de una sopa fría que se prepara sobre todo en Andalucía?

371

Der Hauptgewinn im Preisausschreiben

Marisa: Carmen, komm sofort zu mir. Ich muß dir etwas Unglaubliches erzählen.
Carmen: Warum? Was ist los mit dir? Heiratest du?
Marisa: Nein. Erinnerst du dich an das Kreuzworträtsel? Ich habe den ersten Preis in dem Preisausschreiben gewonnen, diese Kreuzfahrt.

alucinante [aluθi'nante]	unglaublich
casar [ka'sar]	heiraten
acordarse de algo [akɔr'darse]	sich an etwas erinnern
ganar [ga'nar]	gewinnen, verdienen

372

Die Nationalgerichte

So verschieden wie die einzelnen Regionen Spaniens sind auch die traditionellen Gerichte einer jeden Region. Die Gerichte allerdings, die am häufigsten auf allen spanischen Tischen erscheinen, sind der Eintopf und die Paella. In einem Land mit einer derart langen Küste versteht es sich von selbst, daß Fische und Meeresfrüchte die Grundlage vieler Speisen bilden. Das galizische Gericht schlechthin ist der 'galicische Eintopf', das asturische der 'Bohneneintopf'. Kennen Sie den Namen einer kalten Suppe, die vor allem in Andalusien bereitet wird?

Diese typische andalusische Suppe für heiße Sommer heißt 'Gazpacho'.

373

Marisa pide licencia

El viaje de crucero que ha ganado Marisa empezará el 6 de julio. Ella siempre tiene que pedir licencia en la empresa de construcciones donde trabaja con mucha antelación. Entra en la oficina del jefe y le enseña orgullosamente el billete para el viaje del crucero. Despues de charlar un poco el jefe apuntà la fecha.

374

EJERCICIO

Preposiciones

Rellene el espacio con las preposiciones adecuadas (Füllen sie den Platz mit den passenden Präpositionen):

La secretaria está _____ la oficina. La máquina de escribir está _____ la mesa. _____ de la mesa hay una papelera. La fotocopiadora se encuentra _____ la puerta. El teléfono está _____ la secretaria. El reloj está _____ la pared, _____ la puerta. Las macetas están _____ la ventana.

Marisa reicht ihren Urlaub ein

Die Kreuzfahrt, die Marisa gewonnen hat, beginnt am 6. Juli. In der Baufirma, in der sie arbeitet, muß sie den Urlaub immer lange im voraus einreichen. Sie geht ins Büro des Chefs und zeigt ihm stolz das Ticket für die Kreuzfahrt. Nach einem kurzen Gespräch notiert der Chef das Datum.

con antelación [kɔn][antela'θĭɔn]	im voraus
enseñar [ense'ɲar]	zeigen
orgulloso [ɔrgu'ʎoso]	stolz
charlar [tʃar'lar]	plaudern
apuntar [apun'tar]	notieren

Präpositionen

Füllen sie den Platz mit den passenden Präpositionen:

La secretaria está **en** la oficina. La máquina de escribir está **en/sobre/encima de** la mesa. **Debajo de** de la mesa hay una papelera. La fotocopiadora se encuentra **al lado de/cerca de/junto a** la puerta. El teléfono está **delante de** la secretaria. El reloj está **en** la pared, **encima de** la puerta. Las macetas están **al lado de/cerca de/junto a/delante de** la ventana.

la secretaria — Sekretärin; *la máquina de escribir* — Schreibmaschine; *la papelera* — Papierkorb; *la fotocopiadora* — Fotokopiergerät; *el reloj* — Uhr; *la pared* — Wand; *la maceta* — Blumentopf.

Jardineros famosos

Marisa: *¿Sabes que Eladio y Martín se van a hacer famosos como jardineros?*
Carmen: *¿Y eso? ¿Porqué?*
Marisa: *Mañana sale en una revista una foto de ellos dos trabajando en el Generalife.*

«No me interesa
la meta, sino el camino.»

Esperanza Roy

375

Berühmte Gärtner

Marisa: Weißt du, daß Eladio und Martín berühmt werden als Gärtner?
Carmen: Wieso das denn?
Marisa: Morgen erscheint in einer Zeitschrift ein Photo von ihnen, das sie beim Arbeiten im *Generalife* (Palastgarten in Granada) zeigt.

saber [sa'βɛr]	wissen
famoso [fa'moso]	berühmt
salir [sa'lir]	herauskommen
la revista [rrɛ'βista]	Zeitschrift
la foto ['foto]	Photo

376

„Mich interessiert nicht das Ziel, sondern der Weg." — Esperanza Roy (geb. 1938), spanische Schauspielerin

─────────── GRAMMATIK ───────────

Der Vergleich im Spanischen

Este libro es **muy** interesante. – Dieses Buch ist **sehr** interessant.

Ese libro es **más** interesante. – Dieses Buch dort ist interessan**ter.**

Trabaja **más que** tú. – Er arbeitet **mehr als** du.

Este libro es **tan** interesante **como** el otro. – Dieses Buch ist **genauso** interessant **wie** das andere.

Este libro es **más** interesante **que** el otro. – Dieses Buch ist interessanter **als** das andere.

Este libro es **el más** interesante de todos. – Dieses Buch ist **das** interessant**este** von allen.

377

Proyectos para las vacaciones

Los seis amigos hablan de las vacaciones. Este año quieren hacer un viaje juntos. Todavía no saben adónde quieren ir. Jesús propone hacer un viaje a Francia, pero los demás prefieren ir a un país más exótico. Mabel dice que Cuba es más interesante ya que es un país que ninguno de ellos conoce todavía y se habla español allí.

378

ADIVINANZA

20 Verwandtschaftsbezeichnungen

```
E A C A N H I J O H S O
C S R B B S N A R E U N
U U A U U O I T A R R I
Ñ E I E H B D N U M D E
A G G L O R A E P A I T
D R C A J I H O A N E O
A O U N Y N E R D A M R
T B Ñ G E A R E R Ñ O R
A L A O R R M U E A S E
G I D H N T A T E I N I
I M O O O O N I R B O S
R A B U E L O L E O B A
```

377

Pläne für die Ferien

Die sechs Freunde sprechen über die Ferien. Dieses Jahr wollen sie gemeinsam eine Reise machen. Noch wissen sie nicht, wohin sie fahren wollen. Jesús schlägt vor, eine Reise nach Frankreich zu machen, aber die anderen wollen lieber in ein exotischeres Land fahren. Mabel sagt, daß Cuba interessanter ist, da es ein Land ist, das noch niemand von ihnen kennt, und es wird dort Spanisch gesprochen.

el proyecto [pro'jɛkto]	Plan, Projekt
las vacaciones [baka'θiones]	Ferien
juntos ['xuntos]	zusammen
todavía no [toda'ƀia no]	noch (immer) nicht
proponer [propo'nɛr]	vorschlagen
Francia ['franθia]	Frankreich
preferir (-ie-) [prefe'rir]	lieber wollen
exótico, -a [ɛg'sotiko/a]	exotisch
ya que [ja ke]	da, weil

378

20 Verwandschaftsbezeichnungen

```
         A    H I J O H
   C S   B    S   A R E U N
   U U   B    U O I T   R   I
   Ñ E   E    B         M   E
   A G G L    R         P A I T
   D R C A    J I H     A N   O
   A O U      Y N E R D A M
     Ñ        E A R     R
     A        R M       E
     D        N   A T E I N
     O        O O N I R B O S
   A B U E L O
```

padre, madre – Vater, Mutter; hijo,-a – Sohn, Tochter; hermano,-a – Bruder, Schwester; abuelo,-a – Großvater, -mutter; tío,-a – Onkel, Tante; nieto,-a – Enkel, -in; sobrino, -a – Neffe, Nichte; suegro,-a – Schwiegervater, -mutter; cuñado,-a -Schwager, Schwägerin; yerno, nuera – Schwiegersohn, -tochter

En casa de Mavi

Maite: *No sé. Pero las películas de Pedro Almodóvar me resultan cada vez más raras.*
Mabel: *Sí, es verdad. Menos mal que la hemos visto en la tele. Así al menos no gastamos mucho dinero por ver la película.*
Mavi: *No os comprendo. A mí me ha gustado.*

La región olvidada

Una de las regiones de España podría llamarse la región olvidada: Extremadura. Está situada al oeste de España y es, hoy en día, la región más pobre de España. La vida de los extremeños, cuyo número apenas supera un millón, es, pues, «extremadamente dura». Después de Andalucía, Extremadura tiene el mayor número de parados. Extremadura exporta únicamente productos agrarios y electricidad de sus 30 centrales hidroeléctricas. En la conquista de América dos extremeños jugaron un papel importante: Francisco Pizarro y ...

¿Quién era el otro, el conquistador de México?

Bei Mavi zu Hause

Maite: Ich weiß nicht. Aber die Filme von Pedro Almodóvar erscheinen mir immer merkwürdiger.
Mabel: Ja, das stimmt. Ein Segen, daß wir ihn im Fernsehen gesehen haben. So haben wir wenigstens nicht viel Geld ausgegeben, um den Film zu sehen.
Mavi: Ich verstehe euch nicht. Mir hat er gefallen.

la película [pe'likula]	Film
resultar [rresul'tar]	sich herausstellen als
cada vez más ['kaða beθ mas]	immer mehr
raro, -a ['rraro/a]	merkwürdig
es verdad [es bɛr'ða(d)]	das stimmt
¡menos mal! ['menos mal]	ein Segen!
al menos [al 'menos]	wenigstens
gastar [gas'tar]	ausgeben
gustar [gus'tar]	gefallen

Die vergessene Region

Eine der Regionen Spaniens könnte auch die vergessene Region heißen: Extremadura. Sie liegt im Westen Spaniens und ist heute die ärmste Region Spaniens. Das Leben der Extremeños, deren Zahl die Million kaum übersteigt, ist also „extrem hart". Nach Andalusien hat Extremadura die größte Arbeitslosenzahl. Extremadura exportiert lediglich Agrarprodukte und Elektrizität aus seinen 30 Wasserkraftwerken. Bei der Eroberung Amerikas spielten zwei Extremeños eine wichtige Rolle: Francisco Pizarro und ... Wer war der andere, der Eroberer Mexikos?

Hernán Cortés aus Medellín, in der Nähe Méridas

Da eine sehr große Zahl Extremeños an der Eroberung Amerikas teilnahm, tragen viele lateinamerikanische Städte Namen von Städten aus der Extremadura, z.B. Mérida, Medellín, Guadaloupe u.v.a.

381

En el Corte Inglés

Martín: *Jesús, ¿qué haces aquí?*
Jesús: *Nada en especial. Quiero comprarme unos pantalones, pero hasta ahora no he encontrado nada.*
Martín: *¿Por qué no buscas en el Rastro? Allí tienen de todo y además puedes regatear.*

382

*«El hombre
se diferencia del animal
en que bebe sin sed y
ama sin tiempo.»*

José Ortega y Gasset

381

Im Corte Inglés

Martín: Jesús, was machst du hier?
Jesús: Nichts Besonderes. Ich will mir eine Hose kaufen, aber bis jetzt habe ich noch nichts gefunden.
Martín: Warum suchst du nicht auf dem Rastro? Dort gibt es von allem etwas, und außerdem kannst du feilschen.

Der Corte Inglés ist eine große Kaufhauskette in Spanien. Der Rastro ist ein großer Flohmarkt in Madrid.

nada en especial [ˈnaða en espeˈθĭal]	nichts Besonderes
los pantalones [pantaˈlɔnes]	Hose
hasta ahora [ˈasta aˈɔra]	bis jetzt
buscar [busˈkar]	suchen
hay de todo [aĭ de ˈtoðo]	es gibt von allem etwas
regatear [rrɛgateˈar]	feilschen

382

„Der Mensch unterscheidet sich vom Tier dadurch, daß er trinkt, ohne Durst zu haben, und liebt, ohne sich Zeit zu nehmen." — José Ortega y Gasset (1883 – 1955), spanischer Philosoph und Essayist

--- GRAMMATIK ---

'Estar' + Partizip

Das Verb 'estar' mit nachstehendem Partizip bezeichnet man als Zustandspassiv. Es beschreibt immer das Ergebnis einer abgeschlossenen Handlung:

    el coche **está** vendid**o** – das Auto ist verkauft;

    la moto **está** alquilad**a** – das Motorrad ist gemietet.

Das Partizip hat hierbei stets das gleiche Geschlecht wie das Substantiv. Daneben gibt es aber eine Reihe von Kombinationen, die in der deutschen Übersetzung selbständige Verben sind:

    estar sentado – sitzen; estar acostado – liegen;
    estar encendido – brennen.

383

Obras en Gran Vía

Mavi: *El tráfico de Madrid ya tiene fama. Pero desde que en Gran Vía hay obras la cosa se ha vuelto criminal. El otro día he tardado una hora y media para cinco kilómetros.*

Mabel: *En Madrid ahora lo mejor es ir en metro.*

384

EJERCICIO

Acciones acabadas

Haga de las acciones en las frases siguientes resultados de una acción acabada:

1. Jesús se ha sentado ya.
2. Carlos se ha enamorado de Maite.
3. Los niños se han acostumbrado a ver la tele.
4. La gente se ha animado bastante.
5. Mabel se ha equivocado.
6. Martín se ha cansado.
7. Mavi se ha enojado.

383

Eine Baustelle in der Gran Vía

Mavi: Der Verkehr in Madrid ist schon berühmt. Aber seitdem in der Gran Vía* eine Baustelle ist, ist die Sache kriminell geworden. Ich habe neulich anderthalb Stunden für fünf Kilometer gebraucht.
Mabel: In Madrid ist es jetzt das beste, mit der Metro zu fahren.

Die Gran Vía ist eine der zentralen Straßen Madrids.

la obra ['oβra]	Baustelle
el tráfico ['trafiko]	Verkehr
la cosa ['kosa]	Sache, Ding
volverse [bɔl'ɓɛrse]	werden
criminal [krimi'nal]	kriminell
el otro día ['otro 'dia]	neulich
tardar [tar'ðar]	dauern, brauchen (zeitl.)
ir en metro [ir en 'metro]	mit der Metro fahren

384

Abgeschlossene Handlungen

Machen Sie aus den Handlungen der folgenden Sätze Ergebnisse einer abgeschlossenen Handlung:

1. Jesús **está** senta**do** ya. — Jesús sitzt bereits. 2. Carlos **está** enamora**do** de Maite. — Carlos ist verliebt in Maite. 3. Los niños **están** acostumbra**dos** a ver la tele. — Die Kinder sind es gewöhnt fernzusehen. 4. La gente **está** bastante anima**da**. — Die Leute sind ziemlich fröhlich. 5. Mabel **está** equivoca**da**. — Mabel irrt sich. 6. Martín **está** cansa**do**. — Martín ist müde. 7. Mavi **está** enoja**da**. — Mavi ist böse.

DIE EXPERTENECKE

Besonderheiten der Zahlen

veinti**ún** libros — 21 Bücher; veinti**una** pesetas — 21 Pesetan; **unas** dos mil pesetas — ungefähr 2000 Peseten; doscien**tas** pesetas — 200 Peseten; doscien**tos** libros — 200 Bücher; dos millones **de** habitantes — zwei Millionen Einwohner; once días **de** vacaciones — 11 Tage Ferien

Una noche entre amigos

Carlos y Martín se han encontrado en su bar favorito para tomar unas cañas y unas tapas. Es un bar que está cerca de la Puerta del Sol. Allí ponen bacalao frito y cañas a un precio aceptable. En el bar no hay mesas, todo el mundo está de pie. Y aunque hay mucho ruido Carlos y Martín se quedan mucho tiempo en el bar.

GRAMÁTICA

Haber (verbo auxiliar)

Presente de indicativo:
he
has
ha / hay
hemos
habéis
han

Presente de subjuntivo:
haya
hayas
haya
hayamos
hayáis
hayan

Pretérito imperfecto:
había

Pretérito indefinido:
hube

385

Ein Abend unter Freunden

Carlos und Martín haben sich in ihrer Lieblingskneipe getroffen, um ein paar Bier zu trinken und einige Tapas zu essen. Es ist eine Kneipe in der Nähe der Puerta del Sol. Dort gibt es fritierten Stockfisch und Bier zu einem annehmbaren Preis. In der Kneipe gibt es keine Tische, alle Leute stehen. Und obwohl es sehr laut ist, bleiben Carlos und Martín sehr lange in der Kneipe.

entre ['entre]	zwischen, unter
favorito, -a [faβo'rito/a]	Lieblings...
la tapa ['tapa]	kleine Speise
el bacalao [baka'lao]	Stockfisch
frito, -a ['frito/a]	fritiert
el precio ['preθĭo]	Preis
la mesa ['mesa]	Tisch
estar de pie [es'tar de pǐe]	stehen
hay mucho ruido [aĭ 'mutʃo 'rrŭiđo]	es ist sehr laut

386

GRAMMATIK

Haben (Hilfsverb)

Das Hilfsverb **haber** ist ein unregelmäßiges Verb. Eine Besonderheit des Verbs ist die, daß es zu der 3. Pers. Sg. eine unpersönliche Nebenform hat: **hay** (es gibt). Das dieser Nebenform folgende Objekt kann ein Sg. oder Pl. sein. In allen anderen Zeiten als der Gegenwart deckt sich diese Form jeweils mit der 3. Pers. Sg. von **haber: había, hubo, que haya** usw. **Hay** erscheint auch in **hay que** (man muß).

Haber dient zusammen mit dem Partizip zur Bildung des Perfekts und der anderen zusammengesetzten Zeiten.

Haber de bezeichnet auch ein Futur: Me lo has de pagar (das wirst du mir bezahlen).

387

Las Galápagos

Las islas Galápagos, un conjunto de 13 islas mayores y 17 islotes que se hallan a una distancia de unos mil kilómetros del continente suramericano, fueron descubiertas por casualidad, en 1.535, cuando una expedición española en viaje de Panamá a El Callao arribó al archipiélago al desviarse de su ruta. Al principio se denominaban Archipiélago de Colón, luego se fue adoptando el nombre de Galápagos que procede de las tortugas terrestres que abundan allí. Esas tortugas alcanzan pesos de casi 250 kilos. Hoy las islas forman un parque nacional.

¿A qué país pertenecen las Galápagos?

388

El Metro de Madrid

El Metro de Madrid es más que un medio de transporte. En el Metro Retiro se realizan en vestíbulos y andenes exposiciones que son anunciadas en cada caso. En el Metro Avda. de América se halla la Tienda del Metro donde se venden objetos de recuerdo. Las oficinas de información del Metro disponen de ejemplares gratuitos de planos de Madrid. En éstos hay direcciones y teléfonos de los lugares de interés.

387

Die Galapagos-Inseln

Die Galapagos-Inseln, eine Gruppe von 13 größeren Inseln und 17 Eiländern, die in einer Entfernung von etwa 1000 km vom südamerikanischen Kontinent liegen, wurden 1535 zufällig entdeckt, als eine spanische Expedition, unterwegs von Panama nach El Callao, beim Abkommen von ihrer Route auf dem Archipel landete. Zu Beginn wurden die Inseln Kolumbus-Archipel genannt, später ging man zum Namen Galapagos über, der von den dort in großer Zahl lebenden Landschildkröten stammt. Diese Schildkröten erreichen ein Gewicht von bis zu 250 kg. Heute bilden die Inseln einen Nationalpark. Zu welchem Land gehören die Galapagos-Inseln?

Zu Ecuador

Die Inselgruppe ist mit ihren 7812 km² etwas größer als die kanarischen Inseln, hat jedoch nur ca. 7000 Einwohner.

388

Die Madrider U-Bahn

Die Madrider Metro ist mehr als ein Verkehrsmittel. In der Metro-Station Retiro finden in den Vorhallen und auf den Bahnsteigen Ausstellungen statt, die jeweils angekündigt werden. In der Metro-Station Avda. de América befindet sich der Metro-Laden, wo Souvenirs verkauft werden. Die Informationsbüros der Metro halten Gratisexemplare von Stadtplänen Madrids bereit. In diesen stehen Anschriften und Telefonnummern von Sehenswürdigkeiten.

metro (m.) ['metro]	Meter; Versmaß; Untergrundbahn
vestíbulo (m.) [bes'tibulo]	Vorhalle; Diele; Foyer
andén (m.) [an'den]	Gehweg; Bahnsteig

Un chiste

Rosa: ¡Déjalo, Pedro! Tú no sabes contar chistes. No cabe duda de que te sale mal.
Pedro: A ver si lo conoces. Me lo ha contado Julio: Una familia pasa un domingo en el jardín zoológico. El hijo pregunta por qué las girafas tienen un cuello tán largo. Su padre contesta . . . contesta que . . . ¡Espera! Contesta . . .

En el Café Comercial

Jesús: Así da gusto vivir. Tomando un zumo natural de naranja al aire libre.
Maite: El tiempo de Madrid en primavera es muy agradable. ¿A que sí?
Jesús: El de primavera, sí, pero en verano esto se vuelve insoportable.

389

Ein Witz

Rosa: Laß es, Pedro! Du kannst keine Witze erzählen. Es besteht kein Zweifel daran, daß es dir mißglückt.
Pedro: Mal sehen, ob du ihn kennst. Julio hat ihn mir erzählt: Eine Familie verbringt einen Sonntag im Zoo. Der Sohn fragt, warum die Giraffen einen so langen Hals haben. Sein Vater antwortet ... antwortet, daß ... Warte mal! Er antwortet ...

chiste (m.) [ˈtʃiste]	Witz; Scherz; Pointe
salir mal [saˈlir mal]	schlecht ablaufen, fehlschlagen; mißglücken
cuello (m.) [ˈkŭeʎo]	Hals; Kragen
largo [ˈlargo]	lang; weit; freigebig; reichlich

390

Im Café Comercial

Jesús: So macht das Leben Spaß. Im Freien einen frisch gepreßten Orangensaft trinken.
Maite: Im Frühling ist das Wetter in Madrid sehr angenehm, nicht wahr?
Jesús: Das Frühlingswetter ja, aber im Sommer ist es hier nicht auszuhalten.

dar gusto hacer algo [dar ˈgusto aˈθer ˈalgo]	es macht Freude, etwas zu tun
al aire libre [al ˈaĭre ˈliβre]	im Freien; unter freiem Himmel
la primavera [primaˈβera]	Frühling
el verano [beˈrano]	Sommer
¿a que sí? [a ke si]	nicht wahr?
el zumo natural [ˈθumo natuˈral]	frischgepreßter Fruchtsaft
volverse [bɔlˈβerse]	werden
insoportable [insopɔrˈtaβle]	unerträglich

391

—— EJERCICIO ——

La declinación: complétense las siguientes frases en los casos en que sea necesario

El motor . . . el coche está roto.
Enrique contesta . . . la mujer . . . el médico.
No temo . . . la muerte, aunque sé que llegará algún día.
Busca . . . un cocinero con experiencia.
No he visto . . . nadie.
Necesitamos . . . un mecánico para repararlo.
Quería mucho . . . el gato.

392

La autoescuela

Alberto: *Cuando tengas el permiso de conducir podrás dar una vuelta en mi moto.*
Rosa: *¿Y por qué no me dejas hacerlo ahora? El profesor de autoescuela ha dicho que conduzco bien.*
Alberto: *!No! Es muy peligroso.*

391

Die Deklination: Vervollständigen Sie die folgenden Sätze, wenn es nötig ist

El motor **del** coche está roto.
Enrique contesta **a** la mujer **del** médico.
No temo **a** la muerte, aunque sé que llegará algún día.
Busca **un** cocinero con experiencia.
No he visto **a** nadie.
Necesitamos **un** mecánico para repararlo.
Quería mucho **al** gato.

Der Motor des Autos ist kaputt.
Enrique antwortet der Frau des Arztes.
Ich fürchte den Tod nicht, obwohl ich weiß, daß er einmal kommt.
Sie sucht einen Koch mit Erfahrung.
Ich habe niemand gesehen.
Wir brauchen einen Mechaniker, um es zu reparieren.
Er liebte die Katze/den Kater sehr.

392

Die Fahrschule

Alberto: Sobald du den Führerschein hast, wirst du auf meinem Motorrad eine Runde drehen können.
Rosa: Und warum läßt du mich das jetzt nicht machen? Der Fahrlehrer hat gesagt, daß ich gut fahre.
Alberto: Nein! Es ist zu gefährlich.

permiso (m.) [pɛr'miso]	Erlaubnis; Genehmigung; Bewilligung; Zulassung
permiso de conducir (m.) [pɛr'miso ðe kɔndu'θir]	Führerschein
conducir [kɔndu'θir]	führen, leiten; lenken; fahren
peligroso [peli'groso]	gefährlich

393

El Mercado Puerta de Toledo

Mabel: *Hola, Mavi. ¿Adónde vas?*
Mavi: *Voy a ver las tiendas que hay en el Mercado Puerta de Toledo. He oído hablar que allí hay casi 150 tiendas de moda.*
Mabel: *¡Vaya! Estas tiendas son carísimas todas. Allí sólo va la gente guapa de Madrid.*

394

EJERCICIO

Perfecto

Ponga las siguientes frases en el perfecto:

1. Jesús va al banco y saca 50.000 pts.
2. Mavi no está en la escuela.
3. Jesús y Carlos juegan al squash.
4. Martín lee «El manuscrito carmesí».
5. Maite escribe un libro sobre cerámica.
6. Mabel vuelve a Badajoz.

393

Der Puerta-de-Toledo-Markt

Mabel: Hallo, Mavi. Wohin gehst du?
Mavi: Ich gehe mir die Geschäfte im Puerta-de-Toledo-Markt ansehen. Ich habe gehört, daß es dort fast 150 Mode-Geschäfte gibt.
Mabel: Oh, Mann! Diese Geschäfte sind allesamt unverschämt teuer. Dort gehen nur die Yuppies von Madrid hin.

el mercado [mɛrˈkaᵈo]	Markt
oir hablar de algo [oˈir aˈɓlar de ˈalgo]	von etwas hören
la moda [ˈmoɗa]	Mode
¡vaya! [ˈbaja]	na, so etwas!; oh, Mann!
carísimo [kaˈrisimo]	sehr/unverschämt teuer
la gente guapa [ˈxente ˈgŭapa]	*Madrider Yuppies*

394

Perfekt

Setzen Sie folgende Sätze ins Perfekt:

1. Jesús **ha ido** al banco y **ha sacado** 50.000 pts. — Jesús ist zur Bank gegangen und hat 50.000 Ptas. abgehoben. 2. Mavi no **ha estado** en la escuela. — Mavi ist nicht in der Schule gewesen. 3. Jesús y Carlos **han jugado** al squash. — Jesús und Carlos haben Squash gespielt. 4. Martín **ha leído** «El manuscrito carmesí». — Martín hat „Das karmesinrote Manuskript" gelesen. 5. Maite **ha escrito** un libro sobre cerámica. — Maite hat ein Buch über Keramik geschrieben. 6. Mabel **ha vuelto** a Badajoz. — Mabel ist nach Badajoz zurückgekehrt.

DIE EXPERTENECKE

Die wichtigsten unregelmäßigen Partizipien

abrir – abierto; decir – dicho; escribir – escrito; hacer – hecho; poner – puesto; romper – roto; ver – visto; volver – vuelto; morir – muerto; leer – leído
---

Una tarde de barbacoa

Carlos y Martín han pensado hacer una barbacoa en el Parque del Retiro. Ya han elegido un sitio adecuado para poner la barbacoa cerca del Paseo del Duque. Carlos incluso ha preguntado por el permiso. Después de avisar por teléfono a los amigos van en coche al Pryca, un supermercado grande donde pueden comprar todo lo necesario.

El año 1898

Este año marca un punto decisivo en la historia moderna de España. En la guerra contra los Estados Unidos, España perdió las últimas de sus colonias de ultramar: Cuba, Puerto Rico y las Filipinas. A causa de este desastre, que acabó definitivamente con la ilusión colectiva de la gran potencia que fue la España de los siglos XVI y XVII, se formó en España un grupo de filósofos y escritores que adoptó el nombre «generación del 98». Este grupo procuró encontrar caminos para salir de la situación traumática en que se hallaba España.

¿Quiénes fueron los miembros de este grupo?

395

Ein Grillabend

Carlos und Martín haben vor, einen Grillabend im Retiro-Park zu machen. Sie haben schon in der Nähe des Paseo del Duque einen geeigneten Platz ausgewählt, um den Grill aufzustellen. Carlos hat sogar nach der Erlaubnis gefragt. Nachdem sie die Freunde telefonisch benachrichtigt haben, fahren sie mit dem Auto zum Pryca, einem großen Supermarkt, in dem sie alles Notwendige kaufen können.

la barbacoa [barba'koa]	Grill(abend)
pensar hacer algo [pen'sar a'θɛr 'algo]	etwas zu tun vorhaben
elegir [elɛ'xir]	(aus)wählen
adecuado [aðe'kŭaᵈo]	geeignet
el permiso [pɛr'miso]	Erlaubnis
avisar [aβi'sar]	benachrichtigen
lo necesario [neθe'sarĭo]	das Notwendige

396

Das Jahr 1898

Dieses Jahr markiert einen entscheidenden Wendepunkt in der neueren Geschichte Spaniens. Im Krieg gegen die Vereinigten Staaten verlor Spanien die letzten seiner überseeischen Kolonien: Kuba, Puerto Rico und die Philippinen. Als Folge dieses Desasters, das endgültig die kollektive Illusion von der Großmacht Spanien des 16. und 17. Jahrhunderts beendete, bildete sich in Spanien eine Gruppe von Philosophen und Literaten, die den Namen „98er Generation" annahm. Diese Gruppe war bemüht, Auswege zu finden aus der traumatischen Situation, in der sich Spanien befand. Wer waren die Mitglieder dieser Gruppe?

Mitglieder waren Unamuno, Azorín, Baroja u. a.

Literaturtip: Franzbach, M.: Die Hinwendung Spaniens zu Europa: Die generación del 98, Darmstadt 1988.

En la agencia de viajes

En las vacaciones, Maite y Carlos este año quieren ir a Suramérica. Tienen una amiga alemana que trabaja en la escuela alemana de Guayaquil, en Ecuador. Ahora están en una agencia de viajes para comprar un billete de avión. La empleada de la agencia les dice que no hay vuelos directos hasta Quito. Hay que hacer transbordo en Caracas.

«No hay nada más triste que el escritor sometido al dictado del político.»
Octavio Paz

Im Reisebüro

Dieses Jahr wollen Maite und Carlos in den Ferien nach Südamerika fliegen. Sie haben eine deutsche Freundin, die an der deutschen Schule von Guayaquil in Ecuador arbeitet. Jetzt sind sie im Reisebüro, um ein Flugticket zu kaufen. Die Angestellte des Reisebüros sagt ihnen, daß es keine direkten Flüge nach Quito gibt. Man muß in Caracas umsteigen.

las vacaciones [baka'θĭones]	Ferien
la agencia de viajes [a'xenθĭa de bi'axes]	Reisebüro
el billete [bi'ʎete]	Ticket; Fahrkarte
la empleada [emple'aða]	Angestellte
el vuelo ['bŭelo]	Flug
hacer transbordo [a'θɛr trans'bɔrðo]	umsteigen
hay que [aĭ ke]	man muß

„Es gibt nichts Traurigeres als einen Schriftsteller, der sich dem Diktat eines Politikers fügt." — Octavio Paz (geb. 1914), mexikanischer Dichter und Nobelpreisträger für Literatur

---

GRAMMATIK

Verben mit Stammveränderung

Es gibt insgesamt vier Gruppen von Verben mit Stammveränderung. Die sich verändernden Verbformen sind die des Singulars und die dritte Person Plural.

1. **e → ie** – cerrar: cierro, cierras, cierra, cerramos, cerráis, cierran (schließen)
2. **o → ue** – volver: vuelvo, vuelves, vuelve, volvemos, volvéis, vuelven (zurückkehren)
3. **e → i** – pedir: pido, pides, pide, pedimos, pedís, piden (fordern)
4. **u → ue** – jugar: juego, juegas, juega, jugamos, jugáis, juegan (spielen)

399

El desayuno curioso

Mavi: *¿Has visto lo que desayuna ese señor anciano al lado de la barra?*
Jesús: *¿Cuál? ¿El de la camisa verde?*
Mavi: *Sí, ese. Está comiendo una tostada con aceite de oliva encima, y para beber tiene un café solo y una copa de coñác.*

400

EJERCICIO

Verbos

Ponga los verbos en la forma correcta:

1. ¿Cuándo _____ (empezar) la película?
2. No _____ (entender) absolutamente nada. (yo)
3. ¿Cuándo _____ (volver) de Ecuador? (Maite y Carlos)
4. ¿_____ (Tener) fuego para mí? (Ud.)
5. _____ (Encontrar) una pensión. (nosotros)
6. _____ (Jugar) muy bien al ajedrez. (Jesús)
7. _____ (Pedir) una botella de agua mineral. (Mabel)

399

Das merkwürdige Frühstück

Mavi: Hast du gesehen, was dieser alte Herr neben der Theke frühstückt?
Jesús: Welcher? Der mit dem grünen Hemd?
Mavi: Ja, der. Er ißt gerade einen Toast mit Olivenöl darauf, und zu trinken hat er einen schwarzen Kaffee und ein Gläschen Kognak.

el desayuno [desa'juno]	Frühstück
desayunar [desaju'nar]	frühstücken
curioso [ku'rĭoso/a]	merkwürdig
anciano [an'θĭano/a]	alt; betagt
la barra ['barra]	Theke
la camisa [ka'misa]	Hemd
la tostada [tɔs'tađa]	Toast(brot)
el aceite de oliva [a'θɛĭte de o'liba]	Olivenöl
el café solo [ka'fe 'solo]	schwarzer Kaffee

400

Verben

Setzen Sie die Verben in die richtige Form:

1. ¿Cuándo **empieza** la película? — Wann fängt der Film an? 2. No **entiendo** absolutamente nada. — Ich verstehe überhaupt nichts. 3. ¿Cuándo **vuelven** Maite y Carlos de Ecuador? — Wann kommen Maite und Carlos aus Ecuador zurück? 4. ¿**Tiene Ud.** fuego para mí? — Haben Sie Feuer für mich? 5. **Encontramos** una pensión. — Wir finden eine Pension. 6. Jesús **juega** muy bien al ajedrez. — Jesús spielt sehr gut Schach. 7. Mabel **pide** una botella de agua mineral. — Mabel bestellt eine Flasche Mineralwasser.

DIE EXPERTENECKE

„Noch ein Bier, bitte"

Dieser kurze Satz wird häufig falsch übersetzt. Es heißt im Spanischen: „Otra cerveza, por favor." Ebenso: „Ich brauche noch einen Kuli." — „Necesito otro boli." Auf keinen Fall aber: „Necesito un otro boli."

401

En la exposición de fotos

Maite: *La exposición de fotos que han inaugurado hoy no está mal, pero me da la impresión de que la fotografía moderna ya no es arte sino más bien una lucha libre de materiales.*
Martín: *Es justamente lo que ha dicho uno de los fotógrafos.*

402

La Diablada de Oruro

El primer domingo de Cuaresma en la ciudad boliviana de Oruro, se celebra un carnaval extraordinario, la Diablada. Este espectáculo impresionante empieza con una procesión de diablos bailando y saltando por las calles. Los trajes de los diablos son magníficos, pero de todo el disfraz destacan las máscaras. Estas máscaras son enormes, con cuernos y ojos inmensos. Estas danzas representan la lucha entre el cielo y el infierno, y siempre acaban con la victoria del cielo, es decir, de otros bailarines vestidos de ángeles.

¿Con qué países limita Bolivia?

401

In der Fotoausstellung

Maite: Die Fotoausstellung, die heute eröffnet wurde, ist nicht schlecht. Aber ich habe den Eindruck, daß die moderne Fotografie nicht mehr Kunst ist, sondern vielmehr ein Freistilringen mit Materialien.

Martín: Das ist genau das, was einer der Fotografen gesagt hat.

el arte ['arte]	Kunst
la reina ['rreĭna]	Königin
la exposición [esposi'θĭon]	Ausstellung
la foto(grafía) [fotogra'fia]	Foto(grafie)
inaugurar [inaŭgu'rar]	eröffnen
la lucha libre ['lutʃa 'liβre]	Freistilringen
el material [mate'rĭal]	Material
me da la impresión [me da la impre'sĭon]	ich habe den Eindruck
justamente [xusta'mente]	genau; eben

402

Die Diablada von Oruro

Am ersten Sonntag der Fastenzeit wird in der bolivianischen Stadt Oruro ein außergewöhnlicher Karneval gefeiert: Die Diablada. Dieses beeindruckende Spektakel beginnt mit einer Prozession von Teufeln, die tanzen und in den Straßen umherspringen. Die Anzüge der Teufel sind großartig, von der ganzen Verkleidung jedoch heben sich die Masken hervor. Diese Masken sind enorm groß, sie haben Hörner und riesige Augen. Die Tänze stellen den Kampf zwischen Himmel und Hölle dar und enden stets mit dem Sieg des Himmels, d. h. mit dem Sieg anderer, als Engel verkleideter Tänzer. An welche Länder grenzt Bolivien?

An Brasilien, Peru, Paraguay, Chile und Argentinien

Der berümte Titicaca-See befindet sich zur Hälfte auf bolivianischem Gebiet, im Nordwesten Boliviens unweit der Hauptstadt La Paz.

Un viaje de negocios

Esta semana Carlos va en un viaje de negocios a Francia y Alemania, para visitar algunos amigos suyos que tienen tiendas de cerámica. Carlos les quiere presentar una nueva colección de azulejos y las jarras futurísticas que ha diseñado durante el último medio año. Como siempre Carlos viaja en tren porque, para él, es el mejor modo de viajar.

La cucaracha

Jesús: *«La cucaracha, la cucaracha ya no puede caminar, porque no tiene, porque le falta marihuana que fumar…»*

Mavi: *¿Por qué cantas esa canción?*

Jesús: *¿No has visto la cucaracha en la pared?*

Mavi: *¡Ay! ¡Qué asco me dan esos bichos!*

403

Eine Geschäftsreise

Diese Woche macht Carlos eine Geschäftsreise nach Frankreich und Deutschland, um einige seiner Freunde zu besuchen, die Keramik-Geschäfte haben. Carlos möchte ihnen eine neue Kachel-Kollektion und die futuristischen Krüge, die er während des letzten halben Jahres entworfen hat, vorstellen. Wie immer reist Carlos mit dem Zug, weil es seiner Meinung nach die beste Art zu reisen ist.

el viaje [bi'axe]	Reise
el negocio [ne'goθǐo]	Geschäft (ökon.)
la tienda ['tǐenda]	Geschäft; Laden
la colección [kolɛg'θǐɔn]	Kollektion
la jarra ['xarra]	(Ton-)Krug
diseñar [dise'nar]	entwerfen
durante [du'rante]	während
el modo ['moðo]	Art; Art und Weise

404

Die Kakerlake

Jesús: „Die Kakerlake, die Kakerlake kann nicht mehr laufen, denn sie hat nicht, denn es fehlt ihr Marihuana zum Rauchen..."*
Mavi: Warum singst du dieses Lied?
Jesús: Hast du nicht die Kakerlake an der Wand gesehen?
Mavi: Ach du lieber Gott! Wie sehr mich dieses Ungeziefer anekelt!

* Dieses Lied ist ein sehr bekanntes, aus Mexiko stammendes Lied über den Revolutionär V. Carranza, dessen Spitzname „la cucaracha" war.

la cucaracha [kuka'ratʃa]	Kakerlake
faltar [fal'tar]	fehlen
la canción [kan'θǐɔn]	Lied
cantar [kan'tar]	singen
la pared [pa're$^{(d)}$]	Wand
¡ay! [aĭ]	Aua!; Ach du lieber Gott!
el bicho ['bitʃo]	Ungeziefer
me da asco [me da 'asko]	es ekelt mich an
el asco ['asko]	Ekel

Una paella en la playa

Los Sánchez, vecinos de los Ortega, están sentados en uno de los numerosos restaurantes en la playa de Valencia. Han pedido una auténtica paella valenciana con todos los ingredientes necesarios: pollo, mejillones, sepia, gambas, cigalas y, sobre todo, arroz.

Fregar

Dolores y Rosa esconden todos los platos sucios detrás de la puerta de la cocina, porque quieren ponerle una trampa a Pedro. Hace media hora que éste salió para 'comprar cigarrillos'. Ahora entra y exclama:
>¡Ya está todo hecho! He vuelto para fregar los platos y . . .

Mostrándole las ollas y sartenes sucias, Rosa dice:
>¿Por qué no empiezas? Te toca a ti.

405

Eine Paella am Strand

Die Sánchez, Nachbarn der Ortegas, sitzen in einem der zahlreichen Restaurants am Strand von Valencia. Sie haben eine echte valencianische Paella bestellt, mit allen notwendigen Zutaten: Hähnchen, Miesmuscheln, Sepia, kleine Krabben, Cigalas und vor allem Reis.

paella (f.) [pa'eʎa]	Paella (spanisches ‚Nationalgericht'); ein ehemaliges Arme-Leute-Essen, bei dem Reste verwendet wurden (vor allem an der levantinischen Küste um Valencia)
sepia (f.) ['sepĭa]	Sepia, eine Art Tintenfisch
cigala (f.) [θi'gala]	Kronenhummer, Kaisergranat
arroz (m.) [a'rrɔθ]	Reis

406

Geschirrspülen

Dolores und Rosa verstecken alles schmutzige Geschirr hinter der Küchentür, weil sie Pedro eine Falle stellen wollen. Vor einer halben Stunde ist er weggegangen, um 'Zigaretten zu kaufen'. Jetzt tritt er ein und ruft:
> Ist ja schon alles fertig! Ich bin zurückgekommen, um das Geschirr zu spülen und . . .

Während sie ihm die schmutzigen Töpfe und Pfannen zeigt, sagt Rosa:
> Warum fängst du nicht an? Du bist an der Reihe.

fregar [fre'gar]	scheuern; abwaschen; spülen
esconder [eskɔn'dɛr]	verstecken; verbergen; verheimlichen; verschweigen
plato (m.) ['plato]	Teller; Waagschale; Gesprächsstoff; Gericht (Speisen); im Plural auch: Geschirr
olla (f.) ['oʎa]	Topf, Kochtopf

407

GRAMÁTICA

El verbo 'estar'

Presente de indicativo:
estoy
estás
está
estamos
estáis
están

Presente de subjuntivo:
esté
estés
esté
estemos
estéis
estén

Pretérito imperfecto:
estaba

Pretérito indefinido:
estuve

408

Rebajas en los grandes almacenes

Esta semana hay grandes rebajas en el Corte Inglés. Dolores lo sabe porque el martes pasó por delante de los escaparates y vio todas las blusas, faldas y camisas baratas. Quiere comprarse un vestido de moda y para Francisco unos calcetines azules.

407

GRAMMATIK

Das Verb 'estar' (sein, sich befinden)

Estar ist eines der zwei spanischen Verben für das deutsche 'sein'. Es ist in einigen Formen unregelmäßig. Sein Gebrauch unterscheidet sich sehr von dem des zweiten Verbs für 'sein': **ser**.
Es wird beispielseise zusammen mit dem Gerundio benutzt, um eine Handlung während des Verlaufs zu beschreiben, wobei der momentane Verlauf in der Übersetzung gut mit 'gerade' wiedergegeben werden kann: **Estábamos cenando** cuando llegó el tío de Jorge (Wir waren gerade beim Abendessen, als Jorges Onkel eintraf). Das Verb wird weiterhin zu Ortsangaben verwendet, zu Angaben des körperlichen Befindens und zur Angabe eines Zustands.

408

Angebote im Kaufhaus

In dieser Woche gibt es große Ermäßigungen im Corte Inglés. Dolores weiß das, weil sie am Dienstag an den Schaufenstern vorbeigegangen ist und all die billigen Blusen, Röcke und Hemden gesehen hat. Sie will sich ein modisches Kleid kaufen und für Francisco blaue Socken.

Bei 'El Corte Inglés' (etwa: der englische Schnitt, der englische Stoff handelt es sich um eine große Warenhaus-Kette.

rebaja (f.) [rrɛˈbaxa]	Rabatt; Abzug; Preisnachlaß; Ermäßigung; auch: Angebot
los grandes almacenes (m./pl.) [los ˈgrandes almaˈθenes]	Kaufhaus; Warenhaus
escaparate (m.) [eskapaˈrate]	Glasschrank; Schaufenster
calcetín (m.) [kalθeˈtin]	Socke
azul [aˈθul]	blau

El parchís

Rosa: *Cada vez que queréis jugar al parchís me preguntáis si quiero jugar también. Os lo he dicho por lo menos mil veces que no lo aguanto. Si pierdo me enfado, lo sabéis muy bien.*

Pedro: *El parchís es un juego, Rosa, nada más. Algo para pasar el rato. Hoy pierdes y mañana ganas. Y ahora ¡siéntate!*

EJERCICIO

Verbos reflexivos

Ponga los verbos reflexivos en la forma correcta:

Jesús _____ (haberse acostado) muy tarde. A la mañana siguiente _____ (despertarse) a las 11. A las 11 y cuarto _____ (levantarse) y _____ (ducharse). Luego _____ (afeitarse) y _____ (peinarse). A las 12 menos cuarto _____ (sentarse) en la cocina y desayuna. A las doce y media _____ (encontrarse) con Martín en la Puerta del Sol.

409

Parchís

Rosa: Jedes Mal wenn ihr Parchís spielen wollt, fragt ihr mich, ob ich auch spiele. Ich habe euch mindestens tausendmal gesagt, daß ich das nicht ertrage. Wenn ich verliere, ärgere ich mich. Das wißt ihr sehr gut.

Pedro: Parchís ist ein Spiel, Rosa, nichts weiter. Etwas, um die Zeit zu vertreiben. Heute verlierst du und morgen gewinnst du. Und jetzt setz' dich!

aguantar [aguan'tar]	aushalten; ertragen; erdulden; abwarten
enfadarse [emfa'ðarse]	sich ärgern
rato (m.) ['rrato]	Weile; Augenblick
para pasar el rato ['para pa'sar ɛl 'rrato]	zum Zeitvertreib
parchís (m.) [par'tʃis]	Parchís; ein dem Mensch-Ärgere-Dich-Nicht ähnliches Spiel

410

Reflexive Verben

Setzen Sie die reflexiven Verben in die korrekte Form:

Jesús **se ha acostado** muy tarde. A la mañana siguiente **se despierta** a las 11. A las 11 y cuarto **se levanta** y **se ducha**. Luego **se afeita** y **se peina**. A las 12 menos cuarto **se sienta** en la cocina y desayuna. A las doce y media **se encuentra** con Martín en la Puerta del Sol.

Jesús **ist** sehr spät **ins Bett gegangen**. Am nächsten Morgen **wacht er** um 11 Uhr **auf**. Um Viertel nach 11 **steht er auf** und **duscht sich**. Danach **rasiert** und **kämmt er sich**. Um Viertel vor zwölf **setzt er sich** in die Küche und frühstückt. Um halb 1 **trifft er sich** mit Martín an der Puerta del Sol.

--- DIE EXPERTENECKE ---

Die spanischen „Ostfriesen"

Was in Deutschland die Ostfriesen, sind in Spanien die Einwohner des andalusischen Dorfes Lepe. In den Witzen tauchen sie als „los de Lepe" auf.

Un concierto de 'rock'

Alberto: *¿Sabes que esta noche Miguel Ríos actúa en el Estadio Vicente Calderón? Mi primo Fernando y su novia tienen dos entradas.*

Rosa: *La música de este rockero viejo no me interesa de ninguna manera.*

GRAMÁTICA

El verbo 'ser'

Presente de indicativo:
soy
eres
es
somos
sois
son

Presente de subjuntivo:
sea
seas
sea
seamos
seáis
sean

Pretérito imperfecto:
era

Pretérito indefinido:
fui

411

Ein Rockkonzert

Alberto: Weißt du, daß Miguel Rios heute abend im Stadion Vicente Calderón auftritt? Mein Vetter Fernando und seine Freundin haben **zwei** Eintrittskarten.
Rosa: Die Musik dieses alten Rockers interessiert mich nicht im geringsten.

Das 'Estadio Vicente Calderón' ist das Fußballstadion des Vereins 'Atlético Madrid'.

concierto (m.) [kɔn'θi̯ɛrto]	Einklang; Übereinstimmung; Konzert
actuar [ak'tŭar]	betätigen; antreiben; hier: auftreten
primo (m.) ['primo]	Vetter

412

GRAMMATIK

Das Verb 'ser' (sein)

Ser ist wie **estar** ein unregelmäßiges Verb. Es dient zu wesentlichen Aussagen über eine Person oder einen Gegenstand. Mit ihm werden Personen und Dinge identifiziert oder definiert. In Verbindung mit Adjektiven gibt **ser** Eigenschaften an, die als wesentliche Erkennungsmerkmale gelten.
Bei **rico** (reich), **pobre** (arm) und **feliz** (glücklich) steht immer **ser**.
Außerdem wird das Verb zu Zeitangaben verwendet und zur Bildung des Passivs.
Zusammen mit der Präposition **de** wird es benutzt, um Herkunft, Zugehörigkeit, Material oder Besitz anzugeben: Este coche es de José (Dieses Auto gehört José).

El taxista simpático

Después de llegar a París en su viaje de negocios, Carlos sale de la estación de tren para buscar un taxi. En la parada de taxis sube a un taxi. Pronto empieza a hablar con el taxista que, como resulta en la conversación, es español y viene del mismo pueblo que los abuelos de Carlos. Al final el taxista apaga el taxímetro y cobra muy poco.

Un español en París

Un español exiliado en París se ha hecho famoso mundialmente: Paco Rabanne. En los años sesenta, los vestidos creados por este gran hombre de la moda de París causaron sensación. Hoy en día su estilo influye de nuevo a la nueva generación de modistos que admira sus «no vestidos». Gracias a su trabajo Francisco Rabanne Corvo, vasco de nacimiento que en Paris adoptó el nombre artístico de Paco Rabanne, ha recibido muchos premios y honores. España le concedió el Lazo de Isabel la Católica.

¿Qué otros productos llevan su nombre?

413

Der nette Taxifahrer

Bei seiner Geschäftsreise verläßt Carlos nach seiner Ankunft in Paris den Bahnhof, um ein Taxi zu suchen. Am Taxistand steigt er in ein Taxi ein. Kurze Zeit später beginnt er mit dem Fahrer zu sprechen, der, wie es sich im Gespräch herausstellt, Spanier ist und aus dem selben Dorf wie Carlos' Großeltern kommt. Zum Schluß schaltet der Fahrer das Taxameter ab und kassiert ganz wenig.

simpático, -a [sim'patiko/a]	nett
el taxista [tag'sista]	Taxifahrer
la estación de tren [esta'θion de tren]	Bahnhof
la parada de taxis [pa'raða de 'tagsis]	Taxistand
subir a un taxi [su'bir a un 'tagsi]	in ein Taxi einsteigen
resultar [rresul'tar]	sich herausstellen
apagar [apa'gar]	ausmachen; abschalten
el taxímetro [tag'simetro]	Taxameter
cobrar [ko'brar]	kassieren

414

Ein Spanier in Paris

Ein im Pariser Exil lebender Spanier ist in der ganzen Welt berühmt geworden: Paco Rabanne. In den sechziger Jahren erregten die von diesem großen Mann der Pariser Mode geschaffenen Kleider Aufsehen. Heutzutage beeinflußt sein Stil erneut die neue Generation von Modeschöpfern, die seine „Un-Kleider" bewundert. Dank seiner Arbeit sind Francisco Rabanne Corvo, ein gebürtiger Baske, der in Paris den Künstlernamen Paco Rabanne annahm, viele Preise und Ehrungen zuteil geworden. Spanien verlieh ihm das Isabel-la-Católica-Band. Welche anderen Produkte tragen seinen Namen?

Parfümerie-Produkte wie z. B. Rasierwasser u. a.

En la terraza de un bar

Camarero: ¡Buenas tardes! ¿Qué desean ustedes?
Francisco: Tráigame una cerveza bien fría para mí y una tónica para mi esposa, ¿o quieres tomar otra cosa?
Dolores: No me apetece una tónica ahora. Hace un poco de frío aquí fuera. Prefiero un café con leche para darme un calentón.
Camarero: Muy bien. Les traigo las bebidas en seguida.

Un observatorio astronómico

En una revista especial Francisco ha leído un artículo sobre un observatorio en la Sierra de los Filabres entre Guadix y Almería. Se propone visitar este 'paraíso' de los astrónomos en el Calar Alto, a unos 2170 metros sobre el nivel del mar, durante sus vacaciones en agosto.

415

Auf der Terrasse einer Bar

Kellner: Guten Tag. Was wünschen Sie?
Francisco: Bringen Sie mir ein kühles Bier für mich und ein Tonic-Wasser für meine Frau. Oder willst du etwas anderes?
Dolores: Jetzt schmeckt mir kein Tonic-Wasser. Es ist ein bißchen kalt hier draußen. Ich nehme lieber einen Milchkaffee, um mich etwas aufzuwärmen.
Kellner: Sehr wohl. Ich bringe Ihnen die Getränke sofort.

terraza (f.) [tɛ'rraθa]	Gartenbeet; Terrasse
cerveza (f.) [θɛr'beθa]	Bier
darse un calentón (m.) ['darse uŋ kalen'tɔn]	sich schnell ein wenig aufwärmen

416

Eine Sternwarte

In einer Fachzeitschrift hat Francisco einen Artikel über ein Observatorium in der Sierra de los Filabres zwischen Guadix und Almería gelesen. Er nimmt sich vor, dieses 'Paradies' der Astronomen auf dem Calar Alto – etwa 2170 Meter über dem Meeresspiegel – während seines Urlaubs im August zu besichtigen.

observatorio (m.) [ɔbsɛrbá'torío]	Sternwarte, Observatorium
sierra (f.) ['sïɛrra]	Säge; Bergkette; Gebirge
proponerse [propo'nɛrse]	sich vornehmen, vorhaben; beabsichtigen
visitar [bisi'tar]	besuchen; besichtigen; amtlich durchsuchen

417

---GRAMÁTICA---

Participio + haber

*Con el verbo auxiliar **haber** el participio forma todos los tiempos compuestos de la conjugación, y es siempre invariable, no siendo posible la introducción de ninguna otra partícula entre el auxiliar y el participio:*

> Hoy no he trabajado mucho.
> Ana ya habrá cenado.
> Habéis estado en casa.
> Hemos estado en el cine.

418

'Cochinillo' en Segovia

Francisco: *¡Escucha! Arturo me pasó este anuncio: "Restaurante 'La Cocina de Segovia'. Excelentes asados de cordero y cochinillo que usted mismo verá salir de los hornos. ¡Reserve su mesa!"*
Dolores: *Pues ¡Hazlo!*

417

GRAMMATIK

Partizip + haber

*Das Partizip bildet zusammen mit dem Hilfsverb **haber** alle zusammengesetzten Zeiten, wobei es immer unveränderlich ist. Zwischen Hilfsverb und Partizip darf keinerlei Partikel eingeschoben werden:*

> *Heute habe ich nicht viel gearbeitet.*
> *Ana wird schon zu Abend gegessen haben.*
> *Ihr seid zu Hause gewesen.*
> *Wir sind im Kino gewesen.*

418

'Spanferkel' in Segovia

Francisco: Hör zu! Diese Anzeige hat mir Arturo gegeben: "Restaurant 'Die Küche Segovias'. Exzellente Lamm- und Spanferkelbraten, die Sie sehen können, wie sie aus den Öfen kommen. Reservieren Sie Ihren Tisch!"
Dolores: Dann tu es!

Das Spanferkel ist eine der kulinarischen Spezialitäten Kastiliens und besonders Segovias.

cocina (f.) [ko'θina]	Küche; Herd
asado (m.) [a'saᵈo]	Braten
cordero (m.) [kɔr'ðero]	Lamm; Lammfell
cochinillo (m.) [kotʃi'niʎo]	Ferkel, junges Schwein; hier: Spanferkel
reservar [rrɛsɛr'bar]	zurückbehalten; vorbehalten; reservieren; aufsparen; vorbestellen

419

Recuerdos de viaje

El domingo Carlos ha vuelto a Madrid de su viaje de negocios. Esta vez no sólo ha pensado en los negocios durante el viaje, sino también en comprar recuerdos de viaje para sus amigos. De cada ciudad, en la que ha estado, ha traído una pequeña figura de cerámica. De París un pequeño delfín, de Berlín un oso y algunas figuras más abstractas.

420

*«No hay espejo
que mejor refleje
la imagen del hombre
que sus palabras.»*

Juan Luis Vives

419

Reiseandenken

Am Sonntag ist Carlos von seiner Geschäftsreise nach Madrid zurückgekommen. Dieses Mal hat er auf der Reise nicht nur an die Geschäfte gedacht, sondern auch daran, für seine Freunde Reiseandenken zu kaufen. Aus jeder Stadt, in der er gewesen ist, hat er eine kleine Keramikfigur mitgebracht. Aus Paris einen kleinen Delphin, aus Berlin einen Bären und andere, abstraktere Figuren.

el recuerdo [rrɛˈkǔɛrđo]	Andenken; Erinnerung
volver [bɔlˈƀer]	zurückkehren
esta vez [ˈesta beθ]	dieses Mal
sino [ˈsino]	sondern
cada [ˈkađa]	jede(r, s)
la figura [fiˈgura]	Figur
pequeño, -a [peˈkeɲo/a]	klein
el oso [ˈoso]	Bär
abstracto, -a [aƀsˈtrakto/a]	abstrakt

420

„Es gibt keinen Spiegel, der besser das Bild eines Menschen wiedergäbe als seine Worte." — Juan Luis Vives (1492 – 1540), spanischer Humanist und Philosoph

--- GRAMMATIK ---

Das Gerundium

Das Gerundium wird gebildet:
  Bei Verben auf **-ar**: habl**ando**.
  Bei Verben auf **-er** und **-ir**: com**iendo**, sal**iendo**.

Es wird häufig zusammen mit folgenden Verben gebraucht: estar, ir, continuar und seguir.

1. Estoy hablando con mi amiga. — Ich spreche gerade mit meiner Freundin.
2. Mavi sigue hablando. — Mavi spricht immer noch.
3. Los precios van subiendo cada vez más. — Die Preise steigen immer weiter.
4. Cerrando la puerta, Martín saluda a su padre. — Während er die Tür schließt, grüßt Martín seinen Vater. (Gerundium zur Nebensatzverkürzung)

El acueducto de Segovia

En Segovia el acueducto es, además de la catedral y del alcázar, un monumento digno de ser visitado. Es una de las obras más grandiosas e impresionantes de la época romana. Con 118 arcos, recorre una distancia de aproximadamente 730 metros. Este conjunto de piedras ciclópeas que pesan unos doce millones de kilos es hoy una de las primeras obras de la arquitectura europea.

Dolores compra semillas

Dolores: *¡Había tanta gente en el comercio de granos y semillas! ¡Qué barbaridad!*
Rosa: *¿Has comprado las semillas?*
Dolores: *Sí. No tendremos que comprar ni los guisantes ni las judías.*

421

Der Aquädukt von Segovia

In Segovia ist der Aquädukt neben der Kathedrale und dem Alcázar ein sehenswürdiges Denkmal. Er ist eines der großartigsten und eindrucksvollsten Bauwerke der römischen Zeit. Mit seinen 118 Bögen durchläuft er eine Strecke von ungefähr 730 Metern. Diese Einheit aus zyklopischen Steinen, die etwa zwölf Millionen Kilo wiegen, stellt heute eines der hervorragendsten Werke europäischer Architektur dar.

monumento (m.) [monu'mento]	Denkmal
digno ['digno]	würdig; wert; angemessen
grandioso [gran'dĭoso]	großartig; herrlich
impresionante [impresĭo'nante]	eindrucksvoll
recorrer [rrɛkɔ'rrɛr]	durchlaufen; bereisen; durchlesen; überfliegen; zurücklegen
distancia (f.) [dis'tanθĭa]	Entfernung; Abstand; Unterschied; hier: Strecke

422

Dolores kauft Saatgut

Dolores: Es waren so viele Leute in der Samenhandlung. Unglaublich!
Rosa: Hast du die Samen gekauft?
Dolores: Ja. Wir werden weder Erbsen noch Bohnen kaufen müssen.

semilla (f.) [se'miʎa]	Samen; Samenkorn; hier im Plural auch: Saatgut
grano (m.) ['grano]	Korn; Samenkorn; (Kaffee-)Bohne; im Plural auch: Getreide
barbaridad (f.) [barbari'ða⁽ᵈ⁾]	Barbarei; Ungeheuerlichkeit; hier zusammen mit qué ... als Ausruf: unglaublich!

EJERCICIO

Gerundio

Ponga los seis gerundios en el espacio correcto:
estar volviendo; estar esperando; estar hablando;
estar mirando; estar tomando; estar pensando

Mavi _____ un vaso de vino.

Maite y Carlos _____ del viaje.

Jesús _____ a casa.

Mabel _____ una llamada.

Vosotros _____ la tele.

Nosotros _____ en las vacaciones.

GRAMÁTICA

Ser o estar

En el mercado la fruta es barata.	De momento, las naranjas están muy baratas.
Pilar es muy orgullosa.	Pilar está orgullosa de su éxito.
La novia de Jorge es morena.	Su novia está morena.
Antonio es viejo.	Antonio está viejo.
Es un hombre muy rico.	La tortilla está muy rica.

Gerundium

Setzen Sie die sechs Gerundien an die richtige Stelle:
estar volviendo; estar esperando; estar hablando; estar mirando; estar tomando; estar pensando

Mavi **está tomando** un vaso de vino. — Mavi trinkt gerade ein Glas Wein. Maite y Carlos **están hablando** del viaje. — Maite und Carlos sprechen gerade über die Reise. Jesús **está volviendo** a casa. — Jesús kommt gerade nach Hause zurück. Mabel **está esperando** una llamada. — Mabel wartet gerade auf einen Anruf. Vosotros **estáis mirando** la tele. — Ihr seht gerade fern. Nosotros **estamos pensando** en las vacaciones. — Wir denken gerade an die Ferien.

DIE EXPERTENECKE

Es gibt nur wenige unregelmäßige Gerundien-Formen: decir → diciendo (so auch: conseguir, pedir, sentir, despedir, repetir usw.); dormir → durmiendo (so auch: morir); leer → leyendo (so auch: construir, excluir usw.)

GRAMMATIK

Ser oder estar

Auf dem Markt ist das Obst billig.	Zur Zeit sind die Apfelsinen sehr billig.
Pilar ist sehr stolz (Person).	Pilar ist stolz auf ihren Erfolg.
Jorges Freundin ist dunkel (dunkelhäutig).	Seine Freundin ist braungebrannt.
Antonio ist alt.	Antonio wirkt alt (sieht alt aus).
Er ist ein sehr reicher Mann.	Das Omelett schmeckt sehr gut.

*Die Beispiele zeigen, daß die Verwendung von **ser** bzw. **estar** eine Aussage bedeutungsunterscheidend beeinflußt. **Ser** bezeichnet immer eine wesentliche Eigenschaft, wobei unberücksichtigt bleibt, daß diese manchmal als vergänglich oder vorübergehend angesehen werden kann. Durch die Verwendung von **estar** wird erreicht, daß eine Eigenschaft momentan in den Vordergrund tritt oder nur in einem bestimmten Zusammenhang gesehen werden darf.*

425

Las quinielas

Arturo: *El domingo pasado acerté nueve. Me falló el Zaragoza. ¡No hay derecho a perder otra vez en su campo! ¿Qué hace ese entrenador? Es que uno no puede estar en todo. Uno piensa en los partidos pesando todos los factores, incluso el factor suerte, y . . .*

Francisco: *1, equis ó 2, Arturo. Hay que adivinarlo.*

426

Real Madrid – C.F. Barcelona

El último domingo Francisco y Pedro vieron el partido de fútbol entre el Real Madrid y el 'Barça', como los catalanes llaman el C.F. Barcelona. En el Estadio Bernabeu ganó el Madrid por dos a cero y los hinchas madrileños bailaron en las calles. El encuentro entre los dos equipos siempre se destaca por una tensión fuerte porque refleja un poco la lucha eterna de los catalanes autonomistas contra los centralistas.

425

Fußballtoto

Arturo: Vergangenen Sonntag hatte ich neun Richtige. Zaragoza habe ich falsch getippt. Ist doch unerhört, schon wieder auf eigenem Platz zu verlieren! Was macht der Trainer bloß? Man kann doch nicht an alles denken. Man wägt beim Nachdenken über die Spiele alle Faktoren ab, sogar den Zufall, und ..
Francisco: 1, null oder 2, Arturo. Man muß es erraten.

quiniela (f.) [ki'nïela]	Totoschein; im Plural: Fußballtoto
acertar [aθɛr'tar]	erraten; (ein Ziel) treffen
fallar [fa'ʎar]	ein Urteil fällen über; fehlgehen, versagen, fehlschlagen
equis (f.) ['ekis]	Name des Buchstabens x; im Toto entspricht das X der Null für ein Unentschieden

426

Real Madrid – FC Barcelona

Am letzten Sonntag sahen Francisco und Pedro das Fußballspiel zwischen Real Madrid und 'Barça', wie die Katalanen den FC Barcelona nennen. Im Stadion Bernabeu gewann Madrid zwei zu null, und die Madrider Fans tanzten in den Straßen. Die Begegnung zwischen den beiden Mannschaften zeichnet sich immer durch große Spannung aus, weil sie ein bißchen den ewigen Kampf der nach Unabhängigkeit strebenden Katalanen gegen die Zentralisten widerspiegelt.

partido (m.) [par'tiðo]	Partei; Partie; Spiel
hincha (m.) ['intʃa]	(Jazz-, Fußball-)Fan
encuentro (m.) [eŋ'kŭentro]	Begegnung; Zusammenstoß; Treffen
destacarse [desta'karse]	sich abheben; hervortreten; sich auszeichnen
tensión (f.) [ten'sĭon]	Spannung

427

Ir en bicicleta

Julio: ¡Peeedro, espérame! Con tu bici de carreras vas muy rápido. ¿Por qué tienes tanta prisa? Así no podemos disfrutar del paisaje.

Pedro: ¡Vale! Es mejor ir despacio. Con este tiempo el Jarama es un deleite para los ojos.

428

---- GRAMÁTICA ----

Verbos irregulares más usados

dar: doy das da damos dais dan
decir: digo dices dice decimos decís dicen
hacer: hago haces hace hacemos hacéis hacen
ir: voy vas va vamos vais van
oír: oigo oyes oye oímos oís oyen
querer: quiero quieres quiere queremos queréis quieren
saber: sé sabes sabe sabemos sabéis saben
venir: vengo vienes viene venimos venís vienen

Radeln

Julio: Peeedro, warte auf mich! Du fährst sehr schnell auf deinem Rennrad. Warum hast du es so eilig? So können wir die Landschaft nicht genießen.
Pedro: In Ordnung! Es ist besser, langsam zu fahren. Bei diesem Wetter ist der Jarama eine Augenweide.

Der Fluß Jarama im Osten Madrids ist Schauplatz des Romans 'El Jarama' von Rafael Sánchez Ferlosio.

bicicleta (f.) [biθi'kleta]	Fahrrad; das Wort wird oft zu *bici* verkürzt
valer [ba'lɛr]	nützen; einbringen; gelten; wert sein; kosten; taugen; hier als feste Redewendung: in Ordnung!
deleite (m.) [de'lɛite]	Ergötzen; Wonne; Wollust

GRAMMATIK

Gebräuchlichste unregelmäßige Verben

*Bei den Verben **dar** (geben), **decir** (sagen), **hacer** (machen, tun), **ir** (gehen, fahren), **oír** (hören), **querer** (wollen, lieben), **saber** (wissen, können) und **venir** (kommen) sind jeweils die Formen des Präsens angegeben. Obwohl diese Verben z. T. viele Unregelmäßigkeiten aufweisen, ist es wegen der Häufigkeit ihres Vorkommens unumgänglich, sie zu beherrschen. Hier sind die jeweiligen Formen des Partizips:*
dar – dado (gegeben), decir – dicho (gesagt), hacer – hecho (gemacht, getan), ir – ido (gegangen, gefahren), oír – oído (gehört), querer – querido (gewollt, geliebt), saber – sabido (gewußt), venir – venido (gekommen).

429

En el balcón

Martín: *No comprendo cómo puedes estudiar aquí en el balcón con este ruido que hay en la calle.*
Carmen: *Con el jaleo que hay siempre en nuestra casa prefiero estudiar aquí fuera. Al ruido de la calle ya estoy acostumbrada.*

430

Julio cuenta algo de su viaje a Barcelona

Julio: *Durante los primeros días tenía tanto trabajo que no podía visitar la cuidad, pero el sábado fui a ver el Barrio Gótico con los restos de la época romana. ¿Sabías que los catalanes lo llaman 'rovell de l'ou'?*
Pedro: *¿Y qué más hiciste?*
Julio: *Pues, pasé dos días en la playa de Masnou.*

429

Auf dem Balkon

Martín: Ich verstehe nicht, wie du bei diesem Lärm auf der Straße hier auf dem Balkon lernen kannst.
Carmen: Bei dem Lärm, der immer bei uns zu Hause ist, lerne ich lieber hier draußen. An den Straßenlärm habe ich mich schon gewöhnt.

comprender [kɔmpren'dɛr]	begreifen, verstehen
con este ruido [kɔn]['este]['rrŭiđo]	bei diesem Lärm
el jaleo [xa'leo]	Radau, Lärm
preferir [prefe'rir]	vorziehen

430

Julio erzählt etwas von seiner Reise

Julio: Während der ersten Tage hatte ich soviel Arbeit, daß ich die Stadt nicht besichtigen konnte, aber am Samstag habe ich mir das Gotische Viertel mit den Resten aus der Römerzeit angesehen. Wußtest du, daß die Katalanen es 'Eigelb' nennen?
Pedro: Und was hast du sonst noch gemacht?
Julio: Nun, ich habe zwei Tage am Strand von Masnou verbracht.

gótico ['gotiko]	gotisch
resto (m.) ['rresto]	Rest; Überrest
catalán (m.) [kata'lan]	Katalane

431

La 'Sardana'

Todos los catalanes conocen la sardana. Cada domingo barceloneses y turistas de todo el mundo acuden a la plaza delante de la catedral para ver a los bailadores o para participar ellos mismos en el baile. Para bailar la sardana se forman círculos muy grandes. Se puede decir que se trata de un baile 'nacional' de Cataluña. Bajo la dictadura de Franco la sardana fue uno de los símbolos de la resistencia.

432

En la piscina

Maica: *Es imposible nadar un solo largo. La piscina está de bote en bote hoy.*
Aintzane: *Tienes razón. Parece que todo Madrid ha ido a la piscina.*
Maica: *Creo que a partir de ahora sólo voy a nadar cuando está lloviendo.*

431

Der 'Sardana'-Tanz

Alle Katalanen kennen die Sardana. Jeden Sonntag finden sich Einwohner Barcelonas und Touristen aus aller Welt auf dem Platz vor der Kathedrale ein, um die Tänzer zu sehen oder selber mitzutanzen. Um die Sardana zu tanzen, werden große Kreise gebildet. Man kann sagen, daß es sich um einen 'National'-Tanz Kataloniens handelt. Unter der Diktatur Francos war die Sardana eines der Symbole des Widerstands.

sardana (f.) [sar'ðana]	katalanischer (Rund-)Tanz
bailador (m.) [baïla'ðɔr]	Tänzer
bailar [baï'lar]	tanzen
baile (m.) ['baïle]	Tanz; Ball
círculo (m.) ['θirkulo]	Kreis; Verein
símbolo (m.) ['simbolo]	Sinnbild, Symbol; Wahrzeichen

432

Im Schwimmbad

Maica: Es ist unmöglich, auch nur eine Bahn zu schwimmen. Das Schwimmbecken ist heute brechend voll.
Aintzane: Du hast recht. Es scheint, daß ganz Madrid ins Schwimmbad gegangen ist.
Maica: Ich glaube, ab jetzt werde ich nur noch schwimmen gehen, wenn es regnet.

nadar [na'ðar]	schwimmen
el largo ['largo]	Bahn (im Schwimmbad)
la piscina [pis'θina]	Schwimmbad; Schwimmbecken
estar de bote en bote [es'tar] [de] ['bote] [em] ['bote]	brechend voll sein
tener razón [te'nɛr] [rra'θɔn]	recht haben
creer [kre'ɛr]	glauben

433

EJERCICIO

Preposiciones

Rellene el espacio con unas preposiciones adecuadas:

Ramón está _____ la oficina. La máquina de escribir está _____ la mesa. _____ de la mesa hay una papelera. La fotocopiadora se encuentra _____ la puerta. El teléfono está _____ de Ramón. El reloj está _____ la pared, _____ la puerta. El telefax está _____ teléfono.

434

El nuevo cartero

Desde hace dos semanas hay un nuevo cartero en el barrio donde vive Tomás. El cartero anterior se ha jubilado hace un par de semanas. Como Tomás suele escribir cartas muy a menudo y sus amigos casi siempre contestan sus cartas en seguida, Tomás ahora se pregunta porqué últimamente no recibe ninguna carta ...

433

Präpositionen

Füllen sie den Platz mit den passenden Präpositionen:

Ramón está **en** la oficina. La máquina de escribir está **en/sobre/encima de** la mesa. **Debajo** de la mesa hay una papelera. La fotocopiadora se encuentra **al lado de/cerca de/junto a** la puerta. El teléfono está **delante** de Ramón. El reloj está **en** la pared, **encima de** la puerta. El telefax está **al lado del/cerca del/junto al/delante del** teléfono.

Ramón ist **im** Büro. Die Schreibmaschine steht **auf** dem Tisch. **Unter** dem Tisch steht ein Papierkorb. Der Fotokopierer steht **neben** der Tür. Das Telefon steht **vor** Ramón. Die Uhr hängt **an** der Wand, **über** der Tür. Das Telefaxgerät steht **neben dem** Telefon.

434

Der neue Postbote

Seit zwei Wochen gibt es in dem Stadtviertel, in dem Tomás wohnt, einen neuen Briefträger. Der vorherige Briefträger ist vor ein paar Wochen pensioniert worden. Da Tomás sehr oft Briefe zu schreiben pflegt und seine Freunde ihm fast immer sofort antworten, fragt sich Tomás jetzt, warum er neuerdings keinen Brief mehr bekommt ...

el barrio ['barrio]	Stadtviertel
el cartero [kar'tero]	Briefträger
un par de [par] [de]	ein paar ...
a menudo [a] [me'nuđo]	oft
en seguida [en] [se'giđa]	sofort

435

El español de México

La primera impresión que el español mexicano puede producir en un observador atento es la que se trata de un habla sumamente conservadora frente al español de España. Y, en efecto, en muchos casos el habla de México ha conservado antiguos modos de decir. El influjo de las lenguas indígenas en el desarrollo del español mexicano ha sido mínimo, únicamente el Náhuatl ha contribuido una serie de palabras.

¿Qué pueblo indígena de México hablaba el Náhuatl?

436

Ropa de verano

Fani: *Nada más empezar el mes ya has gastado todo tu sueldo er ropa.*
Maica: *Lo dices sólo porque te da envidia. Además, me ha costado menos de lo que piensas.*
Fani: *Esta frase me suena mucho…*

435

Das Spanisch Mexikos

Der erste Eindruck, den das mexikanische Spanisch einem aufmerksamen Beobachter vermitteln kann, ist, daß es sich, gegenüber dem Spanischen Spaniens, um eine äußerst konservative Sprechweise handelt. Und tatsächlich hat die Sprache Mexikos in vielen Fällen alte Ausdrucksweisen bewahrt. Der Einfluß der indianischen Sprachen auf die Entwicklung des mexikanischen Spanisch ist gering gewesen. Lediglich das Náhuatl hat eine Reihe von Wörtern beigetragen. Welches indianische Volk Mexikos sprach das Náhuatl?

Die Azteken

Auf dem Gebiet der heutigen Stadt Mexiko-City befand sich bei der Ankunft der Spanier die riesige Hauptstadt der Azteken, Tenochtitlán.

436

Sommerkleidung

Fani: Der Monat hat kaum begonnen, da hast du schon dein ganzes Gehalt für Kleider ausgegeben.
Maica: Das sagst du nur, weil du neidisch bist. Außerdem hat es mich weniger gekostet, als du denkst.
Fani: Diesen Satz habe ich doch schon gehört ...

el sueldo ['sŭɛldo]	Lohn, Gehalt
la ropa ['rrɔpa]	Kleidung
la envidia [em'biðia]	Neid
la frase ['frase]	Satz
esto me suena ['esto] [me] ['sŭena]	das kommt mir bekannt vor

437

«El primer paso es el que cuesta.»
Refrán español

438

En viaje de negocios

El jefe de la empresa de Ramón ha mandado a Ramón a Santander donde debe controlar personalmente la carga de unos buques libaneses que están surtos en el puerto de Santander. Esta mañana ha tenido que levantarse a las cuatro y media para llegar a tiempo al aeropuerto de Barajas que está en el este de Madrid.

437

„Der erste Schritt ist der schwerste." – Spanisches Sprichwort

---
GRAMMATIK

Präposition und Infinitiv

Einige Nebensätze des Deutschen lassen sich im Spanischen verkürzen durch Konstruktionen mit Präpositionen und Infinitiv:

1. Aprendo español *para hablar* con los españoles. – Ich lerne Spanisch, *um* mit den Spaniern *zu sprechen*.
2. *Después de leer* el periódico va al trabajo. – *Nachdem er die Zeitung gelesen hat*, geht er zur Arbeit.
3. Se despiden *sin mirarse*. – Sie verabschieden sich, *ohne sich anzuschauen*.
4. *De no ser así*, me informaré otra vez. – *Wenn es nicht so ist*, werde ich mich nochmal informieren.

438

Auf Geschäftsreise

Der Chef von Ramóns Unternehmen hat Ramón nach Santander geschickt, wo er persönlich die Ladung einiger libanesischer Frachter kontrollieren soll, die im Hafen von Santander vor Anker liegen. Heute morgen mußte er um halb fünf aufstehen, um rechtzeitig zum Flughafen Barajas zu kommen, der im Osten Madrids liegt.

el negocio [ne'goθĭo]	Geschäft
personalmente [pɛrsonal'mente]	persönlich
el puerto ['pŭerto]	Hafen
a tiempo [a] ['tĭempo]	rechtzeitig
el aeropuerto [aero'pŭerto]	Flughafen

439

ADIVINANZA
Idiomas europeos

al – al – ali – an – an – ano – cas – cat – ces – co – co – da – des – des – ego – ego – em – fin – fran – ga – gles – go – gri – gues – ho – in – it – lan – lan – lla – lle – nes – no – no – por – ru – ru – so – sue – te – tu – vas

1. _____
2. _____
3. _____
4. _____
5. _____
6. _____
7. _____
8. _____
9. _____
10. _____
11. _____
12. _____
13. _____
14. _____
15. _____
16. _____

440

La merienda al aire libre

Tomás: *¿Ya os habéis decidido donde vamos a hacer la merienda hoy?*

Miriam: *Si, Ramón y Martín conocen un sitio muy bonito en el bosque cerca de El Pardo.*

Tomás: *¿Y ya habéis comprado la comida?*

Miriam: *Ramón ha ido a comprarla ahora.*

439

Europäische Sprachen

Aus den Silben konnte man insgesamt 16 Sprachen bilden. Wieviele haben Sie gefunden?

holandés; italiano; catalán; francés; portugués; vasco (baskisch); sueco (schwedisch); castellano (spanisch); inglés (englisch); danés (dänisch); finlandés; griego (griechisch); ruso (russisch); noruego (norwegisch); alemán; gallego (galicisch)

DIE EXPERTENECKE

Substantivierung von Adjektiven

sächlicher Artikel: **lo** + Adjektiv = Substantiv

lo mejor – das Beste; lo malo – das Schlechte; lo peor – das Schlimmste; lo más interesante – das Interessanteste; lo menos probable – das am wenigsten Wahrscheinliche

---

440

Das Picknick

Tomás: Habt ihr euch schon entschieden, wo wir heute das Picknick machen?
Miriam: Ja, Ramón und Martín kennen einen sehr hübschen Platz im Wald in der Nähe von El Pardo.
Tomás: Und habt ihr schon das Essen gekauft?
Miriam: Ramón ist gerade einkaufen gegangen.

decidirse [deθi'dirse]	entscheiden
conocer [kono'θɛr]	kennen(lernen)
el sitio ['sitio]	Ort, Stelle
el bosque ['bɔske]	Wald
bonito [bo'nito]	hübsch (nicht für Menschen)

441

El Caribe

El Caribe, esa masa de agua de dos millones y medio km², en la que más de una docena de países tienen sus costas, ha sido durante cinco siglos un escenario donde las distintas potencias europeas dirimían sus conflictos por la hegemonía política y comercial mundial. En el siglo XX, esa larga serie de tensiones políticas fue continuada por la presencia norteamericana y soviética.

¿Cómo se llaman las islas caribeñas donde se habla español hasta hoy en día?

442

En el restaurante argentino

Aintzane: *¡Qué aburrida es la carta aquí! No hay nada más que carne, carne y otra vez carne.*
Maica: *Tú que trabajas en una empresa de comestibles deberías de saberlo ya.*
Aintzane: *Bueno, sí, pero no me lo imaginaba tan monótono.*

441

Die Karibik

Die Karibik, diese Wassermasse von 2 1/2 Mio. km², an der mehr als ein Dutzend Länder ihre Küsten haben, ist fünf Jahrhunderte lang ein Schauplatz gewesen, auf dem die verschiedenen europäischen Mächte ihre Konflikte um die politische und wirtschaftliche Vorherrschaft in der Welt austrugen. Im zwanzigsten Jahrhundert wurde diese lange Serie politischer Spannungen durch die amerikanische und sowjetische Präsenz fortgesetzt. Wie heißen die karibischen Inseln, wo bis heute Spanisch gesprochen wird?

Cuba, Puerto Rico und Dominikanische Republik

Im Spanischen Puerto Ricos hat der erdrückende Einfluß der USA zur Aufnahme vieler hispanisierter Anglizismen geführt: "cloche" – Haken; "suiche" – Lichtschalter u.v.a.

442

Im argentinischen Restaurant

Aintzane: Wie langweilig die Speisekarte hier ist! Es gibt nichts anderes als Fleisch, Fleisch und nochmals Fleisch.
Maica: Du, die du in einem Nahrungsmittelunternehmen arbeitest, solltest das eigentlich schon wissen.
Aintzane: Hm, schon, aber so eintönig habe ich es mir nicht vorgestellt.

aburrido [aβu'rriðo]	langweilig
la carta ['karta]	Speisekarte
la carne ['karne]	Fleisch
deber [de'βer]	sollen, müssen
imaginarse algo [imaxi'narse] ['algo]	sich etwas vorstellen

443

> *«En un mundo injusto
> el que clama por justicia
> es tomado por loco.»*
>
> *León Felipe*

444

EJERCICIO

El artículo

Ponga el artículo correcto delante de las siguientes palabras:

___ idioma	___ tema	___ poder
___ acción	___ cigüeña	___ día
___ telegrama	___ nieve	___ mapa
___ amistad	___ drama	___ planeta
___ poema	___ legumbres	___ programa

443

„In einer ungerechten Welt wird derjenige, der nach Gerechtigkeit schreit, für verrückt erklärt." — Felipe Camino Gallego (1884 – 1968), spanischer Dichter, der unter dem Pseudonym León Felipe seine Gedichte schrieb

---

GRAMMATIK

Das Futur

Die regelmäßige Bildung des Futurs der Verben auf ar, er bzw. ir ist identisch. Die Personalendungen des Futurs werden jeweils an den Infinitiv angehängt. Z. B. *lavar* – waschen: lavaré, lavarás, lavará, lavaremos, lavaréis, lavarán; oder *comer* – essen: comeré, comerás, comerá, comeremos, comeréis, comerán.

Das Futur wird gebraucht:
a) für in der Zukunft liegende Handlungen: El mes que viene iré a Viena. – Nächsten Monat fahre ich nach Wien. oder
b) zum Ausdruck einer Vermutung: Están llamando. ¿Será Carmen? – Es klingelt. Ist das wohl Carmen?

444

Der Artikel

Setzen Sie den richtigen Artikel vor die folgenden Wörter:

el idioma *die Sprache*	**el** tema *das Thema*	**el** poder *die Macht*
la acción *die Handlung*	**la** cigüeña *der Storch*	**el** día *der Tag*
el telegrama *das Telegramm*	**la** nieve *der Schnee*	**el** mapa *die Landkarte*
la amistad *die Freundschaft*	**el** drama *das Drama*	**el** planeta *der Planet*
el poema *das Gedicht*	**las** legumbres *die Hülsenfrüchte*	**el** programa *das Programm*

DIE EXPERTENECKE

Quien fue a Sevilla, perdió su silla. — Weggegangen, Platz vergangen. (Wörtl.: Der, der nach Sevilla ging, verlor seinen Stuhl.)

445

Comer en un restaurante

Martín y Eladio no tienen ganas de preparar una comida. Han decidido comer fuera en un restaurante. Como ya conocen todos los restaurantes de la ciudad cogen el coche y van a una casa de campo donde ponen un lomo a la parilla muy bueno y ensaladas riquísimas a precios muy baratos.

446

Goytisolo y los telescopios de Montjuich

En 1966 se publicó la novela 'Señas de identidad' de Juan Goytisolo. En ella el autor describe la posguerra española con el terror de la policía y la falta de libertad. El protagonista Alvaro mira, en el último capítulo, a través de los telescopios de Montjuich y, viendo las chabolas y chozas, reconoce que la creciente industrialización y el turismo encubren el estado insoporable del país.

445

Essen in einem Restaurant

Martín und Eladio haben keine Lust, sich etwas zu essen zu machen. Sie haben beschlossen, auswärts in einem Restaurant essen zu gehen. Da sie schon alle Restaurants der Stadt kennen, nehmen sie den Wagen und fahren zu einem Bauernhof, wo es sehr billig gute gegrillte Lendenfilets und sehr leckere Salate gibt.

tener ganas de [teˈnɛr][ˈganas][de]	Lust haben zu
fuera [ˈfŭera]	draußen; außerhalb
coger [kɔˈxɛr]	nehmen
el lomo [ˈlomo]	Lende
barato [baˈrato]	billig

446

Goytisolo und die Fernrohre von Montjuich

1966 wurde der Roman 'Identitätszeichen' von Juan Goytisolo veröffentlicht. In ihm beschreibt der Autor die spanische Nachkriegszeit mit dem Polizeiterror und der fehlenden Freiheit. Im letzten Kapitel schaut die Hauptperson Alvaro durch die Fernrohre von Montjuich. Er sieht die elenden Wohnungen und Hütten und erkennt, daß die wachsende Industrialisierung und der Tourismus den unerträglichen Zustand des Landes verschleiern.

Auf dem Hügel 'Montjuich' in Barcelona befindet sich u. a. das sogenannte 'Spanische Dorf', in dem typische Gebäude einzelner spanischer Regionen aufgebaut sind.

telescopio (m.) [telesˈkopĭo]	Teleskop; Fernrohr
novela (f.) [noˈbela]	Roman; Erdichtung
encubrir [eŋkuˈbrir]	verbergen; verhehlen; hier: verschleiern
estado (m.) [esˈtaᵈo]	Stand; Zustand; Staat

447

Los gitanos

Los gitanos proceden del norte de la India, desde donde emigraron alrededor del siglo IX hacia Europa. Durante los siglos XIII y XIV un grupo de ellos se instaló en la península ibérica. En pocos 'ses Europa los gitanos pudieron contribuir ta .to a cultura de un pueblo como en España.

¿Que tipo de música es la música tradicional de los gitanos españoles?

448

Jugando a las cartas

Carmen: *¿No te lo decía? Con estos dos no se puede jugar a las cartas. Lo toman demasiado en serio y se mosquean cada dos por tres.*

Marisa: *Pero si tú ya lo sabías ¿porqué siempre vuelves a jugar con ellos?*

447

Die Zigeuner

Die Zigeuner stammen aus dem Norden Indiens, von wo sie ungefähr im 9. Jh. nach Europa auswanderten. Während des 13. und 14. Jh. ließ sich eine Gruppe von ihnen auf der iberischen Halbinsel nieder. In wenigen Ländern Europas konnten die Zigeuner so viel zur Kultur eines Volkes beitragen wie in Spanien.

Welche Art von Musik ist die traditionelle Musik der spanischen Zigeuner? – *Der Flamenco.*

448

Beim Kartenspielen

Carmen: Habe ich es dir nicht gesagt? Mit den beiden kann man nicht Karten spielen. Sie nehmen das viel zu ernst und regen sich ständig auf.
Marisa: Aber wenn du das schon wußtest, warum spielst du dann immer wieder mit ihnen?

jugar a las cartas [xuˈgar][ˈkartas]	Karten spielen
demasiado [demaˈsĭaᵈo]	zu (viel)
en serio [ˈserĭo]	im Ernst
cada dos por tres [ˈkaða][dɔs][pɔr][tres]	ständig
volver a hacer algo [bɔlˈɓɛr][a][aˈθɛr][ˈalgo]	wieder etwas tun

Marisa está de compras

Para el viaje que ha ganado Marisa todavía le faltan muchas cosas. Lo primero que piensa comprarse es ropa nueva. Aún no sabe qué ropa exactamente necesitará en el caribe, por eso pasea por las calles y va mirando los escaparates. Al cabo de hora y media se compra un bañador nuevo y unas zapatillas.

EJERCICIO

Acciones acabadas

Haga de las acciones en las frases siguientes resultados de una acción acabada
(Machen Sie aus den Handlungen der folgenden Sätze Ergebnisse einer abgeschlossenen Handlung):

1. Felipe se ha sentado ya.
2. Raúl se ha enamorado de Ana.
3. Los niños se han acostumbrado a ver la tele.
4. La gente se ha animado bastante.

449

Marisa macht Einkäufe

Für die Reise, die Marisa gewonnen hat, fehlen ihr immer noch viele Sachen. Das erste, was sie kaufen möchte, ist neue Kleidung. Noch weiß sie nicht, was genau an Kleidung sie in der Karibik brauchen wird. Deswegen schlendert sie durch die Straßen und schaut sich nach und nach die Schaufenster an. Nach anderthalb Stunden kauft sie sich einen neuen Badeanzug und Sportschuhe.

todavía [toða'βia]	noch (immer)
faltar [fal'tar]	fehlen
lo primero [pri'mero]	das erste
el escaparate [eskapa'rate]	Schaufenster
el bañador [baɲa'ðɔr]	Badeanzug, -hose

450

Abgeschlossene Handlungen

Machen Sie aus den Handlungen der folgenden Sätze Ergebnisse einer abgeschlossenen Handlung:

1. *Felipe está sentado ya.* — Philipp sitzt bereits.
2. *Raúl está enamorado de Ana.* — Raúl ist verliebt in Ana.
3. *Los niños están acostumbrados a ver la tele.* — Die Kinder sind es gewöhnt fernzusehen.
4. *La gente está bastante animada.* — Die Leute sind ziemlich fröhlich.

DIE EXPERTENECKE

otro/otra; medio/media

Otra cerveza, por favor. — Noch ein Bier, bitte. / *Necesito otro boli.* – Ich brauche noch einen Kuli. / *Medio kilo de tomates, por favor.* — Ein halbes Kilo Tomaten, bitte. / *El concierto dura media hora.* — Das Konzert dauert eine halbe Stunde.

451

El malabarista ignorado

Hoy, Tomás ha encontrado un empleo en el mercado. Trabaja como vendedor en un puesto de frutas. Desde que ha visto al malabarista hace un mes en la fiesta de San Isidro ensaya casi todos los días dondequiera que esté. Como por el momento no hay clientela hace juegos malabares con unas piñas.

452

«Hablando
se entiende a la gente.»
Proverbio español

451

Der verkannte Jongleur

Heute hat Tomás einen Job auf dem Markt gefunden. Er arbeitet als Verkäufer an einem Obststand. Seit er vor einem Monat den Jongleur auf dem San-Isidro-Fest gesehen hat, übt er fast jeden Tag, wo immer er auch ist. Da im Moment kaum Kundschaft da ist, jongliert er mit einigen Ananas.

el empleo [em'pleo]	Job, Anstellung
el mercado [mɛr'kaᵈo]	Markt
el puesto ['pŭesto]	Stand
hace un mes ['aθɛ] [un] [mes]	vor einem Monat
ensayar [ensa'jar]	üben

452

„Man versteht die Menschen, indem man mit ihnen spricht." – Spanisches Sprichwort

---
GRAMMATIK

Estar + Partizip

Das Verb *estar* mit nachstehendem Partizip bezeichnet man als Zustandspassiv. Es beschreibt immer das Ergebnis einer abgeschlossenen Handlung: *la casa está vendida – das Haus ist verkauft; el coche está alquilado – das Auto ist gemietet; el bar está cerrado – die Bar ist geschlossen.*

Daneben gibt es aber eine Reihe von Kombinationen, die in der deutschen Übersetzung selbständige Verben sind: *estar sentado – sitzen; estar acostado – liegen; estar encendido – brennen.*

453

Gran feria de artesanía

Dolores: Lo que más me gusta es la cerámica. El alfarero que está sentado en el puesto al lado de los tejedores vende unas jarras muy bonitas.

Francisco: ¡No las compres! Ya tenemos algunas jarras.

454

EJERCICIO

El futuro

Ponga los verbos en la forma correspondiente del futuro:

1. Seguramente Tomás ya _____ (estar) en casa.
2. El año que viene nos _____ (ir) a Cuba.
3. Mañana Miriam y Ramón _____ (jugar) al esquash.
4. ¡Tú _____ (decir)!
5. ¿Me _____ (reconocer) Aintzane?

453

Große Kunsthandwerksmesse

Dolores: Was mir am meisten gefällt, ist die Keramik. Der Töpfer, der an dem Stand neben den Webern sitzt, verkauft sehr schöne Tonkrüge.
Francisco: Kauf sie bloß nicht! Wir haben schon einige Krüge.

feria (f.) ['ferĭa]	Jahrmarkt; Messe; Schau
artesanía (f.) [artesa'nia]	(Kunst-)Handwerk
cerámica (f.) [θe'ramika]	Töpferkunst, Keramik
puesto (m.) ['pŭesto]	Verkaufsstand; Platz; Stelle; Amt
jarra (f.) ['xarra]	Tonkrug; Wasserkrug

454

Futur

1. Seguramente Tomás ya **estará** en casa. – Sicher wird Tomás schon zu Hause sein. 2. El año que viene nos **iremos** a Cuba. – Nächstes Jahr werden wir nach Cuba fliegen. 3. Mañana Miriam y Ramón **jugarán** al esquash. – Morgen werden Miriam und Ramón Squash spielen. 4. ¡Tú **dirás**! – Ganz wie du wünschst! 5. ¿Me **reconocerá** Aintzane? – Wird Aintzane mich wohl wiedererkennen?

DIE EXPERTENECKE

Bei folgenden Verben wird der Infinitivstamm des Futurs verändert: decir – sagen → diré;
haber (Hilfsverb) – haben → habré;
hacer – machen → haré;
poder – können, dürfen → podré;
poner – setzen, stellen, legen → pondré;
querer – wollen, lieben → querré;
saber – wissen, können → sabré;
salir – weggehen, (weg-/ab-)fahren → saldré;
tener – haben → tendré;
venir – kommen → vendré.

455

El descubrimiento de América

Cristóbal Colón emprendió su primer viaje en dirección al occidente con los tres barcos que le habían concedido los Reyes Católicos, Isabel y Fernando. Los barcos se llamaban Santa María, Pinta y Niña. El 12 de octubre de 1.492 hallaron Colón y sus acompañantes tierra firme de la cual pensaban que sería la India. Por eso aún hoy se llaman los indígenas de América del Sur indios.

¿Cuántos viajes en total hizo Colón a Sudamérica?

456

La cuenta corriente

Eladio: *Aquí hay una carta para tí de tu banco. ¿Qué querrán de tí?*

Martín: *¡Qué curioso eres! Tengo una cuenta corriente ahora, y cada vez que pago una factura con un cheque me mandan un extracto de cuenta, nada más.*

Die Entdeckung Amerikas

Mit den drei Schiffen, die ihm die Katholischen Könige, Isabel und Ferdinand, zugestanden hatten, unternahm Christoph Kolumbus seine erste Reise in Richtung Westen. Die Schiffe hießen Santa María, Pinta und Niña. Am 12. Oktober 1492 stießen Kolumbus und seine Begleiter auf Festland, von dem sie glaubten, daß es Indien wäre. Deshalb heißen die Ureinwohner Südamerikas auch heute noch Indianer. Wieviele Reisen unternahm Kolumbus insgesamt nach Südamerika?

Insgesamt vier, die letzte 1502 bis 1504.

Das Girokonto

Eladio: Hier ist ein Brief für dich von deiner Bank. Was wollen die wohl von dir?

Martín: Wie neugierig du bist! Ich habe jetzt ein Girokonto, und jedes Mal, wenn ich eine Rechnung mit einem Scheck bezahle, schicken sie mir einen Kontoauszug, mehr nicht.

la cuenta corriente [ˈkŭenta][kɔˈrrĭente]	Girokonto
curioso [kuˈrĭoso]	neugierig
la factura [fakˈtura]	Rechnung
el cheque [ˈtʃeke]	Scheck
el extracto de cuenta [esˈtrakto][de][ˈkŭenta]	Kontoauszug

457

Hoy descanso

Marisa y Martín quieren ir al teatro. Marisa conoce un nuevo teatro en la calle Gran Capitán, que se llama Teatro Estable de la Universidad de Granada. Como no tienen ningún programa de las representaciones van directamente allí para ver la representación de hoy. En la querta del teatro ven un cartel: Hoy descanso.

458

Las bodas de plata

Ramón: *¿Qué me pongo en la boda?*
Martín: *¿Cómo? ¿Te vas a casar?*
Ramón: *No digas tonterías. Son las bodas de plata de mis padres. Otra vez, ¿qué me pongo?*
Martín: *Qué sé yo. Yo nunca he estado en unas bodas de plata.*

457

Heute Ruhetag

Marisa und Martín wollen ins Theater gehen. Marisa kennt ein neues Theater in der Straße Gran Capitán, das *Ständiges Theater der Universität Granada* heißt. Da sie kein Aufführungsprogramm haben, gehen sie direkt dorthin, um sich die heutige Aufführung anzusehen. An der Tür des Theaters sehen sie ein Schild: Heute Ruhetag.

el descanso [des'kanso]	Ruhetag, Ruhe, Erholung
el teatro [te'atro]	Theater
la representación [rrɛpresenta'θĭɔn]	Aufführung
el cartel ['kartɛl]	Schild, Plakat
la puerta ['pŭɛrta]	Tür

458

Die Silberhochzeit

Ramón: Was soll ich auf der Hochzeit anziehen?
Martín: Wie? Du willst heiraten?
Ramón: Red keinen Quatsch. Es ist die Silberhochzeit meiner Eltern. Nochmal, was soll ich anziehen?
Martín: Was weiß ich. Ich bin noch nie auf einer Silberhochzeit gewesen.

la boda ['boða]	Hochzeit
la plata ['plata]	Silber
las bodas de plata ['boðas] [de] ['plata]	Silberhochzeit
casarse [ka'sarse]	heiraten
las tonterías [tɔnte'rias]	Quatsch; Dummheiten

459

A Rapa das Bestas – El rape de las bestias

25 kms al sur de Santiago de Compostela, en el pequeño pueblo gallego de La Estrada, todos los años se repite un espectáculo impresionante al que acuden muchos turistas: El Rape de las Bestias o, como se llama en gallego, A Rapa das Bestas. En las montañas alrededor los muchachos del pueblo acorralan caballos salvajes y, después de conducirlos al centro del pueblo, les cortan las crines y la cola.

¿En qué día del año cae A Rapa das Bestas?

460

«*La sabiduría
nos llega cuando ya
no nos sirve para nada.*»
Gabriel García Márquez

459

Das Scheren der Wildpferde

In dem kleinen galicischen Dorf La Estrada, 25 km südlich von Santiago de Compostela, wiederholt sich jedes Jahr ein beeindruckendes Schauspiel, das von vielen Touristen besucht wird: Das Scheren der Wildpferde oder, wie es auf Galicisch heißt, A Rapa das Bestas. In den Bergen der Umgebung treiben die jungen Männer des Dorfes Wildpferde zusammen und scheren ihnen, nachdem sie sie ins Ortszentrum getrieben haben, die Mähne und den Schwanz. Auf welchen Tag im Jahr fällt A Rapa das Bestas?

Genau auf den heutigen Tag.
(Jeweils der dritte Junisonntag eines jeden Jahres)

Sie erreichen La Estrada/Sabucedo von Santiago de Compostela aus über die C 541.

460

„Die Weisheit erreicht uns, wenn wir sie für nichts mehr brauchen." — Gabriel García Márquez (* 1928), kolumbianischer Schriftsteller und Nobelpreisträger für Literatur

---
GRAMMATIK

Das Futur

Die regelmäßige Bildung des Futurs der Verben auf *ar, er* bzw. *ir* ist identisch. Die Personalendungen des Futurs werden jeweils an den Infinitiv angehängt; z. B. **lavar** – waschen: *lavaré, lavarás, lavará, lavaremos, lavaréis, lavarán*; oder **comer** – essen: *comeré, comerás, comerá, comeremos, comeréis, comerán*.

Das Futur wird gebraucht:
a) für in der Zukunft liegende Handlungen: *El mes que viene iré a Viena.* – Nächsten Monat fahre ich nach Wien; oder
b) zum Ausdruck einer Vermutung: *Están llamando. ¿Será Carmen?* – Es klingelt. Ist das wohl Carmen?

461

En la librería

Empleada: ¿*Puedo ayudarle a Ud.?*
Eladio: *Sí. Busco un libro o una guía sobre el caribe.*
Empleada: *Mire Ud., allí al final a la derecha están todos los libros que tenemos sobre el caribe.*

462

EJERCICIO

Traducción

Traduzca las frases siguientes al español
(Übersetzen Sie die folgenden Sätze ins Spanische):

1. Nächste Woche kaufe ich mir Schuhe.
2. Der Zug wird um 8 Uhr ankommen.
3. Wirst du deiner Familie schreiben?
4. Sicher wird er dich anrufen.
5. Wieviel das wohl kostet?
6. Ob sie dieses Buch wohl schon kennt?

461

Im Buchladen

Angestellte: Kann ich ihnen helfen?
Eladio: Ja. Ich suche ein Buch oder einen Reiseführer über die Karibik.
Angestellte: Schauen sie, dort hinten rechts sind alle Bücher, die wir über die Karibik haben.

la librería [liβre'ria]	Buchgeschäft
la guía ['gia]	Reiseführer (Buch)
el libro ['liβro]	Buch
al final [fi'nal]	am Ende

462

Übersetzung

Übersetzen Sie die folgenden Sätze ins Spanische:

1. La semana que viene me compraré zapatos.
2. El tren llegará a las 8.
3. ¿Escribirás a tu familia?
4. Seguramente te llamará.
5. ¿Cuánto costará esto?
6. ¿Conocerá este libro ya?

DIE EXPERTENECKE

Bei folgenden Verben wird der Infinitivstamm des Futurs verändert: *decir* – sagen → **diré**; *haber* (Hilfsverb) – haben → **habré**; *hacer* – machen → **haré**; *poder* – können, dürfen → **podré**; *poner* – setzen, stellen, legen → **pondré**; *querer* – wollen, lieben → **querré**; *saber* – wissen, können → **sabré**; *salir* – weggehen, (weg-/ab-)fahren → **saldré**; *tener* – haben → **tendré**; *venir* – kommen → **vendré**.

463

En el metro de Madrid

Cada vez que Ramón va en coche por Madrid muy pronto se arriepente, pues las calles están atascadas casi a cualquier hora del día. El mejor modo de moverse por el centro de Madrid es ir en metro. En Madrid hay nueve líneas de metro que circulan entre las 6 de la mañana y la una y media de la noche cada 7 ó 10 minutos.

464

ADIVINANZA

¿Qué moneda pertenece a qué país?

el córdoba	México
el lempira	Argentina
el quetzal	Venezuela
el sucre	Honduras
el peso	Panamá
el austral	Costa Rica
el colón	Nicaragua
el guaraní	Ecuador
el bolívar	Guatemala
el balboa	Paraguay

463

In der Madrider Metro

Jedesmal wenn Ramón mit dem Auto durch Madrid fährt, bereut er es sehr schnell, denn die Straßen sind beinahe zu jeder Tages- und Nachtzeit verstopft. Die beste Art, sich im Zentrum von Madrid fortzubewegen, ist, mit der Metro zu fahren. In Madrid gibt es 9 Metrolinien, die zwischen 6 Uhr morgens und 1.30 Uhr nachts alle 7 – 10 Minuten* verkehren.

In den Stoßzeiten alle 2 – 5 Minuten

cada vez ['kaða] [bɛθ]	jedesmal
arrepentirse [arrɛpen'tirse]	bereuen
atascado [atas'kaðo]	verstopft
la hora ['ora]	Stunde
moverse [mo'bɛrse]	sich bewegen

464

Welche Währung gehört zu welchem Land?

el córdoba – Nicaragua   el lempira – Honduras
el quetzal – Guatemala   el sucre – Ecuador
el peso – México   el austral – Argentina
el colón – Costa Rica   el guaraní – Paraguay
el bolívar – Venezuela   el balboa – Panamá

Stand jeweils 1992

DIE EXPERTENECKE

Vornamen mit Entsprechung im Deutschen

Juan – Johannes/Hans; Felipe – Philipp; Carlos – Karl; José – Joseph; Joaquín – Joachim; Jorge – Georg; Miguel – Michael; Tomás – Thomas; Pedro – Peter; Nicolás – Klaus/Nikolaus; Enrique – Heinrich; Francisco – Franz/Franziskus.

465

— GRAMÁTICA —

Participio + estar

*Con el verbo auciliar **estar** el participio se usa como atributo. Tiene generalmente significado pasivo e indica que es resultado de una acción pasada. En este caso el participio concuerda siempre con el sustantivo en género y número:*

La empresa está arruinada.
Los niños están fatigados.
Esta casa está edificada con ladrillos.
Los viajes están organizados.
La casa está vendida.

466

La Granja de San Ildefonso

Este soberbio palacio, construido por mandato de Felipe V, está a once kilómetros de Segovia. Es un verdadero oasis, donde veraneó la corte española durante muchos años. Sus jardines son un pequeño Versalles, con fuentes monumentales, adornados con estatuas caprichosas.

465

―――――― GRAMMATIK ――――――

Partizip + estar

*Zusammen mit dem Hilfsverb **estar** wird das Partizip als Attribut gebraucht. Es hat im allgemeinen passivische Bedeutung und zeigt das Ergebnis einer vergangenen Handlung an. In diesem Fall stimmt das Partizip stets in Geschlecht und Zahl mit dem Substantiv überein:*

> *Der Betrieb ist ruiniert.*
> *Die Kinder sind müde.*
> *Dieses Haus ist mit Ziegelsteinen erbaut.*
> *Die Reisen sind organisiert.*
> *Das Haus ist verkauft.*

Diese Form wird oft als Zustandspassiv bezeichnet.

466

La Granja bei San Ildefonso

Dieser prächtige Palast, erbaut im Auftrag Philipps des Fünften, liegt elf Kilometer von Segovia entfernt. Er ist eine wahre Oase, in der der spanische Hof über viele Jahre den Sommer verbrachte. Seine Gärten sind ein kleines Versailles, mit gewaltigen Springbrunnen, geschmückt mit eigenwilligen Statuen.

granja (f.) [ˈgraŋxa]	Farm, Bauernhof; Meierei
mandato (m.) [manˈdato]	Befehl; Auftrag; politisches Mandat
veranear [beraneˈar]	den Sommer(-urlaub) verbringen
corte (f.) [ˈkɔrte]	königlicher Hof
monumental [monumenˈtal]	monumental; gewaltig; großartig

467

El 'Anuario El País'

El 'Anuario El País' es, como ya indica su nombre, una especie de crónica que se publica una vez al año. Aparte de que está lleno de estadística, el anuario contiene una serie de artículos de gente conocida sobre temas muy interesantes. Las distintas secciones de la publicación (Política nacional e internacional; Arte; Ocio; Deportes; Economía, Sociedad etc.) reflejan muchos aspectos de la vida cotidiana. Sin duda ese 'libro' puede servir de obra de consulta.

468

Rosa y Bécquer

Rosa: *No hay nadie que haya escrito unos versos como el sevillano. Sus 'Rimas' son maravillosas. Con ellas renovó la poesía española del siglo XIX.*
Alberto: *Pienso que Gustavo Adolfo Bécquer fue un hombre decepcionado que durante toda su vida perseguía una visión femenina.*
Rosa: *Si es así, lo hacía por medio de unos poemas muy bellos.*

467

Der 'Anuario El País'

Das 'El-País-Jahrbuch' ist, wie sein Name schon sagt, eine Art Chronik, die einmal im Jahr herausgegeben wird. Abgesehen davon, daß es voller Statistiken steckt, enthält es eine Reihe von Artikeln bekannter Leute über interessante Themen. Die verschiedenen Sparten der Publikation (Nationale und Internationale Politik; Kunst; Freizeit; Sport; Wirtschaft; Gesellschaft etc.) behandeln viele Aspekte des täglichen Lebens. Ohne Frage kann dieses 'Buch' als Nachschlagewerk dienen.

anuario (m.) [a'nŭarĭo]	Jahrbuch; Kalender; Adreßbuch
indicar [indi'kar]	anzeigen; angeben; hier: sagen
publicar [puβli'kar]	bekanntmachen; veröffentlichen, herausgeben
reflejar [rrɛflɛ'xar]	zurückstrahlen; spiegeln; reflektieren; hier: behandeln

468

Rosa und Bécquer

Rosa: Es gibt niemand, der Verse wie der Sevillaner geschrieben hat. Seine 'Rimas' sind wunderbar. Mit ihnen hat er die spanische Poesie des 19. Jahrhunderts erneuert.

Alberto: Ich denke, daß Gustavo Adolfo Bécquer ein enttäuschter Mann war, der sein Leben lang ein weibliches Traumbild verfolgte.

Rosa: Wenn das so ist, tat er es mittels sehr schöner Gedichte.

rima (f.) ['rrima]	Reim; im Plural: Verse
renovar [rrɛno'bar]	erneuern; renovieren; auffrischen
decepcionar [deθɛβθĭo'nar]	enttäuschen
perseguir [pɛrse'gir]	verfolgen
visión (f.) [bi'sĭon]	Sehen; Traumbild; Vision; Erscheinung
poema (m.) [po'ema]	Dichtung; Gedicht; Heldengedicht

469

La barbacoa

Carmen: *Mis padres se han ido a Itrabo este fin de semana a casa de los abuelos. ¿No os apetece hacer una barbacoa en nuestro balcón esta tarde?*

Eladio: *Claro, y después hacemos una fiestecilla¡ Hay que aprovechar la ocasión!*

470

El español en el mundo

Después del chino y del inglés, el castellano es el idioma más hablado del mundo. Para alrededor 260 millones de personas el español es lengua y cerca de 230 millones lo tienen por lengua ma‿ .
La extensión geográfica del español es tambien extraordinaria: es hablado en España, en América Latina, en el suroeste de los EEUU, en Africa del orte y además en las Filipinas.

¿Cuáles son los países sudamericanos en los que no se habla castellano?

469

Der Grillabend

Carmen: Meine Eltern sind dieses Wochenende zu meinen Großeltern nach Itrabo gefahren. Habt ihr Lust, heute abend bei uns auf dem Balkon zu grillen?
Eladio: Na klar, und danach machen wir eine kleine Party. Man muß die Gelegenheit ausnutzen!

apetecer [apete'θɛr]	zusagen, Lust haben zu
la barbacoa [barβa'koa]	Grill, Grillabend
la fiestecilla [fjeste'θiʎa]	kleine Party
aprovechar [aproβe'tʃar]	(aus-, be-) nutzen

470

Die spanische Sprache in der Welt

Nach dem Chinesischen und dem Englischen ist das Spanische die meistgesprochene Sprache in der Welt. Für annähernd 260 Millionen Menschen ist Spanisch offizielle Sprache, und ungefähr 230 Millionen haben es zur Muttersprache. Die geographische Ausdehnung der spanischen Sprache ist ebenfalls außergewöhnlich: Es wird gesprochen in Spanien, in Lateinamerika, im Südwesten der USA*, in Nordafrika und außerdem noch auf den Philippinen. Welches sind die südamerikanischen Länder, in denen nicht Spanisch gesprochen wird?

Die drei nichtspanischsprachigen Länder Südamerikas sind Guayana (Englisch), Surinam (Niederländisch) und Brasilien (Portugiesisch).

* EEUU ist die Abkürzung für Estados Unidos (USA).

Excursión a un embalse

La semana pasada los seis amigos han estado en el bosque cerca de El Pardo. Desde lo alto del bosque han visto el embalse de El Pardo adonde quieren ir este fin de semana para hacer camping. Ramón se va a llevar su nueva tabla de surf para estrenarla en el embalse. A mediodía se compra un portaequipajes para su coche.

«Hay cosas
que no tienen remedio,
y son las más.»

Mariano José de Larra

471

Ausflug an einen Stausee

Letzte Woche waren die sechs Freunde im Wald in der Nähe von El Pardo. Oben vom Wald aus haben sie den Stausee von El Pardo gesehen, wohin sie dieses Wochenende zum Campen fahren wollen. Ramón wird sein neues Surfbrett mitnehmen, um es auf dem Stausee einzuweihen. Mittags kauft er sich einen Dachgepäckträger für sein Auto.

el embalse [em'balse]	Stausee
hacer camping [a'θɛr] ['kampiŋ]	campen
la tabla de surf ['taβla] [de] [surf]	Surfbrett
estrenar [estre'nar]	einweihen
el portaequipajes [pɔrtaeki'paxes]	Dachgepäckträger

472

„Es gibt Dinge, die sind nicht zu ändern, und das sind die meisten." — Mariano José de Larra (1809 – 1837), spanischer Schriftsteller

---— GRAMMATIK ———

Der Akkusativ

Der Akkusativ gleicht dem Dativ, da er ebenfalls mit der Präposition a markiert wird. Dies allerdings nur vor Personen und personifizierten Dingen oder Lebewesen. Bei unbestimmten Bezeichnungen von Personen- oder Berufsgruppen wird auf die Präposition verzichtet.

¿Has leído **la** carta? – Hast du den Brief gelesen? ¿Conoces **a** José? – Kennst du José? Hemos visto **al** padre de Juan. – Wir haben den Vater von Juan gesehen. Necesitamos **un** fontanero. – Wir brauchen einen Klempner. Te enseño **la** catedral. – Ich zeige dir die Kathedrale.

473

Simón Bolívar

Simón Bolívar es venerado como héroe nacional no sólo en su país natal Venezuela, donde nació el 24 de Julio de 1.783 como hijo de una acomodada familia de origen vasca, sino también en Perú, Ecuador y Colombia. En estos países, cuando se trata de él, se habla tan sólo del "Libertador". Gracias a los esfuerzos continuos de Bolívar, Venezuela el 5 de julio de 1.811 logró su independencia de España.

¿Qué país suramericano lleva su nombre en honor a Simón Bolívar?

474

En la quesería

Quesero: *¿Qué le pongo?*
Fani: *No lo sé todavía. ¿Qué me puede recomendar Ud.?*
Quesero: *Pues, hay de todo y todo es bueno. A ver, hay manchego, cabrales, picón, Roquefort y queso de Burgos que acabamos de hacer.*

473

Simón Bolívar

Simón Bolívar wird nicht nur in seinem Heimatland Venezuela, wo er am 24. Juli 1783 als Sohn einer reichen Familie baskischer Abstammung geboren wurde, als Nationalheld verehrt, sondern auch in Peru, Ecuador und Kolumbien. Wenn es um ihn geht, spricht man in diesen Ländern schlicht vom „Befreier". Dank der andauernden Bemühungen Bolívars erlangte Venezuela am 5. Juli 1811 seine Unabhängigkeit von Spanien. Welches südamerikanische Land trägt seinen Namen zu Ehren Simón Bolívars?

Bolivien

Am 6. August 1825 erklärte die damalige Provinz Oberperu ihre Unabhängigkeit. Kurz darauf wurde das Land in 'Bolivien' umbenannt.

474

Im Käsegeschäft

Käsehändler:	Was darf ich Ihnen geben?
Fani:	Das weiß ich noch nicht. Was können Sie mir empfehlen?
Käsehändler:	Also, es gibt von allem etwas, und alles ist gut. Mal sehen, es gibt Manchego*, Cabrales*, Picón*, Roquefort* und Burgos-Käse*, den wir gerade gemacht haben.

**Cabrales, Picón und Roquefort sind würzig-scharfe Ziegenkäse; Manchego und Burgos-Käse Schafskäse*

todavía [toða'βia]	noch (immer)
recomendar [rrɛkomen'dar]	empfehlen
el queso ['keso]	Käse
el quesero [ke'sero]	Käsehändler
a ver [a] [bɛr]	mal sehen

475

EJERCICIO

Traduzca Ud. las frases siguientes

1. Martín ist Claudia vom Bahnhof abholen gegangen.
2. Ramón zeigt seinen Tennisschläger.
3. Kennst du diesen Schiedsrichter?
4. Ich suche einen Gebrauchtwagen.
5. Aintzane besucht jede Woche ihre Eltern.
6. Mit Guille hat Martín einen treuen Freund gefunden.
7. Du brauchst einen Arzt.
8. Kennst du meinen Spanischlehrer schon?

476

La partida de tenis

Tomás: *¿Quién saca? Creo que la última vez que hemos jugado tú has empezado a sacar.*

Martín: *No sé, no me acuerdo. Hace tanto que hemos jugado al tenis por última vez.*

Tomás: *Da igual. Lo echamos a suertes. ¿Qué quieres, cara o cruz?*

475

Übersetzen Sie die folgenden Sätze

1. Martín ha ido a recoger **a** Claudia en la estación. 2. Ramón enseña **su** raqueta de tenis. 3. ¿Ya conoces **a** este árbitro? 4. Busco **un** coche usado. 5. Cada semana Aintzane visita **a** sus padres. 6. Con Guille Martín ha encontrado **un** fiel amigo. 7. Necesitas **un** médico. 8. ¿Ya conoces **a** mi profesor de español?

DIE EXPERTENECKE

'Schmerzliche' weibliche Vornamen

Lange Zeit war es im Franco-Spanien für Eltern neugeborener Töchter verbindlich, diesen 'religiöse' Vornamen zu geben: Dolores (Schmerzen); Esperanza (Hoffnung); Virginia (die Jungfräuliche); Inmaculada Concepción (Unbefleckte Empfängnis); Consuelo (Trost); Amparo (Schutz); Asunción (Himmelfahrt).

476

Das Tennismatch

Tomás: Wer schlägt auf? Das letzte Mal, als wir gespielt haben, hast du begonnen aufzuschlagen, glaube ich.

Martín: Ich weiß nicht, ich erinnere mich nicht. Es ist so lange her, daß wir zum letzten Mal Tennis gespielt haben.

Tomás: Ist egal. Wir losen. Was willst du, Kopf oder Zahl?

sacar [sa'kar]	aufschlagen
jugar [xu'gar]	spielen
jugar al tenis [xu'gar] [al] ['tenis]	Tennis spielen
echar a suertes [e'tʃar] [a] ['sŭɛrtes]	auslosen
cara o cruz ['kara] [o] [kruθ]	Kopf oder Zahl
la cruz [kruθ]	Kreuz

477

La multa

Eladio ha tenido que recoger su equipo de música de la casa de Carmen y ha aparcado su coche en un sitio de estacionamiento prohibido. Cuando vuelve a su coche ve algo amarillo en una rueda del coche: la policía ha puesto un cepo. Debajo del limpiaparabrisas encuentra una multa de 1500 pesetas.

478

Una marisquería

Francisco: *El jefe de cocina de esta marisquería es natural de Murcia. Aquí ponen que tuvo el 'Cordón Dorado de San Lorenzo' en 1976.*
Dolores: *Lo importante es que sepa preparar las langostas.*

477

Das Knöllchen

Eladio mußte seine Stereoanlage bei Carmen abholen und hatte sein Auto im Halteverbot geparkt. Als er zum Auto zurückkommt, sieht er an einem Rad des Autos etwas Gelbes: Die Polizei hat einen Riegel * befestigt. Unter dem Scheibenwischer findet er ein Knöllchen über 1500 Pesetas.

Mit solch einem Riegel blockiert die spanische Polizei häufig die Räder falsch geparkter Autos.

la multa ['multa]	„Knöllchen", Geldbuße
aparcar [apar'kar]	parken
la rueda ['rrŭeđa]	Rad
el cepo ['θepo]	Klotz; Block
el limpiaparabrisas [limpĭapara'brisas]	Scheibenwischer

478

Ein Meeresfrüchte-Restaurant

Francisco: Der Küchenchef dieser Marisquería stammt aus Murcia. Hier schreiben sie, daß er 1976 das 'Goldene Band von San Lorenzo' bekam.
Dolores: Wichtig ist, daß er weiß, wie die Langusten zubereitet werden.

marisquería (f.) [mariske'ria]	Ein Restaurant, in dem Meeresfrüchte zubereitet werden
cordón (m.) [kɔr'đɔn]	Schnur; Schnürriemen, Schnürband; Kordon, Sperrkette; hier: Band
langosta (f.) [laŋ'gɔsta]	Hummer, Languste; (Wander-)Heuschrecke

479

En la tienda de modas

Miriam: *Te queda muy bien ese vestido. Pero para una fiesta africana no es precisamente el más adecuado.*

Maica: *¿Y si me compro este para otras ocasiones y una falda extravagante para la fiesta africana?*

480

EJERCICIO

El pronombre personal

Ponga el pronombre personal en la forma adecuada:

1. Ramón _____ presta su coche (a Martín).

2. Tomás _____ ha visto esta mañana (a vosotros).

3. Yo _____ recomiendo ir en metro al Retiro (a Uds.)

4. Claudia _____ va a visitar el mes que viene (a nosotros).

5. ¿Cuándo _____ devuelves mi diccionario (a mí)?

479

Im Modegeschäft

Miriam: Dieses Kleid steht dir sehr gut. Aber für ein afrikanisches Fest ist es nicht unbedingt das passendste.
Maica: Und wenn ich mir dieses für andere Gelegenheiten kaufe und einen ausgefallenen Rock für das afrikanische Fest?

la moda ['moða]	Mode
adecuado [aðe'kŭaᵈo]	passend; angemessen
el vestido [bes'tiðo]	Kleid
extravagante [estraβa'gante]	extravagant
la falda ['falda]	Rock

480

Das Personalpronomen

Setzen Sie die richtige Form des Personalpronomens ein:

1. Ramón **le** presta su coche **a Martín**. – Ramón leiht **Martín** seinen Wagen. 2. Tomás **os** ha visto esta mañana. – Tomás hat **euch** heute morgen gesehen. 3. Yo **les** recomiendo ir en metro al Retiro. – Ich empfehle **euch**, mit der U-Bahn zum Retiro zu fahren. 4. Claudia **nos** va a visitar el mes que viene. – Claudia wird **uns** nächsten Monat besuchen. 5. ¿Cuándo **me** devuelves mi diccionario? – Wann gibst du **mir** mein Wörterbuch zurück?

--- DIE EXPERTENECKE ---

Eine ganze Reihe von Wörtern wird im Spanischen gleich geschrieben. Zu ihrer Unterscheidung trägt immer eines dieser Wörter einen Akzent:

de (von) ≠ dé (geben Sie!); si (wenn/ob) ≠ sí (ja);
te (dir/dich) ≠ el té (Tee); mas (aber) ≠ más (mehr);
se (sich) ≠ sé (ich weiß/kann); tu (dein) ≠ tú (du).

481

Tomás en la peluquería

Peluquero: *¿Cómo le corto el pelo?*
Tomás: *Lo más corto posible. Es que tengo poco dinero y no puedo prestarme el lujo de ir cada dos semanas a la peluquería.*
Peluquero: *Con la melena que tiene ya me lo he imaginado.*

482

Fiesta africana en la Casa de Cultura

Hoy ha llegado el día de la fiesta africana. Maica está supernerviosa ya porque ella y los demás participantes del cursillo al principio de la fiesta van a representar un baile africano típico que les ha enseñado su profesor ghanés durante las últimas clases. Maica cree que no se va a acordar de nada.

481

Tomás im Friseursalon

Friseur: Wie soll ich Ihnen die Haare schneiden?
Tomás: So kurz wie möglich. Ich habe nämlich wenig Geld und kann mir nicht den Luxus leisten, alle zwei Wochen zum Friseur zu gehen.
Friseur: Bei der Mähne, die Sie haben, habe ich mir das schon gedacht.

la peluquería [peluke'ria]	Friseursalon
el peluquero [pelu'kero]	Friseur
el pelo ['pelo]	(Kopf-)Haar
el lujo ['luxo]	Luxus
la melena [me'lena]	Mähne; Haarschopf

482

Afrikanisches Fest im Kulturhaus

Heute ist der Tag des afrikanischen Festes. Maica ist schon supernervös, weil sie und die übrigen Kursteilnehmer zu Beginn des Festes einen typischen afrikanischen Tanz aufführen werden, den ihnen ihr ghanesischer Lehrer in den letzten Unterrichtsstunden gezeigt hat. Maica glaubt, daß sie sich an nichts erinnern wird.

nervioso [nɛr'bĭoso]	nervös
el participante [partiθi'pante]	Teilnehmer
representar [rrepresen'tar]	aufführen
típico ['tipiko]	typisch
acordarse [akɔr'ðarse]	sich erinnern

483

Pablo Neruda

Pablo Neruda, seudónimo de Neftalí Ricardo Reyes Basualto, nació en Parral, en el sur de Chile, el 12 de julio de 1.904. Durante su vida muy intensa viajó por todo el mundo. Residió tres años en España. Entre 1.971 y 1.973 fue embajador de Chile en París. El 23 de setiembre del 1.973 murió reconocido como el poeta contemporáneo más importante.

¿En qué año Neruda recibió el Premio Nobel?

484

En el banco

Empleado: *¿Qué desea Ud.?*
Marisa: *Quisiera cambiar dinero para distintos países caribeños, pero no tengo idea cómo se llama el dinero de allí.*
Empleado: *Lo mejor para estos países es llevarse cheques de viaje, de 20 dólares cada uno.*

Pablo Neruda

Pablo Neruda, Pseudonym für Neftalí Ricardo Reyes Basualto, wurde in Parral, im Süden Chiles, am 12. Juli 1904 geboren. Während seines sehr intensiven Lebens bereiste er die ganze Welt. Er lebte drei Jahre lang in Spanien. Zwischen 1971 und 1973 war er Botschafter Chiles in Paris. Er starb am 23. September 1973, anerkannt als bedeutendster zeitgenössischer Lyriker. In welchem Jahr erhielt Neruda den Nobelpreis?

1971

Viele der Bücher Nerudas sind mittlerweile ins Deutsche übersetzt. Wer Gedichte mag, sollte sich das zweisprachig erschienene Buch „Liebesgedichte" kaufen (Sammlung Luchterhand SL 232).

In der Bank

Angestellter: Was wünschen Sie?
Marisa: Ich möchte gern Geld wechseln für verschiedene karibische Länder, aber ich habe keine Ahnung, wie das Geld von dort heißt.
Angestellter: Das beste ist es, für diese Länder Reiseschecks mitzunehmen, zu je zwanzig Dollar.

quisiera [ki'siera]	ich möchte
cambiar [kam'biar]	wechseln
no tener idea [te'nɛr][i'ðea]	keine Ahnung haben
llevarse [ʎe'βarse]	mitnehmen
el cheque de viaje ['tʃeke][de][bi'axe]	Reisescheck

485

«El hambre despierta el ingenio.»
Refrán español

486

Antigüedades

La abuela de Aintzane es coleccionista apasionada de antigüedades. Todas las semanas pasa por el Rastro de Madrid, por la calle del Prado y la plaza de las Cortes donde están todas las tiendas de antigüedades. Ella está siempre en busca de algún chollo aunque su casa ya está repleta de vejestorio.

485

„Hunger (Not) macht erfinderisch." – Spanisches Sprichwort

--- GRAMMATIK ---

Die Personalpronomen im Dativ

Paco **me** da el libro **a mí**. – Paco gibt mir das Buch.
Paco **te** da el libro **a ti**. – Paco gibt dir das Buch.
Paco **le** da el libro **a él/ a ella/ a Ud**. – Paco gibt ihm/ ihr/ Ihnen das Buch.

Paco **nos** da el libro **a nosotros**. – Paco gibt uns das Buch.
Paco **os** da el libro **a vosotros**. – Paco gibt euch das Buch.
Paco **les** da el libro **a ellos/ a ellas/ a Uds**. – Paco gibt ihnen/ Ihnen das Buch.

Die am Satzende stehenden Pronomen dienen der Hervorhebung, sind aber nicht unbedingt nötig.

486

Antiquitäten

Die Großmutter von Aintzane ist leidenschaftliche Antiquitätensammlerin. Jede Woche geht sie über den Rastro von Madrid, durch die Prado-Straße und über den Plaza de las Cortes, wo die ganzen Antiquitätenläden sind. Sie ist immer auf der Suche nach irgendeinem Schnäppchen, obwohl ihr Haus bereits mit altem Plunder vollgestopft ist.

el/la coleccionista [kolɛgθĭo'nista]	Sammler(in)
el Rastro ['rrastro]	*Flohmarkt in Madrid*
en busca de [em] ['buska] [de]	auf der Suche nach
el chollo ['tʃoʎo]	Schnäppchen
el vejestorio [bɛxes'torĭo]	alter Plunder

487

En los sanfermines de Pamplona

El 6 de julio, a las doce de la mañana, han empezado los sanfermines de Pamplona con el chupinazo desde el ayuntamiento en la Plaza de Burgos. Tomás y Martín, en vez de ir a clase hoy, han ido en moto a Pamplona donde van a visitar un amigo suyo y, por supuesto, a asistir a uno de los encierros diarios.

488

ADIVINANZA

Capitales

¿A qué países pertenecen las siguientes capitales?

Bogotá	Bolivia
Asunción	Colombia
Quito	Venezuela
Caracas	Ecuador
Tegucigalpa	Perú
San Salvador	Nicaragua
Lima	Uruguay
Santiago	Paraguay
Managua	Honduras
Montevideo	El Salvador
Sucre	Chile

487

Die Sanfermines von Pamplona

Am 6. Juli, um zwölf Uhr mittags, haben die Sanfermines von Pamplona* mit dem Abfeuern einer Raketensalve vom Rathaus am Burgos-Platz begonnen. Tomás und Martín sind, anstatt in den Unterricht zu gehen, mit dem Motorrad nach Pamplona gefahren, wo sie einen Freund besuchen und natürlich an einem der täglichen Stiereintreiben teilnehmen wollen.

Hemingway beschrieb dieses zweiwöchige Fest in seinem Roman „Fiesta"

el ayuntamiento [ajunta'miento]	Rathaus
en vez de [em] [beθ] [de]	anstatt; anstelle von
ir a clase [ir] [a] ['klase]	in den Unterricht gehen
asistir [asis'tir]	beiwohnen
diario ['diario]	täglich

488

Hauptstädte

Zu welchen Ländern gehören die folgenden Hauptstädte?

Bogotá – Colombia
Quito – Ecuador
Tegucigalpa – Honduras
Lima – Perú
Managua – Nicaragua
Sucre – Bolivia

Asunción – Paraguay
Caracas – Venezuela
San Salvador – El Salvador
Santiago – Chile
Montevideo – Uruguay

DIE EXPERTENECKE

Verneinung in besonderen Ausdrücken

¡Cómo **no**! – Selbstverständlich!; Creo que **no**. – Ich glaube nicht.; Eso sí que **no**. – Das auf gar keinen Fall.; **ni** en Madrid **ni** en Córdoba ... – weder in Madrid noch in Córdoba ...; **No**, qué va. – Ach was.; **nada** de **nada** – gar nichts; de **nada** – keine Ursache; ¡**ni** hablar! – kommt gar nicht in Frage!

489

Limpieza de la alfombra

Fani: *¡Menos mal! En la moqueta no hay ninguna mancha. La alfombra la podemos lavar.*

Aintzane: *¿Cómo la quieres lavar? ¿A mano?*

Fani: *No, ¡qué va! En la lavadora. Ya lo he hecho algunas veces. Es lo más cómodo y no tarda nada.*

490

EJERCICIO

Ponga una forma correcta de los verbos 'ser' o 'estar' en las siguientes frases

(Nosotros) . . . veinte para la cena.
Carlos . . . el preferido de su madre.
Eva . . . muy segura. Eva no . . . muy segura de lo que dice.
Luis . . . estudiante de Historia.
No (yo) . . . en condiciones de hacerlo.
¿Por qué (tú) . . . tan nervioso?
(Él) . . . un hombre pobre, pero siempre . . . feliz.

489

Reinigung des Teppichs

Fani: Ein Segen! Auf dem Teppichboden ist kein Fleck. Den Teppich können wir waschen.
Aintzane: Wie willst du ihn waschen? Mit der Hand?
Fani: Ach was! In der Waschmaschine. Das habe ich schon einige Male gemacht. Das ist das Bequemste und dauert überhaupt nicht lange.

¡menos mal! ['menos] [mal]	ein Segen!
la moqueta [mo'keta]	Teppichboden
la alfombra [al'fɔmbra]	Teppich
lavar a mano [la'ƀar] [a] ['mano]	mit der Hand waschen
tardar [tar'ðar]	(Zeit) brauchen; (lange) dauern

490

Setzen Sie eine korrekte Form von 'ser' oder 'estar' in die folgenden Sätze ein

Somos veinte para la cena.
Carlos **es** el preferido de su madre.
Eva **es** muy segura. Eva no **está** muy segura de lo que dice.
Luis **es** estudiante de Historia.
No **estoy** en condiciones de hacerlo.
¿Por qué **estás** tan nervioso?
Es un hombre pobre, pero siempre **es** feliz.

Zum Abendessen sind wir zwanzig.
Carlos ist der Liebling seiner Mutter.
Eva ist sehr sicher (im Auftreten). Eva ist sich dessen, was sie sagt, nicht ganz sicher.
Luis ist Student der Geschichte.
Ich bin nicht in der Lage, es zu tun.
Warum bist du so nervös?
Er ist ein armer Mann, aber immer glücklich.

La 'Escoba'

Cada jugador recibe tres cartes y en el centro de la mesa se colocan cuatro cartas descubiertas. Un jugador hace 'Escoba' cuando la carta que juega suma 15 con todas las descubiertas del centro de la mesa. Al colocar estas cartas en el montón de sus bazas, el jugador deja una de ellas vuelta hacia arriba, al objeto de poder comprobar al final del juego el número de 'Escobas' conseguido.

--- GRAMÁTICA ---

Pretérito Indefinido

El Indefinido expresa acciones concluidas en un pasado separado del presente por cualquier barrera o período de tiempo. Por eso hay una estrecha relación entre el Indefinido y ciertas expresiones temporales, las cuales exigen el uso del mismo:

Ayer fuimos a la boda de mi prima.
La semana pasada estuvo enfermo.
El año pasado murieron mis abuelos.

Der 'Besen'

Jeder Spieler erhält drei Karten, und in die Mitte des Tisches werden vier aufgedeckte Karten gelegt. Ein Spieler macht einen 'Besen', wenn die Karte, die er spielt, zusammen mit allen auf dem Tisch liegenden Karten 15 ergibt. Wenn der Spieler diese Karten zu seinen Stichen legt, deckt er eine von ihnen auf, damit am Ende des Spiels die Anzahl der erzielten 'Besen' nachgeprüft werden kann.

escoba (f.) [es'koβa]	Besen
recibir [rrɛθi'bir]	empfangen, erhalten, bekommen; aufnehmen
baza (f.) ['baθa]	Stich (beim Kartenspiel)
objeto (m.) [ɔb'xeto]	Objekt; Ding; Gegenstand; Zweck; hier: Ziel

--- GRAMMATIK ---

Indefinido (Vergangenheitsform)

Der Indefinido drückt abgeschlossene Handlungen in der Vergangenheit aus, einer Vergangenheit, die durch bestimmte 'Zeitschranken' bzw. Zeiträume von der Gegenwart getrennt ist. Deshalb gibt es eine enge Verbindung zwischen dem Indefinido und bestimmten zeitlichen Ausdrücken, die seine Verwendung verlangen:

> ***Gestern** fuhren wir zu der Hochzeit meiner Kusine.*
> ***Letzte Woche** war er krank.*
> ***Im letzten Jahr** starben meine Großeltern.*

Anders als beim Perfekt wird beim Indefinido eine mögliche Auswirkung der abgeschlossenen Handlungen auf die Gegenwart außer acht gelassen. Die Handlungen werden als 'Ganzes' in der Vergangenheit gesehen.

493

Viajes de autobús para intrépidos

Si Ud. es joven, fuerte y resistente y tiene ganas de vivir una aventura verdadera, no debe dejar pasar la ocasión de un viaje de autobús en América Latina. Un ejemplo: el viaje a las famosas ruinas mayas de Tikal. Más de 250 kms en carretera no asfaltada, llena de baches inmensos, por encima de puentes poco fiables, en autobuses desesperadamente repletos y con mala suspensión.

¿En qué país están las ruinas mayas de Tikal?

494

Ola de calor

Fani: *¡Qué calor más insoportable! Estoy sudando la gota gorda sin haberme movido en absoluto.*
Martín: *Pero para ir a tomar un helado conmigo te tienes que mover un poco.*
Fani: *¿Es que me quieres invitar?*

493

Busreisen für Unerschrockene

Wenn Sie jung, kräftig und belastungsfähig sind und Lust haben, ein echtes Abenteuer zu erleben, dann dürfen Sie sich nicht die Gelegenheit einer Busreise in Lateinamerika entgehen lassen. Ein Beispiel: Die Reise zu den berühmten Maya-Ruinen von Tikal. Mehr als 250 km auf nicht asphaltierter Landstraße, übersät mit riesigen Schlaglöchern, über wenig vertrauenerweckende Brücken, in hoffnungslos überfüllten und schlecht gefederten Bussen. In welchem Land befinden sich die berühmten Maya-Ruinen von Tikal?

Im Norden Guatemalas, in der Provinz „El Petén"

Warnung! Diese Busreise ist wirklich nur jungen, belastungsfähigen Menschen zu empfehlen. Sie dauert über acht – unendlich lange – Stunden.

494

Hitzewelle

Fani: Was für eine unerträgliche Hitze! Ich bin völlig verschwitzt, ohne mich überhaupt bewegt zu haben.
Martín: Aber um mit mir ein Eis essen zu gehen, mußt du dich ein bißchen bewegen.
Fani: Willst du mich etwa einladen?

insoportable [insopɔrˈtaƀle]	unerträglich
el calor [kaˈlɔr]	Hitze
la ola [ˈola]	Welle
sudar [suˈdar]	schwitzen
moverse [moˈƀerse]	sich bewegen

495

«La libertad no tiene precio.»
                               Refrán español

496

Una merienda al aire libre

Dolores: ¡Pásame los bocadillos de jamón, por favor! Hay uno para cada uno.
Rosa: ¿Sabes donde está la sandía? No la veo.
Dolores: Ya está en la bolsa. Creo que tenemos todo lo que hace falta para merendar.

495

„Die Freiheit hat keinen Preis." – Spanisches Sprichwort

--- GRAMMATIK ---

Personalpronomen im Akkusativ

Manolo **me** conoce **a mí**. – Manolo kennt mich.
Manolo **te** conoce **a ti**. – Manolo kennt dich.
Manolo **lo [le]/la** conoce **a él/a ella/a Ud**. – Manolo kennt ihn/sie/Sie.

Manolo **nos** conoce **a nosotros**. – Manolo kennt uns.
Manolo **os** conoce **a vosotros**. – Manolo kennt euch.
Manolo **los [les]** conoce **a ellos/a ellas/a Uds**. – Manolo kennt sie/Sie.

Wie beim Dativ dienen die mit der Präposition **a** angeführten Pronomen nur der Betonung!
Die Pronomen **le** und **les** werden vor allem in Spanien für **lo** bzw. **los** gebraucht: Le veo. – Ich sehe ihn/ Sie.

496

Ein Picknick

Dolores: Reich mit bitte die Schinkenbrötchen! Es gibt für jeden eins.
Rosa: Weißt du, wo die Wassermelone ist? Ich sehe sie nicht.
Dolores: Die ist schon in der Tasche. Ich glaube, wir haben alles, was zum Picknicken nötig ist.

merienda (f.) [me'rĭenda]	Picknick; Vesperbrot
jamón (m.) [xa'mɔn]	Schinken
sandía (f.) [san'dia]	Wassermelone
bolsa (f.) ['bɔlsa]	Börse; Geldbeutel; Beutel, Sack, Tasche; Tüte

497

Las nuevas palmeras

Hoy hace un calor terrible. Ramón ha ido al jardín de su padre donde desde hace dos semanas hay cinco nuevas palmeras. Como las palmeras en tan poco tiempo no han podido echar raíces suficientes, Ramón con el calor que hace tiene que regar las palmeras durante un par de horas para que no se sequen.

498

ADIVINANZA

¿Sabe Ud. la palabra correcta?

Wissen Sie das richtige Wort?

1. El Vesubio es un _____.
2. París es una _____.
3. El Mississipi es un _____.
4. El Titicaca es un _____.
5. El Sahara es un _____.
6. El Golden Gate es un _____.
7. Hamburgo es un _____ muy importante.

497

Die neuen Palmen

Heute ist es schrecklich heiß. Ramón ist zum Garten seines Vaters gefahren, wo seit zwei Wochen fünf neue Palmen stehen. Da die Palmen in so kurzer Zeit nicht genügend Wurzeln austreiben konnten, muß Ramón bei der Hitze die Palmen ein paar Stunden lang wässern, damit sie nicht vertrocknen.

terrible [tɛˈrriβle]	schrecklich
hace calor [ˈaθe] [kaˈlɔr]	es ist heiß
la palmera [palˈmera]	Palme
la raíz [rraˈiθ]	Wurzel
secarse [seˈkarse]	vertrocknen

498

Wissen Sie das richtige Wort?

1. El Vesubio es un **volcán** (Vulkan).
2. París es una **ciudad** (Stadt).
3. El Mississipi es un **río** (Fluß).
4. El Titicaca es un **lago** (See).
5. El Sahara es un **desierto** (Wüste).
6. El Golden Gate es un **puente** (Brücke).
7. Hamburgo es un **puerto** (Hafen) muy importante.

DIE EXPERTENECKE

Un trabalenguas

Tres tristes tigres toman trigo en un trigal: un tigre, dos tigres, tres tigres.

Ein Zungenbrecher

Drei traurige Tiger essen Weizen in einem Weizenfeld: ein Tiger, zwei Tiger, drei Tiger.

Mirando el mapa

Martín: *¿Sabes que es la primera vez que miro un mapa del caribe?*
Eladio: *Para mí también. Parece que en las clases de geografía hemos faltado a clase.*
Martín: *Pero todos estos nombres me suenan mucho: Cuba, Puerto Rico, República Dominicana.*

Galicia

Galicia está en el noroeste de la península ibérica. Pertenece a la España húmeda que también se llama España Verde. Su fisionomía recuerda la de Irlanda o la de Bretaña francesa por el clima que es muy húmedo y suave, sus paisajes verdes y las costas recortadas en profundas rías. Quizá no fuera casualidad que los celtas también se instalaron en Galicia, mucho antes que los romanos.

¿Cuál es la cápital de Galicia?

499

Beim Ansehen der Landkarte

Martín: Weißt du, daß es das erste Mal ist, daß ich eine Landkarte der Karibik anschaue?
Eladio: Für mich auch. Es scheint, daß wir im Erdkundeunterricht gefehlt haben.
Martín: Aber all diese Namen sagen mir sehr viel: Cuba, Puerto Rico, Dominikanische Republik.

la primera vez [pri'mera][beθ]	das erste Mal
el mapa ['mapa]	Landkarte
faltar a clase [fal'tar]['klase]	(im Unterricht) fehlen
me suena [me]['suena]	es kommt mir bekannt vor

500

Galicien

Galicien liegt im Nordwesten der iberischen Halbinsel. Es gehört zum feuchten Spanien, das sich auch Grünes Spanien nennt. Seine Beschaffenheit erinnert an die Irlands oder die der französischen Bretagne aufgrund des sehr milden und feuchten Klimas, seiner grünen Landschaften und seiner in tiefe Rías zerklüfteten Küsten. Vielleicht war es kein Zufall, daß sich die Kelten auch in Galicien niederließen, lange vor den Römern. Was ist die Hauptstadt von Galicien?

Die Hauptstadt Galiciens ist Santiago de Compostela.

501

Tarjetas de crédito

Marisa: *En el banco me han dicho que sería mejor llevarse cheques de viaje.*
Carmen: *¿Y de las tarjetas de crédito no te han dicho nada? Normalmente a uno siempre le quieren convencer de lo buenas y útiles que son éstas.*

502

Epoca de fresas

Los padres de Carmen tienen, aunque viven en la ciudad, un trozo de campo en un pueblo. Allí el padre trabaja muy a menudo cultivando frutas de todo tipo. Esta mañana él, Carmen y sus amigos han ido al campo para hacer la cosecha de las fresas. Allí siempre comen la mitad de las fresas que recogen.

501

Kreditkarten

Marisa: In der Bank sagten sie mir, daß es besser wäre, Reiseschecks mitzunehmen.
Carmen: Und von Kreditkarten haben sie dir nichts gesagt? Normalerweise wollen sie einen doch immer davon überzeugen, wie gut und nützlich die sind.

la tarjeta de crédito [tar'xeta]['kreðito]	Kreditkarte
normalmente [nɔrmal'mɛnte]	normalerweise
convencer [kɔmben'θɛr]	überzeugen
útil ['util]	nützlich

502

Erdbeerzeit

Obwohl die Eltern von Carmen in der Stadt leben, haben sie in einem Dorf noch ein Stück Land. Dort arbeitet der Vater sehr häufig und züchtet alle Arten von Früchten. Heute morgen sind er, Carmen und ihre Freunde zu dem Feld gefahren, um die Erdbeeren zu ernten. Dort essen sie immer die Hälfte der Erdbeeren, die sie pflücken, auf.

aunque ['aŭŋke]	obwohl
el campo ['kampo]	Feld, Land
el pueblo ['pŭeblo]	Dorf
cultivar [kulti'ɓar]	anbauen, züchten
la cosecha [ko'setʃa]	Ernte

503

――――― GRAMÁTICA ―――――

Participio + ser

*Con el verbo auxiliar **ser** el participio forma la voz pasiva, concordando siempre con el sujeto en género y número. El sujeto agente va siempre precedido de la preposición **por**:*

>La comida ha sido hecha por Julia.
>El niño fue mordido por el perro.
>Los resultados fueron publicados ayer.
>El libro fue escrito por Machado.

504

Pedro busca una habitación

Pedro: *Tengo que cambiar de domicilio. Jaime y Tomás han terminado sus estudios y se van a Barcelona y Asturias, respectivamente. Por lo tanto el arrendador quiere subir el alquiler del piso y yo me veo obligado a buscar otro.*

Pablo: *¿Has leído ya los anuncios en la cartelera de la facultad?*

503

— GRAMMATIK —

Partizip + ser

*Das Partizip bildet zusammen mit dem Hilfsverb **ser** das Passiv, wobei es stets in Geschlecht und Zahl mit dem Subjekt übereinstimmt. Dem 'Urheber' geht immer die Präposition **por** voran:*

> *Das Essen ist von Julia gemacht worden.*
> *Das Kind wurde von dem Hund gebissen.*
> *Die Ergebnisse wurden gestern veröffentlicht.*
> *Das Buch wurde von Machado geschrieben.*

504

Pedro sucht ein Zimmer

Pedro: Ich muß die Wohnung wechseln. Jaime und Tomás haben ihr Studium beendet und gehen nach Barcelona bzw. Asturien. Infolgedessen will der Vermieter die Miete der Wohnung erhöhen und ich sehe mich gezwungen, eine neue zu suchen.

Pablo: Hast du schon die Anzeigen am Anschlagbrett der Fakultät gelesen?

domicilio (m.) [domi'θiljo]	Wohnung; Haus; Wohnort; Wohnsitz
arrendador (m.) [arrenda'ðɔr]	Verpächter; Vermieter
alquiler (m.) [alki'lɛr]	Vermieten; Miete; Mietzins
cartelera (f.) [karte'lera]	Anschlagbrett; Schwarzes Brett; Veranstaltungskalender (in der Zeitung)

505

EJERCICIO

Traduzca Ud. las frases siguientes:

1. Marisa ruft morgen Carlos an.
2. Eladio gibt Martín den Autoschlüssel.
3. Hast du den Briefträger schon gesehen?
4. Ich suche einen Briefumschlag.
5. Dein Vater hat Klaus Wein geschenkt.
6. In Pepe habe ich einen guten Freund gefunden.
7. Du brauchst einen Arzt.
8. Kennst du meinen Spanischlehrer schon?

506

Hacer las maletas

El avión de Marisa sale el lunes. Pero ella ya empieza hoy a hacer las maletas. Escribe una lista de todo lo que quiere llevarse para el viaje. Luego pone todas las cosas en el sofá. El dinero, los cheques de viaje, el pasaporte, el billete de avión y la cámara fotográfica ya están en la pequeña mochila.

505

Übersetzen Sie die folgenden Sätze:

1. Marisa llama **a** Carlos mañana.
2. Eladio da **la** llave del coche **a** Martín.
3. ¿Has visto **al** cartero ya?
4. Busco **un** sobre.
5. Tu padre ha regalado vino **a** Klaus.
6. En Pepe he encontrado **un** buen amigo.
7. Necesitas **un** médico.
8. ¿Conoces ya **a** mi profesor de español?

DIE EXPERTENECKE

Giros/modismos (Redewendungen)

En casos así es mejor hacer la vista gorda. – In solchen Fällen ist es besser, ein Auge zuzudrücken (wörtl.: den Blick dick zu machen).

506

Kofferpacken

Marisas Flugzeug geht am Montag. Aber sie fängt schon heute an, die Koffer zu packen. Sie schreibt eine Liste von all den Sachen, die sie für die Reise mitnehmen will. Danach legt sie alle Sachen aufs Sofa. Das Geld, die Reisechecks, der Reisepaß, die Flugkarte und der Photoapparat sind bereits in dem kleinen Rucksack.

la maleta [ma'leta]	Koffer
hacer la maleta [a'θɛr][ma'leta]	den Koffer packen
la lista ['lista]	Liste
el sofá [so'fa]	Sofa, Couch
la mochila [mo'tʃila]	Rucksack

507

Salvador Dalí

Dalí es uno de los pintores españoles más famosos del siglo XX. Nació el 11 de mayo de 1.904 en la pequeña ciudad Figueras, no lejos de la Costa Brava. En 1.927 llegó a París donde fue miembro del movimiento surrealista de 1.929 hasta 1.934. Después de una estancia en los Estados Unidos volvió en 1.948 a España. Desde entonces vivió en Cadaqués, un pueblo muy pintoresco cerca de su ciudad natal.

¿Con qué director de cine español hizo Dalí las películas 'El perro andaluz' y 'L'âge d'or'?

508

El día de la salida

Carmen: *Es increíble lo tranquila que estás. Tu avión sale en una hora y todavía estás aquí tomando un café.*
Marisa: *Es porque para mí las vacaciones ya empiezan el día de la salida y no cuando miro las fotos después de volver.*

507

Salvador Dalí

Dalí ist einer der berühmtesten spanischen Maler des zwanzigsten Jahrhunderts. Er wurde am 11. Mai 1904 in der kleinen Stadt Figueras nicht weit von der Costa Brava geboren.* 1927 kam er nach Paris, wo er zwischen 1929 und 1934 Mitglied der surrealistischen Bewegung war. Nach einem Aufenthalt in den USA kehrte er 1948 nach Spanien zurück. Seitdem lebte er in Cadaqués, einem sehr malerischen Ort in der Nähe seiner Geburtsstadt. Mit welchem spanischen Kinoregisseur machte Dalí die Filme 'El perro andaluz' und 'L'âge d'or'?

Todestag: 23. Januar 1989

Die Filme machte Dalí zusammen mit Luis Buñuel.

Nicht auslassen: Das Dalí-Museum in Figueras.

508

Der Tag der Abreise

Carmen: Es ist unglaublich, wie ruhig du bist. Dein Flugzeug fliegt in einer Stunde ab, und du sitzt noch immer hier und trinkst Kaffee.
Marisa: Für mich fangen die Ferien schon am Abreisetag an und nicht erst, wenn ich die Urlaubsphotos anschaue nach der Rückkehr.

increíble [iŋkre'iβle]	unglaublich
tranquilo [traŋ'kilo]	ruhig
las vacaciones [baka'θiones]	Ferien
empezar [empe'θar]	anfangen

509

¿Te gusta la butifarra blanca?

Francisco: *Asistís a la inauguración de nuestra barbacoa. Hay salchichas y chuletas, y Dolores ha comprado unas longanizas también. ¿Te gusta la butifarra blanca?*
Arturo: *No, prefiero una chuleta con una tostada.*

510

GRAMÁTICA

Pretérito Imperfecto

El Imperfecto expresa acciones, y particularmente estados, realizados en el pasado, pero no concluidos, cuyo comienzo o fin no se conoce o no interesa expresarlo. Tiene un valor fundamentalmente durativo:
    Aquel día hacía mucho calor.
    De niño estudiaba en este colegio.
El Imperfecto se usa también con sentido reiterativo o de repetición:
    Todas las tardes daba un paseo.
    El verano pasado iba a menudo a la discoteca.

509

Schmeckt dir die Rostbratwurst?

Francisco: Ihr nehmt an der Einweihung unseres Gartengrills teil. Es gibt Würstchen und Koteletts, und Dolores hat auch ein paar Longanizas gekauft. Schmeckt dir die Rostbratwurst?
Arturo: Nein, ich ziehe ein Kotelett mit einer gerösteten Brotscheibe vor.

---

asistir [asis'tir]	pflegen, betreuen; helfen; anwesend sein; teilnehmen
inauguración (f.) [inaŭgura'θĭɔn]	Einweihung; Eröffnung
longaniza (f.) [lɔŋga'niθa]	Wurstsorte; zum Braten geeignetes Würstchen
butifarra (f.) [buti'farra]	katalanische Bratwurst; hier: Rostbratwurst
tostar [tɔs'tar]	rösten; bräunen

510

---- GRAMMATIK ----

Imperfecto (Vergangenheitsform)

Das Imperfecto drückt Handlungen und besonders Zustände aus, die sich zwar in der Vergangenheit ergeben haben, aber nicht abgeschlossen sind, und deren Beginn oder Ende entweder nicht bekannt oder nicht von Belang ist. Das Imperfecto hat einen stark durativen (den Verlauf bzw. die Dauer betonenden) Charakter:

An jenem Tag war es sehr heiß.
Als Kind ging ich in diese Schule.

Das Imperfecto wird auch für regelmäßige Wiederholungen in der Vergangenheit benutzt:

Jeden Nachmittag machte ich einen Spaziergang.
Im letzten Sommer ging ich oft in die Diskothek.

Durch Imperfecto wird auch ein Zustand oder eine Handlung bezeichnet, die bereits andauerte, als eine neue Handlung einsetzte.

511

La primera noche en el hotel

Después de más de doce horas de viaje en avión Marisa llega a Puerto Rico. Un guía la lleva en coche a un hotel de lujo en el norte de la isla, a unos 90 kms de la capital San Juan. Esta segunda parte del viaje dura casi dos horas.
Marisa está cansadísima cuando llegan al hotel y se acuesta en seguida.

512

---EJERCICIO---

El pronombre personal

Ponga el pronombre personal en la forma adecuada (Setzen Sie die richtige Form des Personalpronomens):

1. Alfonso _____ da su chaqueta (a Carmen).

2. Virginia _____ trae una trata (a nosotros).

3. Yo _____ recomiendo el hotel Alhambra (a Uds.).

4. Si ganáis el partido, _____ regalo una caja de champán (a vosotros).

5. ¿Cuándo _____ devuelves mi chandal (a mí)?

511

Die erste Nacht im Hotel

Nach mehr als zwölf Stunden Flugreise kommt Marisa in Puerto Rico an. Ein Reiseführer bringt sie mit dem Auto in ein Luxushotel im Norden der Insel, ungefähr 90 km von der Hauptstadt San Juan entfernt. Dieser zweite Teil der Reise dauert fast zwei Stunden. Marisa ist hundemüde, als sie am Hotel ankommen, und legt sich sofort ins Bett.

más de doce horas [mas][de]['doθe]['oras]	mehr als zwölf Stunden
el guía ['gia]	Reiseführer (Person)
ir en coche [ir][en]['kotʃe]	mit dem Auto fahren
casi ['kasi]	fast, beinahe

512

Das Personalpronomen

Setzen Sie die richtige Form des Personalpronomens:

1. Alfonso le da su chaqueta. – Alfons gibt ihr seine Jacke.

2. Virginia nos trae una trata. – Virginia bringt uns einen Kuchen.

3. Yo les recomiendo el hotel Alhambra. – Ich empfehle Ihnen das Hotel Alhambra.

4. Si ganáis el partido, os regalo una caja de champán. – Wenn ihr das Spiel gewinnt, schenke ich euch eine Kiste Sekt.

5. ¿Cuándo me devuelves mi chandal? — Wann gibst du mir meinen Trainingsanzug zurück?

Dolores llama a un fontanero

Dolores: *Tengo el fregadero atascado y uno de los grifos se sale. ¿Podría usted arreglar esto?*

Fontanero: *Mire, señora, estamos muy escasos de personal. Pero tengo un amigo que entiende de esas cosas y tiene tiempo.*

GRAMÁTICA

La negación

¿Viene Julio a la fiesta? No, no viene.
Es mejor no decir nada.
Tengo tiempo. No tengo tiempo.
Tiene un amigo rico. No tiene ningún amigo rico.
Yo no tengo ni idea de lo que quería.
Eso no me atrae en absoluto.
Ni Antonio ni su mujer van al teatro.

513

Dolores ruft den Klempner an

Dolores: Bei mir ist das Spülbecken verstopft, und einer der Wasserhähne tropft. Könnten Sie das in Ordnung bringen?
Klempner: Sehen Sie, gute Frau, wir sind sehr knapp an Personal, aber ich habe einen Freund, der was davon versteht und Zeit hat.

fontanero (m.) [fɔnta'nero]	Klempner
atascar [atas'kar]	verstopfen; hemmen; Schwierigkeiten machen
salirse [sa'lirse]	auslaufen; tropfen
escaso [es'kaso]	karg; knapp; selten

514

--- GRAMMATIK ---

Die Verneinung

Kommt Julio zu dem Fest? Nein, er kommt nicht.
Es ist besser, nichts zu sagen.
Ich habe Zeit. Ich habe keine Zeit.
Er hat einen reichen Freund. Er hat keinen reichen Freund.
Ich habe keine Ahnung davon, was er wollte.
Das zieht mich überhaupt nicht an.
Weder Antonio noch seine Frau gehen ins Theater.

Verneinung wird vor dem Verb ausgedrückt. **No** *steht dabei für 'nein' und 'nicht'. Eine doppelte Verneinung bedeutet keineswegs Bejahung. Wenn im positiven Satz kein Artikel steht, wird im entsprechenden negativen Satz 'kein' nur durch* **no** *wiedergegeben. Steht im positiven Satz ein unbestimmter Artikel, so steht im negativen Satz ebenfalls unbestimmter Artikel oder* **ninguno**.
Die Verneinung wird durch **ni** *und* **en absoluto** *verstärkt. Mit* **ni ... ni** *wird 'weder ... noch' übersetzt.*

515

Llega el crucero

Después de descansar un día en la playa, Marisa prepara de nuevo sus cosas para subir al crucero que ha echado el ancla cerca de la costa. Cuando están hechas sus maletas baja al restaurante y almuerza. Por la tarde ella y los demás pasajeros suben a una pequeña lancha que los lleva al crucero.

516

Los ferrocarriles españoles

En un país tan montañoso como España ha sido muy difícil construir una red de ferrocarriles. Lo primero que llama la atención al viajero que quiere ir en tren a España es que hay que cambiar de tren en la frontera española, sea en Port Bou (Cataluña) o sea en Irún (País Vasco), porque las vías españolas son más anchas que en el resto de Europa. ¿Cómo se llama el tren más rápido de España?

¿Rápido, Expreso o Talgo?

515

Das Kreuzfahrtschiff kommt an

Nachdem sie sich einen Tag am Strand ausgeruht hat, macht Marisa wieder ihre Sachen fertig, um auf das Schiff zu gehen, das in der Nähe der Küste Anker geworfen hat. Als die Koffer gepackt sind, geht sie hinunter ins Restaurant und ißt zu Mittag. Am Nachmittag besteigen sie und die übrigen Passagiere ein kleines Boot, das sie zum Kreuzfahrtschiff bringt.

descansar [deskan'sar]	ausruhen
de nuevo ['nŭeβo]	wieder, erneut
el ancla ['aŋkla]	Anker
echar [e'tʃar]	werfen
la lancha ['lantʃa]	Boot

516

Die spanische Eisenbahn

In einem so gebirgigen Land wie Spanien ist es sehr schwierig gewesen, ein Eisenbahnnetz aufzubauen. Das erste, was dem Reisenden, der mit dem Zug nach Spanien reisen will, auffällt, ist, daß man an der spanischen Grenze umsteigen muß, in Port Bou (Katalonien) oder auch in Irún (Baskenland), da die Schienen in Spanien breiter sind als im übrigen Europa. Wie heißt der schnellste Zug in Spanien? Rápido, Expreso oder Talgo?

Er heißt Talgo, ist auf allen Strecken zuschlagpflichtig und in der Regel äußerst pünktlich.

Für Andalusienfans: Die Fünf-Tage-Fahrt mit dem 'Expreso Al-Andaluz', der die fünf schönsten Städte anfährt: Sevilla, Córdoba, Granada, Málaga und Jerez de la Frontera.

El camarote de Marisa

Marisa: *Me encanta mi camarote. Casi es más grande que mi habitación en casa.*
Paco: *Sí, es verdad y todos los camarotes son particulares. Además tienen un cuarto de baño propio. Lo único que molesta son los ojos de buey.*

EJERCICIO

Pronombres personales

Traduzca las frases siguientes:

1. Ramón schenkt ihnen ein Buch.
2. Miriam hat es schon gelesen.
3. Gefällt es dir?
4. Ich rufe euch nachher an.
5. Was empfehlen Sie uns?
6. Ich habe ihn heute morgen gesehen.
7. Könnt ihr mir sagen, wieviel Uhr es ist?
8. Hast du ihr den Reiseführer gekauft?
9. Wir haben uns heute in der Uni gesehen.

517

Die Kabine von Marisa

Marisa: Ich finde meine Kabine unheimlich gut. Sie ist beinahe größer als mein Zimmer bei uns zu Hause.
Paco: Ja, das stimmt; und alle Kabinen sind Einzelkabinen. Außerdem haben sie ein eigenes Bad. Das einzige, was stört, sind die Bullaugen.

el camarote [kama'rote]	Kabine, Kajüte
es verdad [bɛr'ða$^{(d)}$]	es stimmt
el cuarto de baño ['kŭarto]	Badezimmer
molestar [moles'tar]	stören
el ojo de buey ['ɔxo]	Bullauge

518

Personalpronomen
Übersetzen Sie folgende Sätze:

1. Ramón **les** regala un libro.
2. Miriam ya **lo** ha leído.
3. ¿**Te** gusta?
4. **Os** llamo por teléfono luego.
5. ¿Qué **nos** recomienda Ud.?
6. **Lo/le** he visto esta mañana.
7. ¿**Me** podéis decir qué hora es?
8. ¿**Le** has comprado la guía?
9. **Nos** hemos visto en la universidad hoy.

DIE EXPERTENECKE

Änderung der Schreibweise beim Plural

la raíz – las raíces (Wurzeln); el lápiz – los lápices (Bleistifte); el régimen – los regímenes (Regime); el pulmón – los pulmones (Lungen); la construcción – las construcciones (Konstruktionen); el león – los leones (Löwen).

519

La propina

Marisa: *¿Cuánto hay que darles de propina a los camareros de un crucero?*
Paco: *Yo qué sé. Es la primera vez que subo a un crucero en mi vida. Pero si quieres pregunto al señor de la mesa al lado.*

520

ADIVINANZA

Familia y parentesco: ¿Qué palabras encuentra Ud.?

```
O N I E T O R R E I S A
S U R D I E M O S N O B
H E R M A N A Ñ A I B U
I R A U P A D R E E R E
J A T N E O R E U T I L
O R I D A H E R M A N O
O S O B R I N A R T O S
N B U H O J Y E R N O L
A B U E L A N G O H O Y
C R A I G C U Ñ A D O S
A S U E G R O B L I M E
E C U Ñ A D A T A G I R
```

519

Das Trinkgeld

Marisa: Wieviel Trinkgeld gibt man den Kellnern eines Kreuzfahrtschiffes?
Paco: Was weiß ich? Ich bin das erste Mal in meinem Leben auf einem Kreuzfahrtschiff. Aber wenn du willst, frage ich den Herrn vom Nebentisch.

el camarero [kama'rero]	Kellner
yo sé [jo][se]	ich weiß
preguntar [pregun'tar]	fragen
la mesa ['mesa]	Tisch
de al lado [de][al]['la^{d}o]	von nebenan

520

Familie und Verwandschaft: Wieviele Wörter finden Sie?

```
O N I E T O R R E I S A
S U R D I E M O S N O B
H E R M A N A Ñ A I B U
I R A U P A D R E E R E
J A T N E O R E U T I L
O R I D A H E R M A N O
O S O B R I N A R T O S
N B U H O J Y E R N O L
A B U E L A N G O H O Y
C R A I G C U Ñ A D O S
A S U E G R O B L I M E
E C U Ñ A D A T A G I R
```

Es sind insgesamt zwanzig Wörter: *padre, madre* — Vater, Mutter; *hijo, hija* — Sohn, Tochter; *hermano, hermana* — Bruder, Schwester; *abuelo, abuela* — Großvater, -mutter; *tío, tía* — Onkel, Tante; *nieto, nieta* — Enkel, -in; *sobrino, sobrina* — Neffe, Nichte; *suegro, suegra* — Schwiegervater, -mutter; *cuñado, cuñada* — Schwager, Schwägerin; *yerno, nuera* — Schwiegersohn, -tochter.

El teatro clásico

Dolores: *Leímos en el colegio la 'Tragicomedia de Calisto y Melibea'. ¿Sabes que éste es el título original de 'La Celestina' de Fernando de Rojas?*

Francisco: *No, no sé nada de esa obra. Por eso voy al teatro.*

Un anuncio breve

Marbella. Se vende: restaurante elegante, máxima categoría, en el mejor lugar de Marbella, a 100 metros del mar, en pleno corazón de la Milla de Oro. Capacidad para 175 personas (terraza, restaurante, salones, piano bar). Dos cocinas, bodega climatizada. Aparcamiento grande delante del edificio. En caso de interés, se vende sólo el edificio, muy apropiado para un banco, edificio de administración etc.

521

Klassisches Theater

Dolores: Wir haben die 'Tragicomedia de Calisto y Melibea' in der Schule gelesen. Weißt du, daß das der Originaltitel der 'Celestina' von Fernando de Rojas ist?
Francisco: Nein, ich weiß nichts von diesem Werk. Deshalb gehe ich ins Theater.

---

tragicomedia (f.) [traxiko'meðia] — Tragikomödie
celestina (f.) [θeles'tina] — Kupplerin; nach dem Namen der Hauptfigur (der Kupplerin Celestina) in der Liebestragödie Rojas' von 1499
alcahueta (f.) [alka'ŭeta] — Kupplerin

522

Eine Kleinanzeige

Marbella. Verkaufe: Elegantes Restaurant, höchste Kategorie, in bester Lage Marbellas, 100 Meter vom Strand entfernt, mitten im Herzen der Milla de Oro. Platz für 175 Personen (Terrasse, Restaurant, Säle, Piano-Bar). Zwei Küchen, Weinkeller mit Klimaanlage. Großer Parkplatz vor dem Gebäude. Bei Interesse wird auch das Gebäude allein verkauft, sehr geeignet für Banken, Verwaltungsgebäude etc.

---

categoría (f.) [katego'ria] — Art, Klasse; Rang; hier: Kategorie
milla (f.) ['miʎa] — (See-)Meile
capacidad (f.) [kapaθi'ða$^{(d)}$] — Fassungsvermögen; Raum, Inhalt; Fähigkeit
aparcamiento (m.) [aparka'mĭento] — Parken; Parkplatz
apropiado [apro'pĭaðo] — geeignet, angemessen

523

Gandulear en la gandula

Marisa: *¡Qué gozada estar aquí tumbada en la gandula al lado de la piscina!*
Paco: *Tienes razón. Así da gusto. Por fin tengo tiempo para leer este libro.*
Marisa: *¿De quién es?*
Paco: *De Julio Cortázar, se llama 'Rayuela'.*

524

El valle de Covadonga

El valle de Covadonga está en el Principado de Asturias, en la subida al Parque Nacional de Covadonga en la parte occidental de los Picos de Europa. Se hizo famoso alrededor del año 722 por la primera victoria que consiguieron los cristianos en una batalla contra los moros y que generalmente se designa como el comienzo de la Reconquista Española. Aún hoy es un famoso lugar de peregrinación.

¿Cómo se llama el rey de Asturias que ha mandado a los cristianos en la famosa batalla?

523

Faulenzen im Liegestuhl

Marisa: Herrlich, hier im Liegestuhl neben dem Swimmingpool zu liegen.
Paco: Du hast recht. So macht es Spaß. Endlich habe ich Zeit, dieses Buch zu lesen.
Marisa: Von wem ist es?
Paco: Von Julio Cortázar, es heißt 'Hüpfspiel'.

gandulear [gandule'ar]	faulenzen
la gandula [gan'dula]	Liegestuhl
estar tumbado [es'tar][tum'bado]	liegen
tener razón [te'nɛr][rra'θɔn]	recht haben
por fin [pɔr][fin]	endlich

524

Das Tal von Covadonga

Das Tal von Covadonga liegt im Fürstentum Asturien, am Aufstieg zum Nationalpark von Covadonga im westlichen Teil der Picos de Europa. Um das Jahr 722 wurde es berühmt durch den ersten Sieg, den die Christen in einer Schlacht gegen die Mauren errangen und der für gewöhnlich als Beginn der Wiedereroberung Spaniens bezeichnet wird. Noch heute ist es ein berühmter Wallfahrtsort. Wie heißt der König Asturiens, der die Christen in der berühmten Schlacht geführt hat?

Der damalige König hieß Pelayo.

Er gilt als einer der Nationalhelden Spaniens.

525

La compra de una camiseta

Rosa: *Pienso que iré a las 'Galerías Preciados' para comprarme una camiseta. Siempre tienen gran surtido de ropa de última moda. Lo que pasa es que no quiero gastar mucho dinero.*

Dolores: *Ayer pasé por unos escaparates con la inscripción 'Liquidación' pero no me acuerdo ahora . . .*

526

Viene la abuela

La madre de Francisco vive en la casa de su otro hijo en Guadalajara. La señora tiene casi ochenta años. Para ver a sus nietos va a Madrid dos o tres veces al año. El sábado es el cumpleaños de su nieta Rosa. Por eso la abuela se ha decidido a viajar a Madrid.

2

525

Der Kauf eines T-Shirts

Rosa: Ich denke, daß ich in die 'Galerías Preciados' gehen werde, um mir ein T-Shirt zu kaufen. Die haben immer eine große Auswahl an Kleidung der neuesten Mode. Es ist nur so, daß ich nicht viel Geld ausgeben will.

Dolores: Gestern bin ich an Schaufenstern mit der Aufschrift 'Räumungsverkauf' vorbeigekommen, aber jetzt weiß ich nicht mehr . . .

Bei den 'Galerías Preciados' handelt es sich um eine große Kette von Warenhäusern in Spanien.

camiseta (f.) [kami'seta]	Unterhemd; T-Shirt
galería (f.) [gale'ria]	(bedeckter) Gang; Galerie; Bildergalerie
surtido (m.) [sur'tiđo]	Sortiment; Auswahl
liquidación (f.) [likiđa'θĭon]	Liquidation; Ausverkauf; Räumungsverkauf

526

Die Großmutter kommt

Franciscos Mutter lebt in dem Haus ihres anderen Sohnes in Guadalajara. Die Dame ist fast achtzig Jahre alt. Um ihre Enkelkinder zu sehen, fährt sie zwei- bis dreimal im Jahr nach Madrid. Samstag hat ihre Enkelin Rosa Geburtstag. Deshalb hat die Großmutter sich entschlossen, nach Madrid zu reisen.

abuela (f.) [a'bŭela]	Großmutter; alte Frau
nieta (f.) ['nĭeta]	Enkelin
nietos (m. pl.) ['nĭetos]	Enkelkinder
cumpleaños (m.) [kumple'aɲos]	Geburtstag

Excursión a una isla

El crucero de nuevo ha echado ancla cerca de un grupo de islas muy pequeñas. El capitán ha invitado a los pasajeros a hacer una excursión a las islas inhabitadas. Marisa y Paco son los primeros que suben a uno de los botes neumáticos ya preparados que los lleva a la isla más grande.

El banquete

Marisa: *Si probamos de todo lo que hay de comer aquí acabaremos como focas.*
Paco: *Yo ya no puedo comer más. Me voy a tomar una copa de anís para la digestión.*
Marisa: *¿Te rindes ya? Pero si no has probado de la macedonia de frutas todavía.*

527

Ausflug auf eine Insel

Das Kreuzfahrtschiff hat vor einer Gruppe sehr kleiner Inseln wieder Anker geworfen. Der Kapitän hat die Passagiere ermuntert, einen Ausflug auf die unbewohnten Inseln zu machen. Marisa und Paco sind die ersten, die auf eines der bereits vorbereiteten Schlauchboote gehen, die sie zur größten Insel bringen.

invitar [imbi'tar]	einladen
la isla ['izla]	Insel
inhabitado [inaβi'taᵈo]	unbewohnt
el primero [pri'mero]	der erste
el bote neumático ['bote][neu'matiko]	Schlauchboot

528

Das Diner

Marisa: Wenn wir von all dem, was es hier zu essen gibt, probieren, werden wir kugelrund.
Paco: Ich kann schon nichts mehr essen. Ich werde einen Anisschnaps für die Verdauung trinken.
Marisa: Gibst du schon auf? Aber du hast doch noch gar nichts von dem Obstsalat probiert.

probar *(-ue-)* [pro'βar]	probieren
la foca ['foka]	Robbe, Seehund
ya no [ja][no]	nicht mehr
la digestión [dixes'tion]	Verdauung
rendirse [rren'dirse]	aufgeben

529

El fútbol español

El fútbol en España es, sin duda, el deporte nacional número uno. España tiene dos clubs de fútbol de renombre internacional: el Real Madrid y el C.F. Barcelona, llamado por los hinchas sólo el 'Barça'. Existe una competencia muy fuerte entre estos dos clubs por el predominio en el fútbol español, causada por el afán autonomista de los catalanes y el centralismo madrileño. Cada una de ambas ciudades tiene otro club conocido en la primera división.

¿Cómo se llaman?

530

---EJERCICIO---

Ponga una forma correcta de los verbos 'ser' o 'estar' en las siguientes frases

La casa . . . destruida por el fuego.
Sevilla . . . en el sur de España.
Esta carta . . . de mucha importancia.
. . . las tres menos veinticinco. . . . tarde.
Ahí . . . una señorita que pregunta por ti.
La casa . . . alquilada.
Los libros . . . repartidos por la profesora.

529

Der spanische Fußball

Der Fußball ist in Spanien ohne Zweifel Nationalsport Nummer eins. Spanien hat zwei Fußballvereine internationalen Ansehens: Real Madrid und C.F. Barcelona, der von den Anhängern kurz 'Barça' genannt wird. Zwischen diesen beiden Vereinen existiert ein recht starker Wettstreit um die Vorherrschaft im spanischen Fußball, der verursacht wird durch das Autonomiebegehren der Katalanen und den Zentralismus der Madrilenen. Jede der beiden Städte hat einen weiteren bekannten Club in der ersten Liga. Wie heißen sie?

Atlético Madrid und Español Barcelona.

530

——— ÜBUNG ———

Setzen Sie eine korrekte Form von 'ser' oder 'estar' in die folgenden Sätze ein

La casa **fue** destruida por el fuego.
Sevilla **está** en el sur de España.
Esta carta **es** de mucha importancia.
Son las tres menos veinticinco. **Es** tarde.
Ahí **está** una señorita que pregunta por ti.
La casa **está** alquilada.
Los libros **son/fueron** repartidos por la profesora.

Das Haus wurde durch das Feuer zerstört.
Sevilla liegt im Süden Spaniens.
Dieser Brief ist sehr wichtig.
Es ist fünf nach halb drei. Es ist spät.
Da ist ein Fräulein, das nach dir fragt.
Das Haus ist gemietet/vermietet.
Die Bücher werden/wurden von der Lehrerin verteilt.

531

Un robo en la calle

Un hombre: *Estábamos en la acera – a punto de cruzar la calle – cuando se acercaron de repente dos jóvenes, nos empujaron y arrebataron el bolso de mi mujer.*
El policía: *¿Qué había en este bolso? ¿Dinero?*
El hombre: *Tres mil pesetas. Pero también una cartera de piel de cerdo con nuestras tarjetas de identidad y otros documentos.*

532

El cumpleaños

Abuela: *¿Cuántas personas vendrán esta tarde para felicitarte? Espero que te regalen muchas cosas.*
Rosa: *Viene la parentela. Mis amigos ya me han tirado de las orejas.*

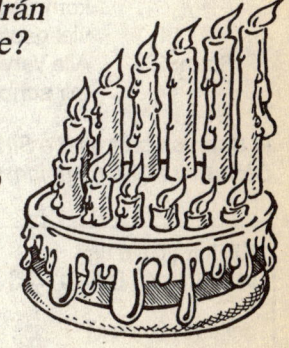

531

Ein Raub auf der Straße

Ein Mann: Wir waren auf dem Bürgersteig – gerade dabei, die Straße zu überqueren – als sich plötzlich zwei Jugendliche näherten, uns schubsten und die Handtasche meiner Frau raubten.
Der Polizist: Was war in dieser Handtasche? Geld?
Der Mann: Dreitausend Peseten. Aber auch eine Schweinsleder-Brieftasche mit unseren Personalausweisen und anderen Dokumenten.

acera (f.) [a'θera]	Bürgersteig; Häuserreihe
cruzar [kru'θar]	kreuzen, durchkreuzen; überqueren
arrebatar [arrɛba'tar]	entreißen; rauben; wegraffen; entzücken
piel (f.) [pĭɛl]	Haut; Leder; Fell; Pelz

532

Der Geburtstag

Großmutter: Wie viele Personen werden heute nachmittag kommen, um dir zu gratulieren? Ich hoffe, daß du viel geschenkt bekommst.
Rosa: Alle Verwandten kommen. Meine Freunde haben mir schon die Ohren langgezogen.

In Spanien gibt es die Sitte, jemand an seinem Geburtstag an den Ohren zu ziehen, um ihm viel Glück zu wünschen.

felicitar [feliθi'tar]	beglückwünschen; gratulieren
parentela (f.) [paren'tela]	Verwandtschaft, Verwandte; alle Verwandten
oreja (f.) [o'rɛxa]	Ohr

533

En el casino del crucero

Marisa no ha estado nunca en un casino. Ahora quiere aprovechar que en el crucero hay uno. Se pone un traje de noche y se maquilla. Después sube al casino y compra en la taquilla billetes para la ruleta. Antes de empezar a jugar se queda mucho tiempo mirando cómo funciona el juego.

534

Un día de mucho viento

Marisa: *¡Qué viento hace! ¿Te has dado cuenta de que el oleaje está mucho más fuerte que ayer?*
Paco: *Desde luego. Las olas tienen por lo menos 10 metros.*
Marisa: *Menos mal que el crucero es tan inmenso.*

533

Im Bordkasino

Marisa war noch nie in einem Kasino. Jetzt will sie es ausnutzen, daß es eins auf dem Kreuzfahrtschiff gibt. Sie zieht sich ein Abendkleid an und schminkt sich. Danach geht sie zum Kasino hinauf und kauft sich an der Kasse Billetts fürs Roulette. Bevor sie anfängt zu spielen, beobachtet sie sehr lange, wie das Spiel funktioniert.

nunca ['nuŋka]	nie, niemals
el traje de noche ['traxe][de]['notʃe]	Abendkleid
maquillar [maki'ʎar]	schminken
la taquilla [ta'kiʎa]	Kasse
la ruleta [rru'leta]	Roulette

534

Ein sehr windiger Tag

Marisa: Wie windig es ist! Hast du schon gemerkt, daß der Wellengang viel stärker als gestern ist?
Paco: Natürlich! Die Wellen sind mindestens 10 Meter hoch.
Marisa: Ein Glück, daß das Schiff so riesig ist.

el viento ['bĭento]	Wind
hace viento ['aθɛ]['bĭento]	es ist windig
el oleaje [ole'axe]	Wellengang
la ola ['ola]	Welle
por lo menos [pɔr][lo]['menos]	mindestens

535

Conversación sobre los amigos alemanes

Rosa: *La semana pasada hablé con Klaus. Me dijo que él y sus amigos vendrían a vernos en setiembre y que él, con un poco de suerte, se quedaría hasta enero.*
Alberto: *Te ha tomado el pelo. Ni una vez puede hablar en serio.*
Rosa: *No lo creo. Quizás quiera estudiar aquí en España.*

536

EJERCICIO
Frases impersonales

Haga de las frases siguientes frases impersonales (Machen Sie aus den Sätzen mit Subjekt unpersönliche Sätze mit 'man'):

1. Fernando conoce mucha gente aquí. — Fernando lernt hier viele Leute kennen.
2. ¿Cómo dices tú 'pájaro' en alemán? — Wie sagst du 'pájaro' auf Deutsch?
3. Maica dice que el pescado es muy bueno. — Maica sagt, daß der Fisch sehr gut ist.
4. Victoria se acostumbra a conducir. — Victoria gewöhnt sich ans Autofahren.
5. La gente te engaña. — Die Leute betrügen dich.

535

Gespräch über die deutschen Freunde

Rosa: Letzte Woche habe ich mit Klaus gesprochen. Er sagte, daß er und seine Freunde uns im September besuchen würden und daß er mit etwas Glück bis Januar bleiben würde.
Alberto: Er hat dich auf den Arm genommen. Er kann auch nicht ein einziges Mal ernst sein.
Rosa: Das glaube ich nicht. Vielleicht will er hier in Spanien studieren.

---

tomar el pelo a alguien
[to'mar el 'pelo a 'algĭen]

jemanden zum besten haben; jemanden hereinlegen; hier: jemanden auf den Arm nehmen

ni una vez [ni 'una beθ] hier: auch nicht ein einziges Mal

536

Unpersönliche Sätze

Machen Sie aus den Sätzen mit Subjekt unpersönliche Sätze mit 'man':

1. Se conoce mucha gente aquí. – Man lernt hier viele Leute kennen.
2. ¿Cómo se dice 'pájaro' en alemán? – Wie sagt man 'pájaro' (= Vogel) auf Deutsch?
3. Se dice que el pescado es muy bueno. – Man sagt, daß der Fisch sehr gut ist.
4. Uno se acostumbra a conducir. – Man gewöhnt sich ans Autofahren.
5. Te engañan. – Sie betrügen dich/Man betrügt dich.

DIE EXPERTENECKE

El médico le da de baja. – Der Arzt schreibt ihn krank (wörtl.: entläßt ihn).

537

El crucero toma puerto

Después de un poco más de tres semanas de viaje de crucero ha llegado ahora el fin de esta parte de las vacaciones de Marisa. El crucero toma puerto en Limón, un puerto pequeño en la costa atlántica de Costa Rica. Pero todavía no han terminado las vacaciones de Marisa, aún siguen cuatro semanas más en el caribe.

538

El peñón de Gibraltar

¿Cómo hay que ir en coche desde Granada para llegar a Inglaterra en tres horas? Pues, muy fácil, entre Granada y Gibraltar hay unos 280 kms de buena carretera. Tropas inglesas conquistaron el peñón en 1.704, y desde 1.713 Gibraltar pertenece a Gran Bretaña. Para los españoles fue una pérdida que les sigue doliendo todavía. En 1.967 el 95% de los habitantes votaron en un referendum contra la unión con España.

537

Das Kreuzfahrtschiff legt an

Nach etwas mehr als drei Wochen Kreuzfahrt ist nun das Ende dieses Teils der Ferien von Marisa gekommen. Das Kreuzfahrtschiff legt in Limón, einem kleinen Hafen an der atlantischen Küste Costa Ricas, an. Aber noch sind Marisas Ferien nicht vorbei, es folgen vier weitere Wochen in der Karibik.

el fin [fin]	Ende
tomar puerto [to'mar]['pŭɛrto]	anlegen (eines Schiffes)
el puerto ['pŭɛrto]	Hafen
atlántico [at'lantiko]	atlantisch
seguir [se'gir]	folgen

538

Der Felsen von Gibraltar

Wie muß man von Granada aus fahren, um in drei Stunden England zu erreichen? Sehr einfach, zwischen Granada und Gibraltar liegen etwa 280 km gut ausgebauter Landstraße. 1704 eroberten englische Truppen den Felsen, und seit 1713 gehört Gibraltar zu Großbritannien. Für die Spanier war es ein Verlust, der sie auch heute noch schmerzt. 1967 stimmten 95% der Einwohner (Gibraltars) gegen eine Vereinigung mit Spanien.

Wer noch das englische Gibraltar besuchen will, muß sich beeilen, denn schon 1995 soll der Felsen nach nun ca. 285 Jahren britischer Regierung wieder an Spanien übergeben werden.

539

En la recepción del hotel

Empleado: *Buenas tardes, señorita. ¿En qué puedo servirle?*
Marisa: *Soy del grupo de españoles, del crucero. ¿Sabe Ud.?*
Empleado: *Ah, sí. Ahorita el mozo le va a enseñar su habitación.*

540

*«Entre amigos verdaderos,
no se miran los dineros.»*

Proverbio español

539

An der Hotelrezeption

Angestellter: Guten Tag(, mein Fräulein). Womit kann ich Ihnen dienen?
Marisa: Ich bin aus der Spaniergruppe, vom Kreuzfahrtschiff. Sagt Ihnen das etwas?
Angestellter: Ah ja. Der Page wird Ihnen sofort ihr Zimmer zeigen.

la recepción [rrεθεb'θiɔn]	Rezeption, Empfang
servir [sεr'bir]	bedienen, dienen
el grupo ['grupo]	Gruppe
saber [sa'bεr]	wissen
poder [po'ðεr]	können

540

"Unter wirklichen Freunden spielt das Geld keine Rolle." – Spanisches Sprichwort

--- GRAMMATIK ---

Naheliegende Zukunft und naheliegende Vergangenheit

Für Ereignisse, die gerade eben passiert sind, werden im Spanischen keine Vergangenheitsformen benutzt. Statt dessen wird das Verb 'acabar' zusammen mit der Präposition 'de' und dem Infinitiv gebraucht: *Ich habe mich gerade gewaschen: Acabo de lavarme. – Hast du mich gerade gerufen?: ¿Acabas de llamarme?*
Für die nahe Zukunft wird das Verb 'ir' mit der Präposition 'a' gebraucht: *Voy a estudiar ahora. – Ich werde jetzt lernen.* (Im Deutschen oft auch: *Ich gehe jetzt lernen.*)

541

Desayuno en la cama

Marisa tiene ganas de tomar el desayuno en la cama. Llama a la recepción:

>¿Me puede traer el desayuno a la cama? Es que esta mañana no me encuentro muy bien.

Empleado: *Desde luego. ¿Que quiere desayunar Ud.?*

542

EJERCICIO

Masculino – femenino

¿Cuál es el masculino de las palabras en cursiva?

1. Su *madre* es bastante joven.
2. Su *hermana* se casa el mes que viene.
3. Mi *nuera* es de Alicante.
4. En esta casa vive *una modista*.
5. *Esa actriz* es muy *famosa*.

541

Frühstück im Bett

Marisa hat Lust, im Bett zu frühstücken. Sie ruft in der Rezeption an:

> Können Sie mir das Frühstück ans Bett bringen? Ich fühle mich heute morgen nämlich nicht sehr gut.

Angestellter: Selbstverständlich. Was möchten Sie frühstücken?

tener ganas de algo [te'nɛr]['ganas][de]['algo]	Lust haben zu etwas
la cama ['kama]	Bett
traer [tra'ɛr]	(her-)bringen
encontrarse bien [eŋkɔn'trarse][bǐen]	sich gut fühlen

542

Maskulinum – Femininum

Wie heißt das männliche Wort zu den kursiv gedruckten Wörtern?

1. Su **padre** es bastante joven. – *Sein/ihr Vater ist ziemlich jung.*
2. Su **hermano** se casa el mes que viene. – *Sein/ihr Bruder heiratet nächsten Monat.*
3. Mi **yerno** es de Alicante. – *Mein Schwiegersohn ist aus Alicante.*
4. En esta casa vive **un sastre**. – *In diesem Haus wohnt ein Schneider.*
5. **Ese actor** es muy **famoso**. – *Dieser Schauspieler ist sehr berühmt.*

DIE EXPERTENECKE

Giros/modismos (Redewendungen)

A Paco le ha salido el tiro por la culata. – Paco ist der Schuß nach hinten losgegangen (wörtl.: durch den Gewehrkolben losgegangen).

543

La quemadura de Tomás

Aintzane: *Si no te echas un poco de crema te vas a quemar.*
Tomás: *Si me echo crema no voy a ligar bronce.*
Aintzane: *¿Ligar bronce? Si ya estás más rojo que un cangrejo.*
Tomás: *El que quiere ser guapo tiene que sufrir.*

544

El quetzal

Lo que para México son la serpiente y el aguila es el quetzal para Guatemala. Es el animal heráldico de la bandera de Guatemala. En honor a ese ave la moneda guatemalteca lleva el nombre 'quetzal'. Es un ave que únicamente se da en Guatemala. Tiene un plumaje verde y rojo con un brillo metálico, con unas plumas de cola muy largas e inclinadas para abajo.

Un marco alemán ¿cuánto es en quetzales?

543

Tomás' Sonnenbrand

Aintzane: Wenn du dich nicht eincremst, bekommst du einen Sonnenbrand.
Tomás: Wenn ich mich eincreme, werde ich nicht braun.
Aintzane: Braun werden? Du bist doch schon röter als ein Krebs.
Tomás: Wer schön sein will, muß leiden.

la quemadura [kema'ðura]	Verbrennung; Sonnenbrand
echarse crema [e'tʃarse] ['krema]	sich eincremen
ligar bronce [li'gar] ['bronθe]	(scherzhaft:) braun werden
ligar [li'gar]	legieren
el cangrejo [kaŋ'grɛxo]	Krebs
sufrir [su'frir]	leiden

544

Der Quetzal

Was die Schlange und der Adler für Mexiko, ist der Quetzal für Guatemala. Er ist das Wappentier der Flagge von Guatemala. Diesem Vogel zu Ehren trägt die guatemaltekische Währung den Namen „Quetzal". Es ist ein Vogel, den es nur in Guatemala gibt. Er hat ein metallisch schimmerndes grün-rotes Gefieder mit sehr langen, nach unten geneigten Schwanzfedern. Wieviel ist eine D-Mark in Quetzal?

Beim Wechseln erhält man für eine D-Mark ungefähr 3 Quetzal (Stand: 1992).

Das einzige Quetzal-Biotop in ganz Mittelamerika ist das „Biotopo Mario Dary Rivera" im Gebirge von Chuacás in der guatemaltekischen Provinz Baja Verapaz.

545

Una noche de salsa

Después de pasar todo el día en la playa Marisa vuelve al hotel. Por el camino ve un cartel en que se anuncia una fiesta de salsa para esta noche. A las 10 ella y su compañero de viaje, Paco, van allí. Es la primera vez que participan en una auténtica fiesta de salsa.

546

¿Porqué hay dos países en la península ibérica?

En la peninsula ibérica hay dos países: España y Portugal. Pero así no fue siempre. Estos dos países comparten la mayor parte de su historia. Portugal, que lleva el nombre de la antigua ciudad de Porto, Portu-Cale, fue hasta el siglo XII un condado del reino de Castilla-León. En el siglo XIV, en la guerra contra España, Juan I de Portugal consiguió con ayuda inglesa la independencia definitiva de España.

¿A cuál de los idiomas de España semeja el portugués?

545

Eine Salsa-Nacht

Nachdem sie den ganzen Tag am Strand verbracht hat, geht Marisa zum Hotel zurück. Auf dem Weg sieht sie ein Plakat, auf dem für heute nacht ein Salsa-Fest angekündigt wird. Um 10 Uhr gehen sie und ihr Reisebegleiter Paco dorthin. Es ist das erste Mal, daß sie an einem echten Salsa-Fest teilnehmen.

pasar el tiempo [pa'sar][ɛl]['tǐempo]	die Zeit verbringen
el camino [ka'mino]	Weg
allí [a'ʎi]	dort, dorthin
esta noche ['esta]['notʃe]	heute nacht
anunciar [anun'θǐar]	ankündigen

546

Warum gibt es zwei Länder auf der iberischen Halbinsel?

Auf der iberischen Halbinsel gibt es zwei Länder: Spanien und Portugal. So war es aber nicht immer. Diese beiden Länder teilen den größten Teil ihrer Geschichte. Portugal, das den Namen der alten Stadt Porto, Portu-Cale, trägt, war bis zum 12. Jahrhundert eine Grafschaft des Königreiches Castilla-León. Im 14. Jahrhundert erreichte Juan I. von Portugal mit englischer Hilfe im Krieg gegen Spanien die endgültige Unabhängigkeit von Spanien. Welcher Sprache Spaniens ähnelt das Portugiesische?

Das Portugiesische ist dem 'Gallego', der Sprache Galiciens im Nordwesten Spaniens, sehr ähnlich.

547

El coche alquilado

Marisa: *¿Porqué no nos alquilamos un coche para hacer una excursión? Quiero ver un poco más del país que la playa y el hotel.*

Paco: *Vale. Ya he mirado los precios del alquiler de coches.*
Parece que son muy baratos aquí.

548

La factura

Al levantarse de muy buen humor Carlos aún no se imagina que fuera, en el buzón, le está esperando una pesadilla bien gorda. Cuando abre el buzón ve una carta del fontanero. La abre inmediatamente para ver el importe total de la factura. Abajo del todo pone: 48.585 ptas, 15% IVA incluido. Taciturno y con una cara muy fúnebre va al taller.

547

Der Leihwagen

Marisa: Warum leihen wir uns nicht mal einen Wagen, um einen Ausflug zu machen? Ich möchte ein bißchen mehr vom Land sehen als nur den Strand und das Hotel.

Paco: O.K. Ich habe mir schon die Preise der Autovermietung angesehen. Sie scheinen hier sehr billig zu sein.

el coche alquilado ['kotʃe][alki'lado]	Mietwagen
alquilar [alki'lar]	mieten
el alquiler de coches [alki'lɛr][de]['kotʃes]	Auto-, Mietwagenverleih
la playa ['plaja]	Strand
parece que [pa'reθe][ke]	es scheint, daß

548

Die Rechnung

Als Carlos gutgelaunt aufsteht, ahnt er noch nicht, daß draußen im Briefkasten ein ziemlich heftiger Alptraum auf ihn wartet. Als er den Briefkasten öffnet, sieht er einen Brief vom Klempner. Er macht ihn sofort auf, um den Gesamtbetrag der Rechnung zu sehen. Ganz unten steht: 48.585 pts., 15% Mehrwertsteuer inbegriffen. Wortkarg und mit finsterer Miene geht er in die Werkstatt.

la factura [fak'tura]	Rechnung
de buen humor [de bŭen u'mɔr]	gutgelaunt
fuera ['fŭera]	draußen
la pesadilla [pesa'điʎa]	Alptraum
gordo, -a ['gɔrđo/a]	grob; heftig; dick
el importe total [im'pɔrte to'tal]	Gesamtbetrag
incluido, -a [iŋklu'iđo/a]	inbegriffen; inklusive
taciturno, -a [taθi'turno/a]	wortkarg; schweigsam
la cara fúnebre ['kara 'funeƀre]	finstere Miene

Cargar gasolina sin plomo

Eladio y Martín han cogido el coche de Eva, la novia de Eladio. Su coche es un coche alemán muy nuevo y consume solamente gasolina sin plomo. En todo Oviedo no hay ninguna gasolinera que tiene este tipo de gasolina. Por lo tanto tienen que ir hasta Gijón y llenar allí el depósito. Van 60 kms sólo para echar gasolina.

Visita de una cueva

Paco: *Tu idea de hacer una excursión en coche ha sido estupenda. Así podemos ver esta cueva. Es fantástica, ¿verdad?*

Marisa: *A mí no me gusta tanto. Esos murciélagos me dan miedo.*

549

Bleifrei tanken

Eladio und Martín haben das Auto von Eva, der Freundin Eladios, genommen. Ihr Auto ist ein deutscher, sehr neuer Wagen und verbraucht nur bleifreies Benzin. In ganz Oviedo gibt es keine Tankstelle, die diese Art von Benzin hat. Deswegen müssen sie nach Gijón fahren und dort volltanken. Sie fahren 60 km, nur um zu tanken.

la gasolina [gaso'lina]	Benzin
el plomo ['plomo]	Blei
la novia ['noβĭa]	Freundin, Verlobte, Braut
consumir [kɔnsu'mir]	verbrauchen
el depósito [de'posito]	Tank

550

Besuch einer Höhle

Paco: Deine Idee, einen Ausflug mit dem Auto zu machen, war prima. So können wir diese Höhle sehen. Sie ist fantastisch, nicht wahr?

Marisa: Mir gefällt sie nicht so gut. Diese Fledermäuse da machen mir Angst.

la cueva ['kŭeβa]	Höhle
estupendo [estu'pendo]	fabelhaft, prima
¿verdad? [bɛr'ða$^{(d)}$]	nicht wahr?
el murciélago [mur'θĭelago]	Fledermaus
dar miedo [dar]['mĭeðo]	Angst machen

551

El baloncesto

El deporte número uno en España es, sin duda, el fútbol. De los muchos deportes que hay aparte del fútbol el baloncesto seguramente es el más importante y el más popular en España, y también el más practicado. Tal como en el fútbol, los equipos que dominan la primera división provienen de Madrid y de Barcelona. En casi todos los equipos juegan dos o más extranjeros, que en la mayoría de los casos son americanos.

¿Qué forma especial del baloncesto se inventó en España?

552

Autobuses interurbanos

Martín tiene un billete de avión para ir desde Alicante a Alemania. Como no sabe cómo ir a Alicante va a informarse en la estación de tren. Allí pregunta cuánto cuesta un billete de tren de Granada hasta Alicante. El empleado le dice que no circulan trenes entre ambas ciudades, sólo autobuses interurbanos.

551

Der Basketball

Sport Nummer eins ist in Spanien zweifellos der Fußball. Von den vielen Sportarten, die es neben dem Fußball gibt, ist Basketball sicherlich die wichtigste und populärste und auch die am meisten praktizierte in Spanien. So wie im Fußball stammen die Mannschaften, die die erste Liga dominieren, aus Madrid und Barcelona. In fast allen Mannschaften spielen zwei oder mehr Ausländer, meistens sind es Amerikaner. Welche Sonderform des Basketballs wurde in Spanien erfunden?

Der Mini-Basketball mit niedrig hängenden Körben für Kinder unter zehn Jahren wurde in Spanien erfunden.

552

Überlandbusse

Martín hat ein Flugticket, um von Alicante aus nach Deutschland zu fliegen. Da er nicht weiß, wie er nach Alicante kommen soll, geht er zum Bahnhof, um sich zu informieren. Dort fragt er, wieviel eine Zugfahrkarte von Granada nach Alicante kostet. Der Angestellte sagt ihm, daß es keine Zugverbindung zwischen beiden Städten gibt, nur Überlandbusse.

como *(am Satzanfang)* ['komo]	da, weil
¿cómo? *(Fragepronomen)* ['komo]	wie?
el billete [bi'ʎete]	Flugticket, Fahrkarte
circular [θirku'lar]	verkehren
ambos ['ambɔs]	beide

553

*«De gustos
no hay nada escrito.»*

Proverbio español

554

El cursillo de submarinismo

Marisa siempre ha querido bucear con un cilindro de oxígeno. Cuando se lo dice a un chico en la playa, éste le recomienda una escuela de buceo que no está lejos del hotel de Marisa. Al día siguiente Marisa se matricula en la escuela para un cursillo de una semana. Dos horas más tarde ya tiene la primera clase.

553

„Über Geschmäcker gibt es nichts Geschriebenes (*etwa:* ... läßt sich nicht streiten)." – Spanisches Sprichwort

--- GRAMMATIK ---

Doppeltes Personalpronomen

Wie auch die einfachen Personalpronomen stehen die doppelten Personalpronomen immer **vor** dem konjugierten Verb oder an den Infinitiv bzw. das Gerundium **angehängt**:

Te doy el libro. → *Te lo doy.* – Ich gebe dir das Buch. → Ich gebe es dir. *María os compra las camisas.* → *María os las compra.* – María kauft euch die Hemden. → María kauft sie euch. *Ana le va a enseñar la cátedra a Eva.* → *Ana se la va a enseñar* (oder: *va a enseñársela*). – Ana wird Eva die Kathedrale zeigen. → Ana wird sie ihr zeigen.

554

Der Tauchkurs

Marisa wollte schon immer mal mit einem Sauerstoffgerät tauchen. Als sie es einem Jungen am Strand sagt, empfiehlt dieser ihr eine Tauchschule, die nicht weit weg ist von Marisas Hotel. Am nächsten Tag meldet sich Marisa in der Schule für einen einwöchigen Kurs an. Zwei Stunden später hat sie bereits den ersten Unterricht.

el submarinismo [suβmari'nismo]	Tauchsport
bucear [buθe'ar]	tauchen
lejos ['lexos]	weit (entfernt)
matricularse [matriku'larse]	sich einschreiben, sich anmelden
ya [ja]	schon, bereits

555

EJERCICIO

Acorte Ud. las frases siguientes

Verkürzen Sie folgende Sätze:

1. La madre le da el dinero.
2. Te enseño la ciudad.
3. Nos compramos el mapa.
4. Te aseguro que voy a estudiar.
5. Se pone la chaqueta.
6. Paco se compra los cigarillos.
7. Os va a traer los vasos.
8. Le está escribiendo la postal.

556

Óperas

Dolores: *¡Seguro que esta charla sobre la ópera 'Ermione' de Rossini es muy interesante! Además, hoy no hay que pagar entrada.*

Francisco: *¡Qué aburrido! No me gustan las óperas, pero una charla sobre una ópera . . . sólo de pensarlo . . .*

555

Verkürzen Sie folgende Sätze:

1. La madre se **lo** da. – Die Mutter gibt **es** ihm.
2. Te **la** enseño. – Ich zeige **sie** dir.
3. Nos **lo** compramos. – Wir kaufen **sie** uns.
4. Te **lo** aseguro. – Ich versichere **es** dir.
5. Se **la** pone. – Er zieht **sie** an.
6. Paco se **los** compra. – Paco kauft **sie** sich.
7. Os **los** va a traer (va a traéros**los**). – Er bringt **sie** euch.
8. Se **la** está escribiendo (Está escribiéndose**la**). – Er schreibt **sie** ihm gerade.

DIE EXPERTENECKE

Algunas palabras compuestas

el sacacorchos – Korkenzieher; *el parabrisas* – Windschutzscheibe; *el limpiaparabrisas* – Scheibenwischer; *el parachoques* – Stoßstange; *el paracaídas* – Fallschirm; *el paraguas* – Regenschirm.

556

Opern

Dolores: Sicher ist diese Gesprächsrunde über die Oper 'Ermione' von Rossini sehr interessant! Außerdem braucht man heute keinen Eintritt zu zahlen.

Francisco: Wie langweilig! Mir gefallen keine Opern, aber eine Gesprächsrunde über eine Oper ... schon der Gedanke ...

ópera (f.) ['opera]	Oper; Opernhaus
charla (f.) ['tʃarla]	Plauderei; Geschwätz; hier: Gesprächsrunde
aburrido [abu'rriđo]	verdrießlich, mißvergnügt; langweilig

557

La Inquisición Española

La Edad Media ha sido para muchos países una época muy fúnebre. Al oscurecimiento también contribuyó notablemente la inquisición. La palabra inquisición significa tanto como investigación, pero lo que hacían los inquisitores fue muy distinto: la Santa Inquisición Española, que existía desde el siglo XV hasta finales del siglo XIX, perseguía todos los habitantes no puramente católicos de España, o sea los protestantes, los moriscos y los mudejares.

¿Quiénes eran los moriscos y los mudejares?

558

En la barca del profesor de submarinismo

Marisa: *No puedo bucear ahora. Estoy mareada ya.*
Profesor: *¡Anda! Tampoco es para tanto. Si acabamos de subir a la barca y las olas son pequeñísimas. Además, debajo del agua no se nota las olas.*

557

Die spanische Inquisition

Das Mittelalter war für viele Länder eine sehr düstere Epoche. Zu ihrer Verdunkelung trug die Inquisition beachtlich bei. Das Wort Inquisition bedeutet etwa Untersuchung, die Inquisitoren jedoch machten etwas ganz anderes: Die Heilige Spanische Inquisition, die vom 15. Jh. bis zum Ende des 19. Jh. existierte, verfolgte alle nicht rein katholischen Einwohner Spaniens, d. h. die Protestanten, die Morisken und die Mudejares. Wer waren die Morisken und die Mudejares?

Die Moriscos und die Mudejares waren Mauren, d. h. Araber, die mit den katholischen Christen Spaniens zusammenlebten. Die Morisken sind zum katholischen Glauben übergetretene Mauren.

558

Auf dem Boot des Tauchlehrers

Marisa: Ich kann jetzt nicht tauchen. Ich bin jetzt schon seekrank.
Lehrer: Na komm! So schlimm ist es nun auch wieder nicht. Wir sind doch gerade erst aufs Boot gestiegen, und die Wellen sind winzig. Außerdem merkt man die Wellen unter Wasser gar nicht.

la barca ['barka]	kleines Boot
estar mareado [es'tar][mare'ado]	seekrank sein
tampoco [tam'poko]	auch nicht
además [ađe'mas]	außerdem
notar [no'tar]	(be-)merken

GRAMÁTICA

El imperativo afirmativo

hablar:	*habla (rede!)*	*hable Vd. (reden Sie!)*
	hablad (redet!)	*hablen Vds. (reden Sie!)*
		hablemos (reden wir!)
comer:	*come (iß!)*	*coma Vd. (essen Sie!)*
	comed (eßt!)	*coman Vds. (essen Sie!)*
		comamos (essen wir!)
escribir:	*escribe (schreibe!)*	*escriba Vd. (schreiben Sie!)*
	escribid (schreibt!)	*escriban Vds. (schreiben Sie!)*
		escribamos (schreiben wir!)

En la playa

Marisa: *¡Qué calor bochornoso más insoportable! Estamos a treinta y ocho grados ya y eso que son las once de la mañana.*

Paco: *Me estoy asfixiando. Creo que lo mejor es pasar el resto del día en el agua.*

559

GRAMMATIK

Der bejahende Imperativ

Die Formen des bejahenden Imperativs stammen für die 2. Pers. Sg. und Pl. aus dem Indikativ (sie werden von der 3. Pers. Sg. bzw. dem Infinitiv abgeleitet), für die Höflichkeitsform und die 1. Pers. Pl. aus dem 'subjuntivo'.
Oft wird der Imperativ der 1. Pers. Pl. mit **vamos a + Inf.** *umschrieben* **(hablemos** *entspricht* **vamos a hablar).**
*Das Personalpronomen wird an den bejahenden Imperativ angehängt (escríbe***me***/schreibe mir!).*
Sieben Verben haben eine unregelmäßige Form des Imperativs der 2. Pers. Sg.: decir – di; hacer – haz; ir – ve/vete (meist wird die reflexive Form **vete** *gebraucht); poner – pon; salir – sal; tener – ten; venir – ven.*

560

Am Strand

Marisa: Was für eine unerträgliche, schwüle Hitze. Wir haben schon achtunddreißig Grad, und das, obwohl es erst elf Uhr morgens ist.
Paco: Ich ersticke schon. Ich glaube, daß beste ist, den Rest des Tages im Wasser zu verbringen.

el calor [ka'lɔr]	Hitze
bochornoso [botʃɔr'noso]	schwül
insoportable [insopɔr'table]	unerträglich
estamos a diez grados [es'tamɔs][a][dĭeθ]['graðos]	es sind zehn Grad
asfixiarse [asfig'sĭar(se)]	ersticken

561

Rosa está resfriada

Rosa: At... ¡atchís! No me siento bien. Tal vez cogí un resfriado. Ayer olvidé el paraguas... ¡atchís!
Dolores: ¡Jesús! Tienes mala cara. ¿Cuándo vas a ver al médico?
Rosa: Por un resfriado no voy al médico. Si quieres hacerme un favor, puedes comprarme limones para que pueda hacerme un té.

562

«*La vida no es sino una continua sucesión de oportunidades para sobrevivir.*»

Gabriel García Márquez

561

Rosa ist erkältet

Rosa: Ha ... Hatschi! Ich fühle mich nicht wohl. Vielleicht habe ich mich erkältet. Gestern habe ich den Regenschirm vergessen ... hatschi!
Dolores: Gesundheit! Du siehst schlecht aus. Wann wirst du zum Arzt gehen?
Rosa: Wegen einer Erkältung gehe ich nicht zum Arzt. Wenn du mir einen Gefallen tun willst, kannst du Zitronen kaufen, damit ich mir einen Tee machen kann.

resfriar [rresfri'ar]	abkühlen
resfriarse [rresfri'arse]	sich erkälten
resfriado (m.) [rresfri'a^{d}o]	Erkältung; Schnupfen
paraguas (m.) [pa'ragŭas]	Regenschirm
salud (f.) [sa'lu$^{(d)}$]	Gesundheit
¡Jesús! [xe'sus]	Gesundheit! (beim Niesen)

562

„Das Leben ist nichts anderes als eine kontinuierliche Folge von Überlebenschancen." – Gabriel García Márquez (*1928), kolumbianischer Romanschriftsteller und Nobelpreisträger für Literatur

--- GRAMMATIK ---

Doppeltes Personalpronomen II

Akkusativ und Dativ des Personalpronomens nach der Präposition 'a' werden nie allein verwendet. Sie dienen nur zur Betonung: *Ana me lo ha dado a mí.* - Ana hat es mir gegeben. *A él no lo/le veo nunca.* – Ich sehe ihn nie.
Steht ein Objekt (Substantiv oder Demonstrativpronomen) vor dem Verb, so muß zusätzlich des entsprechende Personalpronomen verwendet werden: *El coche lo he aparcado.* – Ich habe das Auto geparkt. *Todo lo rompe/ Lo rompe todo.* – Er/sie macht alles kaputt.

563

La habitación de Marisa

A Marisa le gusta mucho la habitacíon que tiene en el hotel. Es grande, mucho más grande que la que tiene en casa, tiene mucha luz y una vista del mar maravillosa, y es tranquila. Además hay un teléfono, un televisor, una radio y un cuarto de baño muy amplio con dos palmeras junto a la ventana.

564

EJERCICIO

Oficios

¿Cuáles son los nombres de los que se dedican a los siguientes oficios (Wie heißen die Berufsnamen derjenigen, die sich den folgenden Tätigkeiten widmen)?

1. El que hace la comida en los restaurantes.
2. El que arregla (= *reparieren*) coches.
3. El que arregla la instalación eléctrica.
4. El que apaga (= *ausmachen, löschen*) el fuego.
5. El que limpia las calles.
6. El que nos sirve en bares y restaurantes.
7. El que arregla la instalación de agua.
8. El que limpia los zapatos (= *Schuhe*).

Marisas Hotelzimmer

Das Hotelzimmer gefällt Marisa sehr gut. Es ist groß, viel größer als ihr Zimmer zu Hause, sehr hell und hat einen wunderbaren Ausblick aufs Meer, und es ist sehr ruhig. Außerdem gibt es ein Telefon, einen Fernseher, ein Radio und ein sehr geräumiges Badezimmer, in dem zwei Palmen neben dem Fenster stehen.

tener luz (una habitación) [teˈnɛr][luθ][aβitaˈθĭon]	hell sein (Zimmer)
la luz [luθ]	Licht
la vista [ˈbista]	Ausblick
maravilloso [maraβiˈʎoso]	wunderbar
el (cuarto de) baño [ˈkŭarto][de][ˈbaɲo]	Badezimmer

Berufe

Wie heißen die Berufsnamen derjenigen, die sich den folgenden Tätigkeiten widmen?

1. El **cocinero** (= *Koch*) hace la comida en los restaurantes. 2. El **mecánico** (= *Mechaniker*) arregla coches. 3. El **electricista** (= *Elektriker*) arregla la instalación eléctrica. 4. El **bombero** (= *Feuerwehrmann*) apaga el fuego. 5. El **barrendero** (= *Straßenfeger*) limpia las calles. 6. El **camarero** (= *Kellner*) nos sirve en bares y restaurantes. 7. El **fontanero** (= *Installateur*) arregla la instalación de agua. 8. El **limpiabotas** (= *Schuhputzer*) limpia los zapatos.

DIE EXPERTENECKE

Steigerungsadverbien 'muy' und 'mucho'

Muy steht immer vor Adjektiven bzw. Adverbien, *mucho* vor Substantiven und hinter Verben:
*Este vino es **muy** caro. Pero me gusta **mucho**.*

565

Los Paradores de Turismo

En 1.926, el comisario regional de turismo español, el Marqués de la Vega-Inclán, propuso al rey de España el proyecto de crear una serie de Paradores de Estado, dentro de palacios y castillos y otros edificios históricos que merecían ser conservados. El rey, Alfonso XIII, lo aprobó poco después. Actualmente, España dispone en total de 86 paradores de distintas categorías.

¿En cuál de los paradores se puede dormir en la misma habitación en la que ya pernoctó Carlos V?

566

Marisa vuelve a España

Paco: *Dáte prisa, Marisa. El avión sale a las once y media. Abajo ya están todos esperándote.*

Marisa: *¿Puedes echarme una mano? No consigo cerrar la maleta. La cerradura está hecha polvo.*

565

Die Tourismus-Paradores

1926 schlug der spanische Regionalkommissar für Tourismus, der Marqués de la Vega-Inclán, dem spanischen König das Projekt vor, in Palästen, Schlössern und anderen erhaltenswerten historischen Gebäuden eine Reihe von staatlichen Paradores (Hotels) zu schaffen. Der König, Alfons XIII., genehmigte dieses Projekt wenig später. Gegenwärtig verfügt Spanien über insgesamt 86 Paradores verschiedener Kategorien. In welchem Parador kann man in demselben Zimmer schlafen, in dem schon Karl V. übernachtete?

In einer alten Burg, dem heutigen Parador von Jarandilla de la Vera, in der Provinz Cáceres, so heißt es, hat bereits Karl V. übernachtet.

Wer mehr Informationen über die spanischen Paradores möchte, kann diese in den drei spanischen Fremdenverkehrsbüros in Düsseldorf, Frankfurt und München erhalten.

566

Marisa fliegt zurück nach Spanien

Paco: Beeil' dich, Marisa. Das Flugzeug geht um halb zwölf. Unten warten schon alle auf dich.
Marisa: Kannst du mir mal helfen? Ich bekomme den Koffer nicht zu. Das Schloß ist im Eimer.

darse prisa [dar'se]['prisa]	sich beeilen
salir [sa'lir]	abfahren
echar una mano a alguien [e'tʃar][una]['mano][a]['algǐen]	jdm. helfen
la cerradura [θerra'dura]	(Tür-)Schloß
estar hecho polvo [es'tar]['etʃo][pɔl'ƀo]	kaputt, im Eimer sein

Las gafas de sol

Ramón: *¿Qué te parecen mis nuevas gafas?*
Fani: *Muy bonitas. Te dan un aspecto de mafioso auténtico.*
Ramón: *¿No te gustan entonces?*
Fani: *No, no demasiado. Me molesta que no vea tus ojos.*

Otra vez en casa

Marisa regresa a casa y por poco se desmaya: el buzón está repleto de cartas y postales, y en su habitación tambien se han amontonado tantas cartas que no sabe por dónde empezar a leer. Cuando vienen sus amigos a recogerla para tomar con ella la copa de bienvenida, sale en seguida con ellos y deja las cartas para más tarde.

567

Die Sonnenbrille

Ramón: Was hältst du von meiner neuen Brille?
Fani: Sehr hübsch. Du siehst damit aus wie ein echter Mafioso.
Ramón: Sie gefällt dir also nicht?
Fani: Nein, nicht besonders. Mich irritiert, daß ich deine Augen nicht sehe.

las gafas de sol ['gafas] [de] [sɔl]	Sonnenbrille
¿qué te parece? [ke] [te] [pa'reθe]	was hältst du davon?
el aspecto [as'pɛkto]	Aussehen
gustar [gus'tar]	gefallen
el ojo ['ɔxo]	Auge

568

Wieder zu Hause

Marisa kommt nach Hause zurück und wird fast ohnmächtig: Der Briefkasten ist bis obenhin voll mit Briefen und Postkarten, und in ihrem Zimmer haben sich ebenfalls so viele Briefe angesammelt, daß sie nicht weiß, wo sie mit dem Lesen beginnen soll. Als ihre Freunde sie abholen kommen, um mit ihr das Begrüßungsgläschen zu trinken, läßt sie die Briefe liegen und geht sofort mit ihnen.

regresar [rrɛgre'sar]	zurückkehren
desmayarse [dezma'jarse]	ohnmächtig werden
amontonarse [amɔntoˈnarse]	sich anhäufen
recoger [rrɛkɔ'xɛr]	abholen
la bienvenida [bi̯embe'niða]	Willkommensgruß

569

EJERCICIO

Frases impersonales

Haga de las frases siguientes frases impersonales (deutsch: 'man ...'):

1. Tomás conoce mucha gente aquí. –
   Tomás lernt hier viele Leute kennen.
2. ¿Cómo dices 'plato' en alemán? –
   Wie sagst du 'plato' auf Deutsch?
3. Aintzane dice que este pescado es muy bueno. –
   Aintzane sagt, daß dieser Fisch sehr gut ist.
4. Maica se acostumbra a conducir. –
   Maica gewöhnt sich ans Autofahren.
5. La gente le engaña. –
   Die Leute betrügen ihn.

570

El contenedor de hojalata

Eladio: *¿Viste el nuevo contenedor de hojalata en Gran Capitán?*
Carmen: *¿Para qué es, dices? ¿Para latas de atún, por ejemplo?*
Eladio: *Sí, claro. Para todo tipo de latas.*
Carmen: *Pues, mi madre ha tirado botellas allí.*

569

Unpersönliche Sätze

Machen Sie aus den folgenden Sätzen unpersönliche Sätze mit 'man':

1. **Se conoce** mucha gente aquí. – Man lernt hier viele Leute kennen.
2. ¿Cómo **se dice** 'plato' en alemán? – Wie sagt man 'plato' (= Teller) auf Deutsch?
3. **Se dice** que este pescado es muy bueno. – Man sagt, daß dieser Fisch sehr gut ist.
4. **Uno/una se acostumbra** a conducir. – Man gewöhnt sich ans Autofahren.
5. Le **engañan**. – Man betrügt ihn.

570

Der Weißblechcontainer

Eladio: Hast du den neuen Weißblechcontainer in der Straße Gran Capitán gesehen?
Carmen: Wofür ist er, sagst du? Für Thunfischdosen zum Beispiel?
Eladio: Na klar. Für alle Arten von Dosen.
Carmen: Also, meine Mutter hat Flaschen dort reingeworfen.

la hojalata [ɔxaˈlata]	Weißblech
la lata [ˈlata]	Dose, Büchse
el atún [aˈtun]	Thunfisch
el ejemplo [ɛˈxemplo]	Beispiel
tirar [tiˈrar]	(weg-)werfen

571

--- **EJERCICIO** ---

Traduzca las frases siguientes

Beachten Sie dabei alle drei Formen des Passivs.

1. Das Auto wird morgen repariert.
2. Das Essen wird ihnen sofort gebracht.
3. Dieser Mann wird im ganzen Land gesucht.
4. Das Haus dort wird nächste Woche gestrichen.
5. Du wirst gerade gerufen.

572

El nuevo maletín

Tomás: ¡Maldita la gracia! Un maletín cerradizo acabado de sacar del horno ¡y he perdido el número de la combinación!

Martín: ¿Y no te acuerdas de la combinación?

Tomás: No. Ya he estado en la tienda donde lo he comprado. Pero allí tampoco se acuerdan.

571

Übersetzen Sie folgende Sätze

1. Mañana se arregla/arreglan el coche.
2. En seguida le traen/ se les trae la comida
3. Este hombre es buscado/ se busca/ Buscan a este hombre en todo el país.
4. La semana que viene pintan/ se pinta esa casa.
5. Te están llamando.

DIE EXPERTENECKE

Un trabalenguas (Zungenbrecher)
El perro de San Roque no tiene rabo,
porque Ramón Raúl Ramírez se lo ha cortado.

Un giro/modismo (Redewendung)
Pepe anda a la birlonga (nicht übersetzbar). — Pepe lebt in den Tag hinein.

572

Der neue Handkoffer

Tomás: Eine schöne Bescherung! Ein funkelnagelneuer Handkoffer, und ich habe die Nummer der Zahlenkombination verloren!

Martín: Und du erinnerst dich nicht mehr an die Zahlenkombination?

Tomás: Nein. Ich bin schon im Geschäft gewesen, wo ich ihn gekauft habe. Aber da erinnern sie sich auch nicht.

el maletín [maleˈtin]	Handkoffer
cerradizo [θerraˈdiθo]	abschließbar
perder [perˈder]	verlieren
la combinación [kombinaˈθi̯on]	(Zahlen-)Kombination
acabado de sacar del horno [akaˈβaᵈo] [de] [saˈkar] [del] [ˈorno]	funkelnagelneu (*wörtl.:* gerade aus dem Ofen herausgeholt)

573

La guerrilla

La palabra 'guerrilla', que en el fondo significa 'pequeña guerra', durante este siglo ha sido adoptada en muchos idiomas del mundo. Los 3 países centroamericanos Guatemala, El Salvador y Nicaragua han sufrido las dramáticas consecuencias de una guerrilla organizada. Mientras que en Nicaragua se está en vías de superar el problema, en Guatemala y El Salvador la situación sigue tensa.

¿Quién es Rodrigo Asturias?

574

Las últimas compras

Antes de ir de vacaciones a América Central, Maica y Miriam van a la delegación de sanidad para preguntar allí qué vacunaciones son obligatorias y cuáles son recomendadas. Ahora escriben una lista de todo lo que se tiene que llevar: pasaporte, fotocopias de todos los documentos, una mochila, comprimidos para purificar el agua y mucho más …

573

Die Guerilla

Das Wort "Guerilla", das eigentlich "kleiner Krieg" bedeutet, wurde im Laufe dieses Jahrhunderts in viele Sprachen der Welt übernommen. Die drei mittelamerikanischen Länder Guatemala, El Salvador und Nicaragua haben unter den dramatischen Folgen einer organisierten Guerilla zu leiden gehabt. Während man in Nicaragua auf dem Wege ist, das Problem zu überwinden, bleibt die Situation in Guatemala und El Salvador angespannt (Stand: 1992). Wer ist Rodrigo Asturias?

Führer der Guerilla Guatemalas und Sohn des Literaturnobelpreisträgers Miguel Angel Asturias

Im Oktober 1987 in Madrid fanden, vom spanischen Ministerpräsidenten Felipe González initiiert, erstmals Gespräche zwischen der Regierung und der Guerilla Guatemalas statt.

574

Die letzten Besorgungen

Bevor sie in den Urlaub nach Mittelamerika fliegen, gehen Maica und Miriam zum Gesundheitsamt, um dort nachzufragen, welche Impfungen vorgeschrieben und welche empfohlen sind. Jetzt schreiben sie eine Liste über all das, was sie mitnehmen müssen: Reisepaß, Fotokopien aller Dokumente, einen Rucksack, Tabletten zum Entkeimen von Wasser und vieles mehr ...

ir de vacaciones [ir] [de] [baka'θĭones]	in Urlaub fahren
la vacunación [bakuna'θĭon]	Impfung
el pasaporte [pasa'pɔrte]	Reisepaß
el comprimido [kɔmpri'miðo]	Tablette
llevarse [ʎe'barse]	mitnehmen

Ir en taxi

Miriam: *¿Sabes que hay una nueva central de taxis cerca de San Bernardo? Se puede llamar por teléfono allí desde la casa para encargar un taxi.*

Maica: *¿Es que quieres ir en taxi al aeropuerto?*

Miriam: *Lo he estado pensando. No estaría mal.*

«La mentira general pasa por verdad.»
Refrán español

575

Taxifahren

Miriam: Weißt du, daß es in der Nähe von San Bernardo eine neue Taxizentrale gibt? Man kann von zu Hause aus dort anrufen, um ein Taxi zu bestellen.
Maica: Willst du denn mit dem Taxi zum Flughafen fahren?
Miriam: Ich habe gerade darüber nachgedacht. Wär' doch nicht schlecht.

el taxi ['tagsi]	Taxi
la central [θen'tral]	Zentrale
encargar [eŋkar'gar]	bestellen
ir en taxi [ir] [en] ['tagsi]	mit dem Taxi fahren
¡no estaría mal! [no] [esta'ria] [mal]	das wäre nicht schlecht!

576

„Die allgemeine Lüge geht als Wahrheit durch." – Spanisches Sprichwort

--- GRAMMATIK ---

Besondere Formen des Gerundiums

1. Bei einigen Verben wird der Stammvokal zu **i** oder **u**:
   decir (sagen) – diciendo; morir (sterben) – muriendo; sentir (fühlen) – sintiendo, dormir (schlafen) – durmiendo; venir (kommen) – viniendo usw.

2. Einige Verben bilden das Gerundium mit **y**: ir (gehen) – yendo; leer (lesen) – leyendo; huir (fliehen) – huyendo; construir (bauen) – construyendo usw.

3. Bei dem Gerundium reflexiver Verben steht das Pronomen entweder vor dem konjugierten Verb oder wird an das Gerundium angehängt: **me** estoy duchando / estoy duchándo**me** (ich dusche mich gerade); **te** estás levantando / estás levantándo**te** (du wäschst dich gerade).

577

──────── **ADIVINANZA** ────────

Los dedos de la mano

¿Sabe Ud. la traducción? Una palabra está de sobra. ¿Cuál?

el corazón — _____
el pulgar — _____
el meñique — _____
el riñón — _____
el índice — _____
el anular — _____

578

La merienda al aire libre

Eladio, Marisa, Carmen y Martín han quedado a las 12 para subir al Parque Nacional de Covadonga, en los Picos de Europa. Allí arriba quieren hacer una merienda al aire libre, a orillas de uno de los lagos.

Conocen un sitio muy bonito para la merienda en el que Eladio ha estado muchas veces con sus padres.

577

Die Finger

Wissen Sie die Übersetzung? Ein Wort ist zuviel. Welches?

el corazón – **Mittelfinger**; el pulgar – **Daumen**; el meñique – **kleiner Finger**; el índice – **Zeigefinger**; el anular – **Ringfinger**
Die **Niere** (el riñón) ist natürlich kein Finger!

DIE EXPERTENECKE

Studenten- und Schülersprache

dar un cate – *(Prüfung:)* durchfallen lassen: "el profe me ha dado un cate";

empollar *(eigentl.:* brüten) – büffeln: "Tomás está empollando para el examen";

la chuleta *(eigentl.:* Kotelett) – Spick- oder Pfuschzettel: "¿Tienes una chuleta para el examen?";

un hueso *(eigentl.:* Knochen) – strenger Lehrer: "el profe de matemáticas es un hueso";

hacer novillos *(eigentl.:* el novillo – Jungstier) – schwänzen, blau machen: "Voy a hacer novillos mañana".

578

Das Picknick

Eladio, Marisa, Carmen und Martín haben sich um 12 Uhr verabredet, um zum Nationalpark von Covadonga in den Picos de Europa hinaufzufahren. Dort oben wollen sie am Ufer eines der Seen picknicken. Sie kennen eine sehr schöne Stelle zum Picknicken, an der Eladio schon oft mit seinen Eltern gewesen ist.

quedar con alguien [ke'ðar][kɔn]['algi̯en]	sich mit jdm. verabreden
la merienda [me'ri̯enda]	Nachmittagsmahlzeit, Picknick
la orilla [o'riʎa]	Ufer
conocer [konoˈθɛr]	kennen(-lernen)

579

Isabel la Católica

Isabel la Católica fue la primera de muchas mujeres españolas que llegaron a ser muy famosas. Nació el 22 de abril de 1.451 en Madrigal de las Altas Torres. En 1.469 se casó con Fernando II de Aragón. Esta boda unió los dos reinos de Castilla-León y de Aragón, lo cual fue la condición necesaria para la génesis del reino de España y, posteriormente, del imperio universal español.

¿Qué otro nombre llevan Isabel la Católica y Fernando II?

580

Martín se compra un laptop

Eladio: *¿Adónde vas tan de prisa?*
Martín: *Los de mi banco acaban de darme un crédito para la compra de un ordenador.*
Eladio: *¿Qué? ¿Te vas a comprar un ordenador?*
Martín: *Sí. Un laptop, el mejor que hay.*

579

Isabella die Katholische

Isabella die Katholische war die erste von vielen spanischen Frauen, die sehr berühmt wurden. Sie wurde am 22. April 1451 in Madrigal de las Altas Torres geboren. 1469 heiratete sie Fernando II. von Aragonien. Diese Heirat vereinigte die beiden Königreiche von Kastilien-León und Aragonien, was die notwendige Voraussetzung für die Entstehung des Königreiches Spanien und später auch des spanischen Weltreiches war. Welchen anderen Namen tragen Isabella die Katholische und Ferdinand II.?

Isabella die Katholische und Ferdinand II. werden auch die 'Katholischen Könige' genannt.

Die Sarkophage der Katholischen Könige kann man in der Kathedrale von Granada besichtigen.

580

Martín kauft sich einen Laptop

Eladio: Wohin gehst du so eilig?
Martín: Die von meiner Bank haben mir gerade einen Kredit für den Kauf eines Computers gegeben.
Eladio: Was? Du kaufst dir einen Computer?
Martín: Ja. Einen Laptop, den besten, den es gibt.

tan [tan]	so (+ Adverb)
de prisa [de 'prisa]	schnell, eilig
la compra ['kɔmpra]	Kauf
el ordenador [ɔrdena'dɔr]	Computer
el/la mejor [mɛ'xɔr]	der/die beste

581

> *«No es necio el que hace la necedad, sino el que, hecha, no la sabe encubrir.»*
>
> *Baltasar Gracián*

582

Las fotos de Marisa

Marisa ha hecho más de doscientas diapositivas con su cámara nueva durante sus vacaciones. Ahora las ha recogido de la tienda de fotos y vuelve a casa para mirarlas junto con su familia y sus amigos. Eladio ya ha venido un poco antes para poner el proyector y la pantalla en la sala de estar.

581

„Nicht der ist dumm, der die Dummheit begeht, sondern der, der die einmal begangene nicht zu verdecken weiß." – Baltasar Gracián (1601 – 1658), spanischer Schriftsteller

───────── GRAMMATIK ─────────

Der bejahende Imperativ

Bei den regelmäßigen Verben ist der Imperativ der 2. Pers. (Sg.) mit der Endung der 3. Pers. (Sg.) identisch. Der Imperativ der 2. Pers. (Pl.) hat die Endungen *-ad, -ed, -id*.

Verben auf **-ar**, z. B. comprar: *(tú) ¡compra!; (vosotros) ¡comprad!*
Verben auf **-er**, z. B. comer: *(tú) ¡come!; (vosotros) ¡comed!*
Verben auf **-ir**, z. B. escribir: *(tú) ¡escribe!; (vosotros) ¡escribid!*

Für die Plural-Imperative wird in der Umgangssprache auch der einfache Infinitiv gebraucht: *Niños, ¡abrir los libros en la página once!* – Kinder, schlagt die Bücher auf Seite elf auf!

582

Marisas Photos

Marisa hat während ihrer Ferien mehr als zweihundert Dias mit ihrem neuen Photoapparat gemacht. Jetzt hat sie sie vom Photogeschäft abgeholt und geht nach Hause, um sie zusammen mit ihrer Familie und ihren Freunden anzusehen. Eladio ist schon ein wenig eher gekommen, um den Diaprojektor und die Leinwand im Wohnzimmer aufzustellen.

la foto ['foto]	Photo
la diapositiva [diaposi'tiβa]	Dia(-positiv)
durante [du'rante]	während (Präp.)
el proyector [projek'tɔr]	Projektor
la pantalla [pan'taʎa]	Leinwand

583

---EJERCICIO---

'Ser' y 'estar'

Ponga las formas adecuadas de los verbos 'ser' y 'estar'

1. Ahora ya _____ tarde.
2. El ascensor no funciona; _____ estropeado (= *kaputt*).
3. Cuando llega Ana, Paco _____ en pijama todavía.
4. Tu primo _____ un alemán típico.
5. La música «pop» _____ de moda.
6. Mi coche ya no _____ nuevo.

584

En el jardín zoológico

El pequeño primo de Carmen, Felipe, está de visita en casa de Carmen. Por la mañana, Carmen va con él al jardín zoológico.

Carmen: *¿Adónde quieres ir primero?*
Felipe: *¡A los monos!*

583

'Ser' und 'estar'

Setzen Sie die passenden Formen der Verben 'ser' und 'estar' ein

1. Ahora ya **es** tarde. — *Jetzt ist es schon spät.*
2. El ascensor no funciona; **está** estropeado. — *Der Aufzug funktioniert nicht; er ist kaputt.*
3. Cuando llega Ana, Paco **está** en pijama todavía. — *Als Ana kommt, ist Paco noch im Schlafanzug.*
4. Tu primo **es** un alemán típico. — *Dein Cousin ist ein typischer Deutscher.*
5. La música «pop» **está** de moda. — *Die Popmusik ist in Mode.*
6. Mi coche ya no **es** nuevo. — *Mein Auto ist nicht mehr neu.*

584

Im Zoo

Felipe, der kleine Cousin von Carmen, ist zu Besuch bei Carmen. Am Morgen geht Carmen mit ihm zum Zoo.

Carmen: Wohin willst du zuerst gehen?
Felipe: Zu den Affen!

el jardín zoológico [xar'ðin][θoo'lɔxiko]	Zoo
estar de visita [es'tar][de][bi'sita]	zu Besuch sein
primero [pri'mero]	zuerst
el mono ['mono]	Affe

585

Un hotel en la Zona Rosa

El hotel San Jorge Residencial está en la Calle Londres en la Zona Rosa de la Ciudad de México. El gerente del hotel saluda a los Losada y los acompaña a la recepción. Se inscriben en el registro de los huéspedes.

Recepcionista: *Tienen ustedes la habitación número 415. ¿Desean acogerse al régimen de pensión completa?*
Arturo: *No, gracias. Haremos muchas excursiones.*

586

Julio Iglesias

Aparte del cantante de ópera, Plácido Domingo, Julio Iglesias es el único cantante español que pudo hacerse famoso en toda Europa, y es probablemente el cantante más rico del mundo. Muchas de sus canciones se podían oír por todas partes. En España las opiniones sobre este cantante son muy contrarias. A las generaciones mayores les encanta su música y los jovenes casi la odian.

¿Dónde reside (= wohnt) Julio Iglesias actualmente?

585

Ein Hotel in der Zona Rosa

Das Hotel San Jorge Residencial befindet sich in der Calle Londres in der Zona Rosa von Mexiko-Stadt. Der Geschäftsführer des Hotels begrüßt die Losadas und begleitet sie zur Rezeption. Sie schreiben sich in dem Gästeverzeichnis ein.

Empfangsdame: Sie haben das Zimmer Nr. 415. Möchten Sie Vollpension in Anspruch nehmen?
Arturo: Nein danke. Wir werden viele Ausflüge machen.

'Zona Rosa' wird ein Stadtteil von Mexiko-Stadt genannt. Es gibt dort viele Hotels, Spezialitätenrestaurants, Boutiquen und Cafés.

586

Julio Iglesias

Abgesehen von dem Opernsänger Plácido Domingo ist Julio Iglesias der einzige spanische Sänger, der in ganz Europa berühmt wurde, und wahrscheinlich ist er der reichste Sänger der Welt. Viele seiner Lieder konnte man überall hören. In Spanien sind die Meinungen über diesen Sänger sehr gegensätzlich. Die älteren Jahrgänge bezaubert seine Musik, und die Jugendlichen hassen sie beinahe. Wo wohnt Julio Iglesias gegenwärtig?

Julio Iglesias lebt seit vielen Jahren aus Steuergründen in Miami (USA).

La economía de México

Debido al clima el riego es muy importante para la agricultura mexicana. Se cultiva el maíz, el trigo, la cebada, el tabaco y mucho más. Unos 12 millones de ovejas y cabras se mueven en los pastos de este país al sur de los Estados Unidos.

--- EJERCICIO ---

Colóquese una forma correcta del indefinido o del imperfecto

Por esas fechas (ella venir) . . . todos los años.
Ayer (llover) . . . sin cesar todo el día.
Cuando (tú llegar) . . . a Cádiz (tú tener) . . . cuarenta años.
El otro día (yo encontrar) . . . a tu padre.
En 1970 (yo ir) . . . por primera vez a los pirineos.
(Nevar) . . . mucho cuando (nosotros llegar) . . . a la montaña.
María (llamar) . . . cada día a su novio.

587

Die Wirtschaft Mexikos

Wegen des Klimas ist die Bewässerung für die mexikanische Landwirtschaft sehr wichtig. Mais, Weizen, Gerste, Tabak und vieles mehr wird angebaut. Etwa 12 Millionen Schafe und Ziegen bewegen sich auf den Weiden dieses Landes im Süden der Vereinigten Staaten.

riego (m.) ['rrĭego]	Bewässerung
trigo (m.) ['trigo]	Weizen
cebada (f.) [θe'baða]	Gerste
oveja (f.) [o'βɛxa]	Schaf
cabra (f.) ['kaβra]	Ziege; Ziegenleder
pasto (m.) ['pasto]	(Vieh-)Weide; Futter

588

—— ÜBUNG ——

Setzen Sie eine korrekte Indefinido- oder Imperfecto-Form ein

Por esas fechas **venía** todos los años.
Ayer **llovió** sin cesar todo el día.
Cuando **llegaste** a Cádiz **tenías** cuarenta años.
El otro día **encontré** a tu padre.
En 1970 **fui** por primera vez a los pirineos.
Nevaba mucho cuando **llegamos** a la montaña.
María **llamaba** cada día a su novio.
Sie kam jedes Jahr um diese Zeit.
Gestern regnete es den ganzen Tag ohne Unterbrechung.
Als du nach Cádiz kamst, warst du vierzig Jahre alt.
Neulich traf ich deinen Vater.
1970 fuhr ich zum erstenmal in die Pyrenäen.
Es schneite sehr, als wir in den Bergen ankamen.
María rief ihren Freund jeden Tag an.

589

El sistema jurídico español

El sistema jurídico español está, tal como el alemán, dividido en tres instancias distintas. La primera instancia forman los tribunales regionales. Les siguen, como segunda instancia, los tribunales de provincia. La instancia tercera y última es el Tribunal Supremo que se encuentra en Madrid.

590

«Contigo, pan y cebolla.»
Proverbio español

589

Das spanische Rechtssystem

Das spanische Rechtssystem ist, ebenso wie das deutsche, in drei verschiedene Instanzen gegliedert. Die erste Instanz bilden die Regionalgerichte. Ihnen folgen, als zweite Instanz, die Provinzgerichte. Die dritte Instanz ist der Oberste Gerichtshof in Madrid.

el sistema [sis'tema]	System
jurídico [xu'riðiko]	Rechts-, rechtlich, juristisch
dividido [diβi'dido]	(auf-)geteilt
el tribunal [triβu'nal]	Gericht
la instancia [ins'tanθia]	Instanz

590

„Mit dir gehe ich durch dick und dünn." (*Wörtl.:* Mit dir: Brot und Zwiebel.) — Spanisches Sprichwort

---GRAMMATIK---

Imperativ der reflexiven Verben

Beim Imperativ der reflexiven Verben wird das Reflexivpronomen an das Verb angehängt. Dadurch muß, wegen der längeren Silbenzahl, bei dem Imperativ der 3. Pers. (Sg.) ein Akzent über die drittletzte Silbe gesetzt werden: z. B. *lavar – waschen → ¡lava! – wasche! → ¡lávate! – wasch dich!*
Beim Imperativ der 2. Pers. (Pl.) kann das End-d der Verbform entweder wegfallen oder es wird — häufig in der Umgangssprache — durch ein r ersetzt: *¡lava(r)os! — wascht euch!*

591

Tacos y tequila

La peculiaridad de la cocina mejicana estriba en los numerosos condimentos utilizados (el más característico es el chile), que le confieren un sabor picante. En cualquier calle se puede encontrar un lugar donde comer tacos y enchiladas. El famoso tequila se toma con sal y limón – condimentos ellos también.

592

GRAMÁTICA

La negación

No viene nunca a tiempo. Nunca escucha la radio.
No ha venido nadie. Nadie ha visto la representación.
Andrés no lo sabía tampoco. Yo tampoco comprendo esto.
No he dicho nunca nada a nadie.
Está mejor que nunca.
No hay progreso alguno.

591

Tacos und Tequila

Die Besonderheit der mexikanischen Küche beruht auf den vielen benutzten Gewürzen (das bezeichnendste ist der Chili), die ihr einen pikanten Geschmack verleihen. In jeder Straße gibt es Plätze, wo man Tacos und Enchiladas essen kann. Der berühmte Tequila wird mit Salz und Zitrone getrunken, die ja auch Gewürze sind.

taco (m.) ['tako]	Holzrohr; Pflock; Stock; hier: mexikanischer Maisfladen
condimento (m.) [kɔndi'mento]	Würze; Gewürz
chile (m.) ['tʃile]	mittelamerikanische Pflanze, die den Cayenne-Pfeffer liefert
conferir [kɔmfe'rir]	verleihen, erteilen; erörtern; besprechen
enchilada (f.) [entʃi'laða]	gefüllter und gewürzter Maisfladen
tequila (m.) [te'kila]	ein Agavenschnaps; es ist ein Mezcal-Schnaps, der seinen Namen von dem Ort Tequila im Bundesstaat Jalisco hat

592

— GRAMMATIK —

Die Verneinung

Er kommt nie rechtzeitig. Er hört niemals Radio.
Es ist niemand gekommen. Niemand hat die Aufführung gesehen.
Andrés wußte es auch nicht. Ich verstehe das auch nicht.
Ich habe nie jemand etwas gesagt.
Es geht ihm besser denn je.
Es gibt keinerlei Fortschritt.

No muß auch dann vor dem Verb stehen, wenn ein anderes negatives Pronomen oder Adverb nach dem Verb steht. **Nunca, nadie, tampoco, ninguno** *und* **nada** *stehen zum Zweck der Betonung auch oft vor dem Verb. In solchen Fällen entfällt das* **no**. *Wenn ein ganzer Satz verneint wird, stehen statt positiver Pronomen oder Adverbien entsprechende negative Formen:* **algo→nada, alguien→nadie.** *Auch positive Ausdrücke können negative Bedeutung haben.* **Alguno** *wird beispielsweise in verneinten Sätzen dem Substantiv nachgestellt.*

593

La vendimia

Carmen: *Mi padre me ha preguntado si tenéis ganas de participar en la vendimia de su pueblo. ¿Qué os parece?*
Eladio: *¡Hombre, claro! No hace falta preguntárnoslo. Lo pasamos como los indios la última vez.*

594

El médico de medicina general

El médico: *Buenos días, señorita Ortega. ¿Qué tiene? ¿Tal vez una gripe?*
Rosa: *No lo sé, doctor. Me duele la cabeza y tengo tos.*
El médico: *¡A ver la lengua!*

Después de tomar el pulso, el médico toma la temperatura y receta algunos medicamentos.

El médico: *¡Tome un comprimido cada seis horas! Tiene que guardar cama por de pronto.*

593

Die Weinlese

Carmen: Mein Vater hat mich gefragt, ob ihr Lust habt, bei der Weinlese in seinem Dorf mitzumachen. Wie wär's?
Eladio: Na klar, Mensch! Da brauchst du uns gar nicht erst zu fragen. Das letzte Mal haben wir unheimlich viel Spaß gehabt.

la vendimia [ben'dimĭa]	Weinlese
¿Qué te parece? [ke][te][pa'reθɛ]	Was meinst du?
hacer falta [a'θɛr]['falta]	nötig sein
pasar algo como los indios [pa'sar]['algo]['komo]['indĭos]	sehr viel Spaß bei etwas haben (wörtl.: wie die Indianer)

594

Der praktische Arzt

Der Arzt: Guten Tag, Fräulein Ortega. Was fehlt Ihnen denn? Vielleicht eine Grippe?
Rosa: Ich weiß es nicht, Doktor. Mir schmerzt der Kopf, und ich habe Husten.
Der Arzt: Zeigen Sie Ihre Zunge!

Nachdem er den Puls gefühlt hat, mißt der Arzt die Temperatur und verschreibt einige Medikamente.

Der Arzt: Nehmen Sie alle sechs Stunden eine Tablette! Sie müssen fürs erste das Bett hüten.

gripe (f.) ['gripe]	Grippe
tos (f.) [tɔs]	Husten
pulso (m.) ['pulso]	Puls(schlag); Handfestigkeit; Behutsamkeit
comprimido (m.) [kɔmpri'miđo]	Tablette
guardar cama (f.) [gŭar'đar 'kama]	das Bett hüten

595

GRAMÁTICA

El imperativo negativo

tomar:	no lo tomes	no lo tome Vd.
	no lo toméis	no lo tomen Vds.
		no lo tomemos
comer:	no lo comas	no lo coma Vd.
	no lo comáis	no lo coman Vds.
		no lo comamos
escribir:	no lo escribas	no lo escriba Vd.
	no lo escribáis	no lo escriban Vds.
		no lo escribamos

596

Pintura para el chalet

Francisco: Este año tenemos que enjalbegar el chalet. En todas partes se desconcha la pintura. La semana que viene tengo bastante tiempo para hacerlo.

Dolores: ¡Pero no compres la pintura blanca otra vez! El azul celeste me gusta más.

595

GRAMMATIK

Der verneinte Imperativ

Alle Formen des verneinten Imperativs entsprechen jeweils dem 'presente de subjuntivo' für die gleiche Person.
Das Pronomen steht beim verneinten Imperativ immer vor dem Verb (no lo tomes/nimm es nicht!; no lo comas/iß es nicht!; no lo escribas/schreib es nicht!).
Bei unpersönlichen Befehlen wird die Imperativ-Form durch den Infinitiv ersetzt: **No fumar** – Nicht rauchen, Rauchen verboten!; **No tirar escombros** – Schutt abladen verboten!

596

Farbe für das Landhaus

Francisco: Dieses Jahr müssen wir das Landhaus tünchen. An allen Ecken und Enden blättert die Farbe ab. Nächste Woche habe ich ausreichend Zeit, das zu machen.

Dolores: Aber kauf nicht wieder die weiße Farbe! Himmelblau gefällt mir besser.

enjalbegar [eɲxalbeˈgar]	weißen; tünchen
desconcharse [deskɔnˈtʃarse]	abbröckeln; abblättern
celeste [θeˈleste]	himmlisch; Himmels ...

597

Excursión a Teotihuacán

Hoy los Losada van a Teotihuacán, que está situada a unos 50 km. al noreste de la capital. La 'Ciudad de los Dioses' comenzó a construirse a partir del siglo I a. de J.C. y alcanzó su apogeo tres siglos más tarde. Por causas desconocidas fue abandonada alrededor del siglo VIII, es decir, quinientos años antes de la llegada de los aztecas. En la ciudad hay imponentes construcciones, geométricamente distribuidas a lo largo de una amplia vía.

598

Una alfombra

Dolores: *He visto una alfombra persa magnífica. No es muy cara y me han dicho que la entregan a domicilio.*

Francisco: *Sabes que a mí no me gustan ni alfombras ni tapices. Nuestro entarimado es muy práctico.*

597

Ausflug nach Teotihuacán

Heute fahren die Losadas nach Teotihuacán, das etwa 50 km nordöstlich von der Hauptstadt liegt. Im 1. Jahrhundert v. Chr. wurde mit dem Bau der 'Stadt der Götter' begonnen, die ihre Blütezeit drei Jahrhunderte später erreichte. Aus unbekannten Gründen wurde sie etwa im 8. Jahrhundert verlassen, also 500 Jahre vor der Ankunft der Azteken. In der Stadt gibt es ehrfurchtgebietende Bauten, die geometrisch entlang einer breiten Straße angelegt sind.

apogeo (m.) [apɔˈxeo]	Erdferne (eines Planeten); Höhepunkt
quinientos [kiˈnientos]	fünfhundert
imponente [impoˈnente]	Ehrfurcht gebietend; gewaltig; imposant; eindrucksvoll
amplio [ˈamplĭo]	weit, weitgehend, weitläufig; ausgedehnt, umfassend, reichlich; hier: breit

598

Ein Teppich

Dolores: Ich habe einen wunderbaren Perserteppich gesehen. Er ist nicht sehr teuer, und sie haben mir gesagt, daß sie ihn ins Haus liefern.

Francisco: Du weißt, daß mir weder Teppiche noch Wandteppiche gefallen. Unser Parkettboden ist sehr praktisch.

alfombra (f.) [alˈfɔmbra]	Teppich; Läufer
magnífico [magˈnifiko]	prächtig; freigiebig; ausgezeichnet; wundervoll
tapiz (m.) [taˈpiθ]	(Wand-)Teppich
entarimado (m.) [entariˈmaᵈo]	Täfelwerk; Parkett; Parkettboden; Podium

599

GRAMÁTICA

El uso del indicativo

Alberto dice que ha trabajado mucho.
Alberto dijo que había trabajado.

Si me encuentra, me mata = Si me hubiese encontrado, me hubiera matado.

En el año 750, los árabes dominan la mayor parte de la Península Ibérica.

600

La Copa Davis

Los hermanos Sánchez Vicario son los tenistas españoles más conocidos. Arantxa, Javier y Emilio toman parte en los grandes torneos de tenis. Hace dos años que Javier venció al brasileño Ivan Kley en la eliminatoria por la permanencia en la Primera División de la Copa Davis. Tuvo problemas en la segunda manga. Antes de romper el servicio del brasileño dispuso de hasta diez bolas de rotura de servicio.

599

GRAMMATIK

Der Gebrauch des Indikativs

Alberto sagt, er habe viel gearbeitet.
Alberto sagte, er habe gearbeitet.
Indikativ steht im Spanischen – anders als im Deutschen – in der indirekten Rede.

Wenn er mich gefunden hätte, hätte er mich umgebracht.
Statt eines irrealen Bedingungssatzes in der Vergangenheit steht Indikativ Präsens bei sehr lebendigen Schilderungen (Wenn er mich findet, bringt er mich um).

Im Jahre 750 beherrschen die Araber den größten Teil der Iberischen Halbinsel.

600

Der Davis-Cup

Die Geschwister Sánchez Vicario sind die bekanntesten spanischen Tennisspieler. Arantxa, Javier und Emilio nehmen an den großen Turnieren teil. Vor zwei Jahren besiegte Javier den Brasilianer Ivan Kley im Ausscheidungskampf um den Verbleib in der ersten Gruppe des Davis-Cups. Er hatte Probleme im zweiten Satz. Bevor er den Service des Brasilianers durchbrach, hatte er sogar zehn Break-Bälle.

torneo (m.) [tɔrˈneo]	Turnier; Wettkampf
permanencia (f.) [pɛrmaˈnenθĭa]	Fortdauer; Verweilen; Aufenthalt; hier: Verbleib
manga (f.) [ˈmaŋga]	Ärmel; Schlauch; Runde; Durchgang; hier: Satz
servicio (m.) [sɛrˈbiθĭo]	Dienst; Dienstleistung; Bedienung; Gedeck; Toilette; hier: Aufschlag(spiel)
rotura (f.) [rrɔˈtura]	Brechen; Bruch

601

El dinero español

La moneda nacional de España es la peseta. Hoy en día es la unidad fraccionaria más pequeña en España. Hay monedas de una peseta, 5, 10, 25, 50, 100, 200, 500 pesetas. Muchos extranjeros confunden la moneda de 100 pesetas con la de 500 porque la de cien pesetas no lleva ninguna cifra, sino sólo el valor escrito: 'cien'. La moneda de 5 ptas. se llama duro. Hay billetes de 1000, 2000, 5000 y 10 000 ptas.

¿Qué moneda española tiene un agujero en el centro?

602

La feria de Santiago de Atitlán

Después de llegar a Guatemala Miriam y Maica han ido en autobús a Panajachel, el pueblo más grande en el lago de Atitlán. Esta mañana han cogido el barco a Santiago de Atitlán, un pueblo en que sólo viven indios. Cuando llegan al mercado ven una noria delante de la iglesia que unos hombres giran con la mano.

601

Das spanische Geld

Die nationale Währung Spaniens ist die Peseta. Heutzutage ist sie die kleinste Währungseinheit in Spanien. Es gibt Münzen zu 5, 10, 25, 50, 100, 200, 500 Peseten. Viele Ausländer verwechseln die 100-Peseten-Münze mit der zu 500, weil die 100er keine Ziffer trägt, sondern nur den geschriebenen Wert „cien". Das 5-Peseten-Stück heißt „duro". Es gibt Geldscheine zu 1000, 2000, 5000 und 10 000 Pts. Welche spanische Münze hat ein Loch in der Mitte?

Die 1990 aus Anlaß der Olympischen Spiele von Barcelona herausgegebene 25-Peseten-Münze

Haben sie es nicht klein(er)? heißt im Spanischen ¿No lo tiene suelto?

602

Die Kirmes von Santiago de Atitlán

Nach ihrer Ankunft in Guatemala sind Miriam und Maica mit dem Bus nach Panajachel, dem größten Ort am Atitlán-See, gefahren. Heute morgen haben sie das Schiff nach Santiago de Atitlán genommen, ein Ort, in dem nur Indianer leben. Als sie zum Markt kommen, sehen sie vor der Kirche ein Riesenrad, das einige Männer mit der Hand bewegen.

coger [kɔˈxɛr]	greifen; nehmen
el barco [ˈbarko]	Schiff
el indio [ˈindĭo]	Indio; Indianer
el mercado [mɛrˈkaᵈo]	Markt
la iglesia [iˈglesĭa]	Kirche

603

*«La historia pertenece
a los que la prolongan, no
a los que la secuestran.»*

Manuel Vázquez Montalbán

604

Petróleo en México

El cinc, el plomo y la plata forman parte de las riquezas del subsuelo de México. Cerca del Golfo de México hay también grandes yacimientos de petróleo y de gas natural. Hay que refinar el petróleo extraído del subsuelo en refinerías para que se pueda lanzar al mercado.

603

„Die Geschichte gehört denen, die sie verlängern, und nicht denen, die sie entführen." — Manuel Vázquez Montalbán (geb. 1939), spanischer Schriftsteller

--- GRAMMATIK ---

Die Verben 'saber' und 'poder'

Die beiden Verben 'saber' und 'poder' haben neben ihren eigentlichen Bedeutungen (saber – wissen, poder – können) noch weitere Möglichkeiten der Übersetzung ins Deutsche: saber – können und poder – dürfen.

So lautet der Satz 'Ich kann Auto fahren' im Spanischen: 'Sé conducir.' [Ich kann Auto fahren (weil ich es gelernt habe).]

Die Frage 'Darf man hier rauchen' lautet im Spanischen '¿Se puede fumar aquí?'

Sé trabajar. – Ich kann [verstehe es (systematisch) zu] arbeiten.
Puedo trabajar. – Ich kann arbeiten [ich bin gesund].

604

Erdöl in Mexiko

Zink, Blei und Silber gehören zu den Bodenschätzen Mexikos. In der Nähe des Golfs von Mexiko gibt es auch große Erdöl- und Erdgasvorkommen. Das aus dem Boden geförderte Öl muß in Raffinerien verfeinert werden, damit es auf den Markt gebracht werden kann.

subsuelo (m.) [sub'sŭelo]	Untergrund; Boden
yacimiento (m.) [jaθi'mĭento]	Fundort, Lager; Vorkommen
refinar [rrɛfi'nar]	verfeinern; läutern; veredeln; raffinieren
extraer [estra'ɛr]	ausziehen; herausziehen; fördern (im Bergbau)

605

---EJERCICIO---

La negación: Traduzca las siguientes frases

Keiner meiner Freunde hilft mir.
Ich stehe niemals nach acht auf.
Ich stehe auch nicht sehr spät auf.
Niemand versteht uns.
Ich erinnere mich an nichts.
Wir können niemand fragen.
Ich kann auch nicht in die Berge fahren.
Er ging, ohne jemand etwas zu sagen.
Ich habe auch niemand etwas gesagt.

606

Pedro está grabando una cinta

Pedro está grabando una cinta con música española para su amigo Julio. El suelo de la habitación está cubierto de discos. En las cubiertas se leen nombres extraños como 'Toreros Muertos', 'Siniestro Total' y 'Loquillo y los Trogloditas' – son los nombres de los grupos. Pone un disco de El Camarón. Al instante entra Rosa y empieza a cantar, dando palmas.

605

— ÜBUNG —

Die Verneinung: Übersetzen Sie folgende Sätze

Ninguno de mis amigos me ayuda. Oder: No me ayuda ninguno de mis amigos.
Nunca me levanto después de las ocho. Oder: No me levanto nunca después de las ocho.
Yo tampoco me levanto muy tarde. Oder: No me levanto tampoco muy tarde.
Nadie nos entiende. Oder: No nos entiende nadie.
No me acuerdo de nada.
No podemos preguntar a nadie. Oder: A nadie podemos preguntar.
Yo tampoco puedo ir a la montaña. Oder: No puedo ir tampoco a la montaña.
Se marchó sin decir nada a nadie.
Yo tampoco he dicho nada a nadie.

606

Pedro nimmt Musik auf

Pedro bespielt gerade eine Kassette mit spanischer Musik für seinen Freund Julio. Der Boden des Zimmers ist mit Schallplatten bedeckt. Auf den Plattenhüllen sind seltsame Namen wie 'Tote Toreros', 'Totalschaden' und 'Der Irre und die Höhlenbewohner' – die Namen der Gruppen – zu lesen. Er legt eine Schallplatte von Camarón auf. Sogleich kommt Rosa herein und fängt an zu singen, wobei sie mit den Händen klatscht.

Die im Text erwähnten Gruppennamen sind nicht erfunden.

grabar [gra'bar]	gravieren; (eine Platte oder ein Band) bespielen
cinta (f.) ['θinta]	Band; Streifen; Schleife; Farbband; Film; hier: Kassette
palma (f.) ['palma]	Palmenzweig; Siegespalme; Handteller; im Plural: Händeklatschen (beim Flamenco)

607

El Museo Nacional de Antropología

Este museo está situado en el Paseo de la Reforma en la Ciudad de México. En él se guardan las mejores reliquias del arte prehispánico y está considerado como el mejor museo antropológico del mundo. Fue inaugurado en el año 1964. La planta baja está dedicada íntegramente a las distintas culturas que florecieron en el antiguo México, entre ellas la cultura Teotihuacán y la cultura Maya.

608

Una cita

Pedro: *Me muero de aburrimiento. Todo el santo día no hago más que leer tratados sobre la prensa amarilla.*
Carmen: *Yo también estoy malhumorada. ¿Por qué no vamos al circo esta tarde?*
Pedro: *¡Qué raro! Te llamo para proponerte exactamente lo mismo. Dicho y hecho. Voy a buscarte a las ocho.*

607

Das Staatliche Anthropologie-Museum

Dieses Museum liegt am Paseo de la Reforma in Mexiko-Stadt. In ihm werden die besten Reliquien der vorspanischen Kunst aufbewahrt, und es wird als das beste anthropologische Museum der Welt angesehen. Eröffnet wurde es im Jahre 1964. Das Erdgeschoß ist ganz den verschiedenen Kulturen gewidmet, die im alten Mexiko blühten – unter ihnen die Teotihuacán- und die Maya-Kultur.

reliquia (f.) [rrɛ'likĭa]	Reliquie
considerar [kɔnsiđe'rar]	bedenken, erwägen; für etwas halten; berücksichtigen; achten
íntegro ['integro]	vollständig; rechtschaffen; unbescholten

608

Eine Verabredung

Pedro: Ich sterbe vor Langeweile. Den lieben langen Tag tue ich nichts anderes, als Abhandlungen über die Regenbogenpresse zu lesen.

Carmen: Ich bin auch schlechtgelaunt. Warum gehen wir nicht heute abend in den Zirkus?

Pedro: Merkwürdig! Ich rufe an, um dir genau dasselbe vorzuschlagen. Gesagt, getan. Um acht hole ich dich ab.

cita (f.) ['θita]	Verabredung; Stelldichein; Zitat
tratado (m.) [tra'tađo]	Abhandlung; Vertrag
prensa (f.) ['prensa]	Presse; Buchdruckerpresse
prensa amarilla ['prensa ama'riʎa]	Regenbogenpresse
malhumorado [malumo'rađo]	schlechtgelaunt

609

EJERCICIO
'Bien' y 'bueno'

Ponga las palabras 'bien' y 'bueno' en el sitio adecuado

1. Este pescado sabe (= *schmeckt*) muy _____ .
2. La lluvia (= *Regen*) es muy _____ para los campos.
3. Ese artículo está bastante _____ escrito.
4. Este queso no huele (= *riecht*) _____ .
5. Ese sí que es un _____ coche.

610

Un coche de alquiler

Francisco: *Tuve mucha suerte. Cuando llamé a la agencia todos los coches estaban alquilados, salvo un Peugeot. Es un coche que gasta poca gasolina.*

Dolores: *¡Qué bién! Ya sabes que tengo horror a los trenes.*

609

'Bien' und 'bueno'

Setzen Sie die Wörter 'bien' und 'bueno' an passender Stelle ein

1. Este pescado sabe muy **bien**. – *Dieser Fisch schmeckt sehr gut.*
2. La lluvia es muy **buena** para los campos. – *Der Regen ist sehr gut für die Felder.*
3. Ese artículo está bastante **bien** escrito. – *Dieser Artikel ist ziemlich gut geschrieben.*
4. Este queso no huele **bien**. – *Dieser Käse hier riecht nicht gut.*
5. Ese sí que es un **buen** coche. – *Das hier ist doch ein gutes Auto.*

610

Ein Mietwagen

Francisco: Ich hatte großes Glück. Als ich die Zweigstelle anrief, waren bis auf einen Peugeot alle Autos vermietet. Es ist ein Wagen, der wenig Benzin verbraucht.
Dolores: Wie gut! Du weißt schon, daß ich Züge verabscheue.

agencia (f.) [a'xenθĩa]	Agentur, Vertretung; Zweigstelle
salvo ['salβo]	unbeschädigt, heil; unverletzt; in Sicherheit; außer; vorbehaltlich; bis auf
horror (m.) [ɔ'rrɔr]	Schrecken; Schauder; Abscheu
tener horror a [te'nɛr ɔ'rrɔr a]	verabscheuen

611

GRAMÁTICA

El Potencial

Potencial simple:
Deberías informar a un policía.
Podríamos trabajar juntos en el campo.
Le gustaría pasar un fin de semana en Brujas.
¿Podría Vd. explicarme lo que significa eso?

Potencial compuesto:
Si hubiera sabido esto, te habría ayudado.
Podría haber mandado una postal.
Deberías haber llegado ya.

612

El vuelo de regreso

Los Losada llegan al aeropuerto una hora antes de su vuelo. Entregan su equipaje para que lo pesen. El empleado les dice que el equipaje tiene doce kilos de exceso.

Arturo: *Si no hubieras comprado todas las figurillas de barro no deberíamos pagar el recargo ahora.*

Luisa: *¡No te excites por tal pequeñez, Arturo!*

611

Potencial

Potencial simple:
Du solltest einen Polizisten informieren.
Wir könnten zusammen auf dem Feld arbeiten.
Er würde gern ein Wochenende in Brügge verbringen.
Könnten Sie mir erklären, was das bedeutet?

Potencial compuesto:
Wenn ich das gewußt hätte, hätte ich dir geholfen.
Er hätte eine Postkarte schicken können.
Du hättest schon ankommen müssen/sollen.

'Potencial' entspricht im allgemeinen dem 2. Konjunktiv im Deutschen.
'Potencial simple' drückt eine Handlung aus, die in der Gegenwart
oder Zukunft Wirklichkeit werden könnte. 'Potencial compuesto'
drückt eine Handlung aus, die in der Vergangenheit nicht zustande
kam. **Podría haber + Partizip** *und* **debería haber + Partizip** *können*
dazu benützt werden, Vorwürfe auszudrücken.

612

Der Rückflug

Die Losadas kommen eine Stunde vor ihrem Flug am Flughafen
an. Sie geben ihr Gepäck ab, damit es gewogen wird. Der Angestellte sagt ihnen, daß ihr Gepäck zwölf Kilo Übergewicht
hat.
Arturo: Wenn du nicht all die Statuetten aus Ton gekauft hättest, müßten wir jetzt die Überladung nicht bezahlen.
Luisa: Reg dich nicht über so eine Lappalie auf, Arturo!

regreso (m.) [rrɛˈgreso]	Rückkehr
exceso (m.) [esˈθeso]	Übermaß; Überzahl; Ausschweifung; Unfug; hier: Übergewicht
figurilla (f.) [figuˈriʎa]	Figürchen; Statuette
barro (m.) [ˈbarrɔ]	Schlamm, Morast; Ton, Lehm
recargo (m.) [rrɛˈkargo]	Überladung; Belastung

613

Las diapositivas de México

Francisco: *Habrán fotografiado todos los templos y pirámides de Teotihuacán: la Pirámide de la Luna, la Pirámide del Sol . . . No quiero ver las diapositivas.*

Dolores: *Nos han invitado. Pasaremos una tarde agradable con Arturo y Luisa.*

614

Carmen prepara un gazpacho

Fuera en las calles hace mucho calor, tanto calor que a nadie le apetece comer algo caliente. En un día como éste Carmen siempre prepara una sopa fría: el gazpacho. El gazpacho es un plato típico de Andalucía. Para prepararlo se necesita algunos pepinos, cebollas, ajo, aceite, agua y un poco de sal.

613

Die Dias von Mexiko

Francisco: Sie werden alle Tempel und Pyramiden Teotihuacáns fotografiert haben: die Mondpyramide, die Sonnenpyramide ... Ich will die Dias nicht sehen.
Dolores: Sie haben uns eingeladen. Wir werden einen netten Abend mit Arturo und Luisa verbringen.

diapositiva (f.) [dĭaposi'tiba]	Dia
templo (m.) ['templo]	Tempel; Kirche
luna (f.) ['luna]	Mond; Spiegelglas; Schrankspiegel
sol (m.) [sɔl]	Sonne; Sonnenseite
agradable [agra'ðable]	gefällig; anmutig; angenehm; gemütlich; nett

614

Carmen macht eine Gazpacho-Suppe

Draußen in den Straßen ist es sehr warm, so warm, daß niemand Lust hat, etwas Warmes zu essen. An einem Tag wie diesem macht Carmen immer eine kalte Suppe: den Gazpacho. Der Gazpacho ist ein typisches Gericht aus Andalusien. Um ihn zu machen, braucht man einige (Schlangen-)Gurken, Zwiebeln, Knoblauch, (Oliven-)Öl, Wasser und etwas Salz.

hace calor ['aθɛ][ka'lɔr]	es ist warm
caliente [ka'lĭente]	warm, heiß
frío ['frio]	kalt
la sopa ['sopa]	Suppe
el ajo ['axo]	Knoblauch

615

Cristóbal Colón

Cristóbal Colón nació en 1.451 en Génova. En 1.479 se instaló en Portugal donde planeaba un viaje a la India en dirección hacia el occidente. Como el rey de Portugal rechazó sus planes de viaje, Colón los presentó a la reina Isabel I de Castilla. El 17 de abril de 1.492 Isabel I y Fernando II firmaron en Santa Fe el contracto con Colón sobre una expedición para Asia oriental.

¿Cuál es el nombre verdadero de Cristóbal Colón?

616

Eladio pinta las ventanas

Martín: *Eladio, ¿te vienes a tomar algo en la plaza de Bibrambla?*
Eladio: *No, no puedo. Estoy pintando las ventanas de nuestra casa. Lo he prometido a mi padre para que me preste su coche este fin de semana.*

615

Christoph Kolumbus

Christoph Kolumbus wurde 1451 in Genua geboren. 1479 ließ er sich in Portugal nieder, wo er eine Reise nach Indien in westlicher Richtung plante. Da der König von Portugal seine Reisepläne ablehnte, stellte er sie der Königin Isabel I. von Kastilien vor. Am 17. April 1492 unterzeichneten Isabel I. und Ferdinand II. in Santa Fé mit Kolumbus einen Vertrag über eine Expedition nach Ostasien. Wie lautet der wirkliche Name von Christoph Kolumbus?

Christoph Kolumbus' wirklicher, italienischer Name ist Cristoforo Colombo.

616

Eladio streicht die Fenster

Martín: Eladio, kommst du mit etwas trinken auf dem Bibrambla-Platz?
Eladio: Nein, ich kann nicht. Ich streiche gerade die Fenster von unserem Haus. Das habe ich meinem Vater versprochen, damit er mir dieses Wochenende seinen Wagen leiht.

pintar [pin'tar]	(an-)streichen, malen
tomar [to'mar]	nehmen, trinken
prometer [prome'tɛr]	versprechen
prestar [pres'tar]	leihen

617

*«Donde no hay
boticarios ni médicos,
los hombres se mueren
de viejos.»*

Proverbio español

618

En el cine

Marisa: *Dicen que los asientos aquí atrás en el cine son los mejores. A lo mejor porque son los más caros. Pero yo no veo nada desde aquí.*
Carmen: *Tienes razón. Siempre los más altos se sientan por delante.*

617

„Dort, wo es weder Apotheker noch Ärzte gibt, sterben die Menschen, weil sie alt sind." — Spanisches Sprichwort

---
GRAMMATIK

Genitiv und Dativ

Im Spanischen werden in den einzelnen Fällen weder die Artikel noch die Substantive dekliniert. Sie werden lediglich durch die Präpositionen **de** (Gen.) und **a** (Dat./ Akk.) markiert.

Genitiv: *El perro de Jorge es muy joven. — Der Hund Georgs ist sehr jung./ El nombre de esa chica es Mabel. — Der Name dieses Mädchens ist Mabel.*

Dativ: *Regalo un libro a Paco. — Ich schenke Paco ein Buch./ Mañana los profesores dan los resultados a los alumnos. — Morgen geben die Lehrer den Schülern die Ergebnisse.*

618

Im Kino

Marisa: Es heißt, die Plätze hier hinten im Kino sind die besten. Vielleicht, weil es die teuersten sind. Aber ich sehe nichts von hier aus.
Carmen: Du hast recht. Die Größten setzen sich immer nach vorne.

el asiento [aˈsi̯ento]	(Sitz-)Platz
atrás [aˈtras]	hinten
tener razón [teˈnɛr][rraˈθɔn]	recht haben
alto [ˈalto]	groß (gewachsen), hoch
sentarse [senˈtarse]	sich setzen

619

EJERCICIO

El imperativo

Forme Ud. de las siguientes preguntas el imperativo

1. ¿Porqué no me explicas el asunto?
2. ¿Porqué no estudias?
3. ¿Porqué no te sientas?
4. ¿Porqué no le dices el nombre?
5. ¿Porqué no le contestáis?
6. ¿Porqué no escribís los comentarios?

620

La siesta del deshollinador

Martín: *¡Alucino! Eladio ¡Mira allí arriba en el tejado! ¿Ves el deshollinador? Creo que está haciendo una siesta en la antena parabólica.*
Eladio: *Es verdad. ¡Llámale! A ver si se da cuenta.*

619

Der Imperativ

Bilden Sie aus folgenden Fragen den Imperativ

1. ¿Porqué no me explicas el asunto? **¡Explícamelo!** – Warum erklärst du mir die Angelegenheit nicht? Erklär' sie mir! 2. ¿Porqué no estudias? **¡Estudia!** – Warum studierst du nicht? Studiere! 3. ¿Porqué no te sientas? **¡Siéntate!** – Warum setzt du dich nicht? Setz' dich! 4. ¿Porqué no le dices el nombre? **¡Díselo!** – Warum sagst du ihm/ ihr nicht den Namen? Sag' ihn ihm/ihr! 5. ¿Porqué no le contestáis? **¡Contestadle!** – Warum antwortet ihr ihm/ihr nicht? Antwortet ihm/ihr! 6. ¿Porqué no escribís los comentarios? **¡Escribidlos!** – Warum schreibt ihr die Kommentare nicht? Schreibt sie!

620

Das Nickerchen des Schornsteinfegers

Martín: Ich werd' verrückt! Eladio, schau mal da oben auf dem Dach! Siehst du den Schornsteinfeger? Ich glaube, er hält gerade ein Nickerchen auf der Parabolantenne.

Eladio: Stimmt. Ruf ihn mal! Mal sehen, ob er es merkt.

la siesta ['sĭesta]	Nickerchen, Mittagsschlaf
el tejado [tɛ'xaᵈo]	Dach
el deshollinador [desoʎina'dɔr]	Schornsteinfeger
la antena [an'tena]	Antenne
darse cuenta de algo ['darse]['kŭenta][de]['algo]	etwas (be-)merken

621

En la pensión

Maica: *Otra vez el teléfono del dueño de la pensión nos ha despertado a las ocho de la mañana. ¡Si estoy de vacaciones lo primero que quiero es dormir hasta las tantas!*

Miriam: *Bueno, pero por 9 quetzales no puedes esperar más.*

622

La siesta

En la España del sur, sobre todo en Andalucía, existe una costumbre muy comprensible para estas regiones: la siesta. Entre las dos y las cinco de la tarde, cuando más calor hace, los andaluces se acuestan después de comer y duermen un poco. Ellos lo llaman así: 'voy a dormir/echar la siesta' o también 'me voy a echar mi siestecita'. Hay muy poca gente que trabaja a estas horas.

¿A qué hora cierran las tiendas a mediodía en España?

621

In der Pension

Maica: Schon wieder hat uns das Telefon vom Pensionsbesitzer um acht Uhr morgens wachgemacht. Wenn ich im Urlaub bin, ist das erste, was ich will, bis in die Puppen schlafen!

Miriam: Ja schon, aber für 9 Quetzal* kannst du nicht mehr erwarten.

Währung Guatemalas: 1 Quetzal, Q = 100 Centavos

el dueño ['dŭeɲo]	Besitzer
despertar [desper'tar]	(auf-)wecken; wachmachen
estar de vacaciones [es'tar] [de] [baka'θĭones]	im Urlaub sein
dormir [dɔr'mir]	schlafen
esperar [espe'rar]	(er-)warten; (er-)hoffen

622

Die Siesta

In Südspanien, vor allem in Andalusien, existiert ein für diese Gegenden sehr verständlicher Brauch: die Siesta. Nach dem Essen zwischen zwei und fünf Uhr nachmittags etwa, wenn es am heißesten ist, legen sich die Andalusier hin und schlafen ein wenig. Sie nennen es so: 'Ich halte jetzt meinen Mittagsschlaf' oder auch 'ich lege mich ein bißchen aufs Ohr'. Es gibt nur sehr wenige Leute, die zu dieser Zeit arbeiten. Um wieviel Uhr schließen die Geschäfte in Spanien zur Mittagszeit?

Natürlich um zwei Uhr!

623

EJERCICIO

¿'saber' o 'poder'?

1. Ramón _____ conducir muy bien. Pero hoy no _____ conducir porque está malo.

2. Fani está muy nerviosa ahora. No _____ estudiar.

3. Tomás estudia mucho, pero no _____ nada porque no _____ estudiar.

4. No tengo dinero. No me _____ comprar nada.

5. Claudia _____ hablar español, pero ahora no _____ hablar porque está comiendo caramelos.

624

Recuerdos de Guatemala

Miriam: *¿Te vas a comprar algo?*
Maica: *Creo que sí. Pero de momento no sé decidirme. Me gusta todo lo que venden esas mujeres.*
Miriam: *A mí lo que más me gusta son las chaquetas bordadas. ¡Qué trabajazo!*

623

'Saber' oder 'poder'?

1. Ramón **sabe** conducir muy bien. Pero hoy no **puede** conducir porque está malo. – Ramón fährt sehr gut Auto. Aber heute kann er nicht fahren, weil es ihm nicht gut geht. 2. Fani está muy nerviosa ahora. No **puede** estudiar. – Fani ist heute sehr nervös. Sie kann nicht lernen. 3. Tomás estudia mucho, pero no **sabe** nada porque no **sabe** estudiar. – Tomás studiert viel, aber er weiß nichts, weil er es nicht versteht zu studieren. 4. No tengo dinero. No me **puedo** comprar nada. – Ich habe kein Geld. Ich kann mir nichts kaufen. 5. Claudia **sabe** hablar español, pero ahora no **puede** hablar porque está comiendo caramelos. – Claudia versteht es, Spanisch zu sprechen, aber jetzt kann sie nicht sprechen, weil sie gerade Bonbons ißt.

DIE EXPERTENECKE

no saber ni jota — keine Ahnung haben

624

Andenken aus Guatemala

Miriam: Willst du dir etwas kaufen?
Maica: Ich glaube ja. Aber vorläufig kann ich mich noch nicht entscheiden. Mir gefällt alles, was die Frauen verkaufen.
Miriam: Was mir am meisten gefällt, sind die bestickten Jacken. Was für eine Wahnsinnsarbeit!

el recuerdo [rrɛˈkŭɛrðo]	Andenken
creo que sí [ˈkreo] [ke] [si]	ich glaube ja
de momento [de] [moˈmento]	vorläufig
todo lo que [ˈtoðo] [lo] [ke]	alles, was
bordar [bɔrˈðar]	sticken

625

El cursillo de pintura

A Carmen y a su madre siempre les ha gustado la pintura. Cada vez que tienen un poco de tiempo procuran pintar algo. Ahora quieren aprender cómo se pinta al óleo. Por eso van a la Escuela de Bellas Artes y se matriculan en un cursillo de pintura que empieza la semana que viene.

626

Mirando la tele

Marisa: *Es la quinta vez que vuelven a poner esta serie americana. No la soporto ya.*
Eladio: *La Televisión Española no tiene tanto dinero como para rodar series propias todos los años. Prefieren comprar las más baratas ... y peores.*

625

Der Malkurs

Carmen und ihrer Mutter hat schon immer die Malerei gefallen. Jedesmal, wenn sie etwas Zeit haben, versuchen sie, etwas zu malen. Jetzt wollen sie lernen, wie man mit Ölfarben malt. Deswegen gehen sie zur 'Schule der Schönen Künste' und melden sich zu einem Malkurs an, der in der kommenden Woche beginnt.

el cursillo [kur'siʎo]	Kurs(us)
la pintura [pin'tura]	Malerei, Gemälde
cada vez ['kaða][beθ]	jedesmal
procurar [proku'rar]	versuchen
pintar al óleo [pin'tar][al]['oleo]	mit Ölfarben malen

626

Beim Fernsehen

Marisa: Das ist das fünfte Mal, daß sie diese amerikanische Serie wiederholen. Ich ertrage sie nicht mehr.
Eladio: Das Spanische Fernsehen hat nicht so viel Geld, daß es jedes Jahr eigene Serien drehen kann. Sie kaufen lieber die billigsten ... und schlechtesten.

la quinta vez ['kinta][beθ]	das fünfte Mal
volver a hacer algo [bɔl'ɓɛr][a][a'θɛr]['algo]	wieder etwas machen
soportar [sopɔ'tar]	ertragen
tanto (como) ['tanto]['komo]	so viel/soviel (wie)
preferir [prefe'rir]	vorziehen, lieber wollen

Tenerife

Rosa: *Y de Santa Cruz de Tenerife podremos ir al interior de la isla para ver el Pico de Teide. Disfrutaremos de la 'eterna primavera' en pleno agosto.*

Carmen: *Y todos los días salen los trasbordadores a Gomera y Lanzarote . . .*

GRAMÁTICA

El uso del subjuntivo en oraciones independientes

Camarero, ¡déme una cerveza!
¡Ojalá te toque la lotería!
Que diós os bendiga.
Quizás ya sepas que he vendido mi coche.
Tal vez venga mañana por la tarde.
Diga lo que diga, no cederé.
Te seguiremos, vayas donde vayas.

627

Teneriffa

Rosa: Und von Santa Cruz de Tenerife aus werden wir ins Innere der Insel fahren können, um uns den Pico de Teide anzusehen. Wir werden den 'ewigen Frühling' mitten im August genießen.
Carmen: Und täglich laufen die Fähren nach Gomera und Lanzarote aus . . .

Santa Cruz ist die Hauptstadt von Teneriffa. Der 3718 m hohe Vulkan Pico de Teide ist meist schneebedeckt.

interior (m.) [inte'riɔr]	Inland; das Innere
pico (m.) ['piko]	Schnabel; Tülle; Zipfel; Spitze; Spitzhacke; hier: Berggipfel
trasbordador (m.) [trasborđa'đɔr]	Fähre; Fährschiff

628

Der Gebrauch des 'Subjuntivo' in Hauptsätzen

Herr Ober, geben Sie mir ein Bier!
Hoffentlich gewinnst du in der Lotterie!
Gott segne euch.
Vielleicht weißt du schon, daß ich mein Auto verkauft habe.
Vielleicht kommt er morgen nachmittag.
Sage er, was er wolle, ich werde nicht nachgeben.
Wir werden dir folgen, wohin du auch gehst.

*In den meisten Formen des Imperativs steht 'Subjuntivo'. Er drückt außerdem im Hauptsatz Wünsche aus (eingeleitet durch **ojalá, que** etc.), aber auch Zweifel (eingeleitet durch **quizás, acaso, tal vez** etc.). Je nach dem Grad der Wahrscheinlichkeit kann in den letzteren Fäller auch Indikativ stehen. Indikativ steht immer nach **a lo mejor** (womöglich). 'Subjuntivo' steht im Hauptsatz und einem nachfolgenden Relativsatz (mit gleichem Verb) in der Bedeutung eines Konzessivsatzes (Einräumung): **diga lo que diga**.*

629

Moros y Cristianos

Las fiestas de 'Moros y Cristianos' se celebran en dieciocho provincias, es decir en gran parte de España. Estas fiestas hacen pensar en la historia de la Península. Se trata de interpretaciones de combates, batallas, desfiles, combates fingidos o danzas. Sobre todo en las Alpujarras cerca de Granada hay representaciones escénicas.

630

Un contrato de alquiler

En Madrid, a ...

Reunidos: Por una parte D. ... , mayor de edad, casado, vecino de Madrid, con D.N.I. ... , y por otra D./D.ª ...

1.º) D. ... cede en arrendamiento a D./D.ª ... el apartamento amueblado sito en ....

....

Y en prueba de conformidad, ambas partes firman el presente contrato.

El inquilino / El propietario.

629

Mauren und Christen

Die 'Mauren und Christen'-Feste werden in achtzehn Provinzen gefeiert, d. h. in einem großen Teil Spaniens. Diese Feste erinnern an die Geschichte der Halbinsel. Es handelt sich um Kampfspiele, Schlachten, Paraden, Scheinkämpfe oder Tänze. Vor allem in den Alpujarras bei Granada gibt es Bühnenvorstellungen.

es decir [es ðe'θir]	das heißt
interpretación (f.) [intɛrpreta'θĭon]	Auslegung; Deutung; Dolmetschen; (Theater-)Spiel
combate (m.) [kɔm'bate]	Kampf; Gefecht; Streit
batalla (f.) [ba'taʎa]	Schlacht; Kampf; Streit
fingido [fiɲ'xiðo]	verstellt, falsch; fingiert; hier: Schein ...

630

Ein Mietvertrag

Madrid, am . . . .

Zusammengekommen sind: Einerseits Herr . . . , volljährig, verheiratet, ansässig in Madrid, Identitätskartennummer . . . , und andererseits Herr/Frau . . .

1. Herr . . . vermietet das in . . . gelegene möblierte Appartement an Herrn/Frau . . . .

....

Und zum Zeichen ihrer Übereinstimmung unterzeichnen beide Parteien den vorliegenden Vertrag.

Der Mieter / Der Eigentümer

D.N.I. ist die Abkürzung von 'Documento Nacional de Identidad'.

don (m.) [dɔn]	Don (ein Titel vor männlichen Vornamen); Herr; Abk.: D.
doña (f.) ['doɲa]	Frau (ein Titel vor weiblichen Vornamen); Abk.: D.ª

631

EJERCICIO

El imperfecto

Ponga las frases siguientes al imperfecto

1. De vez en cuando van al cine.
2. Nosotros comemos siempre pescado los viernes.
3. Carmen y Marisa se conocen muy bien.
4. Paco gana su dinero dando clases particulares.
5. Tu abuelo es un hombre muy altivo.
6. Mi tío ve el telediario todos los días.

632

Hay corridas de abril a octubre

Una corrida empieza puntualmente. A las cinco de la tarde las cuadrillas entran en el ruedo. Poco después el toro sale del toril y comienza la suerte de varas. Los picadores a caballo pican el toro con las lanzas. Luego el matador hace la suerte de capa y los banderilleros ponen tres pares de banderillas. Durante el último tercio de la corrida el matador lleva estoque y muleta, y al final llega el momento de la estocada.

631

Setzen Sie folgende Sätze ins Imperfekt

1. De vez en cuando **iban** al cine. – *Sie gingen ab und zu ins Kino.* 2. Nosotros **comíamos** siempre pescado los viernes. – *Wir aßen freitags immer Fisch.* 3. Carmen y Marisa se **conocían** muy bien. – *Carmen und Marisa kannten sich sehr gut.* 4. Paco **ganaba** su dinero dando clases particulares. – *Paco verdiente sein Geld, indem er Nachhilfestunden gab.* 5. Tu abuelo **era** un hombre muy altivo. – *Dein Großvater war ein sehr stolzer Mann.* 6. Mi tío **veía** el telediario todos los días. – *Mein Onkel sah sich jeden Abend die Nachrichten an.*

DIE EXPERTENECKE

'La gente' (dtsch.: die Leute) wird im Spanischen, anders als im Deutschen, stets im Singular verwendet: *La gente de este barrio **es** muy pobre.* – Die Leute aus diesem Viertel sind sehr arm.

632

Von April bis Oktober gibt es Stierkämpfe

Ein Stierkampf fängt pünktlich an. Um fünf Uhr nachmittags treten die Stierfechtermannschaften in die Arena. Wenig später kommt der Stier aus dem Zwinger, und es beginnt der Lanzengang. Die Lanzenreiter stechen den Stier mit den Stoßlanzen. Dann zeigt der Torero die Mantelparade, und die Banderilleros setzen dem Stier drei Paar Banderillas in den Nacken. Im letzten Drittel des Stierkampfs hat der Torero den Stoßdegen und die Muleta zur Hand, und schließlich kommt der Moment des Degenstichs.

suerte (f.) ['sŭɛrte]	Schicksal; hier: Gang; Phase; Runde
vara (f.) ['bara]	Stab; Stange; hier: Stoßlanze, Pike
capa (f.) ['kapa]	Umhang; Cape; Schicht; hier: ‚Reiz'-Tuch
banderilla (f.) [bande'riʎa]	ein farbenfroh geschmückter Stab mit messerscharfer Spitze
muleta (f.) [mu'leta]	Krücke; hier: ein großes rotes ‚Reiz'-Tuch

633

«El saber no causa hartura.»

Refrán español

634

En 'El Atril'

Petro: Esta noche voy al 'Atril'. A partir de las 11 hay un concierto de una pequeña banda de jazz. Parece que uno de los músicos toca muy bien el saxófono.

Julio: Esto no me interesa. Voy a bailar.

633

„Wissen macht nicht überdrüssig." (Etwa: „Man kann nie genug wissen.") – Spanisches Sprichwort

--- GRAMMATIK ---

Genitiv und Dativ

Im Spanischen werden weder die Artikel noch die Substantive dekliniert. Sie werden lediglich durch die Präpositionen de (Gen.) und a (Dat./Akk.) markiert.

Genitiv: El perro **de** Jorge es muy joven. – Der Hund Georgs ist sehr jung. El nombre **de** esa chica es Mabel. – Der Name dieses Mädchens ist Mabel.

Dativ: Regalo un libro **a** Paco. – Ich schenke Paco ein Buch. Mañana los profesores dan los resultados **a** los alumnos. – Morgen geben die Lehrer den Schülern die Ergebnisse.

634

Im 'Notenständer'

Pedro: Heute abend gehe ich in den ‚Notenständer'. Ab 11 Uhr gibt's ein Konzert einer kleinen Jazzband. Einer der Musiker soll sehr gut Saxophon spielen.
Julio: Das interessiert mich nicht. Ich gehe tanzen.

Die Kneipe 'El Atril' liegt in der Madrider Calle de la Paloma.

atril (m.) [a'tril]	Pult, Notenständer
banda (f.) ['banda]	Binde; Streifen; Bande; Schar; Musikkapelle; hier: Band
músico (m.) ['musiko]	Musiker
saxófono (m.) [sag'sofono]	Saxophon

635

GRAMÁTICA

Que + subjuntivo: Después de verbos de voluntad y de deseo

Te deseo que no envejezcas nunca.
Se empeña en que se lo expliquemos.
No tengo inconveniente en que tomes un vaso de vino.
Te aconsejo que estudies.
Me recomendó que esperara hasta mañana.
Siempre consigue que todos le escuchen.
Exige que hagamos nuestros deberes.

636

Una llamada de Julio

Julio: *No . . . sí, sí . . . La comunicación es muy mala. ¿Me escuchas? Me quedo en Pamplona hasta el lunes.*

Pedro: *¡Que te lo pases bien! ¡Y ojo con todas las vacas en las calles!*

635

GRAMMATIK

'Que + subjuntivo': Nach Verben des Wunsches

Ich wünsche dir, daß du niemals alt wirst.
Er möchte unbedingt, daß wir es ihm erklären.
Ich habe nichts dagegen, daß du ein Glas Wein trinkst.
Ich rate dir zu lernen.
Sie empfahl mir, ich solle bis morgen warten.
Er erreicht immer, daß alle ihm zuhören.
Er verlangt, daß wir unsere Hausaufgaben machen.

'Que + subjuntivo' steht nach Verben und Ausdrücken des Wunsches oder Befehls, des Erlaubens, des Rats und der Empfehlung. Allerdings steht Infinitiv, wenn das Subjekt in Haupt- und Nebensatz gleich ist: Se empeña en persuadirnos (Sie will uns unbedingt überreden).

636

Ein Anruf von Julio

Julio: Nein ... Ja, doch ... Die Verbindung ist sehr schlecht. Hörst du mir zu? Ich bleibe bis Montag in Pamplona.
Pedro: Hab eine schöne Zeit! Und Vorsicht mit all den Kühen auf den Straßen!

comunicación (f.) [komunika'θĭɔn]	Mitteilung; Umgang; Verkehr; Verbindung (auch beim Telefon)
ojo (m.) ['ɔxo]	Auge; Öhr; Loch
¡ojo con...! ['ɔxo kɔn]	Vorsicht mit...!
vaca (f.) ['baka]	Kuh; Rindfleisch

637

Pamplona: El encierro

El encierro es lo que atrae a la gente. Durante una semana Pamplona es el centro del mundo para los aficionados a la lidia. El encierro es una forma de corrida en las calles de la ciudad. Unas barreras forman un pasillo para los toros. Cuando por fin los sueltan, los mozos corren delante de ellos hasta llegar a la plaza de toros. Como eso es muy peligroso siempre hay heridos y muertos.

638

La lidia en la prensa

La información sobre la lidia es muy amplia. La prensa no se limita a informar sobre las distintas corridas: Hace tres años que ‚El País' publicó un sondeo en que se tocó el tema de los toros. Parece que para los jóvenes de hoy las corridas son un espectáculo violento y que ellos se muestran, por ejemplo, más críticos que los adultos con la denominación de 'la fiesta nacional' aplicada a la corridas.

637

Pamplona: Das Stiertreiben

Das Stiertreiben ist das Ereignis, das die Leute anzieht. Eine Woche lang ist Pamplona für die Anhänger des Stierkampfs der Mittelpunkt der Welt. Der „Encierro" ist eine Art Stierkampf in den Straßen der Stadt. Barrieren bilden einen Korridor für die Stiere. Wenn sie endlich losgelassen werden, rennen junge Männer vor ihnen her, bis sie die Arena erreichen. Da das sehr gefährlich ist, gibt es immer Verletzte und Tote.

encierro (m.) [en'θïɛrro]	Einschließen, Einsperren; Kerker; Stierzwinger; hier: das Eintreiben der Stiere in die Zwinger
aficionado (m.) [afiθio'naᵈo]	Kunstfreund; Liebhaber, Dilettant; Fan, Anhänger
pasillo (m.) [pa'siʎo]	Korridor, Flur, Gang

638

Der Stierkampf

Die Berichterstattung über den Stierkampf ist sehr umfassend. Die Presse beschränkt sich nicht darauf, über die verschiedenen Kämpfe zu berichten: Vor drei Jahren veröffentliche 'El País' eine Umfrage, in der das Thema 'Stiere' angesprochen wurde. Es scheint, daß die Stierkämpfe für die Jugendlichen von heute ein grausames Spektakel sind und daß sie beispielsweise der Bezeichnung 'Fiesta Nacional' für die Stierkämpfe viel kritischer gegenüberstehen als die Erwachsenen.

lidia (f.) ['liðia]	Kampf; Stierkampf
amplio ['amplĭo]	weit, weitgehend; ausgedehnt, umfassend
sondeo (m.) [sɔn'deo]	Lotung, Sondierung; Umfrage
fiesta nacional (f.) ['fiesta naθĭo'nal]	Nationalfeiertag; Volksfest; der Begriff wird auch für Stierkämpfe benutzt

639

San Fermín

Es el último día de una semana llena de alegría: Nadie piensa en dormir, sólo en divertirse. Mucha gente gasta todos los ahorros del año. En el torbellino de jolgorio y de buen humor se pasa de todo, de tristeza, crisis económica y de rutina. Una vez más los hombres se visten de blanco, con un cinturón rojo y boina, para correr con los toros.

640

GRAMÁTICA

El uso del infinitivo

Ha preguntado para conseguir informaciones.
Al ver a mi cuñado, me acordé de la cita.
Ganó sin hacer nada.
De no haberlo revisado, no lo hubiera creído.
¿Qué hacer? No sé qué hacer.
Empujar / Tirar.

San Fermín

Es ist der letzte Tag einer Woche voller Fröhlichkeit: Niemand denkt daran zu schlafen, nur daran, sich zu amüsieren.
Viele Leute geben die ganzen Ersparnisse eines Jahres aus.
In dem Strudel des Rummels und der guten Laune ist alles egal, man vergißt Trauer, Wirtschaftskrise und Routine.
Noch einmal kleiden sich die Männer weiß, mit rotem Gürtel und Baskenmütze, um mit den Stieren zu rennen.

Vom 6. bis 14. Juli dauert das San-Fermín-Fest in Pamplona.

ahorro (m.) [a'ɔrro]	Sparsamkeit; Sparen; hier im Plural: Ersparnisse
torbellino (m.) [tɔrbe'ʎino]	Wirbel; Strudel; Wirbelwind
boina (f.) ['bɔina]	Baskenmütze

GRAMMATIK

Der Gebrauch des Infinitivs

Er hat gefragt, um Auskunft zu bekommen.
Als ich meinen Schwager sah, erinnerte ich mich an die Verabredung.
Er gewann, ohne etwas zu tun.
Wenn ich es nicht nachgeprüft hätte, hätte ich es nicht geglaubt.
Was sollen wir tun? Ich weiß nicht, was ich tun soll.
Drücken / Ziehen (Aufschrift auf Türen).

Im Spanischen dient der Infinitiv ähnlich wie im Deutschen zur Verkürzung von Nebensätzen. Je nach der Präposition, mit der der Infinitiv verbunden wird, verkürzt er einen Temporalsatz (al + Infinitiv), einen Bedingungssatz (de + Infinitiv) oder andere Nebensätze.
Der Infinitiv verkürzt Fragesätze, die an die eigene Person oder Gruppe gerichtet sind. Er steht oft auch bei allgemeinen Verboten oder Anweisungen anstelle des Imperativs.

641

El castillo de Chapultepec

La construcción de este castillo data de fines del siglo XVIII. En un principio albergó un Colegio Militar y años después fue la residencia del emperador Maximiliano. Actualmente sus interiores albergan el Museo Nacional de Historia. Las habitaciones de Carlota y Maximiliano se mantienen en perfecto estado. Desde lo alto se puede gozar una vista maravillosa sobre la ciudad de México.

Maximiliano no fue mexicano. ¿De qué páis era?

642

El cebiche

El primer día que Miriam y Maica han pasado en Yucatán, donde piensan visitar muchas de las ruinas mayas, han comido un cebiche, la especialidad de la cocina yucateca: un pescado crudo marinado con jugo de limón y condimentado con chilis, tomates y cilantro. Al día siguiente las dos están malas.

641

Die Chapultepec-Burg

Der Bau dieser Burg geht zurück auf das Ende des 18. Jh. Anfangs beherbergte sie eine Militärakademie und wurde Jahre später zur Residenz von Kaiser Maximilian. Gegenwärtig befindet sich in ihm das Nationalmuseum für Geschichte. Die Räume von Charlotte und Maximilian befinden sich in einem perfekten Zustand. Oben von der Burg aus kann man eine wunderschöne Aussicht über Mexiko-Stadt genießen. Maximilian war kein Mexikaner. Woher stammte er?

Aus Österreich. Er hieß eigentlich Ferdinand Maximilian.

Wer Museen liebt, sollte sich für den Chapultepec-Park viel Zeit nehmen. In ihm gibt es vier riesige Museen.

642

Der Cebiche

Am ersten Tag, den Miriam und Maica in Yucatán verbracht haben, wo sie viele der Maya-Ruinen besuchen wollen, haben sie Cebiche* gegessen, die Spezialität der yucatekischen Küche: In Zitronensaft marinierter und mit Chili-Kräutern, Tomaten und Koriander gewürzter, roher Fisch. Am nächsten Tag sind beide krank.

*Dieses Fischgericht ist für Europäer nicht zu empfehlen

el primer día [pri'mer] ['dia]	der erste Tag; am ersten Tag
la ruina ['rrŭina]	Ruine
la cocina [ko'θina]	Küche
el pescado [pes'ka^do]	(bereits gefangener) Fisch
el tomate [to'mate]	Tomate
el limón [li'mɔn]	Zitrone

Las playas negras

Algo que más ha impresionado a Maica y Miriam en Guatemala son las playas negras a lo largo de los 300 kms de la costa del Pacífico. Por la cercanía de la Cordillera Volcánica y el vulcanismo en parte aún activo la arena de las playas es completamente negra. En un día normal hay olas de 3 a 4 metros de altura.

EJERCICIO

Acorte Ud. las frases siguientes

1. Tomás le da el dinero a Ramón.
2. Te enseño mi nuevo coche.
3. Nos han regalado los billetes.
4. Te prometo que voy a estudiar.
5. Se pone el chándal *(= Trainingsanzug)*.
6. Ramón se compra los cigarillos.
7. Os va a traer los libros sobre México.
8. Le está escribiendo la carta *(= Brief)* a su madre.

643

Die schwarzen Strände

Etwas, das Maica und Miriam in Guatemala besonders beeindruckt hat, sind die schwarzen Strände entlang der 300 km Pazifik-Küste. Wegen der Nähe der Vulkanischen Gebirgskette und des zum Teil noch aktiven Vulkanismus ist der Sand der Strände völlig schwarz. An einem normalen Tag gibt es 3 bis 4 Meter hohe Wellen.

la playa ['plaja]	Strand
impresionar [impresio'nar]	beeindrucken
la costa ['kɔsta]	Küste
el Pacífico [pa'θifiko]	Pazifik; Pazifischer Ozean
en parte [em] ['parte]	zum Teil

644

Verkürzen Sie folgende Sätze

1. Tomás se lo da. – Tomás gibt **es ihm**. 2. Te **lo** enseño. – Ich zeige **ihn** dir. 3. Nos **los** han regalado. – Sie haben **sie** uns geschenkt. 4. Te **lo** prometo. – Ich verspreche **es** dir. 5. Se **lo** pone. – Er zieht **ihn** an. 6. Ramón se **los** compra. – Ramón kauft **sie** sich. 7. Os **los** va a traer. – Er wird **sie** euch bringen. 8. Se **la** está escribiendo. – Er schreibt **ihn ihr** gerade.

DIE EXPERTENECKE

Redewendungen mit Körperteilen

no tener pie ni cabeza – weder Hand noch Fuß (Kopf) haben; ser uña (= Fingernagel) y carne (= Fleisch) – ein Herz und eine Seele sein; echar un ojo a algo – ein Auge auf etwas werfen; echar la lengua al aire – sich verplappern *(wörtl.:* die Zunge in die Luft werfen); tener pelos en la lengua (= Zunge) – Haare auf den Zähnen haben.

645

El viaje a Uxmal

La única manera de ir desde Mérida a la zona arqueológica de Uxmal en la península de Yucatán es ir en autobús. Maica y Miriam prefieren visitar las ruinas mayas cuando no hace mucho calor. Por eso toman el autobús que sale a las ocho de la mañana. Durante el viaje, que dura casi una hora, las dos sacan muchas fotos.

646

Los volcanes de Guatemala

A lo largo del Pacífico, del noroeste al suroeste de Guatemala, la Cordillera Volcánica o Sierra Madre es, con sus 380 kms de longitud, una de las alineaciones volcánicas más grandes del mundo. El eje volcánico formado por, en total, más de treinta volcanes empieza cerca de la frontera mexicana y se extiende hasta la frontera con El Salvador donde los volcanes están ya apagados.

¿Cuál es el volcán más alto de Guatemala y qué altura tiene?

645

Die Fahrt nach Uxmal

Die einzige Art, von Mérida zur archäologischen Zone von Uxmal auf der Halbinsel Yucatán zu kommen, ist, mit dem Bus zu fahren. Maica und Miriam wollen die Maya-Ruinen lieber besuchen, wenn es nicht sehr heiß ist. Dewegen nehmen sie den Bus, der um acht Uhr morgens abfährt. Während der Fahrt, die fast eine Stunde dauert, machen die beiden viele Fotos.

el viaje [bi'axe]	Reise; Fahrt
preferir [prefe'rir]	vorziehen; lieber wollen
hace calor ['aθe] [ka'lɔr]	es ist heiß/warm (Wetter)
salir [sa'lir]	(los-)abfahren
durar [du'rar]	dauern

646

Die Vulkane Guatemalas

Die Vulkanische Gebirgskette, auch Sierra Madre genannt, vom Nordwesten bis in den Südwesten Guatemalas entlang der pazifischen Küste, ist mit ihren 380 km Länge einer der größten vulkanischen Gebirgszüge der Welt. Die durch insgesamt mehr als 30 Vulkane gebildete vulkanische Achse beginnt in der Nähe der mexikanischen Grenze, und sie reicht bis zur Grenze El Salvadors, wo die Vulkane bereits erloschen sind. Welcher ist der höchste Vulkan Guatemalas, und wie hoch ist er?

Der 4220 m hohe Tajumulco

Der letzte Vulkanausbruch (des Vulkans Pacaya ca. 80 km südöstlich von Guatemala-City) war 1991 (Stand: 1992).

La lidia y Hemingway

Julio: *En Pamplona he conocido a un estudiante de Inglés. Me contó que Hemingway fue un aficionado a la lidia también. Debe haber escrito un libro lleno de detalles sobre matadores como Joselito y Romero.*
Pedro: *Este libro lo conozco. Se llama 'Fiesta'. Pero no es el único escritor que describe la corrida. Un alemán lo hizo también: Tucholsky.*

El tren a Santiago

osa: *Mañana pasaré el día entero en el tren a Santiago de Compostela. Sale sobre las 8 y llega por la tarde.*
olores: *A lo mejor puedes entablar una conversación con tus compañeros de viaje.*

647

Der Stierkampf und Hemingway

Julio: In Pamplona habe ich einen Englisch-Studenten kennengelernt. Er erzählte mir, daß Hemingway auch ein Stierkampf-Fan war. Er muß ein Buch voller Einzelheiten über Matadore wie Joselito und Romero geschrieben haben.
Pedro: Dieses Buch kenne ich. Es heißt ‚Fiesta'. Aber er ist nicht der einzige Schriftsteller, der den Stierkampf beschreibt. Ein Deutscher tat das auch: Tucholsky.

detalle (m.) [de'taʎe]	Einzelheit; Einzelhandel
matador (m.) [mata'ðor]	Matador (Hauptkämpfer beim Stierkampf)
escritor (m.) [eskri'tɔr]	Schriftsteller

648

Der Zug nach Santiago

Rosa: Morgen werde ich den ganzen Tag im Zug nach Santiago de Compostela verbringen. Er fährt gegen 8 ab und kommt nachmittags an.
Dolores: Womöglich kannst du ein Gespräch mit deinen Mitreisenden anknüpfen.

sobre ['soβre]	auf; über; außer; an; gegen, ungefähr
entablar [enta'βlar]	dielen; täfeln; hier: (ein Gespräch) anknüpfen
compañero (m.) [kɔmpa'ɲero]	Genosse; Kollege; Kamerad; Mitarbeiter; Mitspieler
compañero de viaje (m.) [kɔmpa'ɲero ðe bi'axe]	Mitreisender

649

En el aire

Miriam: *No lo entiendo. A mí nunca me han dado mareos en un avión y ahora, después de cinco minutos de vuelo en este helicóptero, estoy ya totalmente mareada.*

Maica: *No hace falta decírmelo. Se te nota. Estás muy pálida.*

650

*«La mona,
aunque la vistan de seda,
mona se queda.»*

Refrán español

649

In der Luft

Miriam: Ich verstehe das nicht. Mir ist in einem Flugzeug noch nie schwindelig geworden, und jetzt, nach fünf Flugminuten in diesem Hubschrauber, ist mir schon völlig übel.

Maica: Brauchst du mir gar nicht zu sagen. Das sieht man dir an. Du bist sehr blaß.

entender [enten'dɛr]	verstehen
el mareo [ma'reo]	Schwindel
estoy mareado [es'tɔi] [mare'aðo]	mir ist schwind(e)lig
el vuelo ['bŭelo]	Flug
pálido ['paliðo]	blaß

650

„Die Äffin bleibt eine Äffin, selbst wenn man sie in Seide kleidet." — Spanisches Sprichwort

---
GRAMMATIK

Doppeltes Personalpronomen I

Wie auch die einfachen Personalpronomen stehen die doppelten Personalpronomen immer *vor* dem konjugierten Verb oder an den Infinitiv bzw. das Gerundium *angehängt*. Aus le + lo/los/la/las wird dabei se + lo/los/la/las.

Te doy el libro. → **Te lo** doy. – Ich gebe dir das Buch. → Ich gebe es dir. María os compra las camisas. → María **os las** compra. – María kauft euch die Hemden. → María kauft sie euch. Fani le va a enseñar la catedral a Eva. → Fani **se la** va a enseñar *(oder:* va a enseñár**sela**). – Fani wird Eva die Kathedrale zeigen. → Fani wird sie ihr zeigen.

651

El Camino de Santiago

Las peregrinaciones a Santiago de Compostela y al sepulcro del apóstol empezaron ya en el siglo IX. El Camino de Santiago fue una de las rutas más frecuentadas de Europa. Los peregrinos aparecen en numerosas representaciones artísticas, en pinturas y esculturas, a lo largo de este camino. En el siglo XII Santiago de Compostela se convierte en un centro comercial al que afluyen mercancías de todos los lugares.

652

En el puerto de Progreso

Maica: *Oye, he preguntado a un pescador allí en el muelle. Quiere llevarnos en su barca y enseñarnos la pesca.*

Miriam: *No está mal la idea. Pero creo que, después de la experiencia en el helicóptero, lo mejor para mí es no arriesgar nada.*

651

Der Jakobsweg

Die Wallfahrten nach Santiago de Compostela und zur Grabstätte des Apostels begannen schon im 9. Jahrhundert. Der Jakobsweg war einer der meistbenutzten Wege Europas. Die Pilger erscheinen in zahlreichen künstlerischen Darstellungen, auf Gemälden und auf Skulpturen entlang dieses Weges. Im 12. Jahrhundert wird Santiago de Compostela zu einem Handelszentrum, in das Güter von überall her zusammenströmen.

sepulcro (m.) [se'pulkro]	Grab; Grabstätte
ruta (f.) ['rruta]	Weg; Route
frecuentar [frekŭen'tar]	häufig besuchen; (Weg) begehen; hier: benutzen
afluir [a'flŭir]	einmünden; herbeiströmen
mercancía (f.) [mɛrkan'θia]	Ware; im Plural: Güter

652

Im Hafen von Progreso

Maica: Hör mal, ich habe dort am Kai einen Fischer gefragt. Er will uns in seinem Boot mitnehmen und uns das Fischen beibringen.

Miriam: Die Idee ist nicht schlecht. Aber ich glaube, nach der Erfahrung in dem Hubschrauber ist es das Beste für mich, nichts zu riskieren.

el puerto ['pŭɛrto]	Hafen
el muelle ['mŭeʎe]	Kai, Mole
el pescador [peska'ðɔr]	Fischer
la experiencia [espe'rĭenθĭa]	Erfahrung
arriesgar [arrĭez'gar]	wagen; riskieren

653

---EJERCICIO---

Rellénense con una forma del potencial

(Tú deber) . . . hacer un viaje a Milán.
Me (gustar) . . . conocer a muchas personas interesantes.
Si tuviéramos bastante dinero, mi padre no (tener que)
. . . trabajar tanto.
¿(Poder) . . . Vd. darme fuego?
(El poder) . . . haber llegado a tiempo.
Te (yo acompañar) . . . , pero no tengo tiempo.

654

El jerez

Jerez de la Frontera es el centro de la región en la que se cultiva el famoso jerez. Se conoce bajo el nombre de 'Sherry' porque los ingleses en general no pronuncian bien la palabra española. De este aperitivo existen varios tipos: el Fino (15-17°), el Amontillado (16-18°), el Oloroso (18-20°), el Palo cortado (18-20°), el Pedro Jiménez, el Moscatel y la Manzanilla.

653

ÜBUNG

Füllen Sie mit einer Form des 'Potencial'

Deberías hacer un viaje a Milán.
Me **gustaría** conocer a muchas personas interesantes.
Si tuviéramos bastante dinero, mi padre no **tendría que** trabajar tanto.
¿**Podría** Vd. darme fuego?
Podrías haber llegado a tiempo.
Te **acompañaría,** pero no tengo tiempo.

Du müßtest eine Reise nach Mailand machen.
Ich würde gern viele interessante Personen kennenlernen.
Wenn wir genug Geld hätten, brauchte mein Vater nicht so viel zu arbeiten.
Könnten Sie mir Feuer geben?
Du hättest rechtzeitig ankommen können.
Ich würde dich begleiten, aber ich habe keine Zeit.

654

Der Jerez

Jerez de la Frontera ist das Zentrum des Gebiets, in dem der berühmte Jerez angebaut wird. Er ist unter dem Namen 'Sherry' bekannt, weil die Engländer im allgemeinen das spanische Wort nicht gut aussprechen. Von diesem Aperitif gibt es mehrere Typen: den Fino (15-17°), den Amontillado (16-18°), den Oloroso (18-20°), den Palo cortado (18-20°), den Pedro Jiménez, den Muskateller und den Manzanilla.

jerez (m.) [xe'reθ]	Jerez(wein), Sherry
aperitivo (m.) [aperi'tiβo]	Vorspeise; appetitanregende Speise; Aperitif
fino ['fino]	fein; dünn; höflich; artig; zierlich; schlau
oloroso [olo'roso]	wohlriechend
manzanilla (f.) [manθa'niʎa]	Kamille; Kamillentee; Manzanillawein aus Sanlúcar de Barrameda

655

Las tunas

Durante estos días las tunas reinan en las calles de Santiago de Compostela. Llevan sus trajes tradicionales, lo que permite reconocerlas fácilmente. Cuando se paran debajo de las arcadas de las casas, los paseantes acuden para escucharles. Las estudiantinas cantan y tocan varios instrumentos de viento, de cuerda y de percusión. Entre estos instrumentos siempre hay una pandereta.

656

ADIVINANZA

17 Berufe

```
E L E C T R I C I S T A
T E M A L B A Ñ I L E O
A L I M P I A B O T A S
X O B A R R E N D E R O
I T O R E N A T N O F P
S O R E B M O B I E S E
T R O R E T R A C U A S
A E C O C I N E R O S C
O R O D E D N E V U T A
T O R E C I N R A C R D
C A M P E S I N O L E O
C A R P I N T E R O I R
```

Die Studentenkapellen

Während dieser Tage regieren die Studentenkapellen in den Straßen Santiago de Compostelas. Sie tragen ihre traditionellen Trachten, wodurch sie leicht erkannt werden können. Wenn sie unter den Arkaden der Häuser anhalten, eilen die Spaziergänger herbei, um ihnen zuzuhören. Die Studentenkapellen singen und spielen verschiedene Blas-, Saiten- und Schlaginstrumente. Unter diesen Instrumenten ist immer ein Tamburin.

```
E L E C T R I C I S T A
      A L B A Ñ I L
T     L I M P I A B O T A S
A     B A R R E N D E R O
X   T O R E N A T N O F P
I   O R E B M O B     S E
S   O R E T R A C     A S
T     C O C I N E R O S C
A   R O D E D N E V   T A
    O R E C I N R A C R D
C A M P E S I N O     E O
C A R P I N T E R O     R
```

el electricista – Elektriker; el albañil – Maurer; el taxista – Taxifahrer; el limpiabotas – Schuhputzer; el barrendero – Straßenkehrer; el fontanero – Klempner; el torero – Stierkämpfer; el bombero – Feuerwehrmann; el pescador – Fischer; el sastre – Schneider; el camarero – Kellner; el carnicero – Metzger; el cocinero – Koch; el vendedor – Verkäufer; el cartero – Briefträger; el campesino – Bauer; el carpintero – Schreiner

657

En el paraíso

Miriam: ¡Qué gozada! Estamos en el paraíso. Las playas del Caribe son las más bonitas que he visto en mi vida.

Maica: Es verdad. Arena blanca y fina, palmeras en la playa, un agua cristalina y encima un bar justo al lado del agua.

658

La jerga madrileña

La jerga madrileña tiene un nombre especial: el lenguaje 'cheli'. Muchas de las palabras, que no sólo son utilizadas por gente joven, no aparecen en la mayoría de los diccionarios ni en ningún libro de enseñanza del español. Se trata de palabras como guay, movida, tronco, carroza, guiri, pasota, litrona etc. Actualmente las palabras del cheli se hablan en casi toda España.

¿Cómo se aprende el 'cheli'?

657

Im Paradies

Miriam: Was für ein Genuß! Wir sind im Paradies. Die Karibikstrände sind die schönsten, die ich im ganzen Leben gesehen habe.
Maica: Stimmt. Feiner weißer Sand, Palmen am Strand, kristallklares Wasser und obendrein noch eine Bar direkt am Wasser.

el paraíso [para'iso]	Paradies
la gozada [go'θaða]	Vergnügen; Genuß; Wonne
fino ['fino]	fein
el agua *(f.!)* ['agŭa]	Wasser
cristalino [krista'lino]	kristallklar

658

Der Madrider Jargon

Der Madrider Jargon hat einen speziellen Namen: Die Cheli-Sprache. Viele der Wörter, die nicht nur von jungen Leuten gebraucht werden, erscheinen weder in den meisten Wörterbüchern noch in irgendeinem Spanisch-Lehrbuch. Es handelt sich um Wörter wie guay (gut), movida (Madrider Kulturbewegung), tronco (Kumpel), carroza (Bezeichnung für Leute über 30), guiri (Tourist), pasota (Aussteiger), litrona (Literflasche Bier) etc. Gegenwärtig werden die Cheli-Wörter in beinahe ganz Spanien gesprochen. Wie lernt man das 'Cheli'?

Ganz einfach: Man fährt nach Madrid.

Erstes und bisher einziges Cheli-Lexikon ist das (spanisch-spanische) „Diccionario cheli" des spanischen Journalisten Francisco Umbral.

659

El jardín de infancia

Felipe, el pequeño primo de Carmen, acaba de cumplir cuatro años. Una edad en la que muchos niños españoles ya van al jardín de infancia. Hoy es la primera vez que Felipe también va a ir allí. Por la tarde Carmen le va recoger pero Felipe no quiere ir con ella porque ya ha hecho muchas amistades nuevas.

660

El flamenco

El flamenco no es, como se piensa erróneamente, la música folklórica de toda España, sino la música popular de Andalucía, creada por gitanos. Hay varias partes que forman y caracterizan el flamenco: el baile, la guitarra flamenca, las castañuelas, las palmadas que siempre acompañan el flamenco y, por último, el canto, el llamado cante hondo.

¿Qué otro significado tiene la palabra 'flamenco' en español?

659

Der Kindergarten

Felipe, Carmens kleiner Neffe, ist gerade vier Jahre alt geworden. Ein Alter, in dem viele spanische Kinder schon zum Kindergarten gehen. Heute ist das erste Mal, daß Felipe auch dorthingeht. Am Nachmittag geht Carmen ihn abholen, aber Felipe will nicht mit ihr gehen, weil er schon viele neue Freundschaften geschlossen hat.

cumplir cuatro años [kum'plir]['kŭatro]['aɲos]	vier Jahre alt werden
la edad [e'da$^{(d)}$]	Alter
el niño ['niɲo]	Junge, Kind
ir a recoger [ir][a][rrɛkɔ'xɛr]	abholen
hacer amistad [a'θɛr][amis'ta$^{(d)}$]	Freundschaft schließen

660

Der Flamenco

Der Flamenco ist nicht, wie fälschlicherweise angenommen wird, die folkloristische Musik ganz Spaniens, sondern volkstümliche Musik aus Andalusien, die von Zigeunern geschaffen wurde. Es gibt verschiedene Teile, die den Flamenco ausmachen und ihn charakterisieren: Der Tanz, die Flamenco-Gitarre, die Kastagnetten, das Klatschen, das stets den Flamenco begleitet, und zuletzt der Gesang, der sogenannte 'tiefe oder schwere Gesang'. Welche Bedeutung hat das Wort 'flamenco' im Spanischen noch?

Flamenco bedeutet im Spanischen eigentlich 'flämisch' oder 'flandrisch'.

661

GRAMÁTICA

Que + subjuntivo: Después de verbos de reacción emotiva o sensitiva

Para él es una gran satisfacción que su hijo estudie.
Me molesta mucho que hables tanto.
Está muy sorprendido de que no haya venido.
Tengo miedo de que no me permitan jugar con ellos.
Espero que haya comprado cebollas.
Siento mucho que Vd. no me crea.
¡Qué lástima que tengas que guardar cama!

662

Santiago Apóstol

La urna de plata que contiene los restos de Santiago y dos de sus discípulos se encuentra en la cripta de la catedral de Santiago de Compostela. El Apóstol Santiago es el patrón de España. Según la leyenda fue martirizado en Palestina. Sus discípulos trasladaron su cuerpo a Iria Flavia en Galicia. Dícese también que Santiago ayudó a los cristianos durante la Reconquista. El 25 de julio es para muchos españoles el día más importante del año.

661

GRAMMATIK

'Que + subjuntivo': Nach Verben des Gefühls

Für ihn ist es eine große Freude, daß sein Sohn studiert.
Es stört mich sehr, daß du soviel redest.
Er ist sehr überrascht, daß ich nicht gekommen bin.
Ich habe Angst, daß sie mir nicht erlauben, mit ihnen zu spielen.
Ich hoffe, daß er Zwiebeln gekauft hat.
Ich bedaure sehr, daß Sie mir nicht glauben.
Schade, daß du das Bett hüten mußt!

'Que + subjuntivo' steht nach Verben und Ausdrücken der Freude, der Anerkennung, des Erstaunens, des Ärgers, der Furcht, der Hoffnung und des Bedauerns.

662

Der Apostel Sankt Jakob

Die silberne Urne mit den Resten Sankt Jakobs und zwei seiner Jünger befindet sich in der Krypta der Kathedrale von Santiago de Compostela. Der Apostel Sankt Jakob ist der Schutzheilige Spaniens. Der Legende zufolge wurde er in Palästina gemartert. Seine Jünger überführten seinen Leichnam nach Iria Flavia in Galicien. Es heißt auch, daß Sankt Jakob den Christen während der Rückeroberung des Landes von den Mauren half. Für viele Spanier ist der 25. Juli der wichtigste Tag des Jahres.

apóstol (m.) [a'pɔstɔl]	Apostel
discípulo (m.) [dis'θipulo]	Schüler; Jünger; Anhänger
cripta (f.) ['kripta]	Gruft, Krypta
cuerpo (m.) ['kŭɛrpo]	Körper; Leib; Rumpf; Leichnam

663

En el Museo de Picasso

Eladio: *¡Qué impresionante es este 'Guernica' de Picasso! Ya sabía que era grande pero tan grande no me lo esperaba.*

Marisa: *Este cuadro revela claramente la crueldad de la Guerra Civil Española, y no sólo por sus dimensiones.*

664

«*El amor tiene fácil la entrada y difícil la salida.*»

Félix Lope de Vega y Carpio

663

Im Picassomuseum

Eladio: Wirklich beeindruckend, dieses 'Guernica' von Picasso! Ich wußte schon, daß es groß ist, aber so groß hatte ich es nicht erwartet.

Marisa: Dieses Gemälde zeigt deutlich die Grausamkeit des Spanischen Bürgerkrieges, und das nicht nur wegen seiner Ausmaße.

impresionante [impresjo'nante]	beeindruckend
esperar [espe'rar]	(er-)warten; hoffen
el cuadro ['kŭadro]	Bild, Gemälde
revelar [rreβe'lar]	aufzeigen; enthüllen
la crueldad [kruɛl'da(d)]	Grausamkeit

664

„Es ist leicht, sich zu verlieben, aber schwer, sich zu trennen."
— Félix Lope de Vega y Carpio (1562–1635), spanischer Schriftsteller und Dramatiker

---
GRAMMATIK

Der Gebrauch des Imperfekts im Spanischen

Das Imperfekt wird verwendet:

1. Zur Beschreibung eines Zustandes (nicht einer Handlung) in der Vergangenheit: *El coche estaba roto. – Das Auto war kaputt. / La maleta pesaba mucho. – Der Koffer war schwer.*

2. Für wiederholte Handlungen oder Vorgänge (auch Gewohnheiten): *Todos los días iba en bici al trabajo. – Er/Sie fuhr jeden Tag mit dem Fahrrad zur Arbeit.*

3. Für Handlungen oder Vorgänge, bei denen Beginn und Ende unwichtig sind: *Marisa quería ser azafata. – Marisa wollte Stewardeß werden.*

La primera clase de pintura

Carmen y su madre han ido a la primera clase del cursillo de pintura. Al empezar la clase el profesor explica a los participantes todo lo que es necesario para pintar al óleo: los distintos tipos de pintura y de pinceles, y cómo se sujeta un lienzo. Más tarde muestra algunos cuadros y describe la técnica de pintar.

Un cóctel en el 'Modus Vivendi'

Durante su estancia en Santiago de Compostela Rosa iba muchas veces al 'Modus Vivendi', un pub en la ciudad antigua. Allí ponen buena música y sirven unos cócteles muy especiales. Los propietarios trabajan ellos mismos de camareros y son muy amables.

Die erste Malstunde

Carmen und ihre Mutter sind zur ersten Stunde des Malkurses gegangen. Zu Beginn des Unterrichts erklärt der Lehrer den Teilnehmern alles, was notwendig ist, um mit Ölfarben zu malen: die verschiedenen Farb- und Pinselsorten und wie man eine Leinwand aufspannt. Später zeigt er einige Bilder und beschreibt die Maltechnik.

al empezar [al][empe'θar]	zu Beginn
la clase ['klase]	Unterricht
necesario [neθe'sarĭo]	nötig, notwendig
explicar [espli'kar]	erklären
el participante [partiθi'pante]	Teilnehmer
más tarde [mas]['tarđe]	später

Ein Cocktail im 'Modus Vivendi'

Während ihres Aufenthalts in Santiago de Compostela ging Rosa oft ins 'Modus Vivendi' – einen Pub in der Altstadt. Dort spielen sie gute Musik und servieren ganz besondere Cocktails. Die Eigentümer arbeiten selbst als Kellner und sind sehr liebenswürdig.

Das 'Modus Vivendi' liegt nahe der Plaza der Cervantes, halb unter der Erde. Es heißt, die Räume hätten früher als Unterkunft für Pferde gedient.

cóctel (m.) ['kɔktɛl]	Cocktail
estancia (f.) [es'tanθĭa]	Zimmer; Pflegezeit; Pflegegeld; Aufenthalt
propietario (m.) [propĭe'tarĭo]	Eigentümer; Hausbesitzer; Grundbesitzer

667

¿Dónde hay una farmacia?

Extranjero: *¿Puede Vd. decirme si hay una farmacia por aquí?*
Francisco: *Sí. Hay una en la tercera calle a la derecha. Está enfrente de la oficina de Correos.*
Extranjero: *¿Puede hablar un poco más despacio? No soy español.*
Francisco: *Perdone. Los españoles siempre hablamos muy de prisa.*

668

En el nuevo piso

Julio: *Esto es huir del trueno y caer en el relámpago.*
Pedro: *No lo dices en serio ¿verdad? Este piso no tiene nada que ver con aquel donde vivía antes. Mi habitación no es muy grande, tienes razón, pero ¿has visto la sala de estar, el comedor y el cuarto de baño? Y me entiendo con mis coinquilinos . . .*

667

Wo ist eine Apotheke?

Ausländer: Können Sie mir sagen, ob es hier eine Apotheke gibt?
Francisco: Ja. In der dritten Straße rechts ist eine. Sie liegt gegenüber dem Postamt.
Ausländer: Können Sie etwas langsamer sprechen? Ich bin kein Spanier.
Francisco: Verzeihen Sie! Wir Spanier sprechen immer sehr schnell.

a la derecha [a la de'retʃa]	rechts
enfrente [em'frente]	gegenüber
correo (m.) [kɔ'rrɛo]	Bote; Kurier; Post; Postamt; Posteingang
despacio [des'paθio]	langsam, sachte
de prisa (f.) [de 'prisa]	eilig; hier: schnell

668

In der neuen Wohnung

Julio: Das nenne ich vom Regen in die Traufe kommen.
Pedro: Das sagst du doch nicht im Ernst? Diese Wohnung hat nichts mit der zu tun, in der ich früher wohnte. Mein Zimmer ist nicht sehr groß, da hast du recht. Aber hast du das Wohnzimmer, das Eßzimmer und das Badezimmer gesehen? Und mit meinen Mitbewohnern komme ich zurecht . . .

trueno (m.) ['truɛno]	Donner; Knall
relámpago (m.) [rrɛ'lampago]	Blitz
huir del trueno y caer en el relámpago [u'ir del 'truɛno i ka'ɛr en el rrɛ'lampago]	Vom Regen in die Traufe kommen

669

El retraso del avión

Hoy terminan las vacaciones de Miriam y Maica. Las dos amigas tienen que volver a España. En el aeropuerto de Mérida están esperando la salida del avión para Madrid. De repente oyen un mensaje por un altavoz: El avión va a salir hora y media más tarde de lo previsto.

670

Mirando los recuerdos

Maica: *Ahora que veo todos los recuerdos que me he comprado en México y Guatemala me doy cuenta de que mi cuarto es demasiado pequeño.*

Miriam: *¿Por qué no les regalas algo a tus amigos? Pues, de todos modos lo tienes todo dos veces.*

669

Die Verspätung des Flugzeugs

Heute enden die Ferien von Miriam und Maica. Die beiden Freundinnen müssen nach Spanien zurück. Sie warten im Flughafen von Mérida auf den Abflug des Flugzeugs nach Madrid. Plötzlich hören sie aus einem Lautsprecher eine Durchsage: Das Flugzeug wird anderthalb Stunden später als vorgesehen abfliegen.

el retraso [rrɛ'traso]	Verspätung
de repente [de] [rrɛ'pente]	plötzlich
el altavoz [alta'ƀɔθ]	Lautsprecher
el mensaje [men'saxe]	Durchsage; Botschaft
previsto [pre'ƀisto]	vor(aus)gesehen

670

Beim Betrachten der Andenken

Maica: Jetzt, wo ich alle Andenken sehe, die ich mir in Mexiko und Guatemala gekauft habe, merke ich, daß mein Zimmer viel zu klein ist.
Miriam: Warum schenkst du deinen Freunden nicht etwas? Du hast doch ohnehin alles doppelt.

ver [bɛr]	sehen
el cuarto ['kŭarto]	Zimmer
pequeño [pe'keno]	klein
regalar [rrɛga'lar]	schenken
de todos modos [de] ['todos] ['modos]	auf jeden Fall; ohnehin

671

EJERCICIO

La voz activa

Ponga las siguientes frases en voz activa:

1. El niño es mordido por el perro.
2. La casa ha sido destruida por el fuego.
3. Un nuevo modelo del coche es inventado por los ingenieros.
4. El problema tiene que ser estudiado muy a fondo.
5. La nueva ley será admitida por el senado.

672

El revelado

Durante el viaje Miriam ha sacado alrededor de seiscientas fotos con su nueva cámara de fotos. Esta mañana está buscando una tienda de fotos barata para dejar revelar los carretes. Maica y ella van a pagar el revelado a medias porque en España, generalmente, los revelados son bastante caros.

671

Aktiv

Setzen sie folgende Sätze ins Aktiv:

1. El perro muerde al niño. – **Der Hund beißt das Kind.** 2. El fuego ha destruido la casa. – **Das Feuer hat das Haus zerstört.** 3. Los ingenieros inventan un nuevo modelo del coche. – **Die Ingenieure erfinden ein neues Modell des Autos.** 4. Hay que estudiar el problema muy a fondo. – **Man muß das Problem sehr gründlich studieren.** 5. El senado admitirá la nueva ley. – **Der Senat wird das neue Gesetz annehmen.**

DIE EXPERTENECKE

Das Gesicht – la cara

los ojos – Augen; la nariz – Nase; la boca – Mund; el pelo – (Kopf-)Haar; los labios – Lippen; los dientes – Zähne; los párpados – Augenlider; las pestañas – Wimpern; la frente – Stirn; las mejillas – Wangen; la barbilla – Kinn; el cuello – Hals; las pecas – Sommersprossen.

672

Filmentwicklung

Während der Reise hat Miriam mit ihrer neuen Kamera um die 600 Fotos gemacht. Heute morgen ist sie dabei, ein billiges Fotogeschäft zu suchen, um die Filme entwickeln zu lassen. Maica und sie werden die Entwicklung je zur Hälfte bezahlen, weil in Spanien Entwicklungen im allgemeinen ziemlich teuer sind.

alrededor de [alrređe'dɔr] [de]	um ... herum
barato [ba'rato]	billig
pagar a medias [pa'gar] [a] ['medĭas]	je zur Hälfte bezahlen
caro ['karo]	teuer
el revelado [rrɛβe'laᵈo]	Filmentwicklung

673

El cuarto de baño

En el piso de Pedro la cocina y el cuarto de baño dan al patio. Mientras que en la cocina hay un horno y una nevera, hace falta una lavadora en el cuarto de baño. Lo que le gusta a Pedro es que no solamente hay una ducha sino también una bañera. Cuatro toalleros están instalados en una pared – uno para cada uno de los inquilinos.

674

Rosa deja de trabajar en la oficina

Rosa: *El nuevo jefe es insoportable. Se comporta como un tirano. Me buscaré otro trabajo.*
Dolores: *¡Tranquilízate!*
Rosa: *¡No quiero tranquilizarme! Prefiero trabajar en una hamburguesería. ¡Qué tío!*

673

Das Badezimmer

In Pedros Wohnung gehen die Küche und das Badezimmer auf den Hof. Während es in der Küche einen Backofen und einen Kühlschrank gibt, fehlt im Badezimmer eine Waschmaschine. Was Pedro gefällt, ist die Tatsache, daß es nicht nur eine Dusche, sondern auch eine Badewanne hat. Vier Handtuchhalter sind an einer Wand angebracht – einer für jeden Mieter.

baño (m.) ['baɲo]	Bad; Badezimmer; Überzug, Glasur
cuarto de baño (m.) ['kŭarto đe 'baɲo]	Badezimmer
nevera (f.) [ne'bera]	Eiskeller; Eisschrank; Kühlschrank
lavadora (f.) [laba'đora]	Waschmaschine
ducha (f.) ['dutʃa]	Dusche
bañera (f.) [ba'ɲera]	Badefrau; Badewanne
toallero (m.) [toa'ʎero]	Handtuchhalter

674

Rosa gibt ihre Arbeit im Büro auf

Rosa: Der neue Chef ist unausstehlich. Er benimmt sich wie ein Tyrann. Ich werde mir eine andere Arbeit suchen.
Dolores: Beruhige dich!
Rosa: Ich will mich nicht beruhigen! Lieber arbeite ich in einer Imbißbude. Was für ein Typ!

dejar de [dɛ'xar đe]	aufhören zu
comportarse [kompor'tarse]	sich betragen, sich benehmen
tirano (m.) [ti'rano]	Tyrann
tranquilizar [traŋkili'θar]	beruhigen
hamburguesa (f.) [ambur'gesa]	Frikadelle; Hamburger (der Eßbare)
hamburguesería (f.) [amburgese'ria]	Imbißbude
tío (m.) ['tio]	Onkel; Kerl, Type

675

Frida Kahlo

Junto con su marido, Diego Rivera, con el que estuvo casada durante 25 años hasta el año de su muerte en 1.957, se cuenta entre los pintores más famosos de México. Nació en 1.907 como hija de un fotógrafo húngaro-alemán y una mejicana. En 1.925 un accidente de tráfico cambió su vida futura. Su obra artística es una testimonio de su continua lucha contra las consecuencias del accidente.

¿En qué ciudad mejicana está el museo de Frida Kahlo?

676

La conferencia de Miriam y Maica

Esta tarde Miriam y Maica van a dar una conferencia de diapositivas sobre su viaje por América Central y la cultura maya. A partir de las 9 de la mañana empiezan a preparar la conferencia. Maica escribe un texto mientras que Miriam elige las diapositivas que van a enseñar y les pone marcos.

675

Frida Kahlo

Zusammen mit ihrem Ehemann, Diego Rivera, mit dem sie 25 Jahre lang verheiratet war bis zum Jahr ihres Todes 1957, zählt Frida Kahlo zu den berühmtesten Malern Mexikos. Sie wurde 1907 als Tochter eines ungarisch-deutschen Fotografen und einer Mexikanerin geboren. 1925 veränderte ein Verkehrsunfall ihr zukünftiges Leben. Ihr künstlerisches Werk ist ein Zeugnis ihres ununterbrochenen Kampfes gegen die Folgen des Unfalls. In welcher mexikanischen Stadt liegt das Frida-Kahlo-Museum?

In Mexico-City, in der Londres-Straße Nr. 247

Das heutige Museum ist das ehemalige Wohnhaus von Frida Kahlo und Diego Rivera. In ihm sind einige ihrer berühmten Wandbilder („murales") zu sehen.

676

Der Vortrag von Miriam und Maica

Heute nachmittag werden Miriam und Maica einen Dia-Vortrag über ihre Reise durch Mittelamerika und die Maya-Kultur halten. Ab 9 Uhr morgens beginnen sie damit, den Vortrag vorzubereiten. Maica schreibt ein Manuskript, während Miriam die Dias auswählt, die sie zeigen wollen, und sie einrahmt.

la conferencia [kɔmfe'renθĭa]	Vortrag
dar una conferencia [dar] [una] [kɔmfe'renθĭa]	einen Vortrag halten
la cultura [kul'tura]	Kultur
elegir [elɛ'xir]	auswählen
poner un marco a [po'nɛr] [un] ['marko] [a]	einrahmen

677

*«El corazón es centro,
porque es lo único que
de nuestro ser da sonido.»*
  María Zambrano

678

Los dos borrachos

Tomás: ¿Cuántas cañas ya hemos tomado?
Martín: No sé. Cuando he dejado de contar íbamos por trece o catorce. ¿Por qué? ¿Es que te rindes ya?
Tomás: ¿Yo rendirme? ¡Nunca jamás! Pide otras dos. El que se rinde lo paga todo.

677

„Das Herz ist das Zentrum, da es das Einzige ist, was unserem Sein zu Klängen verhilft." — María Zambrano (1904–1991), spanische Philosophin

---
GRAMMATIK

Imperativ der regelmäßigen Verben

Bei den regelmäßigen Verben ist der Imperativ (Befehlsform) der 2. Pers. Sg. mit der Endung der 3. Pers. Sg. identisch. Der Imperativ der 2. Pers. Pl. hat die Endungen -ad, -ed, -id.

▷ Verben auf -ar, z. B. *comprar:*
   (tú) ¡compra!; (vosotros) ¡comprad!
▷ Verben auf -er, z. B. *comer:* (tú) ¡come!; (vosotros) ¡comed!
▷ Verben auf -ir, z. B. *escribir:* (tú) ¡escribe!; (vosotros) ¡escribid!

Für die Plural-Imperative wird in der Umgangssprache auch der einfache Infinitiv gebraucht: Niños, *¡abrir* los libros en la página once! – Kinder, schlagt die Bücher auf Seite elf auf!

678

Die zwei Säufer

Tomás: Wieviel Glas Bier haben wir schon getrunken?
Martín: Ich weiß nicht. Als ich aufgehört habe zu zählen, waren wir bei 13 oder 14. Warum? Gibst du etwa schon auf?
Tomás: Ich, aufgeben? Nie und nimmer! Bestell noch zwei. Wer aufgibt, zahlt alles.

el borracho [bɔˈrratʃo]	Säufer; Betrunkener
la caña [ˈkaɲa]	Glas Bier
tomar [toˈmar]	*hier:* trinken; *sonst:* nehmen
rendirse [rrenˈdirse]	aufgeben
pedir [peˈðir]	bestellen; verlangen

679

EJERCICIO

¿'ser' o 'estar'?

1. Ahora ya _____ tarde.
2. El cassette no funciona; _____ estropeado (= *kaputt*).
3. Cuando llega Fani, Tomás _____ en pijama todavía.
4. Tu primo _____ un español típico.
5. La música «pop» _____ de moda.
6. Mi coche ya no _____ nuevo.

680

La vendimia

Como en la universidad las clases todavía no han empezado, Fani, Aintzane, Tomás y Martín quieren aprovechar el tiempo para ganar un poco de dinero. Como todos los años ayudan en la vendimia en la Rioja Alta. Aunque es un trabajo muy duro, no les parece muy fatigoso porque hay mucha gente joven allí y vino gratuito.

679

'ser' oder 'estar'?

1. Ahora ya **es** tarde. – Jetzt ist es schon spät. 2. El cassette no funciona; **está** estropeado. – Der Kassettenrecorder funktioniert nicht; er ist kaputt. 3. Cuando llega Fani, Tomás **está** en pijama todavía. – Als Fani kommt, ist Tomás noch immer im Schlafanzug. 4. Tu primo **es** un español típico. – Dein Cousin ist ein typischer Spanier. 5. La música «pop» **está** de moda. – Popmusik ist in Mode. 6. Mi coche ya no **es** nuevo. – Mein Auto ist nicht mehr neu.

DIE EXPERTENECKE

Was in Deutschland der ICE (Intercity Express), ist in Spanien der TAV (Tren de Alta Velocidad) – 'Hochgeschwindigkeitszug'. Allein im Jahre 1990 hat die RENFE (Red Nacional de Ferrocarriles de España) die Rekordsumme von 140 Milliarden Pesetan (rd. 2 Mrd DM) für die Verbesserung des Schienennetzes ausgegeben.

680

Die Weinlese

Da der Unterricht in der Universität noch nicht begonnen hat, wollen Fani, Aintzane, Tomás und Martín die Zeit nutzen, um ein bißchen Geld zu verdienen. Wie jedes Jahr helfen sie bei der Weinlese in der Rioja Alta*. Obwohl es eine sehr harte Arbeit ist, erscheint sie ihnen nicht so anstrengend, weil es dort viele junge Leute und kostenlosen Wein gibt.

*Die Rioja ist eine Weinanbaugegend im Quellgebiet des Ebro.

aprovechar [aproβe'tʃar]	(aus-)nutzen
ayudar [aju'ðar]	helfen
la vendimia [ben'dimĭa]	Weinlese
aunque ['aŭŋke]	obwohl
el vino ['bino]	Wein

681

La viticultura en La Rioja

La región de La Rioja se extiende a ambos lados del río Ebro en el norte de España. Se divide en tres zonas: Rioja Alta, Rioja Alavesa y Rioja Baja. En la región de La Rioja, donde la viticultura ya existe desde el siglo XII, se producen anualmente 140 millones de litros de vino, de los que se exportan cerca de 20 por ciento. Los distintos vinos llevan nombres de nobles españoles, como p.e. el Marqués de Villamagna.

¿Qué son los „Vinos de Crianza"?

682

Probando vinos

Fani: *Ya llevo casi cinco años trabajando en la vendimia y no he participado aún en una cata de vinos.*
Aintzane: *Pues entonces, ¡ya iba siendo hora! ¿Has probado uno de los vinos de gran reserva?*
Fani: *No. ¡Pásame el vaso! A ver cómo sabe.*

681

Der Weinanbau in der Rioja

Die Region La Rioja erstreckt sich zu beiden Seiten des Flusses Ebro im Norden Spaniens. Sie ist in drei Zonen unterteilt: Rioja Alta, Rioja Alavesa und Rioja Baja. In der Gegend von La Rioja, wo der Weinanbau schon seit dem 12. Jh. betrieben wird, werden jährlich 140 Mio. Liter Wein produziert, von denen ungefähr 20 % exportiert werden. Die verschiedenen Weine tragen Namen spanischer Adeliger wie z. B. Markgraf von Villamagna. Was sind „Crianza-Weine"?

Ein Jahr alte, in Eichenfässern gelagerte Weine

Fünf Jahre lang gelagerte Weine heißen „Reserva", zehn Jahre lang gelagerte „Gran Reserva." Hauptabnehmerland innerhalb der EG ist die BRD.

682

Beim Weintesten

Fani: Jetzt arbeite ich schon fünf Jahre in der Weinlese und habe noch immer nicht an einer Weinprobe teilgenommen.

Aintzane: Dann wurde es aber auch mal Zeit! Hast du einen von den Gran-Reserva-Weinen* probiert?

Fani: Nein. Reich' mir mal das Glas rüber! Mal sehen, wie er schmeckt.

* Gran-Reserva-Weine aus der Rioja sind Weine, die zehn Jahre oder mehr im Faß gelagert worden sind.

la cata de vinos ['kata] [de] ['binos]	Weinprobe
aún [a'un]	noch (immer)
probar [pro'βar]	probieren; kosten
el vaso ['baso]	Glas
saber [sa'βɛr]	schmecken

683

---ADIVINANZA---

Se buscan nueve muebles

A	E	M	I	A	U	R	I	O	L	E
R	N	E	R	M	O	R	O	E	O	T
I	L	A	U	D	P	C	U	S	M	I
G	A	L	A	N	A	A	R	C	O	N
R	U	C	S	A	R	M	A	R	I	O
A	O	P	I	I	N	A	R	I	S	R
T	U	S	T	A	L	T	A	T	A	U
A	X	I	F	S	I	L	L	O	N	E
M	A	O	L	M	E	S	A	R	I	L
E	S	T	A	N	T	E	R	I	A	I
B	A	R	N	E	A	C	A	O	L	M

684

La llamada telefónica

Martín está en una oficina de la Telefónica.

Martín: *¿Me puede decir Ud. qué números tengo que marcar para llamar a Alemania?*

Empleada: *Hay que marcar primero 07, luego 49 y después hay que omitir el primer cero del prefijo.*

683

Es werden neun Möbelstücke gesucht

```
A E M I A U R I O L E
R N E R M O R O E O T
I L A U D P C U S M I
G A L A N A A R C O N
R U C S A R M A R I O
A O P I I N A R I S R
T U S T A L T A T A U
A X I F S I L L O N E
M A O L M E S A R I L
E S T A N T E R I A I
B A R N E A C A O L M
```

el tocador – Toilettentisch; *el armario* – Schrank; *la cama* – Bett; *el escritorio* – Schreibtisch; *la mesa* – Tisch; *la silla* – Stuhl; *el sillón* – Sessel; *el sofá* – Sofa, Couch; *la estanteria* – Regal

684

Der Telefonanruf

Martín ist in einem Büro der *Telefónica* (Telefongesellschaft).

Martín: Können Sie mir sagen, welche Nummern ich wählen muß, um nach Deutschland anzurufen?

Angestellte: Zuerst muß man 07 wählen, dann 49, und von der Vorwahl wird danach die erste Null ausgelassen.

la llamada telefónica [ʎaˈmaða][teleˈfonika]	Telefonanruf
¿me puede decir Ud.? [me][ˈpueðe][deˈθir]	können Sie mir sagen?
llamar por teléfono [ʎaˈmar][pɔr][teˈlefono]	anrufen
marcar [marˈkar]	wählen
el prefijo [preˈfixo]	Vorwahl

685

---- EJERCICIO ----

El infinitivo: Traduzca las siguientes frases

Nachdem sie ein anderes Kleid angezogen hatte, ging sie weg.
Sie nehmen Platz, um Kaffee zu trinken.
Nicht aus dem Fenster lehnen!
Er weiß nicht, wo er fragen soll.
Wenn ich es nicht gehört hätte, hätte ich es nicht ernst genommen.
Knopf drücken!
Nachdem er einen Likör getrunken hatte, zahlte er.

686

---- EJERCICIO ----

Ponga la forma correcta del imperativo

(Tú ser) . . . bueno y tendrás tu recompensa.
No (vosotros huir) . . . .
(Tú volver) . . . lo antes posible.
(Nosotros ir) . . . todos a la manifestación.
(Vds. oler) . . . este perfume.
No (tú mentir) . . ., hijo mío.
(Vosotros tener) . . . cuidado con ese tipo.

ÜBUNG

Der Infinitiv: Übersetzen Sie folgende Sätze

Después de ponerse otro vestido salió.
Toman asiento para tomar café.
¡No asomarse por la ventana!
No sabe dónde preguntar.
De no haberlo oído, no lo hubiera tomado en serio.
¡Pulsar el botón!
Después de beber un licor pagó.

ÜBUNG

Setzen Sie die korrekte Form des Imperativs

Sé bueno y tendrás tu recompensa.
No **huyáis.**
Vuelve lo antes posible.
Vayamos todos a la manifestación.
Huelan Vds. este perfume.
No **mientas,** hijo mío.
Tened cuidado con ese tipo.

Sei gut, und du wirst den Lohn dafür erhalten!
Flieht nicht!
Komm so schnell wie möglich zurück!
Gehen wir alle zu der Kundgebung!
Riechen Sie diesen Duft!
Lüg nicht, mein Sohn!
Seid vorsichtig mit diesem Typ!

Ramón quiere aprender alemán

En la empresa de Ramón desde hace tres semanas hay tres ingenieros alemanes. Ramón se ha hecho amigo de ellos y le han invitado a Alemania para este invierno. Ramón que no sabe ni una palabra alemana ha decidido aprender el alemán. Ahora encarga por teléfono unas cintas para el aprendizaje del alemán.

El Generalife

Al lado de la Alhambra, en el Cerro del Sol en Granada, se halla el Generalife, un jardín árabe muy conocido. La palabra Generalife significa jardín del arquitecto'. Es agradable pasearse en medio de las flores fragantes y los pequeños estanques artificiales.

687

Ramón will Deutsch lernen

In der Firma von Ramón sind seit drei Wochen zwei deutsche Ingenieure. Ramón hat sich mit ihnen angefreundet, und sie haben ihn für diesen Winter nach Deuschland eingeladen. Ramón, der nicht ein einziges deutsches Wort kann, hat beschlossen, Deutsch zu lernen. Jetzt bestellt er per Telefon einige Kassetten zum Deutschlernen.

el alemán [ale'man]	Deutscher; deutsche Sprache
alemán [ale'man]	deutsch
el ingeniero [iŋxe'nǐero]	Ingenieur
la palabra [pa'laβra]	Wort
encargar [eŋkar'gar]	bestellen

688

Der Generalife

Neben der Alhambra, auf dem 'Sonnenhügel' in Granada, befindet sich der Generalife, ein sehr bekannter arabischer Garten. Das Wort Generalife bedeutet 'Garten des Architekten'. Es ist angenehm, inmitten der wohlriechenden Blumen und kleinen künstlichen Teiche spazierenzugehen.

árabe ['arabe]	arabisch
palabra (f.) [pa'laβra]	Wort; Versprechen, Zusage
pasearse [pase'arse]	spazierengehen
fragante [fra'gante]	wohlriechend; duftend
estanque (m.) [es'taŋke]	Teich

689

---GRAMÁTICA---

Que + subjuntivo: Duda y no realidad

No es que no quiera, es que no tengo la energía necesaria.
No es seguro que él lo sepa.
No puedes convencerme de que Julio esté en Barcelona.
No creo que a Dolores le guste limpiar las ventanas.
El hecho de que se calle no significa que no lo sabe.
¿Crees que un vago como Pedro lo haga?

690

Francisco y Dolores van a Andalucía

Francisco: *No necesitaré el impermeable, Dolores. Estoy seguro. Hará buen tiempo en el sur.*

Dolores: *Nunca se sabe. Yo me llevo mi impermeable de plástico … por si al caso …*

689

'Que + subjuntivo': Ausdruck des Zweifels und der Nichtwirklichkeit

Es ist nicht so, daß ich nicht will, ich habe einfach nicht die nötige Kraft.
Es ist nicht sicher, daß er es weiß.
Du kannst mich nicht davon überzeugen, daß Julio in Barcelona ist.
Ich glaube nicht, daß Dolores das Fensterputzen gefällt.
Die Tatsache, daß er schweigt, bedeutet nicht, daß er es nicht weiß.
Glaubst du wirklich, daß ein Faulpelz wie Pedro das macht?

'Que + subjuntivo' steht nach verneinten Ausdrücken im Hauptsatz, die den Inhalt des Nebensatzes als unrichtig oder nichtwirklich erscheinen lassen (no es que . . .). Auch nach Ausdrücken des Nichtglaubens und Bezweifelns steht 'que + subjuntivo', genau wie nach einer subjektiv verneinten Frage.

690

Eine Reise nach Andalusien

Francisco: Ich werde den Regenmantel nicht brauchen, Dolores. Ich bin mir sicher. Im Süden wird das Wetter schön sein.
Dolores: Man weiß nie. Ich nehme meine Regenhaut mit . . . für alle Fälle . . .

Andalucía (f.) [andalu'θia]	Andalusien; historische Landschaft Südspaniens, die 8 Provinzen umfaßt (Almería, Cádiz, Córdoba, Granada, Huelva, Jaén, Málaga, Sevilla)
impermeable (m.) [impɛrme'aƀle]	Regenmantel
plástico (m.) ['plastiko]	Kunststoff
impermeable de plástico [impɛrme'aƀle ðe 'plastiko]	Regenhaut; Gummimantel

691

Paco de Lucía

De los muchos guitarristas de flamenco que hay en España Paco de Lucía es considerado comúnmente como el mejor. Fuera de España Paco de Lucía es el guitarrista que tiene la mayor fama. Dicen de Paco que llegó a ser un guitarrista tan bueno porque su padre le encerraba en su cuarto y no le dejaba salir hasta que supiera tocar una determinada pieza.

¿Cómo se llama la película por la que Paco también se hizo actor de cine?

692

Tapas en Granada

Francisco: *Hoy no vamos a cenar en el hotel. El señor de Zamora me ha contado que en la Plaza de la Trinidad hay dos bares de primera categoría en cuanto a las tapas.*

Dolores: *¡Estupendo! Pedimos unas cervezas y nos sirven las tapas gratis.*

Francisco: *Parece que hay aceitunas rellenas, gambas al ajillo y mucho más.*

691

Paco de Lucía

Von den vielen Flamenco-Gitarrenspielern, die es in Spanien gibt, wird Paco de Lucía gemeinhin als der beste angesehen. Außerhalb Spaniens ist Paco de Lucía der Gitarrist, der den größten Ruhm genießt. Es heißt von Paco, daß er ein so guter Gitarrenspieler wurde, weil sein Vater ihn in seinem Zimmer einschloß und ihn nicht hinausließ, bis er ein bestimmtes Stück spielen konnte. Wie heißt der Film, in dem Paco auch als Schauspieler auftrat?

Der Film, in dem Paco de Lucia erstmals als Schauspieler mitwirkte, hieß 'Carmen'.

Der Regisseur dieses Films war Carlos Saura.

692

Tapas in Granada

Francisco: Heute werden wir nicht im Hotel zu Abend essen. Der Herr aus Zamora hat mir erzählt, daß es am Dreifaltigkeitsplatz zwei Bars allererster Güte gibt, was die Tapas betrifft.
Dolores: Toll! Wir bestellen ein paar Biere und man bringt uns die Tapas umsonst.
Francisco: Es soll gefüllte Oliven, in Knoblauch gebratene kleine Krabben und vieles mehr geben.

In vielen Gegenden Andalusiens werden in den Bars Tapas zu der Getränken gereicht. Es handelt sich oft um wahre Köstlichkeiten, au die der Gast durch die Bezahlung des Getränks ein Anrecht hat.

tapa (f.) [ˈtapa]	Deckel; Bucheinband; Appetithappen
aceituna (f.) [aθeɪˈtuna]	Olive
relleno [rrɛˈʎeno]	voll; gefüllt

693

---GRAMÁTICA---

El gerundio

Ayer estuve trabajando todo el día.
Sigo escribiendo. Continúas leyendo.
No vivo muy bien, pero voy tirando.
Rosa lo saludó diciendo que no lo había esperado.
Viendo que estaba cerrado, me marché.
Llegando a tiempo, podrás verlo.
Aun estando con sus amigos, Pedro no habla.

694

El nuevo walkman

Aintzane: *Desde que Tomás tiene su nuevo walkman se está volviendo cada vez más raro.*
Martín: *¿A quién se lo dices? El otro día no me ha reconocido en la calle pasando yo directamente por su lado.*
Aintzane: *Un auténtico walkman-adicto.*

693

'Gerundio'

Gestern habe ich den ganzen Tag lang gearbeitet.
Ich schreibe weiter. Du liest weiter.
Ich lebe nicht sehr gut, aber so einigermaßen.
Rosa begrüßte ihn und sagte, sie habe ihn nicht erwartet.
Als ich sah, daß es geschlossen war, ging ich.
Wenn du rechtzeitig kommst, wirst du es sehen können.
Selbst wenn er mit seinen Freunden zusammen ist, spricht Pedro nicht.

*Das 'Gerundio' ist eine unveränderliche Form des spanischen Verbs. Meist bezeichnet es eine Handlung während ihres Verlaufs: estoy escribiendo (ich schreibe gerade). Nach **seguir** (fortfahren) und **continuar** (weitermachen) steht 'Gerundio'.*
'Gerundio' verkürzt gelegentlich Nebensätze: Temporalsätze, Bedingungssätze, Konzessivsätze usw. Es bezeichnet auch gleichzeitig verlaufende Handlungen: saludó diciendo (sie grüßte und sagte).

694

Der neue Walkman

Aintzane: Seit Tomás seinen neuen Walkman hat, wird er immer seltsamer.
Martín: Wem sagst du das? Neulich hat er mich auf der Straße nicht erkannt, als ich direkt an ihm vorbeiging.
Aintzane: Ein echter Walkman-Süchtiger.

el walkman ['wɔkmɛn]	Walkman
raro ['rraro]	seltsam; komisch; merkwürdig
cada vez más raro ['kaða] [beθ] [mas] ['rraro]	immer seltsamer
el otro día ['otro] ['dia]	neulich
reconocer [rrɛkono'θɛr]	(wieder-)erkennen

695

La ciudad más grande del mundo

Casi una tercera parte de los 80 millones de mejicanos viven en la capital México D.F., unos 25 millones. Aquí reside el presidente y aquí están todos los departamentos federales. La ciudad es el centro de industria, comercio y tráfico. Por su situación geográfica – México D.F. está a una altura de 2.200 m y rodeado de montañas más altas todavía – tiene la contaminación de aire más alta del mundo.

¿Cómo se llama el conquistador español de México?

696

Un paseíto por Granada

Dolores: *Podemos recorrer el Albaicín. Desde la Carrera del Darro subimos la cuesta y buscamos un sitio adecuado para mirar la ciudad.*

Francisco: *Quiero ver el Sacromonte también.*

695

Die größte Stadt der Welt

Beinahe ein Drittel der 80 Mio. Mexikaner leben in der Hauptstadt Mexiko-City, ungefähr 25 Mio. Hier residiert der Präsident, und hier befinden sich alle Bundesbehörden. Die Stadt ist das Zentrum von Industrie, Handel und Verkehr. Aufgrund seiner geographischen Lage – Mexiko liegt 2200 m hoch und ist umgeben von noch höheren Bergen – hat sie die höchste Luftverschmutzung der Welt. Wie heißt der spanische Eroberer Mexikos?

Hernán Cortés

Mexiko-City wurde von 1521 an auf den Trümmern der riesigen, von Cortés eroberten und zerstörten Azteken-Metropole Tenochtitlán errichtet.

696

Ein Bummel durch Granada

Dolores: Wir können den Albaicín durchlaufen. Von der Carrera del Darro aus gehen wir die Anhöhe hinauf und suchen einen geeigneten Platz, um uns die Stadt anzusehen.
Francisco: Ich möchte auch den Sacromonte sehen.

'Carrera del Darro' heißt der Weg am Ufer des Darro, von dem aus man einen guten Zugang zum Albaicín hat. Von dort ist es auch nicht weit zum Sacromonte (Heiliger Berg), der durch seine z. T. heute noch bewohnten Höhlenwohnungen berühmt ist.

paseíto (m.) [pase'ito]	Bummel
cuesta (f.) ['kŭesta]	Abhang; Anhöhe; Steigung; Gefälle
adecuado [aɗe'kŭaᵈo]	angemessen, geeignet, passend

697

Labores domésticas

Mientras sus padres estén de viaje, Rosa y Pedro tienen que hacer las labores domésticas. Cada mañana Rosa hace las camas y airea los cuartos antes del desayuno. Hoy limpia las ventanas con un trapo y quita el polvo de los muebles. Pedro no le ayuda mucho porque ya no vive en casa de sus padres. A veces viene y los hermanos comen juntos. A menudo lava los platos y los coloca en el armario.

698

Las Cuevas de Nerja

Francisco: *Mañana salimos de excursión a Nerja. Hay que levantarse a las siete.*
Dolores: *¿Tan temprano? ¡Qué barbaridad!*
Francisco: *Sí, pero vale la pena, va a hacer un día estupendo. Y veremos las famosas cuevas cerca de la ciudad. Se dice que uno se siente como en una gigantesca catedral subterránea.*

697

Hausarbeiten

Solange ihre Eltern verreist sind, müssen Rosa und Pedro die Hausarbeiten erledigen. Jeden Morgen macht Rosa die Betten und lüftet die Zimmer vor dem Frühstück. Heute reinigt sie die Fenster mit einem Lappen und staubt die Möbel ab. Pedro hilft ihr nicht viel, weil er nicht mehr bei seinen Eltern wohnt. Machmal kommt er, und die Geschwister essen zusammen. Oft wäscht er die Teller ab und stellt sie in den Schrank.

doméstico [do'mestiko]	häuslich, Haus...; zahm
airear [aĭre'ar]	lüften
trapo (m.) ['trapo]	Lumpen; Lappen; Staub-, Wischtuch
armario (m.) [ar'marĭo]	Schrank

698

Die Höhlen von Nerja

Francisco: Morgen machen wir einen Ausflug nach Nerja. Wir müssen um sieben aufstehen.
Dolores: So früh? Das ist ja grausam!
Francisco: Ja, aber es lohnt sich. Der Tag wird sehr schön werden. Und wir werden die berühmten Höhlen nahe der Stadt sehen. Es heißt, daß man sich wie in einer riesigen unterirdischen Kathedrale fühlt.

Nerja liegt an der Costa del Sol zwischen Málaga und Salobreña.

cueva (f.) ['kŭeba]	Höhle; Keller
estupendo [estu'pendo]	fabelhaft; erstaunlich; prima; toll
gigantesco [xigan'tesko]	riesenhaft; riesig

699

La inesperada entrega de vino

Después de la cata de vinos Fani ha hablado mucho tiempo con el dueño de la bodega sobre la vinificación y el almacenamiento del vino en las cubas de roble. Esta mañana ha llegado un paquete del dueño de la bodega. Ha mandado unas botellas de muestra. Fani no da fe a sus ojos, pues nunca habría esperado tal regalo.

700

En la feria

Carmen: *¡Venga, vámonos a la noria! Os invito.*
Eladio: *¿Otra vez? Si ya hemos estado dos veces. Yo quiero ver los malabaristas. Dicen que son muy buenos. A ver si aprendo algo de ellos.*

699

Die unerwartete Weinlieferung

Nach der Weinprobe hat Fani lange mit dem Besitzer des Weinkellers über die Weinherstellung und die Lagerung in den Eichenfässern gesprochen. Heute morgen ist ein Paket des Weinkeller-Besitzers angekommen. Er hat einige Probeflaschen geschickt. Fani traut ihren Augen nicht, denn sie hätte niemals so ein Geschenk erwartet.

el dueño [ˈdŭeno]	Besitzer
la bodega [boˈdega]	Weinkeller; Weinstube
el roble [ˈrrɔble]	Eiche
el paquete [paˈkete]	Paket
el regalo [rrɛˈgalo]	Geschenk

700

Auf der Kirmes

Carmen: Los, laß uns zum Riesenrad gehen. Ich lade euch ein!
Eladio: Schon wieder? Wir sind doch schon zweimal dort gewesen. Ich möchte die Jongleure sehen. Es heißt, sie sollen sehr gut sein. Mal sehen, ob ich etwas von ihnen lernen kann.

la feria [ˈferĭa]	Kirmes
invitar [imbiˈtar]	einladen
¡vámonos! [ˈbamonɔs]	gehen wir!; laß(t) uns gehen!
el malabarista [malaβaˈrista]	Jongleur
aprender [aprenˈdɛr]	lernen

701

«Cada loco con su tema.»
                    Proverbio español

702

La lesión de Eladio

Jugando al fútbol Eladio se ha lesionado el pie. Mientras los compañeros lo llevan a la urgencia del hospital clínico, Martín pasa por casa de Eladio para recoger el carnet de la Seguridad Social de Eladio. Cuando Martín llega al hospital el médico ya ha hecho una radiografía del pie de Eladio.

701

„Jedem Narren gefällt seine Kappe." (*Wörtl.*: Jeder Verrückte mit seinem Thema) — Spanisches Sprichwort

---
GRAMMATIK

Die Bildung des 'Indefinido' (historische Vergangenheit)

Verben auf **-ar** bilden den Indefinido nach folgendem Muster: z. B hablar → *hablé, hablaste, habló, hablamos, hablasteis, hablaron*. Verben auf **-er** und **-ir** haben gleiche Endungen, z. B. comer → *comí, comiste, comió, comimos, comisteis, comieron*. Bei den Verben auf -ar und -ir ist die 1. Pers. Pl. mit der Präsensform identisch. Um welche Zeit es sich handelt, ergibt sich aus dem jeweiligen Kontext. Bei einer Vielzahl von Verben ist die Bildung des Indefinido unregelmäßig!

702

Eladios Verletzung

Eladio hat sich beim Fußballspielen den Fuß verletzt. Während ihn die Freunde zur Notaufnahme der Universitätsklinik bringen, geht Martín bei Eladio zu Hause vorbei, um den Krankenkassenausweis von Eladio abzuholen. Als Martín ins Krankenhaus kommt, hat der Arzt bereits eine Röntgenaufnahme von Eladios Fuß gemacht.

la lesión [le'sĭɔn]	Verletzung
lesionar [lesĭo'nar]	verletzen
el hospital [ɔspi'tal]	Krankenhaus
el médico ['mediko]	Arzt
la Seguridad Social [seguri'ða$^{(d)}$][so'θĭal]	*staatliche Krankenkasse in Spanien*

703

Barcos en Marbella

Dolores: *¡Mira el yate allá! Se parece más a un hotel que a un barco.*

Francisco: *En este puerto se reunen los millonarios. Parece una asamblea general de los más ricos del mundo.*

704

EJERCICIO

Colóquense los verbos entre paréntesis en la forma correcta del subjuntivo

¡Ojalá (dejar) . . . de nevar!
(Tú oír) . . . lo que (tú oír) . . ., no (tú hacer) . . . caso.
Paco insiste en que (ella venir) . . . a tiempo.
No creo que (él tener) . . . la osadía de decir algo.
Temo que no (resultar) . . . tan bien como Vd. dice.
¡Que (aprovechar) . . .!
¿Le molesta que (yo fumar) . . .?

703

Boote in Marbella

Dolores: Sieh mal die Jacht dort! Sie ähnelt eher einem Hotel als einem Schiff.
Francisco: In diesem Hafen treffen sich die Millionäre. Es sieht aus wie eine Vollversammlung der Reichsten der Welt.

barco (m.) ['barko]	Boot; Schiff
yate (m.) ['jate]	Jacht
parecer [pare'θɛr]	aussehen wie; scheinen; dünken
parecerse a [pare'θɛrse a]	ähneln
asamblea (f.) [asam'blea]	Versammlung

704

ÜBUNG

Setzen Sie die Verben in Klammern in die korrekte Form des 'Subjuntivo'

¡Ojalá **deje** de nevar!
Oigas lo que **oigas,** no **hagas** caso.
Paco insiste en que **venga** a tiempo.
No creo que **tenga** la osadía de decir algo.
Tempo que no **resulte** tan bien como Vd. dice.
¡Que **aproveche**!
¿Le molesta que **fume**?

Hoffentlich hört es auf zu schneien!
Was du auch hörst, kümmere dich nicht darum.
Paco besteht darauf, daß sie rechtzeitig kommt.
Ich glaube nicht, daß er die Frechheit besitzt, etwas zu sagen.
Ich fürchte, daß es nicht so gut ausgeht, wie Sie sagen.
Guten Appetit! (Es möge nützen!)
Stört es Sie, daß ich rauche?

El tiempo

Pica el sol – pero no siempre. Mientras que hace buen tiempo en Andalucía durante todo el verano llueve con frecuencia en la Costa Verde en el norte del país. A veces llueve a cántaros. Casi todos los días llovizna en Galicia. Incluso en verano la gente sale con paraguas.

La playa cerca de Almería

El Cabo de Gata está cerca de Almería. Este cabo separa la Costa del Sol de la Costa Blanca. En las colinas cerca de la playa hay turistas jóvenes la mayor parte del año. Como no hay muchos terrenos de camping la mayoría de ellos acampa en la playa. Con frecuencia se oyen conversaciones como ésta: ¿De dónde vienes? – De Suecia. ¿Y cuánto tiempo te quedas? – No sé. A lo mejor iré a Málaga dentro de poco.

705

Das Wetter

Die Sonne sticht – aber nicht immer. Während den ganzen Sommer hindurch in Andalusien schönes Wetter ist, regnet es oft an der Grünen Küste im Norden des Landes. Manchmal regnet es in Strömen. Beinahe jeden Tag nieselt es in Galicien. Sogar im Sommer gehen die Leute mit Regenschirm aus.

picar [pi'kar]	stechen; beißen; picken; brennen; jucken
frecuencia (f.) [fre'kŭenθĭa]	Häufigkeit; Frequenz
cántaro (m.) ['kantaro]	Henkelkrug; Kanne
llover a cántaros [ʎo'bɛr a 'kantaros]	in Strömen regnen
lloviznar [ʎobið'nar]	nieseln, fein regnen

706

Der Strand bei Almería

Das 'Cabo de Gata' liegt nahe bei Almería. Dieses Kap trennt die Costa del Sol von der Costa Blanca. Auf den Hügeln nahe am Strand sind den größten Teil des Jahres über junge Touristen anzutreffen. Da es nicht viele Zeltplätze gibt, kampieren die meisten von ihnen am Strand. Häufig sind Gespräche wie dieses zu hören: Woher kommst du? – Aus Schweden. Und wie lange bleibst du? – Ich weiß nicht. Möglich, daß ich schon bald nach Malaga fahre.

cabo (m.) ['kaβo]	Ende; Spitze; Stiel; Zipfel; Kap; Vorgebirge
separar [sepa'rar]	trennen; absondern; scheiden
colina (f.) [ko'lina]	Hügel, Anhöhe
acampar [akam'par]	zelten, kampieren, lagern

707

---- GRAMÁTICA ----

Verbos de cambio o 'devenir'

Se volvió demócrata de la noche a la mañana.
Se está haciendo muy tarde.
Se puso totalmente pálida.
A los 32 años llego a ser ministro.
En unos meses se ha convertido en el ensayista más leído de España.
Rosa se puso roja de ira al oírle hablar así.
En sus últimos años se quedó sordo.

708

La invitación

Segovia, el 20 de Setiembre de 1993

Querida Aintzane,

quisiera invitaros a tí y a tus amigos de Madrid a Segovia para este fin de semana. Como ya sabes, mi padre tiene una finca en la sierra de Guadarrama. Allí podemos pasar un fin de semana maravilloso haciendo excursiones y fiestas. ¿Os apuntáis?

Abrazos
Luis

707

GRAMMATIK

Verben der Veränderung oder des Werdens

Von heute auf morgen wurde er Demokrat.
Es wird sehr spät.
Sie wurde ganz bleich.
Er wurde mit 32 Jahren Minister.
In ein paar Monaten wurde er der meistgelesene Essayist Spaniens.
Rosa wurde rot vor Zorn, als sie ihn so reden hörte.
In seinen letzten Jahren wurde er taub.

Im Spanischen gibt es mehrere Umschreibungen für werden: **volverse, hacerse, ponerse, llegar a ser, convertirse** *oder* **quedarse.**

708

Die Einladung

Segovia, den 20. September 1993

Liebe Aintzane,
ich möchte Dich und Deine Madrider Freunde für dieses Wochenende nach Segovia einladen. Wie Du schon weißt, hat mein Vater ein Wochenendhaus im Guadarrama-Gebirge. Dort können wir ein wunderschönes Wochenende mit Wandern und Feiern verbringen. Macht Ihr mit?

Es umarmt Dich

Luis

la invitación [imbita'θi̯on]	Einladung
quisiera [kisi'ɛra]	ich möchte
la finca ['fiŋka]	Landgut; Wochenendhaus
pasar [pa'sar]	verbringen
maravilloso [maraβi'ʎoso]	wunderbar

709

La primera gramática española

En agosto de 1492 sale de la imprenta una obra de Antonio de Nebrija: la primera gramática castellana. Nebrija une en esta obra el estudio gramatical con él de la métrica y las figuras retóricas. Los propósitos de Nebrija fueron los siguientes: quería fijar normas para dar consistencia al idioma y quería fortificar el creciente imperio con una lengua propia.

710

EJERCICIO

El imperativo

Forme Ud. de los infinitivos el imperativo del singular:

1. comprarse un libro
2. ponerse una chaqueta
3. cerrar las ventanas
4. olvidar algo
5. irse a casa
6. lavarse la cara
7. quitarse el abrigo
8. comerse un caramelo

709

Die erste spanische Grammatik

Im August 1492 kommt ein Werk Antonio de Nebrijas aus dem Druck: die erste spanische Grammatik. Nebrija verbindet in diesem Werk das Studium der Grammatik mit dem der Metrik und der rhetorischen Figuren. Die Absichten Nebrijas waren folgende: Er wollte Regeln festsetzen, um der Sprache Festigkeit zu geben, und er wollte das wachsende Königreich mit einer eigenen Sprache stärken.

propósito (m.) [pro'posito]	Absicht; Zweck; Vorsatz
fijar [fi'xar]	befestigen; festsetzen; anschlagen; anheften
consistencia (f.) [kɔnsis'tenθĭa]	Dauer, Bestand; Festigkeit; Beschaffenheit

710

Imperativ
Bilden Sie aus den Infinitiven den Imperativ im Singular:

1. ¡Cómpratelo! – Kauf es dir! *(el libro – Buch)*
2. ¡Póntela! – Zieh sie an! *(la chaqueta – Jacke)*
3. ¡Ciérralas! – Mach sie zu! *(la ventana – Fenster)*
4. ¡Olvídalo! – Vergiß es! *(algo – etwas)*
5. ¡Vete a casa! – Geh nach Hause!
6. ¡Lávatela! – Wasch es dir! *(la cara – Gesicht)*
7. ¡Quítatelo! – Zieh ihn aus! *(el abrigo – Mantel)*
8. ¡Cómetelo! – Iß es! *(el caramelo – Bonbon)*

DIE EXPERTENECKE

Eine ganze Reihe spanischer reflexiver Verben sind in der deutschen Übersetzung nicht reflexiv. So z. B. irse – weggehen (ir – gehen); levantarse – aufstehen; quedarse – bleiben; ponerse colorado – erröten usw. Oft werden in der Umgangssprache auch eigentlich nicht reflexive Verben reflexiv verwendet: z. B. comerse un bocadillo – (sich!) ein Brötchen essen.

711

El fin de semana en las Alpujarras

Francisco: *Esta agencia de viajes ofrece un fin de semana en las Alpujarras.*
Dolores: *¿De veras? ¿A qué precio?*
Francisco: *Menos de 4.000 pesetas por persona. Y el precio incluye el transporte en autocar de lujo, el alojamiento en un hostal, la pensión completa y un guía durante todo el recorrido.*

712

La Alhambra

'Quien no ha visto Granada, no ha visto nada' – La Alhambra, palacio y fortaleza a la vez, es probablemente lo que más merece ser visto en Granada. Este símbolo de la civilización musulmana data sobre todo de los siglos XIV y XV. Las salas (Sala de la Barca, Sala de Embajadores) y los patios (Patio de los Leones, Patio de los Arrayanes) invitan a imaginarse la vida de los soberanos árabes.

711

Das Wochenende in den Alpujarras

Francisco: Dieses Reisebüro bietet ein Wochenende in den Alpujarras an.
Dolores: Im Ernst? Zu welchem Preis?
Francisco: Weniger als 4.000 Peseten pro Person. Und der Preis schließt die Fahrt im Luxus-Reisebus, die Unterbringung in einem Hotel, Vollpension und einen Reisebegleiter für die gesamte Strecke ein.

Der Alpujarras-Gebirgszug liegt südlich von Granada: In der sehenswerten Landschaft finden sich kleine, verstreut gelegene Dörfer.

autocar (m.) [aŭtoˈkar]	Reisebus
lujo (m.) [ˈluxo]	Luxus; Pracht
hostal (m.) [ɔsˈtal]	feines Eßlokal; Hotel
recorrido (m.) [rrɛkɔˈrriđo]	Strecke; Rüffel; Tracht Prügel

712

Die Alhambra

'Wer Granada nicht gesehen hat, hat nichts gesehen' – Die Alhambra, Palast und Festung in einem, verdient es in Granada wahrscheinlich am meisten, gesehen zu werden. Dieses Symbol der mohammedanischen Zivilisation stammt hauptsächlich aus dem 14. und 15. Jahrhundert. Die Säle (Saal der Barke, Saal der Gesandten) und die Innenhöfe (Löwenhof, Myrtenhof) laden dazu ein, sich das Leben der arabischen Herrscher vorzustellen.

fortaleza (f.) [fɔrtaˈleθa]	Kraft; Mut; Seelenstärke; Festung
a la vez [a la beθ]	gleichzeitig
musulmán [musulˈman]	mohammedanisch
arrayán (m.) [arraˈjan]	Myrte
soberano (m.) [soβeˈrano]	Souverän, Herrscher

713

Una guitarra o un tablero de ajedrez

Francisco: *Los guitarreros en la pequeña calle que sube a la Alhambra piden demasiado. Vamos a regalarle otra cosa a Pedro.*
Dolores: *¿Qué piensas de un tablero de ajedrez? De madera no pueden ser muy caros.*

714

El paseo algo distraído

Miriam: *¡Ramón! ¡Cuiadado! Por poco te pilla el autobús.*
Ramón: *¿Qué? ¿Qué ocurre?*
Miriam: *¡Dios mío! El pobre aún no se ha dado cuenta. Ultimamente estás muy distraído. ¿Se puede saber en qué estás pensando?*

713

Eine Gitarre oder ein Schachbrett

Francisco: Die Gitarrenbauer in der kleinen Straße, die zur Alhambra hinaufführt, verlangen zuviel. Wir werden Pedro etwas anderes schenken.
Dolores: Was hältst du von einem Schachbrett? Aus Holz können sie nicht sehr teuer sein.

tablero (m.) [ta'blero]	Tafel; Platte; Tischplatte; Spielbrett
guitarrero (m.) [gita'rrɛro]	Gitarrenbauer
demasiado [dema'sĭaᵈo]	übermäßig; zuviel; zu, zu sehr

714

Der etwas zerstreute Spaziergang

Miriam: Ramón! Paß auf! Beinahe hätte dich der Bus erwischt.
Ramón: Was? Was ist los?
Miriam: Mein Gott! Der Ärmste hat immer noch nichts gemerkt. Du bist neuerdings so zerstreut. Kann man vielleicht erfahren, woran du denkst?

¡cuidado! [kŭi'ðaᵈo]	Achtung!; Vorsicht!
pillar [pi'ʎar]	erwischen
pobre ['poβre]	arm
últimamente [ultima'mente]	neuerdings; in letzter Zeit
distraído [distra'iðo]	zerstreut; geistesabwesend

715

EJERCICIO

El indefinido

Ponga las siguientes frases al indefinido:

1. Llamo a un colega del trabajo.
2. Marisa prepara las maletas.
3. Sus amigos le esperan hasta las diez.
4. Comemos una ensalada con atún.
5. ¿Escribes ya la carta para Miriam?

716

Tiempo de otoño

El tiempo en España ha cambiado notablemente en los últimos años. En toda la costa del Mediterráneo ahora casi se han acostumbrado a las inundaciones otoñales por 'la gota fría', mientras que el norte, la llamada España Húmeda, se está haciendo cada vez más pobre en precipitaciones.

715

Der Indefinido

Setzen Sie folgende Sätze ins 'Indefinido':

1. **Llamé** a un colega del trabajo. – *Ich rief einen Arbeitskollegen an.* 2. Marisa **preparó** las maletas. – *Marisa packte die Koffer.* 3. Sus amigos le **esperaron** hasta las diez. – *Seine Freunde warteten bis zehn Uhr auf ihn.* 4. **Comimos** una ensalada con atún. – *Wir aßen einen Thunfischsalat.* 5. **¿Escribiste** ya la carta para Miriam? – *Hast du den Brief an Miriam schon geschrieben.*

DIE EXPERTENECKE

Besonderheiten der Zahlen

veintiún libros — 21 Bücher; *veintiuna pesetas* — 21 Peseten; **unas** *dos mil pesetas* — ungefähr 2000 Peseten; *doscien**tas** pesetas* — 200 Peseten; *doscien**tos** libros* — 200 Bücher; *dos millones **de** habitantes* — zwei Millionen Einwohner; *once días **de** vacaciones* — 11 Tage Ferien.

716

Herbstliches Wetter

Das Wetter in Spanien hat sich in den letzten Jahren merklich verändert. An der gesamten Mittelmeerküste ist man jetzt schon fast gewöhnt an die allherbstlichen Überschwemmungen aufgrund sintflutartiger Regenfälle*, während der Norden, das sogenannte 'feuchte Spanien', immer ärmer an Niederschlägen wird.

*'La gota fría' (dtsch.: der kalte Tropfen) ist mittlerweile bereits ein feststehender Begriff für die alljährlich im Herbst wiederkehrenden sintflutähnlichen Regenfälle.

la inundación [inunda'θĭon]	Überschwemmung
otoñal [oto'ɲal]	herbstlich, Herbst-
mientras que ['mĭentras][ke]	während
húmedo ['umeđo]	feucht
cada vez más pobre ['kađa][beθ][mas]['poβre]	immer ärmer

717

Pueblos despoblados

En muchas regiones de España, sobre todo en Castilla y Extremadura, existen pueblos que todavía aparecen en los mapas pero que actualmente están despoblados por completo. En busca de trabajo los habitantes los abandonaban y transmigraban a los centros de industria españoles o incluso al extranjero. Esta es la causa principal del crecimiento enorme de Madrid o de Barcelona.

¿Cuántos habitantes tiene Madrid actualmente?

718

El cajero automático

Marisa: *¡Qué rabia me da! Es la segunda vez que el cajero automático se ha tragado mi tarjeta de crédito.*
Martín: *Y ahora ¿qué vas a hacer?*
Marisa: *Pues, lo de siempre. Tengo que pasar por la oficina del banco mañana por la mañana.*

717

Entvölkerte Dörfer

In vielen Gegenden Spaniens, vor allem in Kastilien und in Estremadura, gibt es Dörfer, die noch in den Landkarten auftauchen, gegenwärtig aber völlig unbewohnt sind. Auf der Suche nach Arbeit verließen die Bewohner sie und wanderten in die spanischen Industriezentren oder sogar ins Ausland ab. Dieses ist der Hauptgrund für das enorme Wachstum von Madrid oder von Barcelona. Wieviele Einwohner hat Madrid gegenwärtig?

Madrid hat gegenwärtig knapp vier Millionen Einwohner und ist damit die größte Stadt Spaniens.

718

Der Geldautomat

Marisa: Wie wütend ich bin! Das ist nun das zweite Mal, daß der Geldautomat meine Kreditkarte einbehalten hat.
Martín: Und was wirst du jetzt machen?
Marisa: Das, was ich immer mache. Morgen früh muß ich bei der Bank vorbeigehen.

la rabia ['rrabĭa]	Wut
segundo [se'gundo]	zweite(r, s)
tragar [tra'gar]	(ver-)schlucken
lo de siempre [lo][de]['sĭempre]	die immer gleiche Sache
por la mañana [pɔr][la][ma'ɲana]	morgens

719

*«El dinero no puede
hacer que seamos felices,
pero es lo único que
compensa no serlo.»*

Jacinto Benavente

720

Julio compra un coche usado

Julio: La carrocería tiene buena pinta. ¿Cuántos años tiene ese modelo?
Vendedor: Pues, es de segunda mano. Tiene siete años, pero el motor es nuevo.
Julio: ¿Y el embrague y los frenos están en orden?

719

„Geld macht uns nicht glücklich, aber es ist das einzige, was uns tröstet, wenn wir nicht glücklich sind." – Jacinto Benavente (1866–1954), spanischer Dramatiker und Nobelpreisträger für Literatur (1922)

GRAMMATIK

Der Gebrauch des 'Indefinido'

1. Für einmalige Handlungen, die zu einem bestimmten Zeitpunkt oder innerhalb einer bestimmten Zeitspanne in der Vergangenheit erfolgten. Signalwörter sind 'ayer', 'la semana pasada' etc.: *Ayer Eladio fue a casa de Ana. – Eladio ging gestern zu Ana.* 2. Für eine plötzlich eintretende Handlung, die eine andere unterbricht: *Estaba comiendo cuando me llamó Carmen. – Ich aß gerade, als mich Carmen anrief.* 3. Für wiederholte Handlungen, die ausdrücklich abgeschlossen sind: *Antes de ir a España me lo preguntó continuamente. – Bevor er nach Spanien ging, fragte er es mich andauernd.*

720

Julio kauft einen Gebrauchtwagen

Julio: Die Karosserie sieht gut aus. Wie alt ist dieses Modell?
Verkäufer: Nun, es ist gebraucht. Es ist sieben Jahre alt, aber der Motor ist neu.
Julio: Und die Kupplung und die Bremsen sind in Ordnung?

carrocería (f.) [karrɔθe'ria]	Wagenaufbau; Karosserie
pinta (f.) ['pinta]	Narbe; Flecken, Tupfen; Aussehen
modelo (m.) [mo'ðelo]	Modell; Vorbild; Muster; Mannequin
embrague (m.) [em'braɣe]	Kupplung; Schaltung
freno (m.) ['freno]	Bremse; Zaum

721

Trevélez

Dolores: ¿Pasamos por Trevélez también? Quisiera comprar un jamón para nuestros hijos.
Francisco: Sí. En el programa ponen que el miércoles vamos a Trevélez. ¿Sabías que es el pueblo más alto de la península? Está situado a 1.700 metros de altura.
Dolores: No, no lo sabía. Y me da igual.

722

Máscaras mejicanas

'Máscaras mejicanas' se titula uno de los capítulos del libro 'El laberinto de la soledad' que escribió el titular mejicano del Premio Nobel de Literatura, Octavio Paz, en 1.950. En este capítulo de su libro el autor, nacido el 31 de marzo de 1.914 en Mixcoac, describe su visión personal del mejicano: "... el mejicano se me aparece como un ser que se encierra y se preserva ...".

¿En que año recibió el Premio Nobel de Literatura?

721

Trevélez

Dolores: Kommen wir auch an Trevélez vorbei? Ich möchte unseren Kindern einen Schinken kaufen.
Francisco: Ja. In dem Programm steht, daß wir am Mittwoch nach Trevélez fahren. Wußtest du, daß es der höchstgelegene Ort der Halbinsel ist? Er liegt in 1.700 Meter Höhe.
Dolores: Nein, das wußte ich nicht. Und es ist mir egal.

Das Geheimnis der berühmten Schinken von Trevélez liegt in den Kräutern, die bei der Ernährung der Schweine eine Rolle spielen. Außerdem spielt die Bergluft, in der sie getrocknet werden, eine Rolle

jamón (m.) [xa'mɔn]	Schinken
alto ['alto]	hoch; groß
altura (f.) [al'tura]	Höhe; Gipfel; (Körper-)Größe
a mí me da igual [a mi me ða i'ɣŭal]	mir ist es gleich

722

Mexikanische Masken

„Máscaras mejicanas" (Mexikanische Masken) ist der Titel eines der Kapitel des Buches „Das Labyrinth der Einsamkeit", das der mexikanische Nobelpreisträger Octavio Paz 1950 geschrieben hat. In diesem Kapitel des Buches beschreibt der am 31. März 1914 in Mixcoac (Mexiko) geborene Autor seine persönliche Sicht des Mexikaners: „... der Mexikaner erscheint mir als ein Wesen, das sich verschließt und sich schützt ...". In welchem Jahr erhielt er den Literatur-Nobelpreis?

1990

Das Buch „Das Labyrinth der Einsamkeit" ist in deutscher Übersetzung erhältlich.

Las películas de Luis Buñuel

Tomás: ¿Sabes que en el cine vuelven a poner tres pelis de Luis Buñuel?
Fani: ¿Cuáles?
Tomás: Las tres que ha rodado en México en los años sesenta: 'El Joven', 'El Angel Exterminador' y 'Simón del Desierto'.

«No hay peor ciego que el que no quiere ver.»
Refrán español

723

Die Filme von Luis Buñuel

Tomás: Weißt du, daß im Kino wieder drei Filme von Luis Buñuel gezeigt werden?
Fani: Welche?
Tomás: Die drei, die er in den sechziger Jahren in Mexiko gedreht hat: 'Das junge Mädchen', 'Der Würgeengel' und 'Simon in der Wüste'.

la película [pe'likula]	Film
la peli ['peli]	(Jugendsprache:) Film
poner una película [po'nɛr] ['una] [pe'likula]	einen Film zeigen
el ángel ['aŋxɛl]	Engel
el desierto [de'sïɛrto]	Wüste

724

„Es gibt keinen schlimmeren Blinden als den, der nicht sehen will." – Spanisches Sprichwort

---
GRAMMATIK

Das Imperfekt

Mit Ausnahme der drei Verben ser, ir und ver wird das Imperfekt nach folgendem Muster regelmäßig gebildet:

Verben auf -ar, z. B. *comprar* → yo compr**aba**, tú compr**abas**, él compr**aba**, nosotros compr**ábamos**, vosotros compr**abais**, ellos compr**aban**.

Die Verben auf -er und -ir haben gleiche Endungen, z. B. *comer* → com**ía**, com**ías**, com**ía**, com**íamos**, com**íais**, com**ían**.

Die Endungen der ersten und der dritten Person sind gleich. Um welche Person es sich handelt, ergibt sich aus dem Kontext.

725

La Mezquita

Francisco: *Es imposible imaginarse todo lo que se oculta detrás de sus muros.*
Dolores: *Sí, eso es verdad. Estoy contenta de que querías pasar por Córdoba para ver la Mezquita. Los árabes eran unos arquitectos excelentes. Sin duda.*
Francisco: *Los arcos dobles me gustan aún más que las innumerables columnas.*

726

Los jardineros vuelven a trabajar

Eladio y Martín vuelven a trabajar en el Generalife. Como la temporada está terminada hay allí muchos trabajos que hacer. Los dos ya conocen todo el recinto del jardín muy bien así que les han preguntado si quieren volver a trabajar. Hoy tienen que recortar los rosales y los setos.

725

Die Mezquita

Francisco: Es ist unmöglich, sich all das, was sich hinter ihren Mauern verbirgt, vorzustellen.
Dolores: Ja, das ist wahr. Ich bin froh, daß du über Córdoba fahren wolltest, um die Mezquita zu sehen. Die Araber waren ausgezeichnete Architekten. Ohne Zweifel.
Francisco: Die Doppelbögen gefallen mir noch mehr als die unzähligen Säulen.

mezquita (f.) [meθ'kita]	Moschee; unter diesem Namen ist die große Moschee in Córdoba bekannt
ocultar [okul'tar]	verbergen; verheimlichen; verhehlen
arco (m.) ['arko]	Bogen
doble ['doble]	doppelt, Doppel...

726

Die Gärtner arbeiten wieder

Eladio und Martín arbeiten wieder im *Generalife*. Da die Saison vorbei ist, gibt es dort viel zu tun. Die beiden kennen den ganzen Gartenbereich bereits sehr gut, so daß man sie gefragt hat, ob sie nicht wieder dort arbeiten wollen. Heute müssen sie die Rosensträucher und die Hecken schneiden.

la temporada [tempo'rađa]	Saison
terminado [tɛrmi'nado]	beendet, vorbei
el recinto [rrɛ'θinto]	Bereich, umgrenzter Platz
el jardín [xar'đin]	Garten
el rosal [rrɔ'sal]	Rosenstock, -strauch

727

EJERCICIO

Traducción

¿Perfecto, imperfecto o indefinido? Traduzca las siguientes frases al español

1. Bis jetzt war das Wetter sehr gut.
2. Vorgestern bin ich den ganzen Tag im Bett geblieben.
3. Als ich klein war, spielte ich gerne Fußball.
4. Dieses Jahr waren wenige Touristen hier.
5. Letzte Woche kam Paco aus Berlin zurück.
6. Heute morgen hat Pepe mir es erzählt.
7. Bist du letzten Montag ins Kino gegangen?
8. Habt ihr den Film 'Bluthochzeit' gesehen?

728

En un bar nuevo

Martín: *Este bar no me gusta nada. Todo es tan limpio, en cada mesa hay un cenicero, no hay tragaperras ni un televisor, pero lo peor es que el camarero nos trata de usted.*

Eladio: *Es verdad, creo que ésta es la última vez que estamos aquí.*

727

Übersetzung

'Perfecto', 'imperfecto' oder 'indefinido'? Übersetzen Sie folgende Sätze ins Spanische

1. Hasta ahora ha hecho muy buen tiempo. 2. Anteayer me quedé todo el día en la cama. 3. Cuando era pequeño, me gustaba jugar al fútbol. 4. Este año han estado pocos turistas aquí. 5. La semana pasada Paco volvió de Berlín. 6. Pepe me lo ha contado esta mañana. 7. ¿Fuiste al cine el lunes pasado? 8. ¿Habéis visto la película 'Bodas de Sangre'?

DIE EXPERTENECKE

Sonderbedeutungen einiger Verben im 'Indefinido'

saber: *sabía* – ich wußte; *supe* – ich erfuhr
tener: *tenía* – ich hatte; *tuve* – ich erhielt
conocer: *conocía* – ich kannte; *conocí* – ich lernte kennen.

728

In einer neuen Bar

Martín: Diese Bar gefällt mir überhaupt nicht. Alles ist so sauber, auf jedem Tisch steht ein Aschenbecher, es gibt keine Spielautomaten und keinen Fernseher, aber das Schlimmste ist, daß der Kellner uns siezt.
Eladio: Stimmt! Ich glaube, das ist das letzte Mal, daß wir hier sind.

---

limpio ['limpĭo]	sauber
el cenicero [θeni'θero]	Aschenbecher
el tragaperras [traga'perras]	Spielautomat
tratar a alg. de Ud. [tra'tar][a]['algĭen][de][us'te⁽ᵈ⁾]	jdn. siezen
creer [kre'ɛr]	glauben

729

La cocina española

Pensando en la cocina española lo primero que se le ocurre a uno es la famosa paella de la que hay multiples variaciones. Ciertamente la paella es un plato sumamente típico de España pero, desde luego, no el único. Cada provincia tiene su propio plato especial. Los gallegos tienen su 'Pote gallego', los asturianos su 'Fabada', los castellanos su 'Cocido' y los andaluces su 'Gazpacho'.

¿Qué es lo excepcional del 'Gazpacho'?

730

En la peluquería

Ha dicho Eladio que se iba a cortar el pelo al rape esta semana. Carmen, Marisa y Martín no se lo creen y por eso le acompañan hasta la peluquería para asistir al espectáculo. El peluquero al principio mira un poco molesto por tantos curiosos, pero luego la situación le empieza a gustar.

729

Die spanische Küche

Wenn man an die spanische Küche denkt, ist das erste, was einem einfällt, die berühmte Paella, von der es vielfältige Variationen gibt. Gewiß ist die Paella ein äußerst typisches spanisches Gericht, aber natürlich nicht das einzige. Jede Provinz hat ein eigenes Spezialgericht. Die Galicier haben ihren galicischen Eintopf, die Asturier ihren Saubohneneintopf, die Kastilier ihren Eintopf und die Andalusier ihren 'Gazpacho'. Was ist das Besondere am 'Gazpacho'?

Der 'Gazpacho' ist eine kalte Gemüsesuppe, die aus Tomaten, Gurken und Knoblauch gemacht wird.

730

Beim Friseur

Eladio hat gesagt, daß er sich diese Woche die Haare ganz kurz schneiden ließe. Carmen, Marisa und Martín können das nicht glauben und begleiten ihn deswegen zum Friseur, um dem Spektakel beizuwohnen. Wegen so vieler Schaulustiger schaut der Friseur am Anfang etwas irritiert, aber bald fängt die Situation an, ihm zu gefallen.

cortar el pelo [kɔr'tar]['pelo]	Haare schneiden
al rape [al]['rrape]	kurzgeschnitten, -schoren
creer [kre'ɛr]	glauben
el peluquero [pelu'kero]	Friseur
el curioso [ku'rĩoso]	Schaulustiger

731

<u>Limpiando las ventanas</u>

Dolores: *Pagaría una fortuna si encontrara a alguien para limpiar las ventanas. ¡Cómo lo odio!*

Rosa: *Bueno, a partir de ahora cobraré cada vez que toque una ventana en esta casa.*

732

---- GRAMÁTICA ----

Subjuntivo en la oración relativa

Busco un coche que no sea demasiado caro.
Por tí haré todo lo que pueda.
No sé que voy a decir, depende de lo que hagas.
Todo el que vaya a Barcelona tiene que ver la Sagrada Familia.
No hay nadie que pueda conocer mis sentimientos.
No hay quien te pregunte.

731

Beim Fensterputzen

Dolores: Ich würde ein Vermögen zahlen, wenn ich jemanden zum Fensterputzen fände. Wie ich das hasse!
Rosa: Na gut, ab jetzt werde ich jedesmal, wenn ich in diesem Haus ein Fenster berühre, kassieren.

limpiar [lim'piar]	reinigen, säubern, putzen
fortuna (f.) [fɔr'tuna]	Schicksal; Geschick; Glück; Vermögen
odiar [o'điar]	hassen
cobrar [ko'brar]	erlangen; einkassieren, einziehen; einlösen
ventana (f.) [ben'tana]	Fenster

732

---- GRAMMATIK ----

'Subjuntivo' im Relativsatz

Ich suche ein Auto, das nicht zu teuer ist.
Deinetwegen werde ich alles tun, was ich kann.
Ich weiß nicht, was ich sagen werde, es hängt davon ab, was du tun wirst.
Jeder, der nach Barcelona kommt, muß die Sagrada Familia sehen.
Es gibt niemand, der meine Gefühle kennen kann.
Es gibt niemand, der dich fragt.

Im Relativsatz steht 'Subjuntivo' dann, wenn in ihm ein Wunsch oder eine Bedingung enthalten ist. Auch wenn das Subjekt oder Objekt der im Relativsatz ausgedrückten Handlung nicht bzw. noch nicht bekannt ist, steht 'Subjuntivo' – genau wie nach verneinten Ausdrücken, die besagen, daß das Subjekt des Relativsatzes gar nicht vorhanden ist.

733

«A la tercera va la vencida.»
Proverbio español

734

Los serenos

En algunos distritos de Madrid hay serenos. Hay que decir que hoy día trabajan voluntariamente para proteger los vecinos de atracos de toda clase. Por ejemplo vigilan los coches aparcados en las calles. Sobre las once de la noche entran de servicio. Algunos de ellos tienen manojos de llaves para poder abrir las puertas de algunas casas de sus distritos.

733

„Aller guten Dinge sind drei." (*Wörtl. etwa:* Beim dritten Versuch klappt es.) – Spanisches Sprichwort

---
GRAMMATIK

Futur I und Futur II

Das Futur I wird für in der Zukunft liegende Handlungen oder Zustände gebraucht: *El año que viene iré a Bruselas. – Nächstes Jahr fahre ich nach Brüssel.* Sehr häufig wird diese Form mit 'ir a' umschrieben: *El año que viene voy a ir a Bruselas.* Futur I + II werden zumeist als Ausdruck einer Vermutung verwendet: *Están llamando. ¿Será Eladio? – Es klingelt. Ob das wohl Eladio ist? Se lo habrá dicho ya. – Er/Sie wird es ihr/ihm schon gesagt haben.*

734

Die Nachtwächter

In einigen Bezirken Madrids gibt es Nachtwächter. Es muß gesagt werden, daß sie heutzutage freiwillig arbeiten, um die Anwohner vor Raubüberfällen aller Art zu schützen. Zum Beispiel bewachen sie die in den Straßen geparkten Autos. Gegen elf Uhr abends treten sie den Dienst an. Einige von ihnen haben Schlüsselbunde, um die Türen einiger Häuser in ihren Bezirken öffnen zu können.

sereno (m.) [se'reno]	Nachtwächter
distrito (m.) [dis'trito]	Bezirk, Distrikt
proteger [prote'xɛr]	schützen, beschützen; begünstigen
vigilar [bixi'lar]	wachen, bewachen; überwachen
manojo (m.) [ma'nɔxo]	Handvoll, Bündel, Bund

735

En la ópera

Marisa: *Eladio, dáme los prismáticos, por favor. No veo ni jota desde aquí arriba. ¿Están bailando ya?*

Eladio: *¡No exageres! Mi sueldo de jardinero no me permite comprar entradas para la primera fila de las butacas.*

736

EJERCICIO

Traducción

¿Cuáles son las traducciones correspondientes de las siguientes palabras en alemán?

escena	Esteban	estadio	esqueleto
espárrago	espinaca	estéril	estrofa
estilo	estadística	escala	estructura
estrés	espontáneo	espía	estatua
España	estudiar	estado	escándalo

735

In der Oper

Marisa: Eladio, gib mir das Fernglas, bitte. Ich sehe gar nichts von hier oben aus. Tanzen sie etwa schon?
Eladio: Übertreib mal nicht! Mein Gärtnergehalt erlaubt es mir nicht, Eintrittskarten für die erste Reihe im Parkett zu kaufen.

los (gemelos) prismáticos [xe'melos][priz'matikos]	Fernglas; Opernglas
desde ['dezðe]	von ... aus
exagerar [ɛgsaxe'rar]	übertreiben
el sueldo ['sŭɛldo]	Lohn; Gehalt
las butacas [bu'takas]	Parkett (Oper o. Theater)

736

Übersetzung

Welche sind die entsprechenden deutschen Übersetzungen der folgenden Wörter?

Szene	Stefan	Stadion	Skelett
Spargel	Spinat	steril	Strofe
Stil	Statistik	Skala	Struktur
Stress	spontan	Spion	Statue
Spanien	studieren	Staat	Skandal

Da das Spanische eine sehr vokalreiche Sprache ist, fällt es den Spaniern sehr schwer, zwei Konsonanten hintereinander auszusprechen. Daher sind oben aufgeführte Wörter mit einem 'e' im Anlaut versehen.

DIE EXPERTENECKE

Giros/modismos (Redewendungen)

estar como/hecho una uva – ziemlich betrunken sein (wörtl.: wie eine Weintraube sein).

737

El baile de disfraces

Carmen: *De verdad no sé qué ponerme. ¿Y si voy de Cleopatra como el año pasado?*
Martín: *Te quedaba muy bien ese disfraz y no pasa nada si vuelves a ponértelo. Yo también voy a ir de Zorro como de costumbre.*

738

Fernando Fernán-Gómez

El nombre de Fernando Fernán-Gómez va estrechamente unido con el desarrollo del teatro y del cine español contemporáneo. Fernando Fernán-Gómez ha sido originariamente actor de teatro que luego empezó a trabajar como actor de cine hasta que finalmente dio sus primeros pasos como director de cine también. En la película 'Viaje a ninguna parte' es uno de los protagonistas y, a la vez, el director.

¿En qué periódico trabaja Fernándo Fernán-Gómez como columnista?

737

Der Maskenball

Carmen: Ich weiß wirklich nicht, was ich anziehen soll. Und wenn ich als Kleopatra gehe wie letztes Jahr?
Martín: Diese Verkleidung stand dir doch sehr gut, und es ist nicht schlimm, wenn du sie nochmal anziehst. Ich werde auch, wie gewohnt, als Zorro gehen.

el disfraz [disˈfraθ]	Verkleidung
ponerse algo [poˈnɛrse][ˈalgo]	etwas anziehen
el año pasado [ˈaɲo][paˈsaᵈo]	letztes Jahr
quedarle bien a alg. [keˈdarle][bǐen][a][ˈalgǐen]	jdm. gut stehen
como de costumbre [ˈkomo][de][kɔsˈtumbre]	wie gewohnt

738

Fernando Fernán-Gómez

Der Name Fernando Fernán-Gómez ist eng mit der Entwicklung des zeitgenössischen spanischen Theaters und Kinos verbunden. Ursprünglich war Fernando Fernán-Gómez Theaterschauspieler, der später begann, als Filmschauspieler zu arbeiten, bis er schließlich auch seine ersten Schritte als Filmregisseur machte. In dem Film 'Reise ins Nirgendwo' ist er einer der Hauptdarsteller und gleichzeitig der Regisseur. Bei welcher Zeitung arbeitet Fernándo Fernán-Gómez als Kolumnist?

Er schreibt regelmäßig für die Wochenbeilage von 'El País' unter der Rubrik 'Impresiones y Depresiones' ('Impressionen und Depressionen').

739

Un incendio en la vecindad

Marisa está leyendo el periódico en el salón. De repente oye una sirena abajo en la calle y se levanta para ver lo que ha pasado. En la calle hay muchísima gente, policía y un coche de bomberos. En la casa de al lado, en el octavo, hay un incendio. Los bomberos están preparando la tela salvavidas.

740

---EJERCICIO---

Pónganse las palabras entre paréntesis en gerundio

Está (dormir) . . . desde hace una hora.
Continúan (vivir) . . . en Escafusa.
Encontramos a tu padre (beber) . . .
(Yo saber) . . . que eres tú, te echaré una mano.
Aunque esté (llover) . . . , iremos al teatro.
¿En que estás (pensar) . . . que no contestas?
Siempre va (correr) . . . a la misa.

739

Ein Brand in der Nachbarschaft

Marisa liest im Wohnzimmer eine Zeitung. Plötzlich hört sie eine Sirene unten auf der Straße, und sie steht auf, um zu sehen, was passiert ist. Auf der Straße stehen eine Menge von Leuten, Polizei und ein Feuerwehrauto. Im achten Stock des Nebenhauses ist ein Brand ausgebrochen. Die Feuerwehrmänner machen gerade das Sprungtuch fertig.

el incendio [inˈθendĭo]	Brand, Feuer
de repente [rrɛˈpente]	plötzlich
para ver [ˈpara][bɛr]	um zu sehen
los bomberos [bɔmˈberos]	Feuerwehr
la tela salvavidas [ˈtela][salƀaˈƀiđas]	Sprungtuch

740

--- ÜBUNG ---

Setzen Sie die Wörter in Klammern ins 'Gerundio'

Está **durmiendo** desde hace una hora.
Continúan **viviendo** en Escafusa.
Encontramos a tu padre **bebiendo.**
Sabiendo que eres tú, te echaré una mano.
Aunque esté **lloviendo,** iremos al teatro.
¿En que estás **pensando** que no contestas?
Siempre va **corriendo** a la misa.

Er schläft schon seit einer Stunde.
Sie wohnen weiterhin in Schaffhausen.
Wir fanden deinen Vater trinkend.
Da du es bist, werde ich dir helfen.
Auch wenn es regnet, wir werden ins Theater gehen.
Woran denkst du, daß du nicht antwortest?
Sie rennt immer zur Messe.

741

Se busca: Un leñador

Francisco: *Pedro, tú podrías cortar un poco de leña para la chimenea en el chalet. Dentro de poco tiritaremos de frío allí.*
Pedro: *¡Vale! Pero no sé donde está el hacha.*
Francisco: *Supongo que está en el garaje. En Robledo.*

742

Los porteros

En España un portero es una 'institución' necesaria. En las casas de las grandes ciudades vive mucha gente – pero en las puertas de las casas no se lee ningún apellido. Se ven unos números – números de los pisos y de las plantas, y el portero (o la portera) conoce a los inquilinos. Los Ortega tienen confianza en su portero, un hombre muy complaciente. Se tutean.

741

Gesucht wird: Ein Holzhacker

Francisco: Pedro, du könntest doch etwas Brennholz für den Kamin im Chalet hacken. Bald werden wir dort vor Kälte zittern.
Pedro: In Ordnung! Aber ich weiß nicht, wo die Axt ist.
Francisco: Ich nehme an, sie ist in der Garage. In Robledo.

leñador (m.) [leɲa'ðɔr]	Holzfäller; Holzhacker
cortar [kɔr'tar]	schneiden; hier: hacken
leña (f.) ['leɲa]	Brennholz
tiritar [tiri'tar]	frösteln, zittern
hacha (f.) ['atʃa]	Fackel; Axt; Beil

742

Die Pförtner

In Spanien ist ein Pförtner eine notwendige 'Einrichtung'. In den Häusern der Großstädte wohnen viele Leute – aber an den Türen der Häuser liest man nicht einen Namen. Einige Nummern sind zu sehen – Nummern der Wohnungen und der Stockwerke, und der Pförtner (oder die Pförtnerin) kennt die Mieter. Die Ortegas haben Vertrauen zu ihrem Pförtner, einem sehr hilfsbereiten Mann. Sie duzen sich.

portero (m.) [pɔr'tero]	Pförtner; Hausmeister; Torwart (im Sport)
planta (f.) ['planta]	hier: Stockwerk
complaciente [kɔmpla'θiente]	hilfsbereit; gefällig, zuvorkommend

743

En el ascensor

Dolores entra en el ascensor, cierra la puerta y piensa: Tenemos un ascensor muy lento. Un día me quedaré atrapada aquí dentro. De repente tiene miedo: El maldito ascensor no se mueve. ¿Ha llegado aquel día fatal ya? No. No es eso. Dolores simplemente no ha apretado el botón con el número de su piso. Menos mal que nadie lo sabe.

744

--- GRAMÁTICA ---

Algunas conjunciones exigen subjuntivo

para que:	Le he dicho eso para que sepa la verdad.
como si:	Hace como si fuera pobre.
antes que:	Sal de aquí, antes que llegue la dueña.
sin que:	No participa sin que se lo permita yo.
caso que:	En caso que rechaze hablaremos con él.
por mucho que:	Por mucho que hable, no nos convencerá nunca.

743

Im Aufzug

Dolores tritt in den Aufzug, schließt die Tür und denkt: Wir haben einen äußerst langsamen Aufzug. Eines Tages werde ich hier drin in der Falle sitzen. Plötzlich hat sie Angst: Der verdammte Aufzug bewegt sich nicht. Ist jener verhängnisvolle Tag schon gekommen? Nein. Das ist es nicht. Dolores hat bloß den Knopf mit der Nummer ihres Stockwerks nicht gedrückt. Nur gut, daß das keiner weiß.

ascensor (m.) [asθen'sɔr]	Aufzug, Fahrstuhl
atrapar [atra'par]	erwischen, fangen; ergattern
fatal [fa'tal]	verhängnisvoll; unselig; unabwendbar; tödlich
apretar [apre'tar]	drücken; zusammendrücken, zusammenpressen
botón (m.) [bo'tɔn]	Knopf
menos mal que ['menos mal ke]	nur gut, daß

744

--- GRAMMATIK ---

Einige Konjunktionen erfordern den 'Subjuntivo'

damit:	Ich habe ihm das gesagt, damit er die Wahrheit erfährt.
als ob:	Er tut, als wäre er ein armer Mann.
bevor:	Geh hier 'raus, bevor die Eigentümerin kommt.
ohne daß:	Er nimmt nicht teil, ohne daß ich es ihm erlaube.
falls:	Falls er ablehnt, werden wir mit ihm sprechen.
soviel auch:	Soviel er auch spricht, uns wird er nie überzeugen.

Weil mit der Haupthandlung eine Absicht verbunden ist, steht nach **para que** *'Subjuntivo'. Nach* **como si** *steht immer 'Pretérito imperfecto de subjuntivo', da die Handlung des Nebensatzes als nichtw**lich angesehen wird. Aus diesen oder ähnlichen Gründen steht au**bei den übrigen genannten Konjunktionen stets 'Subjuntivo'.*

745

El nuevo coche: Excursión al Escorial

Julio: *Ayer fui a buscar mi nuevo coche del comerciante. ¡Hagamos un viaje de prueba!*

Pedro: *Podemos ir al Escorial para ver los tapices bosquejados por Goya. Si tienes confianza en tu 'dos caballos' . . .*

746

Salvador Dalí

Pedro: *Hace poco vi la película 'Un perro andaluz' de Buñuel y Dalí. Ese artista catalán me interesa desde hace muchos años.*

Julio: *¿Por qué no vamos a Figueras cuando podamos? A mí también me gustaría ver el 'Museo-Teatre Dalí' y la Torre Galatea del pintor.*

745

Der neue Wagen: Ausflug zum 'Escorial'

Julio: Gestern habe ich meinen neuen Wagen vom Händler abgeholt. Laß uns eine Probefahrt machen!
Pedro: Wir können zum Escorial fahren und uns die von Goya entworfenen Wandteppiche ansehen. Wenn du zu deiner Ente Vertrauen hast . . .

Der Citroen 2 CV (die 'Ente') wird in Spanien 'dos caballos' genannt.

comerciante (m.) [komɛr'θiante]	Kaufmann, Händler
escorial (m.) [esko'rĩal]	Schlackenhalde; Name des im Auftrag Philipps des Zweiten zwischen 1563 und 1584 erbauten düsteren Granitpalastes im Nordwesten Madrids
bosquejar [bɔskɛ'xar]	skizzieren; entwerfen

746

Salvador Dalí

Pedro: Vor kurzem habe ich den Film 'Ein andalusischer Hund' von Buñuel und Dalí gesehen. Dieser katalanische Künstler interessiert mich seit vielen Jahren.
Julio: Warum fahren wir nicht, sobald wir können, nach Figueras? Ich würde auch gern das 'Museo-Teatre Dalí' und die Torre Galatea des Malers sehen.

Figueras ist die Geburtsstadt Dalís nahe der französischen Grenze.

artista (m.) [ar'tista]	Künstler; Artist
pintor (m.) [pin'tɔr]	Maler

El 'Nuevo Café Barbieri'

El 'Nuevo Café Barbieri' se encuentra en la Plaza de Lavapiés. De vez en cuando Pedro entra para tomar un café y una copa de coñac. Disfruta del ambiente de caducidad que procede de los muebles antiguos, de las mesas de mármol y sobre todo de los espejos sucios que están colocados en las paredes. Se ven jóvenes y viejos, obreros y parados y también intelectuales.

GRAMÁTICA

Y / O

Las conjunciones desempeñan la función de nexo o unión entre oraciones o entre partes de una misma oración. La conjunción y se sustituye por e en el caso en que la palabra que le sigue comienza por i o hi: Pedro e Ignacio son buenos amigos.
La conjunción o es sustituida por u siempre que la palabra siguiente empiece por o u ho: Tiene siete u ocho años.

747

Das 'Nuevo Café Barbieri'

Das 'Nuevo Café Barbieri' befindet sich an der Plaza de Lavapiés. Von Zeit zu Zeit geht Pedro hinein, um einen Kaffee und ein Glas Kognak zu trinken. Er genießt die Atmosphäre der Vergänglichkeit, die von den alten Möbeln, den Marmortischen und vor allem von den schmutzigen Spiegeln, die an den Wänden angebracht sind, herrührt. Man sieht junge und alte Leute, Arbeiter und Arbeitslose und auch Intellektuelle.

Im 'Nuevo Cafe Barbieri' in Madrid finden oft Jazzkonzerte statt.

tomar [to'mar]	nehmen; annehmen; einnehmen; hinnehmen; hier: trinken
proceder [proθe'dɛr]	herkommen, stammen (aus); herrühren (von); vorgehen (gegen); verfahren

748

---- GRAMMATIK ----

Und / Oder

*Die Konjunktionen fungieren als Verknüpfer oder Bindeglieder zwischen Sätzen oder zwischen Satzteilen. Die Konjunktion **y** wird durch **e** ersetzt, wenn das auf sie folgende Wort mit **i** oder **hi** beginnt: Pedro und Ignacio sind gute Freunde.*
*Die Konjunktion **o** wird durch **u** ersetzt, falls das folgende Wort mit **o** oder **ho** beginnt: Er/sie/es ist sieben oder acht Jahre alt.*

La EXPO de Sevilla

Eladio: *Llevo años sin ir a Sevilla. Dicen que ha cambiado bastante en los últimos años.*
Martín: *Claro, toda Sevilla ha estado de obras por la EXPO y más: en toda Andalucía han mejorado las carreteras.*
Eladio: *¡Ya iba siendo hora!*

EJERCICIO

El futuro

Traduzca las siguientes frases al español

1. Paco wird wohl nicht Biologie studieren, weil ihn die Sprachen mehr interessieren.
2. Er wird sich schon informiert haben.
3. Marisa wird die Uhrzeit nicht wissen, weil sie keine Uhr hat.
4. Sie wird sich schon eine Uhr gekauft haben.
5. Wieviel Uhr ist es wohl?
6. Klaus wird 25 Jahre alt sein.

749

Die EXPO von Sevilla

Eladio: Ich war schon Jahre nicht mehr in Sevilla. Es heißt, es hat sich ziemlich verändert in den letzten Jahren.
Martín: Na klar, in ganz Sevilla ist wegen der EXPO gebaut worden, und noch mehr: In ganz Andalusien sind die Straßen verbessert worden.
Eladio: Das wurde auch höchste Zeit!

Die EXPO 1992 ist die bislang größte Industrieausstellung auf spanischem Boden. Informationen dazu erteilen die spanischen Fremdenverkehrsämter in Düsseldorf, Frankfurt und München.

último ['ultimo]	letzte(r,s)
cambiar [kam'biar]	verändern
las obras ['oβras]	Bauarbeiten
mejorar [mɛxo'rar]	verbessern
la carretera [karrɛ'tera]	Landstraße

750

Das Futur

Übersetzen Sie folgende Sätze ins Spanische

1. Paco no estudiará biología, porque le interesan más los idiomas. 2. Ya se habrá informado. 3. Marisa no sabrá la hora, porque no tiene un reloj. 4. Ya se habrá comprado un reloj. 5. ¿Qué hora será? 6. Klaus tendrá 25 años.

DIE EXPERTENECKE

Orthographische Veränderungen
(zur Erhaltung der Aussprache)

una vez – einmal	→ *a veces* – manchmal
llego – ich komme an	→ *llegué* – ich kam an
sacar – herausholen	→ *saqué* – ich holte heraus
oír – hören	→ *¡Oye!* – Hör mal!
empiezo – ich fange an	→ *empecé* – ich fing an
pago – ich zahle	→ *pagué* – ich zahlte
construir – bauen	→ *construyo* – ich baue
conducir – fahren	→ *conduje* – ich fuhr

751

Delante de la chimenea

Miriam: *Oye, Ramón, ¿por qué no estrenamos la nueva chimenea? Con el frío que hace hoy debe ser muy agradable.*
Ramón: *¡Ya lo estaba pensando yo! Por eso he comprado leña después del trabajo. ¿Enciendo el fuego ya?*

752

En el banco

Francisco: *¡No quiero hablar sobre mi cuenta!*
Empleado: *En este caso, ¿para qué ha venido, señor Ortega?*
Francisco: *Se trata de un crédito.*
Empleado: *¡Espere un momento! Hablaré con el director de la sucursal.*

751

Vor dem Kamin

Miriam: Hör mal, Ramón. Warum weihen wir den neuen Kamin nicht ein? Bei der Kälte heute muß das doch sehr angenehm sein.

Ramón: Das habe ich auch schon gedacht! Deswegen habe ich nach der Arbeit Holz gekauft. Soll ich das Feuer schon anmachen?

la chimenea [tʃime'nea]	Kamin
con el frío que hace [kɔn] [ɛl] ['frio] [ke] ['aθɛ]	bei der Kälte
la leña ['leɲa]	(Brenn-)Holz
el fuego ['fŭego]	Feuer
encender [enθen'dɛr]	anzünden; anmachen

752

In der Bank

Francisco: Ich will nicht über mein Konto sprechen!
Angestellter: Wozu sind Sie dann gekommen, Herr Ortega?
Francisco: Es handelt sich um einen Kredit.
Angestellter: Warten Sie einen Moment! Ich werde mit dem Leiter der Bankfiliale sprechen.

banco (m.) ['baŋko]	(Sitz-)Bank; Bank
cuenta bancaria (f.) ['kŭenta baŋ'karĭa]	Bankkonto
crédito (m.) ['kređito]	Vertrauen; Ansehen; Glaubwürdigkeit; Kredit

753

Valle-Inclán: Luces de bohemia

Ramón del Valle-Inclán nació en Villanueva de Arosa, un pueblo en la provincia de Pontevedra en Galicia, el 28 de octubre de 1866. Su primer esperpento 'Luces de bohemia' apareció en la revista 'España' en 1920 y cuatro años más tarde, con unas variantes, en libro. En esta obra dramática se cuenta la última noche del poeta Max Estrella. Detrás de ese desventurado personaje se esconde la figura de Alejandro Sawa, un poeta pobre, que murió en 1909.

754

EJERCICIO

El imperfecto

Ponga las frases siguientes al imperfecto:

1. Tomás y Martín van de vez en cuando al cine.
2. Nosotros comemos siempre pescado los viernes.
3. Fani y Maica se conocen muy bien.
4. Fani gana su dinero dando clases particulares.
5. Mi tío ve el telediario todos los días.

753

Valle-Inclán: Lichter der Boheme

Ramón del Valle-Inclán wurde am 28. Oktober 1866 in Villanueva de Arosa, einem Dorf in der Provinz Pontevedra in Galicien, geboren. Sein erster Esperpento 'Lichter der Boheme' erschien 1920 in der Zeitschrift 'España' und vier Jahre später mit einigen Änderungen in Buchform. In diesem dramatischen Werk wird die letzte Nacht des Dichters Max Estrella erzählt. Hinter dieser unglücklichen Figur verbirgt sich die Person Alejandro Sawas, eines armen Dichters, der 1909 starb.

esperpento (m.) [espɛr'pento]	Vogelscheuche; Unsinn; auf Valle-Inclán zurückgehende Bezeichnung für seine satirischen Grotesken
variante (f.) [ba'rĭante]	Variante; hier: Änderung
desventurado [dezbɛntu'raᵃo]	unglücklich; einfältig; geizig

754

Imperfekt

Setzen Sie folgende Sätze ins Imperfekt:

1. Tomás y Martín **iban** de vez en cuando al cine. – Tomás und Martín gingen ab und zu ins Kino. 2. Nosotros **comíamos** siempre pescado los viernes. – Wir aßen freitags immer Fisch. 3. Fani y Maica se **conocían** muy bien. – Fani und Maica kannten sich sehr gut. 4. Fani **ganaba** su dinero dando clases particulares. – Fani verdiente ihr Geld, indem sie Nachhilfestunden gab. 5. Mi tío **veía** el telediario todos los días. – Mein Onkel sah sich jeden Abend die Nachrichten an.

DIE EXPERTENECKE

In Fragen wird das deutsche Verb 'sollen' nicht übersetzt: z. B. Soll ich dir etwas Kaffee eingießen? – ¿Te echo un poco más de café? Sollen wir auch Obst einkaufen? – ¿Compramos fruta también?

755

En la tienda de comestibles finos

Aintzane: *Cuando veo todo lo que hay aquí la boca se me hace agua: cangrejos, gambas, langostas, calamares...*

Tomás: *No lo comprendo. A mí esas supuestas exquisiteces me hacen revolver el estómago. ¡Demasiada maniobra por tan poca carne!*

756

El anarquismo en España

En ningún otro país del mundo el anarquismo se ha arraigado tanto y ha creado un movimiento social tan poderoso como en España. Hasta la Guerra Civil Española el anarquismo representó una importante fuerza revolucionaria que, unido con el movimiento sindicalista, mostró en sus dos centros, en Andalucía y Cataluña, una estabilidad organizadora sorprendente.

¿Qué es un latifundio?

755

Im Delikatessenladen

Aintzane: Wenn ich all das sehe, was es hier gibt, läuft mir das Wasser im Munde zusammen: Krebse, Garnelen, Langusten, Tintenfische ...
Tomás: Das begreif' ich nicht. Bei diesen vermeintlichen Köstlichkeiten dreht sich mir der Magen um. Zuviel Fummelei für so ein bißchen Fleisch!

todo lo que ['tođo] [lo] [ke]	alles, was
la boca ['boka]	Mund
la boca se me hace agua ['boka] [se] [me] ['aθe] ['agŭa]	mir läuft das Wasser im Mund zusammen
supuesto [su'pŭesto]	vermeintlich
el estómago [es'tomago]	Magen

756

Der Anarchismus in Spanien

In keinem anderen Land der Welt hat der Anarchismus derart tiefe Wurzeln geschlagen und eine so mächtige Sozialbewegung hervorgebracht wie in Spanien. Bis zum Spanischen Bürgerkrieg stellte der Anarchismus eine bedeutende revolutionäre Kraft dar, die gemeinsam mit der Gewerkschaftsbewegung in seinen beiden Zentren Andalusien und Katalonien eine erstaunliche organisatorische Stabilität aufwies. Was ist ein Latifundium?

In Spanien eine Bezeichnung für Landbesitz von mehr als 500 ha

Landwirtschaftliche Betriebe dieser Größenordnung machen in Spanien nur 0,36 % der Gesamtzahl der Agrarbetriebe aus, sie verfügen aber über ca. 1/3 der bewirtschafteten Gesamtfläche des Landes.

La lista de regalos

Todos los años Fani muy pronto empieza a pensar qué regalar en Navidad a sus tres hermanos, porque no le gusta hacer las cosas con prisa. Por eso escribe una lista en la que apunta todo lo que se le ocurre como regalo para sus hermanos. Después tiene que esconderla porque su hermano menor es muy curioso.

El Rastro

Si algún domingo Vd. quiere ir al famoso rastro de Madrid es conveniente hacerlo entre las nueve y once de la mañana. Después de las once el triángulo entre las estaciones del metro de La Latina, Puerta de Toledo y Embajadores está lleno de gente. En esta colmena hay representantes de cada capa social que tratan de moverse por las calles – lo que es casi imposible. •

757

Die Geschenkliste

Jedes Jahr beginnt Fani schon sehr früh darüber nachzudenken, was sie ihren drei Geschwistern zu Weihnachten schenken soll, weil sie es nicht mag, etwas in Hetze zu tun. Deswegen schreibt sie eine Liste, auf der sie alles einträgt, was ihr als Geschenk für ihre Geschwister einfällt. Danach muß sie sie verstecken, denn ihr kleiner Bruder ist sehr neugierig.

el regalo [rrɛ'galo]	Geschenk
la prisa ['prisa]	Eile
apuntar [apun'tar]	aufschreiben
los hermanos [ɛr'manos]	Geschwister; Brüder
esconder [eskɔn'dɛr]	verstecken

758

Der Rastro

Wenn Sie an irgendeinem Sonntag auf den berühmten Flohmarkt Madrids gehen wollen, ist es angebracht, das zwischen neun und elf Uhr morgens zu tun. Nach elf ist das Dreieck zwischen den Metrostationen La Latina, Puerta de Toledo und Embajadores voller Menschen. In diesem Bienenkorb versuchen Vertreter jeder sozialen Schicht, sich durch die Straßen zu bewegen – was so gut wie unmöglich ist.

rastro (m.) ['rrastro]	Rechen; Harke; Spur; Trödelmarkt; Flohmarkt; Name des Flohmarktes in Madrid
representante (m.) [rrɛpresen'tante]	Vertreter; Darsteller (im Theater)
capa (f.) ['kapa]	Schicht; hier: (soziale) Schicht

759

GRAMÁTICA

Subjuntivo: La estructura 'Es + adjetivo + que'

Exigen subjuntivo los siguientes adjetivos: bueno, importante, indiferente, fácil, lógico, posible, probable, verosímil, necesario, mejor y natural.

Es probable que se compre un coche.
Es bueno que venga toda la familia.
Es mejor que se calle ahora.
Es necesario que aprenda deletrear.

760

El vidriero

Pedro: *Cuando fui en el chalet vi que el vidrio en la ventana a la izquierda de la puerta del cobertizo estaba roto.*

Dolores: *¿Por qué no lo has dicho antes? Puedes llamar la vidriería en Quintana.*

759

---- GRAMMATIK ----

'Subjuntivo' nach 'Es + Adjektiv + que'

Folgende Adjektive erfordern 'Subjuntivo': gut, wichtig, gleichgültig, leicht, logisch, möglich, wahrscheinlich, glaubhaft, nötig, besser und natürlich.

Es ist wahrscheinlich, daß er sich ein Auto kauft.
Es ist gut, daß die ganze Familie kommt.
Es ist besser, Sie schweigen jetzt.
Es ist nötig, daß er buchstabieren lernt.

*'Subjuntivo' steht nicht nach folgenden unpersönlichen Ausdrücken: **es cierto que** (es stimmt, daß), **es seguro que** (es ist sicher, daß), **es indudable que** (zweifellos . . .), **es evidente que** (es ist offensichtlich, daß).*

760

Der Glaser

Pedro: Als ich im Chalet war, habe ich gesehen, daß die Scheibe im Fenster links von der Tür des Schuppens kaputt war.
Dolores: Warum hast du das nicht eher gesagt? Du kannst die Glaserei in Quintana anrufen.

vidrio (m.) ['biðrĭo]	Glas; Glasscheibe, Fensterscheibe
vidriero (m.) [bi'ðrĭero]	Glaser
vidriería (f.) [biðrĭe'ria]	Glaserei
cobertizo (m.) [koβer'tiθo]	Schuppen; Vordach; Schutzdach; Hütte

Montserrat

Montserrat es un macizo rocoso situado a unos 35 kilómetros de Barcelona. En medio de las rocas de granito se encuentra un monasterio. Los benedictinos fundaron este monasterio en el siglo XI. Montserrat es hoy un lugar de peregrinaje de los catalanes. Allí el turista puede escuchar a 'L'Escolania' también, el coro de niños más antiguo de Europa.

El valle del Anáhuac

La Ciudad de México se encuentra en el Valle del Anáhuac, en el mismo lugar donde se fundó la ciudad cabeza de los aztecas, Tenochtitlan. Este 'valle' es, en realidad, una luminosa cuenca a más de dos mil metros sobre el nivel del mar, rodeada de montañas, entre ellas los volcanes Popocatépetl e Ixtaccihuatl. El Valle del Anáhuac se conoce hoy como el Valle de México.

761

Montserrat

Montserrat ist ein etwa 35 Kilometer außerhalb von Barcelona gelegenes Felsmassiv. Inmitten der Granitfelsen findet sich ein Kloster. Die Benediktiner gründeten dieses Kloster im 11. Jahrhundert. Montserrat ist heute ein Wallfahrtsort der Katalanen. Dort kann der Tourist auch der 'Escolania' zuhören, dem ältesten Knabenchor Europas.

granito (m.) [graˈnito]	Granit
monasterio (m.) [monasˈterĭo]	Kloster
coro de niños (m.) [ˈkoro de ˈniɲos]	Knabenchor

762

Das Anáhuac-Tal

Mexiko-Stadt liegt im Anáhuac-Tal, an der gleichen Stelle, an der Tenochtitlan, die Hauptstadt der Azteken, gegründet wurde. Dieses ‚Tal' ist in Wirklichkeit ein lichtvolles Becken in mehr als 2000 Meter Höhe, umgeben von Bergen – unter ihnen die Vulkane Popocatépetl und Ixtaccihuatl. Das Anáhuac-Tal ist heute als Tal von Mexiko bekannt.

cabeza (f.) [kaˈbeθa]	Kopf; Schädel; Geist; Anfang; Leitung; Vorsteher; Hauptstadt
luminoso [lumiˈnoso]	lichtvoll; glänzend
cuenca (f.) [ˈkŭeŋka]	Becken; Kohlenrevier; Flußgebiet

763

---GRAMÁTICA---

El lugar del adjetivo en la frase

La cocina es oscura, pero espaciosa.
Las niñas andaluzas son guapas.
Necesita un sombrero blanco.
Los basureros tienen mucho trabajo.

Hay adjetivos que, colocados detrás o delante del nombre, cambian su significado:
Un hombre pobre (un hombre sin dinero).
Un pobre hombre (un hombre que inspira compasión).

764

La exposición

Hoy por la tarde Carmen, su madre y los demás participantes del cursillo de pintura van a hacer su primera exposición en la Caja de Ahorros de la ciudad. Es una sensación muy curiosa para Carmen, porque es la primera vez que enseña sus cuadros a personas que no conoce. Ahora se siente un poco artista.

763

GRAMMATIK

Die Stellung des Adjektivs im Satz

Die Küche ist dunkel, aber geräumig.
Die andalusischen Mädchen sind hübsch.
Er braucht einen weißen Hut.
Die Müllmänner haben viel Arbeit.

Es gibt Adjektive, deren Bedeutung von ihrer Stellung zum Nomen abhängt:
Ein armer Mann (ein Mann ohne Geld).
Ein armer Mann / ein armer Kerl (ein mitleiderregender Mann).

Im allgemeinen steht das Adjektiv nach dem Substantiv (besonder bei Unterscheidungsmerkmalen wie Farbe, Form oder Nationalitä
Mucho, poco *und* ***otro*** *stehen immer vor dem Substantiv.*
Manche Adjektive können als betontes Unterscheidungsmerkm. nach dem Substantiv stehen oder, als Beiwort ohne starke Eigenb deutung, vor dem Substantiv.

764

Die Ausstellung

Heute abend machen Carmen, ihre Mutter und die übrigen Malkursteilnehmer ihre erste Ausstellung in der Stadtsparkasse. Es ist ein komisches Gefühl für Carmen, weil es das erste Mal für Carmen ist, daß sie unbekannten Personen ihre Bilder zeigt.
Sie fühlt sich jetzt so ein bißchen wie eine Künstlerin.

la exposición [esposi'θĭɔn]	Ausstellung
la caja de ahorros ['kaxa][de][a'ɔrros]	Sparkasse
la sensación [sensa'θĭɔn]	Eindruck, Empfindung
curioso [ku'rĭoso]	komisch, neugierig
sentirse [sen'tirse]	sich fühlen

765

Las Islas Canarias

El archipiélago canario, que tiene un origen volcánico, está situado a una distancia de más de 1500 kilómetros de la península ibérica y a sólo 115 km. de Africa. Los españoles lo conquistaron y colonizaron en el siglo XV. El clima es seco y hace calor durante todo el año. Las siete islas están divididas en dos provincias, la provincia de Tenerife y la de Gran Canaria.

¿Porqué se llaman las islas canarias? ¿Acaso porque hay muchos pájaros canarios?

766

La multa

Marisa: *¿No te lo decía que por aquí se pone muchas veces la policía para controlar la velocidad?*
Eladio: *¿Y qué? Ahora ya es demasiado tarde para discutirlo. ¡Si ya me han pillado! A ver cuánto me piden de multa.*

765

Die kanarischen Inseln

Die kanarische Inselgruppe, die vulkanischen Ursprungs ist, liegt mehr als 1500 km von der iberischen Halbinsel entfernt und nur 115 km vor Afrika. Die Spanier eroberten und kolonialisierten sie im 15. Jh. Das Klima ist trocken, und es ist das ganze Jahr hindurch warm. Die sieben Inseln sind aufgeteilt in zwei Provinzen, die Provinzen Teneriffa und Gran Canaria. Warum heißen die Inseln 'canarias'? Etwa weil es viele Kanarienvögel gibt?

Die kanarischen Inseln sind nicht die „Inseln der Kanarienvögel", sondern die „Inseln der Hunde".

'el can' heißt in Altspanisch 'der Hund'

766

Das Knöllchen

Marisa: Habe ich dir nicht gesagt, daß sich hier oft die Polizei hinstellt, um die Geschwindigkeit zu kontrollieren?
Eladio: Na und? Jetzt ist es zu spät, um darüber zu diskutieren. Sie haben mich schon erwischt! Mal sehen, wieviel sie mir für das Strafmandat abnehmen.

controlar [kɔntroˈlar]	kontrollieren
la velocidad [beloθiˈða(d)]	Geschwindigkeit
demasiado tarde [demaˈsi̯aðo][ˈtarðe]	zu spät
discutir [diskuˈtir]	diskutieren, (sich) streiten
pillar [piˈʎar]	erwischen

767

*«Amigo no fue el
que lo dejó de ser.»*

Proverbio español

768

En el tintorería

Señora: Mire Ud., ha quedado todo muy limpio, como nuevo, excepto los pantalones. Ud. ha olvidado un bolígrafo en el bolsillo, y la mancha ya no se quita.

Eladio: ¡Por Dios! ¡Mis mejores pantalones! Quería ponérmelos en la boda de mi primo.

767

„Ein Freund, der aufgehört hat, Freund zu sein, ist es auch nicht gewesen." – Spanisches Sprichwort

---
GRAMMATIK

Der Gebrauch des Konjunktivs bei Imperativen

Der **verneinte** Imperativ der 2. Pers. Sg. + Pl. entspricht den Formen des Konj. Präs.
Verben auf **-ar**, z. B. comprar: *¡no compres!* – kauf' nicht!; *¡no compréis!* – kauft nicht!
Verben auf **-er** o. **-ir**, z. B. beber: *¡no bebas!* – trink nicht!; *¡no bebáis!* – trinkt nicht!
Auch die **höflichen** Imperative für *Ud.* + *Uds.* sowie die 1. Pers. Pl. bilden den bejahten und verneinten Imperativ mit den entsprechenden Personen des Konj. Präs.: *¡(no) compre(n) Ud(s).!* – kaufen Sie (nicht)!; etc.

768

In der Reinigung

Frau: Schauen Sie, es ist alles sehr sauber geworden, wie neu, bis auf die Hosen. Sie haben in einer Hosentasche einen Kugelschreiber vergessen, und der Fleck geht nun nicht mehr heraus.
Eladio: Um Gottes Willen! Meine besten Hosen! Ich wollte sie zur Hochzeit meines Vetters anziehen.

quedar [ke'ðar]	(ver-, übrig-)bleiben
limpio ['limpĭo]	sauber
excepto [es'θɛpto]	außer
olvidar [ɔlbi'ðar]	vergessen
la mancha ['mantʃa]	Fleck

769

--- **EJERCICIO** ---

Giros/modismos (Redewendungen):

¿Cuál de los cuatro giros es el adecuado para el espacio libre? (Welche der vier angegebenen Redewendungen paßt in den Freiraum?)

Cada vez que Pepe sale por la noche, vuelve a casa _____

1) a las tantas 2) a quemarropa 3) a la larga 4) a las primeras de cambio

770

Cata de vinos

Carmen y Martín van a la calle Gran Vía donde acaba de abrir una bodega nueva que hoy ha invitado a una cata de vinos. Después de entrar, antes de probar un vino, miran la lista de vinos excepcionales que tienen en la bodega. Hay vinos de la Rioja, Cariñena y los cinco tipos diferentes del vino de Jerez.

769

Der Satz lautet richtig:

Cada vez que Pepe sale por la noche, vuelve a casa **a las tantas.** — Jedes Mal, wenn Pepe abends ausgeht, kehrt er *sehr spät* nach Hause zurück.

a quemarropa	— aus nächster Nähe
a la larga	— auf die Dauer, auf längere Sicht
a las primeras de cambio	— plötzlich, unerwartet, bei der ersten Gelegenheit

770

Weinprobe

Carmen und Martín gehen zur Straße Gran Vía, wo gerade eine neue Weinstube eröffnet worden ist, die heute zu einer Weinprobe eingeladen hat. Nachdem sie hineingegangen sind, schauen sie sich, bevor sie einen Wein probieren, die Liste der außergewöhnlichen Weine an, die es in der Weinstube gibt. Es gibt Wein aus der Rioja, aus Cariñena und die fünf verschiedenen Jerez-Weine.

la cata de vinos ['kata][de]['binos]	Weinprobe
la bodega [bo'ðega]	Weinstube, -keller
probar [pro'bar]	versuchen, kosten, anprobieren
diferente [dife'rente]	verschieden

771

Vino y champán en España

Junto con Italia y Francia, España integra el trío de los mayores exportadores de vino del mundo. La variedad de los caldos de calidad, criados en más de 57 comarcas vinícolas diferentes, es enorme. Destacan tres tipos de vinos excepcionales: los vinos de la Rioja, los vinos de Jerez y el Cava catalán. Este último es un vino espumoso de la región de Penendés.

¿Conoce Ud. los cinco tipos diferentes del vino de Jerez?

772

Eladio llega tarde a clase

Profesor: *¡Muy buenos días, Señor Alvarez! Espero que Ud. esté bien descansado.*
Eladio: *Sí, sí. ¡Muchas gracias por el interés!*
Profesor: *¿Se puede saber porqué llega tan tarde?*
Eladio: *Los empleados del metro están de huelga. He tenido que ir andando.*

771

Wein und Sekt in Spanien

Gemeinsam mit Italien und Frankreich bildet Spanien das Trio der größten Weinexporteure der Welt. Die Vielfältigkeit der Qualitätsweine, die in mehr als 57 verschiedenen Weinanbaugebieten produziert werden, ist enorm. Unter ihnen ragen drei außergewöhnliche Weinarten hervor: Die Rioja-Weine, die Jerez-Weine (Sherry) und der katalanische Cava. Dieser letzte ist ein Schaumwein aus der Gegend von Penendés. Kennen Sie die fünf verschiedenen Arten von Jerez-Wein?

Die fünf Arten dieses andalusischen Weines sind: Manzanilla, Fino, Amontillado, Oloroso und Dulce.

772

Eladio kommt zu spät zum Unterricht

Lehrer: Einen wunderschönen guten Morgen, Herr Alvarez! Ich hoffe, Sie sind gut erholt.
Eladio: Ja, ja. Vielen Dank für die Nachfrage!
Lehrer: Kann man erfahren, warum Sie so spät kommen?
Eladio: Die Angestellten der Metro streiken. Ich mußte zu Fuß gehen.

descansado [deskan'saᵈo]	erholt, ausgeruht
saber [sa'ƀɛr]	wissen, erfahren
llegar tarde [ʎe'gar]['tarde]	zu spät kommen
estar de huelga [es'tar][de]['uɛlga]	streiken
ir andando [ir][an'dando]	zu Fuß gehen

773

*«Poesía es la unión
de dos palabras que uno
nunca supuso que pudieran juntarse,
y que forman algo así
como un misterio.»*

Federico García Lorca

774

Una fiesta en el piso de Pedro

Julio: *Te he traído una botella de champán.*
Pedro: *¿Qué? ¿Champú?*
Julio: *¡Abre la puerta de la cocina, por favor! No me gusta gritar.*
Pedro: *¿Qué has dicho? ¿Quieres lavarte el pelo antes de que bebas algo?*

773

„Poesie ist die Verbindung zweier Wörter, von denen man nie annahm, daß sie zusammengefügt werden könnten, und die so etwas wie ein Geheimnis bilden." — Federico García Lorca (1898 – 1936), spanischer Dichter

---
GRAMMATIK

Der Gebrauch des Konjunktivs in Hauptsätzen:

Nach **ojalá** (= hoffentlich) steht in Hauptsätzen immer der Konjunktiv: *¡Ojalá haga buen tiempo mañana!* – Hoffentlich ist morgen schönes Wetter!
Nach **quizá(s)** (= vielleicht), **posiblemente** (= möglicherweise), **probablemente** (= wahrscheinlich) etc. kann Konjunktiv oder Indikativ verwendet werden: *Quizá(s) venga/viene Maica esta tarde.* – Vielleicht kommt Maica heute nachmittag.

774

Ein Fest in Pedros Wohnung

Julio: Ich habe dir eine Flasche Sekt mitgebracht.
Pedro: Was? Shampoo?
Julio: Öffne bitte die Küchentür! Ich schreie nicht gern.
Pedro: Was hast du gesagt? Willst du dir die Haare waschen, bevor du etwas trinkst?

champán (m.) [tʃam'pan]	Sekt; Champagner
champú (m.) [tʃam'pu]	Shampoo, Haarwaschmittel

775

Tiempo de castañas

Esta semana ya ha hecho mucho frío por las noches. Marisa y Carmen tienen la idea de invitar a Eladio y a Martín a comer castañas asadas. Han quedado con ellos cerca de la Plaza Mayor donde hay, como todos los años, un hombre viejo con un horno pequeño asando castañas para venderlas.

776

Pedro va a Cuenca

Pedro: *Espero que el tubo de escape no se rompa en la ruta, ya que el coche ha estado en el taller.*
Francisco: *Todo saldrá bien, ya verás. ¡Buen viaje!*
Pedro: *Estoy de vuelta en dos semanas.*

Saca el coche del garaje, va al volante y pone en marcha el motor. Se despide diciendo 'hasta luego' y acelera.

775

Eßkastanienzeit

Diese Woche ist es nachts schon sehr kalt gewesen. Marisa und Carmen haben die Idee, Eladio und Martín dazu einzuladen, geröstete Kastanien zu essen. Sie haben sich mit ihnen in der Nähe vom Plaza Mayor verabredet, wo wie jedes Jahr ein alter Mann mit einem kleinen Ofen steht und Kastanien röstet, um sie zu verkaufen.

hacer frío [a'θɛr]['frio]	kalt sein
la castaña [kas'taɲa]	(Eß-)Kastanie
asar [a'sar]	braten, rösten
quedar con alg. [ke'ðar][kɔn][al'guno]	sich mit jdm. verabreden
el horno ['ɔrno]	Back-, Bratofen

776

Pedro fährt nach Cuenca

Pedro: Ich gehe davon aus, daß das Auspuffrohr auf der Fahrt nicht kaputt geht, schließlich ist der Wagen in der Werkstatt gewesen.
Francisco: Wird schon alles gut gehen, du wirst sehen. Gute Fahrt!
Pedro: In zwei Wochen bin ich wieder da.

Er holt den Wagen aus der Garage, setzt sich ans Steuer und läßt den Motor an. Er verabschiedet sich mit einem ‚tschüs' und gibt Gas.

tubo (m.) ['tubo]	Rohr, Röhre; Tube; Schlauch
escape (m.) [es'kape]	Auspuff; Entweichen; Auslaufen, Lecken
ruta (f.) ['rruta]	Weg; Route
volante (m.) [bo'lante]	Lenkrad; Schwungrad; Unruh (Uhr)

777

EJERCICIO

Fechas

Antworten Sie auf folgende Fragen:

1. ¿A cuántos estamos hoy?
2. ¿En qué fecha nació Ud.? (10.02.64)
3. ¿Qué día de mes fue ayer?
4. ¿Cuándo es su cumpleaños?
5. ¿Cuál es la fecha del descubrimiento de América?
6. ¿Cuándo se celebra el día de San Valentino?

778

De visita en Salamanca

Marisa y Carmen han ido a Salamanca a pasar el fin de semana allí. De los incontables edificios de interés turístico que hay en la ciudad quieren ver primero la famosa fachada de la universidad del siglo XVI. Pero cuando llegan allí ven que no pueden sacar ninguna foto de recuerdo porque hay un andamio inmenso por delante.

777

Die gesuchten Antworten sind:

1. *Hoy es el 19 de noviembre.* — Heute ist der 19. November.
2. *Nací el 10 de febrero de 1.964.* — Ich wurde am 10. Februar 1964 geboren.
3. *Ayer fue el 18 de noviembre.* — Gestern war der 18. November.
4. *Mi cumpleaños es el 10 de febrero.* — Mein Geburtstag ist am 10. Februar.
5. *La fecha del descubrimiento de América es el 12 de octubre de 1.492.* — Das Datum der Entdeckung Amerikas ist der 12. Oktober 1492.
6. *Se celebra el día de San Valentino el 14 de febrero.* — Der Valentinstag ist am 14. Februar.

778

Zu Besuch in Salamanca

Marisa und Carmen sind nach Salamanca gefahren, um das Wochenende dort zu verbringen. Von den unzähligen Bauwerken von touristischem Interesse, die es in der Stadt gibt, wollen sie sich zuerst die berühmte Universitätsfassade aus dem 16. Jh. ansehen. Aber als sie dort ankommen, sehen sie, daß sie kein Erinnerungsfoto machen können, weil ein riesiges Baugerüst davor steht.

el edificio [eði'fiθjo]	Gebäude, Bauwerk
de interés turístico [de][inte'res][tu'ristiko]	von touristischem Interesse
la fachada [fa'tʃaða]	Fassade
sacar una foto [sa'kar][una]['foto]	ein Foto machen
el recuerdo [rrɛ'kŭɛrðo]	Erinnerung, Andenken

Pedro tiene que escribir

'Tengo que escribirle una carta', piensa Pedro. 'Él siempre me escribe. Puedo contarle algo sobre la Ciudad Encantada cerca de Cuenca: Que es un fenómeno geológico resultante de la erosión. Y que las piedras forman una especie de ciudad abandonada, con sus calles, plazas, arcos y puentes.'

GRAMÁTICA

El adverbio

*El adverbio es la parte de la oración que complementa al verbo (en este país se vive **bien**), al adjetivo (ha sido un discurso **muy** interesante) o a otro adverbio (**casi** nunca come en casa). Todo adverbio, cualquiera que sea el término al que modifica, es invariable. Hay varios tipos de adverbios, p. ej. adverbios de lugar (cerca, lejos, aquí), adverbios de tiempo (ahora, hoy, siempre), adverbios de modo (bien, mal, recién) y adverbios de cantidad (mucho, nada).*

779

Pedro muß schreiben

‚Ich muß ihm einen Brief schreiben', denkt Pedro. ‚Er schreibt mir immer. Ich kann ihm etwas über die „Verzauberte Stadt" bei Cuenca erzählen: Daß sie ein geologisches Phänomen ist, entstanden durch die Erosion. Und daß die Steine eine Art verlassene Stadt bilden, mit Straßen, Plätzen, Torbögen und Brücken.'

abandonar [abando'nar]	verlassen, im Stich lassen, aufgeben
piedra (f.) ['pieđra]	Stein; Hagel
erosión (f.) [ero'sĭon]	Erosion; Hautabschürfung

780

---- GRAMMATIK ----

Das Adverb

*Das Adverb ist der Satzteil, der das Verb (in diesem Land lebt man **gut**), das Adjektiv (es war eine **sehr** interessante Rede) oder ein anderes Adverb (er ißt **fast** nie zu Hause) ergänzt. Das Adverb ist unveränderlich, gleich welches Satzglied es modifiziert. Es gibt mehrere Arten von Adverbien, z. B. solche, die die Umstände des Ortes (nah, fern, hier), der Zeit (jetzt, heute, immer), der Art und Weise (gut, schlecht, gerade erst/jüngst) und der Menge (sehr/viel, nichts) ausdrücken.*

781

La estación de servicio

Pedro deja de acelerar y se para en la gasolinera en la carretera nacional. Su coche está cubierto de polvo.
Pedro: *Buenos días. Lleno, por favor.*
Empleado: *¡Vale! ¿Quiere que limpie el parabrisas también?*
Pedro: *Sí, gracias. ¡Qué calor hace cuando uno para!*
Empleado: *Con este tiempo uno se siento como en el desierto.*

782

Vinos de la Rioja

Logroño es la 'capital' de la zona de viticultura más renombrada de España. Cada vino tinto con la denominación de origen 'Rioja' es un buen vino. Envejece en toneles de roble que se guardan en bodegas subterráneas. Se distingue entre vinos de crianza (por lo menos un año en el tonel), vinos de reserva (dos años) y vinos de gran reserva (tres años), que son los mejores.

781

Die Tankstelle

Pedro nimmt Gas weg und hält an der Tankstelle an der Nationalstraße. Sein Wagen ist völlig verstaubt.
Pedro: Guten Tag. Volltanken, bitte!
Angestellter: In Ordnung! Soll ich auch die Windschutzscheibe saubermachen?
Pedro: Ja, danke. Wie heiß es ist, wenn man anhält!
Angestellter: Bei diesem Wetter fühlt man sich wie in der Wüste.

gas (m.) [gas]	Gas
gasolinera (f.) [gasoli'nera]	Motorboot; Tankstelle
carretera (f.) [karrɛ'tera]	Landstraße
desierto (m.) [de'sɪɛrto]	Wüste; Wildnis, Einöde

782

Rioja-Weine

Logroño ist die ‚Hauptstadt' des berühmtesten Weinbaugebietes Spaniens. Jeder Rotwein mit der Ursprungsbezeichnung ‚Rioja' ist ein guter Wein. Er altert in Eichenfässern, die in unterirdischen Weinkellern aufbewahrt werden. Man unterscheidet zwischen ‚Aufzucht'-Weinen (mindestens ein Jahr im Faß), ‚Reserve'-Weinen (zwei Jahre) und Weinen der ‚großen Reserve' (drei Jahre), die die besten sind.

Logroño (m.) [lo'groɲo]	Stadt am Ebro, ca. 90 km südwestlich von Pamplona gelegen
zona (f.) ['θona]	Zone; Gebiet
tonel (m.) [to'nɛl]	Tonne; großes Faß
barril (m.) [ba'rril]	Tonne, (kleineres) Faß
bodega (f.) [bo'ðega]	Weinkeller; Kellerei; Weinstube; Vorratskeller; Lagerraum; Warenlager

783

Un delincuente de la circulación

Un guardia del tráfico:	*Su carnet de conducir y los documentos del coche, por favor. ¿No se ha dado cuenta de que aquí solo se puede ir a 60 kilómetros por hora?*
Pedro:	*No me he fijado . . .*
El guardia:	*Como se trata de una infracción importante, tengo que ponerle una multa. Hay que observar las señales de tráfico.*

784

La Armada invencible

Dicen las leyendas que hace miles de años los monos podían llegar del sur al norte de España saltando de árbol en árbol. Naturalmente, esto es una exageración, pero bien es verdad que para construir una flota tan grande como la Armada había que cortar una cantidad enorme de árboles. En 1.588, navegó la Armada con sus 129 barcos y 30 mil soldados hacia el norte para vencer la Inglaterra protestante.

¿Cuántos barcos volvieron a España después de las tres batallas navales perdidas?

783

Ein Verkehrssünder

Ein Verkehrspolizist:
                Ihren Führerschein und die Wagenpapiere, bitte!
                Haben Sie nicht gemerkt, daß man hier nur 60
                Stundenkilometer fahren darf?
Pedro: Ich habe nicht achtgegeben . . .
Der Polizist: Da es sich um einen groben Verstoß handelt,
                muß ich Sie mit einer Geldstrafe belegen. Man
                muß die Verkehrszeichen beachten.

carnet de conducir (m.) [kar'ne de kɔndu'θir]	Führerschein
fijarse (fi'xarse)	achtgeben
infracción (f.) [imfrag'θĭon]	strafbare Handlung; Verstoß
multa (f.) ['multa]	Geldstrafe

784

Die unbesiegbare Armada

Die Legenden erzählen, daß vor Tausenden von Jahren die Affen, von Baum zu Baum springend, vom Süden in den Norden Spaniens kommen konnten. Natürlich ist dies eine Übertreibung, aber es stimmt wohl, daß eine Unmenge von Bäumen gefällt werden mußte, um eine so große Flotte wie die Armada zu bauen. 1588 segelte die Armada mit ihren 129 Schiffen und 30 000 Soldaten in Richtung Norden, um das protestantische England zu besiegen. Wieviele Schiffe kehrten nach den drei verlorenen Seeschlachten nach Spanien zurück?

Nur 66 Schiffe mit ca. 10 000 Mann kehrten zurück.

785

En la hamburguesería

Martín: *No sé lo que me pasa. De vez en cuando tengo unas ganas de comer cinco hamburguesas seguidas.*

Eladio: *¡Ya lo creo! Comes más que una lima, y eso que no engordas nada. No lo comprendo.*

786

---— EJERCICIO ---—

Colóquense los verbos entre paréntesis en la forma correcta del subjuntivo

Antes que (tú arrancar) . . . el motor, ¡quita . . . el freno de mano!
Es posible que (él venir) . . . pasado mañana.
No me hace falta nada más que una persona que me (escuchar) . . .
Lo he pagado para que no (él tener) . . . que preocuparse.
Es poco probable que (él poder) . . . resolver los problemas.

785

Martín:	Ich weiß nicht, was mit mir los ist. Manchmal habe ich Lust, fünf Hamburger hintereinander zu essen.
Eladio:	Das glaube ich wohl! Du ißt wie ein Scheunendrescher, und dabei nimmst du überhaupt nicht zu. Ich begreife das nicht.

la hamburguesa [ambur'gesa]	Hamburger (Frikadelle)
seguido [se'giđo]	hinter-, nacheinander
la lima ['lima]	Feile
creer [kre'ɛr]	glauben
engordar [eŋgɔr'đar]	zunehmen, dick werden

786

— ÜBUNG —

Setzen Sie die Verben in Klammern in die korrekte Form des 'Subjuntivo'

Antes que **arranques** el motor, ¡quita el freno de mano!
Es posible que **venga** padado mañana.
No me hace falta nada más que una persona que me **escuche.**
Lo he pagado para que no **tenga** que preocuparse.
Es poco probable que **pueda** resolver los problemas.

Bevor du den Motor anläßt, löse die Handbremse!
Es ist möglich, daß er übermorgen kommt.
Mir fehlt nur eine Person, die mir zuhört.
Ich habe es bezahlt, damit er sich keine Sorgen machen muß.
Es ist unwahrscheinlich, daß er die Probleme lösen kann.

787

Ávila

La ciudad de Ávila está situada a 1127 metros sobre el nivel del mar. En Ávila nació y vivió Santa Teresa de Jesús, la gran Santa española. La escritora del Siglo de Oro fundó el convento de San José (o Las Madres) que atesora muchos recuerdos de la Santa en un interesante museo. Hoy una especialidad lleva el nombre de esa mujer: las yemas de Santa Teresa.

788

Las Casas Colgadas de Cuenca

Las Casas Colgadas no están situadas muy lejos de la Plaza Mayor de Cuenca. Se construyeron en el siglo XIV sobre una prominencia rocosa. Parece que sus balcones de madera flotan en el aire. Las casas albergan el Museo de Arte Abstracto y un mesón típico. En el museo hay pinturas y esculturas de los más destacados artistas abstractos españoles: Chillida, Tapies, Saura, Serrano, Rivera y Feito.

787

Ávila

Die Stadt Ávila liegt 1127 Meter über dem Meeresspiegel. In Ávila wurde die Heilige Teresa de Jesús, die große spanische Heilige, geboren, und sie lebte auch dort. Die Schriftstellerin des Goldenen Zeitalters gründete das Kloster San José (oder Las Madres), das in einem interessanten Museum viele Erinnerungen an die Heilige bereithält. Heute trägt eine Spezialität den Namen dieser Frau: die Yemas der Heiligen Teresa.

Die 'Yemas de Santa Teresa' (nach der Heiligen benannte gezuckerte Eidotter) werden zum Nachtisch gegessen. Die Heilige Teresa wurde am 28. März 1515 geboren und starb am 4. Oktober 1582.

santa (f.) ['santa]	Heilige
atesorar [ateso'rar]	(Schätze) aufhäufen, sammeln; horten; (gute Eigenschaften) in sich vereinigen
yema (f.) ['jema]	Eidotter, Eigelb; Auge, Knospe

788

Die Hängenden Häuser von Cuenca

Die Hängenden Häuser liegen nicht sehr weit vom Hauptplatz Cuencas entfernt. Sie wurden im 14. Jahrhundert auf einem Felsvorsprung erbaut. Ihre Holzbalkone scheinen in der Luft zu schweben. Die Häuser beherbergen das Museum für abstrakte Kunst und eine typische Gaststätte. In dem Museum gibt es Bilder und Skulpturen der bekanntesten spanischen abstrakten Künstler: Chillida, Tapies, Saura, Serrano, Rivera und Feito.

colgado [kɔl'gaᵈo]	hängend; freitragend
prominencia (f.) [promi'nenθĩa]	(Boden-)Erhebung; hier: Vorsprung
flotar [flo'tar]	schwimmen, treiben; schweben
mesón (m.) [me'sɔn]	Raststätte; Gaststätte

789

El día de la boda

Dolores: *Nuestras bodas de plata en un hotel como éste... – soy muy feliz, Paco.*

Francisco: *Quería repetir la luna de miel y pasar por lo menos un fin de semana fuera de Madrid. Arturo me recomendó este parador.*

790

GRAMÁTICA

Muy y mucho

Carmen es **muy** guapa. Pedro la quiere **mucho**.
Siempre llega **muy** tarde a la cita.
El mecánico te ha ayudado **mucho**.
¿Hay que llegar temprano? – Sí, **mucho** (= **muy** temprano).
Hoy ganan **mucho** más que ayer.
Los coches son **mucho** más caros que las bicicletas.

789

Der Hochzeitstag

Dolores: Unsere Silberhochzeit in einem Hotel wie diesem ... – ich bin sehr glücklich, Paco.
Francisco: Ich wollte die Flitterwochen wiederholen und wenigstens ein Wochenende außerhalb Madrids verbringen. Arturo hat mir diesen Parador empfohlen.

Die Paradores sind staatl. Hotels der gehobenen Klasse in Spanien.

día de la boda (m.) [dia de la 'boda]	Hochzeitstag
bodas de plata (f. Pl.) ['bodas de 'plata]	Silberhochzeit
luna de miel (f.) ['luna de miɛl]	Flitterwochen

790

--- GRAMMATIK ---

Muy und mucho

Carmen ist **sehr** hübsch. Pedro hat sie **sehr** gern.
Er kommt immer **sehr** spät zur Verabredung.
Der Mechaniker hat dir **sehr** geholfen.
Muß man früh ankommen? – Ja, **sehr** früh.
Heute verdienen sie **viel** mehr als gestern.
Autos sind **viel** teurer als Fahrräder.

***Muy** (sehr) steht vor einem Adjektiv oder einem weiteren Adverb. **Mucho** (sehr) dagegen steht als Adverb beim Verb; außerdem steht es in einer Antwort anstelle eines mit **muy** betonten Adjektivs oder Adverbs und in der Bedeutung „viel" vor Komparativen des Adjektivs oder Adverbs.*

791

En la consulta del dentista

Dentista: *¿Dónde ha dicho que le duele?*
Martín: *Debe ser una de las muelas de atrás, a la izquierda, y me molesta solamente cuando tomo algo muy caliente o muy frío.*
Dentista: *Bueno, primero le voy a quitar el sarro dentario.*

792

EJERCICIO

Ponga el subjuntivo donde haga falta

Setzen Sie, wo es nötig ist, den Konjunktiv:

1. Quiero que (*tú ponerte*) _____ esta chaqueta.
2. Sentimos mucho que (*Uds. no poder venir*) _____ a la fiesta.
3. Le he dicho que (*él no contar*) _____ nada a nadie.
4. ¿No sabes que (*la clase empezar*) _____ a las ocho en punto?
5. ¿Te molesta que (*ellos fumar*) _____ continuamente?

791

In der Zahnarzt-Sprechstunde

Zahnarzt: Wo, haben sie gesagt, tut es Ihnen weh?
Martín: Es muß wohl einer der hinteren linken Backenzähne sein. Aber es stört mich nur, wenn ich etwas sehr Heißes oder sehr Kaltes trinke.
Zahnarzt: In Ordnung, ich werde Ihnen zunächst einmal den Zahnstein entfernen.

el dentista [den'tista]	Zahnarzt
la consulta [kɔn'sulta]	Sprechstunde
la muela ['mŭela]	Backenzahn
doler [do'lɛr]	schmerzen, weh tun
quitar [ki'tar]	entfernen

792

Das sind die Lösungen:

1. Quiero que **te pongas** esta chaqueta. – *Ich will, daß du diese Jacke anziehst.* 2. Sentimos mucho que **Uds. no puedan venir** a la fiesta. – *Es tut uns sehr leid, daß Sie nicht zur Feier kommen können.* 3. Le he dicho que **no cuente** nada a nadie. – *Ich habe ihm gesagt, daß er niemadem etwas erzählen soll.* 4. ¿No sabes que **la clase empieza** a las ocho en punto? – *Weißt du nicht, daß der Untericht um Punkt acht Uhr beginnt?* 5. ¿Te molesta que **ellos fumen** continuamente? – *Stört es dich, daß sie fortwährend rauchen?*

DIE EXPERTENECKE

'Si' und 'sí' oder:
Wie man 'doch' ins Spanische übersetzt:

¡Si no hay nadie aquí! – Es ist doch niemand hier!
¿No quieres? ¡(Que)Sí! – Willst du nicht? – Doch!
¡Si ya es la una y pico...! – Es ist doch/aber schon nach ein Uhr...!

793

De compras

Eladio está solo en casa y la nevera está vacía. No le queda más remedio, tiene que ir a comprar comida. Antes de salir apunta en un papel todo lo que piensa comprar. Cinco horas más tarde vuelve a casa, los brazos llenos de paquetes, pero sin comida. Ha comido en un restaurante y ha gastado todo el dinero en libros.

794

Cuevas en España

En España dos cuevas han llegado a ser famosas muestras de una vida prehistórica en la península ibérica. La primera, la cueva de Altamira, se encuentra en el norte, en la provincia de Santander. En ella hay pinturas de la cultura de la Edad de Piedra. La segunda, situada en la provincia de Málaga, es la cueva de Nerja en la que anualmente se organizan festivales de música y danza.

¿Conoce Ud. el nombre del pequeño pueblo cerca de la cueva de Altamira que ha conservado su aspecto medieval?

793

Einkaufsbummel

Eladio ist alleine zu Hause, und der Kühlschrank ist leer. Es bleibt ihm nichts anderes übrig, er muß einkaufen gehen. Bevor er hinausgeht, schreibt er auf einem Papier alles auf, was er einkaufen will. Fünf Stunden später kommt er nach Hause zurück, die Arme voll von Paketen, aber ohne etwas Eßbares. Er hat in einem Restaurant gegessen und das ganze Geld für Bücher ausgegeben.

la nevera [ne'ƀera]	Kühlschrank
vacío [ba'θio]	leer
apuntar [apun'tar]	aufschreiben
lleno ['ʎeno]	voll
gastar [gas'tar]	ausgeben, abnützen

794

Höhlen in Spanien

Zwei Höhlen in Spanien sind zu berühmten Zeugen prähistorischen Lebens auf der iberischen Halbinsel geworden. Die erste, die Höhle von Altamira, befindet sich im Norden, in der Provinz Santander. In ihr befinden sich Gemälde aus der Steinzeitkultur. Die zweite, die in der Provinz Málaga liegt, ist die Höhle von Nerja, in der jedes Jahr Musik- und Tanzfestivals stattfinden. Kennen Sie den Namen des kleinen Dorfes bei der Höhle von Altamira, das seinen mittelalterlichen Charakter bewahrt hat?

Dieser malerische Ort heißt Santillana del Mar.

La tarta de Marisa

Carmen: ¿Para quién has hecho la tarta? Tiene un aspecto muy rico.
Marisa: Para nadie en especial. Es que tenemos un horno nuevo en la cocina y para estrenarlo hice la tarta.
Carmen: ¿Me cortas un trocito?

En la juguetería

El pequeño primo de Carmen tendrá su santo esta semana. Para comprarle un regalo Carmen ha ido a una juguetería. Al entrar se queda asombrada, la tienda es mucho más grande de lo que pensaba. La cantidad de juguetes ofrecidos es tan grande que Carmen no sabe decidirse. Vuelve a casa y construye un regalo por si misma.

795

Der Kuchen von Marisa

Carmen: Für wen hast du den Kuchen gebacken? Er sieht sehr lecker aus.
Marisa: Für niemand besonderen. Wir haben einen neuen Ofen in der Küche, und um ihn einzuweihen, habe ich den Kuchen gebacken.
Carmen: Schneidest du mir ein Stückchen ab?

la tarta/la torta ['tarta]['tɔrta]	Kuchen, Torte
hacer una tarta [a'θɛr]['una]['tarta]	Kuchen backen
rico ['rriko]	*hier:* lecker; *sonst:* reich
estrenar [estre'nar]	einweihen
cortar [kɔr'tar]	(ab-)schneiden

796

Im Spielzeuggeschäft

Der kleine Neffe von Carmen hat diese Woche seinen Namenstag. Carmen ist zu einem Spielzeuggeschäft gegangen, um ihm ein Geschenk zu kaufen. Als sie hineingeht, ist sie sehr erstaunt, denn das Geschäft ist viel größer, als sie gedacht hat. Die Menge der angebotenen Spielzeuge ist so groß, daß Carmen sich gar nicht entscheiden kann. Sie geht nach Hause zurück und bastelt selbst ein Geschenk.

el santo ['santo]	*hier:* Namenstag; *sonst:* Heiliger
asombrado [asɔm'braðo]	erstaunt, bestürzt
la cantidad [kanti'ða^(d)]	Menge, Anzahl
construir [kɔnstru'ir]	bauen, basteln
mismo ['mizmo]	selbst

797

Trabajo en el jardín

Martín: *Miriam me ha dicho que has empezado a jugar al esquash. ¿Qué te parece si te voy a recoger en el trabajo y jugamos un poco?*

Ramón: *No puedo. Lo siento. He prometido a mi padre que voy a cortar las ramas secas de las palmeras en el jardín.*

798

EJERCICIO

Traduzca Ud. las frases siguientes:

1. Ich gebe dir Geld, damit du dir die Jacke kaufen kannst.
2. Bevor Mario das Buch zurückgibt, fotokopiert er es.
3. Es ist unmöglich, daß Eva schon morgen kommt.
4. Es ist nötig, daß du Eladio vorher anrufst.
5. Ich glaube nicht, daß er es versteht.
6. Sie fährt nach Spanien, ohne daß ihre Eltern es wissen.

797

Gartenarbeit

Martín: Miriam hat mir gesagt, daß du angefangen hast, Squash zu spielen. Was hältst du davon, wenn ich dich von der Arbeit abhole und wir ein bißchen spielen?

Ramón: Ich kann nicht. Tut mir leid. Ich habe meinem Vater versprochen, im Garten die trockenen Zweige an den Palmen abzuschneiden.

¿qué te parece? [ke] [te] [pa'reθe]	was hältst du davon?
lo siento [lo] ['sĭento]	(es) tut mir leid
prometer [prome'tɛr]	versprechen
la rama ['rrama]	Zweig
seco ['seko]	trocken

798

Übersetzen Sie folgende Sätze:

1. Te doy dinero para que te puedas comprar la chaqueta.
2. Antes de que Mario devuelva el libro, lo fotocopia.
3. Es imposible que Eva ya venga mañana.
4. Es necesario que llames a Eladio antes.
5. No creo que lo comprenda.
6. Ella va a España sin que sus padres lo sepan.

DIE EXPERTENECKE

Die Übersetzung des Verbes 'sollen' bei Fragen
In Fragen wird das deutsche Verb 'sollen' nicht übersetzt: z. B. Soll ich dir etwas Kaffee eingießen? – *¿Te echo un poco más de café?*; Sollen wir auch Obst einkaufen? – *¿Compramos fruta también?*

Das längste spanische Wort
la otorrinolaringología – Hals-, Nasen-, Ohrenheilkunde

799

La fotografía

Rosa: *¿Sabes que ahora tengo casi todos los accesorios necesarios para mi máquina fotográfica? Filtros para todos los fines y tres objetivos – lo único que me falta es un trípode.*
Alberto: *Creo que un amigo mío quiere vender el suyo.*

800

La 'Ruta de Don Quijote'

En más de media docena de pueblos de la Mancha el viajero puede leer esto: 'Ruta de Don Quijote'. Nadie puede saber si el héroe de la novela de Cervantes pasó por estos lugares, ya que en la novela se hallan muy pocos nombres de pueblos. Hoy todavía hay molinos de viento en Consuegra, Campo de Criptana y Mota del Cuervo. Existe una 'Venta de Don Quijote' en la N 301 y una 'Casa de Dulcinea' en El Toboso.

799

Die Fotografie

Rosa: Weißt du, daß ich jetzt fast alles notwendige Zubehör für meinen Fotoapparat habe? Filter für alle Zwecke und drei Objektive – das einzige, was mir fehlt, ist ein Stativ.
Alberto: Ich glaube, ein Freund von mir will seins verkaufen.

accesorios (m. Pl.) [agθe'sorĭos]	Zubehör
filtro (m.) ['filtro]	Filter; Liebes-, Zaubertrank
trípode (m.) ['tripođe]	Dreifuß; Stativ

800

Der 'Weg des Don Quijote'

In mehr als einem halben Dutzend Dörfern der Mancha kann der Reisende dies lesen: 'Weg des Don Quijote'. Niemand kann wissen, ob der Held des Romans von Cervantes an diesen Orten vorbeikam, da sich in dem Roman sehr wenig Ortsnamen finden. Windmühlen gibt es heute noch in Consuegra, Campo de Criptana und Mota del Cuervo. Es existiert ein 'Gasthaus des Don Quijote' an der N 301 und ein 'Wohnhaus der Dulcinea' in El Toboso.

Die N 301 ist die Nationalstraße von Madrid nach Albacete in der Mancha.

molino (m.) [mo'lino]	Mühle
mota (f.) ['mota]	Knötchen; Fäserchen; Fusselchen; (Woll-)Knäuel

801

En el Hipercor

Marisa: *Martín, ¿vas tú a la tercera planta a comprar los discos? Mientras tanto yo voy a buscar las cosas que necesito para las cestas de Navidad.*

Martín: *Vale, vale. Ahora bajo y te ayudo a llevarlo todo al coche.*

802

Fiesta Nacional de España

El 12 de octubre de 1492 Cristóbal Colón descubrió el "Nuevo Mundo", es decir América. A finales de 1992, año del V centenario del descubrimiento de América, volverá a celebrarse la "Ruta del Descubrimiento" que pretende seguir fielmente los pasos de Colón en su primer viaje a América. Será la tercera edición de esta regata que se celebra cada cuatro años.

801

Im Hipercor-Kaufhaus

Marisa: Martín, gehst du in den dritten Stock, um die Schallplatten zu kaufen? Ich gehe inzwischen nach den Sachen sehen, die ich für die Weihnachtskörbe brauche.
Martín: O.K., O.K. Ich komme sofort runter und helfe dir, alles zum Auto zu tragen.

Hipercor [ipɛrˈkɔr]	*große Kaufhauskette*
mientras tanto [ˈmi̯entras ˈtanto]	inzwischen
la cesta [ˈθesta]	Korb
la Navidad [naβiˈða⁽ᵈ⁾]	Weihnacht(en)
llevar [ʎeˈβar]	tragen

802

Nationalfeiertag in Spanien

Am 12. Oktober 1492 entdeckte Christoph Kolumbus die „Neue Welt", d. h. Amerika. Ende 1992, dem Jahr der Fünfhundertjahrfeier der Entdeckung Amerikas, wird erneut die „Route der Entdeckung" gefahren, bei der versucht wird, den Spuren Kolumbus' auf seiner ersten Reise nach Amerika genau zu folgen. Es wird die dritte Auflage dieser Regatta sein, die alle vier Jahre stattfindet.

descubrir [deskuˈbrir]	aufdecken; entdecken, finden
descubrimiento (m.) [deskuβriˈmi̯ento]	Entdeckung
centenario (m.) [θenteˈnari̯o]	Hundertjahrfeier
regata (f.) [rrɛˈgata]	Regatta

803

El queso manchego

Rosa: *No me gusta ni el queso de cabra ni el queso de oveja. No quiero probarlo.*
Francisco: *Ese queso manchego es para chuparse los dedos. No sabes lo que te pierdes.*
Rosa: *Tu manchego no me gusta. ¡Qué quieres que le hagamos!*
Francisco: *Bueno, ya te dejo en paz. ¿Tomas un café o tampoco de gusta?*

804

Todos los Santos

Todos los Santos y Día de los Difuntos (el 2 de noviembre) son días de fiesta de la Iglesia. En México el 'día de los muertos' es un día de fiesta. Se bebe mucho y los niños reciben dulces de mazapán. Lo interesante es que estos dulces representan calaveras o esqueletos. Para los indios la muerte no es triste: en muchos pueblos se ven flores por todas partes.

803

Der Mancha-Käse

Rosa: Mir schmeckt weder der Ziegen- noch der Schafskäse. Ich möchte ihn nicht probieren.
Francisco: Dieser Mancha-Käse ist ein Gedicht. Du weißt nicht, was dir entgeht.
Rosa: Dein Mancha-Käse schmeckt mir nicht. Das ist nun mal so!
Francisco: Ich lasse dich ja schon in Ruhe. Trinkst du einen Kaffee, oder schmeckt der dir auch nicht?

manchego [man'tʃego]	zur La Mancha gehörig; Einwohner von La Mancha
chuparse los dedos (m. Pl.) [tʃu'parse los 'deðos]	sich die Finger nach etwas lecken

804

Allerheiligen

Allerheiligen und Allerseelen (am 2. November) sind kirchliche Feiertage. In Mexiko ist der „Totensonntag" ein Festtag. Es wird viel getrunken, und die Kinder erhalten Süßigkeiten aus Marzipan. Interessant ist, daß diese Süßigkeiten Totenköpfe oder Skelette darstellen. Für die Indianer ist der Tod nicht traurig: In vielen Dörfern sieht man überall Blumen.

mazapán (m.) [maθa'pan]	Marzipan
calavera (f.) [kala'bera]	Totenkopf
esqueleto (m.) [eske'leto]	Skelett; Gerippe; Gerüst
indio (m.) ['indĭo]	Inder; Indianer

805

El Parque Nacional de Doñana

Francisco: *En agosto estuvimos mamá y yo en el Parque Nacional de Doñana.*
Rosa: *¿Y habéis visto las 'pajareras'?*
Francisco: *Ya sé que estás hablando de los alcornoques – sí, los hemos visto. Pero en verano no hay muchos pájaros.*

806

--- EJERCICIO ---

Coloque el adjetivo delante o detrás del sustantivo

A Dolores le gustan las (azules) . . . blusas . . .
Hubo (poca) . . . gente . . . en la exposición.
Ignacio es un (buen) . . . amigo . . . de Pedro.
Ayer llegó una (mala) . . . noticia . . .
En esta ciudad hay muchas (antiguas) . . . casas . . .
Su (antiguo) . . . jefe . . . vendió la fábrica.
La (blanca) . . . nieve . . . cubre la cumbre. (La nieve normalmente no es de otro color.)

805

Der Nationalpark Doñana

Francisco: Mama und ich waren im August im Nationalpark Doñana.
Rosa: Und habt ihr die ‚Vogelhäuser' gesehen?
Francisco: Ich weiß schon, daß du von den Korkeichen sprichst – ja, die haben wir gesehen. Aber im Sommer sind nicht viele Vögel da.

Dieser bekannteste spanische Nationalpark liegt an der Mündung des Flusses Guadalquivier, in der Provinz Huelva.

pajarera (f.) [paxa'rera]	Vogelhaus
pájaro (m.) ['paxaro]	Vogel; Schlaukopf
alcornoque (m.) [alkɔr'noke]	Korkeiche

806

Vor- oder Nachstellung des Adjektivs

A Dolores le gustan las **blusas azules.**
Hubo **poca gente** en la exposición.
Ignacio es un **buen amigo** de Pedro.
Ayer llegó una **mala noticia.**
En esta ciudad hay muchas **casas antiguas.**
Su **antiguo jefe** vendió la fábrica.
La **blanca nieve** cubre la cumbre.

Dolores gefallen blaue Blusen.
Es waren wenige Leute in der Ausstellung.
Ignacio ist ein guter Freund von Pedro.
Gestern kam eine schlechte Nachricht an.
In dieser Stadt gibt es viele alte Häuser.
Sein ehemaliger Chef verkaufte die Fabrik.
Der weiße Schnee bedeckt den Berggipfel. (Schnee hat normalerweise keine andere Farbe.)

En el restaurante chino

Carmen: *Yo creía que los chinos solamente en los chistes no sabían pronunciar la erre, pero de hecho es cierto.*
Marisa: *Cállate, por favor, porque si no me echo a reír cuando nos pregunta por el 'postle'.*

El Zócalo

Lo que en España son las Plazas Mayores son en México los Zócalos: las mayores plazas en el centro de cada ciudad. El Zócalo más grande de todo México es el de la ciudad de México. Este cuadrilátero de cuatro hectáreas es, al mismo tiempo, una de las mayores plazas en el mundo. En sus lados están el Palacio Nacional, la Catedral Metropolitana y el Palacio del Ayuntamiento.

¿Qué otro nombre lleva el Zócalo de México D.F.?

807

Im chinesischen Restaurant

Carmen: Ich dachte, daß die Chinesen nur in Witzen das R nicht aussprechen können, aber es stimmt tatsächlich.
Marisa: Sei bitte still, weil ich sonst anfange zu lachen, wenn er uns nach dem Nachtisch fragt.

el chiste ['tʃiste]	Witz, Pointe
de hecho [de]['etʃo]	tatsächlich
es cierto [es]['θiɛrto]	es stimmt
callarse [ka'ʎarse]	schweigen, still sein
el postre ['pɔstre]	Nachtisch

808

Der Zócalo

Was in Spanien die Plazas Mayores sind, sind in Mexiko die Zócalos: Die größten Plätze im Zentrum einer jeden Stadt. Der größte Zócalo ganz Mexikos ist der von Mexiko-City. Dieses vier Hektar große Viereck ist gleichzeitig einer der größten Plätze der Welt. An seinen Seiten befinden sich der Nationalpalast, die Metropolitan-Kathedrale und der Rathauspalast. Welchen anderen Namen trägt der Zócalo von Mexiko-City?

Placa de la Constitución (Platz der Verfassung)

Hier wurde 1813 die erste mexikanische Verfassung verkündet. Die Unabhängigkeit von Spanien erlangte Mexiko allerdings erst 10 Jahre später, 1823.

¿Quién baja la basura?

Rosa: *Sabes muy bien que a mí no me gusta bajar a la calle de noche. ¿No teníamos un convenio?*

Pedro: *Me acuerdo: yo bajo la basura y tú vas a la panadería. Mañana tengo que levantarme a las siete y media. Podemos desayunar al canto del gallo . . .*

La cena de negocios

Durante todo el día Ramón ha estado negociando con unos japoneses en la empresa. Las conversaciones no han resultado muy fructuosas. Más tarde los lleva a cenar a un restaurante en el barrio de Malasaña. Gracias a la ayuda de los mejores vinos de la Rioja los japoneses ahora aceptan todas las condiciones de venta.

809

Wer bringt den Müll hinunter?

Rosa: Du weißt ganz genau, daß ich nachts nicht gern hinunter auf die Straße gehe. Hatten wir nicht eine Abmachung?

Pedro: Ich erinnere mich: Ich bringe den Müll hinunter, und du gehst zur Bäckerei. Morgen muß ich um halb acht aufstehen. Wir können beim ersten Hahnenschrei frühstücken . . .

de noche (f.) [de 'notʃe]	nachts
convenio (m.) [kɔm'benĭo]	Übereinkunft; Abkommen; hier: Abmachung
canto del gallo (m.) ['kanto ðel 'gaʎo]	Krähen des Hahns; Hahnenschrei

810

Das Geschäftsessen

Den ganzen Tag lang hat Ramón in der Firma mit einigen Japanern verhandelt. Die Gespräche waren nicht sehr fruchtbar. Später führt er sie zum Abendessen in ein Restaurant im Malasaña-Viertel. Mit Hilfe der besten Rioja-Weine akzeptieren die Japaner nun sämtliche Verkaufsbedingungen.

la cena de negocios ['θena] [de] [ne'goθĭos]	Geschäftsessen
negociar [nego'θĭar]	verhandeln
fructuoso [fruk'tŭoso]	fruchtbar
el barrio ['barrĭo]	(Stadt-)Viertel
la condición [kɔndi'θĭɔn]	Bedingung

811

¡Viva la muerte!

No sólo en el Día de los Difuntos sino en muchas otras fiestas mejicanas se ofrecen calaveras hechas de azúcar y de chocolate y pequeños ataúdes de mazapán o de productos de pastelería. El culto de la muerte de los mejicanos tiene sus raíces en las tradiciones precolombinas de México, las tradiciones de los aztecas y los mayas, para los que la muerte significaba la liberación de la 'prisión de la vida'.

¿Cómo llamaban los aztecas a sí mismos?

812

Los de Lepe

Tomás: *¿Sabes cuántas personas necesitan los de Lepe para colocar una bombilla en el casquillo?*
Fani: *Ni idea.*
Tomás: *Cinco. Uno se sube a una silla y se agarra a la bombilla y los otros hacen girar la silla.*

811

Es lebe der Tod!

Nicht nur am Totensonntag, sondern auch zu vielen anderen mexikanischen Festen werden aus Zucker und Schokolade gemachte Totenköpfe und kleine Särge aus Marzipan und Backwaren angeboten. Der Totenkult der Mexikaner hat seine Wurzeln in den präkolumbischen Traditionen Mexikos, den Traditionen der Azteken und Mayas, für die der Tod eine Befreiung aus dem „Gefängnis des Lebens" bedeutete. Wie nannten die Azteken sich selbst?

Mexica

812

Die aus Lepe

Tomás: Weißt du, wieviele Leute die aus Lepe* brauchen, um eine Glühbirne einzudrehen?
Fani: Keine Ahnung.
Tomás: Fünf. Einer steigt auf einen Stuhl und hält sich an der Glühbirne fest, und die anderen drehen den Stuhl.

'Los de Lepe' ('Die aus Lepe') sind die spanischen Ostfriesen. Lepe ist ein kleiner Ort in der andalusischen Provinz Huelva.

colocar [koloˈkar]	anbringen; stellen
la bombilla [bomˈbiʎa]	Glühbirne
¡ni idea! [ni] [iˈðea]	keine Ahnung!
el casquillo [kasˈkiʎo]	Gewinde; Buchse
agarrarse [agaˈrrarse]	sich festhalten

813

*«Ojos que no ven,
corazón que no siente.»*

Refrán español

814

La nueva impresora

Maica: ¿Qué dices? ¿Tu nueva impresora puede imprimir en colores?
Tomás: Hombre, claro. Y mucho más: es la más rápida que actualmente hay en el mercado.
Maica: Parece que estás enamorado de tu nueva impresora. ¡No te olvides de tu amiga!

813

„Augen, die nicht sehen, Herz, das nicht fühlt." (Etwa: „Aus den Augen, aus dem Sinn.") — Spanisches Sprichwort

---
GRAMMATIK

Die Bildung des 'Indefinido'

Verben auf -ar bilden den Indefinido (historische Vergangenheit) nach folgendem Muster: z. B. *hablar* → hablé, hablaste, habló, hablamos, hablasteis, hablaron.

Verben auf -er und -ir haben gleiche Endungen, z. B. *comer* → comí, comiste, comió, comimos, comisteis, comieron.

Bei den Verben auf -ar und -ir ist die 1. Pers. Pl. mit der Präsensform identisch. Um welche Zeit es sich handelt, ergibt sich aus dem jeweiligen Kontext.

Bei einer Vielzahl von Verben ist die Bildung des Indefinido unregelmäßig!

814

Der neue Drucker

Maica: Was sagst du? Dein neuer Drucker kann farbig drucken?
Tomás: Klar, Mensch. Und noch viel mehr: Er ist der schnellste, der gegenwärtig auf dem Markt ist.
Maica: Es scheint, daß du in deinen neuen Drucker verliebt bist. Vergiß bloß deine Freundin nicht!

la impresora [impre'sɔra]	Drucker
imprimir [impri'mir]	drucken
rápido ['rrapiđo]	schnell
el mercado [mɛr'kaᵈo]	Markt
estar enamorado de alg. [es'tar] [enamo'raᵈo] [de] ['algǐen]	in jdn. verliebt sein

Cestas de Navidad

Marisa empieza temprano a preparar las cestas de Navidad para no tener que hacerlo con prisa. En la primera pone una botella de champán catalán, una caja de puros, un jamón serrano, tres barras de turrón y una botella de brandy. Luego la adorna con algunas trenzas.

EJERCICIO

Verbos que rigen preposición

Rellene el espacio libre con la preposición adecuada (Setzen Sie in die Freiräume die richtigen Präpositionen):

1. Uno se acostumbra _____ todo.
2. ¿Te has decidido _____ cambiar de casa?
3. Esta noche he soñado _____ mi perro.
4. El texto trata _____ la soledad.
5. Paco tarda mucho _____ escribir la carta.
6. ¡Deja _____ fumar!
7. No te olvides _____ traerme la cinta.
8. ¿Te acuerdas _____ Luisa?

815

Weihnachtskörbe

Marisa beginnt früh damit, die Weihnachtskörbe fertigzumachen, damit sie es nicht in Eile tun muß. In den ersten legt sie eine Flasche katalanischen Sekt, eine Schachtel Zigarren, einen Bergschinken, drei Packungen Turrón und eine Flasche Brandy. Danach schmückt sie den Korb mit einigen Schleifen.

temprano [tem'prano]	früh
la prisa ['prisa]	Eile
la botella [bo'teʎa]	Flasche
adornar [aðoɾ'nar]	schmücken
el turrón [tu'rrɔn]	*span. Süßigkeit aus Mandeln/ Nüssen u. Honig*

816

Verben mit Präpositionen

Setzen Sie in die Freiräume die richtigen Präpositionen:

1. Uno se acostumbra **a** todo. – *Man gewöhnt sich an alles.* 2. ¿Te has decidido **a** cambiar de casa? – *Hast dich schon entschieden umzuziehen?* 3. Esta noche he soñado **con** mi perro. – *Ich habe heute nacht von meinem Hund geträumt.* 4. El texto trata **de** la soledad. – *Der Text handelt von der Einsamkeit.* 5. Paco tarda mucho **en** escribir la carta. – *Paco braucht lange, um den Brief zu schreiben.* 6. ¡Deja **de** fumar! – *Hör' auf zu rauchen!* 7. No te olvides **de** traerme la cinta. – *Vergiß nicht, mir die Kassette vorbeizubringen.* 8. ¿Te acuerdas **de** Luisa? – *Erinnerst du dich an Luisa?*

DIE EXPERTENECKE

Substantivierung von Adjektiven

sächlicher Artikel: *lo* + Adjektiv = *Substantiv*
lo mejor – das Beste; *lo malo* – das Schlechte

817

El desván del chalet

Dolores: ¿Qué quieres cambiar en el desván del chalet?
Francisco: Ante todo tengo que comprar unas tejas. Seis o siete están rotas. El tejado debe ser impermeable para que podamos usar el desván como alcoba.

818

En un estanco

Un estanco es una tienda muy especial. En cada ciudad de España hay varios estancos pequeños. Son tan pequeños que los forasteros a menudo tienen dificultades en encontrarlos entre las demás tiendas. En un estanco se vende todo lo que necesita un fumador: cigarrillos, cigarros, pipas, cajas de cerillas y mecheros. Además del tabaco hay artículos de papelería y cada estanquero vende sellos.

817

Der Dachboden im Chalet

Dolores: Was willst du im Dachboden vom Chalet verändern?
Francisco: Vor allem muß ich einige Dachziegel kaufen. Sechs oder sieben sind kaputt. Das Dach muß dicht sein, damit wir den Boden als Schlafkammer benutzen können.

desván (m.) [dez'ban]	Dachboden; Bodenkammer
teja (f.) ['tɛxa]	Dachziegel
tejado (m.) [tɛ'xaᵈo]	(Ziegel-)Dach
alcoba (f.) [al'koba]	Schlafzimmer; Alkoven; hier: Schlafkammer

818

In einem Tabakladen

Ein Estanco ist ein ganz besonderes Geschäft. In jeder Stadt Spaniens gibt es mehrere kleine Tabakläden. Sie sind so klein, daß Fremde oft Schwierigkeiten haben, sie zwischen den anderen Läden zu finden. In einem Estanco wird alles verkauft, was ein Raucher braucht: Zigaretten, Zigarren, Pfeifen, Streichholzschachteln und Feuerzeuge. Neben dem Tabak gibt es Schreibwaren, und jeder Estanquero verkauft Briefmarken.

estanco (m.) [es'taŋko]	Tabakladen
forastero (m.) [foras'tero]	Fremder; Auswärtiger
cigarrillo (m.) [θiga'rriʎo]	Zigarette
cigarro (m.) [θi'garro]	Zigarre; wird auch oft für Zigarette benutzt
mechero (m.) [me'tʃero]	Brenner; Feuerzeug
sello (m.) ['seʎo]	Siegel; Stempel; Stempelmarke; Briefmarke

819

---GRAMÁTICA---

Los grados de comparación del adjetivo

Un coche es **más** caro que una bicicleta.
Un coche es **menos** caro que un avión.
Tu coche es **tan** caro como el mío.
Mi hermano **mayor** juega al voleibol.
Madrid es **más** grande que Valencia.
Estos problemas son de **menor** importancia.
Mi colección de sellos es **más** pequeña que la tuya.
Mi abuelo tiene **más** de ochenta años.

820

El Museo Nacional de Etnología

Pedro: *Papá . . . No te interesa ir conmigo al Museo Nacional de Etnología?*

Francisco: *Mira – esta semana no tengo ni un minuto libre. Pero ¿qué exponen?*

Pedro: *A mí me gustaría ver sobre todo la colección perteneciente a Filipinas, que es la más importante en cuanto a su calidad y número.*

Francisco: *Vamos el próximo domingo por la mañana, ¿que te parece?*

819

Die Steigerung des Adjektivs

Ein Auto ist teurer als ein Fahrrad.
Ein Auto ist billiger (weniger teuer) als ein Flugzeug.
Dein Auto ist genau so teuer wie meines.
Mein älterer Bruder spielt Volleyball.
Madrid ist größer als Valencia.
Diese Probleme sind von geringerer Bedeutung.
Meine Briefmarkensammlung ist kleiner als deine.
Mein Großvater ist über achtzig Jahre alt.

Mucho, poco, bueno, malo, grande und *pequeño* haben unregelmäßige Komparativ- bzw. Superlativformen. *Grande* und *pequeño* haben zwei unterschiedliche Komparative (bzw. Superlative): *mayor/más grande* und *menor/ más pequeño*. *Mayor* und *menor* werden häufiger gebraucht (Abstrakta, Alter) als *más grande* und *más pequeño*, die fast nur für meßbare Größen stehen. Vor Zahlen steht *más de* bzw. *menos de*.

820

Das Staatliche Museum für Völkerkunde

Pedro: Papa... Interessiert es dich nicht, mit mir ins Staatliche Museum für Völkerkunde zu gehen?
Francisco: Sieh mal – diese Woche habe ich nicht eine freie Minute. Aber was stellen sie denn aus?
Pedro: Ich würde am liebsten die Philippinen-Sammlung sehen; sie ist die bedeutendste, was Qualität und Umfang betrifft.
Francisco: Wir gehen nächsten Sonntag am Vormittag. Was hältst du davon?

Das Museo Nacional de Etnología befindet sich an der Ecke Alfonso XII und Paseo Infanta Isabel nahe dem Botanischen Garten in Madrid.

exponer [espoˈnɛr]	darlegen, ausstellen
perteneciente a [pɛrteneˈθiente a]	zugehörig zu
número (m.) [ˈnumero]	Zahl, Ziffer, Nummer; hier: Umfang

821

El tragaluz

Francisco: *Se nota que no soy tejador ni vidriero. ¡Esperemos que el tragaluz no se caiga!*

Dolores: *Dentro de poco sabremos si has trabajado bien o mal. Va a llover.*

822

EJERCICIO

El indefinido

Ponga las siguientes frases al indefinido:

1. Me compro un disco de 'Mecano'.
2. Fani llama a una compañera de clase.
3. Sus amigos le esperan hasta las ocho.
4. Comemos una paella valenciana.
5. ¿Escribes ya la carta a 'El País'?

821

Das Dachfenster

Francisco: Man merkt, daß ich weder Dachdecker noch Glaser bin. Hoffen wir, daß das Dachfenster nicht herunterfällt!
Dolores: In Kürze werden wir wissen, ob du gut oder schlecht gearbeitet hast. Es wird regnen.

tragaluz (m.) [traga'luθ]	Dachfenster; Luke; Oberlicht
tejador (m.) [tɛxa'ðɔr]	Dachdecker

822

Indefinido

Setzen Sie folgende Sätze in den 'Indefinido':

1. Me **compré** un disco de 'Mecano'. – Ich habe mir eine Platte von 'Mecano' gekauft. 2. Fani **llamó** a una compañera de clase. – Fani rief eine Klassenkameradin an. 3. Sus amigos le **esperaron** hasta las ocho. – Ihre Freunde warteten bis acht Uhr auf sie. 4. **Comimos** una paella valenciana. – Wir aßen eine Paella Valenciana. 5. ¿**Escribiste** ya la carta a 'El País'? – Hast du den Brief an 'El País' schon geschrieben?

DIE EXPERTENECKE

Das Relativpronomen **cuyo/cuya** (dessen/deren) richtet sich in Zahl und Geschlecht nicht nach dem Besitzer, sondern nach dem folgenden Substantiv: der Junge, dessen Eltern ... – el chico cuyos padres ...; die Frau, deren Mann ... – la señora cuyo esposo ... etc. Für Personen steht statt **que** oder **el/la que** das Relativpronomen **quien**: el señor para **quien** trabajo – der Herr, für den ich arbeite.

823

El aumento de sueldo

El jefe de Ramón ha oído del éxito de Ramón en las negociaciones de venta con los japoneses. Le hace entrar a Ramón en su despacho y, muy contento, le ofrece una copa de coñác. Después le dice a Ramón que está muy orgulloso de él y que a partir del mes que viene puede contar con un aumento de sueldo notable.

824

El SIDA

Pedro: *No lo entiendo. En la tele hablan de la enfermedad, en la radio, en los periódicos; ya hay libros sobre el SIDA y los riesgos del amor, y cada día hay más enfermos.*

Julio: *Es que la gente no usa condones – aunque se hace tanta publicidad.*

823

Die Gehaltserhöhung

Der Chef von Ramón hat von Ramóns Erfolg in den Verkaufsverhandlungen mit den Japanern gehört. Er läßt Ramón zu sich ins Arbeitszimmer kommen und bietet ihm sehr zufrieden ein Gläschen Cognac an. Danach sagt er Ramón, daß er sehr stolz auf ihn ist und daß er ab dem kommenden Monat mit einer beachtlichen Gehaltserhöhung rechnen kann.

el aumento [au'mento]	Erhöhung
el sueldo ['su̯ɛldo]	Gehalt; Lohn
el éxito ['ɛgsito]	Erfolg
la copa ['kopa]	Glas; Gläschen
orgulloso (de) [ɔrgu'ʎoso]	stolz (auf)

824

AIDS

Pedro: Ich verstehe es nicht. Im Fernsehen sprechen sie über die Krankheit, im Radio, in den Zeitungen; es gibt schon Bücher über AIDS und die Risiken bei der Liebe, und jeden Tag gibt es mehr Kranke.

Julio: Die Leute benutzen einfach keine Kondome – obwohl soviel Werbung gemacht wird.

SIDA (m.) ['siða]	AIDS; Abkürzung für ‚síndrome de inmunodeficiencia adquirida'
condón (m.) [kɔn'dɔn]	Kondom
publicidad (f.) [puβliθi'ða⁽ᵈ⁾]	Werbung; Öffentlichkeit

825

---GRAMÁTICA---

El pronombre 'lo'

Me **lo** presentaron anteayer en el parque (a José).
No **lo** encuentro (el anillo).
¿Qué es esto? No **lo** he visto nunca, no sé.
Juan ya no trabaja, pero sus amigos no **lo** saben.
Me da el vaso de vino. Me **lo** da.
Ha entregado un paquete al portero. Se **lo** ha entregado.
Lo he pasado muy bien.

826

¿Qué significa la luz de vela?

Carmen: *¿Qué te pasa, Pedro? ¿Me invitas a cenar y además pones unas velas en la mesa? ¿Quieres hacerme la petición de mano?*

Pedro: *No, no, no... Sólo quería mostrarte que soy un hombre romántico.*

825

---- GRAMMATIK ----

Das Pronomen 'lo'

Sie stellten ihn (José) mir vorgestern im Park vor.
Ich finde ihn nicht (den Ring).
Was ist das? Ich habe es noch nie gesehen, ich weiß nicht.
Juan arbeitet nicht mehr, aber seine Freunde wissen es nicht.
Er gibt mir das Weinglas. Er gibt es mir.
Er hat dem Hausmeister ein Paket ausgehändigt. Er hat es ihm ausgehändigt.
Ich hatte eine sehr nette Zeit.

*Das Fürwort **lo** steht für Sachen (maskulin Sg.) und für Personen (3 Pers. Sg.) im Akkusativ. Das neutrale **lo** bezieht sich auf Neutra wie **esto** oder **todo** oder auf einen ganzen Satzinhalt (Juan ya no trabaja). In einigen Ausdrücken steht **lo** auch als unbestimmte Angabe einer Zeitdauer (Lo he pasado muy bien).*

826

Was bedeutet das Kerzenlicht?

Carmen: Was ist mit dir los, Pedro? Du lädst mich zum Abendessen ein, und obendrein stellst du Kerzen auf den Tisch? Willst du mir einen Heiratsantrag machen?
Pedro: Nein, nein, nein ... Ich wollte dir nur zeigen, daß ich ein romantischer Mann bin.

vela (f.) ['bela]	Kerze; Nachtwache; Segel
petición de mano (f.) [peti'θĭon đe 'mano]	Heiratsantrag

827

En la panadería

Rosa entra en la panadería en la esquina de la calle.
Rosa: *Buenos días. ¡Déme cuatro panes, por favor!*
Panadero: *Aquí los tiene. ¿Desea algo más?*
Rosa: *Sí, tres bollos y tres donuts, . . . y un pan integral, si le queda uno.*
Panadero: *Es el último. ¿Quiere pagar ahora o mañana?*
Rosa: *No, lo pago ahora.*

828

---EJERCICIO---

¿Conoce Vd. estas locuciones adverbiales? ¡Traduzca!

a tiempo	a menudo
rara vez	alguna vez
tal vez	de vez en cuando
por poco	desde luego
sobre todo	más bien
de aquí en adelante	de todos modos
en seguida	más o menos

827

In der Bäckerei

Rosa betritt die Bäckerei an der Straßenecke.
Rosa: Guten Tag. Geben Sie mir bitte vier Brote!
Bäcker: Hier, bitte sehr. Wünschen Sie noch etwas?
Rosa: Ja, drei Milchbrötchen und drei Donuts, . . . und ein Vollkornbrot, wenn Sie noch eins haben.
Bäcker: Es ist das letzte. Möchten Sie jetzt bezahlen oder morgen?
Rosa: Nein, ich zahle sofort.

„Donuts" sind Gebäckkringel, die entweder mit einer hellen Glasur oder mit einer dunklen Schokoladenglasur überzogen sind.

panadería (f.) [panađe'ria]	Bäckerei; Bäckerladen
panadero (m.) [pana'đero]	Bäcker
bollo (m.) ['boʎo]	Milchbrötchen
pan integral (m.) [pan inte'gral]	Vollkornbrot

828

──────── ÜBUNG ────────

Kennen Sie diese adverbiellen Angaben? Übersetzen Sie!

a tiempo	– rechtzeitig	a menudo	– oft
rara vez	– selten	alguna vez	– manchmal; irgendwann
tal vez	– vielleicht	de vez en cuando	– ab und zu
por poco	– beinahe	desde luego	– selbstverständlich
sobre todo	– vor allem	más bien	– eher
de aquí en adelante	– von jetzt an	de todos modos	– jedenfalls; unbedingt
en seguida	– sofort	más o menos	– ungefähr

829

¿Aprender alemán?

Rosa: Voy a aprender alemán.
Alberto: ¿Aprender alemán? ¿Para qué?
Rosa: Para poder leer las cartas de Klaus y para poder hablar con él y los demás alemanes. Aparte de ello quiero ir a Alemania y Austria el año que viene. Me gustaría entender un poco la televisión.

830

En la sastrería

La abuela de Aintzane le ha regalado a ella uno de sus viejos vestidos de noche. Cuando Aintzane se lo pone se da cuenta de que el vestido no le está muy ceñido al cuerpo y que hay que ponerle una cremallera nueva. Se lo quita y lo lleva a una sastrería cerca de su casa donde el sastre le toma las medidas.

829

Deutsch lernen?

Rosa: Ich werde Deutsch lernen.
Alberto: Deutsch lernen? Wozu?
Rosa: Um die Briefe von Klaus lesen zu können und um mit ihm und den anderen Deutschen sprechen zu können. Außerdem will ich nächstes Jahr nach Deutschland und Österreich fahren. Ich würde gern ein bißchen vom Fernsehen verstehen.

los demás [los de'mas]	die anderen
Austria (f.) ['aŭstria]	Österreich
idioma (m.) [i'ðioma]	Sprache; Idiom

830

In der Schneiderei

Die Großmutter von Aintzane hat ihr eines ihrer alten Abendkleider geschenkt. Als Aintzane es anzieht, merkt sie, daß das Kleid nicht eng genug ist und daß ein neuer Reißverschluß eingesetzt werden muß. Sie zieht es wieder aus und bringt es in der Nähe ihrer Wohnung zu einer Schneiderei, wo der Schneider ihre Maße nimmt.

la sastrería [sastre'ria]	Schneiderei
el vestido de noche [bes'tiðo] [de] ['notʃe]	Abendkleid
el cuerpo ['kŭɛrpo]	Körper
la cremallera [krema'ʎera]	Reißverschluß
tomar la medida [to'mar] [la] [me'ðiða]	Maß nehmen

831

*«La política es el arte
de aplicar en cada época
aquella parte del ideal
que las circunstancias
hacen posible.»*

*Antonio
Cánovas del Castillo*

832

En la feria industrial

Miriam: *¡Me encanta ir a una feria contigo!*
Ramón: *Y eso ¿por qué? Yo siempre pensaba que te aburrías como una ostra.*
Miriam: *No ¡qué va! En todas las casetas el champán y la comida es gratis y además hay muchas cosas interesantes que ver.*

831

„Die Politik ist die Kunst, in jeder Epoche den Teil des Ideals anzuwenden, den die Umstände ermöglichen." — Antonio Cánovas del Castillo (1828 – 1898), spanischer Politiker

---
GRAMMATIK

Der Gebrauch des 'Indefinido'

1. Für einmalige Handlungen, die zu einem bestimmten Zeitpunkt oder innerhalb einer bestimmten Zeitspanne in der Vergangenheit erfolgten. Signalwörter sind 'ayer', 'la semana pasada' etc.: Ayer Tomás fue a casa de Fani. – Tomás ging gestern zu Fani.

2. Für eine plötzlich eintretende Handlung, die eine andere unterbricht: Estaba comiendo cuando me *llamó* Aintzane. – Ich aß gerade, als mich Aintzane anrief.

3. Für wiederholte Handlungen, die ausdrücklich abgeschlossen sind: Antes de ir a España me lo *preguntó* continuamente. – Bevor er nach Spanien ging, fragte er es mich andauernd.

832

Auf der Industriemesse

Miriam: Ich liebe es, mit dir auf eine Messe zu gehen!
Ramón: Wieso das denn? Ich dachte immer, daß du dich fürchterlich langweilst.
Miriam: Nein, überhaupt nicht! Bei allen Messeständen gibt es Sekt und Essen umsonst, und außerdem sind viele interessante Dinge zu sehen.

la feria industrial ['feria] [indus'trial]	Industriemesse
aburrirse (como una ostra) [aburrirse] ['komo] [una] ['ostra]	sich (fürchterlich) langweilen
la ostra ['ostra]	Auster
la caseta [ka'seta]	(Messe-)Stand
el champán [tʃam'pan]	Sekt

833

El 6 de diciembre, Día de la Constitución

El 20 de nov. de 1.975 murió Francisco Franco Bahamonde, dictador de España durante casi 40 años. Dos días después, Juan Carlos fue proclamado Rey de España. A él los españoles tienen que agradecer la transición de España de una dictadura a una democracia. El 31 de nov. de 1.978 el parlamento español aprobó la nueva Constitución que posteriormente fue confirmada en un referéndum.

¿Sabe Ud., en cuántas Comunidades Autónomas está dividida España según la Constitución?

834

Los paradores nacionales

Los paradores son hoteles estatales de dos, tres o cuatro estrellas. En 1928 el rey Alfonso XIII inauguró el primer establecimiento de la red de paradores – en Gredos. Desde entonces una treintena de vetustos castillos, palacios de alta nobleza medieval y conventos han sido restaurados y adaptados a los tiempos modernos. La red de paradores cubre hoy toda la península.

833

Der 6. Dezember, Tag der Verfassung

Am 20. Nov. 1975 starb Francisco Franco Bahamonde, der während beinahe 40 Jahren Diktator Spaniens gewesen war. Zwei Tage später wurde Juan Carlos zum König von Spanien ernannt. Ihm haben die Spanier den Übergang Spaniens von einer Diktatur zu einer Demokratie zu verdanken. Am 31. Nov. 1978 verabschiedete das spanische Parlament die neue Verfassung, die nachträglich in einer Volksabstimmung bestätigt wurde. Wissen Sie, in wieviele Autonome Gemeinschaften Spanien gemäß der Verfassung aufgeteilt ist?

Spanien ist durch seine Verfassung in siebzehn Autonome Regionen aufgeteilt.

834

Die staatlichen Paradores

Die Paradores sind staatliche Hotels mit zwei, drei oder vier Sternen. 1928 weihte König Alfons der Dreizehnte das erste Haus des Paradornetzes ein – in Gredos. Seitdem wurden etwa dreißig uralte Schlösser, Residenzen des mittelalterlichen Hochadels und Klöster restauriert und der modernen Zeit angepaßt. Das Paradornetz bedeckt heute die gesamte Halbinsel.

parador (m.) [para'ðɔr]	**staatliches Hotel**
treintena (f.) [trein'tena]	**Dreißigstel; dreißig Stück**
vetusto [be'tusto]	**sehr alt; uralt**

835

El ponche

Rosa: A mí me da igual, pero ¿qué dirán los demás invitados? Ahora tienes todos los ingredientes y hasta el recetario de mi madre, pero no has pensado en una ponchera.

Alberto: No veo ningún problema. Hay otros recipientes . . .

836

GRAMÁTICA

Preposiciones de lugar, dirección y movimiento

En: Estamos **en** Valencia.
El libro está **en** la mesa.
A: Nos sentamos **a** la mesa.
Vamos **a** Valencia.
Por: **Por** esta zona debe de haber un restaurante.
Hicimos un viaje **por** Europa.
Tenemos que pasar **por** Zaragoza.

835

Der Punsch

Rosa: Mir ist es egal. Aber was werden die anderen Gäste sagen? Jetzt hast du alle Zutaten und sogar die Rezeptsammlung meiner Mutter, aber an eine Punschschüssel hast du nicht gedacht.

Alberto: Ich sehe da überhaupt kein Problem. Es gibt andere Behälter . . .

ponche (m.) ['pontʃe]	Punsch
ponchera (f.) [pon'tʃera]	Punschschüssel; Bowlenschale
recetario (m.) [rrεθe'tario]	Rezeptsammlung (Küche); Arzneibuch
recipiente (m.) [rrεθi'piente]	Gefäß; Behälter

836

--- GRAMMATIK ---

Präpositionen des Ortes, der Richtung und der Bewegung

En: Wir sind **in** Valencia.
Das Buch befindet sich **auf** dem Tisch.

A: Wir setzen uns **an** den Tisch.
Wir fahren **nach** Valencia.

Por: **In** dieser Gegend muß es ein Restaurant geben.
Wir machten eine Reise **durch** Europa.
Wir müssen **über** Saragossa fahren.

837

La lavandería de un hotel

Aviso importante:
No nos responsabilizamos de los desperfectos causados a prendas de ante, cuero y encaje. Si desea Vd. el servicio de urgencia deberá entregar su ropa antes de las 10 h y le será devuelta en el transcurso de las 24 h. siguientes. La ropa recogida después de las 10 h se entregarán dentro de las 48 h. siguientes.

838

Un viaje de negocios

Dolores: *¡Qué rabia! Esa mujer es insoportable. No deja de contarme algo sobre su marido, un escritor publicitario. Actualmente está en Lima . . . Un viaje de negocios . . .*
Francisco: *Parece que esta señora está muy orgullosa de su marido.*

837

Die Wäscherei eines Hotels

Wichtig:
Wir übernehmen keine Verantwortung für Beschädigungen an Kleidungsstücken aus Wildleder, Leder und Spitze. Wenn Sie den Schnelldienst wünschen, müssen Sie uns ihre Wäsche vor 10.00 Uhr überlassen; dann erhalten Sie sie im Verlauf der nächsten 24 Stunden zurück. Nach 10.00 Uhr abgegebene Wäsche wird innerhalb der nächsten 48 Stunden zurückgegeben.

aviso (m.) [a'biso]	Benachrichtigung, Nachricht; Bekanntmachung; Anzeige; Bescheid
prenda (f.) ['prenda]	Pfand; Kleidungsstück; Schatz, Liebchen
ante (m.) ['ante]	Elen; Wildleder; Büffel
encaje (m.) [eŋ'kaxe]	Einfügen; Einschnitt; Falz; Spitze

838

Eine Geschäftsreise

Dolores: Habe ich eine Wut! Diese Frau ist unerträglich. Ununterbrochen erzählt sie mir etwas über ihren Mann, einen Werbetexter. Gegenwärtig ist er in Lima... Eine Geschäftsreise...
Francisco: Anscheinend ist diese Dame sehr stolz auf ihren Mann.

viaje de negocios (m.) [bi'axe de ne'goθĭos]	Geschäftsreise
insoportable [insopor'table]	unerträglich; unausstehlich
publicitario [publiθi'tarĭo]	Werbe..., Werbungs...

839

EJERCICIO

¿Perfecto, imperfecto o indefinido?

Traduzca las siguientes frases al español:

1. Vorgestern ist Tomás den ganzen Tag im Bett geblieben.
2. Als Ramón klein war, spielte er gerne Fußball.
3. Bis jetzt war das Wetter sehr gut.
4. Dieses Jahr waren wenige Touristen hier.
5. Letzte Woche kam Fani aus Bochum zurück.
6. Heute morgen hat Martín es mir gesagt.
7. Seid ihr letzten Montag ins Schwimmbad gegangen?
8. Hast du den Film 'Bluthochzeit' schon gesehen?

840

Jugando a las cartas

Tomás: *Oye, Martín. Te toca a tí barajar ahora. ¡Martín! ¿Qué te pasa? ¿Estás durmiendo?*

Martín: *¿Qué? Ah, no. Sólo estaba mirando las colillas en el cenicero. Es increíble cuánto hemos fumado hoy jugando a las cartas.*

839

'Perfecto', 'imperfecto' oder 'indefinido'?

1. Anteayer Tomás se **quedó** todo el día en la cama. 2. Cuando Ramón **era** pequeño, le **gustaba** jugar al fútbol. 3. Hasta ahora **ha hecho** muy buen tiempo. 4. Este año **han estado** pocos turistas aquí. 5. La semana pasada Fani **volvió** de Bochum. 6. Martín me lo **ha dicho** esta mañana. 7. ¿**Fuisteis** a la piscina el lunes pasado? 8. ¿Ya **has visto** la película 'Bodas de Sangre'?

DIE EXPERTENECKE

Da der Indefinido sich in der Regel auf eine in einem ganz bestimmten Moment der Vergangenheit abgeschlossene Handlung bezieht, haben einige Verben im Indefinido eine andere Bedeutung:
saber: sabía – ich wußte; supe – ich erfuhr
tener: tenía – ich hatte; tuve – ich erhielt
conocer: conocía – kannte; conocí – lernte kennen

840

Beim Kartenspielen

Tomás: Hör mal, Martín. Du bist jetzt dran mit dem Kartenmischen. Martín! Was ist los mit dir? Schläfst du?

Martín: Was? Ah, nein. Ich habe nur die Zigarettenkippen im Aschenbecher angeschaut. Es ist unglaublich, wieviel wir heute beim Kartenspielen schon geraucht haben.

---

jugar a las cartas [xuˈgar] [a] [las ˈkartas]	Kartenspielen
te toca a tí [te] [ˈtoka] [a] [ti]	du bist dran
barajar [baraˈxar]	mischen (Karten)
la colilla [koˈliʎa]	(Zigaretten-)Kippe
el cenicero [θeniˈθero]	Aschenbecher

841

La Barranca del Cobre

La Barranca del Cobre abarca unos doce barrancos de la Sierra Madre Occidental en el Noroeste de México, en el estado federal mejicano de Chihuahua. Esta sierra escabrosa también se llama Sierra Tarahumara, según los indios que viven allí. Los españoles encontraron en esta región numerosas riquezas de subsuelo como p.e. oro, plata, ópalos y, como ya dice el nombre, cobre. En la Barranca del Cobre se encuentran las cataratas más grandes de México.

¿Cómo se llaman?

842

Romeo y Julieta

En el Teatro de la Latina vuelven a presentar obras de William Shakespeare. Esta tarde, a las ocho, hay una presentación de Romeo y Julieta. Aintzane quiere estrenar su vestido de noche. Ella y Maica pasan por el teatro, que está en la Plaza de la Cebada, y sacan dos entradas en la taquilla.

841

Der „Kupfercañon"

Der „Kupfercañon" umfaßt ein gutes Dutzend großer Schluchten der Sierra Madre Occidental im Nordwesten Mexikos, im mexikanischen Bundesstaat Chihuahua. Dieses stark zerklüftete Gebirge wird nach den dort lebenden Indianern auch Tarahumara-Gebirge genannt. Die Spanier fanden in dieser Gegend zahlreiche Bodenschätze wie z. B. Gold, Silber, Opale und, wie der Name bereits sagt, Kupfer. Im „Kupfercañon" befinden sich die größten Wasserfälle Mexikos. Wie heißen sie?

Die 300 m hohen Wasserfälle von Basaseáchic

Nicht versäumen: Die ca. 13 Stunden lange Bahnfahrt von Chihuahua durch den Kupfercañon nach Los Mochis mit dem „Vista Tren".

842

Romeo und Julia

Im Latina-Theater werden wieder Stücke von William Shakespeare aufgeführt. Heute abend um acht Uhr gibt es eine Aufführung von Romeo und Julia. Aintzane will ihr Abendkleid einweihen. Sie und Maica gehen am Theater am Cebada-Platz vorbei und kaufen an der Kasse zwei Eintrittskarten.

el teatro [te'atro]	Theater
la obra ['oƀra]	Werk; Stück
presentar [presen'tar]	aufführen
pasar por ... [pa'sar] [pɔr]	an ... vorbeigehen
la taquilla [ta'kiʎa]	Kasse
sacar una entrada ['sakar] [una] [en'trada]	eine Eintrittskarte kaufen

843

«*Para que el vino sepa a vino,
se ha de beber con un amigo.*»

Refrán español

844

La televisión privada

Fani: *Me da rabia ese sinnúmero de canales de televisión privada. Cada vez que ponen una película buena la interrumpen cada dos por tres con unos anuncios.*

Martín: *¡Eso es! El otro día durante la peli sobre el Lute fueron quince.*

843

„Damit der Wein nach Wein schmeckt, muß man ihn zusammen mit einem Freund trinken." – Spanisches Sprichwort

--- GRAMMATIK ---

Naheliegende Zukunft und Vergangenheit

Für Ereignisse, die gerade eben passiert sind, werden im Spanischen keine Vergangenheitsformen benutzt. Stattdessen wird das Verb 'acabar' zusammen mit der Präposition 'de' und dem Infinitiv gebraucht: Ich habe mich gerade gewaschen. – Acabo de lavarme. Hast du mich gerade gerufen? – ¿Acabas de llamarme?

Für die nahe Zukunft wird das Verb 'ir' mit der Präposition 'a' gebraucht: Voy a estudiar ahora. – Ich werde jetzt lernen. *(Oft auch im Deutschen:* Ich gehe jetzt lernen.*)*

844

Das Privatfernsehen

Fani: Diese Unmenge von Privatfernseh-Kanälen macht mich wütend. Jedesmal, wenn sie einen guten Film zeigen, wird er ständig unterbrochen mit irgendwelchen Reklame-Spots.

Martín: Ganz genau! Neulich, während des Films über den Lute*, waren es fünfzehn.

**Der „Lute" ist ein in ganz Spanien berühmt gewordener Dieb.*

la televisión privada [teleβi'sĭon] [pri'βaᵈa]	Privatfernsehen
me da rabia [me] [da] ['rraβĭa]	es macht mich wütend
la rabia ['rraβĭa]	Wut
cada dos por tres ['kaða] [dɔs] [pɔr] [tres]	ständig
interrumpir [intɛrrum'pir]	unterbrechen

845

---- EJERCICIO ----

América

*¿Cómo se llaman los habitantes de
los países siguientes?*

Guatemala: _____   Costa Rica: _____

Panamá: _____   Ecuador: _____

Colombia: _____   Honduras: _____

El Salvador: _____   Puerto Rico: _____

Nicaragua: _____   Uruguay: _____

846

La fiesta de disfraces

Maica, Fani y Aintzane se han reunido en casa de Fani para pensar en qué se van a poner en la fiesta de disfraces de esta noche.
Fani dice que a ella le gusta disfrazarse de hombre. Maica se va a poner una máscara de Margaret Thatcher que se compró el año pasado en Londres y Aintzane quiere ir de payaso.

845

Amerika

Wie heißen die Einwohner der folgenden Länder?

Guatemala: **guatemalteco**
Panamá: **panameño**
Colombia: **columbiano**
El Salvador: **salvadoreño**
Nicaragua: **nicaragüense**

Costa Rica: **costarricense**
Ecuador: **ecuatoriano**
Honduras: **hondureño**
Puerto Rico: **puertorriqueño**
Uruguay: **uruguayo**

DIE EXPERTENECKE

Spanische Sprichwörter – Refranes españoles

1. Los niños y los locos dicen las verdades. – Kinder und Narren sagen die Wahrheit.
2. Lo bueno, si breve, dos veces bueno. – In der Kürze liegt die Würze (breve – kurz).
3. De tal palo, tal astilla. – Der Apfel fällt nicht weit vom Stamm (palo – Stock; astilla – Splitter).

846

Das Kostümfest

Maica, Fani und Aintzane sind im Haus von Fani zusammengekommen, um darüber nachzudenken, was sie anziehen sollen heute abend auf dem Kostümfest. Fani sagt, daß sie sich gerne als Mann verkleidet. Maica wird eine Margaret-Thatcher-Maske anziehen, die sie sich letztes Jahr in London gekauft hat, und Aintzane will als Clown gehen.

reunirse [rreŭ'nirse]	zusammenkommen; sich versammeln
el disfraz [dis'fraθ]	Verkleidung
disfrazarse [disfra'θarse]	sich verkleiden
la máscara ['maskara]	Maske
el payaso [pa'jaso]	Clown

847

La nueva literatura española

El Premio Nobel de Literatura que en 1.989 se le otorgó a Camilo José Cela es engañoso para la nueva literatura española porque Cela escribió sus obras en los años de posguerra española. Autores más jovenes como Manuel Vázquez Montalbán y los hermanos Goytisolo tampoco cuentan entre la nueva generación de escritores de los años ochenta sino escritores como Alejandro Gándara o Julio Llamazares.

¿Cómo se llaman los hermanos Goytisolo?

848

En el cementerio

Aintzane: *¿De quién fue esa idea de ir al cementerio esta noche?*
Maica: *De Fani y Tomás. ¿Por qué?*
Aintzane: *Porque yo tengo muchísimo miedo ya y no soy precisamente muy aficionada a cuentos de horror contados en un cementerio.*

847

Die neuere spanische Literatur

Der Literaturnobelpreis, der 1989 an Camilo José Cela vergeben wurde, ist in Bezug auf die neuere spanische Literatur täuschend, da Cela seine Werke in der Zeit nach dem spanischen Bürgerkrieg schrieb. Auch jüngere Autoren wie Manuel Vázquez Montalbán und die Gebrüder Goytisolo gehören nicht zur neuen Schriftstellergeneration der achtziger Jahre, sondern Schriftsteller wie Alejandro Gándara oder Julio Llamazares. Wie heißen die Gebrüder Goytisolo?

Luis und Juan Goytisolo

Als Einstieg in die neuere spanische Literatur: Der ins Deutsche übersetzte Roman von Julio Llamazares „Luna de lobos" („Wolfsmond"; Suhrkamp-Verlag).

848

Auf dem Friedhof

Aintzane: Von wem war eigentlich die Idee, heute nacht auf den Friedhof zu gehen?
Maica: Von Fani und Tomás. Warum?
Aintzane: Weil ich jetzt schon unheimlich viel Angst habe und nicht unbedingt ein Fan von Gruselgeschichten bin, die auf einem Friedhof erzählt werden.

el cementerio [θemen'terĭo]	Friedhof
el miedo ['mĭedo]	Angst
tener miedo [te'nɛr] ['mĭeđo]	Angst haben
el cuento ['kŭento]	Geschichte; Märchen
el horror [ɔ'rrɔr]	Schrecken; Grauen

849

EJERCICIO

Pronombres personales:

Traduzca las frases siguientes:

1. Juan schenkt ihnen ein Buch.
2. Ich habe es schon gelesen.
3. Gefällt es dir?
4. Ich rufe euch nachher an.
5. Was empfehlen Sie uns?
6. Ich habe ihn heute morgen gesehen.
7. Könnt ihr mir sagen, wieviel Uhr es ist?
8. Hast du ihr den Reiseführer gekauft?

850

La factura del teléfono

Padre: *¡Fani! ¿Me puedes explicar tú por qué la factura del teléfono este mes alcanza la cantidad de quince mil pesetas?*

Fani: *Mira, papá: Es que ... fue por lo del intercambio de estudiantes.*

Padre: *Te lo voy a quitar de tu dinero en mano.*

849

Personalpronomen:

Übersetzen Sie folgende Sätze:

1. Juan **les** regala un libro.
2. Ya **lo** he leído.
3. ¿**Te** gusta?
4. **Os** llamo luego por teléfono.
5. ¿Qué **nos** recomienda Ud.?
6. **Lo/le** he visto esta mañana.
7. ¿**Me** podéis decir qué hora es?
8. ¿**Le** has comprado la guía?

850

Die Telefonrechnung

Vater: Fani! Kannst du mir erklären, warum sich die Telefonrechnung diesen Monat auf 15 000 Peseten beläuft?
Fani: Schau, Papa: Es ist, weil ... Das war wegen der Sache mit dem Studentenaustausch.
Vater: Ich werde dir das vom Taschengeld abziehen.

la factura [fak'tura]	Rechnung
explicar [espli'kar]	erklären
es que ... [es] [ke]	es ist so, daß ...
quitar [ki'tar]	wegnehmen
el dinero en mano [di'nero] [en] ['mano]	Taschengeld

851

*«Cuatro cosas no pueden ser
escondidas durante largo tiempo:
la ciencia, la estupidez,
la riqueza y la pobreza.»*

Averroes

852

En una librería en la Calle Libreros

Con frecuencia Pedro va a la Calle Libreros para comprar libros. Hoy entra en una de las numerosas librerías y pregunta:
¿Han llegado ya los libros y la guía sobre Guatemala que le he encargado?
Vendedora: *Ya tenemos los libros. Se los puedo dar ahora mismo. Pienso que la guía llega esta semana. Se la puedo mandar por correo.*

851

„Vier Dinge können nicht für lange Zeit versteckt werden: Wissen, Dummheit, Reichtum und Armut." — Averroes (1126 – 1198), spanischer-arabischer Philosoph

---
GRAMMATIK

Der Konjunktiv (subjuntivo)

Der Konjunktiv wird im Spanischen nach folgenden Mustern gebildet:

a) Verben mit Endung auf -ar, z. B. *comprar:* compre, compres, compre, compremos, compréis, compren.

b) Verben mit Endung auf -er oder -ir, z. B. *beber:* beba, bebas, beba, bebamos, bebáis, beban.

Verben, die im Indikativ ihren Stamm verändern, tun dies auch im Konjunktiv, z. B. *poder:* pueda, puedas, pueda, podamos, podáis, puedan.

852

In einer Buchhandlung in der Calle Libreros

Pedro geht oft in die Buchhändlerstraße, um Bücher zu kaufen. Heute geht er in eine der zahlreichen Buchhandlungen und fragt:

    Sind die Bücher und der Führer über Guatemala, die ich bei Ihnen bestellt habe, schon angekommen?

Verkäuferin: Die Bücher haben wir schon. Ich kann sie Ihnen sofort geben. Ich denke, daß der Führer noch in dieser Woche eintrifft. Den kann ich Ihnen zuschicken.

Die 'Calle Libreros' mit ihren Buchhandlungen liegt in Madrid.

librería (f.) [libre'ria]	**Buchhandel; Buchhandlung; Bücherregal**
librero (m.) [li'brero]	**Buchhändler**
guía (f.) ['gia]	**(Fremden-)Führer; Wegweiser; Lehrmeister**

853

Conversación con el cliente

Sr. López: *Me alegra mucho verle, señor Ortega. Cuanto más conversaciones, mejor.*

Francisco: *Buenos días, señor López. Tengo buenas noticias. Con la deposición del testigo ocular en su favor usted ya ha ganado.*

854

--- ADIVINANZA ---

Refranes

¿Conoce Ud. las traducciones de los siguientes refranes españoles?

1. Más ven cuatro ojos que dos.
2. Ninguno nace enseñado.
3. No es oro todo lo que reluce.
4. Por todas partes se va a Roma.
5. A buen hambre no hay pan duro.
6. Afortunado en el juego, desgraciado en amores.
7. A caballo regalado no hay que mirarle el diente.
8. A la tercera va la vencida.

853

Gespräch mit dem Mandanten

Herr López: Ich freue mich sehr, Sie zu sehen, Herr Ortega. Je mehr Gespräche, desto besser.
Francisco: Guten Tag, Herr López. Ich habe gute Nachrichten. Mit der Aussage des Augenzeugen zu Ihren Gunsten haben Sie schon gewonnen.

---

conversación (f.) [kɔmbɛrsa'θĭɔn] Unterhaltung, Gespräch
noticia (f.) [no'tiθĭa] Nachricht; Notiz; Kenntnis
deposición (f.) [deposi'θĭɔn] Niederlegung; Amtsenthebung; hier: Aussage vor Gericht

---

854

Sprichwörter

Das sind die Übersetzungen der spanischen Sprichwörter:

1. Vier Augen sehen mehr als zwei. 2. Es ist noch kein Meister vom Himmel gefallen. (Niemand wird gelehrt geboren.) 3. Es ist nicht alles Gold, was glänzt. 4. Alle Wege führen nach Rom. 5. Hunger ist der beste Koch. (Für einen guten Hunger gibt es kein hartes Brot.) 6. Glück im Spiel, Pech in der Liebe. 7. Geschenktem Gaul schaut man nicht ins Maul. (auf die Zähne) 8. Aller guten Dinge sind drei. (Beim dritten Versuch kommt der Erfolg.)

DIE EXPERTENECKE

Einige Beispiele für orthographische Veränderungen bei Verben im Indefinido (zur Erhaltung der Aussprache): llego – ich komme an → llegué – ich kam an; sacar – herausholen → saqué – ich holte heraus; empiezo – ich fange an → empecé – ich fing an; pago – ich zahle → pagué – ich zahlte

855

Haciendo cola

Tomás y Martín quieren ir al concierto de Mecano, el grupo de música 'rock' más famoso de toda España. Ayer ya estuvieron haciendo cola en una de las taquillas en las que venden las entradas, pero poco antes de tocarles el turno cerraron las taquillas. Hoy los dos se levantan muy temprano para ser los primeros en la cola.

856

Dinero mejicano

La unidad fraccionaria de México es el peso. La abreviación para el peso, $, no debe confundirse con la del dolar norteamericano. Hay billetes de 2000, 5000, 10 000, 20 000 y 50 000 pesos y monedas de 20, 50, 100, 200, 500 y 1000 pesos. Por la exorbitante deuda exterior de México el peso es devaluado constantemente, así que es casi imposible especificar el cambio exacto del peso.

¿Qué cifra alcanza la deuda exterior de México?

855

Schlange stehen

Tomás und Martín wollen ins Konzert von Mecano, der berühmtesten Rockgruppe ganz Spaniens, gehen. Gestern standen sie schon Schlange vor einer der Kassen, an denen die Eintrittskarten verkauft werden, aber kurz bevor sie an der Reihe waren, wurden die Kassen geschlossen. Heute stehen die beiden sehr früh auf, um die ersten in der Schlange zu sein.

hacer cola [a'θɛr] ['kola]	Schlange stehen
el concierto [kɔn'θi̯ɛrto]	Konzert
la taquilla [ta'kiʎa]	Kasse
poco antes ['poko] ['antes]	kurz bevor
le toca el turno [le] ['toka] [el] ['turno]	Sie sind an der Reihe

856

Mexikanisches Geld

Die Währungseinheit Mexikos ist der Peso. Die Abkürzung für den Peso, $, sollte nicht mit der des nordamerikanischen Dollar verwechselt werden. Es gibt Banknoten zu 2000, 5000, 10 000, 20 000 und 50 000 Pesos und Münzen zu 20, 50, 100, 200, 500 und 1000 Pesos. Wegen der unglaublich hohen Auslandsverschuldung Mexikos wird der Peso ständig abgewertet, so daß es beinahe unmöglich ist, den genauen Kurs des Peso anzugeben. Wie hoch ist die Auslandsverschuldung Mexikos?

Annähernd 100 Milliarden US-Dollar (Stand: 1992)!

Mexiko ist damit nach Brasilien das am meisten verschuldete Land der sog. Dritten Welt. Für einen US-$ erhielt man 1976 rd. 12,5 Pesos, heute ca. 2000 Pesos!

857

La tía Maica

Maica: *¿Sabes que desde hace dos días soy tía?*
Ramón: *¿De veras? ¿De cuál de tus hermanos es?*
Maica: *De mi hermana mayor. Esta mañana ha salido con su bebé del hospital. ¿Quieres verlo? Es una chica. Se llama Mónica.*

858

«*Por besos y abrazos
a nadie han ahorcado.*»

Refrán español

857

Tante Maica

Maica: Weißt du, daß ich seit zwei Tagen Tante bin?
Ramón: Wirklich? Von welchem deiner Geschwister ist es?
Maica: Von meiner großen Schwester. Heute morgen ist sie mit ihrem Baby aus dem Krankenhaus gekommen. Willst du es sehen? Es ist ein Mädchen. Es heißt Mónica.

la tía ['tia]	Tante
de veras [de] ['beras]	wirklich; im Ernst
el bebé [be'ɓe]	Baby
el hospital [ɔspi'tal]	Krankenhaus
la chica ['tʃika]	Mädchen

858

„Für Küsse und Umarmungen ist noch niemand aufgehängt worden." – Spanisches Sprichwort

---GRAMMATIK---

Der Konjunktiv bei Imperativen

Der *verneinte* Imperativ der 2. Pers. Sg. + Pl. entspricht den Formen des Konj. Präs.

▷ Verben auf -ar, z. B. *comprar:* ¡no compres! – kauf' nicht! ¡no compréis! – kauft nicht!

▷ Verben auf -er oder -ir, z. B. *beber:* ¡no bebas! – trink nicht! ¡no bebáis! – trinkt nicht!

Auch die *höflichen* Imperative für Ud. + Uds. sowie die 1. Pers. Pl. bilden den bejahten und verneinten Imperativ mit den entsprechenden Personen des Konj. Präs.: ¡(no) compre(n) Ud(s).! – kaufen Sie (nicht)! etc.

Los tejadores

Esta tarde Tomás, Martín y Ramón van al chalé del padre de Ramón. Allí van a intentar arreglar el tejado del chalé que durante la tempestad de anoche ha sufrido daños graves. Por el camino compran en una fábrica de tejas lo que hace falta para el arreglo. La escalera grande ya está en el chalé.

EJERCICIO

Imperativos

Pase los siguientes imperativos a forma negativa:

1. ¡cómelo!
2. ¡quédate!
3. ¡cómpreselo!
4. ¡déselo!
5. ¡hazlo!
6. ¡vete!
7. ¡duerme!

859

Die Dachdecker

Heute nachmittag fahren Tomás, Martín und Ramón zum Landhaus von Ramóns Vater. Dort werden sie versuchen, das Dach zu reparieren, das bei dem Sturm gestern Nacht erhebliche Schäden erlitten hat. Unterwegs kaufen sie in einer Ziegelei, was für die Reparatur notwendig ist. Die große Leiter ist bereits beim Landhaus.

el chalé [tʃa'le]	Landhaus; Villa
intentar [inten'tar]	versuchen
arreglar [arre'glar]	in Ordnung bringen; reparieren
el daño ['daɲo]	Schaden
la escalera [eska'lera]	Leiter; Treppe

860

Imperative

Das sind die negativen Imperative:

1. ¡no lo comas! – Iß es nicht! 2. ¡no te quedes! – Bleib nicht! 3. ¡no se lo compre! – Kaufen Sie es ihr/ihm nicht! 4. ¡no se lo dé! – Geben Sie es ihr/ihm nicht! 5. ¡no lo hagas! – Mach es nicht! 6. ¡no te vayas! – Geh nicht! 7. ¡no te duermas! – Schlaf nicht ein!

DIE EXPERTENECKE

Wichtige Konjunktionen im Spanischen

porque – weil; como (am Satzanfang) – da, weil; aunque – obwohl; así que – so daß; para que – damit; para (+ Infinitiv) – um ... zu; mientras (que) – während; cuando – wenn (zeitl.), als; si – wenn; de manera que – so daß; hasta que – bis; después de (+ Infinitiv) – nachdem; en caso de que – falls

861

El catarro de Fani

Aintzane: *¡Qué mala cara tienes! ¿Por qué no vuelves a casa? Con ese catarro es mejor quedarse en la cama.*
Fani: *Tienes razón. Ya lleva toda la mañana tosiendo y estornudando. Me duele todo el cuerpo. Creo que tengo la gripe.*

862

Guanajuato

Guanajuato, la capital del distrito federal del mismo nombre, está a unos 450 km de México D.F. Se extiende a lo largo de un valle estrecho y es, con sus casas variopintas, callejones estrechos, calles subterráneas y edificios de la época colonial, una de las ciudades más pintorescas de México. El nombre precolombino, Cuanax-huato, significa „lugar montañoso de las ranas".

¿En qué mes se presentan en Guanajuato cada año los „Entremeses Cervantinos"?

Fanis Erkältung

Aintzane: Du siehst schlecht aus! Warum gehst du nicht nach Hause zurück? Mit so einer Erkältung ist es besser, im Bett zu bleiben.
Fani: Du hast recht. Ich huste und niese schon den ganzen Morgen. Mir tut der ganze Körper weh. Ich glaube, ich habe eine Grippe.

el catarro [kaˈtarrɔ]	Erkältung
toser [toˈser]	husten
estornudar [estɔrnuˈðar]	niesen
el cuerpo [ˈkŭɛrpo]	Körper
la gripe [ˈgripe]	Grippe

Guanajuato

Guanajuato, die Hauptstadt des gleichnamigen Bundesstaates, liegt ungefähr 450 km von Mexiko-City entfernt. Sie erstreckt sich entlang eines schmalen Tales und ist, mit ihren buntbemalten Häusern, engen Gäßchen, unterirdischen Straßen und Kolonialbauwerken eine der malerischsten Städte Mexikos. Der präkolumbische Name, Cuanax-huato, bedeutet „hügeliger Ort der Frösche". In welchem Monat werden jedes Jahr in Guanajuato die „Cervantinischen Zwischenakte" aufgeführt?

Im Oktober bei den alljährlichen Cervantes-Festspielen

Der mittlerweile abnehmende Reichtum der Stadt gründete sich auf die ehemaligen Silberminen in und um die Stadt, wie z. B. die Mine 'La Valenciana'.

863

Nuevos neumáticos para el coche

Desde hace dos años Ramón no ha cambiado los neumáticos del coche. Como Ramón y sus amigos suelen subir en invierno a la Sierra de Guadarrama a esquiar, Ramón se ha decidido a comprar nuevos neumáticos en un taller cerca de su casa. Allí también los montan y los equilibran. El dueño del taller es un amigo de Ramón.

864

«El ignorante tiene valor; el sabio miedo.»

Alberto Moravia

863

Neue Reifen fürs Auto

Seit zwei Jahren hat Ramón nicht mehr die Reifen seines Autos ausgewechselt. Da Ramón und seine Freunde im Winter oft zum Skifahren in die Sierra de Guadarrama hochfahren, hat Ramón sich entschlossen, in einer Werkstatt nahe seiner Wohnung neue Reifen zu kaufen. Dort werden sie auch aufgezogen und ausgewuchtet. Der Besitzer der Werkstatt ist ein Freund von Ramón.

el neumático [neŭ'matiko]	(Auto-)Reifen
el invierno [im'bi̯ɛrno]	Winter
esquiar [eski'ar]	Ski fahren
el taller [ta'ʎɛr]	Werkstatt
montar un neumático [mɔn'tar] [un] [neŭ'matiko]	einen Reifen aufziehen

864

„Der Unwissende ist mutig; der Weise hat Angst." — Alberto Moravia (1907 – 1990), italienischer Romanschriftsteller

--- GRAMMATIK ---

Der Konjunktiv in Hauptsätzen

Nach ojalá (= hoffentlich) steht in Hauptsätzen immer der Konjunktiv: ¡Ojalá haga buen tiempo mañana! – Hoffentlich ist morgen schönes Wetter!

Nach quizá(s) (= vielleicht), posiblemente (= möglicherweise), probablemente (= wahrscheinlich) etc. kann Konjunktiv oder Indikativ verwendet werden: Quizá(s) venga/viene Maica esta tarde. – Vielleicht kommt Maica heute nachmittag.

865

Un nuevo abrigo de invierno

Miriam: *¡Qué frío tengo! Creo que me voy a comprar un nuevo abrigo. Estoy harta de pasar siempre frío en invierno.*

Maica: *Es una cosa que no entiendo: el que todavía no tengas un abrigo para el invierno con lo friolera que eres.*

866

--- ADIVINANZA ---

El café

¿Sabe Ud. qué es la diferencia entre las distintas maneras de preparar el café de los españoles?

    el carajillo
    la leche manchada
    el cortado
    el café solo
    el café con leche

865

Ein neuer Wintermantel

Miriam: Wie kalt mir ist! Ich glaube, ich werde mir einen neuen Mantel kaufen. Ich bin es leid, im Winter ständig zu frieren.

Maica: Das ist etwas, was ich nicht verstehe: Daß du immer noch keinen Mantel für den Winter hast, so kälteempfindlich wie du bist.

el abrigo [a'βrigo]	Mantel
tener frío [te'nɛr] ['frio]	frieren
estar harto de [es'tar] ['arto]	es leid sein
friolero [frio'lero]	kälteempfindlich; verfroren
con lo friolero que eres [kɔn] [lo] [frio'lero] [ke] ['eres]	so kälteempfindlich wie du bist

866

Kaffee

So unterscheiden sich die spanischen Kaffeesorten:

el carajillo = schwarzer Kaffee mit einem Schuß Cognac; la leche manchada = heiße Milch mit einem Schuß schwarzen Kaffees; el cortado = Kaffee mit einem Schuß heißer Milch; el café solo = schwarzer Kaffee; el café con leche = Milchkaffee (halb Milch, halb Kaffee, keine Büchsenmilch!)

DIE EXPERTENECKE
Rund ums Auto

el parachoques – Stoßstange; el neumático – Reifen (in Mexiko: la llanta); el parabrisas – Windschutzscheibe; el limpiaparabrisas – Scheibenwischer; el carburador – Vergaser; la bujía – Zündkerze; la matrícula – Nummernschild; el intermitente – Blinker; la luz de cruce – Abblendlicht; la luz larga – Fernlicht; la luz de freno – Bremslicht; el embrague – Kupplung; la palanca del cambio – Schaltknüppel.

867

La cata de vinos

Fani todavía tiene el vino que le ha regalado el dueño de la bodega. Hoy quiere hacer una cata de vinos con sus amigos. Los llama por teléfono y los invita para esta tarde. Poco antes de venir los amigos se da cuenta de que en toda la casa no hay ningún sacacorchos. En seguida sale a prestar uno del vecino de enfrente.

868

Livingstón

En la desembocadura del Río Dulce, pegada a la frontera de Guatemala con Belice, está la ciudad de Livingstón. Como el nombre inglés ya implica esta ciudad antiguamente pertenecía a Honduras Británica. Los habitantes de Livingstón son, en la mayor parte, negros de origen africano y creoles que hasta hoy en día siguen hablando inglés y sueñan más con Bob Marley que con ser guatemaltecos.

¿Desde qué año existió Honduras Británica, el actual Belice?

Die Weinprobe

Noch immer hat Fani den Wein, den ihr der Besitzer der Weinkellerei geschenkt hat. Heute will sie mit ihren Freunden eine Weinprobe machen. Sie ruft sie an und lädt sie für heute abend ein. Kurz bevor die Freunde kommen, merkt sie, daß es im ganzen Haus keinen Korkenzieher gibt. Sie geht sofort raus, um einen vom Nachbarn gegenüber zu leihen.

la cata de vinos ['kata] [de] ['binos]	Weinprobe
invitar [imbi'tar]	einladen
poco antes ['poko] ['antes]	kurz bevor
el sacacorchos [saka'kɔrtʃos]	Korkenzieher
el vecino [be'θino]	Nachbar

Livingston

In der Mündung des Río Dulce, direkt an der Grenze zwischen Guatemala und Belize, liegt die Stadt Livingston. Wie der englische Name schon vermuten läßt, gehörte die Stadt ehemals zu Britisch-Honduras. Die Einwohner von Livingston sind, zum größten Teil, Schwarze afrikanischer Abstammung und Mulatten, die bis heute noch immer Englisch sprechen und eher von Bob Marley träumen als davon, Guatemalteken zu sein. Seit wann existierte Britisch-Honduras, das heutige Belize?

Karl III. von Spanien erkannte 1783 die britischen Besitzungen an der Küste Guatemalas an.

Livingston ist nur mit dem Boot zu erreichen: Entweder über den Río Dulce oder von Puerto Barrios aus über das Meer.

El concierto de Mecano

Esta tarde a las ocho y media comienza el concierto de Mecano. Una hora ya antes de empezar el concierto las localidades están de bote en bote. Con unas cervezas en mano, Tomás y Martín a codazos intentan alcanzar un sitio desde donde tienen una vista sobre todo el escenario.

*«Para quedar mal
no necesitas ayuda.»*
　　　　　Refrán español

869

Das Konzert von Mecano

Heute abend um halb neun beginnt das Konzert von Mecano. Bereits eine Stunde bevor das Konzert anfängt, ist der Zuschauerraum brechend voll. Mit dem Bier in der Hand versuchen Tomás und Martín mit Ellenbogenchecks einen Platz zu erreichen, von dem aus sie einen Blick über die ganze Bühne haben.

comenzar [komen'θar]	anfangen; beginnen
estar de bote en bote [es'tar] [de] ['bote] [em] ['bote]	brechend voll sein, gefüllt sein
el bote ['bote]	Boot
alcanzar [alkan'θar]	(er-)reichen
el escenario [esθe'narĭo]	Bühne

870

„Um schlecht dazustehen, brauchst du keine Hilfe." – Spanisches Sprichwort

---

GRAMMATIK

Der Konjunktiv in Nebensätzen I

1. nach Verben der Willensäußerung: No quiero que leas ese libro. – Ich will nicht, daß du dieses Buch liest. (u. a. Verben wie: querer, pedir, desear, rogar, exigir)

2. nach Verben der Gefühlsäußerung: Me alegro de que estés mejor. – Ich freue mich, daß es dir besser geht. (u. a. Verben wie: alegrarse, perdonar, sentir, sorprenderse)

3. nach Verben der Unsicherheit und des Zweifels: Dudo que Paco venga mañana. – Ich zweifle daran, daß Paco morgen kommt. (u. a. Verben wie: dudar, sospechar, no creer, no pensar, no estar seguro)

871

En la librería

Fani: *Yo, cada vez que estoy en una librería, me olvido de todo. Podría pasar horas y horas aquí.*

Martín: *Sí, es verdad. A mí también me encantan las librerías. Al final nunca sé qué libro comprarme porque hay tantos que me interesan.*

872

EJERCICIO

El subjuntivo

Ponga el subjuntivo donde haga falta:

1. Quiero que (tú ponerte) _____ esta chaqueta.
2. Sentimos mucho que Uds. no (poder venir) _____ a la fiesta.
3. Le he dicho que (él no contar) _____ nada a nadie.
4. ¿No sabes que la clase (empezar) _____ a las ocho en punto?
5. ¿Te molesta que ellos (fumar) _____ continuamente?

871

Im Buchladen

Fani: Jedesmal, wenn ich in einem Buchladen bin, vergesse ich um mich herum alles. Ich könnte Stunden hier verbringen.
Martín: Ja, stimmt. Mich faszinieren Buchläden auch. Am Ende weiß ich nie, welches Buch ich mir kaufen soll, weil mich so viele interessieren.

la librería [liβre'ria]	Buchladen
olvidarse de algo [ɔlβi'darse] [de] ['algo]	etwas vergessen
pasar [pa'sar]	hier: verbringen
al final [al] [fi'nal]	am Ende
interesar [intere'sar]	interessieren

872

Der Konjunktiv

Das sind die Lösungen:

1. Quiero que **te pongas** esta chaqueta. – Ich will, daß du diese Jacke anziehst. 2. Sentimos mucho que Uds. no **puedan venir** a la fiesta. – Es tut uns sehr leid, daß Sie nicht zur Feier kommen können. 3. Le he dicho que **no cuente** nada a nadie. – Ich habe ihm gesagt, daß er niemandem etwas erzählen soll. 4. ¿No sabes que la clase **empieza** a las ocho en punto? – Weißt du nicht, daß der Unterricht um Punkt acht Uhr beginnt? 5. ¿Te molesta que ellos **fumen** continuamente? – Stört es dich, daß sie fortwährend rauchen?

DIE EXPERTENECKE

Preise

Los precios están por las nubes (la nube – Wolke). – Die Preise sind ganz schön gesalzen.

El nuevo compact disc me ha costado un ojo de la cara (un ojo de la cara – ein Auge des Gesichts). – Die neue CD hat mich ein Vermögen gekostet.

Los paquetes

Maica: *Pero ¿qué haces allí? ¿Ya estás empaquetando los regalos de Navidad?*
Fani: *¡No te burles de mí! Es que desde que una vez se me olvidó por completo comprar regalos de Navidad lo hago siempre tan temprano porque si no mis hermanos me degollan.*

Alfonso X, El Sabio

En la historia de la lengua española, Alfonso X, El Sabio, rey de Castilla y León entre 1252 y 1282, desempeñó un papel extraordinario. Durante su reinado se rodeó de una corte de eruditos cristianos, árabes y judíos que le ayudaron a traducir al español obras cultas que hasta entonces se habían escrito en latín. Gracias a su empeño, el español pudo convertirse en una lengua literaria.

¿En qué ciudad española se fundó la más famosa Escuela de Traductores?

873

Die Pakete

Maica: Aber was machst du denn da? Packst du etwa jetzt schon die Weihnachtsgeschenke ein?
Fani: Mach dich nicht lustig über mich. Seitdem ich einmal völlig vergessen habe, Weihnachtsgeschenke zu kaufen, mache ich das immer so früh. Wenn nicht, lynchen mich meine Geschwister.

el paquete [paˈkete]	Paket
el regalo [rrɛˈgalo]	Geschenk
burlarse de alguien [burˈlarse] [de] [ˈalgi̯en]	sich über jemanden lustig machen
por completo [pɔr] [kɔmˈpleto]	völlig
degollar [degoˈʎar]	niedermetzeln; abmurksen

874

Alfons X., der Weise

In der Geschichte der spanischen Sprache spielte Alfons X., der Weise, König von Kastilien und León zwischen 1252 und 1282, eine außerordentliche Rolle. Während seiner Herrschaft umgab er sich mit einem Hof christlicher, arabischer und jüdischer Gelehrter, die ihm halfen, Bildungsschriften ins Spanische zu übersetzen, die bis dahin in Latein verfaßt wurden. Dank seiner Bemühung konnte das Spanische zu einer Literatursprache werden. In welcher spanischen Stadt wurde die berühmteste Übersetzerschule gegründet?

In Toledo, die Escuela de Traductores de Toledo

Die Gelehrten, die Alfons der Weise in seinem Hof um sich versammelte, führten die Traditionen der ein Jh. zuvor gegründeten Übersetzerschule fort.

875

EJERCICIO

Comparativos y superlativos

Las condiciones son hoy (bueno) . . . que ayer.
Este vino es (malo) . . . de toda España.
Estos problemas son de (grande) . . . importancia que los demás.
(Poco) . . . veinte personas estaban en la sala.
Su hermana (pequeño) . . . es secretaria.
Tu coche es (grande) . . . que el mío.
José es el hijo (grande) . . . de Vicente.

876

El cortocircuito

Dolores: *La lámpara del cuarto de baño no luce y la bombilla no está fundida. Creo que el enchufe de la pared está estropeado.*

Francisco: *A lo mejor están rotos algunos hilos. El portero me contó que su primo pasa las horas muertas arreglando aparatos eléctricos. Llamaré a este electricista.*

875

ÜBUNG

Komparative und Superlative

Las condiciones son hoy **mejores** que ayer.
Este vino es **el peor** de toda España.
Estos problemas son de **mayor** importancia que los demás.
Menos de veinte personas estaban en la sala.
Su hermana **menor** es secretaria.
Tu coche es **más grande** que el mío.
José es el hijo **mayor** de Vicente.

Die Bedingungen sind heute besser als gestern.
Dieser Wein ist der schlechteste aus ganz Spanien.
Diese Probleme sind von größerer Bedeutung als die anderen.
Weniger als zwanzig Personen waren in dem Saal.
Seine jüngere Schwester ist Sekretärin.
Dein Auto ist größer als meines.
José ist der älteste Sohn Vicentes.

876

Der Kurzschluß

Dolores: Die Lampe im Badezimmer brennt nicht, und es liegt nicht an der Glühbirne. Ich glaube, daß die Steckdose in der Wand beschädigt ist.
Francisco: Womöglich sind irgendwelche Drähte kaputt. Der Pförtner hat mir erzählt, daß sein Vetter die Freizeit damit verbringt, daß er elektrische Geräte repariert. Diesen Elektriker werde ich anrufen.

cortocircuito (m.) [kɔrtoθir'kŭito]	Kurzschluß
lucir [lu'θir]	leuchten; nutzen, einbringen; hier: brennen
fundir [fun'dir]	schmelzen, gießen; verschmelzen
enchufe (m.) [en'tʃufe]	Verbindungsstück; gute Beziehung; Steckdose; Stecker
hilo (m.) ['ilo]	Faden; Garn; Schnur; Draht

877

*«Un hijo es una pregunta
que le hacemos al destino.»*
José María Pemán

878

En el mercado navideño

Maica y Aintzane pasan por los puestos navideños en la Plaza de la Villa, la plaza más antigua de Madrid. Miran lo que pueden comprar como regalos de Navidad. Fani no ha ido con ellas porque ya tiene todos los regalos. Trabaja en un puesto de un amigo suyo vendiendo pulseras, pendientes y collares.

877

„Ein Kind ist eine Frage, die wir dem Schicksal stellen." — José María Pemán (1898 – 1981), spanischer Schriftsteller und Akademiker

---
GRAMMATIK

Der Konjunktiv in Nebensätzen II

Nach Ausdrücken des Wunsches, der Forderung, Überraschung, des Zweifels etc. steht der Konjunktiv. Hier einige Beispiele: es importante que (= es ist wichtig, daß); es imprescindible que (= es ist unentbehrlich, daß); es mejor que (= es ist besser, daß); es (im)posible que (= es ist (un)möglich, daß) etc.

Nach folgenden Konjunktionen steht verbindlich der Konjunktiv: a no ser que (= es sei denn, daß); antes (de) que (= bevor); con tal (de) que (= vorausgesetzt, daß); para que (= damit); sin que (= ohne daß); en (el) caso (de) que (= falls); etc.

878

Auf dem Weihnachtsmarkt

Maica und Aintzane gehen an den Weihnachtsständen auf dem Plaza de la Villa, dem ältesten Platz Madrids, vorbei. Sie schauen, was sie als Weihnachtsgeschenke kaufen können. Fani ist nicht mit ihnen gegangen, da sie bereits alle Geschenke hat. Sie arbeitet an dem Stand eines Freundes und verkauft Armbänder, Ohrringe und Kettchen.

navideño [naβi'deɲo]	Weihnachts...
el puesto ['pŭesto]	(Markt-)Stand
la pulsera [pul'sera]	Armband
el pendiente [pen'dĭente]	Ohrring
el collar [ko'ʎar]	Kette, Kettchen

879

EJERCICIO

Traduzca Ud. las frases siguientes

1. Ich gebe dir Geld, damit du dir die Jeans kaufen kannst.
2. Bevor Fani das Buch zurückgibt, fotokopiert sie es.
3. Es ist unmöglich, daß Maica schon morgen kommt.
4. Es ist nötig, daß du Tomás vorher anrufst.
5. Ich glaube nicht, daß er es versteht.
6. Sie heiratet, ohne daß ihre Freunde es wissen.

880

Chismes

Dos secretarias se encuentran en el pasillo. Una de ellas pregunta: *¿Sabes que el novio de Elvira quería suicidarse? El chismoso de la cafetería me lo contó.*
La otra: *Esa novedad corre como una chispa . . .*

879

Übersetzen Sie folgende Sätze

1. Te doy dinero para que te **puedas** comprar los vaqueros. 2. Antes de que Fani **devuelve** el libro, lo fotocopia. 3. Es imposible que Maica ya **venga** mañana. 4. Es necesario que **llames** a Tomás antes. 5. No creo que lo **comprenda**. 6. Ella se casa sin que sus amigos lo **sepan**.

DIE EXPERTENECKE

Die „höflichen" Lateinamerikaner

Da es im Spanischen Lateinamerikas keine Verbform für die 2. Pers. Pl. gibt und statt dessen Formen der 3. Pers. Pl. + Uds. verwendet werden (für 'llamáis' → 'Uds. llaman'), kommt es häufig zu lustigen Anreden. Hier ein Beispiel, in dem zwei Hunde verscheucht werden: "¡Lárguense de aquí!" Selbst die Tiere werden gesiezt!

880

Klatsch

Zwei Sekretärinnen treffen sich auf dem Flur. Eine der beiden fragt:

> Weißt du, daß Elviras Freund Selbstmord begehen wollte? Das Klatschmaul aus dem Café hat mir das erzählt.

Die andere: Diese Neuigkeit verbreitet sich wie ein Lauffeuer . . .

chisme (m.) ['tʃizme]	Klatsch; Zeug, unnützer Kram; Gerümpel; im Plural: Klatsch; Sachen; Kleinkram
chismoso (m.) [tʃiz'moso]	Klatschmaul
correr como una chispa (f.) [kɔ'rrɛr 'komo 'una 'tʃispa]	sich wie ein Lauffeuer verbreiten

881

GRAMÁTICA

El pronombre interrogativo

¡Quién tuviera ahora vacaciones!
¡Cuánto me gusta la montaña!
¿Qué es la diferencia entre ser y estar?
Pregunta cuánto quieres.
¿Cuál de estos dos libros es el suyo?
¿Qué coche es el tuyo?
¿Cuánto vale? ¿Cuánto es? ¿Cuánto cuesta?
¿Quiénes son esos señores?

882

Herramientas para el chalet

Dolores: *Francisco, ¿por qué sales a estas horas?*
Francisco: *Voy a la tienda para comprar las herramientas para el chalet. ¿No te acuerdas? Necesito unos alicates universales, unos alicates cortaalambres, unos destornilladores, un martillo pequeño...*
Dolores: *Sí, sí, me acuerdo...*

881

— GRAMMATIK —

Das Interrogativpronomen

Ach, wenn man jetzt Ferien hätte!
Wie sehr mir die Berge gefallen!
Was ist der Unterschied zwischen ser und estar?
Er fragt, wieviel du willst.
Welches dieser beiden ist Ihr Buch?
Welches Auto ist das deine?
Was kostet das? Was macht das? Wieviel kostet das?
Wer sind die Herren dort?

Nicht nur in der direkten und indirekten Frage werden Interrogativpronomen verwendet, sondern auch in Ausrufen. Damit sie von gleichlautenden Relativpronomen unterschieden werden können, tragen sie einen Akzent. **Cuál** *fragt nach Personen oder Dingen, die bereits in einer Gruppe abgegrenzt sind. Zwei feste Strukturen fordern immer* **cuál: cuál + ser + Substantiv** *und* **cuál + de + Substantiv.**

882

Werkzeug für das Wochenendhaus

Dolores: Francisco, warum gehst du um diese Zeit noch weg?
Francisco: Ich fahre zu dem Laden, um das Werkzeug für das Wochenendhaus zu kaufen. Erinnerst du dich nicht? Ich brauche eine Kombizange, eine Drahtschere, ein paar Schraubenzieher, einen kleinen Hammer . . .
Dolores: Ja, ja, ich erinnere mich . . .

herramienta (f.) [ɛrraˈmi̯enta]	Werkzeug
alicates (m. Pl.) [aliˈkates]	Zange
alicates cortaalambres (m. Pl.) [aliˈkates kɔrtaaˈlambres]	Drahtschere; Drahtschneider

883

En el metro

Martín: *A mí me encanta ir en metro. Además, aquí en Madrid el metro es el medio de transporte más rápido y más económico.*

Jesús: *Bueno, pero en las horas punta no es especialmente cómodo ir en metro.*

Martín: *A esas horas claro que no.*

884

La postal de Navidad

3 de diciembre de 1993

Querida Claudia,

Feliz Navidad y Próspero Año Nuevo te desean tus amigos de Madrid

abrazos
Miriam y Ramón

P.D. Si quieres venir a Madrid a pasar la Nochevieja con nosotros llámanos antes del 24.

883

In der Metro

Martín: Ich liebe es, mit der Metro zu fahren. Außerdem ist die Metro hier in Madrid das schnellste und billigste Verkehrsmittel.
Jesús: Hm, aber in der Hauptverkehrszeit ist es nicht besonders bequem, mit der Metro zu fahren.
Martín: Zu diesen Zeiten natürlich nicht.

el metro ['metro]	Metro; U-Bahn
me encanta … [me eŋ'kanta]	ich liebe es, …
el medio de transporte ['meðĭo de tranz'pɔrte]	Verkehrsmittel
económico [eko'nomiko]	wirtschaftlich; billig
la hora punta ['ora 'punta]	Hauptverkehrszeit
cómodo, -a ['komoðo/a]	bequem
a esas horas [a 'esas 'oras]	um diese Zeit; zu diesen Zeiten

884

Die Weihnachtskarte

3. Dezember 1993

Liebe Claudia,

Frohe Weihnachten und ein Glückliches Neues Jahr wünschen Dir Deine Freunde aus Madrid.

Es umarmen Dich
Miriam und Ramón

P.S. Wenn Du nach Madrid kommen willst, um Silvester mit uns zu verbringen, ruf uns vor dem 24sten an.

la postal [pɔs'tal]	(Post-)Karte
desear [dese'ar]	wünschen
feliz [fe'liθ]	glücklich
el Año Nuevo ['aɲo] ['nŭeβo]	Neujahr
el abrazo [a'βraθo]	Umarmung

Los Gauchos

Lo que en la América del Norte son los «cowboys» son en América Latina los gauchos. En la época de la colonización de América Latina los españoles describían a los gauchos como «¡Hombres sin Dios, sin Rey y sin Ley!» La palabra «gaucho» viene del francés «gauche» que significaba «rudo», y era anteriormente un insulto. Los primeros gauchos eran pobres y marginados de la sociedad que cruzaban las grandes llanuras de Suramérica que hoy en día pertenecen a Uruguay, Paraguay, Argentina y Brasil.

¿Qué nombre llevan las grandes llanuras?

Nuevos zapatos

Mabel: *No sé, me parece que para mí no hay zapatos en todo Madrid.*
Mavi: *¿Qué? ¡Si en Madrid hay un sinnúmero de zapaterías!*
Mabel: *Sí, resulta que los zapatos que hay o no me gustan nada o son demasiado caros.*

885

Die Gauchos

Was in Nordamerika die „Cowboys" sind, sind die Gauchos in Lateinamerika. Zur Zeit der Kolonisation Lateinamerikas beschrieben die Spanier die Gauchos als „Männer ohne Gott, ohne König und ohne Gesetz!" Das Wort „gaucho" stammt vom französischen „gauche" ab, was „roh" bedeutete und früher ein Schimpfwort war. Die ersten Gauchos waren arme, am Rande der Gesellschaft lebende Männer, die die großen Tiefebenen Südamerikas durchstreiften, die heute zu Uruguay, Paraguay, Argentinien und Brasilien gehören. Welchen Namen tragen die großen Tiefebenen?

Es ist die Pampa.

Noch ein Literaturtip zum besseren Kennenlernen des Lebens der Gauchos früher und heute: der von José Hernández geschriebene Roman „Martín Fierro"

886

Neue Schuhe

Mabel: Ich weiß nicht, mir scheint, daß es in ganz Madrid keine Schuhe für mich gibt.
Mavi: Was? Aber in Madrid gibt es doch eine Unmenge an Schuhgeschäften!
Mabel: Ja, aber es ist so, daß die Schuhe, die es gibt, mir entweder überhaupt nicht gefallen, oder sie sind zu teuer.

el zapato [θa'pato]	Schuh
me parece que ... [me pa'reθe ke]	mir scheint, daß ...
sí [si]	doch
el sinnúmero [sin'numero]	Unmenge; Unzahl
la zapatería [θapate'ria]	Schuhgeschäft
resulta que ... [rre'sulta ke]	es ist so, daß ...
demasiado [dema'sĭaᵈo]	zu (viel)
caro, -a ['karo/a]	teuer

887

Una discoteca extraordinaria

Pedro: Esta noche vamos de juerga, Carmen y yo. En Gaztambide hay una discoteca con piscina y trampolín. ¿Quieres acompañarnos?

Rosa: ¡Me apunto! Y Alberto vendrá también.

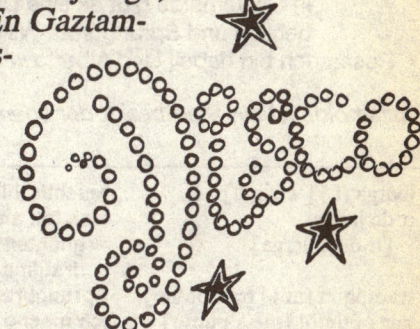

888

――― GRAMÁTICA ―――

Desde / Desde hace / Hace

Desde: Ha vivido aquí desde que tenía cuatro años.
Está en Madrid desde julio de 1985.
La biblioteca está abierta desde las nueve hasta la una.
Desde hace: Está en Argentina desde hace dos años.
Hace: Compró la casa hace dos años.

887

Eine ungewöhnliche Diskothek

Pedro: Heute abend machen wir einen drauf, Carmen und ich. In Gaztambide gibt es eine Diskothek mit Schwimmbecken und Sprungbrett. Willst du mitgehen?
Rosa: Ich bin dabei! Und Alberto wird auch kommen.

Gaztambide ist ein Stadtbezirk der spanischen Hauptstadt Madrid.

juerga (f.) ['xŭɛrga]	feuchtfröhliches Vergnügen; Rummel
ir de juerga [ir đe 'xŭɛrga]	sich toll amüsieren; sich einen vergnügten Tag machen; hier: einen draufmachen
trampolín (m.) [trampo'lin]	Sprungbrett; Sprungschanze
¡me apunto! [me a'punto]	ich mache mit; hier: ich bin dabei!

888

GRAMMATIK

Seit, von . . . an / Seit / Vor

Desde: Von seinem vierten Lebensjahr an hat er hier gelebt.
Er ist seit Juli 1985 in Madrid.
Die Bibliothek ist von sieben bis eins geöffnet.
Desde hace: Seit zwei Jahren ist er in Argentinien.
Hace: Er kaufte das Haus vor zwei Jahren.

Desde gibt den Zeitpunkt an, in dem eine Handlung begann. Mit desde . . . hasta wird die Genauigkeit einer Zeitangabe stärker betont als etwa mit de . . . a (von . . . bis).
Desde hace gibt nicht den Zeitpunkt an, in dem eine noch andauernde Handlung begann; vielmehr wird dieser Zeitpunkt durch Zurückrechnen um einen Zeitraum erschlossen.
Bei hace wird wie beim deutschen „vor" um einen Zeitraum zurückgerechnet.

889

El libro de cocina

Carlos: *Maite, ¿sabes dónde está el libro de cocina que hemos comprado en Oviedo?*
Maite: *Creo que está en el estante en la cocina. ¿Por qué? ¿Quieres cocinar algo?*
Carlos: *No, hoy no. Es que Claudia en su última carta me ha pedido la receta de la fabada asturiana.*

890

El metro de México D.F.

Si no fuera por el metro el tráfico en México D.F. se desplomaría inevitablemente. La red de metro, con sus casi 140 kms de longitud, está desarrollada casi perfectamente. Hay nueve líneas que unen las partes céntricas de la ciudad. Circulan desde las seis de la mañana hasta las doce y media de la noche, los sábados hasta la una y media. Un billete vale unos 400 pesos.

¿Qué es la palabra mejicana para 'billete'?

889

Das Kochbuch

Carlos: Maite, weißt du, wo das Kochbuch ist, das wir in Oviedo gekauft haben?
Maite: Ich glaube, es ist auf dem Regal in der Küche. Warum? Willst du etwas kochen?
Carlos: Nein, heute nicht. Claudia hat mich in ihrem letzten Brief um das Rezept der asturianischen Fabada gebeten.

el libro de cocina [ˈliβro de koˈθina]	Kochbuch
la cocina [koˈθina]	Küche
el estante [esˈtante]	Regal
cocinar [koθiˈnar]	kochen
pedir algo [peˈdir ˈalgo]	um etwas bitten; etwas bestellen
la receta [rrɛˈθeta]	Rezept
la fabada [faˈbaða]	*asturianischer Saubohneneintopf*
asturiano, -a [asturˈi̯ano/a]	asturianisch

890

Die U-Bahn von Mexiko-City

Wenn es die U-Bahn nicht gäbe, würde der Verkehr in Mexiko-City unvermeidlich zusammenbrechen. Das U-Bahnnetz mit seiner Länge von fast 140 km ist beinahe perfekt ausgebaut. Es gibt neun Linien, die die zentralen Stadtteile miteinander verbinden. Sie verkehren von sechs Uhr morgens bis halb eins nachts, samstags bis halb zwei. Eine Fahrkarte kostet ungefähr 400 Pesos (ca. 20 Pfennig!). Wie lautet das mexikanische Wort für Fahrkarte?

El boleto

Zur Hauptverkehrszeit (zw. 10.00 Uhr und 16.00 Uhr) sollte man sich auf ein unbeschreibliches Gedränge vorbereiten und v. a. auf Taschendiebe achten!

891

*«Preguntando preguntando,
sabe el necio más que el sabio.»*
Refrán español

892

En la piscina

Jesús: *Yo ya no sé qué preferir, nadar en la piscina o en el mar.*
Martín: *¿Qué te pasa ahora?, criticón rancio.*
Jesús: *¿No te has dado cuenta todavía? Aquí cada vez hay más gente. Es casi imposible nadar un solo largo.*

891

„Fragend, ständig fragend, erfährt der Narr mehr als der Weise." – Spanisches Sprichwort

---
GRAMMATIK

Der Konjunktiv in Nebensätzen III

Einige Konjunktionen können sowohl mit dem Indikativ als auch mit dem Konjunktiv verwendet werden. Entscheidend für die Wahl sind „Möglichkeit", „Zukunft" oder „Tatsachen". Sie haben dabei aber unterschiedliche Bedeutungen im Deutschen:

Luis se compra una cámera, **aunque** no tiene dinero. – Luis kauft sich eine Kamara, *obwohl* er kein Geld hat. **Aunque** no tenga dinero, Luis se compra un coche. – *Selbst wenn* er kein Geld hat, kauft sich Luis eine Kamara.

Weitere Konjunktionen sind z. B.: **mientras** – *während* (Ind.) + *solange* (Konj.); **cuando** – *wenn* (Ind.) + *sobald* (Konj.).

892

Im Schwimmbad

Jesús: Ich weiß gar nicht mehr, was ich vorziehen soll, im Schwimmbad oder im Meer zu schwimmen.
Martín: Was ist jetzt schon wieder mit dir los? Alter Nörgler.
Jesús: Hast du es noch nicht bemerkt? Hier sind jedes Mal mehr Leute. Es ist fast unmöglich, auch nur eine einzige Bahn zu schwimmen.

la piscina [pisˈθina]	Schwimmbad
preferir [prefeˈrir]	vorziehen; lieber wollen
nadar [naˈdar]	schwimmen
¿qué te pasa? [ke te ˈpasa]	was ist los mit dir?
el criticón [kritiˈkɔn]	Nörgler
rancio, -a [ˈrranθĭo]	alt; ranzig
darse cuenta de algo [ˈdarse ˈkŭenta de ˈalgo]	etwas bemerken
imposible [impoˈsiβle]	unmöglich
el largo [ˈlargo]	Bahn (im Schwimmbad)

893

ADIVINANZA

Edificios famosos en España

¿En qué ciudades están los siguientes edificios?

Madrid   Mezquita
Granada   Sagrada Familia
Barcelona Giralda
Córdoba   Prado
Sevilla   Alhambra

894

La excursión

Este fin de semana Mavi, Mabel, Maite, Carlos, Jesús y Martín van a hacer una excursión en bici. Para tres de ellos, que tienen bicis nuevas, unas bicis todoterreno, es la primera excursión en bici. Van a ir hasta el Valle de los Caídos que está a unos 70 kilómetros de Madrid. Por el camino quieren pasar por el Pardo y el Escorial.

893

Berühmte Gebäude in Spanien

In welchen Städten liegen die folgenden Gebäude?

Madrid:	Prado
Granada:	Alhambra
Barcelona:	Sagrada Familia
Córdoba:	Mezquita
Sevilla:	Giralda

Haben Sie es gewußt?

DIE EXPERTENECKE

Eine Redewendung mit „gaucho": „ser un buen gaucho" heißt in Argentinien soviel wie „ein sehr zuverlässiger Freund sein".

894

Der Ausflug

An diesem Wochenende werden Mavi, Mabel, Maite, Carlos, Jesús und Martín eine Fahrradtour machen. Für drei von ihnen, die neue Fahrräder haben, Mountain-Bikes, ist es der erste Ausflug mit dem Fahrrad. Sie werden bis zum Valle de los Caídos fahren, das etwa 70 km von Madrid entfernt ist. Unterwegs wollen sie in El Pardo und beim Escorial vorbeifahren.

Das Valle de los Caídos („Tal der Gefallenen") ist ein riesiges, unter Franco gebautes Denkmal zur Erinnerung an die Gefallenen des Spanischen Bürgerkrieges. El Pardo ist ein kleiner Ort nördlich von Madrid mit einem kleinen Königspalast. Das Escorial ist das Königsschloß von Philipp II.

la excursión [eskur'sĭon]	Ausflug
la bici(cleta) [biθi'kleta]	Fahrrad
la bici todoterreno ['biθi toðote'rreno]	Mountain-Bike
estar a ... kms de ... [es'tar a ki'lometros de]	... km von ... entfernt liegen
por el camino [pɔr ɛl ka'mino]	unterwegs
pasar por ... [pa'sar pɔr]	an ... vorbeifahren/-gehen

Un accidente de tráfico

Julio: *Iba a la fábrica, y de repente el coche empezó a patinar en una curva y chocó con la parte trasera contra un farol.*
Pedro: *¡Qué más da! El dos caballos ya estaba bastante abollado.*

La paella

Aintzane: *Lo que me da rabia es que en muchos sitios al pedir una paella te pongan una paella de mariscos.*
Martín: *¿No se hace la paella siempre de mariscos?*
Aintzane: *No ¡qué va! En Valencia es hecha con carne.*

895

Ein Verkehrsunfall

Julio: Ich fuhr zur Fabrik, und plötzlich fing der Wagen in einer Kurve an zu schleudern und prallte mit dem Hinterteil gegen eine Laterne.
Pedro: Was soll's! Die Ente war ja schon ganz schön verbeult.

patinar [pati'nar]	Schlittschuh laufen; rutschen; schleudern
chocar [tʃo'kar]	anstoßen; zusammenstoßen; schockieren; hier: gegen etwas prallen
farol (m.) [fa'rɔl]	Laterne; Straßenlaterne

896

Die Paella

Aintzane: Was mich wütend macht, ist, daß man an vielen Orten, wenn man eine Paella bestellt, eine Paella mit Meeresfrüchten bekommt.
Martín: Wird die Paella nicht immer mit Meeresfrüchten gemacht?
Aintzane: Ach was, nein! In Valencia wird sie mit Fleisch gemacht.

me da rabia [me] [da] ['rrabĭa]	das macht mich wütend
pedir [pe'ðir]	bestellen; verlangen
poner [po'nɛr]	servieren
el marisco [ma'risko]	Meeresfrucht
la carne ['karne]	Fleisch

897

---EJERCICIO---

Preposiciones

Verbos que rigen preposición – Rellene el espacio libre con la preposición adecuada:

1. Uno se acostumbra _____ todo.
2. ¿Te has decidido _____ cambiar de casa?
3. Esta noche he soñado _____ mi perro.
4. El texto trata _____ la soledad.
5. Paco tarda mucho _____ escribir la carta.
6. ¡Deja _____ fumar!
7. No te olvides _____ traerme la cinta.
8. ¿Te acuerdas _____ Luisa?

898

La queimada

Ya está empezando a hacer frío en la calle, incluso de día. Ha llegado la época del grog. Tomás, la última vez que estuvo en Galicia, se apuntó la receta de la queimada, una especialidad gallega. Hoy la quiere hacer para sus amigos y va a comprar una botella de aguardiente, café, limones y azúcar.

897

Präpositionen

Verben mit Präpositionen – Setzen Sie in die Freiräume die richtigen Präpositionen:

1. Uno se acostumbra **a** todo. – Man gewöhnt sich **an** alles. 2. ¿Te has decidido **a** cambiar de casa? – Hast du dich schon entschieden umzuziehen? 3. Esta noche he soñado **con** mi perro. – Ich habe heute nacht **von** meinem Hund geträumt. 4. El texto trata **de** la soledad. – Der Text handelt **von** der Einsamkeit. 5. Paco tarda mucho **en** escribir la carta. – Paco braucht lange, **um** den Brief **zu** schreiben. 6. ¡Deja **de** fumar! – Hör' auf **zu** rauchen! 7. No te olvides **de** traerme la cinta. – Vergiß nicht, mir die Kassette vorbeizubringen. 8. ¿Te acuerdas **de** Luisa? – Erinnerst du dich **an** Luisa?

898

Die Queimada

Es fängt an, kalt zu werden in den Straßen, sogar tagsüber. Die Zeit des Grogs ist gekommen. Das letzte Mal, als Tomás in Galicien war, hat er sich das Rezept der Queimada aufgeschrieben, einer galicischen Spezialität. Heute will er sie für seine Freunde zubereiten und geht eine Flasche Branntwein, Kaffee, Zitronen und Zucker kaufen.

de día [de] ['dia]	am Tage; tagsüber
la época ['epoka]	Epoche; Zeit
la receta [rrɛ'θeta]	Rezept
el aguardiente [aguar'ðiente]	Branntwein
el limón [li'mɔn]	Zitrone

899

El regateo en Guatemala

En pocos lugares del mundo se puede comprar ropa tan variopinta como en Guatemala y allí, en especial, alrededor del lago de Atitlán. Todo lo que venden los indios de allí – mujeres y niños que hablan mal el español pero que saben decir los precios de sus mercancías en cinco idiomas distintos – está hecho a mano y es, si uno sabe bien regatear, increíblemente barato. ¿Cuánto me da Ud.?

¿Sabe Ud. una de las lenguas que hablan los indios alrededor del lago de Atitlán?

900

Las últimas compras de Navidad

Maica todavía no tiene todos los regalos para su familia. Como no quiere matarse en medio del gentío que suele comprar los regalos siempre a última hora, se ha dado de baja por enferma en la escuela. Esta mañana ha salido muy temprano para poder hacer las últimas compras de Navidad con tranquilidad.

899

Das Feilschen in Guatemala

An wenigen Orten der Welt kann man so vielfarbige Kleidung kaufen wie in Guatemala, und dort ganz besonders rings um den Atitlán-See. Alles, was die dortigen Indios verkaufen — Frauen und Kinder, die schlecht Spanisch sprechen, die aber die Preise ihrer Waren in fünf verschiedenen Sprachen sagen können – ist handgemacht und ist, wenn man es versteht zu feilschen, unglaublich billig. Wieviel geben Sie mir? Kennen Sie eine der Sprachen, die die Indios rings um den Atitlán-See sprechen?

Das Tzotzil ist einer der 23 Maya-Dialekte.

900

Die letzten Weihnachtsbesorgungen

Maica hat noch immer nicht alle Weihnachtsgeschenke für ihre Familie. Da sie sich nicht abhetzen will inmitten der Menschenmenge, die Geschenke immer in der letzten Minute zu kaufen pflegt, hat sie sich in der Schule krank gemeldet. Heute morgen ist sie sehr früh ausgegangen, um die letzten Weihnachtsbesorgungen mit Ruhe erledigen zu können.

matarse [ma'tarse]	*hier:* sich abhetzen; *sonst:* sich umbringen
en medio de [en] ['međĭo] [de]	inmitten
el gentío [xen'tio]	Menschenmenge
a última hora [a] ['ultima] ['ora]	in der letzten Minute
darse de baja ['darse] [de] ['baxa]	sich krank melden
bajo ['baxo]	niedrig, unten

901

La visita

Mabel: ¡Jolines! Precisamente hoy se les ocurre a mis padres hacerme una visita. En mi casa todo está patas arriba. Todavía no he arreglado nada desde que hemos vuelto del Valle de los Caídos.

Mavi: ¿Porqué no los invitas a ir al teatro?

902

«¡Qué desagradable resulta
caer bien a la gente que te cae mal!»

Jaume Perich

901

Der Besuch

Mabel: Verflixt! Ausgerechnet heute fällt es meinen Eltern ein, mir einen Besuch abzustatten. Bei mir geht alles drunter und drüber. Ich habe noch immer nichts aufgeräumt, seitdem wir vom Valle de los Caídos zurückgekommen sind.

Mavi: Warum lädst du sie nicht ins Theater ein?

la visita [bi'sita]	Besuch
¡jolines! [xo'lines]	verflixt (und zugenäht)!
se les ocurre [se les o'kurrɛ]	es fällt ihnen ein
estar patas arriba [es'tar 'patas a'rriβa]	drunter und drüber sein
arreglar [arrɛ'glar]	aufräumen; reparieren
invitar [imbi'tar]	einladen

902

„Wie unangenehm ist es, den Leuten zu gefallen, die man selbst nicht leiden kann." — Jaume Perich (geb. 1941), spanischer Humorist und Zeichner

--- GRAMMATIK ---

Konjunktiv der Vergangenheit

Der *Konjunktiv Perfekt* wird gebildet aus dem Konj.Präs. von **haber** und dem Partizip Perfekt: **haya, hayas, haya, hayamos, hayáis, hayan** + z. B. tomado;

Der *Konjunktiv Plusquamperfekt* aus dem Konj.Impf. von **haber** und dem Part.Perf.: **hubiera(-se), hubie-ras(-ses), hubie-ra(-se)**, etc.

Bei der Bildung des *Konjunktiv Imperfekt* wird von der 3. Pers. Pl. Indefinido des Verbes ausgegangen (habla-ron, comie-ron, hicie-ron etc.), an welche anstelle der Indefinido-Endungen die Subjuntivo-Endungen angefügt werden: **-ra, -ras, -ra, -ramos, -rais, -ran** oder **-se, -ses, -se, – semos, -seis, -sen**.

903

Quitando la nieve

Martín: *El único gusto que puedo sacar de este trabajo es que a uno le entra el calor rápidamente. Haga el frío que haga.*

Tomás: *¡Cállate, por favor! Mis pies ya están congelados del frío y arriba estoy sudando la gota gorda.*

904

Bicicletas

El ciclismo se está haciendo cada vez más popular a nivel internacional. A esta creciente popularidad contribuyen los tres espectáculos de ciclismo más grandes en Europa: el «Giro d'Italia», la «Tour de France» y la «Vuelta a España». En las últimas «Vueltas» hubo etapas que tuvieron alrededor de 25 millones de telespectadores. El ciclismo también se ha convertido en un deporte popular desde que las bicicletas se han convertido, en la opinión de todos, en «vehículos ecologistas».

¿Quién ganó en 1992 la «Tour» y el «Giro»?

903

Beim Schneeschaufeln

Martín: Das einzige, was ich dieser Arbeit abgewinnen kann, ist, daß einem schnell warm wird. So kalt es auch sein mag.

Tomás: Sei bitte ruhig! Meine Füße sind schon gefroren vor Kälte, und oben läuft mir der Schweiß in Strömen.

la nieve [ˈnǐeβe]	Schnee
quitar la nieve [kiˈtar] [la] [ˈnǐeβe]	Schnee schaufeln
sacar el gusto a algo [saˈkar] [el] [ˈgusto] [a] [ˈalgo]	einer Sache etwas abgewinnen
callarse [kaˈʎarse]	schweigen
congelado [kɔnxeˈlado]	gefroren

904

Fahrräder

Der Fahrradrennsport wird international immer populärer. Die drei größten Radsportereignisse in Europa, der „Giro d'Italia", die „Tour de France" und die „Vuelta a España" tragen zu dieser wachsenden Popularität bei. Bei den letzten „Vueltas" gab es Etappen, die um die 25 Mio. Fernsehzuschauer sahen. Außerdem hat sich der Radsport in einen Volkssport verwandelt, seitdem sich die Fahrräder, in den Augen aller, zu „ökologischen Fahrzeugen" verwandelt haben. Wer gewann 1992 die „Tour" und den „Giro"?

Der Baske Miguel Indurráin

Dieser „Doppelschlag" gelang vor Indurráin nur fünf anderen Radprofis: Coppi, Anquetil, Merckx, Hinault und Roche.

905

EJERCICIO

El imperfecto

Ponga las siguientes frases al imperfecto:

1. Quiero que te pongas esta chaqueta.
2. Sentimos mucho que Uds. no puedan venir a la fiesta.
3. ¿Te molesta que ellos fumen continuamente?
4. Es imposible que Maica venga a tiempo.
5. Es necesario que llames antes a Tomás.
6. No creo que lo comprenda.

906

Los nuevos esquíes de Aintzane

Aintzane: *¿Me puedes hacer un favor?*
Martín: *Claro, por supuesto. ¿Cuál?*
Aintzane: *Es que me quiero comprar un nuevo equipo de esquí y te necesito para que me des algunos consejos. ¿Te vienes?*
Martín: *Ahora voy. ¿A qué tienda quieres ir?*

905

Imperfekt

Im Imperfekt lauten die Sätze:

1. **Quería** que te **pusieras** esta chaqueta. – Ich wollte, daß du dir diese Jacke anziehst. 2. **Sentíamos** mucho que Uds. no **pudieran** venir a la fiesta. – Es tat uns sehr leid, daß Sie nicht zur Feier kommen konnten. 3. ¿Te **molestaba** que ellos **fumaran** continuamente? – Störte es dich, daß sie unaufhörlich rauchten? 4. **Era** imposible que Maica **viniera** a tiempo. – Es war unmöglich, daß Maica rechtzeitig kommt. 5. **Era** necesario que **llamaras** antes a Tomás. – Es war notwendig, daß du vorher Tomás anrufst. 6. No **creía** que lo **comprendiera**. – Ich glaubte nicht, daß er es begreift.

DIE EXPERTENECKE
El ligue – Anmache

ligar con alg. – jdn. anmachen; el ligón – Anmacher; enrollarse – anbändeln; comerse una rosca (la rosca – Schnecke aus Gebäck) – jdn. erobern.

906

Die neuen Skier von Aintzane

Aintzane: Kannst du mir einen Gefallen tun?
Martín: Klar, selbstverständlich. Welchen?
Aintzane: Ich will mir eine neue Skiausrüstung kaufen, und ich brauche dich, damit du mir einige Tips gibst. Kommst du mit?
Martín: Komme sofort. In welches Geschäft willst du gehen?

hacer un favor [a'θɛr] [fa'βor]	einen Gefallen tun
por supuesto [por] [su'p̌uesto]	selbstverständlich
el consejo [kɔn'sɛxo]	Rat(-schlag); Tip
¿te vienes? [te] ['bi̯enes]	kommst du (mit)?
¡ahora voy! [a'ɔra] [bɔi̯]	ich komme sofort

907

El Greco en Toledo

El Greco, pintor español de origen griego, llegó a España para hacerse pintor de cámara en El Escorial lo que no consiguió. Después del año 1.577 El Greco consiguió en Toledo, donde llevaba un estudio importante en el barrio judío, cierta fama con sus cuadros, en la mayoría religiosos. Hoy, sus cuadros adornan casi todas las iglesias de Toledo. Su cuadro más famoso es 'El entierro del conde Orgaz'.

¿De qué parte de Grecia fue y cuál era su verdadero nombre?

908

Planes para la cena de la Nochebuena

Ramón ha prometido a su madre que él se va a ocupar de la cena de la Nochebuena. Está hojeando un libro de cocina. Cuando encuentra la receta del pavo relleno, tal como lo prepara siempre su madre en Navidad, se asusta porque es un trabajo enorme. Pero no le quedará más remedio, tiene que cumplir su promesa.

907

El Greco in Toledo

El Greco, spanischer Maler griechischer Abstammung, kam nach Spanien, um Hofmaler im El Escorial zu werden, was ihm nicht gelang. Nach 1577 erlangte El Greco aber in Toledo, wo er ein bedeutendes Atelier im jüdischen Viertel unterhielt, mit seinen überwiegend religiösen Bildern eine gewisse Berühmtheit. Heute schmücken seine Bilder fast alle Kirchen Toledos. Sein berühmtestes ist „Die Beerdigung des Grafen von Orgaz". Aus welchem Teil Griechenlands stammte er, und wie war sein wirklicher Name?

Er hieß Domenicus Theotocopoulus und stammte aus Kreta.

Das Bild „Die Beerdigung des Grafen von Orgaz" hängt in der Kirche Santo Tomé im Zentrum Toledos.

908

Pläne für das Essen am Heiligabend

Ramón hat seiner Mutter versprochen, daß er sich um das Essen am Heiligabend kümmern wird. Er blättert in einem Kochbuch herum. Als er das Rezept für die gefüllte Pute, so wie sie seine Mutter immer zu Weihnachten macht, findet, erschrickt er, denn es ist eine enorme Arbeit. Aber es wird ihm nichts anderes übrigbleiben, als sein Versprechen zu erfüllen.

prometer [prome'tɛr]	versprechen
ocuparse de [oku'parse] [de]	sich kümmern um
hojear [ɔxe'ar]	durchblättern
asustarse [asus'tarse]	sich erschrecken
la promesa [pro'mesa]	Versprechen

909

Los billetes de tren

Ramón: *Nos sale más barato ir en tren a El Formigal que en coche. Acabo de preguntar en la oficina de la RENFE. Yendo con cuatro personas nos hacen una rebaja de grupo.*

Miriam: *Vale. De todos modos ir en tren es más cómodo.*

910

ADIVINANZA

Animales

¿Cuántos animales encuentra Ud. en la sopa de letras?

```
E L E F A N T E U G
E L R C G U R U Z A
B A O A A S N O O L
P E O R T B E R R L
P E R R O O A I R I
A N A N A J N L A N
T I T L A N U E L A
O C A P I T A O S O
```

909

Die Zugfahrkarten

Ramón: Es kommt uns billiger, mit dem Zug als mit dem Auto nach El Formigal zu fahren. Ich habe gerade im RENFE*-Büro nachgefragt. Wenn wir zu viert fahren, geben sie uns eine Gruppenermäßigung.
Miriam: O.K. Es ist eh bequemer, mit dem Zug zu fahren.

Red Nacional de Ferrocarriles Españoles – die spanische Eisenbahn

el billete [bi'ʎete]	Fahrkarte
salir [sa'lir]	sich erweisen als
la rebaja [rrɛ'baxa]	Ermäßigung; Preisnachlaß
¡vale! ['bale]	O.K.!
cómodo ['komoðo]	bequem

910

Tiere

Es sind insgesamt 14 Tiere in der Buchstabensuppe enthalten:

```
E L E F A N T E   G
  L R C G       Z A
  O A A S N O O L L
      R T B   R R L
P E R R O O A   R I
A   A   A J N L A N
T   T   A N   L A
O   A P       A O S O
```

el elefante – Elefant; el asno – Esel; el perro – Hund; el gato – Katze; el ratón – Maus; la zorra – Fuchs; la gallina – Huhn; el pato – Ente; la rata – Ratte; la rana – Frosch; el pájaro – Vogel; el oso – Bär; el caballo – Pferd; el loro – Papagei

---
DIE EXPERTENECKE

Großmütter und Ehefrauen

¡Tú no tienes abuela! *(wörtlich:* Du hast wohl keine Großmutter!) sagt man in Spanien zu denen, die sich selbst in den höchsten Tönen loben (was sonst nur Großmütter von ihren Enkeln tun). 'La esposa' ist 'Gattin, Gemahlin', im Plural 'las esposas' dagegen 'Handschellen'. Woher dieser Name wohl stammt?

911

¿Conoces a Mafalda?

Alberto: *Ayer eché una mirada a un tomo de "Mafalda". La pequeña es divertidísima. ¿La conoces?*
Rosa: *Me dice algo, pero ...*
Alberto: *Es el personaje más conocido del caricaturista Quino, una niña. En las historietas siempre se burla de la gran política y de la filosofía de los adultos.*
Rosa: *Ahora sí que caigo. En los dibujos aparecen frecuentemente sus compañeros de juego ¿verdad?*

912

––––––––––– EJERCICIO –––––––––––

Colóquese el pronombre interrogativo apropiado

¿ . . . es esa señora? (Wer?)
¿ . . . es la diferencia entre una perra y una pera? (Was?)
¡ . . . nieve hemos visto! (Wieviel?)
¿ . . . de los dos es su padre? (Welcher?)
¿ . . . necesitas los apuntes? (Wozu?)
¿ . . . viene tu tía Julia? (Wann?)
¿ . . . libro quieres comprar? (Welches?)

911

Kennst du Mafalda?

Alberto: Gestern warf ich einen Blick auf einen Mafalda-Band. Die Kleine ist wahnsinnig lustig. Kennst du sie?
Rosa: Das sagt mir etwas, aber ...
Alberto: Sie ist die bekannteste Figur des Karikaturisten Quino, ein Mädchen. In den kurzen Geschichten macht sie sich immer über die große Politik und die Philosophie der Erwachsenen lustig.
Rosa: Ah, jetzt habe ich's. In den Zeichnungen tauchen häufig ihre Spielkameraden auf, nicht wahr?

personaje (m.) [pɛrsoˈnaxe]	Persönlichkeit, Person (Theater); Figur
caer [kaˈɛr]	fallen, stürzen
¡ahora caigo! [aˈɔra ˈkaïgo]	jetzt hab ich's erfaßt!
verdad (f.) [bɛrˈða⁽ᵈ⁾]	Wahrheit; hier in Fragezeichen: nicht wahr?

912

ÜBUNG

Setzen Sie das passende Interrogativpronomen

¿Quién es esa señora?
¿Qué es la diferencia entre una perra y una pera?
¡Cuánta nieve hemos visto!
¿Cuál de los dos es su padre?
¿Para qué necesitas los apuntes?
¿Cuándo viene tu tía Julia?
¿Qué libro quieres comprar?

Wer ist die Dame dort?
Was ist der Unterschied zwischen einer Hündin und einer Birne?
Wieviel Schnee wir gesehen haben!
Welcher der beiden ist Ihr Vater?
Wozu brauchst du die Aufzeichnungen?
Wann kommt deine Tante Julia?
Welches Buch möchtest du kaufen?

913

La música 'pop' española

En los últimos quince años nacieron en España innumerables grupos de música 'pop' que en su totalidad interpretan sus canciones en español. Algunos grupos que ya han pasado de moda son, por ejemplo 'Triana', 'Golpes Bajos' y 'Siniestro Total'. Los grupos que más éxito han tenido en los últimos años son 'Los Toreros Muertos', 'Olé, Olé', 'Los Ilegales', 'Danza Invisible' y sobre todo 'Mecano'.

¿Qué canción de 'Mecano' tuvo éxito en toda Europa?

914

Pedro se levanta tarde

Pedro: *¡No lo entiendo! A veces me levanto tan tarde que no llego a tiempo a la facultad.*
Julio: *A lo mejor tu despertador no suena.*
Pedro: *¡Qué va! Y normalmente me acuesto muy temprano. Es que duermo como una marmota.*
Julio: *A mí me pasa lo contrario. Me despierto cada mañana sin despertador.*

Spanische Popmusik

In den letzten fünfzehn Jahren enstanden in Spanien unzählige Popmusik-Gruppen, die allesamt ihre Lieder in spanischer Sprache singen. Einige Gruppen, die bereits außer Mode sind, sind z. B. 'Triana', 'Golpes Bajos' und 'Siniestro Total'. Die in den letzten Jahren erfolgreichsten Gruppen sind 'Los Toreros Muertos', 'Olé, Olé', 'Los Ilegales', 'Danza Invisible' und vor allem 'Mecano'. Welches Lied von 'Mecano' hatte in ganz Europa Erfolg?

Das Lied 'Hijo de la luna' ('Kind des Mondes') war lange Zeit in vielen europäischen Ländern zu hören.

'Golpes Bajos' = 'Tiefschläge'; *'Siniestro Total'* = 'Totalschaden'; *'Los Toreros Muertos'* = Die Toten Toreros'; *'Los Ilegales'* = 'Die Illegalen; *'Danza Invisible'* = 'Unsichtbarer Tanz'; *'Mecano'* = 'Metallbaukasten'.

Pedro verschläft

Pedro: Ich verstehe das nicht! Manchmal stehe ich so spät auf, daß ich nicht rechtzeitig zur Uni komme.
Julio: Womöglich klingelt dein Wecker nicht.
Pedro: Ach was! Dabei gehe ich normalerweise sehr früh ins Bett. Ich schlafe eben wie ein Murmeltier.
Julio: Mir passiert genau das Gegenteil. Ich wache jeden Morgen ohne Wecker auf.

levantarse tarde [leban'tarse 'tarðe]	verschlafen
despertador (m.) [despɛrta'ðɔr]	Wecker; Aufmunterung
marmota (f.) [mar'mota]	Murmeltier

915

¿Cuándo tienes tiempo?

Alberto: *Me gustaría volver a verte. ¿Cuándo tienes tiempo?*
Rosa: *Mañana podríamos salir fuera todo el día.*
Alberto: *Bien, a las once de la mañana paso por tu casa, ¿de acuerdo?*
Rosa: *Como durante la semana todos los días estoy sentada, me gustaría hacer algo de deporte.*

916

El mercado común europeo

A partir del 1 de enero de 1.993 estará realizado el mercado común europeo. El primer paso de España hacia la Comunidad Europea, en la cual España es miembro desde el 1 de enero de 1986, fue la muy discutida afiliación a la OTAN el 30 de mayo de 1.982.

915

Wann hast du Zeit?

Alberto: Ich würde dich gern mal wieder sehen. Wann hast du Zeit?
Rosa: Morgen könnten wir den ganzen Tag lang etwas unternehmen.
Alberto: Gut, dann komme ich morgen früh um elf bei dir vorbei. Einverstanden?
Rosa: Da ich die Woche über ständig sitze, würde ich gern etwas Sport treiben.

todo el día (m.) ['toðo el 'ðia]	den ganzen Tag
todos los días (m. Pl.) ['toðos los 'ðias]	täglich; jeden Tag; hier: ständig

916

Der europäische Binnenmarkt

Ab dem 1. Januar 1993 wird der europäische Binnenmarkt verwirklicht sein. Der erste Schritt Spaniens in Richtung Europäische Gemeinschaft, in der Spanien seit dem 1. Januar 1986 Mitglied ist, war der vieldiskutierte Beitritt zur NATO am 30. Mai 1982.

el mercado [mɛrˈkaᵈo]	Markt
común [koˈmun]	gemeinsam(e,r)
realizar [rrɛaliˈθar]	verwirklichen
el paso [ˈpaso]	Schritt

La riña

Pedro y Rosa se quieren mucho y se respetan. No obstante, casi no hay ningún día de tregua entre sus continuas peleas por pequeñeces. Hoy es lo mismo.

Pedro: *Ya te he dicho mil veces que no cojas mis cintas.*
Rosa: *Y yo te digo que no tengo ni una cinta tuya. ¿Por qué no buscas en el lío que hay en tu habitación?*

GRAMÁTICA

Por / Para

Por: Lo ha hecho por ti.
      Puedes comprarlo por 100 pesetas.
      Firmé el contrato por mi madre.
      Le dieron mucho dinero por el coche viejo.
Para: El chico necesita un cuaderno para la escuela.
      Va a Londres para pasar las vacaciones.
      Ha llegado un paquete para ti.

917

Der Streit

Pedro und Rosa mögen sich sehr und respektieren einander. Trotzdem gibt es fast nie einen Tag des Waffenstillstandes zwischen ihren ständigen Streitereien wegen Kleinigkeiten. Heute ist es ganz genauso.

Pedro: Ich habe dir schon tausendmal gesagt, daß du meine Kassetten nicht nehmen sollst.
Rosa: Und ich sage dir, daß ich nicht eine von deinen Kassetten habe. Warum suchst du nicht in dem Durcheinander in deinem Zimmer?

riña (f.) ['rriɲa]	Zank, Streit
tregua (f.) ['tregŭa]	Waffenruhe; Erholung; Pause
pelea (f.) [pe'lea]	Kampf; Streit; Handgemenge
pequeñez (f.) [peke'ɲeθ]	Kleinigkeit; Kleinlichkeit; Lappalie
lío (m.) ['lio]	Bündel; Durcheinander

918

GRAMMATIK

Por / Para

Por: Er hat das deinetwegen/dir zuliebe/für dich getan.
Das kannst du für 100 Peseten kaufen.
Ich unterschrieb den Vertrag anstelle meiner Mutter.
Sie gaben ihm viel Geld für das alte Auto.
Para: Der Junge braucht ein Heft für die Schule.
Er fährt nach London, um die Ferien zu verbringen.
Es ist ein Paket für dich gekommen.

Por zeigt den inneren Beweggrund für eine Handlung an. Es ist daneben wichtigste Präposition zur Angabe von Kaufpreis, Stellvertretung, Tauschobjekt usw.
Para dagegen ist die wichtigste Präposition zur Angabe von Zweck, Absicht und Bestimmung.

El día de Nochebuena

Fani: *Hay un jaleo en la calle que una no sabe si estamos en Navidad o en los carnavales.*
Maica: *Bueno, sí. Pero así me gusta más que las Navidades en Alemania de las que dicen que son muy tranquilas y contemplativas.*

¿Queréis jugar a los dados?

Francisco: *Después de cenar podríamos jugar a los dados. ¿Qué os parece?*
Arturo: *¡Jugad vosotros! Pedro y yo jugaremos al ajedrez. La última vez le di jaque por lo menos cinco veces y no obstante perdí. Ahora se siente invencible.*

919

Heiligabend

Fani: Es ist ein Lärm auf der Straße, daß man nicht weiß, ob wir uns in der Weihnachts- oder der Karnevalszeit befinden.
Maica: Hm, ja. Aber so gefällt es mir besser als die Weihnacht in Deutschland, von der man sagt, daß sie sehr ruhig und beschaulich ist.

---

la Nochebuena [notʃeˈβŭena]	Heiligabend
el jaleo [xaˈleo]	Radau; Krach
la Navidad [naβiˈda$^{(d)}$]	Weihnachten; Weihnachtszeit
tranquilo [traŋˈkilo]	ruhig
contemplativo [kɔntɛmplaˈtiβo]	beschaulich

920

Wollt ihr würfeln?

Francisco: Nach dem Abendessen könnten wir würfeln. Was haltet ihr davon?
Arturo: Spielt ihr ruhig! Pedro und ich werden Schach spielen. Beim letzten Mal habe ich ihm mindestens fünfmal Schach geboten und trotzdem verloren. Jetzt fühlt er sich unbesiegbar.

---

dado (m.) [ˈda^{d}o]	Würfel
ajedrez (m.) [axeˈdreθ]	Schachspiel; Schach
jaque (m.) [ˈxake]	Schach (Ansage beim Schachspiel)
invencible [imbenˈθible]	unbesiegbar; unüberwindlich

921

La Navidad en España

El día de Nochebuena los españoles suelen hacer una cena con toda la familia. Pero ese día no se reparten regalos de Navidad, sino el 6 de enero, el día de los Reyes Magos. Tampoco es costumbre poner un árbol de Navidad, sólo en algunas casas hay como adorno navideño un belén. Mientras que en Alemania el 26 de diciembre es un día festivo, en España no lo es.

¿En qué pueblo español se celebra el 24 de diciembre la 'Misa del gallo'?

922

En las vacaciones de esquí

El sábado Ramón, Miriam, Aintzane y Martín han ido para unos días a esquiar en el Pirineo Aragonés. Tomás no ha podido ir porque no le gusta esquiar y, además, no tiene equipo de esquí como los otros. Ramón y Martín esta vez quieren bajar por todas las pistas negras que hay cerca de la estación de El Formigal.

921

Weihnachten in Spanien

Am Heiligabend pflegen die Spanier mit der ganzen Familie zu Abend zu essen. Aber Weihnachtsgeschenke werden nicht an diesem Tag verteilt, sondern am 6. Januar, am Tag der Heiligen Drei Könige. Ebensowenig ist es Sitte, einen Weihnachtsbaum aufzustellen; nur in einigen Häusern gibt es als Weihnachtsschmuck eine Weihnachtskrippe. In Deutschland ist der 26. Dezember Feiertag, in Spanien dagegen nicht. In welchem spanischen Ort wird am 24. Dezember die „Misa del Gallo" gefeiert?

In Labastida in der Provinz Alava

Die „Misa del Gallo" ist eine nächtliche Messe, an deren Ende ein Freudenfeuer angezündet wird.

922

In den Skiferien

Am Samstag sind Ramón, Miriam, Aintzane und Martín für ein paar Tage zum Skifahren in die Aragonesischen Pyrenäen gefahren. Tomás hat nicht mitfahren können, weil ihm Skifahren nicht gefällt und er außerdem keine Skiausrüstung hat wie die anderen. Ramón und Martín wollen diesmal alle schwarzen Pisten hinunterfahren, die es in der Nähe der Skistation von El Formigal gibt.

el esquí [es'ki]	Ski
esquiar [eski'ar]	Ski fahren
el equipo de esquí [e'kipo] [de] [es'ki]	Skiausrüstung
la pista ['pista]	Piste; Bahn
la estación [esta'θĭon]	Station

923

«Mi patria es mi infancia.»
Miguel Delibes

924

En un café de la Plaza Mayor

Tomás, sin saber por qué, se ha puesto muy melancólico. No ha aguantado estar solo en casa y ha salido a tomar un café en uno de los bares cerca de la Plaza Mayor. Sin tener ganas lee el periódico esperando que vuelvan sus amigos de las vacaciones de esquí. Después saca su taco de apuntes y escribe poemas.

923

„Meine Heimat ist meine Kindheit." — Miguel Delibes (geb. 1920), spanischer Romanschriftsteller

---------- GRAMMATIK ----------

Die indirekte Rede

Steht der Hauptsatz im Präsens, Perfekt, Futur oder Konditional, bleibt im Nebensatz die Zeit der (vorausgegangenen) direkten Rede erhalten: "Me he comprado un libro." – Pepe dice/ha dicho que se ha comprado un libro.

Steht der Hauptsatz im Imperfekt, Indefinido oder Plusquamperfekt, so wird im Nebensatz die Zeit der direkten Rede verändert (Präsens wird zu Imperfekt, Perfekt zu Plusquamperfekt und Futur zu Konditional): "Nos gusta mucho Madrid" - Pepe dijo que les gustaba mucho Madrid.

924

In einem Café am Plaza Mayor

Tomás ist, ohne zu wissen warum, melancholisch geworden. Er hat es nicht ausgehalten, alleine zu Hause zu sein und ist rausgegangen, um in einem der Cafés am Plaza Mayor einen Kaffee zu trinken. Ohne Lust zu haben, liest er die Zeitung und hofft, daß seine Freunde aus den Skiferien zurückkommen. Später holt er seinen Schreibblock heraus und schreibt Gedichte.

el café [ka'fe]	Café; Kaffee
melancólico [melaŋ'koliko]	melancholisch
aguantar [agŭan'tar]	aushalten
el taco de apuntes ['tako] [de] [a'puntes]	Schreibblock
el poema [po'ema]	Gedicht

925

¿Hacemos la paz?

Pedro cobra ánimo y se acerca al umbral de la habitación de Rosa: *"Oye, hermanita"* – *"¿Qué quieres?"*
Pedro: *Es que acabo de llamar a Julio y* . . .
Rosa: *¿Y qué?*
Pedro: *Bueno, dice que tiene la cinta él.*
"No me digas", responde Rosa con una voz que tiene un dejo de triunfo. Pero poco después vuelven a ser uña y carne.

926

EJERCICIO

Colóquese la preposición adecuada

Hablamos de la situación . . . América Central.
Está . . . Madrid . . . tres meses.
Mañana vamos . . . casa de tus padres.
. . . quince días discutimos sobre el precio.
Tenemos que pasar . . . la oficina de correos.
No te he visto . . . tu cumpleaños.
Estuvimos . . . los Pirineos . . . el 14 . . . el 21 de marzo.

925

Sollen wir uns wieder vertragen?

Pedro faßt Mut und nähert sich der Schwelle von Rosas Zimmer: „Hör mal, Schwesterchen!" – Was willst du?"
Pedro: Ich habe gerade mit Julio telefoniert und . . .
Rosa: Und was?
Pedro: Na ja, er sagt, daß er die Kassette hat.
„Was du nicht sagst", erwidert Rosa mit einem Anklang von Triumph in der Stimme. Aber kurz darauf sind sie wieder ein Herz und eine Seele.

cobrar ánimo (m.) [ko'brar 'animo]	Mut fassen
umbral (m.) [um'bral]	Türschwelle; Schwelle
ser uña y carne (f.) [sɛr 'uɲa i 'karne]	ein Herz und eine Seele sein
uña (f.) ['uɲa]	Nagel; Huf; Klaue; Kralle

926

—— ÜBUNG ——

Setzen Sie die passende Präposition

Hablamos de la situación **en** América Central.
Está **en** Madrid **desde hace** tres meses.
Mañana vamos **a** casa de tus padres.
Hace quince días discutimos sobre el precio.
Tenemos que pasar **por** la oficina de correos.
No te he visto **desde** tu cumpleaños.
Estuvimos **en** los Pirineos **desde** el 14 **hasta** el 21 de marzo.

Wir sprachen über die Lage in Mittelamerika.
Er ist seit drei Monaten in Madrid.
Morgen fahren wir zu deinen Eltern.
Vor vierzehn Tagen verhandelten wir über den Preis.
Wir müssen noch kurz beim Postamt vorbei.
Seit deinem Geburtstag habe ich dich nicht gesehen.
Wir waren vom 14. bis 21. März in den Pyrenäen.

927

Iluminación navideña

Carmen: *¿Has visto que ya está puesta la iluminación navideña en las calles?*

Eladio: *Como no. No quiero decir que no me guste pero ¡qué malgaste de energía! La dejan encendida toda la noche.*

928

EJERCICIO

El habla indirecta

Ponga la siguiente carta al habla indirecta 'Tato escribió que ...':

Tato escribe: "Estoy en Madrid. He ido al museo del Prado. Me encantan los cuadros de Goya. Acabo de conocer a un estudiante de Bellas Artes de Salamanca que también ha estado en el museo. Creo que volveré a Salamanca con él el 15 de enero."

un abrazo

Tato

927

Weihnachtsbeleuchtung

Carmen: Hast du gesehen, daß in den Straßen schon die Weihnachtsbeleuchtung aufgehängt worden ist?
Eladio: Natürlich. Ich will nicht sagen, daß es mir nicht gefällt, aber was für eine Energieverschwendung das ist! Sie bleibt die ganze Nacht eingeschaltet.

la iluminación [iluminaˈθi̯on]	Beleuchtung
¡Cómo no! [ˈkomo][no]	Natürlich!
el malgaste [malˈgaste]	Verschwendung
la energía [enɛrˈxia]	Energie
encendido [enθenˈdido]	eingeschaltet

928

Indirekte Rede

Setzen Sie folgenden Brief in die indirekte Rede:

Tato escribió que **estaba** en Madrid (Tato schrieb, daß er in Madrid wäre). Tato escribió que **había ido** al museo del Prado (daß er ins Prado-Museum gegangen wäre). Tato escribió que **le encantaban** los cuadros de Goya (daß ihn Bilder von Goya faszinierten). Tato escribió que **acababa** de conocer a un estudiante de Bellas Artes de Salamanca que también **había estado** en el museo (daß er gerade einen Kunststudenten aus Salamanca kennengelernt hätte, der ebenfalls im Museum gewesen wäre). Tato escribió que creía que **volvería** a Salamanca con él el 15 de enero (daß er glaubte, daß er am 15. Januar mit ihm nach Salamanca zurückkehren würde).

DIE EXPERTENECKE

Während 'los de Lepe' die Ostfriesen Spaniens sind, bedeutet 'saber más que Lepe, Lepijo y su hijo': 'ein helles Köpfchen sein'.

929

---EJERCICIO---

Ponga las siguientes frases al imperfecto

1. Quiero que te pongas esta chaqueta.
2. Sentimos mucho que Uds. no puedan venir a la fiesta.
3. ¿Te molesta que ellos fumen continuamente?
4. Es imposible que Eva venga a tiempo.
5. Es necesario que llames antes a Eladio.
6. No creo que lo comprenda.

930

Francisco llama al restaurante 'El Paraíso'

Francisco: *¡Oiga! ¿Hablo con el 'Paraíso'? Sí . . . Quisiera reservar una mesa para dos personas.*
Empleado: *¿Para cuándo?*
Francisco: *Para mañana, a las nueve y media de la noche. ¿Cómo? . . . sí, Ortega.*

929

Im Imperfekt lauten die Sätze:

1. *Quería que te pusieras esta chaqueta.* – Ich wollte, daß du dir diese Jacke anziehst.
2. *Sentíamos mucho que Uds. no pudieran venir a la fiesta.* – Es tat uns sehr leid, daß Sie nicht zur Feier kommen konnten.
3. *¿Te molestaba que ellos fumaran continuamente?* – Störte es dich, daß sie unaufhörlich rauchten?
4. *Era imposible que Eva viniera a tiempo.* – Es war unmöglich, daß Eva rechtzeitig kommt.
5. *Era necesario que llamaras antes a Eladio.* – Es war notwendig, daß du vorher Eladio anrufst.
6. *No creía que lo comprendiera.* – Ich glaubte nicht, daß er es begreift.

930

Francisco ruft das 'El Paraíso' an

Francisco: Hallo! Spreche ich mit dem 'Paraíso'? Ja . . . Ich möchte einen Tisch für zwei Personen bestellen.
Angestellter: Für wann?
Francisco: Für morgen abend um halb zehn. Wie? . . . ja, Ortega.

¡oiga! ['ɔïga]	hören Sie mal!; hallo! (am Telefon)
reservar [rrɛsɛr'bar]	reservieren; vorbestellen; zurückbehalten; vorbehalten; aufsparen

931

Buscando perfume

Marisa: *Pregunta a la empleada, a ver si nos da algunos frascos de muestra.*
Carmen: *Vale. Pero luego vamos a otra perfumería y tú preguntas por los frascos.*

Después de preguntar en cinco perfumerías vuelven las dos contentas con su 'presa' a casa.

932

Los cuatro problemas más grandes de España

En menos de dos semanas debe estar realizada la idea del mercado común europeo. En toda Europa ya no habrá fronteras. Pero España seguirá sin tener resueltos los cuatro mayores problemas que desde hace ahora casi diez años aplastan el país: el terrorismo independentista, el paro, sobre todo el paro juvenil, y, causados por el paro, el creciente consumo de drogas y la criminalidad.

¿Sabe Ud. qué significa la abrevitura I.N.E.M.?

931

Auf der Suche nach Parfüm

Marisa: Frag' mal die Angestellte, mal sehen, ob sie uns einige Probefläschchen gibt.
Carmen: O.K. Aber danach gehen wir in eine andere Parfümerie, und dann fragst du nach den Fläschchen.

Nachdem sie in fünf Parfümerien gefragt haben, gehen die beiden zufrieden mit ihrer 'Beute' nach Hause.

el perfume [pɛr'fume]	Parfüm
el frasco ['frasko]	Fläschchen
preguntar por [pregun'tar][pɔr]	fragen nach
contento [kɔn'tento]	zufrieden
la presa ['presa]	Beute

932

Die vier größten Probleme Spaniens

In weniger als zwei Wochen soll die Idee des Europäischen Binnenmarktes verwirklicht sein. In ganz Europa wird es keine Grenzen mehr geben. Aber Spanien wird weiterhin die vier größten Probleme, die das Land seit nunmehr fast zehn Jahren erdrücken, nicht gelöst haben: Der Separatisten-Terrorismus, die Arbeitslosigkeit, vor allem die Jugendarbeitslosigkeit, und, ausgelöst durch die Arbeitslosigkeit, der steigende Drogenkonsum und die Kriminalität. Wissen Sie, was die Abkürzung I.N.E.M. bedeutet?

Die Abkürzung I.N.E.M. steht für Instituto Nacional del Empleo, das etwa der Bundesanstalt für Arbeit in der BRD entspricht.

933

Recuerdos de Navidad

Londres, el 15 de diciembre

¡Hola Martín!

Este año no voy a poder pasar las navidades en España como el último año, porque estoy escribiendo mi tesina ahora. Lo único que puedo hacer por el momento es desearte ¡Feliz Navidad y próspero Año Nuevo!

un abrazo
Philly

934

«Quizá uno comienza a envejecer en el momento en que empieza a dolerle la memoria.»

Rosa Montero

933

Weihnachtsgrüße

London, den 15. Dezember

Hallo Martín!
Ich werde dieses Jahr die Weihnachtsfeiertage nicht wie letztes Jahr in Spanien verbringen können, da ich gerade dabei bin, meine Magisterarbeit zu schreiben. Das einzige, was ich im Moment tun kann, ist, Dir Frohe Weihnachten und ein Glückliches Neues Jahr zu wünschen.

Es umarmt Dich
Philly

pasar [pa'sar]	*hier:* verbringen; *sonst:* durchqueren
las navidades [naβi'ða⁽ᵈ⁾es]	Weihnachtszeit
único ['uniko]	einzige(r, s)
desear [dese'ar]	wünschen
la navidad [naβi'ða⁽ᵈ⁾]	Weihnachten

934

„Vielleicht beginnt man, alt zu werden, ab dem Moment, in dem die Erinnerung anfängt, weh zu tun." — Rosa Montero (*1951), spanische Schriftstellerin und Journalistin

--- GRAMMATIK ---

Der Konjunktiv der Vergangenheit

Der **Konjunktiv Perfekt** wird gebildet aus dem Konj.Präs. von **haber** und dem Partizip Perfekt: *haya, hayas, haya, hayamos, hayáis, hayan* + z. B. *tomado*; der **Konjunktiv Plusquamperfekt** aus dem Konj.Impf. von **haber** und dem Part.Perf.: *hubiera(-se), hubie-ras(-ses), hubie-ra(-se)*, etc. Bei der Bildung des **Konjunktiv Imperfekt** wird von der 3. Pers. Pl. Indefinido des Verbes ausgegangen (*habla-ron, comie-ron, hicie-ron* etc.), an welche anstelle der Indefinido-Endungen die Subjuntivo-Endungen angefügt werden: *-ra, -ras, -ra, -ramos, -rais, -ran* oder *-se, -ses, -se, -semos, -seis, -sen*.

935

─────── **EJERCICIO** ───────

Traduzca las frases siguientes:

1. Er spricht, als ob er Kaugummi im Mund hätte.
2. Wenn du mehr verdientest, könntest du öfter ins Theater gehen.
3. Wenn er das teure Auto nicht gekauft hätte, würde er jetzt mehr Geld haben.
4. Er hätte mich gegrüßt, wenn er mich kennen würde.
5. Wenn ich es nicht so eilig hätte, würde ich noch einen Kaffee mit dir trinken.
6. Als ob du Russisch verstehst!

936

Los parques nacionales

El Instituto Nacional para la Conservación de la Naturaleza (ICONA) ha instalado en regiones especialmente llenas de atractivo parques nacionales, en los que la caza y la pesca con caña están estrictamente prohibidas. Por otra parte, en ellos se pueden hacer múltiples excursiones espléndidas. Hoy existen, en total, nueve parques nacionales.

¿Dónde está el parque nacional de Ordesa?

935

Haben Sie alles gewußt?

1. Habla como si tuviera un chicle en la boca.
2. Si ganaras más, podrías ir al teatro con más frecuencia.
3. Si no hubiera comprado el coche caro, tendría/tuviera más dinero ahora.
4. Me habría/ hubiera saludado, si me conociera.
5. Si no tuviera tanta prisa, tomaría aún un café contigo.
6. ¡Como si entendieras ruso!

DIE EXPERTENECKE

Das Relativpronomen **cuyo/cuya** – dessen/deren richtet sich in Zahl und Geschlecht nicht nach dem Besitzer, sondern nach dem folgenden Substantiv: *der Junge, dessen Eltern – el chico cuyos padres; die Frau, deren Mann – la señora cuyo esposo; etc.* Für Personen steht statt **que** oder **el/la que** das Relativpronomen **quien**: *el señor para **quien** trabajo – der Herr, für den ich arbeite; etc.*

936

Die Nationalparks

Das *Instituto Nacional para la Conservación de la Naturaleza (ICONA;* Nationalinstitut für die Erhaltung der Natur) hat in besonders reizvollen Landstrichen Naturschutzparks eingerichtet, in denen die Jagd und das Angeln strengstens verboten sind. Andererseits kann man in ihnen viele herrliche Ausflüge machen. Insgesamt existieren heute neun Nationalparks. Wo liegt der Nationalpark Ordesa?

Der Ordesa-Nationalpark liegt in der Provinz Huesca in den Pyrenäen.

Die übrigen acht Nationalparks sind: Covadonga, Doñana, Timanfaya, Las Cañadas del Teide, Las Tablas de Daimiel, La Caldera de Taburiente, Aigües Tortes und Lago de San Mauricio.

937

La Nochevieja

Martín: ¿Ya has comprado las uvas?
Tomás: Sí. Dos kilos de las más grandes que había y tres botellas de Cava catalán. ¿A qué hora dices que habíamos quedado con los otros en la Puerta del Sol?
Martín: A las once y media en la fuente allí.

938

---EJERCICIO---

¿Conoce Vd. la diferencia entre las siguientes palabras?

1. El río ...   – La ría ...
2. La especia ...   – La especie ...
3. La costa ...   – La cuesta ...
4. Cocer ...   – Coser ...
5. El cobre ...   – La cobra ...
6. El lomo ...   – La loma ...
7. El punto ...   – La punta ...
8. La pata ...   – El pato ...

937

Silvester

Martín: Hast du die Weintrauben schon gekauft?
Tomás: Ja. Zwei Kilo von den größten, die es gab, und drei Flaschen katalanischen Cava-Sekt. Um wieviel Uhr, sagst du, waren wir mit den anderen an der Puerta del Sol verabredet?
Martín: Um halb zwölf an dem Brunnen dort.

la Nochevieja [notʃeˈbĭɛxa]	Silvester(-abend)
la uva [ˈuba]	Weintraube
catalán [kataˈlan]	katalanisch
quedar con alg. [keˈdar] [kɔn] [ˈalgĭen]	sich mit jdm. verabreden
la fuente [ˈfŭente]	Brunnen

938

— ÜBUNG —

Kennen Sie den Unterschied zwischen folgenden Wörtern?

1. Fluß, Strom — Trichtermündung (bes. galicischer Flüsse)
2. Gewürz — Art; Gattung; Sache
3. Küste — Abhang; Anhöhe; Steigung; Gefälle
4. Kochen; backen — Nähen; heften
5. Kupfer; Kupfermünze — Kobra (Schlange)
6. Lende; Rücken (Tiere) — Hügel (-kette)
7. Punkt; Stich (Nähen) — Spitze; Landzunge
8. Pfote; Tatze; Pranke — Ente

939

La lectura

Marisa: ¿Qué estás leyendo ahí, Martín?
Martín: 'La crónica del desamor'. Es el primer libro de Rosa Montero. ¿Lo conoces?
Marisa: No, todavía no. Pero he oído hablar de él. Dicen que es poco recomendable para la juventud.

940

El año 711

Setecientos once: Con la invasión de las tropas del bereber Tarik en la Península se termina la época de los reyes visigodos. A partir de ahora el Islam se extiende sobre el país y exerce una influencia que dura de tres a ocho siglos, según las regiones. Mas la Reconquista cristiana empieza ya en la primera mitad del siglo VIII en las montañas de Asturias, Cantabria y Galicia (con la simbólica victoria de Covadonga).

939

Die Lektüre

Marisa: Martín, was liest du da gerade?
Martín: 'Die Chronik der Lieblosigkeit'. Das ist das erste Buch von Rosa Montero. Kennst du es?
Marisa: Nein, noch nicht. Aber ich habe davon gehört. Es heißt, es sei wenig empfehlenswert für die Jugend.

oír [o'ir]	hören
oír hablar de algo [o'ir][a'blar][de]['algo]	von etwas hören
dicen ['diθen]	es heißt, man sagt
recomendable [rrɛkomen'daƀle]	empfehlenswert
la juventud [xuƀen'tu$^{(d)}$]	Jugend

940

Das Jahr 711

Siebenhundertelf: Mit dem Eindringen der Truppen des Berbers Tarik in die Halbinsel endet die Epoche der Westgoten-Könige. Von jetzt an verbreitet sich der Islam über das Land und beeinflußt es in den verschiedenen Regionen drei bis acht Jahrhunderte lang. Aber die Rückeroberung durch die Christen beginnt schon in der ersten Hälfte des 8. Jahrhunderts in den Bergen Asturiens, Kantabriens und Galiciens (mit dem symbolischen Sieg bei Covadonga).

invasión (f.) [imba'sɪ̆on]	Invasion; Eindringen
tropa (f.) ['tropa]	Haufen; Trupp; Truppe; Mannschaft
visigodo (m.) [bisi'gođo]	Westgote
victoria (f.) [bik'torɪ̆a]	Sieg

941

―――――― **EJERCICIO** ――――――

El habla indirecta

Ponga la siguiente carta al habla indirecta 'Tato escribió que…' (Setzen Sie folgenden Brief in die indirekte Rede):

Tato escribe: „Estoy en Madrid. He ido al museo del Prado. Me encantan los cuadros de Goya. Acabo de conocer a un estudiante de Bellas Artes de Salamanca que también ha estado en el museo. Creo que volveré a Salamanca con él el 15 de enero."

un abrazo
Tato

942

El estante de compact-disc

Jesús:	¿Adónde vas con ese paquetazo?
Carlos:	A casa. Es un estante para los compact-disc. A propósito, ¿tienes algo que hacer ahora? Porque si no, me puedes echar una mano.
Jesús:	Hombre, claro. A ver, ¿pesa mucho?

941

Die indirekte Rede

Tato escribió que estaba en Madrid (daß er in Madrid wäre). *Tato escribió que había ido al museo del Prado* (daß er ins Prado-Museum gegangen wäre). *Tato escribió que le encantaban los cuadros de Goya* (daß ihn Bilder von Goya faszinierten). *Tato escribió que acababa de conocer a un estudiante de Bellas Artes de Salamanca que también había estado en el museo* (daß er gerade einen Kunststudenten aus Salamanca kennengelernt hätte, der ebenfalls im Museum gewesen wäre). *Tato escribió que creía que volvería a Salamanca con él el 15 de enero* (daß er glaubte, daß er am 15. Januar nach Salamanca zurückkehren würde).

942

Das CD-Regal

Jesús: Wohin gehst du mit diesem Riesenpaket?
Carlos: Nach Hause. Das ist ein Regal für die CDs. Apropos, hast du jetzt schon was vor? Wenn nicht, kannst du mir ja tragen helfen.
Jesús: Na klar, Mann. Mal sehen, ist es schwer?

el estante [es'tante]	Regal
el compact-disc ['kɔmpaktdisk]	CD
el paquetazo [pake'taθo]	Riesenpaket
a propósito [a pro'posito]	apropos; übrigens
algo que hacer ['algo ke a'θɛr]	etwas zu tun
echar una mano [e'tʃar 'una 'mano]	mithelfen
¡a ver! [a bɛr]	mal sehen!
pesar [pe'sar]	wiegen

943

ADIVINANZA

Idiomas europeos

Forme Ud. de las siguientes sílabas por lo menos seis idiomas europeos:

al – al – ali – án – án – ano – cas – cat – cés – co – co – da – dés – ego – ego – em – fran – ga – glés – go – gri – gués – ho – in – it – lan – lla – lle – nés – no – no – por – ru – ru – so – sue – te – tu – vas

1. _____   4. _____
2. _____   5. _____
3. _____   6. _____

944

Un telefax para Alemania

Martín prepara un intercambio para sus alumnos de alemán en el instituto. Hace dos semanas ha hablado por teléfono con un profesor de español del instituto de Münster con el que se va a realizar el intercambio. Al profesor alemán todavía le faltan los datos de los alumnos que van a ir a Münster. Por eso Martín se los manda con un telefax.

943

Europäische Sprachen

Bilden Sie aus den Silben mindestens 6 europäische Sprachen:

Aus den Silben konnte man insgesamt 15 Sprachen bilden. Wie viele haben Sie gefunden?

holandés; italiano; catalán; francés; portugués; vasco; sueco; castellano; inglés; danés; griego; ruso; noruego; alemán; gallego

Holländisch; Italienisch; Katalanisch; Französisch; Portugiesisch; Baskisch; Schwedisch; Spanisch; Englisch; Dänisch; Griechisch; Russisch; Norwegisch; Deutsch; Galicisch

---

DIE EXPERTENECKE

„Das kommt mir spanisch vor" heißt auf Spanisch: „esto me parece chino (= chinesisch)."

944

Ein Telefax nach Deutschland

Martín bereitet für seine Deutsch-Schüler im Gymnasium einen Austausch vor. Vor zwei Wochen hat er telefonisch mit einem Spanisch-Lehrer des Gymnasiums in Münster gesprochen, mit dem der Austausch stattfinden wird. Noch fehlen dem deutschen Lehrer die Daten der Schüler, die nach Münster gehen werden. Deswegen schickt Martín sie ihm mit einem Telefax.

el telefax [tele'faks]	Telefax
el intercambio [intɛrˈkambĭo]	Austausch
el alumno [aˈlumno]	Schüler
el instituto (de bachillerato) [instiˈtuto de batʃiʎeˈrato]	Gymnasium
hace ... semanas [ˈaθɛ seˈmanas]	vor ... Wochen
el profesor [profeˈsɔr]	Lehrer
realizarse [rrɛaliˈθarse]	stattfinden
faltar [falˈtar]	fehlen
mandar [manˈdar]	schicken

945

El entrañable rey

No habrá en toda la historia de España un rey tan amado por el pueblo como Juan Carlos I. ¡Y con razón! Juan Carlos, hijo de Don Juan, el Conde de Barcelona, y nieto de Alfonso XIII, fue nombrado Sucesor de Franco en la Jefatura del Estado el 23 de julio de 1969. Dos días después de la muerte de Franco, el 22 de noviembre fue proclamado Rey de España. Aún no estaba muy claro que esta fecha significaría el inicio de la transición española hacia una democracia. Pero Juan Carlos hacía adelantar decididamente la democratización de España.

¿Desde cuándo España es miembro de la CE?

946

El escaparate vacío

Esta mañana Maite ha visto en el escaparate de una tienda cerca de la Puerta del Sol una falda muy bonita y a la vez bastante barata. Durante el almuerzo habla de la falda con Carlos. Luego, Maite quiere enseñarle a Carlos la falda en el escaparate. Pero cuando los dos llegan a la tienda, el escaparate está completamente vacío.

945

Der innig geliebte König

Es mag wohl keinen König in der gesamten Geschichte Spaniens geben, der vom Volk so geliebt wird wie Juan Carlos I. Und das zu recht! Juan Carlos, Sohn Don Juans, des Grafen von Barcelona, und Enkel Alfons' XIII., wurde am 23. Juli 1969 zum Nachfolger Francos als Staatsoberhaupt ernannt. Am 22. November, zwei Tage nach Francos Tod, wurde er zum König von Spanien proklamiert. Noch war nicht klar, daß dieses Datum den Beginn von Spaniens Veränderung hin zu einer Demokratie bedeutete. Juan Carlos jedoch setzte sich entschieden für die Demokratisierung Spaniens ein. Seit wann ist Spanien Mitglied der EG?

Seit 1986

Dank einer vehementen Intervention des Königs wurde 1981 ein Staatsstreich des Oberstleutnants Tejero Molina vereitelt.

946

Das leere Schaufenster

Maite hat heute morgen im Schaufenster eines Geschäftes in der Nähe der Puerta del Sol einen sehr schönen und gleichzeitig ziemlich billigen Rock gesehen. Während des Mittagessens spricht sie mit Carlos über den Rock. Später will Maite Carlos den Rock in dem Schaufenster zeigen. Aber als die beiden zu dem Geschäft kommen, ist das Schaufenster völlig leer.

el escaparate [eskapaˈrate]	Schaufenster
vacío, -a [baˈθio/a]	leer
la falda [ˈfalda]	Rock
bastante [basˈtante]	ziemlich (viel)
el almuerzo [almuˈɛrθo]	Mittagessen
a la vez [a la beθ]	gleichzeitig
durante [duˈrante]	während
enseñar [enseˈɲar]	zeigen

947

---EJERCICIO---

Colóquese la preposición 'por' o 'para' en las siguientes frases

. . . triunfar hace falta fuerza de voluntad.
Haría mucho más que eso . . . ti, . . . tu amiga, no.
Solíamos pasear . . . el parque.
Esto es conveniente . . . la salud.
Antonio se compró una corbata . . . 900 pesetas.
Necesitamos unos vasos . . . brindar . . . la pareja.
El cuadro fue pintado . . . Picasso.

948

El gordo

Mabel: *¿Qué? ¿Tú quieres invitarnos a todos a cenar esta tarde? ¿Qué te pasa? ¿Has atracado un banco?*
Jesús: *¡Todo lo contrario! Me ha tocado la lotería.*
Mabel: *¿De verdad? ¿El gordo?*
Jesús: *No, eso no. Pero da para seis comidas.*

947

Setzen Sie die Präposition 'por' bzw. 'para' in die folgenden Sätze ein

Para triunfar hace falta fuerza de voluntad.
Haría mucho más que eso **por** ti, **por** tu amiga, no.
Solíamos pasear **por** el parque.
Esto es conveniente **para** la salud.
Antonio se compró una corbata **por** 900 pesetas.
Necesitamos unos vasos **para** brindar **por** la pareja.
El cuadro fue pintado **por** Picasso.

Um zu triumphieren, braucht man Willensstärke.
Ich würde viel mehr für dich tun, aber nicht für deine Freundin.
Wir pflegten durch den Park zu spazieren.
Das ist gut für die Gesundheit.
Antonio kaufte sich für 900 Peseten eine Krawatte.
Wir brauchen Gläser für einen Trinkspruch auf das Paar.
Das Bild wurde von Picasso gemalt.

948

Der Hauptgewinn

Mabel: Was? Du willst uns alle heute abend zum Essen einladen? Was ist los mit dir? Hast du eine Bank überfallen?
Jesús: Ganz im Gegenteil! Ich habe im Lotto gewonnen.
Mabel: Im Ernst? Der Hauptgewinn?
Jesús: Nein, das nun auch wieder nicht. Aber es reicht für sechs Essen.

el gordo [ˈgorðo]	Hauptgewinn
cenar [θeˈnar]	zu Abend essen
atracar [atraˈkar]	überfallen
¡todo lo contrario! [ˈtoðo lo konˈtrarʝo]	ganz im Gegenteil!
me toca la loteria [me ˈtoka la loteˈria]	ich gewinne im Lotto
de verdad [de bɛrˈða$^{(d)}$]	wirklich; im Ernst
dar para ... [dar ˈpara]	ausreichen für ...

949

EJERCICIO

Futuro

Ponga los verbos en la forma correspondiente del futuro:

1. Seguramente Martín ya está en casa.
2. El año que viene nos vamos a Costa Rica.
3. Carlos y Jesús están jugando a las cartas.
4. ¡Tú dices!
5. ¿Reconocéis a Mavi?

950

La fiesta de Jesús

A Jesús todavía le queda un poco del dinero que ha ganado en la lotería. Para comprarse algo extraordinario es demasiado poco, así que Jesús piensa hacer una fiesta esta noche para sus amigos. De esta manera todos sus amigos pueden participar de esta suerte inesperada. Jesús llama a los amigos para decirles que la fiesta empieza a las 10.

949
Futur

Setzen Sie die Verben in die entsprechende Form des Futurs:

1. Seguramente Martín ya **estará** en casa. – Sicher wird Martín schon zu Hause sein. 2. El año que viene nos **iremos** a Costa Rica. – Nächstes Jahr werden wir nach Costa Rica fliegen. 3. Carlos y Jesús **estarán** jugando a las cartas. – Carlos und Jesús werden wohl gerade Karten spielen. 4. ¡Tú **dirás**! – Ganz wie du wünschst! (Redewendung) 5. ¿**Reconoceréis** a Mavi? – Werdet ihr Mavi wohl wiedererkennen?

DIE EXPERTENECKE

Bei diesen Verben wird der Stamm im Futur verändert: decir – sagen → diré; haber (Hilfsverb) – haben → habré; hacer – machen → haré; poder – können, dürfen → podré; poner – setzen, stellen → pondré; querer – wollen, lieben → querré; saber – wissen, können → sabré; salir – hinausgehen, abfahren → saldré; tener – haben → tendré; venir – kommen → vendré

950
Die Fete von Jesús

Jesús hat noch immer etwas von dem Geld, das er beim Lotto gewonnen hat. Es ist zu wenig, um sich etwas Außergewöhnliches zu kaufen, so daß Jesús heute abend eine Fete für seine Freunde machen will. Auf diese Art können all seine Freunde an diesem unerwarteten Glücksfall teilhaben. Jesús ruft seine Freunde an, um ihnen zu sagen, daß die Fete um zehn Uhr anfängt.

quedar [ke'ðar]	(übrig)bleiben
ganar [ga'nar]	gewinnen
extraordinario,-a [estraɔrði'narǐo/a]	außergewöhnlich
pensar hacer [pen'sar a'θɛr]	machen wollen
la manera [ma'nera]	Art (und Weise)
participar [partiθi'par]	teilhaben; -nehmen
la suerte ['sŭɛrte]	Glück(sfall)
inesperado, -a [inespe'raᵈo/a]	unerwartet

951

La ciudad de los cuatro nombres

Al sureste de la ciudad boliviana de Oruro se encuentra la ciudad de Sucre. Fue fundada en 1538 por orden del conquistador Pizarro. La ciudad, que hoy tiene unos 80 mil habitantes, está a una altura de 2.835 m y se conoce también con el nombre de «Ciudad de los Cuatro Nombres». Su primer nombre fue «Villa de la Plata» y, posteriormente, adoptó los nombres «Charcas» y «Chuquisaca» que son nombres del quechua, una lengua indígena muy extendida en Suramérica. El nombre actual de «Sucre» es un homenaje a un libertador del país.

¿El quechua es la lengua de qué pueblo indígena?

952

El ordenador

Martín: *¿Qué? ¿Te has comprado otro ordenador? Parece que ganas demasiado con tu cerámica.*
Carlos: *¡Hombre, no! Pero necesito un ordenador que puedo llevar conmigo en los viajes. Y para eso un Lap-Top es lo mejor.*

951

Die Stadt der vier Namen

Im Südosten der bolivianischen Stadt Oruro liegt die Stadt Sucre. Sie wurde 1538 auf Anordnung des Konquistadors Pizarro erbaut. Die Stadt, die heute etwa 80 000 Einwohner hat, liegt auf einer Höhe von 2835 m und ist auch unter dem Namen „Stadt der vier Namen" bekannt. Ihr erster Name war „Stadt des Silbers", später nahm sie die Namen „Charcas" und „Chuquisaca" an, Namen aus dem Quechua, einer in Südamerika sehr verbreiteten einheimischen Sprache. Der aktuelle Name „Sucre" ist eine Ehrung für einen Befreier des Landes. Die Sprache welches einheimischen Volkes ist das Quechua?

Es ist die Sprache der Inka-Indianer.

Das Quechua ist mit etwa 6 Mio. Sprechern die bedeutendste ursprüngliche Sprache des lateinamerikanischen Kontinents.

952

Der Computer

Martín: Was? Du hast dir noch einen Computer gekauft? Es scheint, daß du mit deiner Keramik zuviel verdienst.
Carlos: Oh, nein! Aber ich brauche einen Computer, den ich mit auf die Reisen nehmen kann. Und dafür ist ein Laptop das beste.

el ordenador [ɔrđena'đɔr]	PC; Computer
demasiado [dema'sĭaᵈo]	zu(viel)
necesitar [neθesi'tar]	brauchen
llevar consigo [ʎe'bar kɔn'sigo]	mitnehmen
conmigo [kɔn'migo]	mit mir
lo mejor [mɛ'xɔr]	das beste

953

Un juguete para Mavi

Mabel está en una juguetería. A ella le encanta ir buscando figuras, animales de paño y muñecas en las jugueterías. Ahora acaba de encontrar una figura pequeña, un trasgo, que le parece mucho a Mavi. Mabel no se lo piensa dos veces y compra el trasgo para regalarlo a Mavi. Así Mavi puede completar su colección de juguetes.

954

ADIVINANZA

América

¿En cuáles de los siguientes países latinoamericanos no se habla español?

Bolivia	Venezuela	Guayana	Uruguay
Argentina	Chile	Colombia	Paraguay
Belice	Guatemala	Honduras	Costa Rica
Perú	Brasil	México	El Salvador
Panamá	Cuba	Nicaragua	Ecuador

953

Ein Spielzeug für Mavi

Mabel ist in einem Spielzeuggeschäft. Sie liebt es, in Spielzeuggeschäften nach Figuren, Stofftieren und Puppen zu suchen. Jetzt hat sie gerade eine kleine Figur, einen Kobold, gefunden, der Mavi sehr ähnlich sieht. Mabel überlegt es sich nicht zweimal und kauft den Kobold, um ihn Mavi zu schenken. So kann Mavi ihre Spielzeugsammlung vervollständigen.

el juguete [xuˈgete]	Spielzeug
la juguetería [xugeteˈria]	Spielzeuggeschäft
encantar [eŋkanˈtar]	verzaubern; entzücken
la figura [fiˈgura]	Figur
el animal de paño [aniˈmal de ˈpaɲo]	Stofftier
la muñeca [muˈɲeka]	Puppe
acabar de hacer [akaˈbar de aˈθɛr]	gerade getan haben
el trasgo [ˈtrazgo]	Kobold; Poltergeist
la colección [kolɛgˈθĭon]	Sammlung

954

Amerika

In welchen der folgenden lateinamerikanischen Ländern wird nicht Spanisch gesprochen?

In Brasilien (Portugiesisch), Belice (Englisch) und Guayana (Französisch). Ein weiteres, nicht spanischsprachiges Land Lateinamerikas ist Surinam, das ehemalige Niederländisch-Guayana an der Nordwestküste von Südamerika.

DIE EXPERTENECKE

Steigerungsadverbien 'muy' und 'mucho'

Muy steht immer vor Adjektiven bzw. Adverbien, mucho vor Substantiven und hinter Verben: Este vino es muy caro. – Dieser Wein ist sehr teuer. Pero me gusta mucho. – Aber er gefällt mir sehr. No como mucha carne. – Ich esse nicht viel Fleisch.

Carlos y el pescado

Carlos: *Aquí huele fatal. Huele a pescado.*
Maite: *Date la vuelta, ¡estás justo delante de un puesto de pescado!*
Carlos: *¡Hombre! Y eso que el pescado no me gusta en absoluto.*
Maite: *¡Qué desastre! ¡Un español al que no le gusta el pescado!*

México y Emiliano Zapata

El nombre de Emiliano Zapata está escrito en letras de oro en la Cámara de Diputados de la Ciudad de México. Zapata nació en 1883 en la pequeña ciudad mejicana Anenecuilco, en el estado de Morelos. Como uno de diez hijos de campesinos Zapata muy pronto pudo conocer la injusticia reinante en México, donde los grandes hacenderos a la fuerza iban quitando la tierra a los campesinos. Cuando estalló la Revolución Mejicana en 1910 Zapata luchó con su ejército de unos 10 mil campesinos por una reforma agraria. Murió en 1919.

¿Quién es el presidente actual de México?

955

Carlos und der Fisch

Carlos: Hier riecht es scheußlich. Es riecht nach Fisch.
Maite: Dreh' dich mal um, du stehst genau vor einem Fisch-Stand!
Carlos: Oh, Mann! Und das, wo ich Fisch überhaupt nicht mag.
Maite: Eine Katastrophe! Ein Spanier, der keinen Fisch mag!

el pescado [pesˈkaᵈo]	(gefischter) Fisch
oler a [oˈlɛr a]	riechen nach
fatal [faˈtal]	scheußlich; fatal
darse la vuelta [ˈdarse la ˈbŭɛlta]	sich umdrehen
el puesto [ˈpŭesto]	Stand
en absoluto [en aβsoˈluto]	überhaupt (nicht)
el desastre [deˈsastre]	Katastrophe; Desaster

956

Mexiko und Emiliano Zapata

Der Name Emiliano Zapata steht in goldenen Buchstaben in der Abgeordnetenkammer von Mexiko-City. Zapata wurde 1883 in der kleinen mexikanischen Stadt Anenecuilco, im Bundesstaat Morelos, geboren. Als eines von zehn Kindern eines Bauern konnte Zapata sehr bald die in Mexiko herrschende Ungerechtigkeit kennenlernen, wo die großen Hacienda-Besitzer den Bauern Stück für Stück ihres Bodens mit Gewalt abnahmen. Als 1910 die mexikanische Revolution ausbrach, kämpfte Zapata mit seiner Armee von etwa 10 000 Bauern für eine Agrarreform. Er starb 1919. Wer ist der gegenwärtige Präsident Mexikos?

Carlos Salinas de Gortari (Stand: 1993)

Zapata vertrat die radikalste Position in der mexikanischen Revolution. Er wurde am 10. April 1919 von ehemaligen Mitstreitern ermordet.

957

En Malasaña

Entre la Calle de San Bernardo y la Calle de Fuencarral hay un barrio que es conocido bajo el nombre de 'Malasaña'. Este nombre viene de Manuela Malasaña, una heroína de la resistencia madrileña contra Napoleón. Alrededor de la Plaza Dos de Mayo están situadas numerosas tascas en las cuales los jóvenes madrileños se divierten. Una de las tascas en la Calle de Velarde se llama 'Vía láctea'.

958

Preparando el viaje

Maite y Carlos están preparando el viaje a Ecuador. Después de escribir una lista de las cosas que piensan llevarse, ponen todas las cosas en la cama para poder hacer las mochilas. Carlos, que tiene más experiencia en los viajes, tiene muchas cosas menos en la cama que Maite. Maite parece que quiere emigrar en vez de hacer un viaje.

957

In Malasaña

Zwischen der Calle de San Bernardo und der Calle de Fuencarral gibt es ein Viertel, das unter dem Namen 'Malasaña' bekannt ist. Dieser Name kommt von Manuela Malasaña, einer Heldin des Madrider Widerstands gegen Napoleon. Um die Plaza Dos de Mayo herum liegen viele Kneipen, in denen die Madrider Jugendlichen sich vergnügen. Eine dieser Kneipen in der Calle de Velarde heißt 'Milchstraße'.

In dem Altbauviertel Malasaña haben die Jugendlichen auch eine eigene 'Sprache' entwickelt, die für Nichteingeweihte kaum zu verstehen ist.

heroína (f.) [ero'ina]	Heldin; Heroin
alrededor de [alrrɛðe'dɔr ðe]	ungefähr; um ... herum
tasca (f.) ['taska]	Kneipe
vía (f.) ['bia]	Weg; Bahn; Straße; Strecke
lácteo ['lakteo]	milchig; Milch ...

958

Bei den Reisevorbereitungen

Maite und Carlos sind dabei, die Reise nach Ecuador vorzubereiten. Nachdem sie eine Liste der Sachen, die sie mitnehmen wollen, geschrieben haben, legen sie alle Sachen aufs Bett, um die Rucksäcke packen zu können. Carlos, der schon erfahrener mit Reisen ist, hat viel weniger Sachen auf dem Bett als Maite. Maite sieht so aus, als wolle sie auswandern statt verreisen.

llevarse [ʎe'barse]	mitnehmen
la mochila [mo'tʃila]	Rucksack
la experiencia [espe'rĭenθĭa]	Erfahrung
la cama ['kama]	Bett
menos ['menos]	weniger
emigrar [emi'grar]	auswandern
en vez de [en beθ de]	anstatt; anstelle von

959

EJERCICIO

Traduzca Ud. las frases siguientes

1. Carlos ruft Jesús an.
2. Martín macht seinen Tischtennisschläger sauber.
3. Kennst du diesen Schauspieler?
4. Ihr braucht ein neues Auto.
5. Mavi besucht jede Woche ihre Eltern.
6. Du suchst einen Gitarrenlehrer.
7. Kennst du meinen Deutschlehrer schon?
8. Maite liebt ihren Hund sehr.

960

En el aeropuerto

Esta mañana Martín lleva a Maite y a Carlos al aeropuerto de Barajas, en el este de Madrid. El avión de Maite y Carlos para Caracas sale a las 11 y media. Pero los dos ya tienen que estar en el aeropuerto hora y media antes. Después de entregar las mochilas en el despacho de billetes de la compañía aérea van a tomar un café juntos.

959

Übersetzen Sie die folgenden Sätze

1. Carlos llama **a** Jesús. 2. Martín limpia **su** raqueta de tenis de mesa. 3. ¿Conoces **a** este actor? 4. Necesitáis **un** coche nuevo. 5. Mavi visita **a** sus padres cada semana. 6. Buscas **un** profesor de guitarra. 7. ¿Ya conoces **a** mi profesor de alemán? 8. Maite quiere mucho **su** perro.

DIE EXPERTENECKE

Männliche Vornamen

Juan – Johannes/Hans; Jaime – Jakob; Felipe – Philipp; Carlos – Karl; José – Joseph; Joaquín – Joachim; Jorge – Georg; Miguel – Michael; Tomás – Thomas; Pedro – Peter; Nicolás – Klaus/Nikolaus; Enrique – Heinrich; Francisco – Franz/Franziskus

---

960

Am Flughafen

Martín bringt Maite und Carlos heute morgen zum Flughafen Barajas, im Osten Madrids. Das Flugzeug von Maite und Carlos nach Caracas fliegt um halb zwölf ab. Aber die beiden müssen schon anderthalb Stunden vorher am Flughafen sein. Nachdem sie die Rucksäcke am Abfertigungsschalter der Fluggesellschaft abgegeben haben, gehen sie noch zusammen einen Kaffee trinken.

el aeropuerto [aeroˈpu̯ɛrto]	Flughafen
llevar [ʎeˈbar]	bringen; tragen
salir [saˈlir]	abfliegen
el avión [aˈbi̯ɔn]	Flugzeug
antes [ˈantes]	vorher
hora y media [ˈora i ˈmedi̯a]	anderthalb Stunden
entregar [entreˈgar]	abgeben
el despacho de billetes [desˈpatʃo de biˈʎetes]	Abfertigungsschalter
la compañía aérea [kɔmpaˈnia aˈerea]	Fluggesellschaft

961

La Habana Vieja

La capital de Cuba, fundada en 1515 por el español Diego de Velázquez, se encuentra al lado de un espléndido puerto natural en el mar Caribe. En la entrada a la bahía de La Habana hay unas fortificaciones, construidas para defender la ciudad de los frecuentes asaltos de los piratas. La Habana también fue atacada durante la Guerra de los Siete años por los ingleses, que ocuparon la ciudad en 1762. Un año más tarde fue devuelta a los españoles. En la parte vieja de la ciudad se conservan más de 900 edificios de gran valor histórico.

¿Quién fue el Jefe de Estado de Cuba durante más de 30 años?

962

El hotel para una noche

El avión de Maite y Carlos llega con un retraso de dos horas a Caracas, en Venezuela. El avión para el vuelo de correspondencia a Quito ya ha salido. Por eso la compañía aérea ha reservado habitaciones en un hotel, en el centro de Caracas. Cuando los dos finalmente llegan al hotel, después de 15 horas de viaje, están hechos polvo.

961

Alt-Havanna

Die Hauptstadt Kubas, die 1515 durch den Spanier Diego de Velázquez gegründet wurde, liegt neben einem wunderschönen natürlichen Seehafen im Karibischen Meer. In der Einfahrt zur Bucht von Havanna gibt es Befestigungsanlagen, die gebaut wurden, um die Stadt vor den häufigen Piratenüberfällen zu schützen. Havanna wurde im Siebenjährigen Krieg auch von den Engländern angegriffen, die die Stadt 1762 einnahmen. Ein Jahr später wurde sie den Spaniern zurückgegeben. Im alten Teil der Stadt sind noch mehr als 900 Gebäude mit großem historischen Wert erhalten geblieben. Wer war mehr als 30 Jahre lang Staatsoberhaupt Kubas?

Fidel Castro

Die Unesco hat die Altstadt Havannas zum „Erbe der Menschheit" erklärt und finanziert die Restauration sämtlicher historischer Gebäude.

962

Hotel für eine Nacht

Das Flugzeug von Maite und Carlos kommt mit einer Verspätung von zwei Stunden in Caracas in Venezuela an. Das Flugzeug für den Anschlußflug nach Quito ist schon abgeflogen. Deswegen hat die Fluggesellschaft Zimmer in einem Hotel im Zentrum von Caracas reserviert. Als die beiden, nach 15 Stunden Reise, schließlich im Hotel ankommen, sind sie total kaputt.

el retraso [rrɛˈtraso]	Verspätung
el vuelo [ˈbŭelo]	Flug
el vuelo de correspondencia [ˈbŭelo de kɔrrɛspɔnˈdenθĭa]	Anschlußflug
reservar [rrɛsɛrˈbar]	reservieren
el centro [ˈθentro]	Zentrum; Innenstadt
finalmente [finalˈmente]	schließlich
estar hecho polvo [esˈtar ˈetʃo ˈpɔlbo]	total kaputt sein (wörtl.: zu Pulver gemacht sein)

963

En la piscina del hotel

Carlos: *Menos mal que nuestro avión de Madrid ha llegado con retraso aquí. Así podemos aprovechar la ocasión para descansarnos un poco antes de seguir nuestro viaje a Quito.*
Maite: *¿Has visto ya que la piscina tiene un trampolín?*

964

El viaje a Guayaquil

Esta mañana, Maite y Carlos han llegado a Quito, en Ecuador. Para ir a Guayaquil, donde vive Dagmar, su amiga alemana, prefieren ir en autobús. En autobús se tarda mucho más, pero el viaje por las montañas es mucho más interesante. Todos los viajes en autobús en Suramérica son una aventura. Además se ve mejor el paisaje.

963

Im Hotel-Schwimmbad

Carlos: Ein Segen, daß unser Flugzeug aus Madrid mit Verspätung hier angekommen ist. So können wir die Gelegenheit nutzen, um uns vor der Weiterreise nach Quito ein wenig auszuruhen.
Maite: Hast du schon gesehen, daß das Schwimmbad ein Sprungbrett hat?

¡menos mal! [ˈmenos mal]	ein Segen!; zum Glück!
aprovechar [aproβeˈtʃar]	(aus)nutzen
la ocasión [okaˈsi̯on]	Gelegenheit
descansarse [deskanˈsarse]	sich ausruhen
antes de [ˈantes de]	bevor
seguir su viaje [seˈgir su biˈaxe]	weiterreisen
el trampolín [trampoˈlin]	Sprungbrett

964

Die Reise nach Guayaquil

Heute morgen sind Maite und Carlos in Quito, in Ecuador, angekommen. Sie ziehen es vor, mit dem Bus nach Guayaquil, wo ihre deutsche Freundin Dagmar wohnt, zu fahren. Mit dem Bus braucht man erheblich länger, aber die Fahrt durch das Gebirge ist viel interessanter. Alle Reisen mit dem Bus sind in Südamerika ein Abenteuer. Außerdem sieht man die Landschaft besser.

ir en autobús [ir en aŭtoˈβus]	mit dem Bus fahren
tardar [tarˈđar]	(Zeit) brauchen; (lange) dauern
la montaña [mɔnˈtaɲa]	Berg; Gebirge
Suramérica [suraˈmerika]	Südamerika
la aventura [aβenˈtura]	Abenteuer
el paisaje [pai̯ˈsaxe]	Landschaft

Romero

El 24 de marzo de 1980 el Arzobispo Oscar Arnulfo Romero fue asesinado durante la misa en la catedral de San Salvador. La sangrienta guerra civil, que desde hace años azotaba a El Salvador, el más pequeño país de Centroamérica, había causado una víctima más. Romero, después de recibir varias amenazas de muerte, arriesgaba continuamente su vida en su lucha a favor de los derechos humanos de los ciudadanos pobres y mayormente de raza indígena. De la vida del arzobispo se ha rodado una película.

¿Con qué países limita El Salvador?

En el restaurante chino

Maite: *Es increíble, en todas partes del mundo hay restaurantes chinos.*
Carlos: *Para hoy este restaurante chino es nuestra salvación. Todavía tenemos que acostumbrarnos a la comida ecuatoriana.*
Maite: *Dicen que la iguana es un plato típico aquí.*

965

Romero

Am 24. März 1980 wurde der Erzbischof Oscar Arnulfo Romero während eines Gottesdienstes in der Kathedrale von San Salvador ermordet. Der blutige Bürgerkrieg, der seit Jahren El Salvador, das kleinste Land Zentralamerikas, geißelte, hatte ein weiteres Todesopfer gefordert. Nachdem Romero mehrere Morddrohungen erhalten hatte, setzte er dennoch im Kampf für die Menschenrechte der armen Mitbürger, größtenteils indianischer Abstammung, ständig sein Leben aufs Spiel. Über das Leben des Erzbischofs ist ein Film gedreht worden. An welche Länder grenzt El Salvador?

> *An Guatemala und Honduras*

El Salvador ist eine typische „Bananenrepublik": 2/3 aller Deviseneinnahmen des Landes stammen aus Agrarexporten von Kaffee, Zucker und Baumwolle.

966

Im chinesischen Restaurant

Maite: Es ist unglaublich, überall auf der Welt gibt es chinesische Restaurants.
Carlos: Für heute ist dieses China-Restaurant unsere Rettung. Wir müssen uns erst ans ecuadorianische Essen gewöhnen.
Maite: Es heißt, daß hier der Leguan ein typisches Gericht ist.

el restaurante [rrestau̯ˈrante]	Restaurant
increíble [iŋkreˈiβle]	unglaublich
en todas partes [en ˈtoðas ˈpartes]	überall
chino, -a [ˈtʃino/a]	chinesisch
la salvación [salβaˈθi̯ɔn]	Rettung
acostumbrarse a [akɔstumˈbrarse]	sich gewöhnen an
la iguana [iˈgu̯ana]	Leguan; Kammeidechse
el plato [ˈplato]	Teller; Gericht

El coche de alquiler

Después de conocer la ciudad portuaria de Guayaquil con la ayuda de Dagmar, Carlos y Maite han alquilado un coche. Es un coche todoterreno que se necesita para viajar por Ecuador porque muchas de las carreteras están sin asfaltar. Hoy quieren ir en el coche al Chimborazo, la montaña más alta de Ecuador, que está cerca de Quito, la capital.

El camino perdido

Carlos: *Déjame ver el mapa. Creo que hemos perdido el camino.*
Maite: *Esta carretera no aparece en el mapa. ¿Qué hacemos ahora?*
Carlos: *No sé. Lo mejor es preguntar a alguien.*
Maite: *Pero si aquí no hay absolutamente nadie.*

967

Der Mietwagen

Nachdem sie mit Hilfe von Dagmar die Hafenstadt Guayaquil kennenlernten, haben sich Carlos und Maite ein Auto gemietet. Es ist ein Geländefahrzeug, das man braucht, um in Ecuador umherzureisen, da viele der Landstraßen nicht asphaltiert sind. Heute wollen sie mit dem Auto zum Chimborasso*, dem höchsten Berg Ecuadors, in der Nähe der Haupstadt Quito fahren.

Der Chimborasso ist 6267m hoch.

el coche de alquiler ['kotʃe de alki'lɛr]	Mietwagen
portuario, -a [pɔr'tŭarĭo/a]	Hafen…
la ayuda [a'juđa]	Hilfe
alquilar [alki'lar]	mieten
el todoterreno [tođote'rrɛno]	Geländefahrzeug
la carretera [karrɛ'tera]	Landstraße
asfaltar [asfal'tar]	asphaltieren
alto, -a ['alto/a]	hoch
la capital [kapi'tal]	Hauptstadt

968

Verirrt

Carlos: Laß mich mal die Landkarte sehen. Ich glaube, wir haben uns verfahren.
Maite: Diese Landstraße taucht in der Karte gar nicht auf. Was machen wir jetzt?
Carlos: Ich weiß nicht. Das beste ist, jemanden zu fragen.
Maite: Aber hier ist doch überhaupt niemand.

el camino [ka'mino]	Weg
perder el camino [pɛr'đɛr ɛl ka'mino]	sich verirren/-fahren
dejar [dɛ'xar]	lassen
el mapa ['mapa]	Landkarte
aparecer [apare'θɛr]	auftauchen; erscheinen
alguien ['algĭen]	jemand
nadie ['na'đĭe]	niemand

969

---- GRAMÁTICA ----

Nombres y apellidos

Nombres:	Apellidos:
Francisco	Ortega Martínez
Dolores	Sanz Gómez (señora de Ortega)
María Rosa	Ortega Sanz
Pedro	Ortega Sanz

970

Sin dinero

A Maite y Carlos se les ha acabado el dinero. Ahora tienen que ir hasta Quito y buscar allí un banco donde tengan un cajero automático. Ellos sólo se han llevado una tarjeta de crédito a Ecuador. Así nadie les puede robar dinero, pero la desventaja es que no pueden retirar dinero en los bancos pequeños, sólo en Guayaquil y Quito.

969

---- GRAMMATIK ----

Namen und Zunamen

Die spanische Namensgebung ist etwas kompliziert. Die Vornamen stellen kein großes Problem dar, wohl aber die Familiennamen. Sie sind stets Doppelnamen, wobei der Familienstand keine Rolle spielt. So behält eine Frau bei der Heirat ihren eigenen Doppelnamen. Kinder eines Paares erhalten als ersten Teil ihres Zunamens den ersten Nachnamen des Vaters und als zweiten Teil ihres Namens den ersten Nachnamen der Mutter. Der Einfachheit halber wird oft nur der erste Teil des Doppelnamens genannt. Handelt es sich um einen sehr weit verbreiteten Namen (wie z. B. García), dann wird stattdessen der zweite Teil des Doppelnamens benutzt.

970

Kein Geld

Maite und Carlos ist das Geld ausgegangen. Jetzt müssen sie nach Quito fahren und dort eine Bank suchen, in der es einen Geldautomaten gibt. Sie haben nur eine Kreditkarte nach Ecuador mitgenommen. So kann ihnen niemand Geld rauben, aber der Nachteil ist, daß sie in kleineren Banken kein Geld abheben können, sondern nur in Guayaquil und Quito.

el dinero [di'nero]	Geld
sin [sin]	ohne
acabar [aka'bar]	ausgehen (Geld)
el banco ['baŋko]	Bank
tengan ['tɛŋgan]	*Konjunktivform von* tener — tienen —
el cajero automático [ka'xero aŭto'matiko]	Geldautomat
la tarjeta de crédito [tar'xeta de 'kredito]	Kreditkarte
retirar [rrɛti'rar]	abheben (Geld)

971

La boda de dos mundos

Como parte de las celebraciones del Quinto Centenario tuvo lugar una boda que simboliza la unión de los dos mundos, el viejo y el nuevo. La novia fue Miss Liberty, de Nueva York, y el novio se llamaba Cristobal Colón, navegante y descubridor. Efectivamente, se trataba de dos estatuas famosas, la de Cristobal Colón en Barcelona, y la neoyorquina estatua de la Libertad. Autor de este proyecto fue Antoni Miralda, un artista catalán que vive en Nueva York desde 1971.

¿En qué parte de Barcelona está la estatua de Colón?

972

*«La verdad,
si no es entera,
se convierte en aliada
de lo falso.»*
Javier Sábada

971

Die Hochzeit zweier Welten

Als Teil der Feierlichkeiten zum 500sten Jahrestag (der Entdeckung Amerikas) fand eine Hochzeit statt, die die Vereinigung der beiden Welten symbolisiert, der Alten und der Neuen. Die Braut war Miss Liberty aus New York, und der Bräutigam hieß Christoph Kolumbus, Seefahrer und Entdecker. In Wirklichkeit handelte es sich um zwei berühmte Statuen, die von Christoph Kolumbus in Barcelona und die Freiheitsstatue in New York. Der Autor dieses Projekts war der katalanische Künstler Antoni Miralda, der seit 1971 in New York lebt. In welchem Teil Barcelonas steht die Kolumbusstatue?

> *In der Nähe des Hafens, am Ende der Ramblas*

Die Kolumbusstatue ist 59 m hoch und stammt aus dem Jahr 1888.

972

„Wenn die Wahrheit nicht vollständig ist, verwandelt sie sich in eine Verbündete des Falschen." — Javier Sábada (geb. 1944), spanischer Philosoph

--- GRAMMATIK ---

Die Bildung des Adverbs der Art und Weise

Dieses Adverb wird im Spanischen regelmäßig gebildet durch die weibliche Form des Adjektivs mit der Endung -mente: lento (langsam) – lentamente; exagerado (übertrieben) — exageradamente; fácil (leicht) — fácilmente usw.

Daneben gibt es feststehende Adverbien wie z. B. bien (gut); mal (schlecht) und despacio (langsam). Einige dieser Adverbien können mit dem Adjektiv identisch sein: rápido (schnell); limpio (sauber).

973

Visita de Quito

Maite y Carlos, después de retirar dinero en el banco, han decidido quedarse dos días más en Quito para visitar el antiguo casco colonial, la catedral y los dos monasterios de San Francisco y de San Agustín. Esta tarde en el casco antiguo se dan cuenta de que Quito tiene innumerables iglesias y templos.

974

ADIVINANZA

¿Qué moneda pertenece a qué país ?

el córdoba	México
el lempira	Argentina
el quetzal	Honduras
el sucre	Panamá
el peso	Costa Rica
el peso	Nicaragua
el colón	Ecuador
el guaraní	Guatemala
el bolívar	Paraguay
el balboa	Venezuela

973

Stadtbesichtigung von Quito

Nachdem Maite und Carlos bei der Bank Geld abgehoben hatten, entschlossen sie sich, noch zwei weitere Tage in Quito zu bleiben, um den alten kolonialen Stadtkern, die Kathedrale und die beiden Klöster San Francisco und San Agustín zu besichtigen. Heute nachmittag bemerken sie im alten Stadtkern, daß Quito unzählige Kirchen und Tempel besitzt.

la visita [bi'sita]	Besichtigung
decidirse a algo [deθi'dirse a 'algo]	sich zu etwas entscheiden
el casco ['kasko]	Stadtkern
antiguo, -a [an'tiguo/a]	alt (nicht für Menschen! = viejo, -a)
colonial [kolo'nial]	kolonial
el monasterio [monas'terio]	Kloster
innumerable [innume'rable]	unzählig
la iglesia [i'glesia]	Kirche

974

Welche Währung gehört zu welchem Land?

el córdoba — Nicaragua   el lempira — Honduras
el quetzal — Guatemala   el sucre — Ecuador
el peso — México   el peso — Argentina
el colón — Costa Rica   el guaraní — Paraguay
el bolívar — Venezuela   el balboa — Panamá

Stand der Angaben: 1993

DIE EXPERTENECKE

Substantivierung von Adjektiven

sächlicher Artikel (lo) + Adjektiv = Substantiv:
lo mejor – das Beste; lo malo – das Schlechte;
lo peor – das Schlimmste; lo más interesante – das Interessanteste; lo menos probable – das am wenigsten Wahrscheinliche

975

El día del regreso

Maite: *¿Sabes lo que voy a echar de menos en Europa?*
Carlos: *No, ¿qué?*
Maite: *Las ensaladas de frutas sabrosas que se puede comer aquí. De todas las frutas tropicales que hay aquí, antes no había visto ni la mitad en España.*

976

Isabel Allende

Isabel Allende nació en Lima, Perú, el 2 de agosto de 1942. Periodista de profesión, comenzó trabajando para una revista femenina en Chile. Al poco tiempo se hizo famosa en todo el país por sus artículos humorísticos. Además participaba en un programa de televisión, donde hablaba de recetas de cocina y horóscopos. En 1973 después del golpe militar que terminó con el gobierno de su tío, Salvador Allende, Isabel decidió exiliarse igual que muchísimos chilenos. Se fue a vivir con su esposo y sus dos hijos a Venezuela.

¿Cómo se llama su primera novela?

975

Der Tag der Rückreise

Maite: Weißt du, was ich in Europa vermissen werde?
Carlos: Nein, was?
Maite: Die leckeren Obstsalate, die man hier essen kann. Von allen tropischen Früchten, die es hier gibt, hatte ich vorher in Spanien nicht einmal die Hälfte gesehen.

el regreso [rreˈgreso]	Rückreise; -kehr
echar de menos [eˈtʃar de ˈmenos]	vermissen
la ensalada [ensaˈlaða]	Salat
la fruta [ˈfruta]	Obst; Frucht
sabroso, -a [saˈbroso/a]	lecker
tropical [tropiˈkal]	tropisch
la mitad [miˈta⁽ᵈ⁾]	Hälfte
yo había visto [jo aˈβia ˈbisto]	ich hatte gesehen (Plusquamperfekt)

976

Isabel Allende

Isabel Allende wurde am 2. August 1942 in Lima, Peru, geboren. Von Beruf Journalistin, begann sie für eine Freuenzeitschrift in Chile zu arbeiten. Nach kurzer Zeit wurde sie mit ihren humoristischen Artikeln im ganzen Land berühmt. Außerdem arbeitete sie mit an einer Fernsehsendung, in der sie über Kochrezepte und Horoskope sprach. Nach dem Staatsstreich 1973, der die Regierung ihres Onkels, Salvador Allende, beendete, entschloß sich Isabel, ebenso wie sehr viele Chilenen, ins Exil zu gehen. Sie ging mit ihrem Mann und ihren zwei Kindern nach Venezuela. Wie heißt ihr erster Roman?

La casa de los espíritus (= das Geisterhaus)

Heute lebt Isabel Allende in San Francisco. Nach der Trennung von ihrem ersten Mann ist sie nun mit einem nordamerikanischen Anwalt verheiratet.

977

La mochila envuelta

Maite: *¿De quién tienes ese truco de envolver las mochilas en una bolsa de plástico?*
Carlos: *De Jesús. Me ha dicho que así no se rompen las correas de las mochilas.*
Maite: *Con las bolsas, no nos han controlado ni una vez en las aduanas.*

978

Frío y nieve

Una nevasca no es cosa desconocida en Madrid. En diciembre y enero hace mucho frío en la capital. Hace unos años que unos mendigos e indigentes murieron en las calles a causa de las bajas temperaturas. Desde entonces pueden dormir también en varias estaciones del metro cuando sea necesario.

977

Der eingewickelte Rucksack

Maite: Von wem hast du diesen Trick, die Rucksäcke in eine Plastiktüte einzuwickeln?
Carlos: Von Jesús. Er hat mit gesagt, daß so die Tragegurte der Rucksäcke nicht kaputtgehen.
Maite: Mit den Tüten sind wir am Zoll nicht einmal kontrolliert worden.

envolver [embɔl'ƀɛr]	einwickeln
envuelto, -a [em'bŭɛlto/a]	eingewickelt
el truco ['truko]	Trick
la bolsa de plástico ['bɔlsa de 'plastiko]	Plastiktüte
la correa [kɔ'rrɛa]	(Trage)Gurt
controlar [kɔntro'lar]	kontrollieren
ni una vez [ni 'una beθ]	nicht einmal
la aduana [a'đŭana]	Zoll

978

Kälte und Schnee

Ein Schneegestöber ist in Madrid nichts Unbekanntes. Im Dezember und im Januar ist es in der Hauptstadt sehr kalt. Es ist ein paar Jahre her, daß einige Bettler und Bedürftige wegen der niedrigen Temperaturen auf den Straßen starben. Seitdem können sie auch in verschiedenen Metrostationen schlafen, wenn es nötig ist.

nevasca (f.) [ne'baska]	Schneegestöber
mendigo (m.) [men'digo]	Bettler
indigente (m.) [indi'xente]	Bedürftige(r)
frío (m.) ['frio]	Kälte
nieve (f.) ['nĭebe]	Schnee

979

EJERCICIO

Frases impersonales

Haga de las frases siguientes frases impersonales:

1. Jesús conoce mucha gente aquí. — *Jesús lernt hier viele Leute kennen.*
2. ¿Cómo dices 'Sohn' en español? — *Wie sagst du 'Sohn' auf Spanisch?*
3. Maite dice que este pescado es muy bueno. — *Maite sagt, daß dieser Fisch sehr gut ist.*
4. Mabel se acostumbra a conducir. — *Mabel gewöhnt sich ans Autofahren.*
5. La gente le engaña. — *Die Leute betrügen ihn.*

980

La ensalada de frutas

Mavi: ¡Qué rico! ¿Qué es lo que tiene la ensalada?
Maite: *Le he echado todas las frutas tropicales que he podido encontrar en el mercado, chirimoyas, piñas, papayas y una guanábana. Así hemos desayunado siempre en Ecuador.*

979

Unpersönliche Sätze

Machen Sie aus den folgenden Sätzen mit Subjekt unpersönliche Sätze mit 'man':

1. **Se conoce** mucha gente aquí. — Man lernt hier viele Leute kennen. 2. ¿Cómo **se dice** 'Sohn' en español? — Wie sagt man 'Sohn' (= el hijo) auf Spanisch? 3. **Se dice** que este pescado es muy bueno. — Man sagt, daß dieser Fisch sehr gut ist. 4. **Uno se acostumbra** a conducir. — Man gewöhnt sich ans Autofahren. 5. Le **engañan**. — Sie betrügen/Man betrügt ihn.

DIE EXPERTENECKE

Wenn eine Sache im Spanischen „viel Tomate hat", dann ist sie kompliziert: „¡Eso tiene mucho tomate!" bedeutet soviel wie „Das ist vielleicht kompliziert!"

980

Der Fruchtsalat

Mavi: Köstlich! Was ist in dem Salat?
Maite: Ich habe alle tropischen Früchte hineingetan, die ich auf dem Markt habe finden können, Chirimoyas, Ananas, Papayas und eine Annone. So haben wir in Ecuador immer gefrühstückt.

¡qué rico! [ke ˈrriko]	köstlich!; lecker!
encontrar [eŋkonˈtrar]	finden
la chirimoya [tʃiriˈmoja]	Chirimoya
la piña [ˈpiɲa]	Ananas
la papaya [paˈpaja]	Papaya(-Frucht)
la guanábana [guaˈnabana]	Annone
siempre [ˈsiempre]	immer; stets

981

Cancún

En México el lugar de veraneo por excelencia siempre ha sido Acapulco, a orillas del Pacífico. Pero desde que, en los años 60, el gobierno mejicano se dio cuenta de que el turismo era una fuente de divisas inagotable para un país como México, se decidió crear otro lugar de veraneo en el Caribe para atraer principalmente a los turistas norteamericanos. Mediante un ordenador se seleccionó Cancún que entonces era un remoto pueblo en la selva tropical. Ahora hay más de 14 mil hoteles de lujo, todos con vista al mar.

Hay dos ruinas mayas cerca de Cancún, ¿cuáles?

982

El grifo roto

Maite: *¡Socorro! Carlos, ven, ¡corre! Me estoy hundiendo.*
Carlos: *¡Ya voy! ¿Qué ocurre?*
Maite: *He roto el grifo del lavabo. El agua está saliendo a diestro y siniestro.*
Carlos: *Entonces voy a cerrar el grifo principal.*

981

Cancún

Acapulco am pazifischen Ozean ist seit jeher der Urlaubsort schlechthin in Mexiko gewesen. Aber seitdem die mexikanische Regierung in den sechziger Jahren bemerkte, daß der Tourismus eine unerschöpfliche Devisenquelle für ein Land wie Mexiko darstellte, wurde beschlossen, einen weiteren Urlaubsort in der Karibik zu schaffen, hauptsächlich um nordamerikanische Touristen anzuziehen. Mit Hilfe eines Computers wurde Cancún ausgewählt, das damals noch ein entlegenes Dorf im tropischen Regenwald war. Heute gibt es dort mehr als 14 000 Luxushotels, alle mit Blick aufs Meer. In der Nähe von Cancún gibt es zwei Maya-Ruinen; welche?

Chitchén Itzá und Tulúm

Für die, denen Luxushotels zuwider sind, noch ein Tip: 3 km südlich von Tulum gibt es Plätze, an denen man sich für wenig Geld Hütten mieten kann.

982

Der kaputte Wasserhahn

Maite: Hilfe! Carlos, komm, lauf! Ich gehe unter.
Carlos: Ich komme schon! Was ist denn los?
Maite: Ich habe den Wasserhahn vom Waschbecken kaputtgemacht. Das Wasser spritzt nur so drauflos.
Carlos: Dann werde ich wohl mal den Haupthahn zudrehen.

¡socorro! [soˈkɔrrɔ]	Hilfe!
roto, -a [ˈrrɔto/a]	kaputt
el grifo [ˈgrifo]	Wasserhahn
¡ven! [bɛn]	komm!
hundirse [unˈdirse]	untergehen
¡ya voy! [ja bɔĭ]	ich komme schon!
ocurrir [okuˈrrir]	geschehen
el lavabo [laˈβaβo]	Waschbecken
a diestro y siniestro [a ˈdi̯estro i siˈni̯estro]	drauflos (wörtl.: nach rechts und links)

983

Fiestas de vinos

Para este fin de semana Jesús y Martín planean una excursión a Galicia para participar en dos fiestas de vino muy famosas de la provincia española de Pontevedra, que siempre tienen lugar el primer domingo de agosto de cada año. Una es la Festa do Viño Albariño en Cambados y la otra es la Festa do Viño do Condado en Salvaterra do Miño.

984

Llega el fontanero

Cuando, por fin, llega el fontanero, Maite y Carlos ya llevan casi cuatro días enteros sin agua en su casa. Cada vez que han necesitado agua han tenido que pedirlo en casa de sus vecinos. Para ducharse incluso han ido a la piscina pública. El fontanero ya cambia directamente todos los grifos de la casa, lo cual dura otro medio día más.

983

Weinfeste

Für dieses Wochenende planen Jesús und Martín einen Ausflug nach Galicien, um an zwei sehr berühmten Weinfesten in der spanischen Provinz Pontevedra teilzunehmen, die stets am ersten Sonntag im August eines jeden Jahres stattfinden. Eines ist das Albariño-Weinfest in Cambados, und das andere ist das Grafschafts-Weinfest in Salvaterra do Miño.

el vino ['bino]	Wein
planear [plane'ar]	planen
famoso, -a [fa'moso/a]	berühmt
la provincia [pro'βinθĩa]	Provinz
tener lugar [te'nɛr lu'gar]	stattfinden
o viño [o 'biɲo]	Wein (galicisch)
la fiesta ['fĩesta]	Fest; Feier
a festa [a 'fɛsta]	Fest (galicisch)
do [do]	„de el ..." (galicisch)

984

Der Klempner kommt

Als endlich der Klempner kommt, haben Maite und Carlos bereits fast vier ganze Tage ohne Wasser bei sich zu Hause hinter sich. Jedesmal, wenn sie Wasser brauchten, mußten sie darum bei den Nachbarn bitten. Um zu duschen, sind sie sogar ins öffentliche Schwimmbad gegangen. Der Klempner tauscht direkt alle Wasserhähne im Haus aus, was noch einen weiteren halben Tag dauert.

el fontanero [fɔnta'nero]	Klempner
por fin [pɔr fin]	endlich
llevar ... días [ʎe'βar 'dias]	... Tage verbringen
entero, -a [en'tero/a]	ganz; vollständig
cada vez que ['kaða beθ ke]	jedesmal, wenn
en casa de [en 'kasa de]	bei
el vecino [be'θino]	Nachbar
ducharse [du'tʃarse]	sich duschen
durar [du'rar]	dauern

985

Nuevos pósteres

Mabel: *¡Guay del Paraguay! Me encantan los nuevos pósteres que tienes en la pared. Han sido muy caros, ¿verdad?*

Mavi: *¡Qué va! No me han costado nada. Me los han regalado en la Oficina de Turismo cerca de la Calle de Alcalá.*

986

La Marimba

Hay una leyenda acerca de la primera marimba. Se dice que en el Istmo de Tehuantepec, en México, vivieron dos enamorados. La mujer se puso enferma y murió. Cerca de la tumba donde la enterraron empezó a crecer un árbol. El enamorado usó la madera del árbol para hacer la primera marimba. Dicen que su sonido se parece a la voz de la mujer cantando a su amor. En realidad, la marimba es un instrumento musical muy parecido al xilófono, pero con un sonido más suave. Algunas marimbas son tan enormes que se necesitan varios músicos para tocarlas.

¿De dónde proviene (= stammt) la Marimba?

985

Neue Poster

Mabel: Supertoll! Mich faszinieren die neuen Poster, die du an der Wand hast. Die sind sehr teuer gewesen, nicht wahr?

Mavi: Ach was! Die haben mich gar nichts gekostet. Man hat sie mir im Verkehrsamt in der Nähe der Alcalá-Straße geschenkt.

el poster ['pɔstɛr]	Poster
¡guay del Paraguay! [gŭaĭ dɛl paraˈgŭaĭ]	super!; supertoll!
encantar [eŋkanˈtar]	begeistern; faszinieren
la pared [paˈre⁽ᵈ⁾]	Wand
¿verdad? [bɛrˈda⁽ᵈ⁾]	nicht wahr?
¡qué va! [ke ba]	ach was!
costar [kɔsˈtar]	kosten

986

Die Marimba

Es gibt eine Legende über die erste Marimba. Es heißt, daß in der Landenge von Tehuantepec in Mexiko zwei Verliebte lebten. Die Frau erkrankte und starb. In der Nähe des Grabes, in dem sie bestattet wurde, begann ein Baum zu wachsen. Der Verliebte benutzte das Holz des Baumes, um die erste Marimba zu bauen. Man sagt, daß ihr Klang der Stimme der Frau gleicht, wie sie für ihren Liebsten singt. In Wirklichkeit ist die Marimba ein Musikinstrument, das dem Xylophon sehr ähnlich ist, jedoch mit einem weicheren Klang. Einige Marimbas sind so groß, daß mehrere Musiker benötigt werden, um sie zu spielen. Woher stammt die Marimba?

Aus Afrika

Die Marimba wird in vielen Städten Mexikos vor Restaurants gespielt oder auch auf Feiern wie z. B. Hochzeiten.

987

*«Mal que se comunica,
si no se cura, se alivia.»*

Refrán español

988

En la librería

Martín: ¿Sabes lo que te digo? Este Antonio Gala, para mí, es uno de los hombres que mejor dominan la lengua española.
Mavi: Sí, es cierto. Sin embargo, sus libros no me gustan tanto. Prefiero los artículos que ha escrito en el semanal de El País.

987

„Ein Leiden, das man einem anderem mitteilt, wird, wenn nicht geheilt, so doch gelindert." – Spanisches Sprichwort

---
GRAMMATIK

Die Verben 'saber' und 'poder'

Die beiden Verben 'saber' und 'poder' haben neben ihren eigentlichen Bedeutungen – saber (wissen), poder (können) – noch weitere Möglichkeiten der Übersetzung ins Deutsche: saber – können und poder – dürfen.

So lautet der Satz 'Ich kann Auto fahren' im Spanischen: 'Sé conducir.' Ich kann Auto fahren (weil ich es gelernt habe).

Die Frage 'Darf man hier rauchen' lautet im Spanischen: '¿Se puede fumar aquí?'

Sé trabajar. – Ich kann (verstehe es – systematisch – zu) arbeiten. Puedo trabajar. – Ich kann arbeiten (ich bin gesund).

988

Im Buchladen

Martín: Weißt du, was ich dir sage? Für mich ist dieser Antonio Gala einer der Menschen, die am besten die spanische Sprache beherrschen.
Mavi: Ja, das stimmt. Trotzdem gefallen mir seine Bücher nicht so sehr. Ich mag lieber die Artikel, die er in der Wochenbeilage von El País geschrieben hat.

la librería [liβre'ria]	Buchladen
el hombre ['ɔmbre]	Mann; Mensch
dominar [domi'nar]	beherrschen
la lengua ['leŋgŭa]	Sprache
es cierto [es 'θi̯erto]	das stimmt
sin embargo [sin em'bargo]	trotzdem
tanto ['tanto]	so viel; so sehr
el artículo [ar'tikulo]	Artikel
el semanal [sema'nal]	Wochenbeilage (einer Zeitung)

989

El telegrama de Guayaquil

Esta mañana ha llegado un telegrama de Dagmar, la amiga alemana de Maite y Carlos que trabaja en Guayaquil en Ecuador:

Queridos amigos, antes era un chiste, ahora es verdad: ¡me voy a casar! ¿os venís? D.

990

La Universidad de Salamanca

Alfonso IX de León fundó en 1218 la Universidad de Salamanca, que en el tiempo posterior se fue haciendo uno de los centros culturales de Europa, al lado de Oxford, Bologna y París. En el siglo XVI la universidad contaba con unos 12 mil estudiantes. No todos los estudiantes tuvieron la suerte de ser admitidos en los colegios. Por eso fue determinado estrictamente bajo qué condiciones estudiantes pobres podían ir a mendigar. Actualmente la Universidad de Salamanca tiene unos 22 mil estudiantes, muchos de ellos extranjeros.

¿Quién fue el director más famoso de la universidad?

989

Das Telegramm aus Guayaquil

Heute morgen ist ein Telegramm von Dagmar angekommen, der deutschen Freundin von Maite und Carlos, die in Guayaquil in Ecuador arbeitet: Meine lieben Freunde, vorher war es ein Witz, jetzt ist es wahr: Ich werde heiraten! Kommt Ihr? D.

el telegrama [tele'grama]	Telegramm
querido, -a [ke'rido/a]	geliebt
antes ['antes]	vorher
era ['era]	war
el chiste ['tʃiste]	Witz
ser verdad [sɛr bɛr'ða$^{(d)}$]	wahr sein
la verdad [bɛr'ða$^{(d)}$]	Wahrheit
casarse [ka'sarse]	heiraten

990

Die Universität Salamanca

Alfonso IX. von León gründete 1218 die Universität Salamanca, die in der späteren Zeit, neben Oxford, Bologna und Paris, zu einem der kulturellen Zentren Europas wurde. Im 16. Jahrhundert hatte die Universität 12 000 Studenten. Nicht alle Studenten hatten das Glück, in Kollegs aufgenommen zu werden (heute der Gewährung eines Stipendiums vergleichbar). Deswegen wurde genau festgelegt, unter welchen Bedingungen arme Studenten betteln gehen konnten. Gegenwärtig hat die Universität Salamanca etwa 22 000 Studenten, viele von ihnen Ausländer. Wer war der berühmteste Direktor der Universität?

> *Der Philosoph Miguel de Unamuno*

In einer berühmt gewordenen Rede verurteilte Unamuno äußerst scharf den falangistischen Ruf: ¡Viva la muerte! (= Es lebe der Tod!)

991

Excursión a El Pardo

Jesús se ha prestado una moto de un amigo porque quiere hacer una excursión a El Pardo junto con Mavi. A las dos la va a recoger en la escuela. Le ha llevado un casco porque ella no tiene ninguno. Para ella es la primera vez que va en moto. Media hora más tarde están en El Pardo y visitan La Casita del Príncipe y el Palacio de la Zarzuela.

992

Suramérica

1. ¿Cuál es el país más largo de Suramérica?
2. ¿Qué países suramericanos no tienen costa?
3. ¿Cuál es el país más grande de Suramérica?
4. ¿Cuál es el país más pequeño de Suramérica?
5. ¿Cuál es el río más largo de Suramérica?

991

Ausflug nach El Pardo

Jesús hat sich von einem Freund ein Motorrad geliehen, weil er mit Mavi einen Ausflug nach El Pardo machen will. Um zwei Uhr holt er sie in der Schule ab. Er hat ihr einen Helm mitgebracht, da sie keinen hat. Für sie ist es das erste Mal, daß sie mit einem Motorrad fährt. Ein halbe Stunde später sind sie in El Pardo* und besichtigen das Prinzen-Haus und den Zarzuela-Palast.

El Pardo ist ein kleines Dorf nordwestlich von Madrid. Philipp II. ließ hier den Pardo-Palast errichten.

prestar [pres'tar]	leihen
la moto(cicleta) [motoθi'kleta]	Motorrad
junto con ['xunto kɔn]	zusammen mit
ir a recoger [ir a rrɛkɔ'xɛr]	abholen
el casco ['kasko]	(Motorrad-)Helm
ir en moto [ir en 'moto]	Motorrad fahren
más tarde [mas 'tarđe]	später
visitar [bisi'tar]	besuchen; besichtigen

992

Südamerika

1. Welches ist das längste Land Südamerikas? **Chile.** 2. Welche südamerikanischen Länder haben keine Küste? **Bolivien und Paraguay.** 3. Welches ist das größte Land Südamerikas? **Brasilien.** 4. Welches ist das kleinste Land Südamerikas? **Französisch-Guayana.** 5. Welcher ist der längste Fluß Südamerikas? **Der Amazonas.**

DIE EXPERTENECKE

Un chiste de Lepe

¿Sabes por qué los de Lepe plantan ajo en las carreteras? ¡No! Pues, porque el ajo va bien para la circulación. Weißt du, warum die aus Lepe Knoblauch auf den Straßen pflanzen? Nein! Also, weil Knoblauch gut für den Verkehr ist (span. circulación = Straßenverkehr + Blutkreislauf).

Guille y la escuela

Guille, el sobrino de Mabel, este año tiene que ir a la escuela por primera vez. Para su cumpleaños Mabel le ha regalado una mochila y una regla grande. Al principio Guille está muy orgulloso de poder ir a la escuela, pero luego se da cuenta de que jugar al baloncesto con sus amigos es mucho más divertido que las clases de mate.

EJERCICIO

Voz pasiva

Ponga las siguientes frases en voz pasiva:

1. El perro muerde al niño.
2. El fuego ha destruído la casa.
3. Los ingenieros inventan un nuevo modelo del coche.
4. Hay que estudiar el problema muy a fondo.
5. El senado admitirá la nueva ley.

993

Guille und die Schule

Guille, der Neffe von Mabel, muß dieses Jahr zum ersten Mal zur Schule gehen. Mabel hat ihm zu seinem Geburtstag einen Tornister und ein großes Lineal geschenkt. Anfangs ist Guille* sehr stolz, in die Schule gehen zu dürfen, später aber merkt er, daß Basketballspielen mit seinen Freunden viel lustiger ist als der Matheunterricht.

Guille ist die Kurzform von Guillermo (= Wilhelm).

el sobrino [soˈbrino]	Neffe
el cumpleaños [kumpleˈaɲos]	Geburtstag
la mochila [moˈtʃila]	Tornister; Rucksack
la regla [ˈrrɛgla]	Lineal
orgulloso, -a [ɔrguˈʎoso/a]	stolz
jugar al baloncesto [xuˈgar al balɔnˈθesto]	Basketball spielen
divertido, -a [diβɛrˈtiðo/a]	lustig; vergnügt
las clases de mate(máticas) [ˈklases de mateˈmatikas]	Mathe(matik)unterricht

994

Passiv

Setzen sie folgende Sätze ins Passiv:

1. El niño es mordido por el perro. — Das Kind ist vom Hund gebissen worden. 2. La casa ha sido destruída por el fuego. — Das Haus ist vom Feuer zerstört worden. 3. Un nuevo modelo del coche es inventado por los ingenieros. — Ein neues Modell des Wagens ist von den Ingenieuren entwickelt worden. 4. El problema tiene que ser estudiado muy a fondo. — Das Problem muß sehr gründlich studiert werden. 5. La nueva ley será admitida por el senado. — Das neue Gesetz wird vom Senat angenommen werden.

DIE EXPERTENECKE

Un trabalenguas – ein Zungenbrecher

Pablito clavó un clavito. ¿Qué clavito clavó Pablito? (el clavito — Nägelchen; el clavo — Nagel; clavar — nageln)

995

En la papelería

Mabel: *Es que yo he pensado que la escuela no te gusta tanto.*
Guille: *Las clases de educación física y de arte sí. Ahora, ¿me compras los lápices de color o no?*
Mabel: *Vale, vale.*

996

La casa de Bernarda Alba

Así se titula una de las obras de teatro del famosísimo escritor y poeta español Federico García Lorca que ha escrito entre 1933 y 1936. La figura central de la obra, Bernarda Alba, una mujer fría y dominante que acaba de quedar viuda, vela ferozmente por la castidad de sus cinco hijas solteras. La más joven de las hijas, Adela, que está enamorada, no soporta la idea de los ocho años de luto que deben guardar por la muerte de su padre.

¿Dónde nació Federico García Lorca?

995

Im Schreibwarenladen

Mabel: Ich dachte, daß dir die Schule nicht so sehr gefällt.
Guille: Der Sport- und der Kunstunterricht doch. Kaufst du mir jetzt die Buntstifte oder nicht?
Mabel: O.k., o.k.

la papelería [papɛleˈria]	Schreibwarenladen
las clases de educación física [ˈklases de eđukaˈθĭon ˈfisika]	Sportunterricht
el arte [ˈarte]	Kunst
el lápiz [ˈlapiθ]	Bleistift
el lápiz de color [ˈlapiθ de koˈlɔr]	Buntstift
el color [koˈlɔr]	Farbe
¡vale! [ˈbale]	o.k.!; in Ordnung!

996

Das Haus von Bernarda Alba

So lautet der Titel eines der Theaterstücke des sehr berühmten spanischen Schriftstellers und Dichters Federico García Lorca, die er zwischen 1933 und 1936 geschrieben hat. Die Hauptfigur des Stücks, Bernarda Alba, eine kaltherzige und herrschsüchtige Frau, die soeben Witwe geworden ist, wacht grausam über die Keuschheit ihrer fünf ledigen Töchter. Die jüngste ihrer Töchter, Adela, die verliebt ist, erträgt den Gedanken der achtjährigen Trauer nicht, die sie aufgrund des Todes ihres Vaters tragen soll. Wo wurde Federico García Lorca geboren?

In Fuentevaqueros, in der Provinz Granada

Das Geburtshaus García Lorcas ist noch heute zu besichtigen. Viele seiner Bücher sind bereits in deutscher Übersetzung erschienen. Auf geht's!

997

La mudanza

Carlos: *¿Qué? ¿Te quieres cambiar de casa? Pero ¿por qué?*
Jesús: *He encontrado una buhardilla preciosa y, encima, muy barata y con vista al Retiro. Es un auténtico chollo.*
Carlos: *Si quieres te podemos echar una mano en la mudanza, Maite y yo.*

998

Deberes odiados

La madre de Guille le ha dicho que no le deja salir a jugar hasta que los deberes de matemáticas estén listos. Desde hace dos horas y media Guille está en su cuarto mirando su cuaderno de mate desganadamente. Cuando la madre entra de nuevo ve que la hoja sigue tan virgen como antes. Guille está soñando con el baloncesto de la NBA.

997

Der Umzug

Carlos: Was? Du willst umziehen? Aber warum denn?
Jesús: Ich habe eine wunderschöne und obendrein sehr billige Dachwohnung mit Blick auf den Retiro gefunden. Es ist ein echtes Schnäppchen.
Carlos: Wenn du willst, können Maite und ich dir beim Umzug helfen.

la mudanza [muˈdanθa]	Umzug
cambiarse de casa [kamˈbĭarse de ˈkasa]	umziehen
la buhardilla [buarˈdiʎa]	Dachgeschoßwohnung
con vista(s) a [kɔn ˈbista(s) a]	mit Blick auf
encima [enˈθima]	obendrein
precioso, -a [preˈθĭoso/a]	wunderschön; kostbar
auténtico, -a [aŭˈtentiko/a]	echt; authentisch
el chollo [ˈtʃoʎo]	Schnäppchen

998

Verhaßte Hausaufgaben

Die Mutter von Guille hat ihm gesagt, daß sie ihn nicht eher spielen gehen lassen würde, bis daß die Mathehausaufgaben gemacht sind. Seit zweieinhalb Stunden sitzt Guille in seinem Zimmer und schaut lustlos sein Matheheft an. Als die Mutter wieder hereinkommt, sieht sie das Blatt so jungfräulich wie zuvor. Guille träumt vom Basketball der NBA*.
*Die NBA ist die nordamerikanische Profibasketball-Liga, deren Spiele in Spanien stets übertragen werden.

los deberes [deˈβɛres]	Hausaufgaben
odiado, -a [oˈdĭado/a]	verhaßt; gehaßt
dejar [dɛˈxar]	lassen
estén [esˈtɛn]	*Subjuntivo von están (= sie sind)*
listo, -a [ˈlisto/a]	fertig
el cuaderno [kŭaˈdɛrno]	Heft
desganadamente [dezɡanaðaˈmente]	lustlos
la hoja [ˈɔxa]	Blatt
virgen [ˈbirxen]	jungfräulich
soñar con [soˈnar]	träumen von

Correos

Mabel: ¿Por qué no echas la carta en este buzón aquí al lado?
Mavi: Si la echo aquí, hasta navidades no llega. Es que vacían este buzón muy irregularmente. Las cartas urgentes mejor se echan en Correos directamente.

«La sonrisa
es el idioma universal
de los hombres inteligentes.»

Victor Ruiz Iriarte

999

Post

Mabel: Warum wirfst du den Brief nicht gleich hier nebenan in den Briefkasten?
Mavi: Wenn ich ihn hier einwerfe, kommt er bis Weihnachten nicht an. Dieser Briefkasten wird nämlich sehr unregelmäßig geleert. Eilige Briefe wirft man besser direkt bei der Post ein.

el Correos [kɔˈrrɛos]	Post
echar [eˈtʃar]	(ein-)werfen
el buzón [buˈθɔn]	Briefkasten
las navidades [naβiˈða⁽ᵈ⁾es]	Weihnachten
irregular [ïrrɛguˈlar]	unregelmäßig
vaciar [baˈθĭar]	(aus-, ent-)leeren
la carta [ˈkarta]	Brief
urgente [urˈxente]	eilig

1000

„Das Lächeln ist die universelle Sprache der intelligenten Menschen." – Victor Ruiz Iriarte (geb. 1912), spanischer Komödienschreiber

--- GRAMMATIK ---

Das Passiv im Spanischen

Im Vergleich zum Deutschen wird das Passiv im Spanischen seltener verwendet. Man bildet es aus den Formen des Verbes 'ser' und dem Partizip, wobei der Urheber bzw. die Ursache mit 'por' (= durch, von) angegeben wird: El futbolista es criticado duramente por el entrenador. – Der Fußballspieler wird vom Trainer hart kritisiert.

Häufig wird das Passiv umschrieben

    a) mit der 3. Pers. (Sg.+Pl.) des Verbs und dem unpersönlichen Pronomen 'se' und

    b) mit der 3. Pers. (Pl.).

Erläuterung der Lautschrift

Die phonetische Umschrift wird nach den Grundsätzen der International Phonetic Association (IPA) angegeben.

Vokale

- [a] v**a**ler – halblanges a
- [e] t**e**ner – halblanges, geschlossenes e, etwa wie in *Gesicht*
- [ɛ] enf**e**rmo – halblanges, offenes e, etwa wie in *mächtig*
- [i] **i**r – halblanges i
- [o] p**o**der – halblanges, geschlossenes o, etwa wie in *Pokal*
- [ɔ] pr**ó**ximo – halblanges, offenes o, etwa wie in *Holz*
- [u] f**u**mar – halblanges u

Doppellaute aus zwei Vokalen

- [aĭ] b**ai**le, h**ay** – etwa wie in *drei*
- [aŭ] c**au**sa – etwa wie in *grau*
- [ɛĭ] p**ei**ne, l**ey** – e und i werden getrennt gesprochen
- [eŭ] **eu**ropeo – e und u werden getrennt gesprochen
- [ɔĭ] **oi**go, s**oy** – etwa wie in *Scheu*
- [uĭ] m**uy** – etwa wie in *pfui*
- [ĭa] camb**ia**r – etwa wie *ja*
- [ĭe] p**ie** – etwa wie *je*
- [ĭɔ] r**io**ja – etwa wie *jo*
- [ĭu] v**iu**da – etwa wie *ju*
- [ŭa] ag**ua** – etwa wie *wa*
- [ŭɛ] p**ue**rta – etwa wie *we*
- [ŭi] r**ui**do – etwa wie *wi*
- [ŭo] antig**uo** – etwa wie *wo*

Konsonanten

- [b] **b**astar, tam**b**ién, **v**amos, en **v**ano – b, v und w im Anlaut und nach n und m etwa wie in *Butter*
- [ƀ] escri**b**ir, cu**b**rir, sua**v**e, pol**v**o – b, v und w zwischen Vokalen, vor und nach Konsonanten (außer n und m) als stimmhafter Reibelaut
- [d] **d**ólar, cuan**d**o, al**d**ea – d im Anlaut sowie nach n und l etwa wie in *doch*
- [đ] to**d**o, pa**d**re, juzga**d**o – d in den anderen Fällen sowie z vor b, d, g, m, n ähnlich wie stimmhaftes englisches th (z. B. in *father*)
- [ᵈ] ciuda**d** – d im Wortauslaut kaum noch hörbar
- [f] **f**ácil – etwa wie im Deutschen
- [g] **g**usto, ten**g**o, **g**loria, lin**g**üista – etwa wie deutsches g
- [ǵ] a**g**ua – ähnlich wie das im Berliner Dialekt nachlässig ausgesprochene g in *Tegel*

[j]	**y**o, ma**y**o	– wie deutsches j
[k]	**c**asa, tru**c**o, **k**ilograma, **qu**eso	– wie deutsches k
[l]	**l**una	– etwa wie deutsches l
[ʎ]	ca**ll**e	– ähnlich wie das j in *Koje*
[m]	**m**ano, u**n** baile, u**n** pan, tra**n**vía, e**n**fermo	– n vor b, p, v, f sowie in der Regel m wie deutsches m
[n]	albu**m**, **n**adie	– m im Wortauslaut sowie in der Regel n wie deutsches n
[ŋ]	te**n**go	– wie deutsches ng
[ɲ]	ni**ñ**o	– ähnlich wie das gn im französischen *Champagne*
[p]	**p**an	– etwa wie deutsches p
[r]	ca**r**a, calo**r**,	– einfach gerolltes Zungen-r
[rr]	**r**ío, al**r**ededor, pe**rr**o	– r im Anlaut und nach l, n, s sowie rr als doppelt gerolltes Zungen-r
[s]	ca**s**a	– wie in *Wasser*
[z]	de**s**de	– s vor b, d, g, l, m, n wie in *Nase*
[θ]	**c**entro, **c**ine, **z**umo in Spanien	– c vor e und i sowie in der Regel z wie stimmloses englisches th (z. B. in *thief*); in Lateinamerika gesprochen wie s in *Wasser*
[tʃ]	mu**ch**o	– wie das tsch in *Kutsche*
[t]	**t**omar	– wie deutsches t
[x]	**g**ente, **j**efe, **j**unta, **j**abón	– g vor e und i sowie j ähnlich wie das ch im Deutschen *ach*

Betonung

1. Wörter, die auf Vokal sowie n oder s enden, werden auf der vorletzten Silbe betont: **ca**sa, **can**tan, **ro**sas
2. Wörter, die auf Konsonant (außer n und s) enden, werden auf der letzten Silbe betont: ciu**dad**, can**tar**
3. Alle Ausnahmen von diesen beiden Grundregeln werden durch Akzent gekennzeichnet: ca**fé**, fran**cés**, **ár**bol
4. Doppellaute aus zwei Vokalen gelten stets als eine Silbe: **puer**to

Das Betonungszeichen ['] steht vor der betonten Silbe.

Register

Die folgenden zentralen Themenbereiche der spanischen Grammatik werden in den angegebenen Lektionen behandelt:

Adjektiv 790, 806, 819
Adjektivverkürzung 116
Adverb 780, 972
Akkusativ 268
Akzente 26, 134, 152, 163
Artikel *lo* 174, 825
Artikel, bestimmter 43, 88, 168, 203, 243, 444
Artikel, unbestimmter 199, 243
Betonungsregeln 9, 19, 24, 125, 145, 152
bien/bueno 609
Dativ 619, 633
Deklination 261
Demonstrativpronomen 106, 232
estar 407, 424, 490
Fragepronomen 54, 72, 118, 881, 912
Futur 443, 454, 460, 750, 949
Genitiv 617, 633
Gerundium 308, 312, 317, 366, 420, 576, 693, 740
Hilfsverb *haber* 277, 386
Imperativ 581, 590, 595, 619, 677, 686, 710, 767, 860
Imperfekt 588, 631, 664, 724, 754, 905, 929
Indefinido (historische Vergangenheit) 588, 701, 715, 719, 813, 822, 831
indirekte Rede 923, 941
Infinitivgebrauch 640, 685
Komparativ 875
Konjugationen 39, 70, 157, 304, 345, 400
Konjunktionen 748

Konjunktiv 628, 661, 704, 732, 744, 759, 767, 773, 786, 792, 864, 870, 872, 877, 891, 902, 934
muy/mucho 780 790
Partizip mit *estar* (Zustandspassiv) 328, 330, 382
Partizip mit *ser* 503
Passiv 994, 1000
Perfekt 334, 338, 360, 364, 394, 417
Personalpronomen 31, 148, 289, 480, 485, 495, 512, 518, 553, 562, 650
Possessivpronomen 92, 225, 228, 244, 289
Präpositionen 370, 374, 433, 437, 816, 897, 926, 947
saber/poder 623, 987
ser 412, 424, 490, 503
ser/estar/tener 48, 99, 105, 118, 187, 284, 320, 424, 490, 530, 583, 679
Singular/Plural 219, 248, 264
Sonderbuchstaben 17, 142
Substantive 82
Superlativ 875
Verb, reflexives 351, 355, 410
Verb, regelmäßiges 31, 55, 66, 157
Verb, unregelmäßiges 302, 342, 398, 428
Vergangenheitsformen 492, 510
Vergleich 257, 295, 376, 819
Verneinung 59, 210, 514, 592, 605

1000
Lektionen
Englisch

Harenberg Verlag

1000 Lektionen Englisch
1012 Seiten, durchgehend zweifarbig
mit zahlreichen Abbildungen
ISBN 3-611-00440-5

1000
Lektionen
Französisch

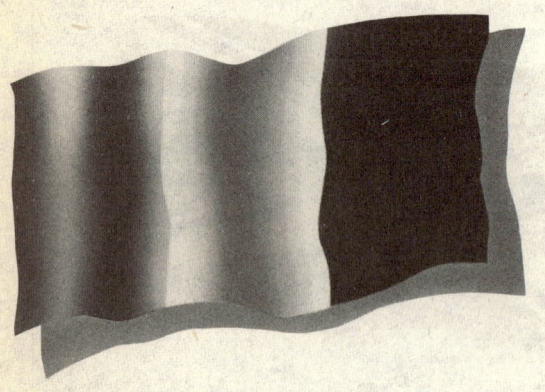

Harenberg Verlag

1000 Lektionen Französisch
1012 Seiten, durchgehend zweifarbig
mit zahlreichen Abbildungen
ISBN 3-611-00441-3

1000
Lektionen
Italienisch

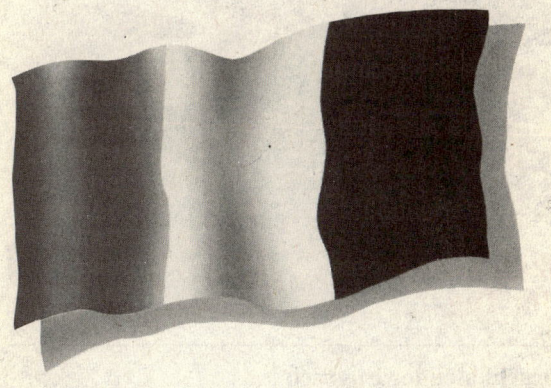

Harenberg Verlag

1000 Lektionen Italienisch
1012 Seiten, durchgehend zweifarbig
mit zahlreichen Abbildungen
ISBN 3-611-00442-1

Berlitz Sprachkalender Englisch
321 praxisnahe Sprachlektionen für jeden Tag
zweifarbig gedruckt, illustriert von Edward Lutczyn
jährlich neu im August
ISBN 3-611-00352-2

Berlitz Sprachkalender Wirtschaftsenglisch
321 praxisnahe Sprachlektionen für jeden Tag
zweifarbig gedruckt, illustriert von Edward Lutczyn
jährlich neu im August
ISBN 3-611-00353-0

Berlitz Sprachkalender Französisch
321 praxisnahe Sprachlektionen für jeden Tag
zweifarbig gedruckt, illustriert von Edward Lutczyn
jährlich neu im August
ISBN 3-611-00354-9

Berlitz Sprachkalender Italienisch
321 praxisnahe Sprachlektionen für jeden Tag
zweifarbig gedruckt, illustriert von Edward Lutczyn
jährlich neu im August
ISBN 3-611-00356-5

Berlitz Sprachkalender Spanisch
321 praxisnahe Sprachlektionen für jeden Tag
zweifarbig gedruckt, illustriert von Edward Lutczyn
jährlich neu im August
ISBN 3-611-00355-7

Berlitz Sprachkalender Russisch
321 praxisnahe Sprachlektionen für jeden Tag
zweifarbig gedruckt, illustriert von Edward Lutczyn
jährlich neu im August
ISBN 3-611-00357-3

Harenberg **Reise** Tageskalender '95

Ghardaia
Algerien

Tag für Tag ein schönes Erlebnis — Viel sehen, viel erfahren — Eine Augenreise um die Welt

Harenberg Reise-Tageskalender
Auf den Vorderseiten brillante Fotos
von Reisezielen aus aller Welt
Auf der Rückseite informative Texte
324 Blatt, 314 Farbabbildungen
ISBN 3-611-00349-2

**Ein Bildgeschenk für jeden Tag
mit Kalendarium und klarer Typografie**